U0492493

经以济世
继往开来

贺教育部

哲学社会科学

重大攻关项目

成果出版

季羡林
丙戌初春

教育部哲学社会科学研究重大课题攻关项目
"十三五"国家重点出版物出版规划项目

经济全球化背景下中国反垄断战略研究

RESEARCH ON CHINA'S ANTI-MONOPOLY STRATEGY UNDER THE BACKGROUND OF ECONOMIC GLOBALIZATION

王先林 等著

中国财经出版传媒集团
经济科学出版社
Economic Science Press

图书在版编目（CIP）数据

经济全球化背景下中国反垄断战略研究/王先林等著. ‐‐北京：经济科学出版社，2021.12
教育部哲学社会科学研究重大课题攻关项目 "十三五"国家重点出版物出版规划项目
ISBN 978‐7‐5218‐3351‐5

Ⅰ.①经… Ⅱ.①王… Ⅲ.①反垄断‐研究‐中国 Ⅳ.①F121

中国版本图书馆 CIP 数据核字（2021）第 268354 号

责任编辑：孙丽丽　戴婷婷
责任校对：齐　杰
责任印制：范　艳

经济全球化背景下中国反垄断战略研究
王先林　等著
经济科学出版社出版、发行　新华书店经销
社址：北京市海淀区阜成路甲 28 号　邮编：100142
总编部电话：010‐88191217　发行部电话：010‐88191522
网址：www.esp.com.cn
电子邮箱：esp@esp.com.cn
天猫网店：经济科学出版社旗舰店
网址：http://jjkxcbs.tmall.com
北京季蜂印刷有限公司印装
787×1092　16 开　26 印张　500000 字
2022 年 4 月第 1 版　2022 年 4 月第 1 次印刷
ISBN 978‐7‐5218‐3351‐5　定价：106.00 元
（图书出现印装问题，本社负责调换。电话：010‐88191510）
（版权所有　侵权必究　打击盗版　举报热线：010‐88191661
QQ：2242791300　营销中心电话：010‐88191537
电子邮箱：dbts@esp.com.cn）

课题组主要成员

首席专家 王先林
主要成员 （以撰写字数多少为序）
　　　　　　李　剑　侯利阳　王晨竹　金枫梁
　　　　　　焦海涛　李胜利　李俊峰　韩　伟
　　　　　　杜仲霞　毕金平　王　健　张　骏

总　序

哲学社会科学是人们认识世界、改造世界的重要工具，是推动历史发展和社会进步的重要力量，其发展水平反映了一个民族的思维能力、精神品格、文明素质，体现了一个国家的综合国力和国际竞争力。一个国家的发展水平，既取决于自然科学发展水平，也取决于哲学社会科学发展水平。

党和国家高度重视哲学社会科学。党的十八大提出要建设哲学社会科学创新体系，推进马克思主义中国化、时代化、大众化，坚持不懈用中国特色社会主义理论体系武装全党、教育人民。2016年5月17日，习近平总书记亲自主持召开哲学社会科学工作座谈会并发表重要讲话。讲话从坚持和发展中国特色社会主义事业全局的高度，深刻阐释了哲学社会科学的战略地位，全面分析了哲学社会科学面临的新形势，明确了加快构建中国特色哲学社会科学的新目标，对哲学社会科学工作者提出了新期待，体现了我们党对哲学社会科学发展规律的认识达到了一个新高度，是一篇新形势下繁荣发展我国哲学社会科学事业的纲领性文献，为哲学社会科学事业提供了强大精神动力，指明了前进方向。

高校是我国哲学社会科学事业的主力军。贯彻落实习近平总书记哲学社会科学座谈会重要讲话精神，加快构建中国特色哲学社会科学，高校应发挥重要作用：要坚持和巩固马克思主义的指导地位，用中国化的马克思主义指导哲学社会科学；要实施以育人育才为中心的哲学社会科学整体发展战略，构筑学生、学术、学科一体的综合发展体系；要以人为本，从人抓起，积极实施人才工程，构建种类齐全、梯队衔接的高校哲学社会科学人才体系；要深化科研管理体制改革，发挥高校人才、智力和学科优势，提升学术原创能力，激发创新创造活力，建设中国特色新型高校智库；要加强组织领导、做好统筹规划、营造良好学术生态，形成统筹推进高校哲学社会科学发展新格局。

哲学社会科学研究重大课题攻关项目计划是教育部贯彻落实党中央决策部署的一项重大举措，是实施"高校哲学社会科学繁荣计划"的重要内容。重大攻关项目采取招投标的组织方式，按照"公平竞争，择优立项，严格管理，铸造精品"的要求进行，每年评审立项约40个项目。项目研究实行首席专家负责制，鼓励跨学科、跨学校、跨地区的联合研究，协同创新。重大攻关项目以解决国家现代化建设过程中重大理论和实际问题为主攻方向，以提升为党和政府咨询决策服务能力和推动哲学社会科学发展为战略目标，集合优秀研究团队和顶尖人才联合攻关。自2003年以来，项目开展取得了丰硕成果，形成了特色品牌。一大批标志性成果纷纷涌现，一大批科研名家脱颖而出，高校哲学社会科学整体实力和社会影响力快速提升。国务院副总理刘延东同志做出重要批示，指出重大攻关项目有效调动各方面的积极性，产生了一批重要成果，影响广泛，成效显著；要总结经验，再接再厉，紧密服务国家需求，更好地优化资源，突出重点，多出精品，多出人才，为经济社会发展做出新的贡献。

作为教育部社科研究项目中的拳头产品，我们始终秉持以管理创新服务学术创新的理念，坚持科学管理、民主管理、依法管理，切实增强服务意识，不断创新管理模式，健全管理制度，加强对重大攻关项目的选题遴选、评审立项、组织开题、中期检查到最终成果鉴定的全过程管理，逐渐探索并形成一套成熟有效、符合学术研究规律的管理办法，努力将重大攻关项目打造成学术精品工程。我们将项目最终成果汇编成"教育部哲学社会科学研究重大课题攻关项目成果文库"统一组织出版。经济科学出版社倾全社之力，精心组织编辑力量，努力铸造出版精品。国学大师季羡林先生为本文库题词："经时济世 继往开来——贺教育部重大攻关项目成果出版"；欧阳中石先生题写了"教育部哲学社会科学研究重大课题攻关项目"的书名，充分体现了他们对繁荣发展高校哲学社会科学的深切勉励和由衷期望。

伟大的时代呼唤伟大的理论，伟大的理论推动伟大的实践。高校哲学社会科学将不忘初心，继续前进。深入贯彻落实习近平总书记系列重要讲话精神，坚持道路自信、理论自信、制度自信、文化自信，立足中国、借鉴国外，挖掘历史、把握当代，关怀人类、面向未来，立时代之潮头、发思想之先声，为加快构建中国特色哲学社会科学，实现中华民族伟大复兴的中国梦做出新的更大贡献！

教育部社会科学司

前　言

在《中华人民共和国反垄断法》实施十多年之后，国务院反垄断执法机构实现了"三合一"以及在当前经济全球化和逆全球化交织的背景下，讨论反垄断问题除了可以继续从具体制度规则的完善或者法律实施中的技术改进（包括经济分析）等相对微观的层面进行外，还应该从更为宏观的视角进行一些前瞻性的思考，尤其是在近年来国家不断强调"强化竞争政策基础地位"以及"强化反垄断和防止资本无序扩张"的背景下。在经济全球化和世界经济一体化（过程的曲折甚至反复不影响其总的发展趋势）的大背景下，反垄断已经不是一个单纯的经济理论问题，也不仅仅在实践上是一个国家内部的政策手段和法律工具，而越来越多地与国家的制度竞争优势和国际话语权等联系在一起，因此就不能像以往那样只是从一般的经济政策和法律规则的角度来考虑，而需要在此基础上进一步从战略的视角，尤其是国家战略的高度去认识和对待。这正是本人主持的2015年度教育部哲学社会科学重大课题攻关项目"经济全球化背景下中国反垄断战略研究"（15JZD018）所研究的问题。本书就是该项目的最终成果，由本人根据教育部社科司反馈的专家鉴定意见对项目研究报告进行修改后完成。

本书在框架结构上分为十章，内容围绕经济全球化背景下中国反垄断战略这一基本主题，从基本理论、主要内容和法律制度这三大板块展开分析。其中，前四章为中国反垄断战略的基本理论，中间五章为中国反垄断战略的主要内容，最后一章为反垄断战略视角下法律制度的完善。

作为项目成果，本书是集体智慧的结晶，但受项目最终成果在内容和字数等方面的限制，只有部分课题组成员参与了项目研究报告和本书的撰写工作。除本人外，他们是：李剑（上海交通大学），侯利阳（上海交通大学），王晨竹（上海师范大学），金枫梁（华东政法大学），焦海涛（中国政法大学），李胜利（安徽大学），李俊峰（上海大学），韩伟（中国社科院大学），杜仲霞（安徽财经大学），毕金平（安徽大学），王健（浙江理工大学），张骏（华侨大学）。本书各章节的具体执笔人情况如下（按照报告内容的先后顺序）：

第一、二、三、四、七章：王先林

第五章：侯利阳、焦海涛、李胜利、毕金平、杜仲霞、李俊峰

第六章：王先林、侯利阳、李胜利

第八章：李剑、金枫梁、王健、张骏

第九章：王晨竹、李剑、王先林

第十章：王先林、韩伟

虽然我们为完成本项目尽了最大努力，研究报告也顺利通过了鉴定专家的评审，但是由于种种原因，本书难免还存在一些不足，欢迎读者朋友批评指正。

王先林

2021 年 3 月 30 日于上海

摘　要

反垄断或者竞争政策作为经济领域的一种现象，首先是一种经济理论上讨论的主题，同时也是一种法律制度及其实施的活动，而在当今经济全球化的背景下它还是一种国家战略。在经济理论维度上，反垄断是矫正市场失灵和实现经济效率的政策工具；在法律制度维度上，反垄断是维护自由公平的市场竞争秩序的制度设计；在国家战略维度上，反垄断是保障全球化竞争中国家利益的整体谋划。

以信息化、市场化和跨国化为主要特点的经济全球化，虽然过程不会一帆风顺，但总的趋势是不可逆转的。经济全球化的发展对反垄断或者竞争法律和政策会产生广泛和深远的影响。就国内层面而言，反垄断在涉及市场结构的改变、进入壁垒的降低、企业规模的扩大和市场行为的复杂等方面都到受到经济全球化的影响，需要作出相应的调整，并促使国内反垄断法的域外适用。就国际层面而言，国际市场的反垄断问题日益突出并且难以由一个国家解决，因此需要这方面的国际协调。

无论是发达经济体的美国、欧盟还是发展中经济体的其他金砖国家，都重视以法律为基础的反垄断战略，以实现自己的经济发展目标。这对于我国制定和实施反垄断法并以此为基础实施反垄断战略有着深刻的启发意义。在我国制定和实施反垄断法进而构建反垄断战略的过程中，一方面要着眼于在国内维护有效竞争并以此增进经济效率和消费者福利，另一方面也要在国际上有效维护国家利益，实现国家整体利益的最大化。后者在当今多数国家已经制定和实施了反垄断法并可以域外适用但国际层面统一的反垄断规则缺失的情况下显得尤为必要。

在当今国际形势发生重大而深刻变化的背景下，在国家提出"强化反垄断和防止资本无序扩张"的新形势下，我国有必要从战略的高度来认识和对待反垄断问题。反垄断战略是以竞争政策和反垄断法为主要支撑点和动力机制的国家经济发展战略。我国反垄断法律制度的演进和完善为反垄断战略奠定了基础，我国的市场竞争状况构成了反垄断战略的国内环境，全球化和逆全球化的交织构成了反垄断战略的国际环境。我国反垄断战略要坚持使市场在资源配置中起决定性作用和更好发挥政府作用的结合，始终体现市场经济法治的原则和精神，切实维护国家的整体利益。在此基础上确定我国反垄断战略的总体目标，并可以进一步分为国内和国际两个层面的具体目标。

中国反垄断战略需要重点突破的内容包括确立竞争政策的基础和优先地位，有效消除行政性垄断，实现反垄断与保护知识产权的协调发展，实现反垄断法及其实施的本土化，在国际反垄断中切实维护国家的整体利益。其中，前三个属于从反垄断在国内经济发展中的战略选择问题，后两个则属于从反垄断在对内对外关系中的战略选择问题。相应的战略措施主要包括进一步实施公平竞争审查等制度，不断完善和有效实施反垄断法律制度，有效平衡竞争与创新的关系，大力实施竞争倡导，以及积极协调和有效应对国际层面的反垄断问题。

《中华人民共和国反垄断法》实施以来已经取得了明显的成效，但是该法本身存在的问题也日益凸显，因此需要对其进行必要的修订完善。《中华人民共和国反垄断法》的修订完善一方面为我国反垄断战略提供了一个重要的实现契机，另一方面其也需要在国家战略的视角下进行，从而体现出反垄断的战略维度。基于宏观的视角，这种修订完善可主要考虑从三个维度进行：一是竞争政策的维度，即基于构建广义竞争政策的要求，明确竞争政策的基础地位以及确立相应的竞争中性原则和公平竞争审查制度的基本要求；二是法律实践的维度，即根据反垄断法实施以来所反映出的突出问题相应地调整和完善相关的制度规则；三是数字经济的维度，即回应数字经济发展提出的新挑战而对相关的反垄断规则进行明确和必要的调整。

Abstract

  As a phenomenon in the economic field, anti-monopoly or competition policy involves not only subjects under economics discussion, but also legal institutions and the related enforcement. Beyond these two traditional perspectives, it also comes into the sphere of national strategy against the background of economic globalization. From the dimension of economic theory, anti-monopoly is a policy tool to correct market failure and to achieve economic efficiency. From the dimension of legal institution, anti-monopoly law is designed to maintain the order of free and fair market competition. From the dimension of national strategy, anti-monopoly law depicts the overall plan to secure national interests in global competition.

  Characterized by informatization, marketization and transnationalism, the process of economic globalization, though will certainly not be plain sailing, however in general irreversible. The development of economic globalization will exert an extensive and far-reaching impact on anti-monopoly or competition law and policies. At the domestic level, anti-monopoly law is affected by economic globalization from the aspect of reforming market structure, reducing barriers to entry, expanding enterprise scale and enforcing against complicated market behavior. Therefore, it is imperative to make corresponding adjustments and to promote the extraterritorial application of Chinese anti-monopoly law. At the international level, international coordination is inevitable given the fact that anti-competitive problems are becoming prominently international, and hence it is difficult to solve them by one single nation.

  Both developed economy, such as the United States and the European Union, and developing economy, e. g. the "BRICS" countries, attach great importance to anti-monopoly strategies based on rule of law, with a purpose of achieving their own goals of economic development. This inspires us to formulate our own anti-monopoly law and its enforcement based on our special national situations. When formulating anti-monopoly policies and constructing the corresponding strategy, we should on the one hand focus on maintaining effective competition domestically and improving economic efficiency and consumer welfare; and on the other hand, we should effectively safeguard and maximize national interests at the international level. The latter is particularly important in such an era that a majority of countries have adopted and applied anti-monopoly laws both domestically and extraterritorially, and there is nevertheless no unified international anti-monopoly rules.

The international situation has undergone substantial and profound changes. Under the new circumstance of "strengthening anti-monopoly law and preventing the disorderly expansion of capital", it is necessary for us to understand and treat the anti-competitive issues from the perspective of national strategy. Anti-monopoly strategy refers to a national economic development strategy using competition policy and anti-monopoly law as its main driving mechanism. The evolvement and improvement of Chinese anti-monopoly legal system have laid solid foundation for our anti-monopoly strategy. The domestic environment of the anti-monopoly strategy is constructed by market competition of our market economy, while the international environment of the anti-monopoly strategy is constructed by the intertwining tendency of globalization and anti-globalization. Chinese anti-monopoly strategy should adhere to the interplay of making the market play a decisive role in the allocation of resources and enabling the government to play a better role, and should reflect the principle and the spirit of rule of law in the market economy, thereby ultimately safeguarding national interests. On this basis, the overall goal of Chinese anti-monopoly strategy could be further divided into two specific objectives, the domestic one and the international one.

The key breakthroughs in Chinese anti-monopoly strategy should be to establish the underlying and prioritized status of competition policy, to effectively eliminate administrative monopoly, to achieve harmonious coordination of anti-monopoly enforcement and the protection of intellectual property, to localize anti-monopoly law and its enforcement, and to protect the overall interests of China in the international anti-monopoly enforcement. Thereinto, the first three pertain to the strategic choices of anti-monopoly law in the domestic economic development, and the last two are related to the strategic construction of the relationship between domestic and international anti-monopoly. The corresponding strategic measures include to deepen fair competition review, to continuously improve effective enforcement of the anti-monopoly law, to effectively strike the balance between competition and innovation, to vigorously promote competition advocacy, and to actively coordinate and to effectively respond to international anti-competitive issues.

Chinese Anti-Monopoly Law has achieved significant accomplishments since its adoption. However, the residue problems become increasingly prominent, and call for an immediate revision. On the one hand, the revision of the Anti-Monopoly Law provides an important opportunity to take into account the enforcement of Chinese anti-monopoly strategy. And on the other hand, it should also be crafted from the perspective of national strategy, and to reflect the strategic dimension of anti-monopoly. From a macro perspective, this revision can be carried out from three dimensions. Firstly, under the dimension of competition policy, based on the requirements of establishing a broad sense of competition policy, it is proposed to recognize the fundamental position of competition policy, to establish the principle of competition neutrality and fair competition review. Secondly, under the dimension of legal practice, it is proposed to adjust and to improve the related system based on the prominent enforcement issues related to the anti-monopoly law since its adoption. Thirdly, under the dimension of the digital economy, it is proposed to respond to the new challenges brought by the development of digital economy, and to make clear and necessary adjustments to the relevant anti-monopoly rules.

目 录

第一章 ▶ 反垄断：从经济理论、法律制度到国家战略　1

　　第一节　经济理论维度的反垄断：矫正市场失灵和实现经济效率的政策工具　2

　　第二节　法律制度维度的反垄断：维护自由公平的市场竞争秩序的制度设计　10

　　第三节　国家战略维度的反垄断：保障全球化竞争中国家利益的整体谋划　17

第二章 ▶ 经济全球化：中国反垄断战略的基本背景　32

　　第一节　经济全球化的含义、发展过程和趋势　32

　　第二节　经济全球化的成因、特点和表现形式　40

　　第三节　经济全球化对国内反垄断的影响及其因应　46

　　第四节　经济全球化对国际反垄断的挑战及其协调　54

第三章 ▶ 经验借鉴：主要国家和地区以法律为基础的反垄断战略　59

　　第一节　美国以法律为基础的反垄断战略　60

　　第二节　欧盟以法律为基础的反垄断战略　65

　　第三节　金砖国家以法律为基础的反垄断战略　70

　　第四节　域外以法律为基础的反垄断战略的经验借鉴　75

第四章 ▶ 战略要素：中国反垄断战略的基本框架　82

　　第一节　中国反垄断战略的基础和环境　82

第二节　中国反垄断战略的指导思想和目标　92
　　第三节　中国反垄断战略的重点内容　98
　　第四节　中国反垄断战略的实施措施　107

第五章 ▶ 基础战略：竞争政策优先　125

　　第一节　竞争政策优先战略的确立　126
　　第二节　竞争政策优先与竞争中立（中性）　139
　　第三节　竞争政策优先与地方税收竞争　146
　　第四节　竞争政策优先与国家补贴　157
　　第五节　竞争政策优先的具体实施：以网约车为例　164

第六章 ▶ 重点战略：有效控制行政性垄断　176

　　第一节　行政性垄断及其法律规制的一般分析　176
　　第二节　控制行政性垄断与反垄断执法　182
　　第三节　控制行政性垄断与公平竞争审查　192
　　第四节　控制行政性垄断的具体实施：以政府采购为例　197

第七章 ▶ 前沿战略：反垄断与保护知识产权协调发展　214

　　第一节　中国关注反垄断与保护知识产权协调发展的背景和意义　214
　　第二节　中国知识产权政策的发展及其与反垄断的协调　219
　　第三节　主要国家和地区知识产权领域反垄断的经验借鉴　222
　　第四节　中国知识产权领域反垄断需要明确的若干基本问题　230
　　第五节　中国知识产权领域反垄断规则的新发展　243

第八章 ▶ 关键战略：中国反垄断的本土化　247

　　第一节　法律移植与反垄断法本土化问题概述　247
　　第二节　反垄断法的法学方法论及其本土化功能　249
　　第三节　反垄断法本土化中的法律体系冲突　259
　　第四节　反垄断执法机构权力配置模式的本土化改造　269
　　第五节　转售价格维持规制中的法律移植与本土化　282

第九章 ▶ 必要战略：中国反垄断的国际协调与应对　296

　　第一节　竞争规则国际协调的现状和路径选择　296
　　第二节　中国参与竞争规则国际协调的立场和策略　302

第三节　中国对于反垄断与反倾销关系协调的方案选择　308

第四节　中国对于竞争中立规则的立场和应对措施　313

第五节　中国反垄断法域外适用原则的合理确定和有效运用　322

第六节　中国反垄断法的本土化与国际化协调　327

第十章▶制度完善：反垄断战略视角下法律制度的完善　333

第一节　中国反垄断法实施的基本情况　334

第二节　中国反垄断法实施面临的问题和挑战　359

第三节　国家战略视角下《反垄断法》修订完善的思路　366

参考文献　373

后记　383

Contents

Chapter 1 Anti-monopoly: From Economic Theory, Legal Institution to National Strategy   1

1. Anti-monopoly in the dimension of economic theory: policy tool to correct market failure and to achieve economic efficiency   2
2. Anti-monopoly in the legal institution dimension: system design to maintain free and fair market competition   10
3. Anti-monopoly in national strategic dimension: overall plan to protect national interests in global competition   17

Chapter 2 Economic Globalization: Background of China's Anti-monopoly Strategy   32

1. Meaning, evolution and trend of economic globalization   32
2. Causes, characteristics and manifestations of economic globalization   40
3. Impact of economic globalization on domestic anti-monopoly and solutions   46
4. Challenges and coordination of economic globalization to international anti-monopoly   54

Chapter 3 Experience References: Anti-monopoly Strategy Based on Law in Major Countries and Regions   59

1. United States' antitrust strategy based on Law   60
2. EU's anti-monoply strategy based on Law   65

3. BRICS's anti-monopoly strategies based on Law   70

4. Implications from foreign anti-monopoly strategies based on Law   75

Chapter 4   Strategic Elements: Basic Framework of China's Anti-monopoly Strategy   82

1. Foundation and environment of China's anti-monopoly strategy   82
2. Guiding principles and objectives of China's anti-monopoly strategy   92
3. Key contents of China's anti-monopoly strategy   98
4. Implementing measures of China's anti-monopoly strategy   107

Chapter 5   Basic Strategy: Prioritizing Competition Policy   125

1. Establishment of prioritizing competition policy strategy   126
2. Prioritizing competition policy and competition neutrality   139
3. Prioritizing competition policy and local tax competition   146
4. Prioritizing competition policy and state subsidies   157
5. Specific measure for prioritizing competition policy: taking online car hailing as an example   164

Chapter 6   Focused Strategy: Effectively Control Administrative Monopoly   176

1. Administrative monopoly and general anti-monopoly analysis   176
2. Administrative monopoly control and anti-monopoly enforcement   182
3. Administrative monopoly control and fair competition review   192
4. A specific case for administrative monopoly control: taking governmental procurement as an example   197

Chapter 7   Frontier Strategy: Harmonized Development of Anti-monopoly and IPR   214

1. Background and significance of China's concerns over harmonized development of anti-monopoly and IPR protection   214
2. Development of China's intellectual property policy and its coordination with anti-monopoly   219
3. IPR – related anti-monopoly experience in major countries and/or regions   222
4. Basic IPR – related anti-monopoly issues that are needed to clarify in China   230

5. New developments in China's anti-monopoly rules in the field of IPR   243

Chapter 8   Key Strategy: Localization of Anti-monopoly in China   247

1. Legal transplantation and localization of anti-monopoly law   247
2. Legal methodology of anti-monopoly law and its localization   249
3. Legal conflicts in the localization of anti-monopoly law   259
4. Localization of power allocation of anti-monopoly agency   269
5. Legal transplantation and localization in resale price maintenance regulation   282

Chapter 9   Necessary Strategy: International Coordination and Response of China's Anti-monopoly   296

1. Status quo and path selection of international coordination of competition rules   296
2. China's position and strategy in participating in international coordination of competition rules   302
3. China's choice in the coordination of anti-monopoly and anti-dumping   308
4. China's position and measures on competition neutrality   313
5. Rational application and effective enforcement of extraterritorial jurisdiction of China's anti-monopoly law   322
6. Coordination between localization and internationalization of China's anti-monopoly law   327

Chapter 10   Institutional Improvement: Improvement of the Legal Institution under Anti-monopoly Strategy   333

1. Basic situation of China's anti-monopoly law enforcement   334
2. Problems and challenges faced by the China's anti-monopoly law enforcement   359
3. Revision proposition of the Anti-Monopoly Law under national strategy   366

References   373

Postscript   383

第一章

反垄断：从经济理论、法律制度到国家战略

反垄断或者竞争政策作为经济领域的一种现象，首先是作为经济理论上讨论的主题，其目的是矫正市场的失灵，以便充分发挥竞争机制的积极作用，最终实现经济效率的目标。这样，经济理论很自然地就成为反垄断的一个重要但至今仍争议不断的维度。同时，由于反垄断体现了政府对市场的干预，按照现代法治原则的要求，这种干预必须得到法律的确认和规范，这样反垄断理论在实践中的运用就要表现为反垄断法的制定和实施行为，因而反垄断无疑就是一种法律制度上的安排，也是一种经济政策上的选择，其基本目标是维护市场的自由公平竞争秩序。目前世界上已有约130个国家和地区制定和实施了各自的反垄断法。这样，法律制度便成为反垄断的一个基本的和固有的维度。进一步来说，反垄断法的制定和实施本身不是目的，是要为国家整体利益服务的，尤其是在经济全球化趋势越来越明显以及国家之间竞争越来越激烈的背景下，反垄断越来越与国家的整体利益密切相关，相应地，需要从战略的高度来认识和处理，因此国家战略也就成为反垄断的一个新的且重要的维度。本章拟分别从这三个维度出发对反垄断问题进行视角更广泛的分析和审视，着重引出从国家战略的视角来认识和处理反垄断问题的必要性，为制定和实施国家的反垄断战略提供基本的依据和框架。

第一节 经济理论维度的反垄断：矫正市场失灵和实现经济效率的政策工具

一、经济学视野的竞争与反垄断问题

笼统地说，反垄断是反对非法垄断、保护竞争以维持良好经济绩效的基本条件，因此反垄断通常就是可以与竞争互换或者并列使用的概念，竞争理论的产生和发展也就是反垄断的理论渊源。"今天，即使是不赞成把经济学看作反垄断政策唯一基础的人，也至少不会否认经济学对反垄断政策产生了深远影响；而一些学者，如波斯纳（R. A. Posner），则干脆断定反垄断政策的唯一基础就是经济学。"①

竞争与垄断属于经济学的一个核心范畴和基本主题。"竞争是经济学家的主要范畴，是他最宠爱的女儿，他始终爱抚着她……"② 正如有学者指出的："在社会科学领域的几个重要学科中，如果说管理学的主题是激励与约束，哲学的主题是科学与宗教，法学的主题是权利与义务，政治学的主题是效率与公平，那么经济学的主题则是竞争与垄断。从经济学之父亚当·斯密开始，经济学至今已经发展成为庞大复杂的学科体系，但其主题仍是竞争与垄断，这是人们认识经济活动规律的基本线索。竞争与垄断的关系如同中华传统文化中的'阴阳太极图'，二者相互排斥又相互依存，不断地发展变化，演绎出地区、国家和全球的经济增长和社会发展态势。"③ 相应地，竞争与垄断自然成为经济学理论中最受关注、也最容易引起争议的命题之一。从经济学诞生之时起，竞争与垄断就是经济学必须面对的主要问题。古典经济学的代表人物亚当·斯密在《国民财富的性质和原因的研究》（即《国富论》）中所处理的一个主要问题，就是如何打破垄断，构造一个健全性的竞争性市场制度，即他所说的"明确的、单纯的自然的自由制度"。④ 据德姆塞茨的统计，亚当·斯密在其《国富论》中采用垄断一词的次数

---

① 薛兆丰：《反垄断法的经济学基础》，载于《北京大学学报（哲学社会科学版）》2008 年第 6 期。
② 《马克思恩格斯全集》第 1 卷，人民出版社 1956 年版，第 611~612 页。
③ 于立、王玥：《反垄断经济学的本源与难题——基于中国的实践》，载于《中国物价》2014 年第 2 期。
④ 参见秋风：《相信市场还是相信反垄断》，载于《产业经济评论》第 7 卷第 1 辑（2008 年 3 月）。

就达903次。① 其中，还包括一些虽没有直接用"垄断"一词但涉及典型实质性垄断行为的著名论断，并且被广泛引用，例如"进行同一种贸易活动的人们甚至为了娱乐或消遣也很少聚集在一起，但他们聚会的结果，往往不是阴谋对付公众便是筹划抬高价格。"②

　　经济理论表明，作为市场最基本的运行机制，竞争是市场经济的内在属性和固有规律，市场经济在本质上可以说是一种竞争性经济。竞争具有多方面的积极作用，例如使得稀缺资源得到合理配置，推动经济技术进步，增加社会总收入，使消费者也能享受到生产技术进步所带来的好处，并有利于保障人们的经济自由，创造社会平等的经济基础，维护政治民主的经济基础。正如前联邦德国经济学家和政治家路德维希·艾哈德指出的："竞争是获致和保证繁荣最有效的手段。只有竞争才能使作为消费者的人们从经济发展中受到实惠。它保证随着生产力的提高而俱来的种种利益，终于归人们享受。"③ 但是，市场不能自动保证竞争的有序和公平，相反，在市场竞争过程中往往会产生破坏竞争的力量，尤其是作为市场竞争"副产品"的垄断。"只要存在着对竞争的不正当限制或者对消费中、购买中合理判断的严重障碍，那么，实行的政府干预就是必要的。这种社会的控制与其说是对自由企业体制本身进行限制，还不如说是用来扩大企业在市场上的总体自由。"④

　　一般的经济理论认为，垄断是市场经济发展到一定程度以后必然产生的、与竞争相对立的经济现象，是发源自市场竞争，又反过来否定、限制、阻止市场竞争的"异化"力量，因而是对公平竞争市场秩序的极大威胁。同时，垄断又是"市场失灵"的一种表现，从而成为政府适度干预和补救的原因之一。当然，如果政府干预失当，又有政府人为操纵市场之嫌，就会以另一种形式阻止公平竞争。所以，反垄断的命题常常被归结为，当垄断难以完全消除的场合，经济学的所有智慧都在于如何将垄断限制在社会经济可接受的动态区间，或者说，找到社会对垄断的"容忍度"和政府干预的"适度"，而并不奢望将垄断"彻底消灭"。⑤ "从经济哲学的高度看，企业竞争的直接目的是寻求自身的垄断地位，而从社会角度看，正是这种追求垄断的竞争促进了社会的进步。而一旦少量企业形成垄断进而对竞争机制产生较大负面影响，反垄断机构就有责任打破垄

---

　　① 参见刘伟：《反垄断的经济分析》，上海财经大学出版社2004年版，第1页。
　　② [英] 亚当·斯密：《国民财富的性质和原因的研究》（上卷），郭大力、王亚南译，商务印书馆1981年版，第212～213页。
　　③ [德] 路德维希·艾哈德：《来自竞争的繁荣》，祝世康等译，商务印书馆1983年版，第11页。
　　④ [美] 马歇尔·C.霍华德：《美国反托拉斯法与贸易法规》，孙南申译，中国社会科学出版社1991年版，第4页。
　　⑤ 参见宋则：《反垄断理论研究》，载于《经济学家》2001年第1期。

断,恢复竞争。这种'悖论'也许只有反垄断经济学家能深悟其妙。"①

反垄断的经济理论基础涉及很多方面,但主要的还是市场竞争理论和垄断的福利分析,尤其是前者。② 市场竞争理论是经济理论的一个非常重要的内容,市场竞争理论的演变几乎贯穿了整个经济学说史的全过程。垄断受到责难主要是因为垄断势力的存在使得定价超过边际成本,结果是垄断者控制着较高的价格,生产较低的产量,从而造成社会总福利的净损失。为此,经济学家长期以来不断探讨竞争的理想模式和维持竞争的政策措施。不过,竞争在经济学家心目中的理想模式及相应的政策主张却并非一致的和一贯的。经济学中的竞争理论本身经历了一个发展和演变的过程,不同的竞争理论流派都有各自的理论模型和政策主张,它们从静态到动态,从理想到现实,从规范到实证,对竞争进行了深入、细致的探讨,为经济学的发展做出了不同程度的贡献,也对各国不同时期竞争政策和反垄断法的制定和执行产生了直接或者间接的影响。

二、反垄断经济理论的主要发展脉络

竞争理论的产生是从古典学派开始的,古典竞争理论就是指以亚当·斯密为代表的古典学派的竞争理论。作为古典学派最杰出的代表,亚当·斯密首创了古典自由竞争理论,他对于竞争过程的分析是贯穿于其分工理论、价值理论和资本理论之中的。亚当·斯密的自由竞争理论内容十分丰富,归纳起来大致包括"经济人"假设、竞争机制或"看不见的手"以及自然秩序三项内容,这一理论成为经济学竞争理论的基础。亚当·斯密主张政府应尽量减少对市场的干预,自由竞争本身通过"看不见的手",可以使个人和社会都能获得最大利益,这至今仍然代表着新古典学派经济理论的基本倾向。但是,亚当·斯密没有对市场的竞争结构进行具体分析,并且由于其把自由竞争下的市场机制作为最佳的经济调节机制,主张实行自由放任的经济政策,这实际上是一种没有竞争政策的政策。

源于古典竞争理论的马克思竞争理论,贯穿于其价值理论与剩余价值理论之中,在经济学说史上具有重要地位。其核心思想是:同一部门内的生产者之间的竞争使商品的个别价值形成为社会价值,同一部门内生产者与消费者之间的竞争即供求关系的变化制约着商品社会价值确立的界限,决定着商品价值的实现程度;不同部门生产者之间的竞争在价格形成中发挥作用。③ 马克思竞争理论后来

---

① 于立:《中国反垄断经济学的研究进展》,载于《广东商学院学报》2010年第5期。
② 参见陈甬军、胡德宝:《反垄断理论的经济学基础》,载于《中国物价》2013年第10期。
③ 参见陈秀山:《现代竞争理论与竞争政策》,商务印书馆1997年版,第28~30页。

经历了列宁的竞争理论、希法亭等后马克思学派的竞争理论和20世纪70年代以后马克思主义学者关于竞争理论的进一步发展。马克思主义竞争理论注重对竞争的实质和竞争过程内在规律的研究，在竞争与垄断的关系上强调二者之间的内在联系；在竞争作用上，不仅研究竞争的积极作用，而且分析其消极影响，更加全面客观。[1]

西方经济学竞争理论到19世纪70年代开始形成新古典竞争理论，这又包括完全竞争理论和不完全竞争理论。完全竞争理论主要研究实现完全竞争状态所需要的条件，以及完全竞争状态所达到的社会福利最大化，即竞争状态下的帕累托最优。完全竞争理论将完全竞争静态均衡作为理想的市场状态，建立在两组基本假定即经济处于静止状态和具备完全竞争的条件之上。完全竞争理论认为，国家的任务就是通过竞争政策，创造和保持完全竞争的条件。直至第二次世界大战结束的20世纪40年代，完全竞争理论模式都被视为理想的竞争政策的理论基础。[2]完全竞争理论的意义在于，它第一次试图比较严谨地、系统化地说明市场竞争所需具备的条件，为竞争理论后来的发展奠定了理论基础，同时也为现实生活中某些市场的分析提供了指南。但是，其也有着明显的缺陷，主要是所设定的条件太严苛，与市场竞争过程的实际状况相去甚远，以其为基础的竞争政策在现实经济中根本无法实现，而且后来的理论发展也证明了，即使其假设的前提条件能够具备，完全竞争模式也并非竞争政策所应遵循的理想模式，完全竞争导致的经济运行结果也不是最优的。

不完全竞争（垄断竞争）理论是对完全竞争理论的发展，是指在20世纪30年代，由英国经济学家罗宾逊夫人和美国经济学家张伯伦各自提出的竞争理论，认为现实的竞争不是完全竞争，而是垄断竞争或不完全竞争。该理论认为，由于存在消费者偏好和产品之间的差异，因此市场是不完善的，每种具有特殊差异的产品的生产者都是这种产品的垄断者；同时，这种产品在市场上又可在一定程度上被同类产品替代，因此又在一定程度上受到竞争的压力。完全竞争和完全垄断都是极端的状态，现实市场中的竞争状态绝大多数是介于二者之间的这种"垄断者"之间的竞争。不完全竞争或垄断竞争理论指出了现实市场上竞争与垄断之间的相互渗透和复杂关系，有助于分析一些竞争现象。但是，这种发展是十分有限的，从总体上看还没有摆脱完全竞争理论的教条与束缚。[3]从这个意义上讲，它仍然属于新古典竞争理论的范畴。

---

[1] 参见杜朝晖：《马克思主义竞争理论与西方经济学竞争理论的比较》，载于《教学与研究》2008年第4期。
[2] 参见陈秀山：《现代竞争理论与竞争政策》，商务印书馆1997年版，第38～40页。
[3] 参见陈秀山：《现代竞争理论与竞争政策》，商务印书馆1997年版，第45～46页。

现代竞争理论阶段是相对于古典竞争理论和新古典竞争理论而言的，这种理论在内容上是相对独立的、系统的，成为微观经济理论的一个特定研究领域；在分析方法上采取动态分析，把竞争作为一个动态的变化过程；在时间上始于20世纪40年代，特别是在战后的五六十年代取得了进一步发展；在政策效应上是为政府的竞争政策服务的，政策效应远远大于古典竞争理论和新古典竞争理论。①现代竞争理论的产生，打破了把完全竞争作为现实和理想竞争状态为主要标志的传统静态竞争理论。现代竞争理论的学派很多，包括创新与动态竞争理论、有效竞争理论、哈佛学派的竞争理论、芝加哥学派的竞争理论、新奥地利学派的竞争理论、可竞争市场理论、交易费用理论以及后芝加哥学派的竞争理论等。这里选择其中最具代表性的三个加以简要说明。

20世纪50年代以哈佛大学教授梅森及其学生贝恩为代表的哈佛学派建立了产业组织理论体系。产业组织理论从经验研究出发，具体分析了竞争过程中市场结构（S）、市场行为（C）以及市场绩效（P）之间的相互关系，认为市场结构决定市场行为，市场行为决定市场绩效。哈佛学派认为，竞争政策的目标就是要保证竞争过程达到有效的市场成果。为了保持有效竞争，获得令人满意的市场结果，必须对市场结构和市场行为进行干预、调节。具体政策措施包括阻止卡特尔和协调行为、拆散市场中占统治地位的企业、控制合并、通过国家影响提高要素流动性和国家直接干预等。哈佛学派的竞争理论曾在战后至20世纪70年代相当长的时期内，成为美国政府制定竞争政策的理论依据。尽管产业组织理论存在的一些不足受到了芝加哥学派的批评并逐渐为后者所代替，但其强调的经验研究方法和主张通过对市场结构、市场行为的干预来保证有效竞争的观点仍具有现实意义。

20世纪70年代以来，芝加哥学派的一些经济学家和法学家，如施蒂格勒、博克、德姆塞茨等提出了一系列关于竞争的基本思想和政策主张，形成了芝加哥学派的竞争理论。芝加哥学派竞争理论的基础是经济自由主义思想和社会达尔文主义。芝加哥学派认为，竞争的唯一目标是保证消费者福利最大化，竞争政策的任务就是要保持能够保证消费者福利最大化，特别是国民经济资源最佳配置的市场机制的作用，强调反垄断法是保护竞争，而不是单纯保护竞争者。芝加哥学派的竞争理论在20世纪80年代以后对美国和其他国家的竞争政策产生了重要的影响，并且这种影响不仅仅是技术层面的，它改变了反垄断法的基本价值观念和目标，因而还是系统的和革命性的。芝加哥学派的贡献被概括为反垄断法的"一个目标和一个方法"，即反垄断法的目标是经济效率，反垄断法的分析方法是经济

---

① 参见陈秀山：《现代竞争理论与竞争政策》，商务印书馆1997年版，第2页。

学方法。① 但该理论仍然存在明显的缺陷，受到了很多的质疑和批评。例如，过于相信市场的自我调节能力，因而弱化了国家实施竞争政策的作用；采用了新古典分析方法，局限于个别观察，始终从单个企业观察和效率标准出发，很难把握整个社会的总体福利；把竞争目标仅仅归结为消费者福利最大化，忽视了市场竞争机制作为监督控制机制的作用等。

后芝加哥学派的竞争理论也被称为新产业组织理论，主要产生于20世纪90年代后期。当时一些反垄断经济学家应用博弈论工具和新实证产业组织经济学分析工具对企业策略行为进行了深入分析，用策略博弈理论、沉没成本、激励理论等理论工具和概念，对一些传统理论解释不清或不准确的产业组织问题给出了新的、更科学的解释。后芝加哥学派认为现实市场中的企业策略行为可能导致垄断，并且市场机制本身无法消除这种垄断，因此政府用反垄断法来调整企业策略性行为是有必要的。后芝加哥学派用博弈论等更先进的分析工具发展了一些新的理论，用于分析企业策略性行为和评估政府进行反垄断干预的市场结构依据，对推动经济学和反垄断执法的科学化做出了重大贡献，但目前其并没有形成一个统一的可以替代其他学派的分析范式，很多理论还处在发展之中，而且其也面临一些缺陷，如多重均衡的结果限制了执法规则的具体化和可操作性，实证研究发展的滞后制约了其应用性发展，假设条件的严格也影响了其结论成立等。随着后芝加哥学派理论的完善和可应用化，其对反垄断法的影响将会进一步扩大。②

从市场竞争理论的基本发展脉络来看，人们对竞争和垄断以及相应的反垄断的认识是一个不断深化而日趋客观的过程。归结起来主要体现在三个方面：一是传统竞争理论往往把竞争作为目标，把完全竞争作为理想模式来追求，而现代竞争理论通常把竞争作为手段，认为竞争与经济效益和技术进步并不总是具有一致性，因而既要崇尚自由竞争，又要追求效益，并以技术进步和效益优先；二是竞争理论从以静态方法研究竞争到把竞争作为一个动态的过程，这就使得对竞争的研究能跟上不断变化的客观现实；三是从完全否定垄断到适当肯定垄断的积极作用，并逐步科学地认识垄断与竞争的关系。③ 市场竞争理论对各国反垄断和竞争政策的制定和实施产生了非常大的影响。

三、反垄断经济理论中的争论与基本问题的澄清

虽然经济理论在发展的过程中对于竞争的作用和垄断的危害以及反垄断的必

---

① 转引自于立、吴绪亮：《产业组织与反垄断法》，东北财经大学出版社2008年版，第23页。
② 参见于立、吴绪亮：《产业组织与反垄断法》，东北财经大学出版社2008年版，第23~26页。
③ 参见刘兵勇：《试论反垄断的理论基础》，载于《南京社会科学》2002年第5期。

要性等问题有若干共识，但是在一些问题上的分歧和争议还是很大的，尤其是在反垄断法制定和实施的过程中常常伴随着经济理论上的争议。前文已经提到了在不同时期的经济理论对于反垄断的基本立场和具体措施等方面存在差异，甚至就连在世界上公认的第一部反垄断法——1890年的美国谢尔曼法通过时，在众多的支持者中没有一位经济学家。根据斯蒂格勒的解释，其原因有三：一是经济学者不重视厂商暗地里进行的联合行为；二是经济学者对利用管制来处理垄断的问题有比较高的信心；三是经济学者低估了当反垄断问题顾问所接受的所得。在此后的数十年里，与其说反垄断政策变成经济学家的普遍信念，还不如说人们越来越能够忍受这一政策。1932年亚瑟·R. 伯恩斯还把反托拉斯法称为"一项重大的错误"。而在20世纪80年代中期对经济学家进行的调查发现，86%的经济学者表示支持反托拉斯法，并且认为反托拉斯法应当严格执行，以限制垄断势力的滥用。①

实际上，无论是在国外还是在国内，对于反垄断法是否有存在的合理性这一根本问题以及一些具体的制度设计都有着不同的认识，甚至严重的分歧。即使在今天，一些经济学家仍然对反垄断法持强烈的批评和排斥的态度。例如，薛兆丰教授在其一本反垄断经济学的著作中，不仅在正文的论述中对反垄断法及其具体制度提出批评，而且还在该书的封底上集中罗列了多位国外著名学者和法官批评反垄断法的论述。例如，O. W. 霍姆斯说："谢尔曼法可真荒唐，但如果我的国家要下地狱，我就在此帮它一把。"米尔顿·弗里德曼说："反垄断法的害处远远大于好处，所以最好干脆废除它。"R. H. 科斯说："我被反垄断法烦透了。假如价格涨了，它就说是'垄断性定价'；价格跌了，它就说是'掠夺性定价'；价格不变，它就说是'合谋性定价'。"R. H. 博克说："现代的反托拉斯法破败如斯，已经在学术上不配尊重了。"R. A. 波斯纳说："谢尔曼法的立法者对'托拉斯'问题感到担忧，但他们所认定的问题不仅模糊不清，而且是自相矛盾的。"②

近些年来，著名经济学家张维迎教授结合国内的奇虎360诉腾讯等垄断案也激烈抨击反垄断法，认为反垄断法是建立在传统经济学关于"竞争"和"垄断"的错误定义上的，它反的是真正的竞争；反垄断法把强力保护的垄断地位与竞争中形成的优势地位都归于"垄断"，把竞争和垄断搞混了，导致了错误的结论；真正的垄断只存在于政府强力干预的情况，也就是法定垄断和行政垄断。基于这样的垄断概念，任何享受政治特权的企业都是垄断企业，比如

---

① 参见刘伟：《反垄断的经济分析》，上海财经大学出版社2004年版，第7~8页。
② 参见薛兆丰：《商业无边界：反垄断法的经济学革命》，法律出版社2008年版，封底。

说，电信企业是垄断的，金融企业是垄断的，电视台是垄断的，出版社是垄断的，大学是垄断的。但腾讯等民营的互联网企业不是垄断的，因为谁都可以进入这个市场。①

客观地说，一些经济学家反对反垄断法的某些批评并非完全没有道理，各个国家不同时期的反垄断法无论是在制度设计上还是在具体适用上，都会存在这样或者那样的问题。但是，那种不区分经济学上的垄断与反垄断法所规制的垄断，并对实施了一个多世纪并且有越来越多的国家和地区选择制定和实施的反垄断法采取完全否定的态度，也不是一种客观和理性的态度，甚至是比较武断和轻率的。这里涉及的一个基本问题就是：反垄断法中的"垄断"指的是什么？反垄断法所要"反"的又是什么？这的确是反垄断法中的一个基本问题，与反垄断法的宗旨、任务等密切相关。

首先需要澄清的是，反垄断法中的所谓垄断与经济学意义上的垄断既有密切的联系，但又不是一回事。在微观经济理论中，垄断是指一种市场结构形态，其意义在于市场主体的少数甚至唯一，对供给进而对价格进行控制。而在反垄断法中，垄断主要是指特定的市场主体违法限制竞争的状态或者行为，它与企业的规模大小并没有必然的联系。尽管完整的反垄断法应包括对垄断状态的规制，但各国反垄断法主要还是集中在对垄断行为即各种实质性限制竞争行为的规制上，既包括已经具备某种垄断地位的经营者滥用其地位的行为，如垄断高价、搭售及附加其他不合理交易条件、强制交易以及差别待遇、掠夺性定价等，也包括尚不具备垄断地位的企业谋求垄断利益的行为，如达成固定价格、限制产量、划分市场等垄断协议，实施排除、限制竞争的经营者集中行为等。

同时，对于反垄断和反垄断法不能望文生义，不能将这里的垄断完全等同于经济学意义上的垄断，进而得出反垄断法必然反对大企业、排斥规模经济效益和限制经营自由的结论。实际上，反垄断法对于垄断的规制并不仅限于一个"反"字上，而是既有禁止和限制的问题，也有允许和豁免的问题。可以说，反垄断法对垄断的规制是区分不同情形分别对待的，它并非一概地反对所有的垄断，而只反对那些"坏的"垄断（主要是垄断行为），因而与国家发展规模经济的产业组织政策并不必然矛盾，两者可以相互配合、相互制约，既可以防止因片面强调产业组织政策而严重限制市场竞争，又可以防止过分反垄断而牺牲应有的规模经济效益。正如有人所概括的那样："反垄断法反对的并非一般意义上的大企业，而是任何独占市场的企图；它所努力消除的并非简单的企业优势，而是借助该种优

---

① 参见张维迎：《一场错误的官司——兼评360诉腾讯垄断案》，载于《经济观察报》2013年12月6日。

势对于竞争机制的扭曲与蹂躏；它所限制的并非企业通过先进的技术、优秀的策略等正当商业行为而获得的市场支配地位及高额利润，而是出于减灭竞争压力、长期轻松获取利润的目的，以非正当的方式对于该地位的维持与滥用；它所保护的并非弱小企业的弱小，而是保护它们获得平等的发展机会。"①

笼统地批评反垄断法或者全盘否定政府的反垄断举措既在逻辑上难以成立，也与实际的情况不符。对反垄断问题在经济理论上的争论肯定还会继续，而且争论本身是好事，有利于理论的进一步发展，也有利于相关制度的更加合理完善。

第二节 法律制度维度的反垄断：维护自由公平的市场竞争秩序的制度设计

一、反垄断法的意义和政策目标

反垄断体现了国家公权力对市场的干预，必须有相应的法律依据，而且主要是成文法上的依据，因此反垄断与反垄断法是密不可分的。在狭义上，反垄断法与反垄断政策是同义语，而反垄断法又主要是保护市场竞争的，因此也称为竞争法或者竞争政策。② 相对于市场属于横向的制度安排来说，反垄断法应当属于纵向的制度安排，其作用在于从纵向制度安排上来决定平行市场制度安排中企业之间竞争与合作的混合比例，对企业之间竞争的强度和合作的范围进行管理。③ 作为反对非法限制竞争、维护自由公平竞争和经济活力的一类法律规范的通称，反垄断法与禁止以违反商业道德的手段从事市场竞争行为、维护公平竞争秩序的反不正当竞争法共同构成竞争法的基本内容，但反垄断法相较于反不正当竞争法来说更多地体现了公法的性质。反垄断法虽是通称，但其在不同的国家或者地区有着不同的称谓。例如，在美国一般称为反托拉斯法；德国的相关立法称为反限制竞争法，又通称反卡特尔法；欧盟和有些国家称为竞争法（此即狭义上的竞争法）；还有叫公平交易法、管制限制性商业行为法等；在反垄断法的国际协调方

---

① 王炀：《论反垄断法一般理论及基本制度》，载于《中国法学》1997年第2期。
② 当然，竞争政策在广义上的范围除了反垄断法或者竞争法外，还包括旨在促进国内经济竞争自由和市场开放的各项政策措施。
③ 参见傅军、张颖：《反垄断与竞争政策：经济理论、国际经验及对中国的启示》，北京大学出版社2004年版，第13页。

面，则更多地使用竞争政策或者竞争政策与竞争法的称谓。虽然名称各异，但它们所规制的对象是大致相同的，即各种垄断或者限制竞争行为。当然，在不同的称谓和立法体例下，它所包含的内容也可能不完全相同。

虽然反对垄断、维护竞争的思想可以追溯到古希腊奴隶社会和中国战国时期[①]，这方面的法律规范最早可以追溯到古罗马时代[②]，但是现代意义上的反垄断法却是以1890年美国制定的《谢尔曼法》为标志的。在此后的一百多年的时间里，反垄断法律制度在世界各国得到了普遍的建立和发展。在早期，反垄断法主要集中在发达市场经济国家，成为这些国家保障和促进经济发展的重要政策法律工具。在一些西方国家，反垄断法被称为"经济宪法""市场经济的基石""自由企业大宪章"等，可见其对于市场经济发展的重要性。20世纪90年代以来，越来越多的发展中国家也制定和实施了反垄断法，以保障和推动经济的改革和发展。2007年8月30日通过、2008年8月1日实施的《中华人民共和国反垄断法》（以下简称《反垄断法》）确立了我国反垄断法律制度的基本框架。

制定和实施反垄断法是现代市场经济条件下国家调节经济的重要方式和职能之一，有着重要的意义。竞争是市场经济的精髓，构成了市场经济体制的内在要素，是市场经济的最基本的运行机制，是市场经济活力的源泉。但是，市场竞争在具有不可替代的优越性的同时，也存在着限制竞争即垄断的倾向，市场主体往往通过滥用已经取得的特殊市场地位、滥用"契约自由"以及不正当地、过度地扩大规模等手段来避免竞争带来的风险和压力。这种消极倾向人为地扭曲了市场竞争机制，破坏了自由公平的市场竞争秩序，使市场竞争的积极功能不能得到正常发挥。而这种消极倾向是不能通过市场本身来得到抑制和矫正的，相反，它们正是所谓"市场失灵"的表现。这在客观上需要反垄断法来发挥矫正的作用。需要用反垄断法来规制的各种垄断行为虽然在各个国家和地区的表现形式和侧重点有所差异，但是其实质内容和危害是基本一致的。

反垄断法的作用不仅表现在通过实际的执行消除已有的非法垄断上，还表现在通过潜在的威慑防止产生新的非法垄断上，后者甚至比前者更为重要。美国有俗语说："参议员谢尔曼的幽灵坐在每个大公司董事会桌边"。萨缪尔森指出："反托拉斯法的部分功效起因于该法的随意性质：像一个皇帝随意从他的将军中挑出一个将之枪毙一样——'为了杀鸡给猴看'——反托拉斯法像一柄尚方宝剑悬挂在每一个企业者的头上，可以限制企业者行使垄断力量的动机。"[③] 米尔

[①] 参见戚聿东：《中国现代垄断经济研究》序，经济科学出版社1999年版，第21~22页。
[②] 参见[联邦德国]闵策励：《联邦德国的反垄断法》，载于《法学研究》1986年第6期。
[③] [美]保罗·A.萨缪尔森：《经济学》（中册），商务印书馆1982年版，第212页。

顿·费里德曼也指出:"反托拉斯法的主要贡献是通过间接作用体现出来的,而不是通过它们的直接执行来反映的。"凯维思(Caves)认为"反托拉斯法的存在和实施与其说是针对被告发的少数人,不如说是对没有被发现的其他人的行为起到更大的预防作用。"①

总之,反垄断法所维护的是竞争自由,完善的是有效竞争的市场结构,制止的是排除、限制竞争的行为,对于维护市场竞争秩序、促进经济发展不可缺少。对于中国这样一个由计划经济体制向市场经济体制转轨的国家来说,制定和实施反垄断法除了具有维护竞争自由和保护消费者利益的一般作用外,还具有促进经济体制转轨和完善市场结构的特殊作用。但是,"反垄断法作为一种克服市场失灵的政策工具,并不是要取代市场竞争机制,而是要修复暂时失效的市场机制,使市场机制正常地发挥作用。"②

反垄断法的政策目标是指其通过规范市场竞争行为和维护市场竞争秩序所应当保护的利益和实现的功能。虽然从美国的《谢尔曼法》算起,现代反垄断法已有一百多年的历史,而且已成为许多国家、地区甚至国际组织法律体系中的重要组成部分,但无论在理论上还是在实践中,反垄断法的政策目标都没有一个统一的模式,存在"一元论"(即经济效率)和"多元论"的差异。"如果说各个法域的竞争法均以规范经营行为、维护市场竞争的基本内容为其共同特征的话,那么,在保护竞争的名义下,其所保护的利益和实现的功能却各有不同,从而使其规则的内容、解释和适用表现出种种差异。例如,竞争法之保护竞争,可以是指保护公民的经济自由,并维护政治民主的经济基础;可以是指保护竞争者,如中小企业,从而维持具体经济交往中的利益平衡;可以是指保护特定或不特定的消费者的利益;也可以纯粹是指保护竞争过程本身,从而确保市场机制发挥其资源高效配置作用和对生产效率的促进作用;还可以是指打破区域或市场之间的资源流动壁垒,推动更广大市场的一体化,等等。"③

实际上,反垄断法的政策目标是由各个国家所面临的经济社会条件和国际环境所决定的。一国特定时期的经济体制背景、经济发展水平和目标、市场秩序与产业结构状况、政府权力运作情况、国际竞争环境以及相应的主流经济理论,都会影响该国竞争法的政策目标。中国现实的经济社会基本情况是:虽然已经确立了建立社会主义市场经济体制的目标,并且市场经济体制的基本框架已经基本形成,但是在较长的时期里带有过渡体制的特点,需要通过法律来为市场竞争机制的形成和发展创造条件,特别是消除行政权力对市场竞争的不当

---

① 吴汉洪:《西方寡头市场理论与中国市场竞争立法》,经济科学出版社1998年版,第97页。
② 唐要家:《反垄断经济学:理论与政策》,中国社会科学出版社2008年版,第17页。
③ 王源扩:《我国竞争法的政策目标》,载于《法学研究》1996年第5期。

影响。同时，中国目前的产业结构在总体上呈现出分散化的情况，而且在经济全球化和世界经济一体化的背景下，中国企业的发展面临着巨大的国际竞争压力，因此反垄断法不应影响中国企业的做大做强。另外，中国市场上的竞争还不够规范，公平竞争的环境尚未完全形成，消费者利益受到损害的情况还时有发生。这些现实的情况是在确定中国反垄断法的政策目标时必须考虑的基本因素。

与一些国家或者地区相关立法规定的政策目标往往不太明确或者干脆就没有规定不同，中国的《反垄断法》明确规定了相应的立法目的。该法第1条规定："为了预防和制止垄断行为，保护市场公平竞争，提高经济运行效率，维护消费者利益和社会公共利益，促进社会主义市场经济健康发展，制定本法。"这表明，中国反垄断法的政策目标是多元的。但是，这里的规定含义较为宽泛，也看不出不同目标之间的关系，因此需要对其进一步具体化。结合中国现有的法律规定和现阶段的基本经济社会情况，中国反垄断法的政策目标主要包括三个方面，即保护公平竞争，促进社会公正；保护有效竞争，促进经济效率；保护消费者利益。

二、反垄断法的基本制度框架

尽管各国的反垄断法在立法模式和具体内容上存在差异，但是它们在基本的制度框架上是大致相同的。这种制度框架都包括反垄断实体制度和反垄断实施制度两个基本的组成部分。

现代各国反垄断法的实体规范一般由禁止垄断协议制度、禁止滥用市场支配地位制度和控制经营者集中制度这三个最基本的方面组成。其他的一些具体制度都附属于这些基本制度或由这些基本制度派生出来，例如豁免与适用除外制度是反垄断法中的一个重要内容，但它们往往是分别附属于前面三个制度的，构成它们各自的有机组成部分，因而一般可不作为独立的基本制度存在。当然，这些基本制度在不同国家其侧重点可能不完全相同，而且，少数国家还有一些特别的制度，如日本反垄断法中的垄断状态规制制度。总体来说，这些规定各有其具体的价值目标，但又结合在一起实现反垄断法的整体目标。其中，反垄断法对规模经济效益的维护主要是通过其允许垄断状态或垄断地位本身和豁免某些垄断行为的规定来实现的。这种协调使得反垄断法对自由公平竞争秩序的维护不以牺牲规模经济效益为代价，相反，可以在一定条件下和一定程度上实现两者的统一。

在我国，反垄断法律制度的实体内容除了上述各国所共同具有的基本内容以外,还有一个重要方面的内容,即对行政性垄断[①]规制的规定。虽然行政性垄断不是中国所特有的,但是其在我国由传统计划经济体制向社会主义市场经济体制转轨过程中显得非常突出。在我国的《反垄断法》中,既在总则第8条原则禁止行政性垄断,又在第五章专门对"滥用行政权力排除、限制竞争"作了相关规定。因此,我国反垄断法的基本实体制度是由四个部分组成的,即禁止垄断协议制度、禁止滥用市场支配地位制度、控制经营者集中制度和禁止滥用行政权力限制竞争制度。它们构成了我国反垄断法的四大支柱。

虽然反垄断法中的实体制度是非常重要的,但是它们并非反垄断法的全部内容,这些实体制度只有与反垄断法的实施制度结合在一起才能构成完整的反垄断法律制度。这里所说的实施制度包括反垄断法实体制度以外的其他制度,主要包括反垄断执法机构的设置及其职责权限制度、反垄断执法程序制度和反垄断法律责任制度,在不少国家还包括反垄断法域外适用制度。这些实施制度虽然不像实体制度那样规定具体的市场竞争规则,但是其对于这些规则的有效实施起着非常重要的作用,因而在整个反垄断法律制度中占有重要的地位。实际上,在很多国家的反垄断法中,这些实施制度的条文在数量上远远超过了实体制度的条文。例如,德国《反限制竞争法》,在第一编规定了作为实体制度的"限制竞争行为"外,第二编专门规定了"卡特尔当局",第三编专门规定了"程序",而且仅"程序"部分的条文就远远超过了"限制竞争行为"部分。相较之下,我国《反垄断法》在实施制度方面的规定比较简单,尤其是在反垄断执法程序方面的规则比较笼统,相对而言属于粗线条的。

反垄断法律制度根据特定时期市场竞争的状况而产生,也需要根据市场竞争的发展变化情况而不断地进行完善。事实上,各个国家和地区的反垄断法都不是一成不变的,而是以各自不同的方式发展完善中的。例如,美国1890年《谢尔曼法》通过后,又于1914年通过了《克莱顿法》和《联邦贸易委员会法》,1936年通过了《罗宾逊-帕特曼法》,并有法院的大量判例以及司法部和联邦贸易委员会经常分别[②]或者共同[③]就反托拉斯政策问题发布一些指导意见;又如,德国《反限制竞争法》在1957年通过后,到2021年1月先后进行了十次修订。

[①] 虽然"行政性垄断"在我国一直都是学术上的概念,在《反垄断法》和以往的法律法规和其他官方文件中都没有使用"行政性垄断"的术语,但是在中共十九大报告中明确提到"打破行政性垄断,防止市场垄断"。

[②] 如美国司法部在1968年发布、并于1982年和1984年两次修订的《横向合并指南》,联邦贸易委员会于1967年发布《水泥业的纵向合并指南》《食品供应行业的合并指南》等。

[③] 如美国司法部和联邦贸易委员会1992年联合发布、并于1997年和2010年两次修订的《横向合并指南》,于1995年联合发布《国际经营活动中的反托拉斯实施指南》和《知识产权许可的反托拉斯指南》。

就我国来说，《反垄断法》在 2007 年 8 月 30 日通过、2008 年 8 月 1 日实施以来，其存在的问题也不断凸显，这既表现在相关实体制度方面，更表现在执法机制和执法程序方面。目前，其修订工作已经列入了相关立法议程，国家市场监管总局于 2020 年 1 月 2 日在其官网上发布了《〈反垄断法〉修订草案（公开征求意见稿）》①，全国人大常委会将该法修订列入 2021 年安排的重点立法工作。这方面涉及的问题也很多，具体的将在本书最后一章进行分析探讨。

三、反垄断法的基本实施机制

反垄断法要发挥其应有的作用，既需要"书本上的法"（反垄断法的制定），更需要"行动中的法"（反垄断法的实施），也就是反垄断法所确立的制度规则在社会经济生活中得以实现的活动和过程。

反垄断法实施的基本方式是多种多样的，既包括反垄断法的遵守（守法），也包括反垄断法的执行（行政执法）和反垄断法的司法适用（司法），它们在反垄断法的实施中各有其作用和特点。相对于行政执法和司法通过国家机关的介入和强制力来实施反垄断法，守法则表现为行为主体自觉遵守反垄断法，因而是反垄断法实施中最符合效益的途径和最理想的实施形式。虽然运用国家权力的行政执法和司法活动在反垄断法的实施中具有非常重要的地位和作用，是更容易被感知的或者说是"有形的"法的实施方式，但是不能仅仅将反垄断法的实施理解为反垄断行政执法和反垄断司法，而应该将经营者和行政主体自觉遵守反垄断法的情况也包括在内。而且，即使是反垄断执法机构的工作，其实施反垄断法也不仅仅表现在具体的行政执法上，还表现在进行反垄断法的宣传普及和进行竞争倡导上。反垄断法的宣传普及对于提高民众的反垄断法律意识，培育全社会的竞争文化具有非常重要的意义。竞争倡导有利于促进执法；转型经济国家竞争机构需要在反垄断法制定、实施的初期，给予倡导优先于执法的地位。②

当然，反垄断法的实施不可能完全寄希望于经营者和行政主体的自觉遵守上，在强调这些主体自觉遵守反垄断法的同时，也需要重视反垄断行政执法和反垄断司法的保障和补充作用。实际上，守法对任何法的实施来说都是普遍的和共同的要求，其在反垄断法中并无太多的特殊之处，无非也是表现为当事人

---

① 市场监管总局就《〈反垄断法〉修订草案（公开征求意见稿）》公开征求意见的公告：http://www.samr.gov.cn/hd/zjdc/202001/t20200102_310120.html. 最后访问日期：2020 - 04 - 05。

② ICN, *Advocacy and Competition Policy*, 2002, p. iii.

按照法律的要求行事。而在行政执法和司法方面,不同的法律就有非常明显的差别,尤其是在反垄断法中,其所涉及的反垄断执法机构、执法程序、法律责任的追究、宽恕政策的适用以及法院的反垄断审判(尤其是垄断民事纠纷案件的审判)和反垄断法的域外适用等都有很多具有自身特色的地方。正因为如此,反垄断法实施中受到关注的主要还是反垄断行政执法和反垄断民事诉讼方面,尤其是前者,相应地,反垄断法实施机制的构建也主要是围绕这两个基本方面展开的。

从实施主体的性质和实施程序来说,反垄断法的实施有两个基本的实施途径和机制,即反垄断法的公共实施和私人实施。前者是指专门的反垄断执法机构依法调查处理垄断行为所进行的行政执法,后者是指有关主体(经营者、消费者等)就垄断行为追究民事责任而依法向法院提起的民事诉讼。它们相互配合、相互补充,共同维护市场竞争秩序,缺少其中任何一个方面都不利于反垄断法的全面和有效地实施。凡是建立了反垄断法律制度的国家和地区,都有各自形式的反垄断执法机构,并且其所进行的执法活动在反垄断法的实施中发挥着主导作用。在我国反垄断法的实施中,专门的反垄断执法机构也是处于主导地位的。虽然公共实施是我国反垄断法实施的主要途径和机制,但是私人实施机制也是不可缺少的,它具有公共实施机制所不可替代的重要作用。虽然各国反垄断执法机构设置的具体情况有所不同,反垄断执法机构与法院之间的关系和权力配置也不尽一致,但是私人提起的反垄断民事诉讼与专门机构的反垄断行政执法相配合是世界各国反垄断法实施的普遍做法和明显趋势。

我国《反垄断法》自 2008 年 8 月 1 日实施以来,国务院反垄断执法机构(2018 年以前是国家发改委、商务部和国家工商总局,2018 年以后是国家市场监管总局)在垄断协议、滥用市场支配地位行为查处和经营者集中的反垄断审查以及行政性垄断行为查处方面进行了积极的探索,取得了重要的执法成果。各级人民法院受理和审理的垄断纠纷案件也是我国反垄断法实施的重要形式。① 而且,从反垄断法实施方式多元化的视角来看,判断我国反垄断法的实施效果除了这些表现为"案件"的"有形实施"外,还需要看那些"无形实施",即经营者和其他主体主动遵守和合规的情况。在这方面虽然没有很具体的量化指标,但是从一些披露出来的消息和企业合规的实践来看,也是有明显变化的,即在《反垄断法》实施后很多企业(包括外国企业)改变了原先的合同条款和内部文件与该法精神不符的内容,如今越来越多的企业将反垄断法作为合规审查的一个非常重要的内容。这说明,随着反垄断法的宣传普及和反垄断执法的有效推进,经营者

---

① 我国反垄断法实施以来的具体情况详见本书第十章。

的反垄断法律意识和全社会的竞争文化有了很大的提升，市场主体对反垄断法的主动遵守情况有了很大的改进。

总体来看，我国反垄断法在十多年的实施中已经初步发挥了其规范市场竞争行为，维护自由公平的市场竞争秩序方面的积极作用，促进了我国的经济改革和发展。尤其是自 2013 年以来，我国的反垄断法实施的力度不断加大，一些典型案件得到了有效处理。例如，深圳市中级人民法院和广东省高级人民法院对中国华为公司诉美国交互数字公司案的判决，国家发改委对美国高通公司高达 60 多亿元的反垄断罚款，国家工商总局对利乐公司 6.77 亿元的反垄断罚款并正式启动对美国微软公司的反垄断调查等。此外，商务部也审查处理了微软收购诺基亚设备和服务业务案及马士基、地中海航运、达飞设立网络中心案等一大批有影响的经营者集中案件。我国的反垄断行动受到了国内外的广泛关注，我国也成为世界上最重要的反垄断管辖区之一。可以说，我国反垄断法在实施以来已经取得了初步的成效，为进一步有效实施奠定了良好的基础。

第三节 国家战略维度的反垄断：保障全球化竞争中国家利益的整体谋划

一、从国家战略的高度来认识和对待反垄断问题的必要性

以往的反垄断问题主要是从经济理论和经济政策的角度进行讨论，或者在法律意义上从比较单纯的立法、行政执法和司法活动的角度去定位，这本身当然没有错，而且这也是从其他方面进行深入认识和把握反垄断问题的前提和基础。但是，当今在经济全球化的背景下，反垄断已经不是单纯的经济理论问题，也不仅仅是一个国家内部的政策手段和法律工具，而越来越多地与国家的制度竞争优势和国际话语权联系在一起，因此就不能像以往那样只是从经济政策和法律规则的角度来考虑，而需要在此基础上进一步从战略的视角，尤其是国家战略的高度去认识和对待反垄断问题。这在前几年美国发起对中国的贸易战与中国被迫采取相关的应对措施中也可以看出一些端倪。近年来，随着中国科技、经济等的迅猛发展和综合国力的快速提升，以美国为首的一些西方国家对中国采取了一系列的围堵措施，甚至直接动用国家力量对中国的科技领先企业如中兴和华为等采取各种打压。尤其是在最近几年的中美经贸摩擦乃至贸易战、科技战中，美国政府直接

地运用行政手段赤裸裸地对中国华为公司的种种打压已经到了无以复加的地步。作为应对的一项重要措施，我国宣布将建立不可靠实体清单制度，通过将不遵守市场规则，背离契约精神，出于非商业目的对中国企业实施封锁或断供，严重损害中国企业正当权益的外国企业组织或个人列入不可靠实体清单，将对列入清单的实体采取必要的法律和行政措施。而根据商务部新闻发言人的说明，设立不可靠实体清单制度所依据的法律之一即为《反垄断法》。① 同时，2019年8月美国第九巡回上诉法院批准了高通公司的请求，同意部分暂停执行美国联邦贸易委员会（FTC）提起的反垄断案的判决，"政府本身对判决的合理性和判决对公共利益的影响，存在分歧。"先前的地区法院判决要求高通重新协商公司现有的芯片和专利交易，并且制定符合要求的新协议。在本案中，美国政府的不同部门对此有不同的看法，司法部就表示在初步审理期间其并不认同FTC的法律理论，美国国防部和美国能源部也认为如果对高通进行反垄断判决会影响美国在5G（第五代移动通信技术）领域的主导地位，将有损美国国家安全利益。②

可见，在反垄断实践中所考虑的往往不仅是竞争问题本身，还要考虑国家利益。虽然不能将反垄断纯粹地当作贸易保护的工具，但是其在实际运用中肯定要为国家的整体利益服务。这意味着反垄断不仅是一个经济理论问题，也不仅仅是政策和法律问题，还是一个战略问题。当然，后者是建立在前两者的基础上的（尤其是在法律规定的范围内和在法律保障的基础上），是对前两者在更高层面的合理运用。

在经济全球化不断深入的大背景下，本国经济的国际竞争力越来越成为各国经济干预重点保障的对象，甚至各国反垄断法也呈现出"内国控制弱化、国际控制强化"的发展趋势。③ 实际上，在经济全球化的背景下，各个国家和地区反垄断的政策目标已从原来以维护国内公平竞争为主转向更多地注重国家战略利益。这是现实经济活动的变化在政策上的反映。经济全球化的推进使企业过去的主要竞争对手是本国的同行，而现在更经常的威胁则来自外国企业，企业不得不在全球范围内配置资源，扩大生产规模，展开竞争。这种现实经济活动的变化迫使政府干预经济的理念发生变化。主要发达国家的经济政策由过去的主要弥补国内市场缺陷、维护公平竞争转向在全球范围内运用宏观调控政策干预经济，突出国家

---

① 参见新华网2019年5月31日消息：http://www.xinhuanet.com/2019-05/31/c_1124569492.htm。不过，经国务院批准，商务部2020年9月19日公布的《不可靠实体清单规定》第1条的立法依据中没有明确提到《中华人民共和国反垄断法》。
② 参见《中国贸易报》2019年8月29日第6版的报道。
③ 参见［美］肯尼斯·哈姆勒：《法律全球化：国际合并控制与美国、欧盟、拉美及中国的竞争法比较研究》，安光吉、刘益灯译，载于漆多俊主编《经济法论丛》（第14卷），中国方正出版社2008年版，第376~379页。

战略利益的重要性。体现在反垄断方面就是，拓宽了政府实施反垄断政策的视野，政府不仅要关注国内市场垄断与竞争的关系，更重要的是在全球范围内寻求资源的合理配置，在参与国际竞争中展示本国的规模优势，让本国企业获得世界市场利润的更大份额，谋求实现国家战略利益，而不再当然地以着重保护本国消费者和其他生产者的利益为政策关注的重点。因此，遵循在全球范围内国家战略利益为重的原则，政府在全球范围内设计反垄断政策法规的目标，处理规模经济和竞争活力的问题时，自然侧重于鼓励规模经济发展。[①] 当然，防止外国企业尤其是跨国公司对本国市场的垄断也是维护国家战略利益的一个方面，而且在新的形势下强调反垄断更加关注国际层面的问题也是以实现处理好国内层面的问题为基础的，进而实现两者的协调与衔接。

就我国的情况来说，一方面，经济全球化对我国的市场结构、市场行为和市场竞争的态势有着深刻的影响，这必然对我国反垄断法律规则的确立、制度原则的选择和具体的实施都会产生重大的影响，需要进行理性的分析和有效的应对，不仅要立足于国内市场，而且要考虑国际市场；既要遵守现有的国际规则，也要争取在制定国际规则方面的话语权；另一方面，在我国反垄断执法越来越受到国内外关注的情况下，对反垄断有一个清醒的认识和进行有效的应对已经成为国家必须面对的一个现实问题。在近些年来我国反垄断力度不断加大的过程中，既有肯定和赞誉的声音，中国的反垄断执法机构树立了在国际上的影响和地位，被视为与美国、欧盟并列的世界三大反垄断管辖区之一；但也有质疑和反对的声音，特别是2014年下半年国际上出现了一股集中批评中国反垄断执法的声音。例如，美国商会和欧盟商会等机构发布了长篇的报告，对中国的反垄断执法的专业性、公正性和透明度等提出了质疑和担忧，甚至将其政治化，宣称中国的反垄断行动只针对外国企业等，从多个角度对中国政府施压。即使纯粹从国内的角度来考虑，如何使主要作为"舶来品"的反垄断法律制度真正适应我国的国情，以便运用好这把"双刃剑"，既有效发挥反垄断的积极作用，又尽可能减少其负面影响，也是需要国家高度重视和积极面对的问题。这要求从国家战略的高度去进行积极、主动的谋划，避免就事论事，更要避免被动应付的局面。

从国家战略的高度去认识和对待反垄断，就要求从国家经济发展的整体利益上去把握反垄断问题，将其纳入经济发展战略的整体中进行合理谋划，并且在反垄断的过程中把握国内市场与国际市场、竞争政策与产业政策、政府的必要干预与防止行政垄断以及反垄断与保护知识产权等方面关系的协调，以寻求国家整体

---

① 参见傅彩霞：《新经济时代反垄断政策面临的挑战》，载于《西北大学学报（哲学社会科学版）》2001年第4期。

利益的最大化。例如，近些年国家发改委在对高通公司进行反垄断执法的过程中，实际上就在一定程度上起到了促使高通公司调整和改变其在中国市场上经营模式的效果，而这种经营模式以往多年来虽然受到我国企业的抱怨和抵制，但都没有效果。又如，国家工商总局2015年发布的《关于禁止滥用知识产权排除、限制竞争的规定》就明确宣示了在我国一方面要保护知识产权，另一方面也要对滥用知识产权排除、限制竞争的行为进行反垄断规制的基本立场，在一些具体规则方面既回应了国际上的一些怀疑和担忧，又坚持维护了我国的国家利益。这说明，反垄断和竞争政策的恰当和合理运用确实可以起到维护国家利益的作用。

因此，在经济理论发展和法律制度完善的基础上，进一步从国家战略的层面去认识和把握反垄断问题，将有助于我们从国家整体利益的视角来全面和准确地把握所涉及的问题，并能够从国家整体利益最大化的原则出发，去建立和完善反垄断规则，调整和改进反垄断执法工作，确立和运用在对外交涉和谈判中的立场和策略，协调和处理反垄断过程涉及的方方面面的关系，特别是进一步发挥市场竞争机制在国家经济发展中的作用。因此，对反垄断的认识和理解，不能就事论事，仅局限于经济理论或者法律制度层面，而应以发展的观点、战略的眼光，进一步在战略上审视和把握反垄断和竞争政策。可以说，我国的反垄断既是完善立法支撑基础上的执法活动，又是以经济逻辑和理性选择为前提的国家战略的重要组成部分。

总之，我国在社会主义市场经济发展到一定的高度之后，在《反垄断法》实施了十多年之际，该是到了从战略高度来认识和运用反垄断这个重要工具的时候了，尤其是在近年来国家多次强调"强化反垄断和防止资本无序扩张"的背景下。当然，反垄断战略又是建立在经济理论发展和反垄断法律制度完善的基础之上的（尤其是在法律规定的范围内和在法律保障的基础上），是对前两者在更高层面的合理运用。确立反垄断的战略之维，不仅是对反垄断问题认识上的深化，而且有利于在实践中更好地推动我国竞争政策和反垄断法的合理完善和有效实施。

二、战略的基本含义、类型和要素

战略一词本是军事领域的术语。《辞海》和《中国大百科全书·军事卷》等工具书也都是从军事角度来诠释战略一词，将其解释为"对战争全局的筹划和指挥"，或者"指导战争全局的方略"。由于古代战争比较频繁，而且关系重大，因此无论中外，很早就有研究战略的典籍。尤其是2500多年前春秋时期孙武所著的《孙子兵法》，是古代军事思想精华的集中体现，被世界公认为"兵学圣典"和"古代第一兵书",其强调了战略的重要性,如"不战而屈人之兵,善之善者也。故上兵伐谋,其次伐交,其次伐兵,其下攻城。"① 据中国台湾学者钮先钟先生考证,我们现在所通用的"战略"一词,由法国人梅齐乐 1777 年在其著作《战争理论》中首次正式使用(英语 strategy,法语 stratégie),并将其界定为"作战指导",战略一词逐渐变成法国的军事术语。② 毛泽东也非常重视战略问题,指出:"战略问题是研究战争全局的规律性的东西""凡属带有要照顾各方面和各阶段性质的,都是战略的全局。研究带全局性的战争指导规律,是战略学的任务。"③

在 18 世纪之前,战略与战术尚未得到区分,此前流传下来的研究战略战术的著作,在中国多称为"兵法",在西方则称为"将道",战略一词正式成为军事用语是在 18 世纪以后。不过,直到 20 世纪 20 年代之前,所谓的战略仍然仅限于军事领域。从第一次世界大战以来,人们逐渐打破了战略问题上的传统思维定势,从更宽的领域和更高的层次重新思考战略问题,"大战略"以及后来的"国家战略""总体战略"的概念和思想应运而生。④ 但是,战略一词仍然还是被军方和在军事领域使用,只是达到军事目的不再限于军事手段,而是包括政治、经济、心理等各方面的国家力量。李德·哈特认为,"大战略的任务为协调和指导一切国家资源(或若干国家的资源)以达到战争的政治目的。"⑤

随着经济的发展与社会的进步,国家和社会面对的决策问题不断增多且日益复杂,涉及的领域也越来越广,各级政府和社会组织都面临着发展战略的选择问题,以便将严峻挑战转化为发展机遇。20 世纪中叶以来,战略一词的使用范围逐步超出军事领域,军事战略学中的视角和原理为经济发展、公司管理等领域广泛借鉴,战略理论的内涵开始多方位扩展。战略原理的应用领域主要包括公司战略、产业战略与国家竞争优势、经济与社会发展战略、城市与地区战略、金融战略。⑥ 当今世界上任何一个主权国家,无论是进行国内政治、经济、军事、文化建设,还是参与国际交往和活动,都有自己既定的战略考虑和战略谋划。战略已成为国家生存和发展须臾不可分离的重要内容和保障。

虽然战略一词的使用逐步超越了军事领域,扩展到政治、经济、科技、教育和社会发展的各个方面,但在所有这些领域中,战略一词都有着基本相同的含

---

① 《孙子兵法·谋攻篇》。
② 钮先钟:《战略研究入门》,文汇出版社 2016 年版,第 5 页。
③ 《毛泽东选集》第 1 卷,人民出版社 1991 年版,第 175 页。
④ 参见薄贵利:《论国家战略的科学内涵》,载于《中国行政管理》2015 年第 7 期。
⑤ 转引自钮先钟:《战略研究入门》,文汇出版社 2016 年版,第 18 页。
⑥ 参见陈联:《战略学的渊源、应用与理论扩展》,载于《改革与战略》2015 年第 6 期。

义，即"泛指重大的、带全局性的、规律性的或决定全局的谋划"①。有学者做了进一步的分析："就战略的一般含义而言，凡是对全局性问题的谋划就是战略，但由于全局性的任务都不是一时可以实现的，因而必然具有长远性；进一步来说，全局性和长远性的问题，一般来说都是重大的问题，因此应归结为，战略就是对全局性、长远性重大问题的谋划和决策。也就是说，战略就是对全局性的、面向未来的和处置大事的。"② 因此可以认为，战略是指特定的主体为实现某种目标而进行的全局性、长远性和根本性的一种总体谋划。

根据上述定义，各种战略都具有全局性、长远性和根本性的共性特征。全局性是战略最根本的特征和题中应有之义，是指战略所要达到的目标是全局性的而非局部的，目标实现具有重大的影响，相关措施也需要通盘考虑，统一筹划。当然，全局性也是相对的，是有不同层次和范围的。长远性是指战略所要实现的任务是较长时期的，而不是短期的，因而任务的完成需要比较长的过程，需要准确的预测，相关措施既具有稳定性，也具有一定的灵活性。根本性是指战略所要解决的问题是具有决定性和关键性的，而不是枝节性和次要的，关系到整个领域。通常所说的战略问题、战略观念、战略眼光、战略思维等，也都是强调其全局性、长远性和根本性，而不是局限在一时一事或者某个技术层面，并以此与战术、策略和计划等概念相区别。清人陈谵然的名言"不谋万世者，不足谋一时；不谋全局者，不足谋一域"可以说是对战略的这些共性特征的最好阐释。战略的本质则是要实现主体的特定目标，维护和增进相应主体的利益。

作为全局性的谋划，战略是有不同层次和种类的。例如，从战略的主体来看，有国际组织的战略、国家的战略、政党的战略、政府部门的战略、地区和行业的战略以及企业等组织的战略等；从空间范围来看，有国际性的战略、区域性的战略、全国性的战略、地区性的战略和单位的战略等；从涉及的领域来看，有政治战略、经济战略、军事战略、外交战略、科技战略、教育战略、体育战略、文化战略等；从涉及的事务来看，有能源战略、海洋战略、标准战略、互联网战略、知识产权战略等；从涉及的时间来看，有长期战略和中短期战略；从涉及的内容来看，有综合性或者总体的战略和专门性或者专项的战略等；从与发展的关系性质来看，有任务型战略和途径型战略。此外，从行动方向来说，在国家总体战略之下，又可分为对内战略和对外战略；从国家利益来讲，有生存发展战略和安全保障战略，甚至还有对外扩张战略等。这些分类往往存在交叉的地方，例如，一个特定的战略（如能源战略）是国家制定的，涉及全国的，属于经济方面的，又

---

① 李锡炎主编：《现代战略学研究》，四川人民出版社 2000 年版，第 2 页。
② 李成勋：《经济发展战略学》，北京出版社 1999 年版，第 24 页。

是针对某一专门事务的，还是长期的，既涉及生存发展，也涉及安全保障。

关于战略研究的基本理论，相关的研究成果并不多。在这方面，钮先钟先生总结的战略研究中的四个基本假定、四个主要取向和四个分析层次的观点，为我们研究和制定相关战略（这里是指国家层面的战略）提供了一个较为清晰的理论框架，也为我们研究和制定反垄断战略提供了有益的启示。① 其中，关于战略研究的四个基本假定是：第一，国家意识或"国家至上"的观念，即战略思想家在构建其国家战略理论体系时，假定确有所谓国家利益之存在；第二，功利意识，即在所谓大战略的范畴中，一切国家权力的运用都必须基于国家利益的考虑，而且力求"成本低，效益高"；第三，理性意识，即战略家是理性主义者，制定战略要进行趋利避害的合理的分析选择；第四，忧患意识，战略家是悲观主义者，具有强烈的忧患意识，在做任何判断时，经常以最坏情况为基本假定。关于战略研究的四种重要取向是：第一，总体取向，即当战略家研究其问题时，必须认清问题本身所具有的总体性，同时又必须以总体的眼光来看问题；第二，主动取向，即战略的本质即为行动的指导，战略家的思考与行动应具有积极主动的精神，而非消极被动的反应；第三，前瞻取向，即战略不是为今天而设计，其一切都是为了明天，需要前瞻思考，深谋远虑；第四，务实取向，即战略是一种实用艺术，必须能有助于实际问题的解决，而不可流于空洞的幻想。而要确保思想的务实取向就应该坚持下述五条原则：一是战略思想不可过分抽象；二是必须认清时空背景；三是战略是长期的；四是战略必须具有弹性；五是战略目标应具有适合性、可行性和可受性。战略的总体取向体现为战略具有综合性和整体性；战略的主动取向体现为战略具有主动性和指导性；战略的前瞻取向体现为战略具有前瞻性和长远性；战略务实取向体现为战略的可行性和务实性。关于战略体系的四个层次是：第一，演员（主体）分析（actor analysis），国家利益和国家目标的分析构成演员分析的基础；第二，权力分析（power analysis），其研究的主题是权力的分类与评估；第三，环境分析（environment analysis），环境为时空架构，就空间而言可分为全球、区域、局部，就时间而言可分为过去、现在和未来；第四，运作分析（operation analysis），运作是战略的本体，运作分析的内容为研究如何运用、分配和发展权力。

一般来说，某一战略作为一个系统必然由一组要素构成，而战略形成过程就是由多个战略要素相互作用的过程。有的从战略本身的逻辑结构来分析，认为战略体系的基本要素包括战略主体、战略对象、战略指导思想、战略目标和任务、战略环境、战略方针和原则、战略措施和对策、战略部署与步骤、战略布局与重

---

① 参见钮先钟：《战略研究入门》，文汇出版社2016年版，第三、四、六章。

点等。① 有的将经济发展战略的构成要素概括为：一是战略环境或战略形势；二是战略目标和战略步骤；三是战略方针；四是战略任务；五是战略重点；六是战略实施。② 有的从战略主体需要考虑的因素出发，认为战略是一种程序或者过程，在整个程序中包括四个要素，即为演员（actor）、目标（object）、权力（power）和环境（environment）。③ 当然，由于战略有不同的类型，不同类型战略所关注的重心也是存在差异的。例如，战略步骤和战略布局对于那些任务型和总体性的发展战略而言是非常重要的内容，而对于那些途径型和专项性的发展战略来说就不是必不可少的了。从战略制定的实际情况来说，具体的内容也是有差异的。例如，2008年6月国务院印发的《国家知识产权战略纲要》，除序言外，包括指导思想和战略目标、战略重点、专项任务和战略措施四个方面④；而2016年5月中共中央、国务院印发的《国家创新驱动发展战略纲要》，主要内容包括战略背景、战略要求（又包括指导思想、基本原则和战略目标）、战略部署、战略任务、战略保障和组织实施六个方面⑤。

  从战略学上讲，战略目标与战略对策是战略体系中最基本的两个元素。战略目标是战略决策者预计或者希望在未来某个时间所要实现的某种形态或形成的某种态势，是对战略主体某种内在需求的集中反映和具体、清晰的表述；战略对策则是为实现战略目标而采取的措施和手段，具体表现为特定的行动序列和相应的资源配置。因此，战略制定实际上就是确立战略目标以及设计战略对策的一系列活动，战略实施则是按照战略对策的设计组织特定行动并配置相关资源的过程。⑥ 如果说战略目标是战略主体内在需求的具体化表述，那么，战略方针则是与这种内在需求相关的客观规律与客观条件的集中反映。归纳起来，战略方针与战略对策均以战略目标为方向，必须围绕战略目标而构建，因此战略目标被称为"战略的核心"，回答了"要做什么"的问题；战略方针则是连接战略目标与战略对策的枢纽，为走向战略目标设定了基本轨道，规束着战略对策的设计与实施进程，因而被称为"战略的灵魂"，回答了"应如何做"的问题。⑦

---

① 邓显超：《中国文化发展战略研究》，中共中央党校2007年博士学位论文，第12页。
② 郭万超：《当代中国经济发展战略》，首都师范大学出版社2007年版，第21~22页。
③ 参见钮先钟：《战略研究入门》，文汇出版社2016年版，第154页。
④ 参见中国政府网，http：//www.gov.cn/gongbao/content/2008/content_1018942.htm。最后访问日期：2020-03-16。
⑤ 参见新华网，http：//www.xinhuanet.com/politics/2016-05/19/c_1118898033.htm。最后访问日期：2020-03-16。
⑥ 朱谢群：《我国知识产权发展战略与实施的法律问题研究》，中国人民大学出版社2008年版，第93~94页。
⑦ 朱谢群：《我国知识产权发展战略与实施的法律问题研究》，中国人民大学出版社2008年版，第94页。

有学者研究认为，战略一般涉及两个主要步骤，即制定和实施。制定就是要分析环境和情况，做出判断，开发出指导性政策，这包括战略计划和战略思维；而实施则是指采取行动以实现根据指导性政策所确立的目标。① 从以上描述可以看出，战略应该具备两个形式要件：目标和措施。目标是指战略的内容究竟是什么，而措施是指战略的计划、目标等如何得以实现。此外，作为国家战略，应该是指重大事项。② 对战略的这种理解在其他涉及战略的文献中也得到了体现，例如有学者分析指出，"所谓知识产权战略，就是运用知识产权保护制度，为充分维护自己的合法权益，获得和保持竞争优势并遏制竞争对手，谋求最佳经济效益而进行的整体策划和采取的一系列策略与手段。"③

三、国家战略、经济发展战略和反垄断战略的基本定位

在各民族国家享有独立主权的当今世界，国家战略应该是最高层次也是最重要的战略，是指以国家为主体的，对关系国家全局性事项所做出的一种总体谋划。国家作为当代国际关系中主权和境内全体国民的代表者，无论是处理内部事务，诸如经济发展、国防建设、社会稳定和生态保护，还是处理国际互动，诸如参与国际组织，进行外交谈判甚至发动战争，都是最基本的战略单元。对国家来说，要实现全体国民的整体利益与中心目标，固然需要有处理不同领域和不同问题的具体的战略，但最重要的是要有统筹各种行为的最高战略。这种战略所起的作用，一是构成整个国家的中长期和行动框架，二是协调和指导各个方面的战略行动。④ 有学者经过论证后将国家战略定义为"为维护和增进国家利益、实现国家目标而综合发展、合理配置和有效运用国家力量的总体方略"，并认为国家战略的这个新定义具有本质性、通用性、全面性、长远性、和平性和实践性的特点。⑤

"国家战略"（national strategy）是在"二战"结束后美国官方创造的概念。1979 年，美国国防部出版的《军事及有关名词词典》（Dictionary of Military and Associated Terms），对国家战略有比较明确的界定："在平时和战时，发展和应用

---

① Lawrence Freedman, Strategy, Oxford University Press, 2013, pp. x – xi, 72 – 75, 88, 607 – 608; Henry Mintzberg and James Brian Quinn, The Strategy Process: Concepts, Contexts, Cases, Prentice Hall, 1996, pp. 5 – 7.
② 杨国华：《论跨太平洋伙伴关系协议（TPP）与我国多边和区域一体化战略》，载于《当代法学》2016 年第 1 期。
③ 冯晓青：《企业知识产权战略》，知识产权出版社 2001 年版，第 156 页。
④ 参见朱颖：《美国全球自由贸易协定战略》，上海社会科学院 2007 年博士学位论文，第 5~6 页。
⑤ 薄贵利：《论国家战略的科学内涵》，载于《中国行政管理》2015 年第 7 期。

政治、经济、心理等权力以达到国家目标的艺术和科学。"① 但是，其在实质意义上与此前欧洲人惯用的"大战略"（grand strategy）以及法国已故战略大师博弗尔曾首创的"总体战略"（total strategy）等概念并没有太大的差异，只是使用者的时代、国别和个人的习惯不同而已。不过，作为舶来品，"国家战略"的概念于20世纪80年代初被引进中国大陆后，一度并不流行——除少数学者在学术研究中使用外，在其他话语体系中难觅其身影。但近些年，国家战略一词在学者著述、媒体报道和领导讲话中经常出现，表明国家战略概念已被我国接受，并成为当代中国十分重要的战略理念。②

随着时代的发展、环境的变化和研究的进一步深入，国家战略的内涵也在不断地发展、丰富和充实——凡是事关国家全局、长远和根本利益的一切重大问题，都在国家战略的研究视野中，都是国家战略所应研究的问题。就内容而言，国家战略涉及国家政治、经济、文化、社会、科技、军事、民族、地理等诸多领域，其空间范围，既包括国内战略，也包括国际战略——国家战略在国际舞台的延伸。因此，国家战略不仅是涵盖范围最广、涉及领域最多的战略，同时也是层次最高的战略，是国家的最高战略。③

需要注意的是，关于目前实践中使用比较频繁的"国家战略"这一名词，人们往往在不同的意义上使用：一是指"国家的战略"，即国家层面的战略，相关的事务要国家出面来谋划；二是指"国家总体战略"，即统筹国家安全与发展的战略。④ 当然，也有人在"国家战略、全球战略和地区战略"的分类意义上来使用⑤，这个意义上的国家战略实际上就是国家的国内战略，因为所谓的全球战略也是特定国家的一种整体上的对外战略，地区战略也是特定国家的一定范围或者区域的对外战略。

国家战略涉及的问题很多，有人分析主要应包括这样几个方面的问题：第一，国家的定位，即根据国际战略环境确定国家在世界上的地位；第二，根据国家的根本利益确定国家要捍卫和谋求的总体目标；第三，根据自身的实力与资源确定实现目标的基本途径；第四，根据总体部署对各种具体战略进行宏观协调。在国家战略的宏观规定之下，各个国家都有涉及不同领域和不同层次的比较具体的战略，比如，发展战略、安全战略、外交战略、国防战略等。如果说国家战略是这些战略的纲，那么，这些具体的战略则是国家战略的目。没有这些具体的战

---

① 转引自钮先钟：《战略研究入门》，文汇出版社2016年版，第26页。
②③ 参见薄贵利：《论国家战略的科学内涵》，载于《中国行政管理》2015年第7期。
④ 参见孙新彭：《关于建构国家战略学进行国家战略研究的几点思考》，载于《发展研究》2013年第12期。
⑤ 参见门洪华：《中国国家战略体系的建构》，载于《教学与研究》2008年第5期。

略,国家战略就是一句空话,反过来,如果没有国家战略的总纲,这些战略也不可能发挥恰如其分的作用。①

通常认为,最早把"战略"与发展联系起来,构成"发展战略"一词的,是美国耶鲁大学教授 A. 赫希曼在 1958 年出版的《经济发展战略》一书②。该书最早将军事上的"战略"概念移植到发展经济学上,提出了发展战略的概念。这一提法将经济发展提到战略地位的高度,并把经济发展与其必要条件的社会诸因素结合起来。③ 此后,发展经济学中逐渐使用了这一概念。所谓发展战略,即由战略主体根据战略环境,在战略思想的指导下制定为达到一定战略目标的有关社会各个领域重大的、带有全局性和长远性的决策和谋划。发展战略涉及经济社会发展的各个方面,经济发展战略是其中的一个方面,当然是最基础的方面。而经济发展是指一国或地区伴随着经济增长而出现的经济总量不断增加、经济结构不断优化、经济质量不断提高的过程。把战略拓展至经济发展领域,战略的基本涵义没有变化,只是它适用的对象和范围发生变化而已。经济发展战略是指研究经济发展中重大的、带全局性的和决定全局的谋划,或者说,从经济发展的全局出发,分析构成经济发展全局的各个阶段、部分、因素的关系,并对全局起着决定性作用的阶段、部分、因素做出相应的规划和决策。④

关于经济发展战略的内涵,一个共识是把战略和经济发展结合起来,或者把经济发展放到战略地位的高度来阐述和应用就形成了经济发展战略。有学者认为,"经济发展战略是指政府所设定的经济发展目标和遵循的一种经济发展理念以及将其付诸实施的一整套政策。"⑤ 总体来说,经济发展战略是一国或地区对其经济发展所作的带有全局性和方向性的长期规划和行动纲领。⑥

基于前述关于战略、国家战略和经济发展战略的一般分析,反垄断战略的涵义就比较清晰了。由于反垄断是运用国家公权力对特定主体市场竞争行为的干预和矫正行为,反垄断属于国家事权,因此所谓的反垄断战略就不能是其他主体的事务,而只能是以国家为主体、在国家层面的战略。因此反垄断战略应该属于国家战略,当然是在具体事务上的国家战略,具体来说就是国家经济发展领域的战略。这样,反垄断战略就是指国家为发挥市场竞争机制在经济发展中的积极作

---

① 参见朱颖:《美国全球自由贸易协定战略》,上海社会科学院博士学位论文,2007 年,第 6 页。
② [美] 艾伯特·赫希曼:《经济发展战略》,曹征海、潘照东译,经济科学出版社 1991 年版。
③ 参见姚俭建等:《当代发展战略的理论与实践》,上海三联书店 1997 年版,第 2~3 页。
④ 姚星星:《经济发展战略的研究方法及其哲学评价》,载于《延边党校学报》2017 年第 8 期。
⑤ 蔡昉:《发展阶段判断与发展战略选择——中国又到了重化工业化阶段吗》,载于《经济学动态》2005 年第 9 期。
⑥ 朱颜、薛忠义、李美宜:《中国经济发展战略研究综述》,载于《云南财经大学学报》2014 年第 4 期。

用,实现国家利益的最大化,而对市场结构和市场行为进行调节和控制的一种带有全局意义的谋划和采取的相应措施。

关于反垄断战略的定位,这要根据反垄断本身的性质来确定。由于反垄断在基本性质上属于经济领域的一种政策选择和法律制度的设计,反垄断战略显然是要为经济发展服务的,因此反垄断战略也就是主要通过制定和实施反垄断法律制度来实现的国家经济发展战略的一部分。也就是说,反垄断战略是以竞争政策和反垄断法为主要支撑点和动力机制的国家经济发展战略。基于反垄断的基本功能是要维护市场竞争机制的正常运行,而包括竞争机制在内的市场机制在市场经济条件下对资源配置起决定性作用,因此反垄断战略在市场经济条件下就是国家经济发展战略中的一个非常重要的组成部分。

反垄断战略作为国家经济发展战略的基本定位决定了其基本内容的构成。前述战略的基本构成要素在总体上对确定反垄断战略的内容构成是基本适用的,但反垄断战略作为一种具体的经济发展战略,其内容构成也会有其自身的特点和要求。基于反垄断的性质,其作为国家战略应当属于途径型战略和专项性战略,而非任务型战略和总体性战略,因此是在前述第一种意义使用的,即反垄断属于"国家的战略",而不属于第二种意义即"国家总体战略"的范畴。这也决定了反垄断战略在构成要素上的重心所在。具体说来,反垄断战略虽然也存在一般发展战略通常所包括的基本构成要素,但是其作为途径型战略和专项型战略的基本性质决定了其重心不在战略步骤、战略布局等方面,而在于战略重点和战略措施上。同时,与其他战略不同,由于反垄断本身的法律性特别明显,其实际上就是表现为国家制定和实施相应的法律制度的行为,因此可以说,反垄断战略是一种以反垄断法为基础和保障的国家战略。这虽然在一定程度上限制了反垄断战略运用的空间,但是反垄断战略作为一种途径型和专项型战略,其本来就是作为一种手段和工具来运用的,而在强调依法治国、依法管理经济的背景下其无疑应当是在法律的规范和保障之下进行的。

就其主要的方面和环节而言,反垄断战略包括反垄断战略的制定和反垄断战略的实施。前者主要涉及反垄断战略的环境、指导思想和目标以及反垄断战略的重点内容;后者主要涉及反垄断战略的实施措施和路径等基本方面。

四、确立我国反垄断战略需要解决的主要问题

从党的十八大以来,中共中央和国务院就涉及市场竞争和垄断问题做出了一系列的重要论述,并采取了相应的政策措施。党的十八届三中全会通过的《中共中央关于全面深化改革若干重大问题的决定》指出:"改革市场监管体系,实行

统一的市场监管,清理和废除妨碍全国统一市场和公平竞争的各种规定和做法,严禁和惩处各类违法实行优惠政策行为,反对地方保护,反对垄断和不正当竞争。""适应经济全球化新形势,必须推动对内对外开放相互促进、引进来和走出去更好结合,促进国际国内要素有序自由流动、资源高效配置、市场深度融合,加快培育参与和引领国际经济合作竞争新优势,以开放促改革。"党的十八届四中全会通过的《中共中央关于全面推进依法治国若干重大问题的决定》进一步强调:"社会主义市场经济本质上是法治经济。"并同时强调"依法加强和改善宏观调控、市场监管,反对垄断,促进合理竞争,维护公平竞争的市场秩序。" 2014年6月《国务院关于促进市场公平竞争维护市场正常秩序的若干意见》也指出:"严厉惩处垄断行为和不正当竞争行为。依照反垄断法、反不正当竞争法、价格法的有关规定,严肃查处损害竞争、损害消费者权益以及妨碍创新和技术进步的垄断协议、滥用市场支配地位行为;加大经营者集中反垄断审查力度,有效防范通过并购获取垄断地位并损害市场竞争的行为;改革自然垄断行业监管办法,强化垄断环节监管。" 2015年中共中央、国务院《关于深化体制机制改革加快实施创新驱动发展战略的若干意见》进一步要求打破制约创新的行业垄断和市场分割,指出:"加快推进垄断性行业改革,放开自然垄断行业竞争性业务,建立鼓励创新的统一透明、有序规范的市场环境。""切实加强反垄断执法,及时发现和制止垄断协议和滥用市场支配地位等垄断行为,为中小企业创新发展拓宽空间。""打破地方保护,清理和废除妨碍全国统一市场的规定和做法,纠正地方政府不当补贴或利用行政权力限制、排除竞争的行为,探索实施公平竞争审查制度。" 2015年10月《中共中央、国务院关于推进价格机制改革的若干意见》更进一步提出"逐步确立竞争政策的基础性地位",同时"加快建立竞争政策与产业、投资等政策的协调机制"。2016年6月国务院印发《关于在市场体系建设中建立公平竞争审查制度的意见》,这是确立竞争政策基础性地位的关键一步。2017年中共十九大报告指出:"全面实施市场准入负面清单制度,清理废除妨碍统一市场和公平竞争的各种规定和做法,支持民营企业发展,激发各类市场主体活力。深化商事制度改革,打破行政性垄断,防止市场垄断,加快要素价格市场化改革,放宽服务业准入限制,完善市场监管体制。" 2019年10月31日党的十九届四中全会决定中指出:"强化竞争政策基础地位,落实公平竞争审查制度,加强和改进反垄断和反不正当竞争执法。"《中共中央 国务院关于新时代加快完善社会主义市场经济体制的意见》(2020年5月11日)中进一步强调:"完善竞争政策框架,建立健全竞争政策实施机制,强化竞争政策基础地位。"在短短几年里,从"逐步确立"到"强化",从"基础性地位"到"基础地位",竞争政策在我国得到了前所未有的重视。特别值得注意的是,在2020年12月先后召开的中央政治局会议和中央经济工作会议中,中央两次指出要"强化反垄断和防止资本无序扩张"。

从中共中央和国务院的这些文件精神中可以看出,社会主义市场经济的发展与对市场和政府关系的处理以及反垄断和市场竞争秩序的构建之间具有非常密切的关系,在经济全球化背景下,需要加强反垄断执法和对反垄断战略的设计和运用。基于这样的总体思路,我国的反垄断战略需要着重解决如下问题:

首先,合理确定在社会主义市场经济条件下反垄断本身的功能定位以及在经济全球化背景下反垄断作为国家战略的定位和构成要素。基于此,有经济学家提出了"促进和保护竞争应当是政府首要的经济职能"的命题。而且,在经济全球化背景下,反垄断不仅是纯粹的国内的法律规则和经济政策,而且关系到国家作为整体的经济利益和竞争力,因此需要在把握反垄断本质内涵的基础上将其上升到战略的高度来看待和处理。这就需要把握反垄断作为战略的基本定位及其构成要素。

其次,在深入分析经济全球化给我国经济发展,尤其是市场竞争方面带来的影响的基础上,确立我国反垄断战略的目标。经济全球化既是国际经济的现实,也是未来进一步发展的趋势。经济全球化本身是一把"双刃剑",对我们既带来了难得的发展机遇,又带来了巨大的挑战,对我国市场竞争的影响也是如此。这就需要全面梳理和分析这种影响,并以此作为基本背景和主要考虑因素来确定我国反垄断战略的基本目标。战略作为对全局性、整体性、长期性问题的谋划,其基本目标的确立非常重要,这直接决定了其实现的路径选择。

再次,在把握我国反垄断战略的背景和目标的基础上,明确我国在经济全球化背景下反垄断战略的内容构成和实现路径。这又需要从两个基本的层面和五个具体的方面展开。第一个层面是从反垄断在国内发展中的战略选择问题,主要涉及中国竞争政策优先战略、中国反行政性垄断战略以及中国反垄断与保护知识产权协调发展战略。前两者涉及如何在"使市场在资源配置中起决定性作用"的前提下"更好发挥政府作用"的问题,实现竞争(反垄断)政策与产业政策等的协调发展的问题;后者是在知识经济时代如何实施创新驱动发展的反垄断战略,实现反垄断与保护知识产权的协调发展,进而实现保护竞争与激励创新之间的平衡问题。第二个层面是从反垄断在对内对外关系的战略选择上,分别从中国反垄断的本土化战略与中国反垄断的国际战略两个方面展开。本土化战略可以说是将经济全球化影响的国内化,主要解决作为"舶来品"的反垄断法如何更好地适应中国经济发展的实际需要、与中国已有的法律体系深度融合的问题;中国反垄断的国际战略主要解决在当今激烈的国际经济竞争中如何运用反垄断来维护国家利益的问题。基于中国反垄断战略提出的基本背景就是经济全球化带来的深刻影响，国际战略可以说是中国反垄断战略的最主要内容，也是整个战略基本目标的主要实现路径之一，因此具有非常重要的地位和作用，对其他具体战略目标的实现有直接的影响。

最后，在上述基础上确定经济全球化背景下中国反垄断战略的总体思路和相应的保障措施。中国反垄断战略的基本目标及其实现路径是需要一系列相应的战略措施来保障的，这涉及很多方面的内容，至少包括：进一步深化经济体制改革，确立竞争政策的基础和优先的地位；进一步完善反垄断及相关的法律制度，为战略目标的实现提供依据和保障；进一步加强和改进反垄断执法，防止资本无序扩张，维护市场正常的竞争秩序；推动竞争倡导和竞争审查，全方位实现反垄断战略目标；大力培育竞争文化，为反垄断战略的实现提供文化土壤；积极参与竞争政策的国际谈判，提高我国在制定国际竞争规则中的话语权，争取对我国有利的国际竞争环境。

第二章

经济全球化：中国反垄断战略的基本背景

本书研究的是经济全球化背景下的中国反垄断战略问题，经济全球化构成了中国反垄断战略的基本背景。因此，本书在探讨中国反垄断战略这一核心问题之前，有必要对经济全球化这一背景的基本情况以及其对市场竞争和反垄断的影响进行梳理和分析。

第一节 经济全球化的含义、发展过程和趋势

一、经济全球化的含义和实质

20世纪末以来，"全球化"成为一个在学术研究、新闻报道乃至日常生活中被广泛使用的概念，也是一个炙手可热的时髦话题。但是，关于全球化本身的一些基本问题也充满了争议。英国的权威学者斯图尔特认为："关于全球化唯一没有分歧的一点，就是这个题目本身充满了分歧。对于定义、规模、起止年代、影响以及政策等问题，人们可谓见仁见智。"[①] 英国社会学家吉登斯也指出："没有

---

① [英] 简·阿特·斯图尔特：《解析全球化》，王艳莉译，吉林人民出版社2011年版，第41页。

哪个我们经常使用的概念像全球化那样缺少概念化。"① 也正是由于对全球化本身的理解各异，才导致了关于全球化的许多争论，而在争论中由于各自的定义不同而存在自说自话的情况。例如，某些研究者声称我们已生活在彻底全球化的世界之中，而怀疑者却否认任何全球化的迹象出现；有些人把全球化追溯到古代历史中，而有人则认为它的开始只不过是几十年前的事。

对全球化的争论及困惑常常是从定义问题上开始的。对于千差万别的具体定义中，有学者分析认为至少可以区分出五个基本的"全球化"定义。一个常见的定义是把全球化定义为国际化，这个意义上的全球化不过是用来表明国际交换及国家间互相依存关系的发展。第二种用法是视全球化为自由化，指的是解除政府强加在国家间交流之上的种种限制，从而创造出"开放的""无国界的"世界经济这一进程。第三种概念把全球化等于世界化，就是把不同的事物传播给世界上各个角落的人们这一过程。第四种定义把全球化等于西化或者现代化，特别是"美国化"，是将现代性的社会基础扩展到全世界。第五种观点把全球化定义为非地域化（deterritoriality）或者超地域性（supraterritoriality），即要求对地理进行重构，从而使社会空间不再完全依据地域距离以及地域边界来划分。② 这五种定义各有其道理，也有其局限，而且在很多方面也存在交叉和重合的情况，对其评价和取舍主要取决于观察和分析问题的角度（如经济学、社会学、政治学等）和侧重点（如分析、批判、构建等）。由于本书是从市场竞争和反垄断的角度来分析全球化的背景，因此主要是从国际化这一通常意义上来理解和使用全球化这一概念。当然，其中也不同程度地包含了其他定义中的一些内容。

不过，这里需要区分全球化和全球主义。全球化的概念诞生于20世纪70年代，那时它的含义还相当单纯：通过贸易、投资、旅游和信息的共同作用，世界各地的联系变得日益紧密。但是，在冷战结束后，全球化概念被注入了一种意识形态上的含义即全球主义。现在，人们已经很难区分全球化和全球主义之间的差别。全球主义缘起于华盛顿共识的新自由主义信条，这一共识由冷战结束后的美国总统克林顿发起，并由克林顿的继任者小布什和奥巴马贯彻执行。华盛顿共识构想了一个在经济、政治和国际关系方面采用统一规范和标准的世界，国家边界将逐渐失去意义甚至消失，文化差异让位于普世价值，选举民主和市场资本主义将主导全世界，最终所有国家的治理方式都将趋同。推动这一进程的是美国强大的软实力和硬实力。实际上，也正是部分出于这种逻辑，新自由主义者的继承人——新保守主义者和自由干涉主义者将美国拖入了阿富汗和伊拉克战争的泥

---

① 转引自庞中英：《地区化、地区性与地区主义》，载于《世界经济与政治》2003年第11期。
② 参见 [英] 简·阿特·斯图尔特：《解析全球化》，王艳莉译，吉林人民出版社2011年版，第13～15页。

潭。问题正在于此:全球主义是一个特洛伊木马,它吞噬了全球化,使之成为一股无法阻止的力量,直到被自己的狂妄自大压垮。① 不难看出,前文所列的五种全球化的定义中有的已经属于全球主义的范畴了。

关于全球化的概念,目前有广义和狭义两种用法,这实际又与其规模和起止年代等问题相关。广义的全球化泛指资本主义生产关系萌芽和产生以来,至今仍在继续的世界各国的相互联系和相互影响日益拓展和加深的过程。狭义的全球化则特指20世纪70年代第三次科技产业革命以来,特别是80年代西方世界普遍奉行新自由主义政策以来,世界经济政治关系向着一体化方向变化的趋势。②

全球化是一个涉及领域非常广泛的概念,国内外的著作和新闻中往往有经济全球化、政治全球化、文化全球化、知识全球化以及法律全球化等多种提法。在经济全球化中,又有贸易全球化、投资全球化、生产全球化和金融全球化等概念。由于经济是整个社会的基础,经济领域又是全球化最早发生、表现最典型、也最受关注的领域,其他领域的全球化往往也是经济全球化的延伸或者结果,因此虽然全球化不仅仅是经济全球化,但是通常所说的全球化主要是指经济全球化,或者在没有特别说明情况下就是指经济全球化。

对于经济全球化,不同的人基于不同的观察角度也是存在着不同的理解的。"对当今经济全球化,人们所下的定义真可谓成千上万。"③ 其中,有关国际组织从经济角度对全球化的定义更具有代表性。例如,联合国贸发会议在1997年的报告中指出:"全球化的概念既指货物和资源日益加强的跨国界流动,也指一套管理不断扩大的国际经济活动和交易网络的组织结构的出现";"对今天的世界经济与超国家范式相距还很远,对现状较为恰当的描述是全球在经济上的相互依存,市场、生产和金融活动的跨国界联系已加强到如此地步,以致任何一国的经济都不能不受到国界以外的政策和经济发展的影响。"④ 国际货币基金组织在1997年的出版物中也指出:"全球化是指跨国商品和服务交易及国际资本流动规模和形式的增加,以及技术的广泛传播使世界各国经济的相互依赖性增强。"⑤ 这里,两大国际性经济组织关于全球化的表述虽有差异,但是其实质内涵比较接近。

总体而言,作为一种客观的经济现象,经济全球化主要表现为经济活动和经

---

① 李世默(Eric X. Li):《全球主义的终结》,熊一舟编译,载于《社会科学报》2017年1月26日第2版,原载美国《外交事务》网站,2016年12月9日。
② 参见关立新等编著:《马克思"世界历史"理论与经济全球化指向》,中央编译出版社2013年版,第1页。
③ 裴元伦:《经济全球化与中国国家利益》,载于《世界经济》1999年第12期。
④ 转引自黄卫平:《经济全球化对发展中国家的影响》,载于《中国人民大学学报》2001年第4期。
⑤ 国际货币基金组织:《世界经济展望》,中国金融出版社1997年版,第45页。

济运行的全球化,是指以科技革命和市场经济的发展为驱动力,以生产要素在世界范围的大规模流动为中心,经济资源在全球范围内自由配置,各国经济紧密联系和相互依存的一种状态和过程。作为一种状态,它是在特定时期的世界经济发展的一种结果和现实表现;作为一种过程,它是一个连续不断的、从低级到高级的经济发展趋势,也就是人类经济活动跨越民族国家界限和各国经济在世界范围相互融合的过程。"全球化不是一种政策,而是一个过程,是人类从树上下来、不再穴居、开始狩猎和收获谷物以及交换货物和思想为生以来,一直继续至今的一个过程。全球化是在多种因素推动之下国际一体化的加速,在很大程度上是由技术推动的。"①

二、经济全球化的发展过程和趋势

就前述广义的全球化来说,其发展过程可以追溯到500多年前,具体的发展阶段又有不同的划分。有人将其分为三个阶段:1450~1815年,是全球化孕育和形成时期;1815~1917年,是巩固时期;1917年至今,是加强时期。②有人从历史演进的角度考察将其分为五个阶段,即:15世纪末后地理大发现和海外扩张孕育了经济全球化的萌芽;18世纪末至19世纪中叶第一次产业革命和资本主义制度的确立启动了经济全球化;19世纪后半叶至20世纪初第二次产业革命和垄断资本主义制度的发展加速了经济全球化进程;"一战"至冷战结束,经济全球化在曲折中发展;冷战结束以后,东西方对立的消失和市场经济在世界范围的扩展,使经济全球化进程加快和深入发展,标志着经济全球化时代的真正带来。③还有人认为,自从1492年美洲地理大发现后,全球主要经济活动区域就逐渐联系在一起并不断加强,由此全球化便开始了。全球化的实质是生产要素的全球化配置与市场开放的不断发展,这是全球化的硬件;而全球化发展过程中的制度与规则则是软件,据此可以将全球化划分为大航海及地理大发现的全球化1.0时代、英国及英镑带领的全球化2.0时代和美国及美元带领的全球化3.0时代,并预见中国重新回到世界之巅的全球化4.0时代。④2019年达沃斯世界经济论坛的主题是"全球化4.0:打造第四次工业革命时代的全球架

---

① [新西兰]迈克·穆尔:《没有壁垒的世界——自由、发展、自由贸易和全球治理》,巫尤译,商务印书馆2007年版,第26页。
②③ 参见关立新等编著:《马克思"世界历史"理论与经济全球化指向》,中央编译出版社2013年版,第1页。
④ 参见邵宇、秦培景:《全球化4.0:中国如何重回世界之巅》,广西师范大学出版社2016年版,第4、10页。

构",日内瓦国际关系及发展学院国际经济学教授理查德·鲍德温则详细解释了他所认为的全球化四个版本。如果说全球化1.0代表了"一战"前世界经济野蛮生长的时代,全球化2.0是"二战"后国际秩序与治理体系建章立制的体现,全球化3.0以离岸外包的兴起引发了全球价值链革命,那么在全球化4.0时代,技术进步以指数化速度推进,服务行业贸易壁垒被消除,发达国家乃至全球数以亿计的服务业岗位将受到人工智能带来的自动化和数字技术推动的"远程迁移"趋势冲击。①

从广义的角度和历史发展阶段来观察全球化,有助于我们认识到全球化不仅是一种状态,更是一个动态的发展过程。但在这个过程的不同阶段之间既有量的差别,更有质的不同,不能将这个过程中的所有阶段都笼统地称为"全球化"。如果将全球化的概念历史无限地前推,就会导致"泛全球化"现象的出现,使得我们的相关讨论无法找到一个切入点。② 虽然全球化的序幕在500多年前就已经开始了,但是全球化真正获得它的世界历史意义是20世纪70年代第三次科技产业革命以来,特别是80年代冷战结束之后开始的。正是在这个意义上,1992年前联合国秘书长加利在联合国日致辞中说的:"第一个真正的全球化时代已经到来"。这主要是因为20世纪80年代末90年代初东欧剧变,宣告了"两个平行市场"时代的结束。当然,这个动态发展过程也将会继续发展下去。我们后面探讨的经济全球化主要是从这个狭义上即20世纪70年代以来、特别是80年代以来各国经济紧密联系和相互依存的一种状态和过程来说的。③

有分析指出,经济全球化早在地理大发现助推资本主义向海洋扩张时期就已启动,随着科学技术的进步和社会生产力的发展,经济全球化得到不断发展,到2008年金融危机爆发前,经济全球化达到了高潮,其表现是:国际分工从垂直型分工发展到水平型分工,全球价值链得以形成,在全球范围内开展协同生产达到新的高度;世界贸易的增速远远超过了世界经济的增速,规模庞大的贸易成为推动世界经济的强大引擎;股票、基金和债券三大市场全球联网,国际金融市场的规模迅速扩大;跨国公司数量不断增多,对外直接投资规模不断扩大,生产组织、技术研发、市场营销、人员配置等经营活动实现了全球化布局。经济全球化极大地推动了世界经济的发展,增进了世界各国的经济联系,提高了资源在全球范围内进行配置的效率。然而2008年全球金融危机

---

① 参见徐刚:《世界经济:如何拥抱全球化4.0时代》,载于《光明日报》2019年1月26日,第8版。
② 参见王丽娟等:《全球化与国际政治》,中国社会科学出版社2008年版,第7~8页。
③ 实际上,"全球化"一词是由西奥多·莱维(Theodre Levitt)于1985年才发明的。他在其题为《市场的全球化》一文中,用"全球化"来形容此前20年间国际经济发生的巨大变化,即"商品、服务、资本和技术在世界性生产、消费和投资领域中的扩散"。

之后，经济全球化的强劲发展势头戛然而止，随之而来的是贸易保护主义抬头，逆全球化浪潮兴起。其表现是：其一，国际贸易的规模和增速都显著萎缩；其二，投资限制和贸易壁垒加大；其三，区域经济一体化呈现排他性、封闭性、碎片化发展态势。①

对于经济全球化的发展现状和趋势，也是存在认识分歧的。一方面，在科技革命和信息经济的推动下，经济活动和经济运行的全球化已经成为我们这个时代的基本特征之一，这也是国际社会的主流看法和声音。从商品交换发展到资本交流，从劳动力流动发展到技术互通，从外部经济联系发展到内部经济联系，从跨国公司自发性的对外扩张发展到政府间制度性的、目标化的经济合作，所有这一切表明，经济全球化已经成为无法抗拒的时代潮流，以致有人断言"除非有天灾人祸，经济活动的全球化不可逆转"（约翰·邓宁），"阻止全球化无异于想阻止地球自转"（鲁杰罗）。② 联合国前秘书长科菲·安南也曾说："反对全球化，无异于反对万有引力定律。"③

但是，另一方面，在全球化的过程中也一直伴随着各种各样的反全球化的声音，甚至掀起了声势浩大的反全球化运动。从 1999 年世界贸易组织西雅图会议开始，几乎每次重要的大型国际会议都遭到大批反全球化示威者的批判和抗议，有的甚至演变成了暴力冲突。这些反全球化运动具有以下几个显著的特点：一是反全球化运动的参与者五花八门，不计其数；二是反全球化运动追求的目标多种多样，不一而足；三是反全球化人士使用的手段和方式方法应有尽有，不胜枚举。④ 反全球化运动有其内在的复杂原因，主要包括：全球化加剧了发达国家内部经济利益冲突和贫富差距的拉大；全球化加剧了世界两极分化，加深了南北矛盾；全球化进程严重破坏生态环境；全球化进程中文化多样性和国家主权遭受损害；抵制不合理的世界旧秩序及美国霸权。⑤ 一方面，反全球化运动揭示了全球化固有的负面影响，有利于人们对全球化的利弊获得一个全面的认识，因而反全球化运动也有一些积极作用；但另一方面，这一运动必然给全球化进程造成了冲击，甚至逆转。特别是特朗普总统任内以"美国优先"为口号的种种单边主义的做法，全球化进程逆转趋势似乎在所

---

① 参见何自力：《中国方案开启经济全球化新阶段》，载于《红旗文稿》2017 年第 3 期。
② 参见关立新等编著：《马克思"世界历史"理论与经济全球化指向》，中央编译出版社 2013 年版，第 1 页。
③ ［新西兰］迈克·穆尔：《没有壁垒的世界——自由、发展、自由贸易和全球治理》，巫尤译，商务印书馆 2007 年版，第 50 页。
④ 江时学：《全球化趋势不可逆转》，载于《社会科学报》2017 年 1 月 26 日，第 2 版。
⑤ 参见王丽娟等：《全球化与国际政治》，中国社会科学出版社 2008 年版，第 352 ~ 366 页。

难免。① 当然,这里全球化实际上很多属于前述的全球主义的范畴。

诚如捷克前总统瓦茨拉夫·哈维尔所说:"全球化本身在道德上是中性的。它是好是坏,全看我们赋予它什么内容。"② 全球主义的死亡并不意味着最初意义上的全球化走向穷途末路,相反,由于科技和经济的长期趋势,国家之间的互联互通程度很有可能持续增加。这也就意味着,世界比以往任何时候都更需要有效的全球治理。但是,新时期的全球治理不能再依赖于全球主义。世界需要一个新的秩序,这套秩序绝不是建立在20世纪意识形态的断层线上的,也必须唾弃"历史终结论"的观念。它必须尊重国与国之间的多样性、国家主权和文化的完整性。各国能够按照适合本国国情的方式自由地展开合作,而不是试图根据某种单一的全球标准来治理世界。只有强大的主权国家才能有效地进行相互合作,并在适当的时候为维护世界秩序而自愿地调整自身的主权范围。③

经过改革开放以来的快速发展,中国已经成为世界第二大经济体,中国的发展得益于深度参与经济全球化,中国也是经济全球化的有力推动者。正如习近平主席2016年11月19日在亚太经合组织工商领导人峰会上的主旨演讲中指出:"当前,围绕经济全球化有很多讨论,支持者有之,质疑者亦有之。总体而言,经济全球化符合经济规律,符合各方利益。同时,经济全球化是一把双刃剑,既为全球发展提供强劲动能,也带来一些新情况新挑战,需要认真面对。新一轮科技和产业革命正孕育兴起,国际分工体系加速演变,全球价值链深度重塑,这些都给经济全球化赋予新的内涵。"习近平主席2017年1月出席达沃斯世界经济论坛2017年年会和在联合国日内瓦总部发表的《共同构建人类命运共同体》的主旨演讲时,又进一步向全世界提出了推动经济全球化的中国方案,宣示了中国坚持自由贸易和继续推动经济全球化的坚定决心和愿望。习近平总书记在党的十九大报告中再进一步明确指出:"主动参与和推动经济全球化进程,发展更高层次的开放型经济,不断壮大我国经济实力和综合国力。""要同舟共济,促进贸易和投资自由化便利化,推动经济全球化朝着更

---

① 在特朗普任期内美国先后退出了以下国际组织和协议:跨太平洋伙伴关系协定(TPP)、巴黎气候变化协定、联合国教科文组织、全球移民协议、伊朗核协议、联合国人权理事会,并且决定退出《维也纳外交关系公约》涉及国际法院管辖的外交议定书,万国邮政联盟,武器贸易条约,中导条约,世界卫生组织,天空开放条约。此外,退出了北美自由贸易协定(NAFTA)重新签署了《美国-墨西哥-加拿大协定》。还曾威胁退出美韩自由贸易协定和世界贸易组织(WTO)。不过,拜登在2021年1月20日宣誓就任美国总统后,随即签署多项行政命令,宣布美国将重新加入《巴黎协定》和世界卫生组织。此外,美国还将以观察员的身份重返联合国人权理事会。

② 转引自[新西兰]迈克·穆尔:《没有壁垒的世界——自由、发展、自由贸易和全球治理》,巫尤译,商务印书馆2007年版,第23~24页。

③ 李世默(Eric X. Li):《全球主义的终结》,熊一舟编译,载于《社会科学报》2017年1月26日,第2版,原载美国《外交事务》网站,2016年12月9日。

加开放、包容、普惠、平衡、共赢的方向发展。"可以说，中国已经成为推动经济全球化进一步发展的主导力量。

关于经济全球化发展趋势的判断，有人表示悲观，甚至断言"我们已经进入逆全球化时代"。① 但是，更多的还是理性看待。正如我国学者指出的，经济全球化的发展趋势没有变，引领发展潮流的作用没有变，促进各国经济发展的发动机作用没有变。经济全球化符合经济规律，符合各国利益。当前需要讨论的问题不是要不要经济全球化，而是怎样推动经济全球化向着更有利于人类共同发展的方向演进。② 经济全球化是国际分工和世界市场发展的客观要求，是工业社会和市场经济的必然趋势，人们无论赞同还是反对，自觉推进还是有意阻挠，都无法改变这一基本事实：不同地域的民族、国家与个人之间交往日益普遍，彼此依赖越来越紧密，整个世界越来越成为一个有机整体。经济全球化，仍然是任何一个国家谋划发展时所必须面对的时代潮流。③ 更有分析指出，发端于 20 世纪 70 年代末 80 年代初的第三轮经济全球化，至今已有 40 来年。40 来年经济全球化带来 40 来年经济大发展，也带来 40 来年问题大积累。当年由美国启动的这一轮经济全球化，对世界经济发展作出了贡献，但它又确实带有明显缺陷。诸多问题今天在一些国家首先是美国暴露出来，其影响波及全世界。当前的一个突出问题，是有一种势头很猛的论调，以经济全球化的缺陷为借口而根本否定经济全球化，甚至把自己国内遇到的问题和困难一股脑归咎到别人头上。这显然是错误的。事实上，经济全球化不仅不会逆转，而且还在拓展、在深化，我们正在迎来第四轮经济全球化。尤其是在中国提出"一带一路"倡议后，经济全球化有希望从过去 400 年在大西洋、太平洋兴起的海洋经济全球化，逐步推进到海洋经济同内陆经济打通的这样一种人类历史上前所未有的全方位经济全球化。再加上，世界范围出现以网络化、数字化和智能化为代表的社会信息化，这就使得新一轮经济全球化的发展势头更加强劲了。④ 实际上，美国《外交事务》杂志 2018 年 5/6 月刊发表的麦肯锡全球研究院研究主任苏珊·伦德（Susan Lund）和加州大学伯克利分校哈斯商学院教授劳拉·泰森（Laura Tyson）的文章也分析指出，2008 年全球金融危机爆发后，经济全球化衰退的论调甚嚣尘上。尽管全球化的反对者设置了新障碍，但实际上全球化并未让位于去全球化，只是进入了一个新时代。以前的全球化以贸易为基础，且由西方主导，今天，全球化正转由数字技术驱动，并越来越多地由新兴经济体所引领。虽然以全球供应链为基础的贸易正在放缓，但

---

① 例如，英国《金融时报》2018 年 6 月 12 日刊登的拉娜·福鲁哈尔的文章标题就如此宣称。
② 张磊：《经济全球化仍是世界发展大趋势》，载于《人民日报》2017 年 2 月 9 日，第 7 版。
③ 金里伦：《以新的哲学思维引领经济全球化》，载于《经济日报》2017 年 9 月 27 日，第 1 版。
④ 郑必坚：《新时代中国和新一轮经济全球化》，载于《人民日报》2018 年 5 月 9 日，第 7 版。

新的数字技术意味着更多行为体可以参与从小企业到跨国公司的跨境交易。① 法国智库学者也表示"经济全球化仍将继续"。② 也有进一步的分析指出，逆全球化才是历史潮流，而不是反全球化：很少有国家完全反对全球化，各国都企图在全球化中制造一股股小逆流，以求同时获得全球化和本土化的好处，避免两者的坏处；并认为虚拟的全球化，实体的本土化，这就是逆全球化的趋势，它更符合人的本性和需要。③

第二节　经济全球化的成因、特点和表现形式

一、经济全球化的成因和主要特点

全球化作为资本在全世界扩张的过程和结果，并不是近二三十年才发生的现象。但是 20 世纪 70 年代以来，一方面以电子技术和信息技术为核心的产业技术革命使得世界变"小"了，另一方面市场经济原则在世界各国得到普及，因此全球化的规模和程度都大大不同于以往。从这个意义上可以说，狭义上的经济全球化实际上是经济全球化进入了新时代。正如有学者指出的："经济全球化是世界经济发展到高级阶段出现的一种现象，它是科技和社会生产力达到更高水平，各国经济相互依赖、相互渗透大大加强，阻碍生产要素在全球自由流通的各种壁垒不断削减，规范生产要素在全球自由流通的国际规则逐步形成，并不断完善的一种历史过程。"④

经济全球化的特点可以从不同的角度来分析和把握，如果仅从一种客观经济现象来观察的话，可以说信息化、市场化和跨国化是经济全球化的主要特点。"经济全球化既是一个范围概念，即绝大多数国家的经济被纳入世界大市场范围之内；经济全球化也是一个程度概念，即世界上的主要经济要素须具备在全球进行配置的能力和条件。尽管对经济全球化确定一个量化标准比较困难，但从定性的角度来认识，至少要有以下三个标志：一是信息化，二是市场化，三是资本等

---

① 参见刘丽坤编译：《全球化并未衰退：数字技术将驱动未来》，载于《社会科学版》2018 年 6 月 19 日。
② 参见《中国社会科学版》2018 年 7 月 16 日的报道。
③ 郭良平：《逆全球化和中国未来》，载于《联合早报》2019 年 1 月 28 日。
④ 李琼：《世界经济学新编》，经济科学出版社 2000 年版，第 510 页。

生产要素自由流动的跨国化。没有这三化根本谈不上世界经济的全球化。"① 其中，信息化是经济全球化的物质技术条件，使世界越来越成为一个"地球村"；市场化是经济全球化的基本制度条件，使各国经济有了对接的共同通道；而跨国化则既是经济全球化的客观表现，也是其必要条件。

从近几十年的情况看，欧洲走在经济全球化的前列。早在 1985 年，欧委会就提出了关于建设内部统一大市场的白皮书。1993 年 1 月 1 日，欧共体 12 国正式建立了欧洲统一大市场，实现了商品、服务、资本和人员的自由流通。同年 11 月 1 日欧盟（EU）正式诞生。1999 年 1 月 1 日，欧元诞生，随后经过三年的过渡，正式成为欧盟流通货币。在经济联盟的基础上，欧盟进一步寻求政治联盟。2004 年 6 月 18 日，欧盟 25 个成员国在布鲁塞尔首脑会议上通过了《欧盟宪法条约》，同年 10 月 29 日，这些成员国的领导人在罗马正式签署了该条约。但是，法国在 2005 年 5 月 29 日的全民公决中否决了这一条约，三天后该条约又遭到了荷兰的否决。为降低难度，欧盟在保留《欧盟宪法条约》实质内容的前提下，更改名称，省去欧盟盟旗、盟歌，增加一些"个案处理"的灵活规定，形成了《里斯本条约》，并且克服重重困难，使该条约于 2009 年 12 月 1 日正式生效。除欧洲外，美洲、亚洲的区域经济合作在 20 世纪 90 年代取得了较快发展。1992 年 10 月 7 日，美国、加拿大、墨西哥三国在原美加自由贸易区的基础上，签订了北美自由贸易区协定（NAFTA），并于 1994 年 1 月起正式生效。② 同时在美国的主导下，确定了最终涵盖南、北美洲 34 个国家的美洲自由贸易区（FTAA）的长远计划。此外，1989 年 11 月亚洲太平洋经济合作组织（APEC）正式成立，至 1998 年已经壮大为 21 个成员。从 1993 年起，原来的部长级论坛升格为每年一度的 APEC 峰会。从世界经济大格局看，目前的经济全球化还处在初级阶段，即区域经济一体化阶段。除了上述 EU、NAFTA 及其替代者 USMCA（《美国－墨西哥－加拿大协定》）和 APEC 这三个最大的、已形成相对完善体系的区域经济组织外，全球还出现了诸多像东南亚国家联盟、非洲联盟、泛阿自由贸易区、南美国家共同体等次区域性经济合作组织。这些组织虽然促进了区域内部贸易和投资的自由化，但也加强了对外合作的阻力，即同时会产生"贸易创造"和"贸易转移"两种正、负效应。从总体看，正效应要大于负效应，并且区域经济一体化最终有利于全球经济的自由化。③ 但进入 21 世纪以后，经济全球化进展放缓，

---

① 肖枫：《社会主义　资本主义——两个主义一百年》，当代世界出版社 2000 年版，第 292 页。
② 但美国特朗普政府要用新的协定取代该协定。2018 年 12 月，美国、墨西哥与加拿大领导人签署了《美国－墨西哥－加拿大协定》（简称 USMCA）。到 2020 年 3 月 13 日，墨西哥、美国和加拿大批准了 USMCA，该协定于 2020 年 7 月 1 日生效，取代了已实施 20 多年之久的 NAFTA。美国政府将美墨加协定标榜为"21 世纪最高标准的贸易协定"。
③ 刘厚俊：《中国力量助推经济全球化》，载于《中国社会科学报》2017 年 2 月 23 日，第 1 版。

甚至如前所述还在近年来出现了明显的"逆全球化"的现象。不过，2020年11月15日，东盟10国和中国、日本、韩国、澳大利亚、新西兰共15个亚太国家正式签署了《区域全面经济伙伴关系协定》（Regional Comprehensive Economic Partnership，RCEP），意味着世界上最大自贸区诞生，协定在6个东盟国家和3个非东盟国家批准后，就可先行生效实施。① 同时，2020年12月30日，中欧领导人共同宣布如期完成中欧投资协定谈判，意味着历经7年、35轮谈判的中欧双边投资协定（BIT）或称中欧全面投资协定（中欧CAI）即将诞生。② 可见，经济全球化虽然面临挑战，但仍然在曲折中向前发展。

二、经济全球化的主要表现

经济全球化无疑表现在经济活动和经济运行的各个方面。有研究指出，经济全球化的主要表现形式体现在十个方面：（1）生产活动的全球化；（2）贸易活动的全球化；（3）投资活动的全球化；（4）金融活动的全球化；（5）管理活动的全球化；（6）消费活动的全球化；（7）人员流动的全球化；（8）科研活动的全球化；（9）市场经济体制的全球化；（10）全球经济治理。③ 但就其基本的方面和环节来说，经济全球化主要表现在贸易、投资、生产和金融方面的全球化。以下，就从这四个基本方面分析经济全球化的主要表现。

（一）贸易的全球化

国际贸易作为各国间货物、技术和服务的交换过程以及世界资源在各国间进行重新配置的重要渠道，是发展世界各国经济关系的基础，是各国间实现经济交往、分工和合作的基本手段，也是经济全球化的基本内容，甚至可以说经济全球化首先表现为贸易全球化。贸易全球化通过贸易规模的扩大、贸易结构的变化、贸易范围的扩展以及贸易自由化进程的加快等变量表现出来。近年来，国际贸易在广度和深度上都有很大发展，越来越多的国家被纳入国际贸易体系之中，国际市场的竞争性越来越激烈，国际贸易在各国国民经济中所占比

---

① 2022年1月1日起，RCEP对文莱、柬埔寨、老挝、新加坡、泰国、越南、中国、日本、新西兰和澳大利亚10国已正式生效。2022年2月1日起，RCEP对韩国正式生效。

② 2021年5月20日，欧洲议会以中国政府在3月因新疆问题对欧盟机构及民意代表实施了反制裁为由，以压倒性的票数通过了冻结中欧投资协定的议案。该议案虽然决定不了中欧投资协定的最终命运，但它意味着欧洲议会将停止相关审议，这是该协定走向生效需要经过的中间一环。

③ 参见国务院发展研究中心对外经济研究部"中国对外开放的基础理论"课题组（执笔许宏强）：《经济全球化的含义与表现形式》，载于《国研视点》2012年第170期。

重也越来越大,一个广泛而深入的全球贸易网络为市场机制在全球发挥功能创造了条件。① 贸易活动已经超越意识形态、区域空间和国界,将世界各国经济紧密连接在了一起。贸易活动的全球化既包括货物贸易,也包括服务贸易;货物贸易既包括最终产品,也包括中间产品;既包括不同产业之间的产品贸易,也包括产业内产品之间的贸易。国际贸易已经成为拉动各国经济增长的重要动力,国际贸易占各国 GDP(国内生产总值)的比重都明显提高了。贸易对全球经济和各国经济的影响超过了历史上任何时期。目前,国际贸易增长率高于世界生产总值增长率,非实物的技术贸易和服务贸易在国际贸易中的比重日益增大,国际贸易总规模庞大,世界市场日益显现。

贸易全球化的一个重要表现和推动力是贸易自由化。而贸易自由化是世界贸易组织(WTO)及其前身关贸总协定(GATT)的主要目标之一,其要求限制或者消除一切妨碍国际间贸易活动的障碍,包括关税壁垒和形形色色的非关税壁垒。在以 WTO 为代表的多边贸易体制下,国际贸易发展非常迅速,各国之间贸易的相互联系和相互依存程度空前提高,促进了各国和世界经济的发展。当然,在这个过程中也出现了贸易保护主义抬头和贸易摩擦加剧的问题,尤其是美国特朗普政府此前极力推行"美国优先"政策,以贸易自由化为核心的贸易全球化受到了新的挑战,但总的发展趋势不会改变。

(二)投资的全球化

国际投资是经济全球化最主要的纽带。有观点认为,全球化经济的最重要基础是国际直接投资,而不是国际贸易。国际贸易是各经济体相互间的产品交换,不论贸易自由化达到如何高的程度,各个经济体的运行都是相对独立的。而国际直接投资却不同,国际直接投资是一个国家的生产要素向另一个国家的流动,在此基础上形成新的企业与生产过程,因而是两个国民经济的更深度的结合。这是世界经济运行特征的一个历史性变化,是全球化经济形成更重要的条件,超越贸易自由化。生产要素的国际流动是经济全球化的本质。②

实际上,投资活动的全球化是和生产活动的全球化、贸易活动的全球化紧密相联的。在一定程度上可以说,正是投资活动的全球化促进了生产和贸易活动的全球化。目前,国际直接投资增长率高于国际贸易增长率和世界生产总值的增长率,跨国界的资本流动总量持续高速增长,跨国界的直接与间接投资数额不断扩

---

① 参见杨宏山:《经济全球化的主要表现及其政治效应》,载于《云南行政学院学报》2002 年第 4 期。
② 张幼文主编:《世界经济学理论前沿——全球化经济中的开放型发展道路》,上海社会科学院出版社 2016 年版,第 8~9 页。

大，同时，国际直接投资在全球所覆盖的地域也不断扩展，所涉领域日益广泛，而且投资主体和投资形式也更趋多样化。随着新兴工业化国家的兴起，对外直接投资已不再是发达国家的独占领域，越来越多的发展中国家也不断增加对外直接投资。

跨国公司作为国际直接投资的产物，也成了经济全球化的最好载体。跨国公司凭借资本、技术信息、营销战略等垄断优势，再凭借内部化优势和区位优势，选择最佳投资地点，使公司生产和销售活动建立在全球战略基础上，实现资源的优化配置，从而使经济全球化向深度和广度方向迈了一大步。跨国公司通过合资或者独资，兼并收购、建立新企业等，在全球最具成本优势或者接近潜力市场的地点设立生产点，加工制造具有成本优势的产品。这既是一国企业实现国际化的过程，也是资本运营国际化的过程。跨国投资与兼并活动的扩展，不断改变着国际经济分工协作关系，使生产资本国际化在广度和深度上发生了重大变化，各国间的经济联系空前密切。

（三）生产的全球化

从市场全球化到生产全球化是当今世界经济发展的一个基本特征，也是各国参与国际经济活动、发展本国经济的一种基本方式。生产全球化主要是指国际生产领域中分工合作及专业化生产的发展。生产的全球化主要表现为传统的国际分工正演变为世界性的分工，不仅参与国际分工的国家遍及全球，而且国际分工进一步细化，由过去单一的垂直性分工发展为垂直型、水平型、混合型等多种分工形式。新的国际分工使世界性的生产网络形成，各国成为世界生产的一部分。

生产全球化有两层含义：一是指单个企业（主要指跨国公司）的全球化生产向纵深推进，其跨国经营的分支机构在数量上和地域上极大地扩展，在组织安排和管理体制上无国界规划的动态过程；二是指借助于跨国公司以及其分支机构之间多种形式的联系，以价值增值链为纽带的跨国生产体系逐步建立的过程。某一产品价值链由不同国家的不同企业共同生产完成。这时，生产的国家边界被突破，生产的企业边界也被突破，企业内部的生产经营行为延伸到其他企业。在生产经营分工的基础上，企业之间的关系体现在各自从事同一产品价值链不同部分的生产。根据价值链各环节之间的关系，特别是主导企业与供应商之间的关系，全球化生产可以分成四种基本方式，即加工外包、原始设备制造、原始设计制造和原始品牌制造。

全球化生产是国际企业优化资源配置、产业结构调整的需要，是规模经济的需要，生产在全球组织，竞争也在全球展开。企业在全球范围内组织生产具有如下优势：更好地接近市场，满足当地消费者的需求；获取资源优势，降低生产成本；避开东道国的贸易壁垒限制，更顺利地进入国际市场；降低运输、储存、搬运、装卸等物流费用，降低成本，提升产品的国际竞争力；获取先进的技术和管理经验；获得东道国的优惠政策。

生产全球化的主要推动者和实施者是通过跨国并购形成的大型跨国公司，当今约90%的国家都有跨国公司的子公司或分支机构，其足迹已几乎遍及全球。跨国公司参与的现代生产分工已经不是在国家层次上的综合分工，而是深化到部门层次和企业层次的专业化分工。这种分工在国际间进行，形成了国际生产网络体系，其中，最典型的是企业生产零部件工艺流程和专业化分工。例如，波音747飞机有400万个零部件，由分布在65个国家的1 500个大企业和15 000多家中、小企业参加协作生产。这种企业层次的国际化，使得在一个企业内部进行的设计、研制零部件的加工或购入、组装和总装等一系列的活动环节分布到国外进行，即企业的不同部门、工厂、车间，甚至工段、工序等都在国际范围内进行组织，从而也形成了生产组织的国际化。

(四) 金融的全球化

金融全球化是指金融业务跨国界发展，金融活动在全球范围内不断扩展和深化，各国金融市场相互依赖程度日益提高，全球金融活动和风险发生机制日益紧密的过程。金融全球化以金融自由化、金融网络化、货币一体化、金融服务现代化、金融风险扩大化为主要特征。金融全球化的构成有三个要素：对货币和金融实行放宽管制和自由化，消除各国内部金融市场的分隔状态，以及非中介化。[①]

金融全球化既表现为水平的相互依赖关系，即国际资本流动的规模和状况，也表现为垂直的相互依赖关系，即利率和汇率的国际联动和影响。当代世界金融发展呈现出三大趋势：一是金融国际合作，出现了各种各样的区域性、全球性金融组织；二是融资证券化，传统的通过商业银行筹集资金方式转向通过国际金融市场发行长短期债券的方式；三是金融合作利益增强，世界金融中心和世界金融市场为各国融资提供了方便，提高了各国金融服务质量和效率，降低了筹资成本。

金融衍生产品趋于丰富化、各国货币的可自由兑换、新兴金融市场的兴起、通信工具和网络的支持，使金融全球化成为经济全球化发展中最深入、最核心的部分。电子支付、电子银行、电子证券迅速发展，全球外汇市场可以全天24小时运作，外汇资本流动可顷刻完成。随着世界各国相继开放国内的金融市场，资

---

① 参见郭连成、周轶赢：《经济全球化与转轨国家政府职能转换研究》，商务印书馆2011年版，第152~153页。

本可能最先实现真正意义上的全球化。

金融全球化不仅成为世界经济发展最为关键的一个环节，同时也成为最为敏感的一个环节。金融全球化促使资金在全世界范围内重新配置，一方面使欧美等国的金融中心得以蓬勃发展，另一方面使发展中国家，特别是新兴市场经济国家获得了大量急需的经济发展启动资金。可以说，世界经济的发展离不开金融全球化的推动。然而，金融全球化也有其另一面。从发达国家来看，1992年的西欧金融风暴迫使英国退出了欧洲货币体系。从发展中国家来看，1982年拉美债务危机，1994~1995年墨西哥金融危机，1997年东亚金融危机，对当地经济所造成的影响是全方位、多层面和深层次的，在全世界都引起了极大的震撼。因此，各国在金融全球化的过程中都非常重视金融安全问题。

经济全球化的发展无疑会对中国和世界各国的经济乃至社会和政治发展产生广泛而深远的影响。经济全球化是一把"双刃剑"，对各国既会带来积极的影响，也会带来消极的影响，因此各国需要权衡利弊，制定符合本国国情的发展战略，积极主动地面对经济全球化。就本书来说，我们的研究主要聚焦在经济全球化对市场竞争和反垄断的影响方面。就此而言，涉及的问题也是很广泛的，既涉及国内层面，也涉及国际层面。以下主要就经济全球化对国内反垄断的影响及其因应和经济全球化对国际反垄断的影响及其协调两个层面展开分析。

第三节　经济全球化对国内反垄断的影响及其因应

反垄断法作为一国的国内法，是调整市场竞争关系、规范市场竞争行为的基本法律制度，其制定和实施会受到一个国家特定时期的竞争态势的影响，从而与经济全球化有着密切的关联。经济全球化既是国内竞争国际化的过程，也是国际竞争国内化的过程。中国市场作为世界市场的一个重要的组成部分，无疑会受到经济全球化的深刻影响，中国市场的竞争态势也必然会发生重大改变，相应地，其必然对中国反垄断法律规则的确立、制度原则的选择和具体的实施都会产生重大的影响，需要进行理性的分析和有效的应对。虽然笼统地说反垄断法从结构主义转变为行为主义不是很准确（因为实行严格结构主义反垄断法的国家极少，而反垄断法中的行为多数仍然属于结构性的行为），但是在反垄断中更加重视行为本身的合法性判断无疑是正确的。

实际上，我国已经认识到这方面的问题，并且开始体现到相关政策文件之中。例如，与反垄断关系密切或者包含了反垄断内容的《"十三五"市场监管规划》（国务院于 2017 年 1 月印发）① 在确立的五个方面的指导思想中就包括了"强化全球视野"，提出"在经济全球化进程中，市场监管理念、监管模式已经成为影响国家竞争力和国际影响力的重要因素。要与我国经济发展全球化趋势相适应，按照提高我国在全球治理中制度性话语权的要求，用国际视野审视市场监管规则的制定和市场监管执法效应，不断提升市场监管的国际化水平"。

就国内层面的反垄断来说，其受到经济全球化的影响是多方面的，涉及市场结构的改变、进入壁垒的降低、企业规模的扩大和市场行为的复杂等，这与反垄断执法中的相关市场界定、市场支配地位认定以及相关行为合法性判断等都有着非常密切的关系，需要作出相应的调整。同时，这也必然涉及国内反垄断法的域外适用问题。

一、经济全球化对市场结构的影响与相关市场的界定

在反垄断执法中，相关市场界定是一项基础性工作，其在大多数场合实际上是竞争分析的出发点和基本前提，往往可以体现反垄断执法的宽严甚至影响案件的判决结果，从而也体现出一定的政策性。经济全球化使市场超越国界，从一国扩大到全世界，使市场范围扩大，市场更趋于一体化。20 世纪 90 年代以来，全球技术进步尤其是信息技术的加速发展，高新技术的广泛应用极大提高了企业的生产效率，企业在全球范围内谋求规模经济和范围经济，市场范围不断拓展，既包括地域范围的拓展，也包括商品范围的拓展。前者主要是指原来局限于一国之内的产品生产和销售延伸到该产品可以到达的世界各国，经过许多国家市场的叠加，形成全球化的市场范围；后者主要是市场中具有紧密替代关系商品的增多，可以表现为市场成长进程中企业进入以及在位企业不断开发所带来的大量相似产品，也可以表现为由技术进步所推动的产业融合，即通过技术革新和放宽限制来降低产业间的壁垒，加强不同产业企业间的竞争合作关系，这导致产业内企业之间竞争合作关系发生改变，使得产业界限模糊化甚至重划产业界限。由于市场范围的拓展，改变了影响各个产业市场结构的因素，进而改变了全球各个产业的市场结构。② 无疑地，这将会对反垄断执法中的相关市场（特别是相关地域市场）的界定发生影响。

---

① 参见中国政府网：http：//www.gov.cn/zhengce/content/2017-01/23/content_5162572.htm。最后访问日期：2020-12-08。

② 参见杨蕙馨等：《经济全球化条件下产业组织研究》，中国人民大学出版社 2012 年版，第 62~63 页。

在这方面，欧盟委员会等主要的反垄断执法机构已经做了不少探索。随着经济全球化及欧盟一体化进程的发展，欧盟委员会在反垄断执法中对相关市场界定出现了一种趋势，即对相关地域市场的界定越来越宽。据欧盟委员会的统计，十年以前，其将相关地域市场界定为欧洲经济区（EEA）或者更宽市场的案件占整个合并案件的比率为48%，2012年和2013年，这一比率上升到61%。为了对这种变化进行解释，2015年5月欧盟委员会发布了题为《全球化世界中的市场界定》的竞争政策简报，就全球化世界中地域市场界定的原则、市场界定的实践及其相关原因作了简要说明。该简报指出，"市场界定不属于政策声明，委员会不界定市场，而是市场自己界定市场"；"市场界定以商业现实为基础，属于事实和经验层面的问题"；"委员会对每一个案件将重新调查最新的过硬的事实如销售数据、行业统计资料，会征求客户与供货商的最新意见。""委员会不反对将相关市场界定得更宽一些，只要有证据支持，委员会支持将相关市场界定为欧洲市场或世界市场"。过去20年，由于单一市场的建立与发展，欧盟层面的贸易壁垒降低，商业习惯发生了变化、各成员国的规制规则一致，运输成本与交易成本降低，所以，委员会在一些案件中将相关地域市场界定为地区市场或欧洲经济区（EEA）市场，而不是成员国市场。在那些客户从全球范围购买产品或服务的行业如信息技术产业、自然资源、采矿或航空业，委员会在这些案件中将相关地域市场界定为全球市场。当然，"有些市场的固有特征不允许进行过宽的界定，因为对相关市场的界定是由客观的市场现实决定，这一点委员会与世界其他的竞争执法机构必须尊重"。①

欧盟的上述做法值得我们参考借鉴，相关市场的界定需要反映不断拓宽的市场范围的现实。实际上，我国的相关反垄断执法也已经体现了这方面的发展趋势。例如，国家发改委在对高通公司的反垄断调查案中，认为基带芯片在运输、销售、使用和进出口等方面均不存在明显的地域障碍，基带芯片生产商在全球范围内销售基带芯片，并通常与其他基带芯片生产商进行全球性竞争，无线通信终端制造商会基于功能、价格、质量、品牌等因素考量，在全球范围内选择采购不同的基带芯片，因此认定在该案中CDMA基带芯片、WCDMA基带芯片和LTE基带芯片的相关地域市场均为全球市场。② 又如，在商务部公布的附条件批准的经营者集中案件中，有多个案件的相关地域市场明确被界定为全球市场或者在竞争

---

① See European Commission，Market Definition in a Globalized World，Issue 2015 – 12，March 2015，http：//ec.europa.eu/competition/publications/cpb/2015/002_en.pdf. 最后访问日期：2019 – 01 – 06。
② 参见中国政府网：《发展改革委对高通公司垄断行为责令整改并罚款60亿多元》，http：//www.gov.cn/xinwen/2015 – 02/10/content_2817230.htm. 最后访问日期：2021 – 03 – 18。

因素中考虑全球范围。① 当然，相关市场的界定最终还是取决于市场的实际情况。例如，在商务部公告2017年"关于附加限制性条件批准惠普公司收购三星电子有限公司部分业务案经营者集中反垄断审查决定的公告"② 中，企业认为打印机供应是全球的，没有关税壁垒，销售的对象也是全球的，应该是界定为全球市场。但是，商务部发现实际情况是消费者只能通过国内经销商来采购，而生产企业本身存在按照地域分割市场，实施不同定价。"对特定类型打印机产品，同一产品价格在中国与全球市场存在持续的系统性价格差异，显示同一生产企业在中国市场与全球市场上具有不同的定价能力，说明中国市场与全球市场对产品具有不同需求弹性，两个地域市场相互独立。"因此，相关市场界定为中国市场。

二、经济全球化条件下企业规模和进入壁垒的新特点与市场支配地位的认定

在反垄断执法中，市场支配地位的认定是一个非常重要的问题，而这涉及对多种因素的综合分析、判断，尤其是市场份额和进入壁垒在其中起着非常重要的作用。这些因素在不同程度上受到了经济全球化的影响。在经济全球化条件下，市场范围的拓展改变了原来一国内的企业竞争格局，加大了企业竞争的广度和深度，由此企业进入相关市场的难度得以改变，市场进入壁垒呈现多样化特征，企业追求全球化规模经济的同时，市场集中度也在发生变化。

虽然企业规模大不等于其市场份额高，但一般说来，市场份额高的企业肯定是规模大的企业。在经济全球化条件下，企业规模不断扩大。有关研究表明，中国、美国和世界500强企业按产业划分的最大最小规模均在不断扩大，尽管中国与美国和世界500强企业的规模相比仍然较小，但这种差距在不断缩小。从纵向比较看，23个产业中有12个产业的最大规模一直呈现扩大趋势，其他11个产业的最大规模呈波动变化。企业最大、最小规模均在不断扩张说明全球化条件下，企业能够在更广泛的范围实现规模经济，原来在一国之内企业规模扩张到

---

① 例如，在商务部的以下公告中都是将全案涉及的相关地域市场界定为全球市场：2011年关于附条件批准希捷科技公司收购三星电子有限公司硬盘驱动器业务反垄断审查决定的公告，2012年关于附加限制性条件批准汉高香港与天德化工组建合营企业经营者集中反垄断审查决定的公告，2012年关于附加限制性条件批准西部数据收购日立存储经营者集中反垄断审查决定的公告，2012年关于附加限制性条件批准联合技术收购古德里奇经营者集中反垄断审查决定的公告，2015年关于附加限制性条件批准恩智浦收购飞思卡尔全部股权案经营者集中反垄断审查决定的公告。这些公告都发布在商务部反垄断局网站（http://fldj.mofcom.gov.cn/）。

② 参见商务部网站：http://www.mofcom.gov.cn/article/b/c/201710/20171002654064.shtml。最后访问日期：2018-03-18。

一定程度就会出现规模报酬递减的现象在全球化竞争条件下被弱化了，很难说企业将在怎样的规模水平才会进入规模报酬递减阶段。在经济全球化条件下，追求经济规模优势仍然是企业重要的战略目标之一。同时，部分产业市场趋于集中，寡头垄断趋势明显，不仅仅是中国、美国和世界500强中的部分产业趋于市场集中，而且集中程度高，出现了全球性的寡头垄断企业。在一个国家内可能表现出的市场集中趋势虽然提高了垄断利润获得的机会，但是在经济全球化条件下，这种一国内由于集中带来的竞争优势被大大弱化，企业在全球市场上的竞争变得更为激烈。①

在经济全球化时代，跨国公司作为一国经济在全球竞争中的人格代表和全球资源配置的组织者，是一种非常典型和基本的企业组织形式。有研究指出，跨国公司的竞争优势来自其经济上的垄断结构以及由此带来的高额垄断结构利润。这种垄断结构形成的高额垄断结构利润是在生产领域通过某种企业组织形式而实现生产要素优化配置所提供的回报，是值得肯定和鼓励的。在经济全球化时代，跨国公司的垄断结构并不会妨碍竞争和损害社会福利，这可以用建立在鲍莫尔等提出的可竞争市场理论合理内核基础上的新的可竞争市场理论来解释。因此，在新的经济条件下放松对有效率的可竞争性垄断结构的规制是必要的，这里的可竞争性垄断结构是指产业集中度高、存在规模经济、范围经济、学习效应与创新优势并可降低交易费用的产业组织形态。②

进入壁垒是分析市场结构和认定市场支配地位的一个重要因素，是指当某一产业的在位企业赚取超额利润时，能够阻止新企业进入的那些因素。进入壁垒一般可分为三类，包括结构性或者经济性的进入壁垒、策略性或者行为性的进入壁垒和政策性的进入壁垒。随着市场范围的变化，市场进入壁垒也发生了相应的改变。其中，经济性的进入壁垒呈现非对称性变化趋势，全球规模经济、产品差异、技术等进入壁垒增强，沉没成本降低又使进入壁垒降低；策略性进入壁垒难以实施，企业更多地在竞争中谋求合作，在合作中谋求竞争；政策性进入壁垒方面，传统贸易壁垒下降但新贸易壁垒不断增强，发展中国家市场进入壁垒呈降低趋势。③

经济全球化条件下企业规模和进入壁垒的这些新特点对认定市场支配地位来说是非常重要的，需要在具体的反垄断案件中加以充分关注和恰当体现。这方面在我国相关的反垄断案件中也已经有所体现。在最高人民法院二审的奇虎

---

① 参见杨蕙馨等：《经济全球化条件下产业组织研究》，中国人民大学出版社2012年版，第85页。
② 参见刘茂松、曹虹剑：《论经济全球化时代跨国公司的垄断结构》，载于《中国工业经济》2004年第9期。
③ 参见杨蕙馨等：《经济全球化条件下产业组织研究》，中国人民大学出版社2012年版，第77页。

诉腾讯垄断纠纷案①中，一审法院认为即时通信服务市场经营者进入的门槛较低，且进入该市场的途径多样化；二审法院进一步指出，对于认定是否具有市场支配地位而言，重要的是市场进入以及扩大市场占有率的容易性，只要能够迅速进入并有效扩大市场，就足以对在位竞争者形成有效的竞争约束。正是基于这个领域的进入门槛比较低（当然还有其他因素），虽然认定腾讯无论是在个人电脑端还是在移动端即时通信服务市场的市场份额均超过80%，但是最终认定腾讯在即时通信市场没有市场支配地位。在我国相关反垄断执法机构调查处理的滥用市场支配地位案件中，无论最终是否认定构成违法，也都没有仅仅看其企业规模大小或者该行业的集中度高低，而是综合分析了包括市场进入壁垒在内的多种因素。例如，国家工商总局在调查处理利乐垄断案中，在界定出三个商品市场并均认定利乐在这些市场上具有市场支配地位。其中，在分析利乐在液体食品纸基无菌包装设备市场具有支配地位时指出，设备市场具有较高的进入壁垒，利乐对该市场具有较强的控制能力，液体食品生产商对其存在较大程度的依赖，2009～2013年利乐在该市场中保持了较高的市场份额，且未受到明显竞争约束。②

三、经济全球化带来的企业竞争模式的改变与对市场竞争行为合法性的认定

与前面两个方面相关但又是一个独立问题的是，经济全球化对经营者市场竞争行为合法性的认定，这尤其是体现在经营者集中的反垄断审查方面。

经济全球化不仅改变了企业所处的市场结构，而且改变了企业竞争模式和市场竞争格局，各国由追求产业竞争绩效不断向追求垄断绩效转变，更多的企业通过垄断来提高企业利润，而该产业也通过垄断获得更高的绩效，部分产业趋于寡头垄断。这尤其体现在互联网和其他新经济领域，存在明显的"马太效应"和"网络效应"。因此在反垄断执法，尤其是在进行经营者集中的反垄断审查中，不应仅仅盯着企业规模的大小和市场份额的高低，而主要关注市场竞争本身是否受到排除或者限制。而经济全球化一方面扩大了企业规模和市场集中度，但另一方面又降低了对竞争的限制可能性。正如菲利普·勒格兰在《开放的世界：全球化

---

① 中华人民共和国最高人民法院网：《指导案例78号：北京奇虎科技有限公司诉腾讯科技（深圳）有限公司、深圳市腾讯计算机系统有限公司滥用市场支配地位纠纷案》，https：//www.court.gov.cn/fabu-xiangqing-37612.html。

② 参见新华网：《工商总局对利乐垄断案作出行政处罚 罚款约6.68亿》，http：//www.xinhuanet.com/politics/2016-11/16/c_1119925584.htm。最后访问日期：2021-03-18。

的真实性》中所指出的："要是你对公司的力量感到担心，那你就应当支持全球化。自由贸易使国内大企业受制于外国企业的竞争。英国电信、法国电信和德国电信，就像沃达丰公司和维京公司等大大小小的新公司一样，现都在相互侵犯对方的势力范围。与全球市场相比，封闭的国内市场被少数几家大企业垄断的可能性要大得多，因为它们有可能讨好政府。即使很多全球性公司比过去大了，可它们未必就比以前强了。给公司以影响力的，不是因为其规模，而是因为不存在竞争。"① 正是基于这样的背景，20世纪90年代以来的像波音与麦道、埃克森与美孚等巨型企业间的并购才得以进行。如果单纯从国内市场竞争的角度来说，那么这两起合并似乎都是不可能获得批准的，因为前者属于世界三个大型客机制造商中的两家（而且都是美国的公司，另外一家是欧洲的空中客车公司），它们的合并无疑会减少市场上的竞争（尤其是美国市场的竞争）；后者更具戏剧性，本来埃克森与美孚是在美国1911年的著名反垄断案中从标准石油公司解体后产生的34家公司中最大的两家公司，它们在88年后又走到了一起，联合成了比当年标准石油公司更强大的巨头，以当年2 378亿美元的总市值从壳牌手中夺回了世界第一。很显然，美国反垄断执法机构是基于国际市场竞争的考虑批准这些合并，目的是要增强本国企业在国际市场上的竞争力。

  这要求我们在进行经营者集中审查等反垄断执法中，需要有全球竞争的意识和观念，不要过分关注企业并购导致规模扩大及其利润的高低上，而主要关注市场进入的难易程度和排他效应。这方面在我国反垄断执法机构的经营者集中反垄断审查中也有了比较好的表现。在《反垄断法》实施后的12年多的时间里，商务部（和国家市场监管总局）共审结经营者集中案已经超过3 000余件，但是禁止的只有2件，附条件批准的也只有48件，无条件批准的比例明显高于美国和欧洲等主要法域的情况。而这些无条件或者附条件批准的经营者集中，有的规模确实很大，在中国市场也有较高的市场份额，但基于全球市场和全球竞争的考量，我国反垄断执法机构并没有对其采取禁止措施。

  当然，这并不是说在经济全球化背景下反垄断执法可以放松，而是要根据新的情况选择合理的因应之道，该宽的宽，该严的严。事实上，各国近年来对垄断协议和滥用市场支配地位方面的反垄断执法不仅没有放松，而且还有进一步强化的趋势。尤其是在欧盟，除了前些年针对微软和英特尔进行了严厉的处罚（罚款都超过10亿美元）外，2017年12月18日又宣布针对谷歌公司的更加严厉的处罚。欧盟委员会在发布一份215页的总结报告中详细介绍了这7年来对谷歌公司

---

① 转引自［新西兰］迈克·穆尔：《没有壁垒的世界——自由、发展、自由贸易和全球治理》，巫尤译，商务印书馆2007年版，第25~26页。

购物服务的调查,称当他们决定以违反反垄断法为由对谷歌处以 24 亿欧元(约合 28 亿美元)创纪录罚款时,他们希望此举能够对谷歌和其他科技巨头起到"威慑效果"。① 最近几年,全球主要反垄断司法辖区针对平台经济领域的垄断行为更是频频出手,呈现出监管常态化与执法严厉化的趋势。据统计,2017 年至 2020 年 12 月 10 日,谷歌、亚马逊、脸书、苹果在全球范围内遭遇 111 起反垄断调查及诉讼纠纷。其中,2017 年 15 起,2018 年 13 起,2019 年 42 起,2020 年 41 起。② 我国的反垄断执法机构也调查处理了高通案(罚款 60.88 亿元)、利乐案(罚款 6.67 亿元)以及一大批垄断协议案,如前几年国家发展改革委对 18 家聚氯乙烯树脂(PVC)经营企业联合操作推高 PVC 销售价格共处以 4.57 亿元的罚款。③ 近年来也加大了对互联网平台企业的反垄断力度。国家市场监管总局继 2020 年 12 月 14 日针对阿里巴巴、阅文集团、丰巢网络这三家企业未依法申报违法实施经营者集中分别作出 50 万元罚款的顶格处罚后,又于 2020 年 12 月 24 日宣布根据举报,依法对阿里巴巴集团控股有限公司实施"二选一"等涉嫌垄断行为立案调查。

总体来说,经济全球化给国内的市场竞争格局和市场竞争行为带来了多方面的影响,相应地,相关的反垄断执法就要针对这些新的情况及时作出应对,以有效维护市场竞争秩序,促进经济的发展。

四、经济全球化带来的跨国垄断行为与国内反垄断法的域外适用

随着经济全球化的发展,我国更大规模地和更加频繁地参加到国际经济贸易中去,这也使得国际市场的垄断行为对我国市场的影响日益明显,尤其是国际卡特尔和跨国公司的大规模并购。例如,某日本公司与某法国公司是世界上生产某种特殊化学产品的主要厂家。日本公司已在中国开办生产该产品的企业,在中国境内无竞争,获利丰厚。法国公司打算在中国投资办厂生产同样的产品。日本公司得知该消息后,因害怕竞争者进入中国市场后影响其收益,遂在国外与法国公司协商,以给其一定的好处为代价,换取对方不再进入中国市

---

① 参见凤凰网 2017 年 12 月 19 日的报道"欧盟发布谷歌反垄断调查报告:28 亿美元罚款是威慑",http://finance.ifeng.com/a/20171219/15876693_0.shtml。最后访问日期:2017-12-20。

② 黄莉玲、李玲、黄慧诗:《南都发布〈互联网平台竞争与垄断观察报告〉》,载于《南方都市报》2020 年 12 月 23 日,第 GA07 版。

③ 参见经济日报-中国经济网:《18 家聚氯乙烯树脂经营者实施价格垄断被依法查处》,http://www.ce.cn/xwzx/gnsz/gdxw/201709/27/t20170927_26335016.shtml。最后访问日期:2017-12-20。

场的承诺。① 被欧盟否决的美国通用电气与霍尼韦尔合并案和几乎遭欧盟否决的美国波音与麦道兼并案，虽然都发生在中国境外，但同样也都会对中国市场产生重大的影响。

在这种情况下，如果仍然囿于传统的国内反垄断法管辖原则，那显然不利于维护本国的利益，只有进行反垄断法的域外适用才能在对外开放中更好地维护我国的主权和经济利益。所谓反垄断法的域外适用，是指一国依据某种原则将其反垄断法适用于在本国以外发生的某些垄断或限制竞争行为，其目的是要防止在本国领域以外发生的垄断或限制竞争行为对本国经济造成的危害。事实上，在其他国家（尤其是我国的主要贸易伙伴）已经实行了其反垄断法域外效力的情况下，我国也有必要采取相对应的措施，将其适用于那些发生在外国但对我国的市场和消费者有着不利影响的限制竞争行为，以免在国际贸易活动中处于不利的地位。对此，我国《反垄断法》在第 2 条中就规定了我国反垄断法的域外效力，即"中华人民共和国境外的垄断行为，对境内市场竞争产生排除、限制影响的，适用本法。"这是一个明智的和必然的选择。

在《反垄断法》实施十多年来，我国反垄断执法机构通过适用该法确立的域外效力原则，依法维护了我国的市场竞争秩序和国家经济利益。这主要体现在经营者集中的反垄断审查中。例如，在 2014 年 6 月 17 日禁止马士基、地中海航运、达飞设立网络中心经营者集中案中，这三家公司都是欧洲企业，网络中心的设立行为也是发生在欧洲，但是当时商务部经审查后认为该网络中心的设立导致马士基、地中海航运、达飞形成了紧密型联营，在亚洲－欧洲航线集装箱班轮运输服务市场可能具有排除、限制竞争效果，因此决定禁止此项经营者集中。②

第四节 经济全球化对国际反垄断的挑战及其协调

一、经济全球化的发展与反垄断国际协调的必要性

随着乌拉圭回合谈判各项协议的签署和世界贸易组织的建立，经济全球化

---

① 转引自王晓晔：《竞争法研究》，中国法制出版社 1999 年版，第 443 页。
② 参见商务部关于禁止马士基、地中海航运、达飞设立网络中心经营者集中反垄断审查决定的公告（2014 年），http://fldj.mofcom.gov.cn/article/ztxx/201406/20140600628586.shtml. 最后访问日期：2017－12－22。

和世界市场一体化的进程在加快。但在这一过程中，国际市场又面临着来自企业的限制竞争行为的威胁，因此仅仅是消除来自政府方面的贸易壁垒并不能保障自由贸易的开展。在国际市场上，来自企业尤其是跨国公司所实施的限制竞争行为扭曲了国际竞争秩序，特别是一些企业的限制竞争行为还是在政府的默许或纵容下形成的，这更增加了问题的复杂性。

虽然反垄断法是一国的国内法（到目前为止还没有严格意义上的国际反垄断法律规则），反垄断也是属于一国的执法措施，但是在经济全球化背景下的市场竞争是跨越国界的，一些垄断行为（特别是卡特尔行为）常常涉及多国的企业参加。例如，20世纪90年代以来，国际卡特尔对世界经济造成损害的程度日益加深。美国和欧盟曾对多个国际卡特尔发起调查或者提出起诉，这些卡特尔有的是由来自几十个不同经济体的私人企业组成。比如，赖氨酸、维生素以及石墨电极的卡特尔组织涉及全球范围，其中有24个卡特尔组织持续了4年以上，国际卡特尔解散之后市场价格会下降20%～40%。近些年来的液晶显示器国际卡特尔案和航空货运国际卡特尔案影响更大。同时，跨国并购也可能在全球市场形成垄断，限制贸易和投资自由化的进一步发展。这就使得纯粹国内层面的反垄断执法面临着挑战。可以说，跨国垄断行为并非一国可以有效化解，经济全球化已经使反垄断不再是一个国家内部的法律工具和政策手段。"不断加强的全球化为外国经营者实施反竞争行为或者向其他国家输出反竞争行为打开了方便之门，反垄断的国际化就是对反竞争行为全球化的回应。"①

虽然上文提到的国内反垄断法的域外适用，但这只解决了管辖权问题，在实际的适用中还存在他国的允许和配合、证据的获取以及裁决的执行等一系列问题，因此需要在国际层面进行协调和合作。而且，各国反垄断执法机构竞相行使域外管辖权本身就容易引起相互间的冲突。例如，20世纪美国依据效果原则将其反垄断法域外适用的做法，首先遭到了不少国家的反对和谴责，一些国家通过外交途径进行抗议，有些国家甚至进行有针对性的法律抵制。虽然美国后来一定程度地修正或限制其依据效果原则进行反垄断法域外适用，而且一些国家和地区又纷纷仿效美国，也主张自己反垄断法的域外效力，但是在各国主张和实行反垄断法的域外适用时仍然往往存在冲突和矛盾，为了使本国反垄断执法活动能够实际进行，这本身就需要协调，以寻求有效的国际合作。

从理论上来说，反垄断法的规定及其执行上的国际一致性，在某种程度上可以消除国内和国际卡特尔组织的保护伞，有利于维护正常的市场竞争秩序。

---

① See D. Daniel Sokol, *Monopolists without Borders: The Institutional Challenge of International Antitrust in a Global Gilded Age*, Berkeley Business Law Journal Vol. 4.1 (2007).

但现实是目前很多国家的反垄断中存在着经济民族主义和贸易保护主义的倾向，这使得各国反垄断在对内和对外的功能上既有一致的一面，也有相反的一面。一些国家一方面往往允许甚至支持、鼓励本国企业对外国市场的垄断行为（如允许出口卡特尔等），而另一方面又严格管制外国企业对本国市场的垄断行为。尽管各个国家和地区的反垄断法在基本的制度框架上具有某些一致性，但是其在不少方面（尤其是在执法程序方面）还是存在差异的。尤其是，当外国企业成为反垄断法实施过程的受益者时，一些国家对实施可能就不那么有兴趣了，甚至采取完全不同的态度。尤其是，近年来受全球经济低迷等因素影响，反垄断执法成为部分国家实行贸易和投资保护主义的工具，这不仅有悖于经济全球化的发展趋势，还破坏了市场的公平竞争，损害了各国企业和消费者的利益。因此，各国反垄断法内在差异的存在及其实施带来的诸多问题决定了进行这方面国际协调的必要性。

　　同时，在目前各国反垄断法缺少必要协调的情况下，企业的跨国界经营要受到很多的限制，这又会影响经济全球化的发展。例如，一些大型的企业合并可能要分别向几个、十几个甚至几十个国家申报，请求它们的批准，例如巨型石油企业埃克森和美孚的合并、戴姆勒-奔驰公司和克莱斯勒公司的合并以及微软公司收购诺基亚公司的手机业务等。这对企业一方面是巨大的经济负担，另一方面因为任何一个申报都要求企业在一定时期内等待有关反垄断执法机构的审查，这就使企业在相当长时间内处于经营活动不稳定的状态。2001年7月美国通用电气公司并购霍尼韦尔国际公司一案就遭到欧盟委员会的正式否决。这起耗资达420亿美元的并购案的双方是美国的两大公司，其合并计划也于当年早些时候获得美国司法部反托拉斯局的批准，但双方在向欧盟申请批准时却遭到了反对。而在此之前，对当时世界航空业的最大并购案即波音公司与麦道公司合并案，欧盟委员会一开始也是做出强烈反应并威胁要制止这起交易，只是后来在美国政府的强力介入以及合并双方做出一些让步的情况下才予以批准。因此，为了实现企业在国际市场上自由经营和减少各国反垄断法适用上的冲突，也需要进行反垄断法的国际协调。

　　此外，在经济全球化进程中，中国企业的实力也在不断增强并且越来越频繁地走向国际市场。但随之而来的是在国际市场的法律风险随之增加，除了传统的反倾销外，也越来越多地涉及反垄断调查和诉讼。2005年以来，相继有中国企业在国外遭遇反垄断诉讼或审查，例如：中国多家维生素生产企业在美国加州地区法院等地被诉实施价格卡特尔，而且相关系列案件多达10余起；中国17家企业在美国新泽西州纽瓦克地方法院被诉合谋操纵镁砂和镁制品出口价格；中国某集装箱（集团）股份有限公司与荷兰博格工业公司的并购协议在欧盟委员会审查时因受到反垄断调查而遇阻。随着中国企业更多地走出去,这类法律问题也会越来越多。虽然这些问题主要由相关企业自己依照当地法律解决,但是如果中国与相关国家有这方面的协调机制,那么就会为相关企业处理这方面的问题提供方便,进而促进中国企业更好地走向国际市场。

但目前的现实是,反垄断的全球化是有其局限的,尽管我们往往不太关注这些局限,这部分是因为这些局限是很难克服的,至少在反垄断共同体内部是无法克服的。① 这也进一步凸显了加强这种协调的必要性和紧迫性。

二、反垄断国际协调的主要途径

经济全球化的发展提出了对各国反垄断进行国际协调的任务,而这种国际协调有多种形式和途径。根据协调的范围和领域,反垄断的国际协调机制可以分为双边协调机制、区域协调机制和多边协调机制。

双边协调机制,是指两个国家(包括类似于国家的国际组织,如欧盟)之间通过订立双边协定或条约的形式相互为对方实施其反垄断提供合作。这种双边的反垄断合作的内容,有的包含在双边经济技术合作协定、商务条约或法律互助条约之中,但主要的还是专门为实施反垄断法而制订的。在签订专门的实施反垄断法的双边协定方面,美国是最积极的。目前,美国既是由反垄断执法机构通过订立双边协定进行合作的最早的国家,也是订立这种合作协定最多的国家。

区域协调机制,是指一定区域范围内的多个国家之间通过相关条约或协定就实施某种共同的反垄断法或为实施各自的反垄断法相互进行合作所进行的国际协调。其在形式上较少体现为竞争政策和反垄断法的单独协定,而主要体现为区域自由贸易、关税同盟或共同市场协定中的相关条款。这类协定在反垄断方面的协调就不同于双边合作协定仅仅规定合作的程序规则问题,往往同时规定区域内成员国之间规则本身的协调问题。当然,这种协调的程度和范围要取决于各方就区域经济贸易一体化程度和所设机构的超国家权力的范围而做出的基本安排,即反垄断方面的协调只是这种总体安排的一种具体体现。反垄断的区域协调的典型代表是欧盟。

多边协调机制,是指在世界范围内的多个国家就反垄断的合作与协调所签订的公约或协议,一般是在已有的相关国际组织的主持下进行的。早在"二战"前的国际联盟就曾试图通过缔结多边国际条约来控制国际卡特尔,但未获成功。二战以后,联合国的有关机构如贸发会议(UNCTAD)及其他一些国际组织如经合

---

① See James J. O'Connell, *Antitrust and the Limits of Globalization*, 29 Antitrust 4 (2015).

组织（OECD）和国际竞争网络（ICN）继续在这方面做出努力。但这种协调都不具备法律约束力。作为世界贸易组织（WTO）前身的关贸总协定（GATT）前七个回合的多边谈判中，有关控制限制竞争行为的规则一直未能进入谈判议程，或者虽进入谈判议程，但是却不能达成一致意见或形成实质性内容，直到乌拉圭回合谈判时针对某些具体领域加入了有关反竞争问题的规定。由于在现有的国际组织中，WTO的全球性最明显，而且WTO规则具有约束力，WTO的最终目标又是建立一个非歧视的竞争的全球市场，这与竞争政策的目标具有一致性，尤其是，WTO所建立的国际经贸新秩序已从撤除边界关税贸易障碍演变至以国际竞争为导向的市场进入概念，这凸显了竞争问题在WTO中的重要性。因此，在WTO框架下进行反垄断的国际协调很自然地就被认为是最有效和最理想的。但由于各国对此存在意见分歧，因此目前远远未能实现。目前在WTO框架下还没有专门的、完整的反垄断规则，但是在现有WTO规则（如《与贸易有关的知识产权协定》）中还是包含了若干反垄断规则。

以上三种合作形式各有利弊，可以互相补充，共同存在。由于双边协调机制仅在特定的双方之间进行，一般仅是程序性的内容，主要涉及相互通报、互换信息、协调统一行动及磋商等程序性事项，而且大多是任意性规定，因此这种协调机制的作用有限。相对来说，多边协调机制和区域协调机制参与的主体多，影响范围广，但是由于其往往涉及成员国之间规则本身的协调问题，因而通常比较复杂和困难。因此，在短期内在WTO等多边框架内难以形成有效的国际合作机制的情况下，有针对性地进行双边合作就是一个现实的选择，但同时积极推动区域和多边协调。事实上，与多边协调机制停滞不前形成鲜明对照的是，区域贸易协定和双边贸易协定中越来越多地引入了竞争政策的议题，将竞争法议题作为多双边自贸协定中的重要内容也已是自贸谈判中的基本共识。

对于我国应对反垄断国际协调的策略选择，请见本书第四章第四节和第九章第二节。

第三章

经验借鉴：主要国家和地区以法律为基础的反垄断战略

如前所述，在以往涉及反垄断问题时一般是限于经济理论层面或者法律制度层面，很少涉及战略的层面，更没有将其作为战略来公开宣传。实际上，各个国家的反垄断都是基于经济理性选择的结果，同时也都是通过制定和实施反垄断法来体现的，其中都包含了战略的考虑因素，或者说体现了国家的战略意图，特别是在那些反垄断开始得比较早、反垄断力度比较大的国家和地区。因此可以说，反垄断战略就体现在相关国家和地区反垄断法律制度的制定和实施过程中。正如格伯尔教授所指出的，法律使得竞争成为可能，也促进和塑造竞争。"竞争"是一个抽象的概念，它指的是经济交换的过程，是制度使得竞争成为可能，并塑造了其形式和强度。① 以下就选择两个反垄断历史最长、运用得也最成熟的法域（美国和欧盟）和四个新兴市场经济国家（除中国外的金砖四国）的情况，进行简要的比较分析，以借鉴其有益的经验。

---

① ［美］戴维·格伯尔：《全球竞争：法律、市场和全球化》，陈若鸿译，中国法制出版社2012年版，第3页。

第一节 美国以法律为基础的反垄断战略

一、美国反托拉斯法律制度的建立和发展

反垄断在美国通常被称为反托拉斯。美国在建国之初,经济尚处于自由竞争阶段,因此在经济发展中的垄断问题尚不突出。从19世纪70年代开始,美国资本主义从自由竞争向垄断阶段过渡,科学、技术和工艺的进步推动了现代大工业的建立和发展,资本的积累和集中造就了垄断大企业,从而深刻地改变了产业结构和竞争模式。例如,长途货运业被处于独占地位的大铁路公司垄断,破坏了运输服务关系的平衡;连锁经营大行其道,极大地促进了垄断;各种托拉斯(trust)组织纷纷成立,以信托机构名义,把相互竞争的公司的股份集中管理,从而限制竞争,控制市场。这种情况的发展加剧了社会矛盾(尤其是大企业与中小企业之间的矛盾),威胁到美国式政治民主的经济和社会基础。在这种背景下,美国参议员谢尔曼提出法案,并由国会于1890年通过《保护贸易和商业不受非法限制与垄断侵害法》[①],一般通称为《谢尔曼法》(Sherman Antitrust Act)。该法不仅是美国现代竞争立法的开端,而且也被全世界公认为现代竞争法的鼻祖和样板。[②] 可见,美国的反垄断及其法律就是基于经济发展中严重限制竞争的问题而做出的理性选择和战略应对。

作为美国反托拉斯法核心和龙头的《谢尔曼法》非常原则和笼统,其核心条款是第1条和第2条,即:"任何契约,以托拉斯形式或其他形式的联合、共谋,用来限制州际间或与外国之间的贸易或商业,是非法的。任何人签订上述契约或从事上述联合或共谋,是严重犯罪。""任何人垄断或企图垄断,或与他人联合、共谋垄断州际间或与外国间的商业和贸易,是严重犯罪。"因此,该法在出台后的前20年实施效果并不理想。于是,美国国会在1914年又通过了《克莱顿法》(The Clayton Act)和《联邦贸易委员会法》(The Federal Trade Commission Act),这标志着美国反托拉斯法体系进一步形成。其中,《克莱顿法》的主要内容是扩

---

① 其英文全称为"An Act to Protect Trade and Commerce against Unlawful Restraints and Monopolies"。
② 虽然加拿大早一年即在1889年通过了《禁止限制性贸易法》,内容与《谢尔曼法》有类似之处,但无论在法律调整的力度上还是对世界的影响而言,该法都无法与《谢尔曼法》相比。

大反托拉斯法的调整范围，禁止价格歧视行为，并禁止某些不利于竞争的企业合并行为，包括独家交易、合并和连锁董事会，这些行为在"其结果……可能实质性地削弱竞争或有助于在任何商业部门形成垄断时"，便构成违法。① 该法还确立了"早期原则"（doctrine of incipiency），即不必等到实际的损害已经发生，也不必以已经发生的事实来证明对竞争发生的有害影响，根据预期会发生的结果，便可将前述行为认定为违法。这一原则表明了《克莱顿法》与《谢尔曼法》的基本区别。有人用枪支法来比喻这两个法：根据谢尔曼法型的枪支法，一个人可以携带枪支而不必担心因此被逮捕，只要他不对某人或某物射击；根据克莱顿法型的枪支法，只要认为这个人是危险的——如果认为他很可能对某人或某物射击，那么法警就可以没收这个人的枪支。② 而《联邦贸易委员会法》一方面设立了具有准司法性质的反垄断的专门机构——联邦贸易委员会来行使反对贸易限制和保护消费者的权力，另一方面设立了一个非常重要的条款即第5条，它规定"对于商业活动中的各种不正当的竞争方法，均就此宣布为非法。"③ 该条的管辖范围涉及许多限制贸易的行为，有人称该法是联邦贸易委员会的谢尔曼法。④

以上三部法律奠定了美国反托拉斯法的基石。此后，美国国会又通过了一些法律，对这三部法律做了修改。例如，1936 年的《罗宾逊－帕特曼法》（Robinson Patman Act）主要扩大了《克莱顿法》中价格歧视条款的适用范围，并对此做出了更具体的规定，着重体现了对小企业的保护。

除了国会立法外，美国作为判例法国家，法院的有关判例也是反托拉斯法的重要组成部分。由于反托拉斯法的规定大多比较笼统，因此法院在审理案件所确立的带有一般性的原则和规则更具有特别的意义。另外，在执法过程中，美国司

---

① 由于该法第 7 条只针对合并本身，不能控制实践中一些公司通过以各种手段取得竞争对手的股份，再利用股份表决权来实现合并目的的情况，1950 年通过的《塞勒－凯弗维尔修正法》（Celler - Kefauver Act）则对此进行了补充，规定禁止取得竞争对手的股份和财产的行为。1980 年通过的《反托拉斯诉讼程序改进法》还将该法的"公司"扩大到"人"，将"在任何商业部门"扩大到"在任何商业部门和/或在任何影响商业的活动中"，从而进一步扩大了该法的适用范围。

② 参见［美］马歇尔·C. 霍华德：《美国反托拉斯法与贸易法规》，孙南申译，中国社会科学出版社 1991 年版，第 39 页。

③ 1938 年美国国会这一法律的修正案《惠勒—利法》（Wheeler Lea Act），将原第 5 条修订为"对于商业中的各种不公平的竞争方法和不公正或欺骗性的行为或做法，均就此宣布为非法。"1975 年，该条再次被修改为"对于商业中和影响商业的各种不公平的竞争方法和不公正或欺骗性的行为或做法，均就此宣布为非法。"

④ 参见［美］马歇尔·C. 霍华德：《美国反托拉斯法与贸易法规》，孙南申译，中国社会科学出版社 1991 年版，第 35 页。

法部和联邦贸易委员会经常分别①或者共同②就反托拉斯政策问题发布一些指导意见，这些意见虽对法院无约束力，不影响司法最终裁决，但实际上起着行政执法指导原则的作用。

经过多年立法和判例的发展，美国反托拉斯法的核心内容主要有以下三项：禁止反竞争的合同、协议、决议或者协同行为（联合或者共谋）；禁止以不正当方式获取或者维持独占（垄断）地位，或者滥用独占（垄断）地位；禁止反竞争的企业合并以及对企业合并的申报进行审查。

在判断某种行为是否触犯反托拉斯法时，美国法院在审判实践中形成了的两种不同的法律分析方法。一种是"合理原则"（rule of reason），按照这一规则来判断是否构成触犯反托拉斯法的行为，需要对行为的具体情况进行分析，例如在合同中订立有关限制性条款的目的、合同双方的市场力量（market power）、合同条款对相关市场产生的实际影响等等。另一种是"本身违法原则"（rule of per se illegal），也就是某些行为只要发生就可以认定触犯了反托拉斯法，不需要对其具体情况进行分析。典型的"本身违法"行为包括固定价格、限制产量、瓜分市场、联合抵制等。本身违法原则是针对严重地触犯反托拉斯法的行为而制定的。由于适用这一原则时不需要进行复杂的分析判断，因而可以简化对有关案件的审理，有利于尽快地制裁性质恶劣、产生重大影响的违法行为。

二、美国反托拉斯法律制度的实施情况

为保证反托拉斯法的有效实施，美国通过司法部（其专设有反托拉斯局）和联邦贸易委员会来执行该法。这些部门的职责就是密切注视公司企业的商业经营行为，当出现问题时，通常首先由它们对有可能触犯反托拉斯法的行为进行调查；调查后认为有必要的，则提起诉讼，或者责令停止违法行为。这两个执法机构往往在总结执法经验的基础上，发布一些执法指南或规则，有利于有关企业判断自己的行为是否可能触犯有关反托拉斯法。此外，法人和自然人也有权针对触犯反托拉斯法的行为向法院提起民事诉讼。对于被认定触犯了反托拉斯法的行为，法院可以发出禁令；可以宣布所涉及的合同，包括所涉及的专利权不可实

---

① 如美国司法部在1968年发布、并于1982年和1984年两次修订的《横向合并指南》，联邦贸易委员会于1967年发布《水泥业的纵向合并指南》《食品供应行业的合并指南》等。

② 如美国司法部和联邦贸易委员会于1992年联合发布、并于1997年和2010年两次修订的《横向合并指南》，于1995年联合发布《国际经营活动中的反托拉斯实施指南》和《知识产权许可的反托拉斯指南》。

施；将一个公司分拆成几个公司（解散），强迫母公司收回其在子公司的股份而使后者独立为一个新的竞争者（放弃或分离），使某些所有权（如专利权和专有技术）能为其他竞争者所使用；可以判处最高达三倍的损失赔偿；还可以追究刑事责任，判处罚金或者监禁等。其中，违反《谢尔曼法》第 1 条和第 2 条的，如果参加人是公司，将处以不超过 1 000 万美元的罚金；如果参加人是个人，将处以 35 万美元以下的罚金，或 3 年以下的监禁，也可由法院酌情并用两种处罚。根据 2004 年《反托拉斯刑事处罚加强与改革法》的规定，将对公司的最高罚金提高到 1 亿美元，对个人的最高罚金提高到 100 万美元，对个人的最长监禁期限提高到 10 年。

进入 21 世纪以来，美国开展了改革其反托拉斯法问题的讨论。2002 年美国国会通过专门法律设立了"反托拉斯现代化委员会"（Antitrust Modernization Commission）。经过三四年的研究、讨论，包括召开多次的听证会，该委员会在 2007 年 4 月 2 日向美国总统和国会提交了"反托拉斯现代化委员会报告和建议"（Antitrust Modernization Commission Report and Recommendations）①。报告全文长达五百多页，其基本结论是：自由市场原则应当指导反托拉斯政策；总体来说，反托拉斯的原则和政策的现状是"良好的"（sound）；为解决所谓的"新经济"问题，反托拉斯法不需要新的或者不同的规则。该报告相关的建议中还包括废除《罗宾逊－帕特曼法》，通过立法推翻伊利诺伊砖案（Illinois Brick）的判决等。

可见，美国是在一百多年来不断根据国内外情况的发展变化，通过制定和修改相关的法律来实施其反垄断战略的。总体来说，美国是世界上公认的实施反垄断法最严厉的国家，这尤其体现在它在百年来的反托拉斯实践中对某些构成非法垄断行为的大企业采取了分割、解散的制裁措施上。② 一个多世纪以来，美国出现了不少反垄断裁决的重大经典案例，其中不少涉案公司都是全球行业的翘楚，因此判例对世界经济格局产生了深远影响。例如，洛克菲勒家族的"石油帝国"因垄断市场在 1911 年被肢解为 30 多个独立石油公司；曾垄断美国电话市场的美国电报电话公司（AT&T）在 1984 年被分离成一个继承母公司名称的电报电话公司（专营长途电话业务）和 7 个地区性电话公司。但 20 世纪 90 年代以后，随着国际上技术创新竞争日趋激烈，美国政府在反垄断时更加注重与鼓励创新的平衡。当时，微软公司因被指控通过视窗操作系统"捆绑"销售其他软件从而构成

---

① 其全文可从以下网址获得：http://voluntarytrade.org/downloads/amc_final_report.pdf. 中文可参见《美国反托拉斯现代化委员会致总统与国会的信》，王先林、丁国峰译，潘志成校，载于《经济法论丛》2009 年上卷（总第 16 卷）。

② 不过，进入 21 世纪以来欧盟的竞争执法力度很大，在一些个案的处理中表现出比美国更严厉。

了市场垄断而遭到司法部起诉，经过多年的诉讼，微软最终没有被要求解体，但向竞争对手付出了 7.5 亿美元的巨额赔偿。2008 年以来的液晶面板价格垄断案，包括 LG、夏普和日立在内的多家外国企业被罚超过 13 亿美元，奇美、中华映管等公司的多名高管被判入狱。2013 年 9 家日本汽车零部件公司因在美国多次合谋操纵价格被罚 7.4 亿多美元，两名高管也被监禁。通过实施严格的反垄断措施，既维护了国内市场上的竞争和创新，也有效约束了外国企业在本国市场的垄断行为。

维护和促进竞争和创新、保护消费者的利益是美国制定和实施反托拉斯法的主要目的，也体现了美国通过反垄断维护自由公平的市场竞争，进而确保竞争机制促进经济发展的目标实现。正如针对 1998 年起诉微软垄断的案件，当时的美国司法部长雷诺指出：对微软采取反垄断行动是为了创造竞争环境，使消费者还有别的选择。她说，对消费者选择权和技术创新至关重要的是竞争，而不是公司规模。她强调："美国成为世界工业巨人，靠的不是那些强盗王，而是竞争，是鼓励新的开发，鼓励年轻的企业家们打入市场"。美国司法部特别法律顾问大卫·博伊斯说，美国电话电报公司被分割为 8 家公司后，每一家公司都想方设法打入对手的领地。① 进一步来说，反垄断在美国还具有社会乃至政治上的意义，因为竞争有利于保障人们的经济自由，创造社会平等的经济基础，维护政治民主的经济基础。正如美国联邦最高法院的布莱克法官在反托拉斯的判决中所指出的："无限制的竞争力的相互作用将产生最佳的经济资源分配、最低的价格、最高的质量和最大的物质进步。由此所提供的环境将有助于保持民主的政治和社会制度。"② 这显然关涉国家的重大的根本利益。

与欧盟对互联网平台等高科技巨头不断加大反垄断力度相比，进入 21 世纪以来美国对互联网平台的反垄断监管较为审慎，例如前述微软案以及美国联邦贸易委员会 2011 年和 2013 年对谷歌的反垄断调查，最终都以和解的方式结案，并未作出高额罚款的处罚。但近年来，美国在平台经济领域的反垄断监管也明显发力。2020 年 10 月 6 日，在对谷歌、亚马逊、脸书和苹果（GAFA）历经 16 个月的调查后，美国众议院司法委员会发布了《数字市场竞争调查报告》，认为在线平台作为信息、通信、商品和服务的"底层基础设施"（underlying infrastructure），已掌握了关键分销渠道（key channels of distribution）的控制权，并已成

---

① 《中国经济时报》2000 年 6 月 9 日。
② ［美］马歇尔·C. 霍华德：《美国反托拉斯法与贸易法规》，孙南申译，中国社会科学出版社 1991 年版，第 3 页。

为"看门人"（gatekeepers）①。报告认为，GAFA 利用其看门人的地位，在过去的很长时间里实施了数据滥用、垄断杠杆、掠夺性定价、拒绝交易、自我优待、搭售、扼杀型并购等垄断或者限制竞争行为，损害了其他竞争者和消费者的利益，对美国经济的创新发展产生重大影响。2020 年 10 月，美国联邦司法部联合 11 个州政府对谷歌正式提起反垄断诉讼，指控其通过签订搭售等具有排他性的协议，非法维持其在搜索引擎和搜索广告市场的垄断地位，并利用垄断利润为其搜索引擎获取优先权利，形成了一个持续的、自我强化的垄断循环。司法部认为，谷歌的垄断行为削弱了消费者的选择权，令广告商遭受损失，同时破坏了市场的竞争和创新。② 2020 年 11 月，美国联邦贸易委员会以及 48 个州和地区的总检察长联盟，同时对社交媒体巨头脸书发起 21 世纪最大规模的反垄断诉讼，指控脸书滥用其在社交网络中的市场支配地位收购潜在竞争企业，并建议对脸书实施分拆，剥离其 WhatsApp 和 Instagram 资产。这除了具有各国普遍加大反垄断力度的大背景以外，可能还有一些特定原因。比如这些年，美国大型互联网平台快速集聚社会财富，与收入停滞不前的普通民众形成经济上的冲突，同时还带来了舆论引导、选举偏好、政策规划、限制言论等政治影响力。这可以说是美国近期加大反垄断的特殊原因。因此，美国不同时期反垄断的宽严都是从当时的具体情况和国家的利益出发的。

第二节　欧盟以法律为基础的反垄断战略

一、欧盟竞争法律制度的建立和发展

欧洲联盟（简称欧盟）作为一个非常特殊的区域性国际组织，其在反垄断方面有着鲜明的特色和巨大的影响力，并通过反垄断法律的制定和实施实现其战略目标。

---

① U. S. House Committee On The Judiciary, "Investigation of Competition in Digital Markets Majority Staff Report and Recommendations", https：//judiciary. house. gov/uploadedfiles/competition_in_digital_markets. pdf。最后访问日期：2020 年 12 月 10 日。

② "Justice Department Sues Monopolist Google For Violating Antitrust Laws；Google Complaint", https：//www. justice. gov/opa/press-release/file/1328941/download。最后访问日期：2020 年 12 月 10 日。

在欧盟①，通常意义上的竞争法就是指反垄断法。"二战"结束后，西欧百废待兴，为振兴经济，加深民族间的经济联系以杜绝战争，并实现欧洲联合，一些有远见的西欧政治家提出了一系列密切经济和政治联系的主张。1946年9月，英国首相丘吉尔提议建立"欧洲合众国"；1950年5月9日，法国外长罗伯特·舒曼代表法国政府提出建立欧洲煤钢联营。这个倡议得到了德、意、荷、比、卢5国的响应。20世纪50年代，西欧出现了三个共同体，即：1951年4月法国、联邦德国、意大利、荷兰、比利时和卢森堡6国在巴黎订立条约成立的欧洲煤钢共同体；上述六国于1957年订约、1958年正式生效成立、2002年失效的欧洲原子能共同体和欧洲经济共同体（EEC）。其中，欧洲经济共同体最重要。1957年3月，上述6国在罗马订立的《欧洲经济共同体条约》（即《罗马条约》）第85条和第86条就是欧共体竞争法的主要渊源。1965年4月，上述6国签订《布鲁塞尔条约》，决定自1967年将3个共同体的机构合并，统称欧洲共同体（EC）。

此后，欧共体成员国不断增加。1973年1月1日英国、丹麦、爱尔兰加入，1981年1月1日希腊加入，1986年1月1日西班牙和葡萄牙加入。1986年2月，欧共体12个成员国又签署了《单一欧洲文件》，其中规定到1992年12月31日建成欧洲联盟。1990年两德合并，前东德自然并入欧共体。1992年2月7日，12个成员国又在荷兰的马斯特里赫特签署《欧洲联盟条约》，提出在三个共同体的基础上建立一个集政治、经济联盟为一体的区域性国际组织。这样，欧洲一体化的范围不再局限于经济领域，而将共同安全与外交政策、司法与内务等领域的合作纳入其中。1993年11月1日，欧洲联盟正式启动，欧共体并未消失，而成为欧盟三大支柱中最大、最重要的一个。1995年1月1日，奥地利、芬兰、瑞典又加入欧共体，亦为欧盟成员国。2004年5月1日，又有马耳他、塞浦路斯、波

---

① 在以前的很多场合，尤其是在涉及竞争法的场合，许多人将欧洲共同体（简称欧共体）与欧洲联盟（简称欧盟）交替使用。如邵景春著《欧洲联盟的法律与制度》（人民法院出版社1999年版）在其"自序"中就明确指出，"欧盟法"与"欧共体法"或"共同体法"是通用的。但是，目前对于"欧盟竞争法"与"欧共体竞争法"的称谓问题，一些专家有不同的看法，在英文论著中也有不同的使用情况。欧共体是欧盟三根支柱中最大、最重要的一个，其管辖事项限于经济领域，主要包括共同市场、共同农业政策和共同商业政策，在这些领域共同体拥有某些超国家权力；而其他两根支柱即"共同安全与外交政策"和"司法与内务合作"，其权力仍保留在成员国手中，欧盟没有超国家权力。竞争法属于商业政策，属于欧共体范围，因此严格说来，目前称欧盟竞争法还不是很妥当，在竞争法领域还是称欧共体竞争法比较合适。不过，使用欧盟竞争法的称谓也不会引起大的误解，欧洲学者也有混用的情况。（参见许光耀：《欧共体竞争法通论》，武汉大学出版社2006年版，第2页。）不过，随着《里斯本条约》于2009年12月1日开始生效，原来的"欧共体"称谓被"欧洲联盟"取代，原来的《欧共体条约》更名为《欧盟运行条约》(The Treaty on the Functioning of European Union)，这样现在就只需要使用欧盟竞争法和欧盟委员会的称谓了。

兰、匈牙利、捷克、斯洛伐克、斯洛文尼亚、爱沙尼亚、拉脱维亚、立陶宛 10 国加入，欧盟成员国达到 25 个。2007 年 1 月 1 日，罗马尼亚、保加利亚加入，使欧盟成员国达到 27 个。2013 年 7 月 1 日，克罗地亚正式成为欧盟第 28 个成员国。但是，2016 年 6 月 23 日，英国举行脱欧公投，结果是赞成脱离欧盟的选民胜出，这意味着英国在加入欧盟 43 年后成为决定退出欧盟的第一个独立国家。经过几年的激烈辩论和艰难谈判，英国于 2020 年 1 月 31 日正式"脱欧"，结束其 47 年的欧盟成员国身份，过渡期到 2020 年 12 月 31 日结束。2020 年 12 月 24 日，经过多轮激烈谈判，欧盟与英国就包括贸易在内的一系列合作关系达成协议，为英国按照原计划在 2020 年结束"脱欧"过渡期扫清障碍。

本来，欧盟拟定并在 2004 年通过了《欧盟宪法》的最后文本，但这部欧盟大法却在 2005 年法国和荷兰的全民公决中遭否决。2007 年，经德、法两国积极斡旋，欧盟各国首脑在葡萄牙首都里斯本通过了"简版宪法条约"，并在当年 12 月的欧盟峰会上签署了"里斯本条约"，于 2009 年 12 月 1 日生效，这是欧洲一体化进程中具有里程碑意义的一件大事。在条约形式上，它采取欧盟传统的修订条约的方式，修订了《欧洲联盟条约》与《欧洲共同体条约》，并将后者重新命名为《欧洲联盟运行条约》。

欧盟竞争法作为欧盟经济一体化最终目标的战略手段之一，其主要是为了保护欧盟市场的完整统一与良好运转，保证企业间充分有效竞争，维护自由公平交易，努力建成一体化的欧洲内部大市场。与此相适应，欧盟竞争法在法律效力问题上突出了"影响成员国间贸易"的要求。在欧盟竞争法与成员国竞争法的关系上，主要有两项原则：一是欧盟法效力优先原则，即当成员国法与欧盟法不一致时，无论是成员国法院，还是欧盟两级法院，均应优先适用欧盟法；二是欧盟法的直接效力原则，即欧盟法的执行，不仅是成员国政府的义务，还是全体在欧盟辖区活动的"经济实体"（economic entity）的直接义务。

欧盟竞争法的实体规定主要是禁止垄断协议的行为（通谋行为）、禁止滥用市场支配地位的行为、限制与共同市场相抵触的企业集中行为等。这主要体现在《欧盟运行条约》第 101 条禁止限制竞争的协议、协同行为与决议、第 102 条禁止滥用市场支配地位的行为[①]以及欧盟《经营者集中条例》规定的限制竞争的经营者集中行为等。《欧盟运行条约》第 101 条与第 102 条之间的区别点在于：前者主要涉及两个独立经营者之间的协议、协同行为或者企业联合体的决议，其目的是防止通过订立协议来不合理地限制共同市场内的竞争；而后者主要涉及（但

---

① 原为《罗马条约》第 85 条和第 86 条。根据 1997 年的《阿姆斯特丹条约》第 12 条，原来《罗马条约》第 85 条和第 86 条的重新编号分别为第 81 条和第 82 条。根据 2009 年的《里斯本条约》修改后的《欧洲联盟运行条约》，该两条的编号相应地变为第 101 条和第 102 条，但其内容没变。

不限于）单个企业的市场行为，防止滥用其支配地位来不合理限制共同市场内的竞争。但两者在特定情形下可以同时适用，例如经营者之间订立限制竞争的协议因而适用第101条规定，又因为该协议导致了市场支配地位，且滥用这种限制竞争的协议时，也同时适用第102条。即便根据第101条第3款豁免的卡特尔的参与者利用该卡特尔协议形成市场支配地位并滥用时，也适用第102条的规定。原来的《欧共体条约》中并没有关于控制与共同市场相抵触的企业集中行为的明确规定。在早期，欧共体委员会也是适用《欧共体条约》第81条与第82条对有关企业集中行为加以处理。1989年12月21日欧共体理事会制定了一个专门规定企业集中的4064/89号条例。该条例后被欧共体理事会1997年关于企业集中的第1310号条例所修改。这一条例后又在2004年被《关于企业集中控制的理事会第139/2004号条例》取代。同时，欧共体委员会还颁布了《横向合并评估指南》《合并调查最佳做法指南》和《执行理事会第139/2004号条例的委员会第802/2004号规章》等，均自2004年5月1日开始执行。欧共体委员会于2007年11月28日又颁布了《非横向合并指南》。这就形成了控制与共同市场相抵触的企业集中行为的比较具体、完整的规定。根据这些规定，在欧盟竞争法上的反竞争性集中的构成要件为：各自独立的企业或者已经控制了至少一个企业的个人；实施了合并或者获得对其他企业控制的行为；具有"共同体意义"；与共同市场不相容。对有关企业集中行为，根据不同情况有申报、责令修改协议、解散或者终止履行和罚款等处理措施。为了实施有关竞争法的实体规范，欧共体理事会还制定了有关的程序规范，第17/62号法规是其中的重要规范。它规定对实质不违反《欧盟运行条约》第101、102条行为的违法否定（Negative Clearance）的申请认定程序和对根据《欧盟运行条约》第101条第3款规定申请豁免的批准程序。

以上这些行为的主体都是企业，行为都是扭曲竞争的，并造成了具有共同市场影响力的结果。同时，为维护"经济平等原则"，防止成员国采取限制竞争的经济干预政策，欧盟竞争法还规定了适用于成员国的"国家帮助与国家贸易垄断"的内容，这主要体现在《欧盟运行条约》在第106条、107条以及110条等规定上。作为一种效力高于国内法又具有某些国际公法性质的法律体系，欧盟竞争法的超国家性质为区域性国际竞争法提供了一个典范。在立法体例上，欧盟竞争法实现了两大法系特点的融合。

二、欧盟竞争法律制度的实施情况

欧盟的主要机构有欧洲议会、欧盟理事会（1993年前称部长理事会）、欧盟委员会和欧盟法院。它们分别行使立法权、执行权、司法权、审计以及金融监管权。其中，欧洲议会原为监督与咨询机构，1997 年的阿姆斯特丹条约赋予其立法权，与理事会共同行使立法权，2009 年 12 月里斯本条约生效后，欧洲议会权力有实质性扩展；欧盟理事会负责日常决策并拥有欧盟立法权；欧盟委员会为欧盟的常设执行机构，下设若干总局（Directorates – General），其中第四总局专管竞争政策及执法（DG VI），目前约有 900 名工作人员。在竞争立法和执法方面，欧委会参与立法、行政执法、实施条约、协调成员国关系，发挥重要作用；欧盟法院（Court of Justice of the European Union）为欧洲联盟的法院系统之总称，根据欧盟条约第 19 条，由三种法院组成：（1）（欧盟）普通法院：为了减轻原欧洲共同体法院（即原欧洲法院）的负担而于 1989 年 1 月 1 日成立，原名为"初审法院"（Court of First Instance）。随着 2009 年 12 月 1 日里斯本条约的生效，改名为"普通法院"（General Court），掌理一般案件的一审。（2）专门法庭（Specialized Courts）：目前只有一个即欧盟公务员法庭。（3）欧洲法院：1952 年设立，目前英文的正式名称为"Court of Justice"，为欧盟法院系统的最高法院，掌理对普通法院裁判的救济案，以及解释欧盟诸条约，统一成员国内法院对条约的解释适用，并通过其司法裁判促进欧盟的整合。

欧盟竞争法通过欧盟委员会的行政执法与法院的司法裁判机制来实施。欧盟委员会对违反竞争法的企业给予的处罚往往是很严厉的。例如，在 2004 年 3 月的微软垄断案中，欧盟委员会对微软公司做出了高达 4.97 亿欧元（约 6.13 亿美元）的罚款，2008 年 2 月 27 日欧盟委员会对微软公司开出 8.99 亿欧元（约合 13.5 亿美元）的罚单；2009 年 5 月 13 日欧盟委员会又对英特尔公司处以 10.6 亿欧元（约 14.5 亿美元）的创纪录反垄断罚款。近年来更是不断加大对垄断行为的处罚力度。例如，2016 年 7 月欧盟对德国曼（MAN）、沃尔沃/雷诺、戴姆勒、依维柯以及达夫（DAF）等多家卡车生产商串通操纵卡车价格总共罚款 29.3 亿欧元；2017 年 6 月，欧盟委员会由于谷歌在搜索结果中偏袒自家服务谷歌购物（Google Shopping）决定对其处以 24.2 亿欧元的罚款；2018 年 1 月欧盟委员会对高通滥用市场支配地位行为罚款 9.97 亿欧元。近年来欧盟更是加大了对互联网巨头的反垄断执法力度，仅在 2017 年至 2019 年的短短三年，欧盟对谷歌作出三次反垄断处罚，总计开出了 82.5 亿欧元的罚单。其中，2018 年 7 月欧盟以谷歌滥用安卓操作系统市场的支配地位为由，对其处以 43.4 亿欧元罚款，占谷歌上一年度在欧利润的 35%，创下了全球反垄断罚款数额的最高纪录。2020 年 12 月 15 日欧盟委员会公布了《数字服务法》和《数字市场法》草案，这两部法案一旦正式通过生效，大型平台企业在欧盟将面临更加严格的监管，甚至包括业务被拆分、巨额罚款等在内的严苛处罚。

可见，欧盟也是通过制定和实施竞争法来实现其反垄断的战略目标。不过，与其他国家和地区的不同之处在于,欧盟的反垄断战略的目标除了在内部维护市场的有效竞争从而增进经济效率和消费者福利,在外部维护自身利益的最大化之外,还有一个特殊的目标,那就是建立和维护欧洲统一的市场乃至更多领域的一体化。实践也证明,欧洲竞争法的制定和实施确实在这方面发挥了重要的作用,也可以说反垄断是欧盟实现其一体化战略目标的重要手段。

第三节　金砖国家以法律为基础的反垄断战略

对域外反垄断战略实践的关注对象,除了美国、欧盟这样的经济发达、反垄断法律和实践都比较成熟的经济体以外,还应当包括那些与中国情况比较类似的经济体,即经济体量比较大、经济发展和反垄断起步都比较晚但发展速度很快的新兴经济体。而金砖国家(BRICS,除中国外还有巴西、俄罗斯、印度、南非)作为规模最大、发展速度最快的新兴经济体和发展中国家,各国在经济社会背景、经济发展水平等方面比较接近,相互之间在市场竞争和反垄断方面所面临的形势和任务也比较近似,在反垄断法的产生背景和主要制度方面有很多相似之处,因而其他四国的情况更适宜用来与中国进行比较。以下就对除中国以外的其他"金砖国家"反垄断及其法律的总体情况作一简要介绍和比较。

一、金砖国家反垄断法的产生背景和过程

在金砖国家中,南非应是最早建立反垄断法律制度的国家。南非作为非洲经济最发达的国家,有一个发展完善的市场经济,但长期的中央集权又妨碍了经济发展。19世纪下半叶,南非开始建立起以矿产业为核心的近代工业体系。19世纪末,众多的国有企业得到了政府大力扶持,致力于制造业和农业的发展,这些国有企业也由此获得了在相关市场上的垄断地位。进入20世纪,政府继续通过扶持国有企业的方式来促进其他行业领域经济的发展,政府在经济发展中占据举足轻重的地位。同时,南非因种族隔离而受到的国际经济制裁,使南非经济基本处于一种自给自足的隔绝状态,这更加剧了各个行业经济力量的集中,垄断成为普遍现象。① 南非反垄断法律制度源于1955年制定的《垄断状态规制法》(Regulation of Monopolistic Conditions Act),但该法在20世纪70年代被认为在防止急

---

① 参见刘进:《南非竞争法执法体系与实践述评》,载于《西亚非洲》2008年第6期。

剧增加的寡头垄断方面是不成功的，于是南非在 1979 年制定了《竞争维护和促进法》（Maintenance and Promotion of Competition Act）。该法在 1986 年曾经过修订，但该法存在技术上的缺陷，执行效果并不理想，竞争法的执行常常受到政治势力干扰，垄断也没有得到有效制止。20 世纪 90 年代，非国大执政后，开始进行一系列政治经济改革，并将制定新竞争法作为改变经济集中度、扶持黑人中小企业、促进国民福利等改革目标的手段。在这样的背景下，南非在 1998 年正式出台了第三部竞争法——《竞争法》，其中部分条款在 1998 年 10 月生效，其余条款在 1999 年 9 月生效。1998 年的《竞争法》确立了南非新的反垄断法律制度框架。这部法律后来经历了多次修订，其中 1999 年、2000 年和 2001 年先后修订，相对于前两部竞争法有很大的突破，对南非的政治经济有很大的影响。南非最新修订的《竞争法》自 2019 年 11 月生效。

巴西是最早制定反垄断法的发展中国家之一。"二战"后到 20 世纪 90 年代前，巴西长期实行进口替代政策，政府对经济进行严格的干预，建立起了以国有企业为主导的垄断各主要行业和市场的经济。虽然早在 1962 年巴西就颁布了反垄断法，并在此之后多次对反垄断法进行修改，但直到 20 世纪末期，在巴西开放市场经济的背景下，反垄断法才真正发挥作用。20 世纪 80 年代后期开始，巴西实行经济的转型和改革，1988 年宪法承认了私营经济的重要地位，并开始实行贸易自由化和经济民主化的改革，取消价格管制，开放市场，引入竞争机制。为了配合这一过程，1991 年颁布了反垄断法（第 8158 号法律）。1994 年着手实行货币政策改革，控制通货膨胀，并在此背景下出台了 1994 年的反垄断法（第 8884 号法律）。这部法律突出了促进竞争的目的，将反垄断执法机构的角色定位为引导公众行为以确保竞争秩序。它标志着巴西的反垄断法进入了新的时代，确立了巴西竞争政策体系（BCPS）的基本框架。但这一体系的效率不高等问题非常明显，因此巴西 1994 年的反垄断法先后经过了 1999 年、2000 年和 2007 年的修改，在一些方面得到了完善。经济合作与发展组织（OECD）和美洲开发银行（IDB）于 2010 年 5 月联合发布的关于巴西竞争法律和政策的同行审议（peer review）报告，总结了 2005 年以来巴西在竞争政策领域取得的进展，并结合修订中的巴西竞争法提出了相关建议。① 在经过 7 年的讨论之后，2011 年 10 月巴西国会最终通过了第 12529 号法律（"新反垄断法"），11 月 30 日由总统签署，自 2012 年 5 月 29 日实施，1994 年的第 8884 号反垄断法（"旧反垄断法"）同时废止。2011 年新反垄断该法体现了巴西反垄断法律制度的重大变化，特别

---

① See OECD & IDB, *Competition Law and Policy in Brazil: A Peer Review*, 2010, http://www.oecd.org/document/26/0, 3746, en_2649_37463_45146202_1_1_1_37463, 00.html. 最后访问日期 2012-01-31。

是建立了一个单一的反垄断执法机构,引入了合并前的审查制度,加强了反垄断执法机构的力量。

印度也是最早制定竞争法的发展中国家之一。印度在 1947 年独立后大力发展公营经济,实行公私营经济并举的"混合经济模式"。为了控制垄断,防止私人经济力量的过度集中所带来的社会不公,1969 年印度出台了第一部反垄断法即《垄断与限制性贸易行为法》(Monopolies and Restrictive Trade Practices Act, MRTP)。MRTP 对公营企业并不适用,除非有中央政府的特别指令;同时,严格限制非公营企业的扩张。MRTP 虽历经多次修订,却仍有诸多不足之处,在很大程度上缺乏威慑力,效果不好。1991 年后,印度的经济政策发生了很大的变化,开始放松管制。实行经济自由化之后,印度改革工作的重点之一就是恢复竞争自由和促进国内市场竞争。在经过广泛的讨论后,印度国会于 2002 年 12 月通过了印度的现代反垄断法——《竞争法》,该法于 2003 年 1 月正式生效。① 2003 年 10 月成立了印度竞争委员会。然而,受法律诉讼的影响,印度竞争委员会并没有完全成立,也不具备执法能力,仅发挥宣传作用。根据 2007 年修订的竞争法,印度竞争委员会才作为一个独立的机构于 2009 年正式成立。印度竞争委员会通过的裁定(order)可以上诉到国家公司法上诉法庭(National Company Law Appellate Tribunal NCLAT)②。国家公司法上诉法庭通过的裁定可最终上诉到印度最高法院。2007 年 9 月 10 日,印度国会通过了《竞争法修正案》,采用现代竞争法原理对 2002 年《竞争法》进行了修订。2007 年的修订共对该法 66 个条文中的 41 条进行了修改,主要反映在竞争主管机构的设置变更等方面。1969 年的《垄断与限制性贸易行为法》在 2009 年被废止,依据该法成立的垄断与限制性贸易行为委员会被撤销。印度 2007 年修订的《竞争法》关于反竞争协议和滥用市场支配地位的第 3 条和第 4 条自 2009 年 5 月 20 日起生效,关于合并和收购的第 5 条和第 6 条自 2011 年 6 月 1 日起生效。

俄罗斯的反垄断法律制度是在 20 世纪 90 年代初进行经济转型的背景下制定的。俄罗斯曾实行过长达 70 年的计划经济,有着相当规模的产业基础,是典型的也是大型的转型经济国家,即从苏联时期的计划经济体制向市场经济体制转变。俄罗斯的经济转型和发展市场经济是与反垄断同时进行的。早在 1991 年 3 月俄罗斯就制定了《关于发展竞争和限制商品市场垄断行为的法律》(《反垄断法》),这是俄罗斯第一部专项反垄断法律。由于这部法律是在苏联解体前制定和

---

① 参见李墨丝:《印度 2002 年竞争法及其新发展》,载于《河北法学》2009 年第 2 期。
② 印度竞争委员会的裁定最初是上诉到竞争法上诉法庭(Competition Law Appellate Tribunal)。2017 年 5 月 26 日,竞争法上诉法庭与国家公司法上诉法庭合并,竞争法上诉法庭的功能转移到国家公司法上诉法庭。

实施的，正值苏联末期准备向市场经济转型，因此其不仅在当代俄罗斯经济，也在苏联经济史上有着重要的地位。这部法律后经多次修订，不断完善。为了更好地适应国内外经济形势的变化，发展经济竞争力，加强俄罗斯商品在国际市场的地位，2006年6月俄罗斯制定了《保护竞争法》，同时1991年的《反垄断法》失效。2006年的《保护竞争法》确立了俄罗斯现行反垄断法的基本制度，并且也一直在不断完善的过程中。① 频繁修改是俄罗斯反垄断法的一大特色，目前已经形成了两种修订模式：一种是就个别事项的小修小改，这几乎每年均会出现，有时不止一次；一种是由反垄断机构提供系统性的大修大补草案，以"反垄断法包"——一揽子计划的方式，提交国家杜马，通过后成为法律。迄今已经发布了四个"反垄断法包"，2018年俄罗斯反垄断局提出了第五次反垄断法一揽子修订，主要是回应数字经济的挑战。②

二、金砖国家反垄断法的立法体系

在金砖国家，虽然各国反垄断法所要规范的内容都大同小异，但是它们在立法体例和体系方面往往差别较大。四国可大致分为两种类型：

属于第一类有的巴西、印度和南非的反垄断法，实行比较单一的反垄断立法模式，不包含反不正当竞争的内容，反垄断法的体系构成也比较单一。巴西反垄断法的基本法律依据在目前是1994年的第8884号反垄断法，从2012年5月29日起是2011年的第12529号反垄断法。巴西反垄断法没有直接规定反不正当竞争的内容，因而其在体例上是没有与反不正当竞争法规定在一起的。巴西是在其他相关法律中规定不正当竞争行为的刑事责任和民事责任的。③ 巴西的反垄断法当然也要涉及其他相关法律的内容，但是其本身的体系相对比较单一。南非现行反垄断法的基本依据是经过2009年最新修订的1998年《竞争法》，印度现行反垄断法的基本依据是经过2007年修订的2002年《竞争法》。

属于第二类的是俄罗斯反垄断法，实行反垄断和反不正当竞争合并立法的模式，反垄断法的体系构成比较复杂。其现行反垄断法的基本依据是经过多次修订的2006年《保护竞争法》。从调整的内容来看，该法采取了反垄断立法和反不正当竞争立法合一的体例，因为其第二章专章规定了"垄断行为及不正当竞争行

---

① 参见李福川：《俄罗斯反垄断政策》，社会科学文献出版社2010年版，第69~75页。
② 这里主要参考了刘继峰教授的会议发言。
③ 例如，1996年的第9279号《工业产权法》就规定了包括商业诽谤、虚假标示和披露他人商业秘密等不正当竞争行为的犯罪以及损害赔偿和禁令问题；1990年第8078号《消费者保护法典》也对欺骗性广告和涨价等市场行为进行了规范。

为",除了规定禁止经营主体滥用市场支配地位、禁止经营主体限制竞争的协议或协同一致的行为外,还明确禁止不正当竞争,包括明确列举的商业诋毁、误导消费者、不适当比较、不合法利用他人知识产权和侵犯他人商业秘密等行为。当然,该法还对国家机构限制竞争行为进行监督和调节,对招投标活动和选择金融机构进行规范,并对提供国家和地方自治体的特惠进行调节,因此该法的调整范围是非常广泛的。除了这部基本的法律外,俄罗斯反垄断法律体系还包括其他众多的法律规范。根据俄罗斯联邦反垄断署的界定,反垄断法规体系由联邦法律、联邦政府制定的反垄断法规和联邦反垄断署制定的法规构成。其中,仅联邦法律就包括2006年《保护竞争法》(经过多次修订)、2005年制定并经多次修订的《国家采购法》、2003年制定并经多次修订的《电力法》、2008年制定的《外国投资俄罗斯战略企业管理办法》、2007年制定的《发展中小企业法》、1995年制定并经多次修订的《自然垄断法》、1995年制定并经多次修订的《广告法》、2007年和2012年修订的《行政违法法典》、《刑法典》和2009年的《贸易法》。①

三、金砖国家反垄断的立法宗旨和政策目标

金砖各国的反垄断法都规定了各自的立法宗旨和政策目标,它们既具有共性的一面,如都要促进经济效率和维护消费者利益等,又存在着较大的不一致。实际上,一国反垄断的立法宗旨和政策目标是由该国反垄断法所面临的经济社会条件、特定的历史背景、国际竞争环境以及主流的经济理论等因素所决定的。其中,俄罗斯《保护竞争法》第1条规定其目的是保障俄罗斯联邦境内统一的经济空间、商品自由流动,以及保护竞争并为商品市场有效运行创造条件。巴西《反垄断法》第1条规定的反垄断措施旨在与自由交易、公开竞争、财产社会化、保护消费者以及限制滥用经济权利等宪法原则保持一致。南非《竞争法》第2条规定的目的包括:提高经济的效率、增强经济的适应性和推动经济发展;向消费者提供有竞争力的价格和产品选择;促进南非人民就业,提高他们的经济和社会福利;扩大南非参与世界市场的机会和认可外国竞争在南非的作用;确保小型和中型的企业有一个公平的机会参与经济活动;促进所有权的更大范围的扩展,特别是增加历史上处于不利地位的人的所有权。印度《竞争法》虽然没有设专门条文规定立法宗旨和政策目标,但其在前言部分也表明了其目的,即从国家经济发展出发,以排除对竞争有不利影响的行为,促进和维护印度市场的竞争,保护消费

---

① 参见李福川:《俄罗斯反垄断政策》,社会科学文献出版社2010年版,第76~92页。

者利益，确保印度市场的其他参与者的交易自由。

就共性来说，金砖国家反垄断法都直接或者间接地包含了维护自由公平竞争，并以此来提供经济效率和维护消费者利益的共同目标，这在巴西和南非的反垄断法中规定得更为明确。而各国反垄断法关于其他方面目标的规定都反映了各自特定时期的历史背景、经济体制、主要任务和国际背景的具体差异。例如，俄罗斯作为联邦制大国，需要强调国内市场的统一性和商品自由流动的重要性；巴西反垄断法作为其实行贸易自由化和经济民主化的改革的一部分，强调其财产的社会化和限制经济权力的滥用；印度竞争法的目标则特别强调促进市场的竞争，并以此促进国家经济的发展；南非的国企实力强大，经济集中度高，对中小企业保护和促进有特别的意义。同时，南非曾经长期受到国际制裁和其他历史原因导致对外国投资比较排斥，南非的市场长期与国际市场相隔离，这样增加南非参与国际市场的机会并承认在南非市场竞争中外国竞争者的角色也就不难理解。此外，种族歧视的历史和黑人在经济中的弱势地位也使得竞争法有必要担负起扶持历史性弱势群体的任务。这些构成了南非竞争法非常特别的政策目标。

可见，金砖国家在总体上都作为发展中国家，其反垄断法立法宗旨和政策的目标都不是一元的，即芝加哥学派一些学者曾主张的仅仅强调效率的目标，而是具有多元化的特点，在注重市场资源配置效率的同时，也注重长期经济绩效，还包含了广泛的社会目标，如维护社会公共利益和国家总体经济的发展。

总体来说，金砖国家以法律为基础的反垄断战略虽然在具体制度和政策目标上存在差异，但是它们又有着类似的历史背景、大同小异的实体规则以及某些相近的战略目标。尤其是，反垄断和竞争政策都是作为这些国家实现经济发展目标的战略手段之一而加以运用的。

第四节　域外以法律为基础的反垄断战略的经验借鉴

通过前面对美国、欧盟以及金砖国家以法律为基础的反垄断战略的考察，我们可以从中受到一些启示，思考相关问题。

一、制定和实施反垄断法是国家发展经济的内在要求和各国的普遍做法

以1890年美国谢尔曼法的诞生为标志的一百多年来，现代反垄断法从个别

到一般，从简单到逐步完善，从纯国内立法到逐步走向国际合作与协调，经历了一个不断发展、完善的过程。目前，世界上已有130个左右的国家和地区制定和实施了自己的反垄断法。尤其是，自1990年意大利制定了自己的反垄断法之后，西方主要发达国家已全部有了反垄断法。反垄断法在维护这些国家的市场竞争秩序、保护消费者权益、促进经济发展等方面发挥了非常重要的作用，成为各自国家实现经济发展目标的主要战略手段。这种情况的发生并不是偶然的，它体现了各国发展市场经济对反垄断和竞争政策的共同的内在的要求。

市场经济，其含义可以从不同方面理解，但其最本质的方面就是市场在资源配置中起决定性作用和作为调节经济运行的基本手段。而市场的这种功能只有通过竞争才能得到发挥和实现。竞争是市场经济中商品内在矛盾运动的产物，商品的使用价值与价值的矛盾以及生产商品的个别劳动时间与社会必要劳动时间的矛盾构成了市场竞争的内因，而商品供求状况及其变化是市场竞争发展的外部原因，商品生产者之间经济利益的差别则构成了市场竞争的客观基础。竞争的基本规律是优胜劣汰。竞争是残酷的，也是神圣的。正如马克思所言：商品生产者或经营者"不承认任何别的权威，只承认竞争的权威"。① 因此，竞争构成了市场经济的核心内容和内在的运行机制，是价值规律运动和发挥调节作用的基本形式。恩格斯指出："只有通过竞争的波动从而通过商品价格的波动，商品生产的价值规律才能得到贯彻，社会必要劳动时间决定商品价值这一点才能成为现实。"② 竞争的积极作用主要表现为：通过其动力功能刺激市场主体的活力和积极性，通过其创新功能提高企业的技术进步和经济效益，通过其调节功能促进社会资源的优化配置。总之，优胜劣汰的竞争动力和压力的双重作用，促使市场主体不断地改善经营管理，提高技术水平，提高质量，改善服务，从而促进国民经济发展，也使消费者从中得到实惠。没有竞争，市场就没有活力，生产经营者就没有动力，消费者就没有选择，国民经济就停滞不前。这正如联邦德国前总理、著名理论家路德维希·艾哈德所言："凡没有竞争的地方就没有进步，久而久之就会陷于呆滞状态。每个人只想保持他已有的东西，也就是说，他不想做出更大的努力——这种努力是促进国民经济繁荣的一个极重要的因素。"③ 因此，市场经济必然应当是竞争型经济，自由而公平的竞争则是市场经济正常发展所必不可少的条件。

然而，市场本身并不能保证竞争的自由和公平，相反，却蕴涵着破坏自由公

---

① 《马克思恩格斯全集》第23卷，第394页。
② 《马克思恩格斯全集》第21卷，第215页。
③ ［联邦德国］路德维希·艾哈德：《来自竞争的繁荣》，祝世康等译，商务印书馆1983年版，第153页。

平的竞争的种子，竞争在具有不可替代的积极作用的同时，也有其副作用。其中的一个重要方面是，竞争会使生产和资本趋于集中，这种集中可能带来规模经济效益，但超出一定限度也可能造成垄断；尤其是，在竞争过程中会自发产生一种排斥竞争的力量，即对市场竞争进行限制的倾向。因为，竞争虽是个好东西，但并不是任何人都喜欢的，或者在有些情况下喜欢（发生在自己作为买方时的卖方相互之间），在有些情况下却不喜欢（发生在自己作为卖方时与其他卖方之间）。实际情况是，市场主体为了回避竞争的压力和风险，总是千方百计地对竞争加以限制，企图追求或者维持某种垄断地位。同时，"竞争的作用是鼓励竞争者跑得更快，但竞争的优胜者会遥遥领先，从而获得控制市场的地位，破坏竞争而成为竞争最危险的敌人。"① 虽然限制竞争或者垄断的企图或过程是在竞争过程中产生的，也有在客观上使竞争更趋激烈的一面，但它破坏了市场竞争秩序，使得优胜劣汰的竞争规律不能正常发挥作用，消费者的选择权受到损害，国民经济的发展受到阻碍。因为"谁是市场的优胜者不应由政府来认定，也不应由卡特尔之类的垄断组织来认定，而只应由消费者来决定。""每种垄断的形式都隐藏着欺骗消费者的危险性，使经济停滞不前。"②

作为对竞争进行限制的垄断是市场机制自身所无法克服的，而正是"市场失灵"的一个表现，而且，随着市场经济的发展，垄断的表现形式及程度也在不断变化。因此，经过了早期市场经济因奉行自由放任政策而造成垄断恶性发展并产生严重后果等深刻教训之后，现代市场经济已不再奉行国家不干预政策，而是伴随国家这只"有形之手"的主动介入，以矫正市场的失灵，克服其局限性。其中包括了对垄断的抑制，以实现对自由公平竞争的维护。并且，国家的这种介入和干预采取的是法律的形式，即通过制定和执行相应的法律来实现的。但是，控制市场垄断或限制竞争的问题又不是在传统民商法的范围内所能解决的，相反，它正是通过民商法秩序而进行的。例如，卡特尔是根据合同或以无人格的社团形式进行的，大部分卡特尔共同销售机构采取的是商法上的公司形式；托拉斯是依据股份的信托、资本参加以及公司的合并；康采恩是通过持股公司、资本参加、营业租赁、合同以及经营合同而分别形成的。③ 可以说，它们是契约自由、营业自由的表现和结果。因此，建立在市场经济的基础上的，以反对非法垄断、维护自由公平竞争秩序和经济活力为己任的一种全新的法律制度——反垄断法，便应运而生，并成为现代经济法中最先得到发展的和典型的部分。

---

① ［联邦德国］闵策励：《联邦德国的反垄断法》，载于《法学研究》1986年第6期。
② ［联邦德国］路德维希·艾哈德：《来自竞争的繁荣》，祝世康等译，商务印书馆1983年版，第123、121页。
③ ［日］金泽良雄著：《经济法概论》，满达人译，甘肃人民出版社1995年版，第166页。

反垄断及其法律的产生体现了市场经济内在的要求，是现代市场经济中国家干预及其法治化的产物。反垄断法是现代市场经济得以健康发展的必要法律保障。正因为如此，各国在发展市场经济的过程中都十分重视相应的反垄断法律制度的建设，并随着国内、国际经济形势的变化而不断发展完善。由此可见，发展市场经济并不排斥一切形式的国家干预，必要的适度的国家干预是市场经济得以健康发展的重要条件。这种干预与在中国以往计划经济条件下政府对企业经营活动进行事无巨细的管理有很大不同，其出发点和归宿是应该为企业创造一个自由公平的市场竞争环境，防止对竞争的不正当限制。因此，这里的干预是为了竞争的自由和公平而干预。可以说，反垄断法通过对在民商法秩序内形成垄断的契约自由和营业自由的限制，实现对竞争的自由和公平的保护。正如格伯尔教授指出的，竞争法与癌症的治疗不无相似之处。癌症的治疗就是要消灭干预生物体正常运作的细胞增殖，而竞争法打击的是那些干预竞争市场有效运行的经济活动。无论是制定癌症治疗策略还是制定竞争法战略，都不仅要消除损害，还要避免损伤机体中的"健康"部分。① 总之，反垄断法通过对竞争行为加以规范，制止非法垄断，维护有效的竞争和合理的市场结构，保证市场机制作用的正常发挥，保护经营者和消费者的合法权益，保障和促进市场经济的健康发展。

　　反垄断法是通过保护竞争过程，防止各种限制致其功能受损、好处受限，使竞争的好处最大化。正如有学者所分析的，竞争法有助于提高市场的效率，又可将市场植入社会。竞争法可以强化竞争激励，消除创新和扩张过程中的障碍，提高市场效率。它将市场行为和受其影响的人关联起来，从而为市场赢得支持。市场和它赖以运作的社会之间的纽带是竞争法创造的，而竞争法本身也是这一纽带的象征和表达。特别是，它将竞争作为一种价值加以推崇，并通过鼓励或打击某种形式的竞争来影响经济收益的分配。②

二、以法律为基础的反垄断服务于国家的整体利益

　　由于"世界各国的反垄断法不仅在原则上基本相同，而且细节上也有趋同的倾向。"③，因此，美国、欧盟以及金砖国家以法律为基础的反垄断战略对于认识中国制定和实施反垄断法并以此为基础实施反垄断战略有着深刻的启发意义。简

---

① ［美］戴维·格伯尔：《全球竞争：法律、市场和全球化》，陈若鸿译，中国法制出版社2012年版，前言第2页。
② ［美］戴维·格伯尔：《全球竞争：法律、市场和全球化》，陈若鸿译，中国法制出版社2012年版，第5页。
③ 王晓晔：《竞争法研究》，中国法制出版社1999年版，第485页。

单来说，中国实行社会主义市场经济，有着市场经济的共同的基本属性，也有着对反垄断及其法律制度的内在要求。同时，在制定和实施反垄断法进而实施反垄断战略的过程中，一方面要着眼于在国内维护有效竞争并以此增进经济效率和消费者福利，另一方面也要在国际上有效维护国家利益，实现国家整体利益的最大化。

以法律为此基础的反垄断在实现国家整体利益的过程中受经济学理论和经济政策的影响越来越大。在反垄断法发展的早期，相关经济学理论对反垄断立法和执法的影响并不明显。随着产业经济学的产生特别是哈佛学派的出现，经济学理论及其主导下的国家经济政策对反垄断法产生了深远的影响，这一点在美国反垄断法的发展变化中表现得特别明显。20世纪70年代以前，美国反垄断法主要受哈佛学派的影响，20世纪70年代以后，则受芝加哥学派的影响。哈佛学派认为，市场结构决定市场行为，市场行为产生市场绩效，因此，反垄断法关注的重点不是企业行为，而是市场结构。20世纪60年代至70年代初，美国联邦最高法院的若干重要判例就充分体现了哈佛学派的反垄断理论。从20世纪70年代起，美国芝加哥学派作为竞争政策和竞争法理论中的一股强大力量登上了历史的舞台。该学派的主要观点是：反托拉斯的首要目标在于促进经济效益，应以此评价企业行为。他们认为，竞争性行为，尤其是提高经济效益的竞争性行为，就其本性而言，是要损害竞争对手的。关键不在于某种行为是否损害竞争者或排斥竞争对手，而在于它是否促进社会的经济效益。从这一点出发，芝加哥学派强调，对实施反托拉斯法的适当标准的分析重点，应从市场份额转向经济效益。受其影响，美国联邦司法部于1982年、1984年、1992年、2010年对合并指南做了4次修订。同时，反垄断法的经济政策性决定了国家不同时期的经济政策对反垄断法的执行的宽严也有着重要的影响。例如，民主党的克林顿政府和共和党的小布什政府对微软垄断案就有着不同的态度。其他国家和地区的情况虽有差异，但在经济学理论和经济政策越来越多地影响反垄断的立法和执法这一点上，是有共同之处的。这也鲜明地反映出以法律为此基础的反垄断是服务于相应时期的国家整体利益的。

在服务于国家整体利益方面，不同的国家基于本国特定国情的需要选择一些特别的制度。例如，由于俄罗斯属于典型的转型经济国家，面临着制止滥用国家权力排除、限制市场竞争的艰巨任务，因此其反垄断法中除了有各国反垄断法所共同的规制经济性垄断的内容外，还有规制行政性垄断的内容，以解决其面临的非常突出的"权力壁垒"限制竞争的问题。俄罗斯1991年反垄断法就在第7条至第9条将"行政机关和地方自治管理机关限制商品市场竞争"作为一种独立的限制竞争行为予以规定。该法在2002年修订后，将对行政垄断的规制单独列为一章，即"俄联邦行政机构、俄联邦各部门行政机关、各市政当局或被委托行使指定机构职能或权力的其他机构或组织的限制竞争的法令、行为、协议或协同行为"。现行的2006年《竞争保护法》更是突出了对行政垄断的规制。该法一共10章54条，涉及规制行政垄断的就有3章7条。其中，第三章明确禁止俄罗斯联邦执行权力机构、俄罗斯联邦主体国家权力机构、地方自治机构、其他履行上述机构职能的机构或组织，以及国家预算外基金和俄罗斯联邦中央银行限制竞争的法规、行为（不作为）、协议和协同行为；第四章规定了对招投标活动、选择金融机构和关于国家所有制和地方自治体所有制资产合同签署权的反垄断要求；第五章规定了提供国家或地方自治体特惠。

在服务于国家整体利益方面，很多国家在其反垄断法中都明确规定了其域外适用制度，并且都采取所谓的"效果原则"。反垄断法的域外适用是指一国依据某种原则将其反垄断法适用于在本国以外发生的某些垄断或限制竞争行为，其目的是要防止在本国领域以外发生的垄断或限制竞争行为对本国经济造成的危害。首先依据效果原则将其反垄断法进行域外适用的美国，它的这一做法一开始遭到了不少国家的反对和谴责，有些国家通过外交途径进行抗议，有些国家进行有针对性的法律抵制。但与此同时，一些国家和地区又纷纷仿效美国，也主张本国反垄断法的域外效力。如德国《反限制竞争法》第130条第2款规定，本法适用于任何限制竞争的行为，即便它不在德国境内。① 这说明，主张反垄断法的域外适用以维护国家的利益已经成为各国反垄断法的普遍做法。

以法律为此基础的反垄断在实现国家整体利益方面，除了反垄断执法外，很多国家也非常重视竞争倡导，通过各种手段来改善竞争环境。尤其是一些发展中国家和转型经济国家，历史上缺少竞争文化的传统，因此竞争倡导的意义更大，任务也更加艰巨。实际上，前述金砖国家也都是非常重视竞争倡导的，有的国家还将竞争倡导明确规定在其反垄断法之中。在这方面，印度的做法最为典型。印度《竞争法》第七章专门规定了"竞争倡导"，虽然该章只有一个条文（第49条），但是其意义还是非常突出的。根据规定，中央政府在制定竞争政策（包括审查与竞争有关的法律）或者其他事项时，或者州政府在制定竞争政策或其他事项时，根据具体情况可以就该政策可能对竞争产生的影响向委员会作出说明，而委员会应当在收到说明之日起60日内向中央政府、州政府给出其意见，中央政府、州政府根据具体情况可采取其认为适当的行动。前款规定之委员会意见在中央政府、州政府根据具体情况制定相关政策时并无约束力。遵照相关规定，委员会应采取适当的措施以推动倡导竞争、培养竞争意识并就竞争问题开展培训。在

---

① 参见《各国反垄断法汇编》，人民法院出版社2001年版，第745页。

南非,《竞争法》虽然没有专门条文规定竞争倡导,但其第21条规定的竞争委员会的职能中也包括了竞争倡导的一些内容,如"建议或从任何监管机构中接受建议""审查立法和公共规则,并向部长报告任何有关允许无竞争的规定"。在巴西,根据于2012年5月29日生效的巴西2011年的第12529号法律的规定,作为原来三个反垄断执法机构之一的财政部经济监控秘书处(SEAE)继续存在,但其不再参与反垄断执法,而仅负责竞争倡导,这样在巴西就有专门的机构来负责竞争倡导。在俄罗斯,《保护竞争法》虽然也没有专门条款规定竞争倡导,但其第23条规定的反垄断机构的权限中,有些内容也涉及竞争倡导,例如"向负责证券市场管理的联邦执行权力机构和俄罗斯联邦中央银行提出建议,要求其制定的法规符合反垄断法,和(或)在法规和(或)行为违反反垄断法时,停止法规的效力及其相关行为";"按照规定的程序,对专项市场保护措施、反倾销措施和补贴措施的可能造成的结果,以及对调整海关进出口税率对俄罗斯商品市场竞争造成的后果提供结论性意见"。

总之,以法律为基础的反垄断和竞争政策虽然体现为具体的法律制定和实施行为,但其最终都是为实现以经济发展为核心的国家整体利益服务的,在涉及跨国反垄断执法中体现得更为明显。

第四章

战略要素：中国反垄断战略的基本框架

第一节 中国反垄断战略的基础和环境

一、中国反垄断法律制度的演进与反垄断战略的基础

由于竞争政策和反垄断法律制度以市场经济为其存在的基础，而中国在1949年以后30年的时间里实行的是高度集中的计划经济体制，一切由国家计划管理，因而没有反垄断法产生的土壤。从1979年开始，中国实施了以市场为取向的经济体制改革，随着市场竞争机制的逐步引入并发挥越来越重要的作用，才相应地产生了从法律上反对垄断、保护竞争的要求，并逐步形成了若干反垄断法律规范。

早在1980年国务院就颁布了《关于开展和保护社会主义竞争的暂行规定》，首次提出了反垄断的任务，明确提出了"在经济活动中，除国家指定由有关部门和单位专门经营的产品以外，其余的不得进行垄断、搞独家经营"的基本原则，并要求"任何地区和部门都不准封锁市场，不得禁止外地商品在本地区、本部门销售。对本地区出产的原材料必须保证按国家计划调出，不准进行封锁"。该《暂行规定》还宣布采取行政手段保护落后、抑制先进、妨碍商品正常流通的做

法是不合法的，应当予以废止。不过，其在总体上具有比较浓厚的计划经济色彩。

此后，国家有关法规、规章和规范性文件中又对相关领域内的反垄断问题做了一些规定。1982年的《广告管理暂行条例》中规定了禁止广告的垄断和不正当的竞争。1982年4月《国务院关于在工业品购销中禁止封锁的通知》，要求各地、各部门一律废止限制向外地、外部门采购工业产品的规定和其他类似规定，一律撤销所有审批外购工业品的机构。1987年9月的《中华人民共和国价格管理条例》规定企业之间或行业组织商定垄断价格属于价格违法行为。1987年10月的《广告管理条例》规定，在广告经营活动中，禁止垄断和不正当竞争行为。1987年12月国家体改委、国家经委《关于组建和发展企业集团的几点意见》中指出，组建企业集团必须遵循鼓励竞争、防止垄断的原则，并指出在一个行业内一般不搞全国性的独家垄断企业集团，鼓励同行业集团间的竞争，促进技术进步，提高经济效益；集团内部要引入竞争机制，成员间既要加强协同合作，也要开展有益的竞争，不保护落后。1988年1月国务院发布的《重要生产资料和交通运输价格管理暂行规定》指出，国家禁止企业、行业垄断市场价格；凡是凭借垄断地位违反国家规定，哄抬市场价格，牟取暴利的，企业之间或者行业协会、联合会以及其他经济组织串通商定垄断价格的，均属于违法行为，必须严格查处。1989年国家体改委、国家计委等联合发布的《关于企业兼并的暂行办法》也指出，企业兼并既要促进规模经济效益，又要防止形成垄断，以有利于企业之间的竞争。1990年11月发布的《国务院关于打破地区间市场封锁进一步搞活商品流通的通知》规定，企业有权在全国范围内自行选购所需要的商品，任何地区和部门不得设置障碍，加以干涉，特别是不得在承包经营责任制中硬性规定只准购销或硬性搭配本地商品；不得将用户不欢迎的产品，强行压给流通企业；各地区、各部门不得擅自设置关卡，阻碍商品的正常运输；不得违反国家财政、税收、金融、物价等规定，变相封锁市场。通知还要求各地区、各部门立即撤销所有限制外购商品的审批机构和封锁外地商品流通的关卡。

总体来看，在这一时期，中国实行有计划的商品经济，虽然市场竞争机制被有限度地引入，但由于中国自身经济发展的缺陷以及对竞争缺乏较全面的认识，使竞争在促进优胜劣汰、实现资源有效配置的同时，也产生了不正当竞争和排除、限制竞争等行为。于是，国家有关法规、法规性文件和规章中又对相应领域内的反垄断问题做了一些零星的规定。这些相关的反垄断方面的规定反映了我国经济体制改革和经济发展对市场经济运行机制的初步探索。

以1992年中共十四大确立建立社会主义市场经济体制的改革目标为标志，中国的经济体制改革进入了一个新的阶段，尤其是中共十四届三中全会通过

《关于建立社会主义市场经济体制若干问题的决定》以来，随着市场化改革在各个领域的全面推进，竞争机制在很多领域被广泛推行。与此同时，从法律上反对垄断、保护竞争的要求也越来越迫切，相应地，在新的基础上也出现了相关的反垄断法律规范。具有非常重要意义的是 1993 年制定、实施的《中华人民共和国反不正当竞争法》（以下简称《反不正当竞争法》），其第二章规定的 11 种应予禁止的不正当竞争行为中就有 5 种行为（包括公用企业滥用市场支配地位的限制竞争行为、政府部门滥用行政权力的限制竞争行为、掠夺性定价、搭售及附加不合理交易条件行为以及串通招标投标行为）属于垄断行为。因此，该法既不是完全狭义上的反不正当竞争法，也不是完全包含反不正当竞争和反垄断两方面内容的统一的竞争法。为了增强《反不正当竞争法》的可操作性，国家工商行政管理总局先后发布了一系列行政规章，使该法的规定进一步细化和具体化。①

此外，其他有关法律中也有若干竞争规范。其中，1997 年的《中华人民共和国价格法》第 14 条规定的不正当价格行为中就包括：相互串通，操纵市场价格，损害其他经营者或者消费者的合法权益；在依法降价处理鲜活商品、季节性商品、积压商品等商品外，为了排挤竞争对手或者独占市场，以低于成本的价格倾销，扰乱正常的生产经营秩序，损害国家利益或者其他经营者的合法权益；提供相同商品或者服务，对具有同等交易条件的其他经营者实行价格歧视。这些行为实际上也属于垄断行为。1999 年的《中华人民共和国招标投标法》也包含有相关的反垄断条款。例如，"依法必须进行招标的项目，其招标投标活动不受地区或者部门的限制。任何单位和个人不得违法限制或者排斥本地区、本系统以外的法人或者其他组织参加投标，不得以任何方式非法干涉招标投标活动。""招标人不得以不合理的条件限制或者排斥潜在投标人，不得对潜在投标人实行歧视待遇。""招标人不得强制投标人组成联合体共同投标，不得限制投标人之间的竞争。""投标人不得相互串通投标报价，不得排挤其他投标人的公平竞争，损害招标人或者其他投标人的合法权益。""投标人不得与招标人串通投标，损害国家利益、社会公共利益或者他人的合法权益。"2004 年修订的《中华人民共和国对外贸易法》第 32 条、第 33 条也分别规定："在对外贸易经营活动中，不得违反有关反垄断的法律、行政法规的规定实施垄断行为"；"在对外贸易经营活动中，不得实施以不正当的低价销售商品、串通投标、发布虚假广告、进行商业贿赂等不正当竞争行为"，并规定了相应的法律制裁措施。这有利于在对外贸易领域对垄

---

① 该法中有关反垄断的这 5 个条款在 2017 年的修订中被删除了，以体现《反垄断法》与《反不正当竞争法》之间的内在逻辑和合理分工。

断或限制竞争行为进行法律规制。上述法律还分别规定了行政执法机关和法律制裁措施，尤其是行政执法措施。受损害的消费者或者其他经营者还可以提起民事诉讼要求损害赔偿。

除法律外，相关行政法规和规范性文件如2000年的《电信条例》、2001年的《关于禁止在市场经济活动中实行地区封锁的规定》和《国际海运条例》等中也有反垄断的规范。其中，为了建立和完善全国统一、公平竞争、规范有序的市场体系，禁止市场经济活动中的地区封锁行为，破除地方保护，维护社会主义市场经济秩序，国务院在2001年的《关于禁止在市场经济活动中实行地区封锁的规定》中，对地区封锁这种典型的行政垄断行为做了比较集中、具体的规定。该规定重申禁止各种形式的地区封锁行为，禁止任何单位或者个人违反法律、行政法规和国务院的规定，以任何方式阻挠、干预外地产品或者工程建设类服务进入本地市场，或者对阻挠、干预外地产品或者服务进入本地市场的行为纵容、包庇，限制公平竞争，并且具体规定地方各级人民政府及其所属部门不得违反法律、行政法规和国务院的规定，实行八类地区封锁行为。该规定还对改变或撤销有关的规定以及对有关的纠正、处理、处罚等都做了明确的规定。此外，国务院还在2001年发布了《关于整顿和规范市场经济秩序的决定》，明确规定"打破地区封锁和部门、行业垄断。查处行政机关、事业单位、垄断性行业和公用企业妨碍公平竞争，阻挠外地产品或工程建设类服务进入本地市场的行为，以及其他各种限制企业竞争的做法"。

但是，原有的反垄断法律规范零散、不完善，不能适应中国社会主义市场经济进一步发展的需要，于是制定一部统一的和比较完善的反垄断法成为现实的需求。但是，中国反垄断法的出台之路却非常坎坷，可以说经历了一个非常漫长曲折的过程。虽然自20世纪80年代起，随着中国以市场为取向的改革的深入，关于中国应当制定反垄断法的呼声就日渐高涨，但由于种种原因，直到2007年8月30日中国才出台了《反垄断法》，前后相距达20年。即使是从1993年《反不正当竞争法》出台算起，也有14年之久。因此，说中国反垄断法的出台是"千呼万唤始出来""二十年磨一剑"似乎并不过分。这种状况的形成有着多方面的原因。首先是经济体制方面的原因。如前所述，中国过去长期实行高度集中的计划经济体制，因而企业之间也没有严格意义上的市场竞争，也就不需要反垄断法。因此，以市场为取向的经济体制改革的进程决定了市场竞争机制发挥作用的程度，也就决定了需要以维护市场竞争机制为己任的反垄断法的紧迫程度。在中国的经济体制改革尚没有进入一定的阶段时，对反垄断法的内在需求也就难以充分显现出来。其次是观念方面的原因。一些似是而非甚至明显错误的观念在很大程度上影响了我国反垄断立法的进程。例如，有人基于对反垄断法与规模经济之间关系的不正确理解而担心制定反垄断法会妨碍国家鼓励企业合并、将企业做大做强的政策,从而不利于组建一批经济上的"航空母舰",不利于增强中国企业的国际竞争力,不利于实现规模经济效益。有的更明确指出,中国目前的企业规模不是大了,而是小了。这种观念必然就是反对中国制定反垄断法,至少是不主张马上就出台反垄断法。再次是利益博弈的原因。虽然从总体上讲反垄断法有很多积极的意义,但是并不是任何人在任何时候都喜欢反垄断法的。实际上,一些既得利益集团的不支持甚至阻扰也在一定程度上延缓了中国反垄断法的出台。最后是理论分歧的原因。无论是在经济学界还是在法学界,无论是在国外还是在国内,对于反垄断法是否有存在的合理性这一根本问题以及一些具体的制度设计都有着不同的认识,甚至严重分歧。即使在今天,一些学者仍然对反垄断法持强烈的批评和排斥的态度。① 对某个具体制度(如行政性垄断规制制度等)是否需要纳入以及其制度设计也存在很多争议。② 这也在一定程度上影响了决策者在中国推动反垄断法的决心,至少是延缓了该法的出台。

《中华人民共和国反垄断法》(简称《反垄断法》)在巨大的争议声中最终于2007年8月30日出台了。虽然该法由全国人大常委会以150票赞成、2票弃权(另有1人未按表决器)通过,虽然该法内容的合理性和规制力度与人们原先的期待还有一定差距,但是该法的制定和实施标志着我国反垄断基本法律制度的确立,从此我国的反垄断有了基本的法律依据和保障。

以上情况表明,中国反垄断法律制度的建立和完善经历了漫长的过程,这既表明立法就是一个各方面利益相互博弈、相互协调的过程,也体现了中国以市场为取向的经济改革和发展对于通过制定和实施反垄断法来维护正常的市场竞争机制的内在要求。目前,中国形成了以《反垄断法》为核心、相关行政法规、部门规章、指南和司法解释共同构成的反垄断法律制度体系,尤其是在2018年我国反垄断执法机构实现了统一之后,相关的反垄断规章进行了整合和完善,相关反垄断指南密集出台,从而奠定了中国构建反垄断战略的制度前提和法治保障。

二、中国的市场竞争状况与反垄断战略的环境

战略环境是战略主体在制定和实施战略过程中所面临的客观情况和条件。正

---

① 例如薛兆丰:《商业无边界:反垄断法的经济学革命》,法律出版社2008年版。具体的请参见本书第一章第三节。

② 参见王先林:《〈反垄断法〉的若干主要争论》,载于《检察风云》2007年第22期。

确认识和分析战略环境是正确制定战略所必不可少的基础性工作。要构建中国的反垄断战略，也要分析目前的战略环境，包括国内环境和国际环境。

反垄断战略的国内环境主要体现在对国内市场竞争状况的分析上。一般来说，市场竞争状况是指在特定的市场范围内竞争对手的积聚程度和竞争的激烈程度。微观经济学依据市场竞争程度的不同，市场竞争结构可分为：完全竞争（perfect competition）市场、垄断竞争（monopolistic competition）市场、寡头垄断（oligopoly）市场和完全垄断（monopolistic）市场，垄断竞争和寡头竞争也统称为不完全竞争市场。在不同竞争结构的市场条件下，企业的定价等行为表现出不同的特征，消费者的福利和经济发展也相应地受到影响。但这只是从静态和微观的角度来分析的，若从动态和广泛的意义上来说，市场竞争状况包括了市场体系、市场主体、市场行为和市场绩效等多方面的情况。可以说，市场体系的完善、竞争主体的培育、竞争行为的规范和市场竞争秩序的形成，都是保证市场竞争充分发挥作用的重要因素。正如《中共中央关于全面深化改革若干重大问题的决定》（2013年11月12日）指出的，建设统一开放、竞争有序的市场体系，是使市场在资源配置中起决定性作用的基础。必须加快形成企业自主经营、公平竞争，消费者自由选择、自主消费，商品和要素自由流动、平等交换的现代市场体系，着力清除市场壁垒，提高资源配置效率和公平性。

改革开放40多年来，特别是1992年确立建立社会主义市场经济体制的改革目标以来，中国已经初步建立起了比较完善的现代经济体系，形成了完整、统一、开放的现代市场体系。中国不仅在改革之初就建立起了各类商品市场并使之不断完善，而且还在深化改革中大力发展了金融、劳动力、土地、技术等要素市场，各类市场较为完整；通过反对各种形式的地方封锁和部门分割等举措，有力地促进了全国统一市场的形成，为市场经济的发展创造了必要的条件；经过多年的努力，尤其是在加入WTO后，中国形成了沿海、沿江、沿边、内陆地区相结合的全方位、多层次、宽领域对外开放格局，从而形成了开放的市场体系；通过持续不断的改革举措以及竞争法律政策的制定和实施，中国市场竞争的整体秩序也有了明显的改善。进一步来说，中国总体的市场竞争状况可以通过下面的若干基本要素更充分地体现出来。

首先，在坚持国有经济为主导的前提下，中国建成了多种所有制共同发展的多元化市场竞争主体。改革开放以来，国有企业改革发展不断取得重大进展，总体上已经同市场经济相融合，运行质量和效益明显提升，在国际国内市场竞争中涌现出一批具有核心竞争力的骨干企业，为推动经济社会发展、保障和改善民生、开拓国际市场、增强中国综合实力做出了重大贡献，其市场竞主体的地位逐步得到确立。① 同时，国家鼓励、支持、引导非公有制经济发展，民营企业迅速发展，竞争力大幅提升，成为中国市场竞争主体的重要组成部分，在促进经济增长、扩大就业和活跃市场等方面，发挥着越来越大的作用。通过积极有效利用外资，中国外商投资企业迅速增长，在中国投资、税收、就业、外贸等领域的影响和作用日益增强，为中国带来了包括先进的管理经验、技术、工艺在内的资本承载的综合竞争要素。此外，还积极稳妥发展混合所有制经济。

其次，在深化改革中，中国各类市场主体相互竞争，共同发展，参与市场竞争的主体队伍不断扩大。通过改革市场准入制度，大力减少行政审批事项，禁止变相审批，打破地区封锁和行业垄断，以及完善市场退出机制，市场准入大大放宽，各类市场主体快速增长。尤其是党的十八大以来，全国工商和市场监管部门全力推进商事制度改革，从放宽市场主体准入各环节入手，市场准入制度发生根本性变革，重点领域取得重大进展。一是市场准入门槛大幅降低。通过将注册资本实缴制改为认缴制，简化住所登记手续，实施"一址多照""一照多址""商务秘书""众创空间"等改革，实行经营范围申报制度，降低了兴办企业的资金、场地门槛，激发了百姓投资创业热情。二是涉企证照大幅精简。协同落实"先照后证"改革，积极推进"证照分离"改革，五年间已将 226 项工商登记前置审批事项中的 87% 改为后置或取消。推进"三证合一""五证合一"和"多证合一"改革，开展个体工商户"两证整合"，以"减证"促"简政"，推进涉企证照事项整合优化，逐步实现企业"一照一码"走天下。三是登记注册便利化改革取得突出成效。全国 31 个省（区、市）全程电子化登记系统全部开通，电子营业执照全面实施，企业名称库全面放开。许多地方推行手机 App（应用程序）、人脸识别身份验证、"最多跑一次"等创新举措，成为便民服务的一大亮点。同时，建立完善市场主体便捷退出机制，实现"准入""退出"双便捷。商事制度改革夯实了经济发展的微观基础。商改四年来（2014 年 3 月 1 日至 2017 年底），新设市场主体 6 202.81 万户。日均新设市场主体从改革前的 3.1 万户增加到 5.27 万户。每千人拥有企业数量由 2013 年的 11.23 户提高到目前的 21.94 户。随着商事制度改革的不断深入，人民群众投资创业热情得到极大激发，市场主体数量呈现了"井喷式"增长。截至 2018 年 3 月 16 日，中国各类市场主体总量超

---

① 当然，国有企业仍然存在一些亟待解决的突出矛盾和问题，一些企业市场主体地位尚未真正确立，现代企业制度还不健全，国有资产监管体制有待完善，国有资本运行效率需进一步提高；一些企业管理混乱，内部人控制、利益输送、国有资产流失等问题突出，企业办社会职能和历史遗留问题还未完全解决；一些企业党组织管党治党责任不落实、作用被弱化。参见《中共中央、国务院关于深化国有企业改革的指导意见》（2015 年 8 月 24 日）。

过了 1 亿户（其中企业超过了 3 100 万户），五年增加 70% 以上。① 截至 2020 年 9 月末，全国实有市场主体稳定增长，登记在册的市场主体共计 1.34 亿户，其中，企业 4 200.0 万户，企业中的外商投资企业 64.1 万户，个体工商户 9 021.6 万户，农民专业合作社 222.2 万户，我国每千人拥有企业数达到 30.0 户，迈上新台阶。② 而国家统计局 2021 年 2 月 28 日发布的《2020 年国民经济和社会发展统计公报》显示，全年新登记市场主体 2 502 万户，日均新登记企业 2.2 万户，2020 年末市场主体总数达 1.4 亿户。③ 新增市场主体活跃度持续提升，促进了产业结构调整，对扩大就业发挥了重要支撑作用，为打造经济新引擎、催生发展新动力夯实了微观基础。

再次，通过多年的改革和发展，中国市场已形成了多样化的竞争方式。一方面，价格竞争成为最主要的竞争方式。正如《中共中央、国务院关于推进价格机制改革的若干意见》（2015 年 10 月 12 日）指出的，价格机制是市场机制的核心，市场决定价格是市场在资源配置中起决定性作用的关键。改革开放以来，作为经济体制改革的重要组成部分，价格改革持续推进、不断深化，放开了绝大多数竞争性商品价格，对建立健全社会主义市场经济体制、促进经济社会持续健康发展发挥了重要作用。特别是近年来，价格改革步伐大大加快，一大批商品和服务价格陆续放开，成品油、天然气、铁路运输等领域价格市场化程度显著提高。但同时，一些重点领域和关键环节价格改革还需深化，政府定价制度需要进一步健全，市场价格行为有待进一步规范。另一方面，各种非价格竞争在我国市场竞争中也得到了广泛运用。我国政府采取了放松管制、开放搞活、减少行政审批、放开市场准入和行业准入等多项措施，有效降低了新企业市场进入的门槛。新企业和潜在进入者的竞争压力促使企业提高效率，推动市场竞争多样化，质量、服务以及产品创新等非价格竞争手段得到越来越广泛的运用。此外，垄断行业在改革中也逐步形成了有效竞争。自 20 世纪 90 年代以来，中国开始探索在电信、电力、铁路、民航等垄断行业里实施监管改革，通过政企分开、监管体制改革、打破垄断、引入竞争、产业重组等措施，形成有效竞争的格局。通过金融业监管体制改革，在金融业也逐步形成了有效竞争。

最后，通过加强和改进事中、事后监管等综合措施，中国的市场竞争秩序也逐步得到了规范。随着市场体系建设和培育，政府在放宽了市场准入的同时，也

---

① 人民网新闻：《第 1 亿张营业执照在京颁出　中国市场主体数量破亿》，http：//society.people.com.cn/n1/2018/0319/c1008-29874442.html。最后访问日期：2018-03-22。

② 新华网新闻：《国家市场监管总局：社会关注的市场主体"退出潮"并未出现》，http：//www.xinhuanet.com/food/2020-11/11/c_1126726481.htm。最后访问日期：2021-03-07。

③ 新华网新闻：《2020 年年末我国市场主体达 1.4 亿户》，http：//www.xinhuanet.com/2021-02/28/c_1127149229.htm。最后访问日期：2021-03-22。

加强了市场监管工作，通过查处违法违章行为、整顿经营秩序、治理经济环境等措施，中国市场竞争秩序进一步规范，为竞争机制发挥有效作用提供了保障。采取的具体措施包括：一是强化市场行为监管，依法规范生产、经营、交易等市场行为，创新监管方式，保障公平竞争，促进诚信守法，维护市场秩序；二是夯实监管信用基础，运用信息公示、信息共享和信用约束等手段，营造诚实、自律、守信、互信的社会信用环境，促进各类市场主体守合同、重信用；三是改进市场监管执法，创新执法方式，强化执法监督和行政问责，确保依法执法、公正执法、文明执法；四是改革监管执法体制，整合优化执法资源，减少执法层级，健全协作机制，提高监管效能；五是健全社会监督机制，充分发挥社会力量在市场监管中的作用，调动一切积极因素，促进市场自我管理、自我规范、自我净化。当然，中国市场上仍然存在一定的问题，包括存在垄断和不正当竞争行为，在一些领域还表现得比较突出。这也给进一步推进改革和加强监管提出了更高的要求。

　　以上主要是从动态和宏观上来看中国的市场竞争状况的。如果从静态和微观来看的话，那么中国目前的市场竞争状况是需要分具体的行业、甚至是更细分的行业来进行分析评估，然后得出总体性的评估结论。而这一般需要借鉴产业经济学的结构—行为—绩效分析模式，从产业结构、市场行为和竞争绩效等方面选择多级评估指标体系，对中国市场竞争状况进行总体评估，而不局限于对个别产业的竞争状况进行评估。其中，市场结构需要考虑需求、供给、准入条件、企业规模、产业集中度和产业垂直关系等因素；市场行为需要考虑价格竞争和非价格竞争；竞争绩效需要考虑消费者福利、企业效率和竞争力等因素。无疑，这是一项专业性强、内容复杂、工作量大、数据要求高的工作。根据目前的相关委托课题的研究成果[①]，这方面可以进行以下的大致概括：制造业整体竞争程度激烈，竞争同质化较为严重、低端重复率高，需要寻求新的发展方式来推动行业的发展；高新技术产业竞争程度较高，但是生产粗放，发展潜力较大；建筑和房地产业在整体市场上竞争较为充分，但在特定的区域范围内存在垄断特性，需要加强监管；银行业市场进入愈加开放，竞争程度不断提升；互联网行业的垄断与竞争均表现出与传统行业的不同特征，同时存在跨界竞争与细分市场垄断，需要反垄断机构保持密切关注；电信业处于"三足鼎立"的寡头竞争市场，竞争逐渐加剧，但仍有进一步优化提高的空间；铁路运输业处于集团内竞争的特殊状态；民用航空业实现政企分开，市场竞争增加；石油勘探与开采业分业务存在不同程度的垄

---

① 这里是指戚聿东教授等的课题研究报告《中国市场总体竞争状况评估报告》（市场监管总局反垄断局 2020 年 11 月），第 6~10 页。

断特征，伴随改革进程石油行业竞争程度逐渐加强；电力行业存在各种形式各种程度的市场势力，急需进一步深化改革；邮政业体制改革虽然有所进展，但是仍落后于其他特殊行业。

总体来说，中国目前的市场竞争状况反映了中国社会主义市场经济发展的阶段性成果和问题。可以说，中国市场竞争在总体上比较激烈、充分，但在不同行业、不同地区的差异也比较大，需要通过进一步的改革措施和相应的政策法律去不断加以完善。中国市场的这种竞争状况就构成了目前构建反垄断战略的基本国内环境。

就中国反垄断战略的国际环境来说，经济全球化的发展及其对反垄断或者竞争法律和政策带来的影响无疑是最主要的内容。但同时，正如本书第二章所分析的，近年来"逆全球化"的现象非常突出，也会对反垄断或者竞争法律和政策带来不容忽视的影响。因此，全球化和逆全球化的交织构成了中国反垄断战略的国际环境。

如前所述，经济全球化的发展无疑会对中国和世界各国的经济乃至社会和政治发展产生深远而广泛的影响。就我国来说，中国市场作为世界市场的一个重要的组成部分，无疑会受到经济全球化的深刻影响，中国市场的竞争态势也必然会发生重大改变，主要表现在：经济全球化促使中国市场日益融入全球市场体系之中，导致中国市场竞争更为激烈，竞争范围更为全面，由此加快了中国市场的发育进程；经济全球化促进了国内市场主体多元化，国企、民企、外企同场竞技，全面竞争；经济全球化扩展了中国国内市场的边界，改变了市场结构；经济全球化还促使中国市场竞争因素的全面国际化，包括竞争主体的国际化、竞争决策的国际化、竞争行为的国际化和竞争影响的国际化。经济全球化既然影响了中国市场的竞争态势，相应地，其必然对中国反垄断法律规则的确立、制度原则的选择和具体的实施都会产生重大的影响，需要进行理性的分析和有效的应对，不仅要立足于国内市场，而且要考虑国际市场。总体来说，在经济全球化背景下的反垄断需要拓宽视野，要有全球市场和国际竞争的观点，以维护国家整体的战略利益为出发点和落脚点。①

但是，在全球化的过程中也一直伴随着各种各样的反全球化的声音，甚至掀起了声势浩大的反全球化运动。尤其是 2008 年金融危机以来，世界经济衰退，欧元区危机重重，贸易协定停滞不前，英国公投退欧，美国特朗普政府的一系列单边做法，全球化进程逆转趋势似乎在所难免。有分析认为，普遍的看法是特朗普破坏了全球贸易体系。他在有关对待中国问题上反复无常，开启了与盟国的关

---

① 参见王先林：《经济全球化背景下反垄断的国内因应和国际协调》，载于《学术界》2017 年第 12 期。

税战，甚至促使法国总统马克龙预测，七国集团（G7）可能会变成"G6＋1"。并且，那种认为一旦特朗普下台，多边主义就会以某种方式再现的想法是天真的。事实上，特朗普是问题的症状、而非原因。虽然他的政策突变成为头条新闻，但真实的情况是，多边贸易体系承压已经有一段时间了，这种压力来自全球经济的深层结构性变化（即中国崛起）、向数字经济的转变以及这两样变化对经济和政治的扰乱。① 在这样的背景下，虽然经济全球化是国际分工和世界市场发展的客观要求，是工业社会和市场经济的必然趋势，经济全球化仍然是任何一个国家谋划发展时所必须面对的时代潮流②，但是我们又必须认真面对种种"逆全球化"的政策措施对国际竞争环境带来的不利影响，并且在制定和运用反垄断或者竞争政策和法律时予以密切关注，进而从战略的层面予以有效应对，以切实维护国家的整体利益。

第二节　中国反垄断战略的指导思想和目标

一、中国反垄断战略的指导思想

　　战略指导思想是战略主体制定和实施战略时的基本思路和观念以及所依据的根本指导原则，是制定战略的思想依据和理论基础，也可以说是战略的总方针。战略思想是确定其他战略要素的依据，是整个战略要素的灵魂。我国反垄断战略的制定也首先需要解决指导思想问题，这对确定其他具体问题来说更具有根本性和决定性。而这一方面要遵循党和国家在经济改革和发展方面总的指导思想，特别是坚持以马克思列宁主义、毛泽东思想、邓小平理论、"三个代表"重要思想、科学发展观、习近平新时代中国特色社会主义思想为指导，适应新时代中国特色社会主义发展要求；另一方面又要从反垄断战略的基本要求出发确定相对具体的指导思想。

　　由于反垄断在实践中既是一种经济政策，又是一种法律制度，反垄断战略在性质上属于一种途径型和专项性的国家经济发展战略，因此就其基本要求来说，就是要通过反垄断战略的制定和实施，充分发挥市场竞争机制在经济发展中的作

---

① 参见英国《金融时报》2018 年 6 月 12 日，中文版。
② 金里伦：《以新的哲学思维引领经济全球化》，载于《经济日报》2017 年 9 月 27 日。

用，在反垄断战略的具体制定和实施中要体现依法治国和依法管理经济的要求，在经济全球化的背景下切实维护国家的整体利益。基于此，我国反垄断战略的具体指导思想可概括如下三个基本方面。

第一，坚持使市场在资源配置中起决定性作用和更好发挥政府作用的结合。

经济体制改革的核心问题是处理好政府和市场的关系。所谓政府和市场的关系，其要义就是在资源配置中市场起决定性作用，还是政府起决定性作用的问题。我国经济体制改革和对外开放，始终是围绕着正确认识与处理政府和市场的关系这一核心问题展开的。1992年，党的十四大提出了我国经济体制改革的目标是建立社会主义市场经济体制，提出要使市场在国家宏观调控下对资源配置起基础性作用。这一重大理论突破，对我国改革开放和经济社会发展发挥了极为重要的作用。这也说明，理论创新对实践创新具有重大先导作用，全面深化改革必须以理论创新为先导。从党的十四大以来的20多年间，对政府和市场的关系，我们一直在根据实践拓展和认识深化寻找新的科学定位。党的十五大提出"使市场在国家宏观调控下对资源配置起基础性作用"，党的十六大提出"在更大程度上发挥市场在资源配置中的基础性作用"，党的十七大提出"从制度上更好发挥市场在资源配置中的基础性作用"，党的十八大提出"更大程度更广范围发挥市场在资源配置中的基础性作用"。可以看出，我们对政府和市场关系的认识在不断深化。党的十八届三中全会通过的《中共中央关于全面深化改革若干重大问题的决定》则做出了新的论断："经济体制改革的核心问题是处理好政府和市场的关系，使市场在资源配置中起决定性作用和更好发挥政府作用。"这是一个重大的理论突破，必将对我国的经济发展和经济法治产生重大而深远的影响。党的十九大报告进一步强调了"使市场在资源配置中起决定性作用，更好发挥政府作用"。党的十九届五中全会审议通过的《中共中央关于制定国民经济和社会发展第十四个五年规划和二〇三五年远景目标的建议》提出"推动有效市场和有为政府更好结合"这一新论述，将市场"看不见的手"与政府"看得见的手"之间关系的认识提升到一个新的高度，对构建高水平社会主义市场经济体制、全面建设社会主义现代化国家具有重要意义。

市场决定性作用就是让价值规律、竞争和供求规律在资源配置中起决定性作用。市场决定资源配置的优势在于，作为市场经济基本规律的价值规律，具有通过市场交换形成分工和协作的社会生产的机制，通过市场竞争激励先进、鞭笞落后的优胜劣汰机制，通过市场价格自动调节供给和需求的机制，从而可以引导资源配置实现以较少投入取得最大产出的要求。因此，市场决定资源配置的本质要求，就是在经济活动中遵循和贯彻价值规律、竞争和供求规律。市场决定资源配置是市场经济的一般规律，中国经济体制改革总体上是遵循这一规律不断深化的，因而推动经济社会发展取得了举世瞩目的辉煌成就。实践证明，社会主义和市场经济能够有机结合。市场经济为社会主义注入蓬勃生机和发展活力，社会主义为市场经济提供崭新境界与制度优势。

当然，在强调市场的决定性作用和明确目前中国仍然要坚持以市场化为导向的改革同时，从另一方面我们也应看到市场也不是万能的，而且也是有缺陷的。关于这一点国外有经济学家曾经说过：迄今为止还没有找到一种机制和手段比市场机制更能有效地配置资源，但市场也是没有大脑、没有良心的。所谓没有大脑，就是市场调节是一种自发性的事后调节，它既能有效配置资源，也能导致产品过剩，以至造成经济危机。所谓没有良心，就是指市场调节有利于提高效率，但它不能解决公平问题。市场竞争的规则是优胜劣汰，而对于胜者的企业是否形成垄断，淘汰的企业是否破产，破产企业其老板是否跳楼自杀、工人是否失业等，市场不管，也是管不了、管不好的。所有这些缺陷，都要由政府来弥补、来承担。这就是为什么我国在强调"使市场在资源配置中起决定性作用"的同时，又强调要"更好发挥政府作用"的原因。

使市场在资源配置中起决定性作用和更好发挥政府作用，推动有效市场和有为政府更好结合，深刻地体现了对市场与政府两者间关系的把握，既要发挥市场的"决定性作用"，又要"更好发挥"政府作用，两方面缺一不可，同等重要。让"市场之手"发挥作用，不等于"政府之手"就可以一放了之。而是需要两只"手"各负其责、各司其职，"市场之手"缺不得，而"政府之手"也松不得。也就是说，在坚定推进市场化改革解决政府"越位"问题的同时，要解决好政府的"缺位"问题。而反垄断恰恰体现了这两方面的要求：一方面，其出发点和目的是要维护市场机制基本组成部分之一的竞争机制，以便发挥好其促进经济效率、维护消费者利益等方面的积极作用；另一方面，其又体现了政府的"有形之手"对市场"无形之手"缺陷的自觉弥补，其目的不是要代替市场，而是通过矫正特定的市场失灵（垄断）来最终发挥市场（竞争）机制的作用。在中国制定和实施反垄断战略中确立这一指导思想非常必要，以便明确反垄断的目的和界限，即反垄断虽是对市场的一种干预，但它仍然是为了使市场更健康更自由，而不能过多妨碍竞争自由，在公权力介入的情况下，应防止政府干预行为的越界。也就是，政府的反垄断"这种社会的控制与其说是对自由企业体制本身进行限制，还不如说是用来扩大企业在市场上的总体自由。"①

第二，始终体现市场经济法治的原则和精神。

---

① ［美］马歇尔·C.霍华德：《美国反托拉斯法与贸易法规》，孙南申译，中国社会科学出版社1991年版，第4页。

法治是现代国家治国理政的基本方式，依法治国涉及社会的各个方面和各个环节。党的十八届四中全会提出，全面推进依法治国，总目标是建设中国特色社会主义法治体系，建设社会主义法治国家。在这一进程中，无论是坚持依法治国、依法执政、依法行政共同推进，还是坚持法治国家、法治政府、法治社会一体建设，其中的一个非常重要的方面就是依法管理经济，建设法治经济。这是因为经济活动是人类社会一切活动的基础，无论是经济活动本身的法治化还是政府对经济管理活动的法治化都应当是全面推进依法治国过程中的一个非常重要的方面。《中共中央关于全面推进依法治国若干重大问题的决定》指出："社会主义市场经济本质上是法治经济。"法治经济要求一切经济活动都应该纳入法律范围进行调整，纳入法治的轨道。这也应是中国反垄断战略推进中的指导思想，无论是反垄断促进国内经济发展还是对外维护国家的整体利益，都要严格在法律框架下进行。而且，由于反垄断直接涉及国家的经济管理活动，与政府的行政权力行使相联系，与依法行政的关系最密切，因而尤其需要得到法律的确认、规范、制约和保障。

市场经济法治建设首先需要进一步完善相关立法。使市场在资源配置中起决定性作用和更好发挥政府作用，必须以保护产权、维护契约、统一市场、平等交换、公平竞争、有效监管为基本导向，完善社会主义市场经济法律制度。这些都跟市场竞争和反垄断方面的法律法规相关，是构建反垄断战略的基础，尤其需要完善《反垄断法》和相关的法律制度。这个问题将在本书第十章专门阐述。

市场经济法治建设更需要强化相关法律的实施。法律的生命力在于实施，法律的权威也在于实施。因此，在全面推进依法治国的进程中必须将推动包括经济领域在内的法律的有效实施作为根本任务和核心内容，尤其是在中国特色社会主义法律体系已经形成之后的今天。法律实施作为法律所确立的制度规则在社会经济生活中得以实现的活动，是法律规范通过一系列制度和机制从"书本上的法"转化为"行动中的法"的过程。法律实施的具体形式和方式并不是单一的，而是多种多样的。法律实施的基本方式可大致上归纳为法律遵守（守法）、法律执行（行政执法）和法律的司法适用（司法），它们在法律实施中各有其作用和特点。其中，守法是通过社会主体的自主性与积极性，以及法律机制（包括激励与制裁）的促进作用，自觉地按照法律的要求行为，从而使法律得以实施的活动，它不需要通过国家机关的介入和强制力来实施法律，是法实施最符合效益的途径，也是最理想的实施形式；行政执法和司法则均通过国家机关的介入和强制力来实施法律，只是行政执法具有主动性和单方性，而司法适用则具有被动性、消极性和交涉性。在反垄断领域，强调法律的严格有效实施具有非常重要的意义，这直接关系到反垄断的成败和成效。一方面，不能仅仅将法律实施理解为行政执法和司法这种更容易被感知的或者说是"有形的"法律实施方式，而应该将各类主体自觉遵守法律这种成本最低、最理想的法律实施方式也包括在内。即使是专门执法机构的工作，其实施法律也不仅仅表现在具体的行政执法上，还表现在进行法制宣传普及上。法律宣传普及对于提高民众的法律意识，培育全社会的法治文化具有非常重要的意义。另一方面，法律实施不可能完全寄希望于相关主体的自觉遵守上，在强调这些主体自觉守法的同时，也需要重视行政执法及司法的保障和补充作用。这一点在具有明显国家干预性和公法色彩的反垄断法律领域就表现得更加突出。正因为如此，法律实施中受到关注的主要还是行政执法和司法方面，尤其是前者。

总之，在中国反垄断战略的制定和实施过程中，必须始终贯彻市场经济法治的原则和理念，在一定程度上可以说，中国反垄断战略的推进过程也就是反垄断法不断完善和有效实施的过程。

第三，切实维护国家的整体利益。

全局性、长远性和根本性作为战略的基本特征和题中应有之义，决定了反垄断战略不同于某个特定的反垄断法律规则的设计或者某个特定的反垄断案件的处理等具体事务（尽管其也要体现在这些具体事务中），而是需要从整体和宏观上来加以把握和运用。这就要求在制定和实施反垄断战略的过程中需要切实维护国家的整体利益。而这既体现在国内层面，也体现在国际层面。

就国内层面而言，基于反垄断所要维护的市场竞争机制对于市场经济的发展具有根本性，因为其通过保护竞争过程，防止各种限制竞争的行为致其功能受损、好处受限，进而使竞争的好处最大化，因而反垄断战略就要致力于维持市场竞争机制的正常运行，以此增进经济效率和消费者福利。在遇到产业政策等其他经济政策与反垄断政策（竞争政策）冲突时，需要最大限度地体现竞争政策的基础和优先地位。当然，也正是基于维护国家整体利益的原则，在特定时期、特定领域限制竞争比促进竞争更有利于实现国家整体利益时，反垄断也应当有例外。实际上，这也是各国的普遍做法，并且在相关反垄断法的制定和实施中都有体现。因此，这种情况也没有违背前面的法治原则和精神。

就国际层面而言，经济全球化的深入发展使企业的竞争对手由主要来自本国转变为主要来自外国，不同国家企业之间的市场竞争与其所属国家的利益息息相关，尤其是在一些高科技等战略性的行业，国家介入市场竞争的动机和程度会更大。因此在经济全球化的背景下，各国反垄断的政策目标已从原来以维护国内公平竞争为主转向更多地注重国家战略利益，相应地，各国政府常常站在全球竞争的角度来设计反垄断的政策目标，在处理规模经济和竞争活力的问题时向前者倾斜。同时，作为维护国家整体利益的一个方面，各国又会严格禁止外国企业尤其是跨国公司对本国市场的垄断。

实际上，现在提出和重视反垄断战略问题本身就是基于维护国家整体利益的考虑，因此将切实维护国家的整体利益作为反垄断战略的指导思想也就是不言而喻的。

二、中国反垄断战略的目标

战略目标是战略主体在未来一个时期里关于战略对象发展的蓝图和预期目的，是整个战略体系的核心要素，是战略指导思想的具体体现。没有战略目标就谈不上战略重点和战略措施等要素。战略目标是在战略主体对未来环境和战略对象预测的基础上形成的，是以战略系统的现状为根据的一种期望和理想。它既是制定战略的出发点，也是实施战略的归宿点。战略目标又包括规定和指出战略发展方向的目标主体，衡量和评价战略目标依据的目标标准，以及对实现战略目标的时间进行规划和控制的目标时限等具体方面。

中国反垄断战略的目标，需要根据反垄断战略的指导思想和原则，立足社会主义市场经济发展的现有基础和相关法律的基本依据（尤其是《反垄断法》第1条的立法宗旨），在科学分析未来的发展需要和可能条件的基础上确立。基于此，中国反垄断的总体目标可以概括为：市场竞争机制不受人为扭曲和限制，运行正常，在使市场在资源配置中起决定性作用和社会主义市场经济健康发展中发挥重要作用；竞争政策和反垄断法律制度进一步完善，积极营造良好的市场竞争法治环境、市场环境、文化环境，市场主体的自主经营和创新活力不断增强，经济效率不断提高，消费者利益得到切实保障，为建设创新型国家和全面小康社会提供强有力的支撑。在这一总的目标下，还可以进一步分为国内和国际两个层面的具体目标。

在国内层面，竞争政策的基础（近期）、优先（远期）地位先后得到确立，自由公平的市场竞争机制在促进经济效率提高和消费者利益实现中的作用日益突出；竞争政策与产业政策等其他经济政策进一步协调，共同发挥出促进经济发展的作用；政府的经济管理行为进一步规范，公平竞争审查制度进一步完善；反垄断法律制度进一步健全并能得到有效实施，并在知识产权领域的实施中实现保护竞争与激励创新的协调发展；全社会特别是政府和企业的反垄断意识普遍提高，竞争文化氛围已经形成。

在国际层面，在遵守相关国际规则的前提下，在反垄断中有效维护本国的利益，争取国家整体利益的最大化。主要包括：通过合理确定反垄断法的域外适用对国外企业在境外对中国市场的垄断行为进行有效的规制，以维护中国市场的竞争秩序；在国际贸易协定谈判越来越多地将竞争政策作为与贸易有关的议题纳入其中的背景下，合理确定自己的谈判博弈策略，以增加中国的国际话语权，最大程度上维护本国的利益；正视和合理处理竞争中立问题，既不让其成为外国歧视我国国有企业、损害中国利益的工具，又能借此实现国内的公平竞争。

当然，如果是作为国家正式制定的反垄断战略，还要考虑设定不同时期的战略目标。例如，将竞争政策的基础地位作为近期（如今后 5～10 年）的反垄断战略目标，而将竞争政策的优先地位作为较长期（如今后 20～30 年）的反垄断战略目标。

第三节　中国反垄断战略的重点内容

战略重点是战略主体为实现战略目标所确立的重点领域或者重点项目，其对于实现战略目标具有关键意义或者处于薄弱环节，因而需要重点突破。抓住了战略重点，就抓住了战略体系的主要矛盾，这对实现整个战略目标至关重要。

就中国的反垄断战略而言，基于其目前的基础和环境以及未来发展的目标，以下五个方面是需要重点突破的内容。其中，前三个属于从反垄断在国内经济发展中的战略选择问题，后两个则属于从反垄断在对内对外关系中的战略选择问题。

一、确立竞争政策的基础和优先地位

基于反垄断的基本目标是维护和促进竞争，反垄断政策也被称为竞争政策或者是竞争政策的核心内容，而竞争政策的地位以及与其他经济政策的关系是反垄断战略的一个基础性问题，也是构建中国反垄断战略时必须首先要解决的问题。

竞争政策是一个可以从不同的角度去理解，因而有着不同含义的概念。从最广泛的意义上讲，凡是与市场竞争有关的或者能够影响一国国内或与其他国家间的竞争条件或竞争环境的所有政策都属于竞争政策的范畴，包括限制竞争的政策。[①] 但通常认为，竞争政策是促进竞争而不是限制竞争的，因此竞争政策是市场经济国家为保护和促进市场竞争而实施的一项基本的经济政策，其核心目标是

[①] 例如，在日本有学者认为"为了促进垄断的政策，或是为了限制竞争的政策，也可称之为有关竞争的政策"。参见金泽良雄：《经济法概论》，满达人译，中国法制出版社 2005 年版，第 165 页。

通过保护和促进市场竞争，确保竞争机制在相关市场发挥作用，从而提高生产效率和资源配置效率，增进消费者福利。这就是所谓广义上的竞争政策，其在内容上既包括竞争法律，也包括旨在促进国内经济竞争自由和市场开放的各项政策措施，例如政府放松管制政策、国有企业私有化或者民营化政策、削减政府补贴或者优惠政策等。即使在某些特殊的领域需要限制竞争，那也是作为竞争政策适用范围的限制或者适用除外的形式而存在的，实际上是与其他经济政策特别是产业政策相协调和平衡的结果，因此其在总体上不影响竞争政策作为促进竞争政策的基本定位。如果将限制竞争的政策也包括在竞争政策中，那么所谓竞争政策与产业政策等的协调也就谈不上了。而在狭义上，竞争政策就等同于竞争法，尤其是其中的反垄断法。虽然在很多国际文件中将竞争政策与竞争法等同使用或者并列使用，但是在已经有了竞争法概念的基础上还要提出竞争政策的概念，就是因为竞争政策比竞争法在范围上更广泛，内容更丰富，因此竞争政策更多的是在广义上来使用的。中国《反垄断法》第9条规定国务院反垄断委员会职责中的"研究拟订有关竞争政策"，依其本意，应属于广义上的竞争政策。

广义上的竞争政策无疑是以狭义上的竞争政策即竞争法为核心的，因为竞争政策本身在很大程度上是一种法律化的经济政策或者主要是通过法律来实施的经济政策。"与其他经济政策相比，竞争政策的一个重要特点是以有关具体的法律为基础的，或者说这些法律本身就属于竞争政策的内容。""竞争政策是直接的规则调节，而不是间接的参数调节；它以法律形式规定了哪些市场竞争行为是允许的，哪些行为是不允许的，而不是斟酌使用、灵活运用的；它是长期相对稳定的、持续有效的，而不是随机应变、可有可无的。"① 狭义的竞争政策直接关系到竞争法，尤其是反垄断法的实施方向、方式和力度，但其有效作用又离不开广义的竞争政策。例如，通过产业调整形成合理的竞争结构，就是非狭义的竞争政策所能企及，却又是狭义竞争政策发挥作用的前提或条件。中国目前的竞争政策的基本框架主要体现在《反垄断法》及其配套法规、规章和指南之中。在广泛意义上，还体现在一系列市场导向的政策措施中，如放宽市场准入、放松政府管制等。

从政府的经济政策体系来看，竞争政策只是其中的一个组成部分，此外还有财政政策、货币政策、产业政策、贸易政策和分配政策等其他政策。这些政策的作用领域和方式各不相同，它们在不同的经济体制、发展阶段和国际环境下所处的地位和所发挥的作用也是有差异的。但是，基于分类标准的差异，不同的经济政策之间可能存在一些内容的交叉，而且从总体上来说，这些政策之间需要相互

---

① 陈秀山著：《现代竞争理论与竞争政策》，商务印书馆1998年版，第134页。

协调配合，共同促进经济社会的发展。其中，由于产业政策的实施往往需要辅之以其他经济政策，其他经济政策的实施则常常围绕产业政策，是实现产业政策目标的工具，因此产业政策的资源配置功能更为明显，也更适合作为其他经济政策的代表与竞争政策进行比较。

作为国家经济政策的两个重要的组成部分，竞争政策和产业政策具有基本的一致性，但也存在多方面的差异和潜在的冲突。两者的一致性表现在它们都建立在市场经济的基础上，都弥补了一定的市场机制缺陷，都以共同提高国家整体经济效率、维护社会公共利益为最终目标。因此，两者之间不是此消彼长，而是相互依存与相互补充的关系。竞争政策的实施需要在产业组织之间或产业组织内部这个大舞台上进行，产业政策的落实同样离不开竞争政策维护的公平市场机制。但从总体来看，两者在不少方面存在明显的差异，包括调整手段的差异、作用机制的差异、调整范围的差异、价值导向的差异和实施过程的差异，因此存在着潜在的冲突。这就需要对两者进行有效的协调。①

相对于其他经济政策，竞争政策应是市场经济条件下的一项基础甚至是优先的经济政策，这是由市场经济本身的特点所决定的。作为市场经济最基础、最重要的运行机制，竞争是推动市场主体进行合理决策的基础。产业的发展，离不开一个有效的竞争环境，只有竞争才能迫使市场主体对价格信号做出及时反应，促使企业不断根据市场变化，对生产要素进行重新组合，从而达到资源的最佳配置。竞争具有合理配置稀缺资源，推动经济技术进步，促进收入的合理分配，使消费者利益得到充分的保护，并有利于保障人们的经济自由，创造社会平等的经济基础等多种功能。可以说，竞争是市场经济的灵魂和发展的动力，市场经济本质上是一种竞争性经济。但是，竞争不能是自发、盲目和无序的，这需要国家通过有效的竞争政策加以引导和规范。完善的竞争政策不仅是使市场在资源配置中起决定作用的重要法宝，还是其他经济政策发挥作用的前提，并有利于防止政府不当干预经济活动。因此，促进和保护竞争应当是政府首要的经济职能。也正是基于并保障实现"使市场在资源配置中起决定性作用和更好发挥政府作用"，竞争政策在经济政策体系中的基础性和优先性地位必将进一步突出。明确竞争政策的这一基本定位和作用，不仅有助于其他经济政策工具的运用，而且有助于进一步优化竞争执法的环境，重塑竞争执法机构，推进竞争执法，实现竞争政策目标，并有助于培育有竞争力的市场主体，进而形成优质的竞争文化。

随着社会主义市场经济的深入发展，中国目前已经到了确定竞争政策基础地

---

① 参见王先林、丁国峰：《反垄断法实施中对竞争政策与产业政策的协调》，载于《法学》2010年第9期。

位并且实现竞争政策与产业政策协调发展的阶段。长远的发展趋势应当是产业政策渐退、竞争政策稳进并演进到竞争政策优先于产业政策的格局。作为中国经济改革的顶层设计，党的十八大以来党和国家有关我国资源配置的方式选择、政府与市场关系的优化等问题所作的一系列重要阐述，对于政府在今后干预市场过程中究竟应当优先择用产业政策还是竞争政策有着非同寻常的现实指导意义。中国经济发展进入了新的历史阶段，竞争执法也进入了新常态，这表明中国确立竞争政策的基础乃至优先地位的历史时机已经成熟，也成为构建中国反垄断战略的一个重点和关键环节。

如前所述，竞争政策近年来已经提升到我国的顶层设计的高度，今后的主要任务就是要将强化竞争政策基础地位的要求落到实处，不断完善竞争政策及其相应的实现机制，以充分发挥竞争政策在加快完善社会主义市场经济体制，建设高标准市场体系中的作用。

二、有效消除行政性垄断

中国反垄断的主要任务无疑是预防和制止经营者的垄断行为，包括垄断协议、滥用市场支配地位以及具有或者可能具有排除限制竞争效果的经营者集中。但是，排除限制竞争的行为不仅来自市场主体（即所谓的经济性垄断），还可能来自行政主体（即所谓的行政性垄断），因此反垄断法在规制经营者的垄断行为的同时，也要规制滥用行政权力排除、限制竞争的行为。

行政性垄断或行政性限制竞争行为，是中国学者在研究垄断或限制竞争行为时，为与传统的市场经营主体的垄断或限制竞争行为（即所谓的经济性垄断）相区别而提出来的。在中国《反垄断法》中规定了属于行政性垄断的内容，但没有使用这一术语，而是使用"滥用行政权力排除、限制竞争"来表述。考虑到行政性垄断在我国已经约定俗成，含义比较明确，而且表述比较简洁，我们这里仍然使用这一概念，作为"滥用行政权力排除、限制竞争"的一种简约表达。值得注意的是，在中共十九大报告中明确提到了"打破行政性垄断，防止市场垄断"。

行政性垄断可以大致概括为指行政主体滥用行政权力排除、限制市场竞争的行为。

作为行政主体滥用行政权力排除、限制市场竞争的行政性垄断并非为中国所独有，任何国家（包括其他经济体制转型的国家乃至西方市场经济发达国家）都可能存在滥用行政权力干预市场竞争的问题，并且都有着大致相同的基本动因。不过，行政性垄断在各个国家和地区产生的具体原因还是存在差异性的，也正是这种差异性使得其在各个国家和地区的表现形式和程度不同。在中国由传统计划经济体制向社会主义市场经济体制转轨过程中，行政性垄断显得比较突出。行政性垄断虽然具有不同于一般经济性垄断的特点，但它们在本质上都是对竞争的限制，其结果都破坏了自由公平的市场竞争秩序，因而应当受到同样的规制。而且，既然行政性垄断在中国表现得更为突出，那么中国也就更有理由和必要对其进行法律规制，并且在构建中国反垄断战略时，将有效消除行政性垄断作为重点内容之一。

在中国，行政性垄断产生的原因也比较复杂，既有历史的原因，又有现实的原因，既有经济上的原因，又有体制上的原因。

中国关于行政性垄断的法律规范以前主要体现为1993年《反不正当竞争法》第7条（2017年修订时已经删除）和2001年国务院发布施行的《关于禁止在市场经济活动中实行地区封锁的规定》，目前主要体现在2007年的《反垄断法》中。该法采取原则规定和典型行为列举相结合的方式对行政性垄断行为进行规制。一方面，在总则第8条原则禁止行政性垄断，即"行政机关和法律、法规授权的具有管理公共事务职能的组织不得滥用行政权力，排除、限制竞争"；另一方面，又在第五章用6个条文分别规定了行政性垄断的主要表现形式，包括指定交易，妨碍商品在地区之间自由流通，招投标活动中的地方保护，排斥或者限制在本地投资或者设立分支机构，强制经营者从事垄断行为，以及制定含有排除、限制竞争内容的规定。应该说，这是从中国的国情出发，在反垄断法这一保护竞争的专门性、基础性法律中规制行政性垄断的一种尝试。总体来说，这些规定是对禁止滥用行政权力排除、限制竞争的基本政策的延续和重申，为在这个领域推进竞争政策和反垄断战略提供了基本的法律依据。

根据中国《反垄断法》第51条的规定，行政机关和法律、法规授权的具有管理公共事务职能的组织滥用行政权力，实施排除、限制竞争行为的，由上级机关责令改正；对直接负责的主管人员和其他直接责任人员依法给予处分。虽然这里不能由反垄断执法机构统一处理行政性垄断行为的规定有其现实的原因，而且该条还同时规定"反垄断执法机构可以向有关上级机关提出依法处理的建议"，但是这使得中国目前规制行政性垄断的效果还是非常有限的。近些年来，反垄断执法机构和法院也依法处理了一些案件，例如工商机关查处的广东省河源市政府会议纪要关于汽车GPS（全球卫星定位系统）指定交易案①，发改委查处的河北省三部门行政垄断案②，以及法院审理的深圳斯维尔科技有限公司诉广东省教育

---

① 周萍、潘传龙：《工商机关首次行使建议权〈反垄断法〉剑指地方政府排除限制竞争——广东省工商局调查滥用行政权力排除、限制竞争案纪实》，载于《中国工商报》2011年7月27日。

② 资料来源：发改委网站：http://www.gov.cn/xinwen/2014-09/26/content_2756875.htm。最后访问日期：2018-03-20。

厅行政垄断案①,但是与现实存在的行政性垄断行为相比,目前的反行政垄断还需要大力加强,特别是将其作为构建中国反垄断战略的重点内容之一,以进一步有效消除行政性垄断。

三、实现反垄断与保护知识产权的协调发展

在当今的知识经济时代,反垄断中的一个敏感和具有挑战性的问题是如何认识和处理好反垄断与保护知识产权之间的复杂关系,以实现维护竞争与激励创新的平衡。在我国实施创新驱动战略和知识产权战略的背景下,实现反垄断与保护知识产权的协调发展也应成为中国反垄断战略的一个重点内容。

在将中国反垄断法适用于知识产权领域时,面临着需要在激励创新与维护竞争之间取得合理平衡这样一个复杂和敏感的问题。尤其是,我国反垄断法实施的时间不长,执法经验不足,而在知识产权领域进行反垄断执法更是一个全新的课题。反垄断法第55条的规定又过于原则,何种行为能够被视为正当的权利行使行为,何种行为将被视为滥用知识产权排除、限制竞争的非法垄断行为,缺乏明确具体的界定。而这种原则性的条文,既不能在涉及知识产权的反垄断执法活动中为执法机构提供指引,又不能在涉及知识产权的市场竞争活动中为经营者提供准则。因此,目前在将反垄断法适用于知识产权领域时面临的困难和问题就显得更为突出,亟须将其作为反垄断战略的一项重点内容加以解决。

为便于反垄断执法机构在知识产权领域更好地进行执法,提高执法的透明度,也有助于相关经营者正确地行使知识产权,2015年4月7日国家工商总局公布了《关于禁止滥用知识产权排除、限制竞争行为的规定》,自2015年8月1日起施行。该规定一方面澄清了一些重要的原则和理念,另一方面也确立了相关具体的制度规则。这对于正确理解和合理适用知识产权领域的反垄断规则具有重要的意义。但是,该规定的出台不能取代我国统一的关于滥用知识产权反垄断指南的制定。在前期国家发改委、商务部、国家工商总局和国家知识产权局分别草拟相关草案的基础上,2019年1月4日《国务院反垄断委员会关于滥用知识产权的反垄断指南》② 发布实施。这有利于进一步促进中国反垄断与保护知识产权的平衡与协调,但在实施过程中还有很多复杂的问题需要处理,尤其是要建立起竞争与创新的平衡机制。

---

① 资料来源:中国法院网:http://www.chinacourt.org/article/detail/2015/02/id/1556601.shtml;《法制日报》2017-08-07。

② 可在国家市场监管总局反垄断局官网查询,http://gkml.samr.gov.cn/nsjg/fldj/202009/t20200918_321857.html。最后访问日期:2021-02-22。

四、实现反垄断法及其实施的本土化

从一个社会的秩序重构、规则重建和行为重塑的意义上来说，近代中国经历的是持续不断进行法律移植并本土化的过程。我国的反垄断及作为其依据的反垄断法正是这一过程中的重要组成部分。反垄断法在中国是一个"舶来品"，在西方国家制定和实施了一百多年以后中国才开始引进这一法律制度。这样中国反垄断法律制度的建立很自然地就需要参考借鉴国外的做法。中国 2008 年正式实施的《反垄断法》在其制定的过程中主要以成熟的欧盟竞争法为蓝本。但是，要将写在纸面上的法变成实际行动中的法，也就是法律的实施，除了法律条文外还涉及很多其他方面的问题，必须关注到制度、秩序建立所依赖的政治、经济、文化等背景，以实现其本土化。只有将国外法律制度与本地区或者本国的实际情况相结合，使其既体现法律之精髓又具有实际效果，才能在真正意义上完成法律本土化的任务。而本土化的程度对于作为有"市场经济大宪章"之称的反垄断法而言，实际上决定了其在中国作用发挥的可能性及其程度。正是在这个意义上，本土化应该成为中国反垄断战略的一项重点内容。

实际上，作为目前世界上最有影响力的美国反托拉斯法和欧盟竞争法之间就存在诸多方面的不同。例如，宏观层面上，需要考虑政治经济因素、法院以及行政执法机构将原则融入政策的质量和能力等；而微观层面上，除了法律目标外，美国在大量的制度框架上的发展不同于欧盟，包括私人三倍赔偿、强有力的集团诉讼体系、司法为基础的实施体系（不同于欧盟以行政为基础的竞争执法体系）等，都构成了制度差异的一部分。

将反垄断的本土化问题作为中国反垄断战略的重点内容之一，一方面有助于重视反垄断及其法律制度的基本逻辑，比较各国反垄断的背景及其发展差异，从而有利于全面客观地认识和对待反垄断问题；另一方面也有利于将反垄断切实建立在中国现实的国情之上，使得在形成"国际化－本土化"的融合上更有方向性和可行的路径，并最终有利于构建中国自身的反垄断模式。

中国反垄断法实施至今在很多方面都产生了与引进的法律文本的前提理论存在差异的问题，其中既包括文本解读上的问题，也包括由于中国具体市场状况与欧盟、美国的不同而形成的调整问题。例如，中国法院和行政执法机构对于垄断协议理解上的差异，凸显了对于合理原则、本身违法原则、核心限制等概念在本源上的不同理解；而在利用宽大制度来处理卡特尔、转售价格维持时，其相对变通的实施符合了中国文化背景，产生了积极的效果。因此，当法律文本和实际实施之间产生冲突的时候，需要分析到底是制度的异化还是创新，进而做出相应的处理。

尽管制度的借鉴本身非常重要，但是同时需要注意的是，移植的法律在一定程度上会导致对相关制度的理解是否正确，需要由被移植方的理论框架来评判，从而产生对本土化的抑制。因此，通过对中国《反垄断法》实施状况的观察与分析，最终的目标是要从理论层面上构建起更能够分析中国问题的框架和模式，从而更好地确立中国的反垄断战略。

竞争文化对于本土化至关重要，因为法律是文化中不可分割的组成部分，文化构成法律规则的语境，规则一旦脱离语境就失去了其生命赖以存在的环境。不同文化对于同样的规则会赋予不同的含义，在规则的适用中也会做出不同的解释。因此，规则一旦移植到异质文化中，含义就会发生变化，而这就使得该规则成为一个不同的规则。对于中国来说，反垄断法的移植在一定程度上是对竞争文化的移植与融合。

反垄断法是对市场行为的规制，而市场行为和市场结构、市场的整体竞争状态密切相关。目前最为主流的反垄断法模式如美国反托拉斯法和欧盟竞争法，都是发达市场经济国家和地区的模式。相比之下，中国的经济发展水平显然有一定差距，进而会导致在法律执行能力、分析能力、相关规则本身的可适用性等问题上产生差异。更何况，在中国这样大的经济体中，还存在显著的地区性差异。因此，中国反垄断法律规则的实施需要对前提性的市场条件、市场假设进行一些调整，以产生既具有普适性同时也具有灵活性的本土化规则。这些问题的合理解决对中国的反垄断效果将会产生重要的影响。

五、在国际反垄断中切实维护国家的整体利益

虽然从表面上看反垄断属于各国国内的基本经济政策和法律规则，其所涉及的主要领域是国内市场竞争秩序问题，但事实上各国的反垄断政策与执法会对国际经济贸易状况甚至国际政治局势产生影响。由于反垄断法的性质和特点（如强行法规范、适用范围广泛、制裁严厉等）以及国际经济贸易的现实状况（存在大量的限制竞争行为、贸易保护主义盛行等），各国的反垄断在影响国内市场的同时，也对国际经济贸易秩序产生直接或间接、积极或消极的影响。从实际情况来看，各国在反垄断法律和政策实施中，一方面并不完全禁止本国企业在国外市场上扩大市场势力，有些甚至默许、支持或鼓励本国企业对外国市场的垄断，如美国《韦伯-波密伦出口贸易法》；另一方面又严格管制外国企业对本国市场的垄断，如美国《出口贸易公司法》。因此，国际战略实际上已经成为一个国家反垄断战略的重要组成部分。随着经济全球化的深入发展，国家间的贸易和投资等活

动也得到了空前的增加，国际战略应成为国家反垄断战略中的更为重要的内容，甚至成为核心问题之一。事实上，很多国家和地区也都将反垄断作为其应对国际竞争的工具。从中国反垄断执法的经验也可以发现，中国执法机构近几年来加大了反垄断执法力度后，国际上出现了各种激烈反应，以及中国企业越来越多地在国外受到反垄断调查，反垄断政策的国际战略博弈不可避免。

随着我国正式加入了WTO和逐步兑现市场开放承诺，国际市场的垄断行为对中国市场的影响日益明显，尤其是国际卡特尔和跨国公司的大规模并购。在过去的20多年中，针对发展中国家的国际卡特尔越来越普遍。因此，如何在中国的反垄断中预防和制止域外的竞争行为对中国市场的影响，从而在对外开放中更好地维护中国的主权和经济利益，是一个非常现实的问题。

在国际市场上，控制企业限制竞争行为带来的贸易障碍不是依靠单个国家的努力能够实现的，而需要对各国的竞争政策进行国际协调。20世纪90年代以来，国际卡特尔对世界经济造成损害的程度日益加深，而要对这些国际卡特尔行为进行有效查处，就需要加强这方面的国际协调与合作。同时，在目前各国竞争政策缺少必要协调的情况下，企业的跨国界经营要受到很多的限制。例如，一些大型的企业合并可能要分别向几个、十几个甚至几十个国家申报，请求它们的批准。这对企业一方面是巨大的经济负担，另一方面因为任何一个申报都要求企业在一定时期内等待有关机构的调查，这就使企业在相当长时间内处于经营活动不稳定的状态。因此，为实现企业在国际市场上自由经营和减少各国管辖权的冲突也需要竞争政策的国际协调。此外，各国反垄断中存在着经济民族主义和贸易保护主义的倾向。这使得各国反垄断在对内和对外的功能上既有一致的一面，也有相反的一面。尤其是，当外国企业成为反垄断的受益者时，一些国家对其可能就不热心了，甚至有意放纵。因此，各国反垄断内在差异的存在及其带来的诸多问题也决定了进行这方面国际协调的必要性。

反垄断带来的国际层面博弈问题已经引起中国学界和实务界的关注，下一步需要将反垄断的国际战略作为我国反垄断战略的重点之一，尤其需要解决这两方面的问题，即：在国际贸易协定谈判越来越多地将竞争政策作为与贸易有关的议题纳入其中的背景下，中国确定好自己的谈判博弈策略，以最大程度上维护本国的利益；通过合理确定反垄断法的域外适用对国外企业在域外对中国市场的垄断行为进行有效的规制，以维护中国市场的竞争秩序。当然，对于反垄断与反倾销关系协调的方案选择、对于竞争中立规则的立场和应对措施以及反垄断法的本土化与国际化协调等也是需要关注和重视的问题。这些问题不仅对发展国际竞争法的理论有价值，更重要的是可以为解决中国在经济全球化背景下面临的一系列现实问题提出解决的思路和举措。

第四节 中国反垄断战略的实施措施

再好的战略也需要通过相应的实施措施来实现其目标。战略措施是战略主体为实现战略目标所选择的路径、采取的政策举措以及运用的方式方法,主要解决运用什么具体的方式方法去实现战略目标的问题。没有战略措施的战略是不存在的,或者只是宣示性的,没有实际的意义。就中国的反垄断战略来说,在战略目标确定后,就要采取相应的战略措施来实施,这是战略目标能否实现以及实现程度的关键所在。根据中国反垄断战略的目标和重点内容,反垄断战略的实施措施主要包括以下几个方面。

一、进一步实施公平竞争审查等制度

2016年6月,国务院印发了《关于在市场体系建设中建立公平竞争审查制度的意见》(以下简称《意见》),要求建立公平竞争审查制度,防止出台新的排除、限制竞争的政策措施,并逐步清理废除已有的妨碍公平竞争的规定和做法。2017年10月,经国务院同意,国家发展改革委、财政部、商务部、国家工商行政管理总局、国务院法制办会同有关部门研究制定了《公平竞争审查制度实施细则(暂行)》(以下简称《细则》)。这既是中国确立竞争政策基础性地位的关键一步,也是中国实现反行政垄断目标的重要路径,更是实施中国反垄断战略必不可少的重要措施。

公平竞争审查,是指竞争主管机构或其他相关机构通过分析、评价拟定的或者现行的政策可能或者已经产生的竞争影响,提出不妨碍政策目标实现而且对竞争限制最小的替代方案的行为。[①]

随着改革的深化和法制的完善,中国政府权力的行使越来越多地受到了制约,但是目前在经济活动中仍然存在地方保护、行业壁垒、违法给予优惠政策等

[①] 与"公平竞争审查"类似的概念有多个,如"竞争评估""立法审查""国家援助控制"等。人们对这些概念及其相互关系的理解也存在差异。有人在对它们进行了分析梳理后,对公平竞争审查做出了如下的界定,即公平竞争审查是审查主体依据一定的标准对政策措施进行规范的制度,目标在于对违反法律规定排除、限制竞争的政策措施进行纠正,对于明显过度排除、限制竞争的政策措施,提出对竞争损害最小的替代方案;并认为公平竞争审查是与"竞争评估""立法审查""国家援助控制"并列的"竞争审查"制度的一个类型。参见任立民:《公平竞争审查研究:基本理论和制度要素》,上海交通大学博士学位论文,2018年。

不符合形成全国统一市场和公平竞争要求的现象。虽然保证公平竞争和维护市场秩序要靠政府，但是政府之手应当保障各类市场主体公平地受到法律保护，而不应介入到市场竞争环节中设置各种壁垒，妨碍公平竞争的实现。

《意见》确立了我国的公平竞争审查制度基本框架，要求政策制定机关在政策制定过程中应开展公平竞争审查，并按照"谁制定、谁清理"的原则，有序清理"存量"政策措施。这一制度有着自己鲜明的特点，例如，它跨越了管制影响评估阶段直接进入比较全面的公平竞争审查；审查的对象包括"增量政策措施"和"存量政策措施"，但以增量政策措施为主；实行自我审查和外部监督相结合，强调政策制定机关的自我审查；审查标准包括4大项18小项，以《反垄断法》禁止的行政垄断情形为核心，涉及公共政策对经营者"市场准入和退出""商品和要素自由流动""生产经营成本"和"生产经营行为"的影响。同时，也有若干例外规定。《意见》确立的公平竞争审查制度在我国具有非常重要的积极意义。"公平竞争审查制度的建立，对完善中国特色社会主义政治经济学、解决现实问题、维护市场竞争环境、推进我国经济转型和深化市场体制改革具有里程碑意义。"①

更进一步来说，公平竞争审查制度是中国目前推行竞争政策的重要手段和工具，是实现中国反行政垄断目标的重要路径。因为，公平竞争审查制度的建立意味着中国竞争政策已经不限于主要体现在事后救济的反垄断执法，而同时强调进行事前的预防性审查，这会收到事半功倍的效果。尤其是在中国反垄断法的现有框架内，尽管规定了禁止行政性垄断的制度，但是很难对具有反竞争效果的政府政策进行公平竞争审查，而公平竞争审查本身并没有对政策制定机构进行价值上的评价，即使发现反竞争的政策存在，也并不一定就认为是政策制定机构存在违法性，这在很大程度上可以保障公平竞争审查制度的推进，减少竞争审查的实施阻力。同时，在中国要发挥竞争政策的作用和实现反行政垄断目标，就不可避免地要在制度安排和设计上处理竞争政策与产业政策及其他经济政策的关系，即对经济政策特别是产业政策尤其是那些过度倾斜性的产业政策作竞争方面的审查，判断其是否有排除、限制竞争的效果。公平竞争审查的作用和特点，使其成为竞争政策中重要的组成部分，是连接产业政策与竞争政策的桥梁和渠道，也是产业政策与竞争政策进行互动并相互影响的重要手段。

作为中国竞争政策和反行政垄断目标实现的重要路径，公平竞争审查制度还只是刚刚起步，其真正能有效发挥作用尚有很多工作要做。正如《意见》指出的"建立公平竞争审查制度是一项长期性、系统性、复杂性工程"。因此，本着科学谋划、分步实施的原则，可以考虑分为三个步骤，不断推进完善。

---

① 王江平：《以公平竞争审查制度推动改革发展进程》，载于《光明日报》2016年9月15日，第6版。

第一步，需要使得《意见》确立的基本制度以及《细则》得到切实的执行，初步发挥公平竞争审查制度的积极作用。这是当下急需要解决的关键问题。基于公平竞争审查制度本身的积极意义，虽然目前《意见》还只是一个规范性文件，《细则》也还是暂行，在内容上也不是非常完美，但是迈出第一步很重要，而且要迈得非常坚实。为此，国务院各部门、各省级人民政府及所属部门均应在有关政策措施制定过程中进行公平竞争审查，并按要求确立工作机制，加强宣传培训，在规范增量政策的同时有序清理存量。走好了这一步，可以为我国公平竞争审查制度的确立和完善打下良好的基础。

第二步，需要在总结实践经验的基础上，不断完善我国的公平竞争审查制度。目前的公平竞争审查制度不可避免地存在这样或者那样的不足，例如在审查方式上以政策制定机关自我审查为主和在审查对象上以增量为主都使得其效果有限，而且现有的制度在实施过程中还会发现一些新的问题，因此在实施的过程中不断进行总结是非常必要的，并针对存在的问题找出有效的解决方案，使得这一制度不断完善。

第三步，将公平竞争审查制度正式上升为法律的层面，成为国家的一项基本的法律制度。由于公平竞争审查是一项非常重要的制度，事关全局，而且涉及对政府权力本身的限制，必然会遇到许多困难和阻力，这就需要有权威的法律依据，既予以严格规范，也提供有力保障。因此，在经过一段时间的试行之后，在总结经验的基础上，不但需要完善制度内容，而且需要提高立法层次，将其提到由全国人大或者其常委会制定的法律的高度。一种选择是直接制定公平竞争审查的法律，对此进行全面的规定；另一种选择是在修订《反垄断法》时增加这方面的内容，建立起这方面若干基本的制度规则，具体的规则可由国务院制定相关的实施条例去建立。相对来说，后一种选择更为可行，也利于形成我国以《反垄断法》为核心的竞争政策体系。对此，在目前关于我国《反垄断法》修订的各种讨论中已经基本形成了共识，在国家市场监管总局2020年1月2日公布的《〈反垄断法〉修订草案（公开征求意见稿）》[①]中也得到了初步体现。

总之，在中国确立竞争政策基础地位和推进反垄断战略的过程中，公平竞争审查制度具有多方面的积极意义，值得下大气力去建立和完善。

二、不断完善和有效实施反垄断法律制度

随着《反不正当竞争法》和《反垄断法》分别于1993年和2007年相继出

---

① 国家市场监管总局官网：http://www.samr.gov.cn/hd/zjdc/202001/t20200102_310120.html，最后访问日期：2020-10-21。

台,中国的竞争立法已经现实地走上了反垄断与反不正当竞争分别立法的道路。当时的《反不正当竞争法》中除了具体规定6种比较典型的不正当竞争行为外,还规定了5种从性质上看应该属于反垄断法调整的行为,而后出台的《反垄断法》对这些垄断行为做出了更明确、更完整和更合乎逻辑的规定。例如,《反垄断法》第17条第2项和第5项分别规定的掠夺性定价和搭售是需要以行为主体具有市场支配地位为前提的,而在《反不正当竞争法》第11条和第12条分别规定的掠夺性定价和搭售则没有规定这样一个前提,因而在实践中就难以操作或者容易出现不合理的情形。这就面临着同样的行为究竟应适用哪个法律的尴尬。为解决两法之间的协调问题,《反不正当竞争法》在2017年的修订中将原有涉及反垄断的内容删去,修订后的《反不正当竞争法》只调整狭义上的不正当竞争行为,从而使得以维护商业道德为己任的《反不正当竞争法》与以维护竞争自由公平和经济活力为己任的《反垄断法》之间保持内在的协调,共同形成我国的竞争法体系。

虽然《反垄断法》的制定和实施确立了我国反垄断法甚至整个竞争法的基本框架,但是该法的一些制度还存在不完善的问题(特别是执法机构和执法程序制度),而且很多制度的规定是原则性条款,在实践中不易操作。因此,我国反垄断法律制度的完善需要从两个层面进行:一方面,通过修订《反垄断法》对相关的制度进行完善①;另一方面,及时制定配套的行政法规、规章和司法解释,增强该法的可操作性。高层次的立法解决反垄断法的基本制度框架,具体操作主要依靠相关配套立法,这也是很多国家和地区的通行做法。因此,结合《反垄断法》实施中提出的新问题,国务院、国务院反垄断委员会、国务院反垄断执法机构应当依照各自的职权制定配套的行政法规和规章,最高人民法院也需要发布相关的司法解释,以切实保证我国反垄断法的有效实施,维护自由公平的市场竞争秩序。

目前,中国在这方面已经有了初步的配套立法体系,主要是2008年8月《国务院关于经营者集中申报标准的规定》,国务院反垄断委员会的7个指南②,国务院反垄断执法机构的多个反垄断规章(2018年前三个机构分别发布各自的

---

① 这方面的问题在本书第十章进行比较详细的探讨。
② 即2009年5月24日《国务院反垄断委员会关于相关市场界定的指南》,2019年1月4日《国务院反垄断委员会关于汽车业的反垄断指南》《国务院反垄断委员会关于知识产权领域的反垄断指南》《国务院反垄断委员会横向垄断协议案件宽大制度适用指南》和《国务院反垄断委员会垄断案件经营者承诺指南》,2020年9月11日《经营者反垄断合规指南》,以及2021年2月7日《国务院反垄断委员会关于平台经济领域的反垄断指南》。

反垄断规章，包括商务部发布或者联合发布的 8 个规章①、国家工商总局发布的 6 个规章②、国家发改委发布的 2 个规章③，2018 年以后国家市场监管总局统一发布反垄断规章④），以及最高人民法院发布的 1 个司法解释⑤。但是，这些尚不能完全满足实际的需要，有必要进一步制定和发布相关的反垄断法规、规章、指南和司法解释，以利于中国反垄断法律制度的有效实施。此外，《反垄断法》在银行、保险、电力、铁路、民航、电信、石油等公用事业领域以及互联网、计算机软件等新兴经济领域的适用，也都面临着很多需要明确的问题，需要相应的规章或者指南来加以细化。

反垄断法律本身是不能创造一个公正和自由的市场环境的。法律的生命在于实施，法律的精神来自执行。在我国当前经济发展阶段，实施反垄断战略的首要任务是切实加强和改进反垄断执法，及时发现和制止垄断行为。一方面，由于社会主义市场经济体制不完善、法律法规不健全、市场主体发育不成熟等特点，目前我国各种垄断行为呈多发态势，因此要进一步加大反垄断执法力度，努力维护公平竞争的市场秩序，才能保障市场配置资源的决定性作用得到充分发挥。同时，也要依据法律规定，及时制止行政机关滥用行政权力排除、限制竞争的行为。另一方面，执法本身就是最好的普法。通过查处典型案件并予以公开曝光，特别是充分发挥大案要案的示范效应，能够有效警示其他经营者，有助于向全社会普及竞争文化，树立竞争意识。为此，需要积极创新竞争执法机制，进一步加大反垄断执法力度，特别是加大关键领域的执法力度，规制政府滥用行政权力排除、限制竞争的行为。

在中国目前，反垄断执法工作如同反腐败工作一样，要"老虎""苍蝇"一

---

① 即 2009 年 7 月发布的《金融业经营者集中申报营业额计算办法》（中国人民银行、中国银行业监督管理委员会、中国证券监督管理委员会和中国保险监督管理委员会联合发布），2009 年 11 月发布的《经营者集中申报办法》和《经营者集中审查办法》，2010 年 7 月发布的《关于实施经营者集中资产或业务剥离的暂行规定》，2011 年 8 月发布的《关于评估经营者集中竞争影响的暂行规定》，2011 年 12 月发布的《未依法申报经营者集中调查处理暂行办法》，2014 年 2 月 11 日公布的《关于经营者集中简易案件适用标准的暂行规定》，2014 年 12 月 4 日公布的《关于经营者集中附加限制性条件的规定（试行）》。

② 即 2009 年 7 月发布的《制止滥用行政权力排除、限制竞争行为程序规定》和《查处垄断协议、滥用市场支配地位案件程序规定》，2010 年 12 月发布的《禁止垄断协议行为的规定》《禁止滥用市场支配地位行为的规定》《制止滥用行政权力排除、限制竞争行为的规定》和 2015 年 4 月 7 日公布的《关于禁止滥用知识产权排除、限制竞争行为的规定》。

③ 即 2010 年 12 月发布的《反价格垄断规定》和《反价格垄断行政执法程序规定》。此外，还有价格垄断行为的违法处理等内容包含在国家发改委有关价格违法行为的规章中。

④ 目前主要有 2018 年 12 月 28 日《市场监管总局关于反垄断执法授权的通知》（国市监反垄断〔2018〕265 号），2019 年 6 月 26 日《制止滥用行政权力排除、限制竞争行为暂行规定》《禁止滥用市场支配地位行为暂行规定》《禁止垄断协议行为暂行规定》，2020 年 10 月 23 日《经营者集中审查暂行规定》。

⑤ 即 2012 年 5 月发布的《关于审理因垄断行为引发的民事纠纷案件应用法律若干问题的规定》。

起打，既要拍苍蝇，更要打老虎，尤其是打"大老虎"，以此来彰显反垄断法的威力。近年来反垄断执法机构陆续对国内外大公司开展了反垄断调查，产生了非常大的影响。这对其他经营者产生了巨大的震慑作用，其本身就是一个很好的法制宣传，也增强了反垄断法和反垄断执法机构的权威性。在中国进一步实施反垄断法的过程中迫切需要寻找一些合适的领域作为突破口，从目前存在问题的症结、民众关注的焦点和产生的示范效应等方面来看，垄断行业无疑应当作为突破口。因此，今后一段时间集中力量"紧咬"那些典型垄断行业的突出垄断行为，这也将是中国反垄断执法实现转折的重要契机。

在促进中国反垄断法的有效实施方面，需要着重解决以下两方面的问题：

第一，是完善我国的反垄断执法体制和执法程序。

对反垄断执法机构的规定一直是中国制定反垄断法过程中的重点和难点问题，备受各方关注。《反垄断法》最后规定了所谓的"双层次多机构"的执法体制，即国务院设立反垄断委员会，负责组织、协调、指导反垄断工作，并规定了其履行相应的职责，同时，国务院规定的承担反垄断执法职责的机构（统称国务院反垄断执法机构）依照该法规定，负责反垄断执法工作，国务院反垄断执法机构根据工作需要，可以授权省、自治区、直辖市人民政府相应的机构，依照该法规定负责有关反垄断执法工作。根据2008年国务院有关机构的"三定"方案，国家工商总局、国家发改委和商务部分别负责相关的反垄断执法工作。这样的反垄断执法体制当然有其多方面的形成原因，但是其无疑会带来一些问题，反垄断法的有效实施面临着挑战。首先，国务院反垄断委员会主要是一个协调性的机构，本身不负责具体的执法工作，其在反垄断法实施中的作用就很有限。更重要的是，按照这样的架构，具体的反垄断执法工作将由现有的多家机构承担，这必然会影响反垄断执法工作的集中统一进行，而相互之间的争权或推诿则在所难免。[1] 虽然《反垄断法》建立的国务院反垄断委员会不是执法机构，难以发挥执行反垄断法的实质性作用，但是在原来存在多家执法机构的情况下，该委员会的协调作用也是很重要的，特别是它为今后的改革预留了空间。值得关注和令人欣慰的是，在《反垄断法》实施十年之际，中国反垄断执法体制终于迎来了重大的改革。根据2018年3月中共十三届全国人大一次会议通过的《国务院机构改革方案》，"将国家工商行政管理总局的职责，国家质量监督检验检疫总局的职责，

---

[1] 笔者在《反垄断法》实施五周年时的一篇文章中指出，这样的反垄断执法体制也许有一个客观的好处，就是三个反垄断执法机构之间，尤其是国家发改委和国家工商总局之间，在反垄断执法上也会存在相互竞争的问题，即一家在反垄断执法取得进展会对另一家产生无形的压力，从而在一定程度上会强化我国的反垄断执法。参见王先林：《理想与现实中的中国反垄断法——写在〈反垄断法〉实施五年之际》，载于《交大法学》2013年第2期。

国家食品药品监督管理总局的职责,国家发展和改革委员会的价格监督检查与反垄断执法职责,商务部的经营者集中反垄断执法以及国务院反垄断委员会办公室等职责整合,组建国家市场监督管理总局,作为国务院直属机构。"同时,国务院反垄断委员会的具体工作由国家市场监督管理总局承担。这意味着将结束此前十年中国存在三家反垄断执法机构的状况,反垄断执法机构的统一有利于对垄断行为的有效规制。这是中国反垄断执法体制不断走向完善的开始。

同时,在管制性行业实施反垄断法时还需要处理好相关的行业监管机构与反垄断执法机构之间的关系。在这方面,各个国家和地区的做法不尽一致,有的以行业监管机构为主,有的以反垄断执法机构为主,但多数还是两者分工合作,发展的趋势是越来越强调反垄断执法机构统一实施反垄断法,包括在那些设立的专门监管机构的行业。还有些国家和地区将行业监管放在反垄断执法机构之内。例如,欧盟委员会竞争总局除了负责执行条约第81条和第82条[①]、企业合并控制以及国家援助政策外,还负责在电信、能源、银行、保险、传媒等产业的监管任务;澳大利亚和新西兰也没有负责电信、电力等行业监管的专门机构,这些产业同其他产业一样,监管它们的权力已交给了反垄断执法机构。[②] 我们认为,中国有关管制性行业的垄断行为不应由行业监管机构直接进行认定和处理,而应由反垄断执法机构统一进行认定和处理,只是其在认定这些行为时应适当考虑行业监管机构的意见。这样有利于保证反垄断法的有效和统一的实施。如果反垄断执法机构的职权被各个行业监管机构所分解,那么反垄断法在各个行业的实施就会呈现出差异性,不利于反垄断法的统一实施。即使考虑到这些行业的特殊性,行业监管机构也可以参与各自行业内的反垄断执法,但是不应排除反垄断执法机构在这些行业的执法,并且真正实现它们之间权限的合理划分和实施过程中的协调合作。

反垄断执法程序制度是反垄断法律制度中不可缺少的组成部分。《反垄断法》第六章专门规定了对涉嫌垄断行为的调查,确立了垄断案件调查的基本程序制度,在《反垄断法》其他部分的制度中也有与调查程序直接相关的内容。由于《反垄断法》规定的程序规则相对比较简单,而程序规则与公正和效率等基本法律价值的实现直接相关,也涉及反垄断执法机构具体行政行为的合法性问题,因此需要对有关垄断案件调查的程序规则进一步进行细化。今后除了需要在国家市场监管总局的层面继续出台统一的反垄断规章外,更需要通过法律或者行政法规的形式来加强和细化中国反垄断执法程序的规则。为此,中国反垄断执法程序制

---

① 现在分别是《欧盟运行条约》第101条和第102条。
② 参见于立、吴绪亮主编:《产业组织与反垄断法》,东北财经大学出版社2008年版,第164页。

度需要进行相应的完善,包括通过设立角色和功能分化的部门,加强执法决定程序的中立性,以及加强程序的参与性和公开性等。

此外,反垄断执法机构在重视正式的调查程序外,也应重视非正式调查程序的利用。这对增强经营者对自己市场行为合法性的预见性,预防非法垄断行为的发生和继续,提高经营者的守法意识,具有重要的意义。在我国反垄断法实施的初期阶段,通过受理经营者的咨询、自愿提请的审查以及磋商和劝告等非正式程序更具有特别的意义。这对反垄断执法机构提出了新的更高的要求,需要其增强服务意识。这项工作做好了,不仅有利于反垄断法的实施,维护市场竞争秩序,而且有利于改变反垄断执法机构只是经营者"天敌"(单纯处罚者)的形象,其同样可以成为经营者的朋友。

第二,加强和改进我国的反垄断司法并实现其与行政执法的协调。

在中国反垄断法的实施中,专门的反垄断执法机构无疑是处于主导地位的。一方面,反垄断执法机构具有其独特的优势,如拥有专门的执法人员和法定的执法权限,在调查取证的过程中有国家强制力的支持,因此相对于私人提起民事诉讼而言,专门机构的行政执法可能更为高效,也更有保障;另一方面,中国《反垄断法》中的基本制度也主要是围绕专门机构的行政执法来设计的。与之形成鲜明对照的是,该法在反垄断法的私人实施方面仅在第50条笼统规定:"经营者实施垄断行为,给他人造成损失的,依法承担民事责任。"但是,这并不是说作为反垄断法私人实施的反垄断民事诉讼不重要或者可有可无,相反,是具有重要的意义和作用的:首先,垄断行为的受害人身处相关行业,对反竞争行为比反垄断执法机构更敏感、更熟悉,且他们与垄断行为有着切身的利害关系,允许其直接提起民事诉讼能够充分发挥社会公众的积极性,弥补专门行政执法力量的不足,节约行政成本,提升反垄断法的实施水平;其次,允许利害关系人直接提起民事诉讼可以弥补反垄断执法机构本身的局限性。政府的能力总是有限的,它只可能对一小部分垄断行为进行查处。由于反垄断执法机构通常更关注整体的竞争秩序和社会利益,因此有可能忽视对受害人个体利益的保护。通过反垄断民事诉讼,受害者的合法权益可以得到应有的保护。此外,通过反垄断民事诉讼,还可以对专门机构的反垄断执法活动起到一定的制约作用,并可以推动中国市场竞争文化的形成和发展。

从中国反垄断法实施的实际情况来看,反垄断民事诉讼似乎比行政执法更受到关注,特别是该法实施刚开始几年的若干影响比较大的案件的判决都引起了媒体和社会的广泛关注和热烈讨论。这一方面扩大了中国反垄断司法的地位和社会影响,另一方面也对加强我国的反垄断司法工作提出了更高的要求。为此,中国的反垄断司法工作在现有基础上还需要进一步加强和改进。首先,设立专门的审判机构，统一审理反垄断案件。从理论上来说，反垄断案件也存在民事、行政和刑事三种类型。中国目前发生的因对反垄断执法机构的处理决定不服而提起的行政诉讼案件还比较少，《反垄断法》也没有规定垄断行为本身的刑事责任，因此中国目前的反垄断诉讼主要表现为民事诉讼，并且反垄断民事诉讼案件由法院知识产权审判庭负责审理。这种情况在中国反垄断法实施初期有其一定的合理性和必然性，但是，将来行政诉讼可能会多起来，也不排除今后增加垄断行为刑事责任的可能，因此从长远来看，这种状况是不适应未来发展需要的。鉴于反垄断案件今后越来越多，也不限于单一的民事诉讼，而且多数的反垄断诉讼与知识产权没有关系，因此可以考虑将反垄断诉讼从知识产权审判庭中分离出来，由专门设立的竞争或者反垄断审判庭来审理，或者恢复以前的经济审判庭来审理，并实行更为集中的案件管辖制度，以保证这类专业性非常强的案件的审理质量和统一标准。其次，进一步加强反垄断的司法解释工作，并且实行反垄断的案例指导制度。由于目前的《反垄断法》对反垄断诉讼的问题均没有具体规定，因此相关具体规则需要通过司法解释来明确。虽然 2012 年 5 月最高人民法院《关于审理因垄断行为引发的民事纠纷案件应用法律若干问题的规定》明确了起诉、案件受理、管辖、举证责任分配、诉讼证据、民事责任及诉讼时效等基本问题，建立了中国反垄断民事诉讼的基本框架，但是反垄断诉讼中还有很多问题需要进一步明确，因此这方面的司法解释工作需要继续进行。同时，在最高人民法院已经开展的案例指导工作中，也要重视反垄断方面的案例指导①，以帮助各地法院反垄断案件的正确审理。此外，加强法官的反垄断专业能力建设，尤其是提升反垄断经济学理论素养，也是一个非常重要的任务。

在中国私人提起的反垄断民事诉讼与专门机构的反垄断行政执法相配合的反垄断法实施二元机制的背景下，行政执法和司法的协调与合作就是一个很现实也很重要的问题。为此，需要建立行政执法机构和法院之间的协调合作机制。由于反垄断法具有明显的专业性、政策性和政府干预性的特征，因此对垄断行为的认定是很复杂的，尤其是在相关市场的界定、市场支配地位的认定、涉嫌垄断行为是否存在合理的理由等方面需要运用大量的经济分析方法。这对私人诉讼的原告及其律师和法院来说都是比较困难的事情。虽然反垄断执法机构也面临同样的问题，但是相对来说，这样的专门执法机构有较强专业力量的支持，其对相关政策的理解也更为透彻，因此其对垄断行为的违法裁决一般应该得到法院的尊重，这也会给予潜在的私人原告以信息和信心。当然，从法律上来说法院仍然有权依法

---

① 在最高人民法院截止到 2017 年 11 月发布的 17 批 92 件指导性案例中，第 16 批已有 2 个反垄断方面的指导性案例，即北京奇虎科技有限公司诉腾讯科技（深圳）有限公司、深圳市腾讯计算机系统有限公司滥用市场支配地位纠纷案，吴某诉陕西广电网络传媒（集团）股份有限公司捆绑交易纠纷案。

审查反垄断执法机构的决定，而且反垄断执法机构也需要尊重法院的相关判决，行政执法裁决在当事人不服的情况下还要接受法院的司法审查。同时，建立反垄断执法机构参与反垄断民事诉讼的制度，以利于反垄断执法机构代表公共利益表达其对相关竞争政策和具体专业问题的意见，供法院参考。

三、有效平衡竞争与创新的关系

创新是人类社会永恒的主题，崇尚和推动创新已经成为全社会的共识。党的十八大提出实施创新驱动发展战略，党的十八届五中全会更是将创新列在了五大发展理念之首，2016年5月中共中央、国务院印发《国家创新驱动发展战略纲要》。党的十九大报告进一步明确了创新在引领经济社会发展中的重要地位，标志着创新驱动作为一项基本国策，在新时代中国发展的行程上，将发挥越来越显著的战略支撑作用。这里就如何发挥反垄断法在促进创新中的作用进行分析。

第一，创新与竞争关系的经济学争议及在反垄断法上的回应。

一个竞争的市场还是垄断的市场更能激发创新，是产业组织理论的一个重要问题，并且有着不同甚至迥异的回答。这主要是围绕着半个世纪的"熊彼特-阿罗"争论展开的。这种争论对于把握反垄断法的正确定位以及具体制度的合理设计和有效运用来说是有重要意义的，促使我们注意反垄断法在维护竞争的同时也要促进创新，至少不能阻碍创新。这促使反垄断法的研究、立法和适用都要在以往重视静态竞争、相关市场和市场份额的基础上，更加关注动态竞争、创新活动和进入壁垒。这给反垄断法的理论和制度带来了挑战，提出了更高的要求。

从反垄断法的基本含义和目标出发，这里有必要就上述争议所涉及的相关问题做出如下的分析和澄清，也是在反垄断法上应有的一种回应，以便为在反垄断法上讨论相关问题提供前提。

首先，需要区分经济学意义上的垄断与反垄断法意义上的垄断。经济学主要关注垄断作为市场结构的方面，反垄断法关注垄断问题的重点一般不在市场结构上，而是在市场行为上，并且主要着眼于其消极后果。由此也决定了反垄断法并不反对所有的垄断（包括状态和行为），更不是一概地反对大企业，而有各自特定的对象或范围，即只是控制、反对那些实质性限制和损害竞争且具有违法性的垄断。

其次，即使在经济学上，垄断与竞争的概念使用也往往缺乏一致性，因而存在各自所指的并非同一对象的问题。在确定垄断还是竞争更有利于创新时，明确这些概念的含义并保持其一致性是非常重要的。

再次，现代反垄断法的目标所追求的并不是所谓的完全竞争，而是有效竞争。这要求反垄断法对自由公平竞争的维护不以牺牲规模经济效益为代价，而要实现两者的统一，既防止因片面强调产业组织政策而严重限制市场竞争，又防止过分反垄断而牺牲应有的规模经济效益，以提高企业的国际竞争力，最终促进经济的健康发展。因此，反垄断法并不反对大企业本身，更不反对规模经济，恰恰相反，反垄断法需要促进动态效率和激励创新。

第二，反垄断法的一般制度框架与创新的总体市场竞争环境。

创新需要有良好的制度环境来保障。除了知识产权法提供激励创新的制度环境外，反垄断法提供自由公平的市场竞争环境也是促进创新的不可缺少的一个重要方面。

反垄断法的基本使命无疑是维护自由公平的市场竞争秩序，并通过保护竞争或维护竞争秩序这种特定方式来体现其实质公平正义与社会整体效率的基本价值和相关的政策目标。这些目标的实现都包含了对创新的要求，或者其结果体现了对创新的促进。反垄断法正是以保护自由公平的市场竞争环境来促进创新和经济发展的。一个有效的反垄断机制，可以通过减少进入市场的障碍，来促进竞争；而一个富有活力的竞争机制，又可以激发创新能力，进而推动技术创新。

反垄断法是通过对垄断行为的规制来实现对竞争的促进的。通过对垄断行为的规制，就可预防和制止经营者人为地通过"协议"、滥用市场支配地位以及不当并购或者其他集中行为来排除、限制竞争，以维护正常的市场竞争秩序和竞争活力，从而确保创新的正常进行。为了确保创新的市场竞争环境，除了对这种经济性垄断进行规制外，我国《反垄断法》还对行政性垄断进行规制，即禁止行政机关和法律、法规授权的具有管理公共事务职能的组织滥用行政权力，排除、限制竞争的行为。这后一方面对于促进创新来说也是必不可少的制度环境，甚至在某种程度上比前者更为关键。完备的竞争政策和有效的反垄断法能够保护具有创新能力的企业，创造供给，降低价格，增加消费者福利，这已成为现代社会的普遍共识。为此，通过有效的反垄断执法来确保创新和消费者利益就是非常必要的。

总之，反垄断法的基本使命是维护有效竞争的市场结构，预防和制止那些危害消费者利益和损害效率的垄断行为。这本身就是为创新提供基本的市场环境。当然，前提是反垄断法本身的制度设计合理，实施正确有效。

传统的反垄断法主要是建立在新古典的经济学理论基础之上的，对竞争作静态的均衡分析。在传统的静态均衡分析框架下，竞争政策的主要目标定位于"增进福利"，相应地，完全竞争就等同于福利最大化，提高竞争强度的措施被认为自然地会带来福利的增加。虽然后来的不完全竞争或者垄断竞争理论指出了现实市场上竞争与垄断之间的相互渗透和复杂关系，但仍然把完全竞争作为一种理想状态,认为它还是比不完全竞争或垄断竞争更为有效,竞争政策的目标仍然是要力求实现完全竞争,从长期看,现实市场竞争状态将与完全竞争状态非常接近。相应地,传统反垄断法在实际适用时往往强调市场份额、集中度等静态问题,尤其是在哈佛学派的结构—行为—绩效的分析模式下,首先要界定相关市场,接着要确定市场份额及与之相关的市场集中度以确定是否具有支配地位,最后要确定相关行为是否排除、限制了竞争。

始于20世纪40年代并在战后的五六十年代取得了进一步发展的现代竞争理论则打破了把完全竞争作为现实和理想竞争状态为主要标志的传统静态竞争理论。其中,最具有代表性的是熊彼特的创新和动态竞争理论,认为竞争经济的实现自始至终是一个变动的过程,完全竞争不是常规,而仅仅是一种例外;竞争不仅从时序上看是一个动态过程,更重要的是从内部结构上看,是一个演进的动态过程,是一个创新与技术进步的动态过程。后来的演化经济学认为,要理解这种不断的动态市场就必须建立一个包含创新、实验、反馈和开放的动态竞争模型。现代奥地利学派更认为市场应该看作是动态竞争的过程,即企业在利润追求中不断纠错的过程。在现代社会反垄断法确实需要重视动态竞争和动态效率问题,为创新活动留出足够的空间,提供更宽松的市场环境。例如,在相关市场界定方面,需要宽视角地评估竞争的范围,强调创新活动和竞争活动对在位者的竞争约束,重点分析以研发活动为典型的潜在竞争活动对相关市场范围的影响。① 在市场支配地位和对竞争的影响认定方面,市场份额和市场集中度就不应过分强调,更不应将其作为唯一的判断因素,而要充分考虑其相对性和动态性,并高度重视进入壁垒对潜在竞争的影响,以确保竞争的过程不受人为限制。

但同时,我们也要看到,对于动态竞争理论对反垄断法的影响也不要过分夸大,不能只强调一面而忽视另一面。不能只强调了前者而忽略了后者,片面强调市场竞争优胜者的相对高效率而忽略了其对竞争者效率的扼杀。实际上,现有的反垄断法制度框架已经在一定程度上包含了动态竞争所需要的空间。在我国实际的反垄断执法中,创新也是被作为一个非常重要的因素而加以考虑的,为动态竞争和创新留下了必要的空间。

总之,反垄断法的基本制度框架在保护竞争的过程中就为创新提供了总体的市场环境,只要不对其进行僵化和绝对化的理解和适用,其也是可以适应不断变化的新情况的。

第三,反垄断法的滥用知识产权规制制度与创新的特定市场竞争环境。

创新除了需要反垄断法通过保护自由公平的竞争提供的总体市场环境外,还

---

① 参见卢文涛:《动态竞争视野下的反垄断相关市场界定》,载于《中国版权》2014年第3期。

在特定的领域需要反垄断法处理好反垄断与保护知识产权的关系，这主要是通过反垄断法的滥用知识产权规制制度来实现的。

创新所需要的制度环境涉及众多的法律制度，而以保护知识产权以激励创新为主要目标的知识产权法无疑在其中发挥着基本的和关键的作用。从现代经济理论来看，知识产权作为特定的知识财产创造者依法获得的一定的垄断权，实际上可以看作是国家通过相应的法律制度来解决知识产品的外部性问题，从而避免出现无偿利用他人智力成果的"搭便车"行为。面对知识产权的重要地位和作用，从20世纪末开始，越来越多的国家和地区将知识产权上升到了国家战略的高度予以重视。我国也越来越重视知识产权保护对激励创新的作用，将知识产权上升到了国家战略的高度，进而提出了加快建设知识产权强国的目标，其核心举措就是不断提高知识产权的保护水平和保护力度。

但同时，知识产权保护也有一个合理与适度的界限。实际上，发达国家在重视保护知识产权的同时，也非常重视防止滥用知识产权。甚至可以说，越是保护知识产权水平高、力度大的国家，其防止滥用知识产权的力度也越大。

基于此，中国在继续加强知识产权保护的同时，也在探索对滥用知识产权进行法律规制。2007年8月30日通过的《反垄断法》第55条规定："经营者依照有关知识产权的法律、行政法规规定行使知识产权的行为，不适用本法；但是，经营者滥用知识产权，排除、限制竞争的行为，适用本法"。这表明了中国对滥用知识产权进行反垄断规制的基本态度，成为中国规制滥用知识产权的主要依据。

要实现反垄断与保护知识产权在维护竞争和激励创新方面的共同目标，就需要在涉及滥用知识产权的反垄断规制中处理好两者的协调问题。《反垄断法》第55条的规定意味着，经营者依法拥有知识产权的事实并不表明知识产权的行使行为可以不受反垄断法的调整，经营者滥用知识产权排除、限制竞争的行为仍然要受到《反垄断法》的规制。为此，需要明确其中涉及的一些基本问题，如滥用知识产权与垄断行为的关系，滥用知识产权反垄断规制的分析原则，滥用知识产权反垄断规制的分析思路，以及滥用知识产权反垄断规制的分析因素。

目前，我国《反垄断法》《国家知识产权战略纲要》《关于新形势下加快知识产权强国建设的若干意见》以及《国家创新驱动发展战略纲要》等法律和政策文件中都已经确立这方面的基本原则，习近平总书记还特别指出要统筹做好知识产权保护、反垄断、公平竞争审查等工作，要完善知识产权反垄断、公平竞争相关法律法规和政策措施，形成正当有力的制约手段。[①] 因此，我国的反垄断执

[①] 参见新华社2020年12月1日消息：《习近平在中央政治局第二十五次集体学习时强调全面加强知识产权保护工作激发创新活力推动构建新发展格局》。

法机构（国家市场监管总局及其授权的省级市场监管局）要加强知识产权领域的反垄断执法，运用好《关于禁止滥用知识产权排除、限制竞争行为的规定》和《国务院反垄断委员会关于知识产权领域的反垄断指南》等制度规则，实现保护知识产权与反对知识产权滥用的协调兼顾。

四、大力实施竞争倡导

反垄断不仅是一个法律制度上的问题，而且是一个文化上的问题。一国竞争文化环境的优劣往往会直接影响到竞争政策和反垄断战略的实施。反垄断战略实施的理想情形是经营者和政府都能自觉遵守反垄断法律规则，从而将纸上的条文变成实际的行动。这固然需要相应的行政执法和司法来保障，但是在全社会大力培育和发展竞争文化也是不可缺少的一个重要方面。对于那些刚刚实施反垄断法的国家而言，竞争文化一般都是欠发达的，一般认为在这些国家，应首先通过开展针对社会公众的竞争推进措施培育广为接受的竞争文化，再开展具体的执法措施。中国实施《反垄断法》至今才十年多的时间，虽然在法律实施方面取得了较大的成绩，但不可否认的是，不论是政府机关还是社会公众，对于竞争文化的认同还不够。从这个意义上来看，竞争倡导在我国就尤其应当被重视。

由于中国的传统文化是不大讲竞争的，更加强调所谓的"和谐"和"协调"，这往往使得经营者对于固定价格等违反反垄断法的行为缺乏一种文化上和道德上的排斥心理，政府维护竞争的自觉性和责任意识还不够强。像微软、英特尔等真正的行业垄断者对自己的垄断地位避之唯恐不及，而中国一些还算不上垄断地位的企业却居然宣布要"进入垄断"或者大肆宣传自己的市场占有率全国第一；政府的经济政策也是更加重视产业政策，而不是竞争政策。当然，这种情况与长期没有反垄断法或者没有严格实施反垄断法是互为因果的。

一般来说，竞争文化是全社会形成的维护竞争机制、尊重竞争规则的一种共识和氛围。竞争文化的培育和发展涉及很多方面，诸如消费者的观念、经营者的行为和政府的职能定位等都会直接或者间接地作用于竞争文化的形成。其中，作为市场竞争最重要参与者的经营者和作为市场竞争秩序维护者的政府在竞争文化的形成中负有主要的责任。经营者应当具有竞争法律意识，主动承担自由市场的竞争压力及其后果，注重自身的竞争能力建设，避免动辄就向主管机构寻求帮助甚至庇护，更不应从事那些反竞争的行为；而政府既要维护好经营者之间的市场竞争秩序，更要自己带头尊重竞争规则，尊重市场机制的基础性调节作用，而不能人为制造不公平的市场竞争环境。而要做到这一点，在全社会形成良好的竞争文化，除了经营者和政府本身的自律外，也需要有外部的促进作用，特别是需要开展反垄断法的宣传普及和竞争倡导活动。

反垄断法的宣传普及对于提高民众和经营者的反垄断法律意识，培育全社会的竞争文化具有非常重要的意义。很多国家和地区的反垄断执法机构非常重视利用各种媒体宣传普及反垄断法，一些国家（如新加坡）的反垄断执法机构还将反垄断法的基本知识制作成非常生动有趣的卡通或者动画节目在电视上播放，提醒经营者在市场竞争中要遵守基本的反垄断法律规则，效果非常好。中国的相关反垄断执法机构也尝试通过出版宣传手册、组织有奖比赛和报道典型案例等方式进行反垄断法知识的宣传普及。当然，严格和公正的反垄断行政执法和司法活动本身具有重要的警示和教育功能，也是培育和发展竞争文化的一种重要方式。这就也就是通常所说的"执法是最好的普法"。

竞争倡导是许多国家和国际组织认可的推动竞争政策落实以及构建竞争文化的重要机制。竞争倡导在中国目前还是一个相对比较新的概念。一般认为，竞争倡导是指竞争主管机构实施的除执法以外所有改善竞争环境的行为。[1] 这些行为主要通过协调与政府机关的关系以及增加社会公众对竞争益处的意识来实现。竞争倡导的含义说明竞争倡导是竞争执法机构一系列行为的总称，这些行为主要包括两类：其一，针对法律、政策的制定机构和管制机构，以促进立法及管制以有利于竞争的方式设计、执行；其二，针对所有社会成员，以提升其对竞争益处和竞争政策在促进经济增长和保护竞争中的作用的认知。例如，针对立法机构提出有利于竞争的立法建议；针对管制机构提出取消（修改）不合理限制竞争之管制措施的建议；发布指导企业行为的指南等。反垄断执法机构除了负责执行反垄断法外，还需要承担倡导竞争的任务，这也是实施反垄断法的一个重要方式。

国际经验表明，竞争倡导有利于促进执法；转型经济国家竞争机构需要在反垄断法制定、实施的初期，给予倡导优先于执法的地位。[2] 对此，中国已有学者进行了专门的研究，认为反垄断执法针对私人限制竞争，竞争倡导关注政府干预限制竞争的风险，分析各国竞争倡导的制度路径，借鉴其成功经验并结合中国现实诉求，中国竞争倡导制度构建的重点在于引入立法优先咨询制度、推动准入管制的放松、逐步缩减反垄断除外适用范围、健全对管制的竞争评估、帮助企业进行合规制度建设，以形成多样化的倡导工具。[3] 与竞争审查等竞争政策下的具体制度不同的是，竞争倡导的政策目标是通过前述两方面的推进措施的实施，构建一个良好的竞争文化的环境。竞争倡导的实施给许多国家带来了积极、正面

---

[1] International Competition Network （ICN），*Advocacy and Competition Policy*，2002，p. i.
[2] ICN，*Advocacy and Competition Policy*，2002，p. iii.
[3] 参见张占江：《竞争倡导研究》，载于《法学研究》2010年第5期。

的作用。

竞争倡导实现目标的手段，是从多层面、多角度去影响政府行为、企业行为和民众意识，优化竞争环境。在竞争倡导的实施初期，可按如下机制发挥其功能：首先，对政府部门的竞争倡导。除竞争审查外，应当通过多种方式加强对政府相关部门的竞争文化宣传，提高政府部门对竞争政策的认识，并就竞争政策与行业监管的关系等方面逐步达成共识。其次，对市场主体的竞争倡导。除了竞争执法对市场主体的警示和法制宣传作用，竞争执法部门还应当采取多种方式为市场主体提供多方面的服务，倡导竞争理念。再次，对社会公众的竞争倡导。积极探索新媒体、自媒体宣传方式。通过微信、微博等其他途径，加强竞争政策宣传，正面引导社会看待竞争执法、理解竞争政策。最后，充分发挥科研院校等其他社会组织力量。

五、积极协调和有效应对国际层面的反垄断

竞争政策与反垄断在传统上属于各国国内的基本经济政策和法律规则，其所涉及的领域是各国国内市场上的竞争秩序问题。长期以来，甚至到目前为止，还没有严格意义上的对各国竞争政策进行有效国际规范的法律规则。另外，寻求对各国竞争政策进行国际协调的努力却一直在进行。这种情况的出现有着多方面的原因。

随着乌拉圭回合谈判各项协议的签署和 WTO 的建立，各国政府间关税和非关税贸易壁垒在逐步消除，经济全球化和世界市场一体化的进程在加快。但同时，国际市场又面临私人（企业）限制竞争行为的威胁。这种行为的表现是多方面的，且危害严重。因此，仅仅是消除来自政府方面的贸易壁垒并不能保障自由贸易的开展。在国际市场上，来自企业尤其是跨国公司所实施的限制竞争行为扭曲了国际竞争秩序，侵蚀了多边贸易体制。而且，一些企业的限制竞争行为还是在政府的默许或纵容下形成的，因此很难将企业的限制竞争行为与政府的政策行为区分开来。要真正实现自由贸易、公平竞争，除了继续致力于官方贸易壁垒的消除外，也应努力促使对企业限制竞争行为的控制。

如前所述，在国际市场上控制企业限制竞争行为带来的贸易障碍不是依靠单个国家的努力能够实现的，而需要对各国的竞争政策与反垄断进行国际协调。竞争政策和反垄断的国际协调有多种途径。根据协调的范围和领域，竞争政策的国际协调有双边协调机制、区域协调机制和多边协调机制，它们各有利弊，可以互相补充，共同存在。就我国来说，应当充分利用和积极参与这三种形式的反垄断国际协调，并争取在其中发挥重要作用。

针对双边协调机制，我国应当尽量与那些重要的贸易伙伴国家讨论和签订反垄断合作的协议，为双方执法机构的执法活动和各自经营者的经济贸易活动提供便利条件和保障。实践证明，不同国家的反垄断执法机构基于本国利益，在程序上开展合作，对规则进行协调是一种双赢的做法。我国原来的三家反垄断执法机构沟通或者单独与美国、欧盟、英国、加拿大、俄罗斯、日本、巴西、墨西哥等十几个国家和地区的相应机构签署了反垄断合作备忘录，并与美欧等司法辖区开展了执法合作。仅商务部在2017年上半年就与美国、欧盟等6个司法辖区的执法机构就10余起跨国并购案件开展了密切合作，共同维护市场的公平竞争。商务部在审查陶氏化学与杜邦公司合并案中，先后与欧盟、美国和澳大利亚等竞争执法机构开展交流，沟通信息，对竞争关注和救济措施交换意见，共同维护了相关市场的公平竞争和消费者利益。① 2018年后我国反垄断执法机构已经实现了统一，国家市场监管总局进一步加强反垄断的国际协调与合作，包括在同瑞士、新加坡等进行的自贸协定谈判中进行竞争政策议题的谈判。

针对区域协调机制，我国应当积极参与相关的区域贸易协定的谈判，并重视其中的竞争政策或者反垄断条款。近些年来，区域贸易协定越来越多，而且其中的多数协议还设立了竞争政策章节，规定了成员方有义务实施竞争法律和政策，消除反竞争行为，保持成员方在竞争执法领域的合作。根据WTO提供的数据，截至2020年3月25日，WTO已接收到的区域贸易协定通报中，生效的区域贸易协定有304个，其中包含竞争政策的区域贸易协定有199个。② 在目前的区域贸易谈判中影响较大的主要有全面与进步的跨太平洋伙伴关系协定（CPTPP）③、跨大西洋贸易和投资伙伴关系协定（TTIP）和区域全面经济伙伴关系协定（RCEP）。在这方面，我国反垄断执法机构已经签署了金砖国家反垄断合作备忘录，并积极推动区域全面经济合作伙伴关系协定、中日韩等自贸协定的竞争政策议题谈判，推动各方合作应对国际垄断行为，促进区域和双边经贸发展。

针对多边协调机制，由于目前还没有正式的全球性的反垄断协议，也没有这方面正在进行的谈判，因此还只能是为此做好准备，并在时机成熟时积极推

---

① 参见吴振国：《加强竞争政策国际协调 共同维护市场公平竞争》，载于《竞争政策研究》2017年第5期。

② 数据来源参见 Regional trade agreement databases，https：//rtais.wto.org/UI/PublicSearchByCr.aspx，2020年3月25日访问。

③ 即原先的跨太平洋伙伴关系协定（TPP）。在美国总统特朗普2017年初上台后立即宣布退出TPP的情况下，其他11个国家继续谈判并且达成了新的"全面与进步的跨太平洋伙伴关系协定"（CPTPP），该协定已于2018年12月30日正式生效。

动并在其中发挥重要作用。虽然基于政治的、技术的等多种原因,一度引起广泛关注和激烈争论的在 WTO 框架下进行贸易与竞争政策的谈判最终未能启动,而且现在看来在短期内重新启动正式谈判的可能性也不是很大,但是这并不意味着今后在 WTO 框架下对竞争政策的任何形式的协调活动都会停止,甚至不能排除将来某个时候在各成员方之间就重新启动谈判达成妥协的可能性。因此,我们继续关注这方面的发展动向并探讨应对的基本立场还是有必要的。作为一个发展中成员,我国应当在全面权衡利弊的基础上确定自己在 WTO 框架下竞争政策谈判的基本立场。基于在 WTO 框架下竞争政策谈判可能具有的影响,我国可确定有条件地支持并参与这一谈判的基本立场,即既不必像欧盟那样积极推动,也没有必要像一些发展中国家那样强烈反对,而是选择谈判的条件,并积极争取有利的方案。同时,还可以考虑采取分步走的推进策略,在国际社会还未制定出统一的反垄断规则前,可以先行制定一个"最低标准"的底线规则来规范各国在国际贸易投资中的反竞争措施,这也许更具有可能性和可操作性。例如,可以鼓励和支持各国适用国际社会广泛认可的国民待遇、非歧视和透明度等基本原则;可以鼓励和支持各国竞争规则采纳效率、消费者利益、创新等基本标准;允许各国进行合理的界定和解释,设立尽可能明确的例外条款,对发展中国家给予一定的特殊待遇,如对某些行业采取管制政策等。在反垄断执法过程中,对跨国案件遵循相对一致的原则,尊重管辖权冲突、推动实施礼让等原则,兼顾各方利益。[①]

  总体来说,有联合国、关贸总协定及世界贸易组织、欧盟等在过去 50 多年的努力,全球反垄断制度的目标还是有可能达到的,尽管其过程可能比较困难。[②] 我国作为世界第二大经济体以及经济全球化的推动者和受益者,应当为此继续做出努力,并争取获得越来越大的话语权。

---

  ① 参见吴振国:《加强竞争政策国际协调 共同维护市场公平竞争》,载于《竞争政策研究》2017 年第 5 期。

  ② See Eric Engle, *The Globalization of Antitrust and Competition Law*, 21 Currents: Int'l Trade L. J. 3 (2012).

第五章

基础战略：竞争政策优先

2013年11月12日党的十八届三中全会通过的《中共中央关于全面深化改革若干重大问题的决定》在历史上首次提出："经济体制改革是全面深化改革的重点，核心问题是处理好政府和市场的关系，使市场在资源配置中起决定性作用和更好发挥政府作用。"党的十九届五中全会审议通过的《中共中央关于制定国民经济和社会发展第十四个五年规划和二〇三五年远景目标的建议》进一步提出"坚持和完善社会主义基本经济制度，充分发挥市场在资源配置中的决定性作用，更好发挥政府作用，推动有效市场和有为政府更好结合"。至此，市场机制在我国社会主义经济建设中的核心地位被真正且又完全地建立起来。市场机制包含三大基本要素：价格机制、供求机制、竞争机制。而竞争机制又是价格机制与供求机制的基础，缺乏竞争的市场根本无法实现真正的价格机制与供求机制。因此，"使市场在资源配置中起决定性作用"实际上也就是建立完善的竞争机制的过程。竞争政策是保障竞争机制的所有法律、法规、政策、文件的统称。"使市场在资源配置中起决定性作用"在法律层面的含义被转化为"竞争政策优先"，也即当其他政策与竞争政策发生冲突的时候，我们应当尽可能地优先考虑竞争政策，从而才能真正实现"使市场在资源配置中起决定性作用"。本章旨在从法学层面构建竞争政策优先的法治体系。鉴此，下文第一部分首先在理论层面阐述竞争政策优先的重要意义；第二部分分析竞争政策优先与竞争中立；第三部分分析竞争政策优先与地方税收竞争；第四部分探讨竞争政策优先与国家补贴；第五部分则以近年来热点话题之一的网约车为例来说明在具体情境中如何平衡竞争政策与产业政策。

第一节 竞争政策优先战略的确立

一、竞争政策优先的主要内容

（一）基本含义

竞争政策是为了维护和发展市场竞争机制所采用的各种公共措施的总称，主要包括以反垄断法为主导的竞争法律制度、政府反竞争行为和垄断性行业的竞争性规制措施以及公平竞争审查制度等。市场竞争与政府调节是资源配置的两种主要方式，确立竞争政策的优先地位，就是要在处理市场与政府的关系上，强调市场的决定性作用，以市场作为配置资源的优先方式，确保竞争政策在经济政策体系中处于基础地位，把竞争政策贯穿到经济发展的全过程之中，充分运用竞争政策推动我国经济发展转型和经济体制完善。竞争政策优先战略的核心内容，是确立竞争政策在经济政策体系中的基础地位。之所以强调竞争政策的基础地位，是因为市场的本质就是竞争，市场经济就是竞争经济，竞争机制是最为基础的资源配置方式和最为重要的经济调节机制。为确保竞争政策的基础地位，必须坚持两个基本原则：

第一是竞争政策底线原则。为发挥市场配置资源的决定性作用，必须保障自由与公平的市场竞争秩序，竞争政策应当成为各种经济政策的"底线"，或者说"公约数"。[①] 产业政策、财税政策、信贷政策等其他经济政策的制定与实施，应当以维护市场的自由与公平竞争为前提，坚持与竞争政策不抵触的一般要求；在不得不限制竞争时，也应采取限制效果最小的方式。为保证竞争政策底线原则的贯彻，其他经济政策的制定应当经过公平竞争审查，其实施应当定期或者不定期地进行竞争效果评估。

第二是政策体系协调原则。确立竞争政策的基础地位，不是要废止产业政策、财税政策、信贷政策等其他经济政策，而是以市场竞争机制为基础，以充分发挥市场竞争机制的作用为目标来制定和实施其他经济政策，从而使竞争政策和其他经济政策相互协调，共同促进经济与社会的发展。以竞争政策为标准对其他

[①] 参见时建中：《论竞争政策在经济政策体系中的地位——兼论反垄断法在管制型产业的适用》，载于《价格理论与实践》2014年第7期。

经济政策进行评估、改造，有助于将竞争价值融入其他经济政策之中，从而更科学地确定其他经济政策的作用范围，改善其他经济政策的实施方式，最终有助于重塑整个经济政策体系，确保政府采取任何经济政策工具，都以维护竞争政策的基础地位为前提。

（二）历史沿革

在我国过去较长一段时期内，经济政策体系的核心是产业政策。自从1986年《国民经济和社会发展第七个五年计划》第一次使用"产业政策"的概念后，产业政策在我国经济政策体系中一直处于十分重要的地位。一方面，资源配置效果的评价，往往以能否促进产业发展为标准；另一方面，其他经济政策也致力于服务于产业政策，为产业发展提供支持。产业政策目标的实现，需要综合运用财税、信贷、价格、投资等各类政策措施，为此国家制定与实施了一系列配合相应产业政策的其他政策措施。例如，为了淘汰落后产能，国家会运用信贷政策、投资政策等措施，对相关产业予以限制；为了鼓励技术创新，国家会对高科技领域实施财政补贴、税收优惠、信贷支持等各类扶持政策。可见，产业政策更像是一种资源配置政策，其他经济政策的实施，往往围绕着产业政策，以实现产业政策为目标。产业政策在一国经济发展初期往往作用巨大。经济发达国家，在发展初期几乎都实施了积极的产业政策。以产业政策为核心的经济政策体系，也有效地促进了我国产业发展，推动了经济增长。但随着经济增长阶段性目标的实现，以产业政策为核心的经济政策体系的弊端也逐渐显现。产业政策在解决产业发展问题的同时，也暴露出较为严重的不足。例如，难以促进持续的技术创新，甚至成为产业升级和结构优化的障碍；为行政权力不当干预市场运行提供基础，对合理的市场竞争造成损害。

为改变这一现状，我国近年来悄然实现了经济政策体系的转型。党的十八大之后，竞争政策在我国经济政策体系的地位不断提升。2015年5月，国务院批转发展改革委《关于2015年深化经济体制改革重点工作意见的通知》，要求"促进产业政策和竞争政策有效协调，建立和规范产业政策的公平性、竞争性审查机制"。2015年10月，中共中央、国务院发布了《关于推进价格机制改革的若干意见》。对竞争政策制度建设来说，这是一份具有里程碑意义的重要文件。这份意见明确提出"加强市场价格监管和反垄断执法，逐步确立竞争政策的基础性地位"。为此，应当"清理和废除妨碍全国统一市场和公平竞争的各种规定和做法，严禁和惩处各类违法实行优惠政策行为，建立公平、开放、透明的市场价格监管规则，大力推进市场价格监管和反垄断执法，反对垄断和不正当竞争"；"加快建立竞争政策与产业、投资等政策的协调机制，实施公平竞争审查制度，促进统一开放、竞争有序的市场体系建设"。2016年6月，《国务院关于在市场体系建设中建立公平竞争审查制度的意见》的发布，不仅标志着我国经济政策转型已完成了"顶层设计"，同时也标志着我国公平竞争审查制度的正式启动。与以上政策相适应，"国民经济和社会发展第十三个五年规划纲要（2016～2020）"提出，"加快形成统一开放、竞争有序的市场体系，建立公平竞争保障机制"，并将"健全竞争政策，完善市场竞争规则，实施公平竞争审查制度"作为维护公平竞争的重要举措。2017年10月，中共十九大报告再次提出"全面实施市场准入负面清单制度，清理废除妨碍统一市场和公平竞争的各种规定和做法，支持民营企业发展，激发各类市场主体活力"；"打破行政性垄断，防止市场垄断，加快要素价格市场化改革，放宽服务业准入限制，完善市场监管体制"。《中华人民共和国国民经济和社会发展第十四个五年规划和2035年远景目标纲要》设专节规定"强化竞争政策基础地位"。此外，目前正处于修订进程的《反垄断法》也新增第5条，即将正式确立"公平竞争审查"的法律地位。

二、竞争政策优先的合理定位

强调竞争政策优先或者说竞争政策的基础地位，当然不是说其他所有政策都要服从竞争政策的要求。从字面看，"优先"也好，"基础地位"也好，都是一种"相对"地位，即有特定的参照物。我们只能说一种事物相对于另一种事物而言具有更基础的地位。所以，只有讲清竞争政策在何种政策体系中具有基础地位，这种判断才有意义。

竞争政策是国家政策的一种，属于公共政策范畴。从价值目标看，公共政策是为解决公共问题、达成公共目标、实现公共利益而确立的政策。基于此，可将公共政策分为三类：一是追求国家利益的公共政策，典型表现是基于国家政治、经济、文化安全而确立的政策，如国防政策、国家经济安全政策和国家文化安全政策，这类政策的主要目标是安全，安全之外的其他价值目标很少被考虑，甚至是可牺牲的；二是追求特定社会利益的公共政策，如环境保护、就业促进、社会保障、文化多样性保护等方面的公共政策，这类政策的主要目标是社会公正（公平），在社会公正之外有时也考虑经济效率；三是追求经济利益的公共政策，如各种财政、货币政策以及特定的产业政策等，这类政策的主要目标是经济效率，在效率之外可能会兼顾公平等其他价值。

在上述政策体系中，竞争政策的主要甚至唯一目标就是经济效率，所以应当属于经济政策的范畴。那么，我们说竞争政策处于基础地位，是指在所有公共政策体系内还是仅在经济政策范围内竞争政策具有基础地位？

首先应当承认，竞争政策所追求的经济效率目标无法对抗国家安全目标，对诸如政治、经济、文化安全之类的国家利益，也不应进行效率评价。所以，不宜说追求国家利益的公共政策应服从竞争政策基础的要求。

就社会政策来说，由于其追求的目标不是经济效率，也就无法或者至少难以全部以市场竞争的方式来实施，且这类政策的实施效果更注重社会公正，是否促进了经济效率往往不是主要的评判标准。从反垄断法的制度逻辑看，垄断之所以需要禁止，是因为它会导致产品的产量降低、价格提高，而竞争的本质恰恰是提高产量、降低价格，反垄断法的这个特点决定了它并不适合直接用来实现非经济目标。① 所以总体来看，社会政策与竞争政策犹如两条并行线，各自朝着不同目标前进，谈不上谁相对于谁来说更具有基础地位。但实践又向我们显示，两种政策之间可能发生关联：社会政策目标可能会以限制竞争的方式实现，如社会性规制措施可能会构建或者加强市场进入壁垒；过于强调市场竞争也可能有损社会政策目标，如企业间竞争可能会破坏环境，合作却有利于环境改善。在这些情况下，原本并行不悖的两种政策发生了冲突。作为冲突的解决方案，各国社会政策与竞争政策都进行了现代化改革。一方面，各类社会政策在追求非经济性目标时，应尽量不对市场竞争造成损害，只有限制竞争是实现社会政策目标的不可或缺手段时，限制竞争才是正当的；另一方面，反垄断法在追求经济效率的同时，也会兼顾非经济性的社会政策目标，甚至可以说，在如今价值多元的时代，在反垄断法的实施中考虑社会政策目标，已成为现代反垄断法的发展趋势之一。②

这样一来，"竞争政策的基础地位"的论断，只有在经济政策体系内部才是成立的。我们只能说，在经济政策体系中竞争政策具有基础地位，竞争政策是最基本的经济政策，其他经济政策的制定与实施，原则上不得违背竞争政策的基本要求。进一步说，竞争政策基础地位的判断包含三层含义：一是追求国家利益的公共政策，可以突破竞争政策基础地位的限制；二是追求非经济性社会利益的公共政策，原则上应遵守竞争政策的基础地位，但必要时可以通过限制竞争的方式来实施；三是追求经济利益的各种经济政策，应以竞争政策为底线，严格遵守竞争政策的基础地位。

三、竞争政策优先的现实需求

（一）政府及其部门树立公平竞争意识的迫切需要

我国地方政府及其部门多年来一直依靠产业、投资等经济政策来推动本地经

---

① 张占江：《反垄断法的地位及其政策含义》，载于《当代法学》2014 年第 5 期。
② 焦海涛：《社会政策目标的反垄断法豁免标准》，载于《法学评论》2017 年第 4 期。

济发展,公平竞争并不是主要考虑因素。这种做法已在实践中带来一定的问题,必须尽快予以转变。政府职能转变的首要方面是观念变化与意识更新。不少地方政府认为,以优惠政策扶持本地企业,实施适度的地区封锁,不论对企业、消费者还是经济增长都有好处;政府对市场经济的干预,也是为了矫正企业的不当行为,引导经济更好的运行。这种观念的本质是"局部利益"思想和计划经济下的"全能政府"思维,与现代市场经济体制所要求的市场自由竞争、政府谨慎干预的理念不符。为了加快经济体制改革,更好地发挥政府作用,各级政府及其部门必须尽快树立公平竞争意识,转变一直以来依靠产业政策拉动经济增长的观念,确保各项经济政策必须符合公平竞争的基本要求。

(二)经济发展转型的迫切需要

我国当前经济发展面临的主要问题是发展方式粗放、经济结构不合理和发展动力不足。一度以来,过于重视数量而不重视质量,过于依赖政府刺激而非市场创新的经济增长模式,使得部分行业产能过剩、部分产品有效供给不足的矛盾以及经济持续增长乏力的问题在我国经济中普遍存在。这种资源错配的结构性问题有多种成因,但长期以来政府实施倾斜性的产业、投资、财税等经济政策,市场激励、市场竞争受到抑制,资源无法有效流动等,无疑是重要原因之一。这种政策实践短期内可能会迅速拉动经济增长,但增长方式不具有可持续性,也容易埋下结构隐患。

在新时期,我国经济已由高速增长阶段转向高质量发展阶段,正处在转变发展方式、优化经济结构、转换增长动力的攻关期。要实现这种转变,必须以竞争政策为基础,以市场作用的有效发挥为前提,充分调动市场主体的积极性,并规范政府的不当干预和过度干预。只有依赖市场竞争,才能真正实现经济发展的质量变革、效率变革、动力变革。

(三)破除行政性垄断行为的迫切需要

行政机关和法律、法规授权的具有管理公共事务职能的组织之所以滥用行政权力排除、限制竞争,主要目的是追求行业利益或地方利益。追求行业利益的主要表现是设置过多或不当的行业管制,追求地方利益的主要表现是地区封锁或者地方保护。行政性垄断行为对经济发展带来巨大伤害,它不仅扭曲了资源配置方式,降低了资源配置效率,阻碍了产业的升级和经济结构的调整,而且妨害了统一开放、竞争有序的市场体系建设。

行政性垄断在我国的产生,主要源于市场改革不彻底和政府职能转变不彻底。两个"不彻底"的最重要成因是竞争政策的缺位。破解行政性垄断,需要强化竞争政策的地位和作用，清理和废除妨碍全国统一市场和公平竞争的各种规定和做法，严禁和惩处各类违法实行优惠政策行为，并以此划定政府的行为边界。基于竞争政策的基础地位，加大对滥用行政权力排除、限制竞争行为的执法力度，也有助于进一步深化市场体制改革，加快政府职能转变。

（四）加速推动垄断性行业改革的迫切需要

垄断性行业在我国属于高度管制的行业，尽管国家这些年开始了垄断行业改革，但这些行业的垄断行为仍是我国竞争执法的难点之一。之所以如此，主要原因就是竞争政策与产业政策、竞争法与行业监管法、竞争执法机构与行业监管机构之间的关系没有理顺。其中，最为主要和基础的原因是竞争政策在经济政策体系中的地位不明晰，这导致在产业政策与竞争政策发生冲突时，行业监管机构往往优先考虑产业政策。在涉及竞争问题时，行业监管法普遍被视为竞争法的特别法而得到优先适用。我国的竞争执法机构又存在独立性不足、执法权有限的问题，致使在对垄断行业执法时，缺少与行业监管机构抗衡的能力。

我国当前的垄断性行业，存在较多的政府保护，这既不利于其他市场主体参与垄断业务的经营，从而扭曲公平的市场竞争格局，也不利于垄断型企业自身的创新与进步，从而影响垄断行业的自身发展。垄断行业改革的主要方向是引入竞争机制，基本要求是凡能通过市场竞争解决的问题就不必实行政府管制。这与确立竞争政策的基础地位的基本要求完全一致。一旦竞争政策在经济政策体系中的基础地位得以确立，垄断性行业改革也就顺理成章，垄断性行业的反垄断法适用也就有了突破口。

（五）有效实施公平竞争审查制度的迫切需要

公平竞争审查制度的目的，是有效约束政府行为，明确政府权力边界，解决政府干预过多、滥用优惠措施、实施地方保护等问题。《国务院关于在市场体系建设中建立公平竞争审查制度的意见》，为建设我国公平竞争审查制度作出了顶层设计，不仅提出了公平竞争审查制度的总体要求，还对基本原则、审查对象、审查方式、审查标准等内容作出了规定。但总体而言，国务院意见的规定仍属一般原则，要使公平竞争审查制度落地生根、见出实效，关键还在于各级政府及其部门的有效实施。

公平竞争审查制度的理论基础就在于竞争政策的基础地位，竞争政策的基础地位没有确立，公平竞争审查制度势必难以推行。为了确保公平竞争审查制度有序、顺利、平稳地实施，必须确立并不断强化竞争政策的基础地位，建立竞争政策与其他竞争政策间的协调机制，使各地区、各部门能够按照竞争政策的要求，合理地制定符合公平竞争要求的政策措施。

（六）融入、塑造国际经贸规则的迫切需要

发挥市场在资源配置中的决定性作用和融入多边区域性自由贸易市场的现实需求决定了我国需要确立竞争政策的基础地位，尤其需要引入并合理对接其中的竞争中立政策。①

竞争中立是确保国家在市场竞争问题上对所有企业一视同仁的一套监管框架。它最初是作为国内改革措施通过国内立法的方式确立的，眼下却日渐成为诘难国有资本在国际竞争中享有不公平竞争优势的基本立足点，其实现方式也演变为国际组织的"最佳实践"或"指南"和区域自由贸易协定。在竞争中立问题上，中国已经作出一些探索，但尚未形成有针对性的应对规则，我们很容易因为政策定位失误而落入国际贸易保护主义陷阱。

对此，中国可以在两个层面作出回应：在国际层面，在参与自贸协定谈判时提出符合自身需求的竞争政策及其竞争中立主张；在国内层面，短期内中国可以借助于国内自贸区的"试验"探索国有企业的竞争中立，长期则需要构建符合自身需求的竞争政策体系以及相应的竞争中立体系，其中，更为重要的是确立和不断强化竞争政策的基础地位。

四、竞争政策优先的重要意义

（一）有助于更好地厘清政府与市场的关系

确立竞争政策优先战略，本质上就是使市场在资源配置中起决定性作用和更好发挥政府作用，推动有效市场和有为政府更好结合。一方面，市场经济是竞争性经济，市场决定资源配置是市场经济的一般规律。确立竞争政策在经济政策体系中的基础地位，是对市场经济运行规律的尊重，也就是使市场在资源配置中起决定性作用。只有尊重市场规律，确保竞争政策的基础地位，才能使市场在资源配置中真正起到决定性的作用；才能制定出有利于市场发展的经济政策，构建以竞争政策为基础与核心的经济政策体系，并提升其他经济政策配置资源的效率；才能纠正其他经济政策在实施过程中出现的偏差，实现各项经济政策的应然目标；才能在各类经济政策实施机构之间建立良性的协调机制，防止政策间的抵

---

① 关于竞争中立的深入讨论，参见本书第五章。

牾，并形成推动市场经济发展的合力。另一方面，发挥市场的决定性作用，并不是说政府的作用不重要，而是要更好地发挥政府作用，即转变政府职能，从广度和深度上推进市场化改革，大幅度减少政府对资源的直接配置。政府的职责和作用主要是保持宏观经济稳定，加强和优化公共服务，保障公平竞争，加强市场监管，维护市场秩序，推动可持续发展。确立竞争政策的基础地位，强调其他经济政策的出台应接受公平竞争审查，可以在事前尽可能地减少政府对市场运行的不当干预，在出现行政性垄断之后，也有利于加强对行政性垄断行为的规制，并以此划定政府的行为边界。

（二）有助于激发市场活力，促进经济的持续、稳定、健康增长

竞争是市场经济的内在要求，是经济发展的重要推动力。确立竞争政策的基础地位，有利于激发市场主体的活力，让各类市场主体通过充分、公平的市场竞争来实现经济效率增长。这种经济增长是一种市场导向的、内生式的经济增长，相比政府通过直接的扶持等措施，更具有持续性与稳定性，也是一种更为健康的经济增长模式。

具体来说，确立竞争政策优先战略，在这方面的作用主要体现为：第一，有利于创造更加充分的市场竞争环境。我国当前很多行业或领域，还存在着市场准入控制过宽、过严的问题。确立竞争政策的基础性地位，有利于推动市场准入制度改革，进一步缩小市场准入范围，放宽市场准入条件，使得市场竞争更加充分。第二，有利于营造更加公平的市场竞争环境。市场竞争的公平与否与市场竞争的有无同样重要，只有在充分且公平的市场竞争条件下，市场主体的积极性才最大程度地发挥，市场经济才能充满活力。确立竞争政策的基础性地位，意味着所有的市场主体，不论规模、权属及其所处的行业、地域差异，均应公平地参与市场竞争。第三，有利于制定和实施更为有效的产业政策。我国过去较长时间内，产业政策在推动经济增长方面发挥了重要作用，但也带来了产业结构不合理、产业更新换代慢等问题，这又进一步制约了经济的持续发展。确立竞争政策的基础地位，意味着产业政策应当与竞争政策相互协调、组合作用，这有利于形成更为有效的产业政策，在此基础上确保经济发展的持续性与稳定性。第四，有利于激励企业创新，实现创新驱动的发展战略。我国目前正在实施创新驱动发展战略，推动经济发展迈向中高端水平。创新驱动的实现，离不开竞争政策的基础性地位。竞争是企业创新的动力源泉。只有在充分且公平的市场竞争环境下，面对创新可以带来更大利益的动力、不创新就会被市场淘汰的压力，才会最大限度地激发企业家精神和创新活力。

（三）有助于深化供给侧结构性改革

在过去的几十年时间，我国经济取得了长足发展，但也面临结构问题：产能相对过剩和缺乏有效供给的矛盾并存、要素闲置和大量有效需求得不到满足的情况同在。供给侧而非需求侧、结构性而非总量性问题成为现阶段中国经济发展的主要问题。供给侧结构性问题的出现，很大程度上源于体制机制方面的障碍，导致市场的作用未能得到充分发挥。

解决上述结构性问题的出路在于供给侧结构性改革。作为国家经济发展的全局性重大战略决策，供给侧结构性改革着眼于解决经济增长动力问题，通过矫正供需错配、提升全要素生产率，推动经济可持续发展。供给侧结构性改革是从生产领域加强优质供给，减少无效供给，提高供给结构适应性和灵活性，提高全要素生产率，使供给体系更好适应需求结构变化。短期来看，供给侧结构性改革要抓好以"去产能、去库存、去杠杆、降成本、补短板"为核心的五大战术任务；长期来看，供给侧结构性改革要以转变经济增长方式为目标，特别是要转变发展理念，落实"创新、协调、绿色、开放、共享"的五大发展理念。

供给侧结构性改革的实质是纠正要素错配的结构性问题，转化和优化经济增长动力机制。这一方面需要政府善加引导和宏观调控，更重要的是要遵循市场规律，在更大程度、更大范围发挥市场在资源配置中的决定性作用。这恰恰也正是制定和实施竞争政策的出发点和落脚点。竞争政策通过反对垄断和不正当竞争、鼓励竞争、放宽市场准入等方面，充分激发和释放市场活力，实现资源配置的最优化。实施竞争政策是供给侧结构性改革的题中要义，供给侧结构性改革的思路正是竞争政策的核心内涵。

确立竞争政策的基础地位，意味着企业的行为主要由市场决定，通过创新来提升企业竞争力，这有利于转换经济发展动力，优化经济结构，最终实现供给侧结构改革的目标。具体来说，确立竞争政策的基础地位，对深入推进供给侧结构改革的意义主要体现在以下几个方面：一是通过市场竞争促进市场创新，转换发展动力，实现创新驱动发展；二是通过市场竞争优化资源配置，解决供需错配问题，促进经济结构调整；三是实施竞争政策，有利于消除企业公平竞争的制度障碍，降低企业成本，营造更加公平的经营环境；四是实施竞争政策，有利于加快政府职能转变，更好地发挥政府作用，防止政府对市场运行的不当干预。

（四）有助于反垄断法实施效果的提升

确立竞争政策优先战略，可以从三个方面提升反垄断法的实施效果：一是有利于对行政性垄断行为的规制；二是有利于垄断性行业的反垄断法适用；三是可以为反垄断法的实施提供社会基础与观念支持。前两个是直接效果，最后一个则是通过提高相关主体的竞争法意识，间接提升反垄断法的实施效果。

我国反垄断法实施十多年来，行政执法机构和法院处理了一系列垄断案件，已在全社会有效地普及了竞争文化，大力推动了市场化改革的进程。但由于我国缺少自由竞争的市场经济传统，加上反垄断法实施时间短，很多市场主体对竞争法的认识还不到位，对自身行为还不能自觉进行有效的竞争合规，甚至垄断行为被执法机构查处时，还未意识到自己已触犯了反垄断法。此外，某些企业和机构对竞争法也缺乏应有的敬畏，在实践中常常实施一些有违竞争规则的行为。这些现象反映了我国反垄断执法的任务还很艰巨，反垄断实效还有待提升。对此，一方面除继续加大执法力度，并持续跟进予以宣传、披露外，另一方面也需要在全社会普及竞争文化，树立公平竞争意识，让竞争政策的基础地位成为社会共识。

反垄断法实施本身就是竞争文化传播与竞争法治宣传的过程，反垄断法的有效实施同时也离不开竞争文化的保障。因为现实中的垄断行为种类繁多、层出不穷，不可能所有的垄断行为都能进入执法视野。对执法机构未能关注的垄断行为，如果市场主体树立起了足够的公平竞争意识，就能自觉担起竞争合规的使命，主动修正可能涉嫌违法的垄断行为。即便垄断行为进入执法程序，执法活动的有效展开也需要市场主体的配合。如果市场主体公平竞争意识不足，或者对竞争法缺乏认同感，执法活动就容易受到阻碍，影响执法实效。因此，从提升反垄断执法实效的现实需求看也应当尽快确立竞争政策的基础地位，营造尊重竞争文化、认同竞争法治的社会氛围。

（五）有助于公平竞争审查制度的推进

我国已经建立了公平竞争审查制度，但其实施还有待于进一步推进。公平竞争审查制度的落实，核心是对各种经济政策进行竞争评估，评估的依据是是否有违公平竞争的基本要求。只有确立竞争政策的基础地位，才能在理论上讲清为何其他经济政策的制定与实施需要接受竞争评估，也才能在实践中让公平竞争审查制度顺利推行。

我国公平竞争审查制度实施的首要问题来自各级政府及其部门对公平竞争的认识存在不足，自我审查模式的有效开展又离不开政策制定机关的自觉意识。确立竞争政策优先战略，可以在全社会树立公平竞争的基本理念，为公平竞争审查制度的实施和推进扫清障碍。

五、竞争政策优先的主要障碍

我国目前确立竞争政策优先战略的主要障碍来自三个方面:

(一) 竞争政策本身存在一定的问题

一是竞争政策的地位尚未得到法律的全面确认。我国目前关于竞争政策地位及其与产业政策等其他经济政策关系的界定,主要存在于各种规范性文件之中,这些文件本身不是法律,效力层级较低,而且具有多变性。竞争政策的基础地位必须在法律层面得到全面确认。

二是竞争政策的体系内容有待进一步健全。建立并完善内容全面、标准明确的竞争政策体系,是确立竞争政策基础地位的前提。我国当前关于竞争政策的基本制度已经形成,但有些内容还存在缺位,需要进一步建立;有些内容还不够具体,亟待进一步细化。尤其是针对行政性垄断和垄断性行业的竞争政策,还要持续加以完善。

(二) 反垄断执法未能匹配竞争政策的优先地位

竞争政策的制度载体主要是反垄断法,反垄断法实施效果越好,竞争政策的地位也就越高。我国目前的反垄断执法在以下两个方面尚未充分体现竞争政策的优先地位:

一是行政性垄断性行为的规制效果有限。确立竞争政策优先战略,主要目的就是有效约束政府行为,明确政府权力边界,防止政府过度和不当干预市场。我国实践中存在的某些行政性垄断行为对经济发展带来一定的伤害,它不仅扭曲了资源配置方式,降低了资源配置效率,还妨碍统一开放、竞争有序的市场体系的形成。"滥用行政权力排除、限制竞争"是我国《反垄断法》的规制对象之一,但与市场主体垄断行为规制相比,《反垄断法》这方面的制度设计存在先天不足(如反垄断执法机构只有建议权而无处罚权),实践中针对行政性垄断行为的执法也存在各种障碍,实际效果并不理想。

二是垄断性行业的反垄断法适用受到限制。确立竞争政策的基础地位,必须逐步在垄断性行业引入竞争机制,减少垄断性行业中的不当政府管制。当前垄断性行业中的政府管制,不利于其他市场主体参与相关业务的经营,从而扭曲公平的市场竞争格局,也不利于垄断性企业自身的创新与进步,从而影响垄断行业的自身发展。尽管国家这些年开始了垄断性行业改革,但还不彻底,一些行业的市场进入仍存在着严重壁垒，部分垄断行为也难以得到全面规制。

（三）公平竞争意识尚未全面树立

确立竞争政策的基础地位，需要在全社会普及竞争文化，树立公平竞争意识，让竞争政策的基础性地位成为社会共识。在过去较长时期内，我国经济发展过度依赖政府主导，地方政府及其部门缺乏足够的公平竞争意识，出台的政策措施存在较多的限制竞争内容。很多市场主体对竞争法的认识也不到位，对自身行为还不能自觉进行有效的竞争合规，甚至垄断行为被执法机构查处时，还未意识到已经触犯了反垄断法。

六、竞争政策优先的实现路径

竞争政策优先战略的实现路径，总体上可以概括为"一个基础、两大支柱、一个理念"："一个基础"是指竞争政策本身的完善；"两大支柱"是指反垄断执法的强化和公平竞争审查制度的推进；"一个理念"指竞争文化建设。

（一）竞争政策的完善

首先，提升竞争政策在现行法律体系中的地位。我国《反垄断法》实施已经十多年了，不仅有益的执法经验需要法律化，执法中暴露出的问题也需要法律回应，更重要的是，竞争政策地位的界定应当体现在《反垄断法》之中。为此，需要尽快启动《反垄断法》的修订工作：一方面，可以在总则中明确规定竞争政策的基础地位，并写入公平竞争审查制度；另一方面，在"滥用行政权力排除、限制竞争"一章中规定实施公平竞争审查的总体要求，要求行政机关和法律、法规授权的具有管理公共事务职能的组织制定产业政策、财税政策等经济政策，不得违背公平竞争的基本原则。

其次，进一步健全竞争政策的体系内容。竞争政策体系内容的完善，也可以借助《反垄断法》的修订来完成，例如可以明确垄断性行业中的反垄断法适用，完善行政性垄断规制制度，明晰行业监管法与反垄断法的关系。但总体来说，《反垄断法》作为市场竞争的基本法，通常只能规定竞争政策的总体框架，竞争政策的细化与补充工作仍需借助专门的规范文件或政策措施。在《反垄断法》之外，建议从三个方面完善竞争政策的体系内容：一是国务院反垄断委员会要发挥职能作用，在组织、协调、指导反垄断工作的同时，积极研究、拟定有关竞争政策的执法指南，为竞争政策的细化工作奠定基础；二是国家需要出台相关政策或法律文件，明确行政性垄断行为规制与垄断性行业改革的基本措施，这两项任务单靠《反垄断法》是无法彻底完成的；三是建立竞争政策与其他经济政策尤其是产业政策的协调机制。

关于政策协调机制的内容和标准，我国实施的公平竞争审查制度其实已经确立。强调对其他经济政策的公平竞争审查，实际上就明确了竞争政策的"底线"作用。另外，我国过去一直实行以产业政策为中心的经济政策体系，财税、信贷等其他经济政策也主要服务于产业政策，这种经济政策体系很难在短时期内得到改变，产业政策的制定与实施部门还存在较大的惯性思维。这些障碍都会影响公平竞争审查制度的推进。为了真正将竞争政策的基础性地位落到实处，必须妥善处理好竞争政策与其他经济政策的关系。为此，需要维护反垄断法作为市场竞争一般法的地位，产业政策法、行业监管法等涉及竞争行为调整时，不应违背反垄断法的基本规定。基于国家安全、社会保障、社会公共利益维护等特殊需要而限制竞争的，应当符合比例原则的要求，只有在限制竞争具有不可或缺性时，才能选择最低限度的限制竞争行为，且在预期目标实现或发现难以实现时，应及时停止已实施的限制竞争行为或对其进行调整。这些内容建议通过专门规范的方式予以详细规定。

（二）反垄断执法的强化

反垄断法的实施过程就是竞争政策的实现过程。为体现竞争政策的基础地位，我国反垄断法的实施亟须在以下两个领域树立权威：

首先，加大行政性垄断行为的查处力度。强化竞争政策的基础地位，需要大力查处滥用行政权力排除、限制竞争行为。一是要以公平竞争审查制度的实施为契机，严禁和惩处各类违法实行优惠政策的行为，尽快清理和废除妨碍全国统一市场和公平竞争的各种规定和做法，并以此划定政府的行为边界，转变政府的观念；二是除继续对滥用行政权力排除、限制竞争的具体行政行为加大查处力度外，针对滥用行政权力排除、限制竞争的抽象行政行为，反垄断执法机构也要积极行使执法建议权；三是为提升反垄断执法效果，树立反垄断法的威慑力，对查处的各类滥用行政权力排除、限制竞争案件，原则上应予以详细披露。

其次，加强垄断性行业的反垄断法适用。结合垄断性行业改革的推进，逐步在垄断行业引入竞争机制。一是要确立垄断性行业引入竞争机制的基本原则，强调凡能通过市场竞争解决的问题，就不必实行垄断性管理；二是要以反垄断法的适用助推垄断性行业改革，对一些非公益性领域要逐步放松市场准入；三是对垄断性行业中存在的违法垄断行为，反垄断执法机构要坚决予以查处；四是在对垄断性行业适用反垄断法时，要维护反垄断法的权威，确保反垄断执法权的有效行使。总的来说，垄断性行业的存在，应以必要性为前提，以不违背竞争政策的基础地位为原则；在垄断性行业中的竞争领域（如价格竞争），仍应强调反垄断法的适用，且行业监管机构要配合反垄断执法活动，主动纠正本行业存在的违法垄断行为；行业监管法的制度设置，应当按照竞争政策基础地位的要求予以评估，确保行业监管法的内容与反垄断法的宗旨相互吻合。

（三）公平竞争审查制度的推进

确立竞争政策的基础地位必须全面落实公平竞争审查制度，实现公平竞争审查常态化。一是要完善现行的自我审查模式，进一步明确审查程序，拓展审查方法；二是竞争执法机构要发挥专业优势，指导政策制定机关开展公平竞争审查和相关政策措施清理废除工作，政策制定机关在自我审查时，也应主动与竞争执法机构沟通，在相关标准难以把握时，应当征求竞争执法机构意见；三是各地区、各部门要严格按照公平竞争审查的要求，并结合本地区和本部门实际，全面开展增量政策措施的审查工作，并有序清理废除妨碍全国统一市场和公平竞争的存量政策措施，确保公平竞争审查制度的稳妥推进与有序实施。

（四）竞争文化的建设

在持续推进竞争执法与公平竞争审查制度之外，竞争执法机构还应发挥自己的专业优势，以各种方式宣传竞争理念，实施竞争倡导，建设竞争文化。一方面，加强对相关政府部门的竞争倡导，提高政府部门对竞争政策基础地位的认识，使其自觉树立竞争政策优先的基本意识；另一方面，加强对包括企业在内的全社会成员的竞争倡导，以竞争政策宣传、竞争合规指引、竞争执法披露等方式，培育全社会的竞争文化，提高全社会的竞争意识，营造全社会公平竞争的氛围。

第二节 竞争政策优先与竞争中立（中性）

一、竞争中立的含义与类型

一般认为，竞争中立或者竞争中性（competitive neutrality）这一概念是澳大利亚最早提出并加以界定的。但是就其精确界定,应当说目前尚未形成共识。"竞争中立是一个简单的概念:它涉及对公平市场的承诺,并主张在公共、私人及自愿提供货品及服务的机构之间维持一个公平的竞争环境。它不关心开放新市场,而是确保现有市场有一个公平的竞争环境。"① 2015年欧盟在一份报告中曾指出:"尽管国际上对竞争中立的重要性几乎没有分歧,但就一个可行的定义达成共识仍是一个挑战。"② 根据经济合作与发展组织(OECD)对竞争中立的定义,当市场中没有经营实体享有过度的竞争优势或竞争劣势时,市场就达到了竞争中立状态。以竞争中立这一理念构建的竞争中立政策,是确保经营者不因所有制而产生竞争优势的一系列制度工具,是竞争政策中的重要组成部分,也是近年来世界各国贯彻、实施竞争政策的重要途径和表现形式之一。竞争中立具体包括企业经营形式、成本确认、商业回报率、公共服务义务、税收中性、监管中性、债务中性与补贴约束、政府采购等8方面的标准。

学界公认,目前存在三种对于竞争中立的理解与认识。

一是澳大利亚版本的竞争中立。基于国有企业改革的目的,1995年澳大利亚联邦与各州、地区间达成《竞争原则协定》,明确提出"保持政府和私人商业活动之间的竞争中立"是竞争政策改革的重要目标之一,并界定了竞争中立的概念:"政府的商业活动不得因其公共部门所有权而享有竞争优势";1996年澳大利亚联邦政府颁布《联邦竞争中立政策声明》,进一步提出以竞争中立推进国企改革的若干具体措施。此后,澳大利亚建立起完善的竞争中立申诉与行政审查机制,设立各级竞争中立申诉办公室,切实负责竞争中立制度的实施。1998年以来澳大利亚已经进行了100余起行政审查。③ 2005年澳大利亚联邦政府生产率委员会(Australian Government Productivity Commission)发布了评价澳大利亚竞争政策的综合性研究报告,认为包括推动"竞争中立"在内的国家竞争政策改革取得了良好的成效。④ 就该政策的推行,澳大利亚政府认为有如下好处:(1)抵消因政府所有权而使公营部门相对于私营部门的竞争优势;(2)确保尽可能有效地利用公共资源;(3)改善政府企业的整体表现;(4)提高政府企业的透明度和问

---

① Gary Sturgess(2006), A fair field and no favours Competitive neutrality in UK public service markets, https://www.researchgate.net/publication/237642765_A_fair_field_and_no_favours_Competitive_neutrality_in_UK_public_service_markets. 最后访问日期:2019-03-20。
② European Union, ROUNDTABLE ON COMPETITIVE NEUTRALITY IN COMPETITION ENFORCEMENT, DAF/COMP/WD(2015)31.
③ 冯辉:《竞争中立:国企改革、贸易投资新规则与国家间制度竞争》,载于《环球法律评论》2016年第2期,第152~163页。
④ 张琳、东艳:《主要发达经济体推进"竞争中立"原则的实践与比较》,载于《上海对外经贸大学学报》2015年第4期,第26~36页。

责制，使其成本能够与私营部门进行比较；（5）为机构管理者评估政府企业活动的推行模式提供更佳的依据。①澳大利亚的"竞争中立"包含两层含义：其一，减少政府对竞争的限制；其二，政府干预对竞争的影响必须在国有企业与非国有企业、本州企业与非本州企业之间保持中立。澳大利亚版本的竞争中立追求市场竞争的实质公平，同时采取灵活的技术措施来实现，例如澳大利亚在竞争中立的实施中区分了政府的商业行为和非商业行为，非商业行为的政府干预不受限。②澳大利亚的竞争中立政策以及实践产生了很大影响。后来OECD有关国有企业与竞争中立原则的研究，就基本上采用了澳大利亚的观点：竞争中立政策是这样一种规制框架：（1）公共企业之间和私人企业适用同一套规则；（2）没有任何市场参与者因为与国家的联系而享有竞争优势。③

二是欧盟版本的竞争中立。2015年欧盟报告中认为目前许多关于竞争中立的定义过于狭窄，"似乎主要集中于竞争中立的一个特定方面，即国有企业……欧盟认为应该就其作出更为广泛的界定，应覆盖所有形式的、直接或间接的、任何性质的公共干预，只要这些干预可能为公共或私人企业提供超过其实际或潜在竞争对手的不正当优势，从而扭曲了竞争过程。"④欧盟只规定了一般性原则（规则）和底线性原则（规则），具体细节授权成员国自行决定，但在欧盟层面通过国家援助制度、政府采购等指令加强统一监管。欧盟更倾向于将竞争中立作为评判他国法律制度的标准，并在相关双边、多边协定谈判中作为条件要求其他国家接受，相比之下体现出比较明显的强制色彩。⑤

三是美国版本的竞争中立。美国国内法并没有明确的竞争中立概念及制度，与之具有较近关系的大概是联邦反托拉斯法中的"州行为豁免规则"（state action exemption）。但是，这并不妨碍美国在近些年来的对外经贸关系中推行该原则，力图将竞争中立转化为由美国主导的国际贸易投资新规则。"美国推动竞争中立，主要是以中国等国家普遍存在的国有企业为目标，在美国与其他国家的竞

---

① Australian Government Competitive Neutrality Guidelines for Managers（Financial Management Guidance No.9），https：//consult.treasury.gov.au/market-and-competition-policy-division/competitive-neutrality-review/supporting_documents/2004%20Competitive%20Neutrality%20Guidelines%20for%20Managers%20AGCN_guide_v4.pdf. 最后访问日期：2019-01-20。
② 刘笋、许皓：《竞争中立的规则及其引入》，载于《政法论丛》2018年第5期。
③ OECD（2009），Policy Roundtables，State Owned Enterprises and the Principle of Competitive Neutrality，http：//www.oecd.org/daf/competition/46734249.pdf. 最后访问日期：2019-01-08。
④ European Union，ROUNDTABLE ON COMPETITIVE NEUTRALITY IN COMPETITION ENFORCEMENT，DAF/COMP/WD（2015）31.
⑤ 冯辉：《竞争中立：国企改革、贸易投资新规则与国家间制度竞争》，载于《环球法律评论》2016年第2期。

争中保护美国的利益。"① 为此美国不但推动 OECD 等国际组织发布研究报告，同时在双边自贸协定和双边投资协定中设置对方单方承诺的竞争中立条款，并将竞争中立作为一系列多边经贸规则谈判的重要议题。② 美国的竞争中立是要排除政府对市场竞争的干预，实现自由化的投资。美国试图推进国际市场高度甚至是完全的自由化来实现美国企业继续垄断全球的主要核心产品、技术和服务等市场。③ 这与 21 世纪以来中国以及其他一些发展中国家的国有企业大规模进入国际市场并在相当程度上取得竞争优势有直接关系。美国政府及企业认为该竞争优势与中国国有企业从中国政府那里获得的各种支持有关，是不正当的，以竞争中立为由采取了一些措施。

二、竞争中立政策涉及的基本问题

虽然竞争中立在世界范围内有着不同的类型，具体含义各有所指，但是就其主要方面来说，还是涉及国有企业与其他类型企业之间的公平竞争环境问题。在现代社会，有不少市场存在着各种不同类型的竞争者，包括国有企业（公营企业）、私人企业（私营企业）以及非营利性的社会组织（NGO 或第三部门）等，它们在提供同类的商品或者服务时，具有各自的竞争优势与劣势。这种市场被英国公平交易办公室（Office of Fair Trading，OFT）称为"混合市场"（mixed markets）。很多情况下政府采购市场就是一种典型的混合市场。在这个市场中，不同主体之间的激烈竞争，会有效地激发市场效率，帮助政府采购人实现"物有所值"目标。英国政府导入混合市场，是因为相信"与私营及第三部门的供应商一起合作（提供商品或服务）……可以确保我们得到卓越的、公平的、性价比高的公共服务的目标。"④

竞争中立问题在进入 21 世纪才在英国得到注意。2006 年英国工业联合会（CBI）在一份报告中总结了公营、私营和第三部门竞争者之间缺乏中立的可能原因，特别是在政府采购方面。报告还引用了来自英国许多部门的证据，如医疗

---

① 王婷：《竞争中立：国际贸易与投资规则的新焦点》，载于《国际经济合作》2012 年第 9 期。
② 冯辉：《竞争中立：国企改革、贸易投资新规则与国家间制度竞争》，载于《环球法律评论》2016 年第 2 期。
③ 丁茂中：《我国竞争中立政策的引入及实施》，载于《法学》2015 年第 9 期。
④ Foreword by John Hutton, BERR, 2008, Public services industry review; Understanding the Public Services Industry: How big, how good, where next? A review by Dr. DeAnne Julius CBE. http://deannejulius.com/wpsite/wp-content/uploads/2018/02/Julius-Public-Services-Industry-Review.pdf，最后访问日期：2019-02-01。

和监狱服务。① "竞争中立是建立有效的混合市场的最低条件——考虑到更广泛的政策目标的情况下，确保没有人为的进入壁垒，并确保产出的高效。"然而，"如果竞争差异没有反映成本或目标方面的根本差异——例如对私营、公共和第三部门提供者适用不同的法规或税收——那么就存在着由于资源使用效率低下，市场将无法有效运作的风险。这可能会导致价格上涨，降低纳税人的价值。"②OFT 另外一份报告——《市场中的政府》中指出，重要的是市场竞争尽可能开放："当公共部门实体在混合市场中与私营企业竞争时，重要的是确保公共实体不利用其相对于私营企业的不公平优势，从而扼杀私营企业可能给市场带来的创新或效率改善。"③ 因此，英国等国家极为重视政府采购市场等领域的竞争中立问题，特别是国有企业相对于私营企业以及 NGO 等其他社会组织在竞争政府采购项目中的竞争优势。当然，"竞争中立不仅仅是指私营和第三部门在与国有企业竞争时所面临的潜在劣势。虽然缺乏竞争中立有时会使私营部门处于不利地位，但同样，在某些情况下，公共部门或第三部门也会处于不利地位。"④

虽然竞争中立最常涉及公共企业所享有的优势，但这一原则同样适用于公共企业的劣势。这些竞争劣势可能包括：更大的问责制义务，提供普遍服务义务的要求，管理自主权的减少，遵守政府工资、就业和劳资关系政策的要求，以及较高的退休金费用。⑤ 这些条件和义务一般是政府为了实现更广泛的政策目标而强加的，政府应在这些目标与任何潜在的市场扭曲之间取得平衡。

国有企业相对于私营企业以及 NGO 等的竞争优势，在我国市场上体现得也较为明显，尤其是在政府采购等领域。一般来说，国有企业通常能够得到国有商业银行的低息贷款，在资金成本方面比起私营企业特别是中小企业有一定的优势；由于所有制关系，国有企业与政府部门具有更为紧密的关系，在政策、信息等方面的掌握上，比起其他市场主体更具优势；国有企业在国有土地获得及使用方面，往往成本更低；等等。这些会导致国有企业较之于其他市场主体更具竞争优势。当然，国有企业经营自主权受到有关政府部门的较大干预、市场决策不够灵活，用工制度较为严格、冗员较多，具有较多的社会责任，需要从事一些难以盈利的政策性业务等，这些又会导致国有企业较之于其他市场主体处于竞争劣

---

① Sturgess, G, 2006, A fair field and no favours, Competitive neutrality in UK public service markets, the Serco Institute & CBI. Available at: https://www.researchgate.net/publication/237642765_A_fair_field_and_no_favours_Competitive_neutrality_in_UK_public_service_markets. 最后访问日期：2019 - 02 - 01。

②④ OFT of UK, Competition in mixed markets: ensuring competitive neutrality, OFT1242 (2010).

③ OFT, 2009, Government in markets, https://assets.publishing.service.gov.uk/government/uploads/system/uploads/attachment_data/file/284451/OFT1113.pdf，最后访问日期：2019 - 02 - 01。

⑤ Hilmer Report 1993, National Competition Policy, http://australiancompetitionlaw.org/reports/1993hilmer.html，最后访问日期：2019 - 02 - 01。

势。从竞争中立出发，需要分别分析其竞争优势和竞争劣势，采取措施消除其不合理的竞争优势，并对其竞争劣势进行分别处理，如进行补贴、放权等，并在企业财务报表中予以分割、列明。

三、我国确立竞争中立政策的依据和意义

尽管竞争中立源于澳大利亚国有企业改革，但是由于美国、欧盟和 OECD 等国家或国际组织的推动，目前已经越来越向一项新的国际经贸规则发展。其覆盖面已经从追求国有企业不得享有因其国家所有权而具有私营企业所没有的竞争优势，发展到要求政府行为中立，不能对市场竞争产生干扰。这一发展特别对中国目前的"国家（政府）主导"的经济发展模式形成了巨大挑战。"竞争中立与公共服务是否自由化（liberalised）、私有化（privatised）、商业化（commercialised）或市场测试（market-tested）无关。但是当政府进行这些改革时，竞争中立政策坚持竞争应该以对所有相关方都公平的方式进行。"[①]

目前，国内学界对于竞争中立的认识并未达成一致，但基本上一致肯定该制度或理念对于中国国有企业改革及政府采购制度完善等具有积极意义。2018 年 10 月 14 日中国人民银行行长易纲在 2018 年 G30 国际银行业研讨会上提出，为解决中国经济中存在的结构性问题，将加快国内改革和对外开放，加强知识产权保护，并考虑以"竞争中性"原则对待国有企业。这是中国中央一级的政府官员第一次在正式场合提到竞争中立。2018 年 11 月 6 日时任国家市场监督管理总局局长张茅接受《人民日报》记者采访时表示，"围绕建设全国统一大市场目标，健全竞争政策体系，坚持竞争中立原则，即对国有企业和民营企业实行规则中立、税收中立、债务中立，对所有市场主体一视同仁、平等对待。加大竞争执法力度，规范市场秩序，促进公平竞争。"[②] 李克强总理在 2019 年的《政府工作报告》也明确提出"按照竞争中性原则，在要素获取、准入许可、经营运行、政府采购和招投标等方面，对各类所有制企业平等对待。"2019 年 3 月 15 日出台的《外商投资法》明确了"外商投资企业依法平等适用国家支持企业发展的各项政策"。李克强总理在 2019 年 3 月 25 日会见出席中国发展高层论坛 2019 年年会的境外代表时更进一步指出："按照竞争中性原则一视同仁、公平地对待所有外商投资，

---

① Gary Sturgess（2006），A fair field and no favours Competitive neutrality in UK public service markets，https：//www.researchgate.net/publication/237642765_A_fair_field_and_no_favours_Competitive_neutrality_in_UK_public_service_markets，最后访问日期：2019-01-22。
② 林丽鹂、罗珊珊：《为民营经济营造更好的营商环境——专访国家市场监督管理总局局长张茅》，载于《人民日报》2018 年 11 月 6 日，第 4 版。

明确采用准入前国民待遇和负面清单做法，明确'非禁即入'原则。"① 李克强总理在 2019 年 3 月 28 日博鳌亚洲论坛 2019 年年会开幕式上的主旨演讲中再次强调要"落实竞争中性原则，加强公正监管，促进各类市场主体公平竞争。"②

在中国实行竞争中立政策的当务之急是要让民营企业等在市场准入、发展环境乃至退出机制等方面与国有企业享有真正平等的待遇。事实上，2015 年 8 月 24 日发布的《中共中央　国务院关于深化国有企业改革的指导意见》为在合理分类的基础上对商业类国有企业逐步实行竞争中立提供了必要的前提和基础。而 2017 年 1 月 12 日《国务院关于印发"十三五"市场监管规划的通知》中就已经提出，为了强化竞争政策基础性地位，"把竞争政策作为制定经济政策的重要基础，以国家中长期战略规划为导向，充分尊重市场，充分发挥市场的力量，实行竞争中立制度，避免对市场机制的扭曲，影响资源优化配置。"在中国经济发展进入新阶段、改革进入攻坚期和深水区的今天，无论是国内经济发展需要，还是对外经贸关系的要求，都意味着竞争中立的承认、接纳与推行，将会是下一步中国经济体制改革的重要内容，其涉及面及影响也将会极为深刻，对包括政府采购在内的各项经济制度提出进一步改革的要求。

竞争中立一开始是针对国有企业改革提出的举措，这一改革思路并无错误。毕竟，国有企业优越于其他企业的市场地位及竞争条件不是天然获得的，而是来自国家或者政府的授权或许可，不管是通过立法、政策还是实际操作措施。因此，对于国有企业竞争中立的要求，实质上就是对于政府经济行为乃至一般社会管理行为的规范，是对于政府与市场关系的又一次明确，对于政府在经济发展过程中定位与角色的再一次调整。根源来自经济发展模式的不同认识或追求，也与不同的经济发展阶段相关。对于包括中国在内的广大发展中国家来说，在发达国家借助国家力量提升产业技术水平和经济发展水准之后却"抽掉梯子"，③ 阻止其依赖国家力量参与国际市场竞争，增加了发展困难。当然，中国已经攀升到全球产业链的中上游，国家科技与经济实力也已经居于全球前列，不借助政府之手提升经济力量、参与全球竞争的可能性与可行性已经大大增加，在目前仍处于西方发达国家主导国际政治经济体系的现实情况下，积极参与其中，在接受竞争中立有关理念、原则的基础上，根据中国现实需要参与具体规则的讨论与制定，是现实和明智之举。

---

① 新华社消息：《李克强会见出席中国发展高层论坛 2019 年年会的境外代表并座谈》，http：//www.xinhuanet.com/politics/leaders/2019 - 03/25/c_1124281119.htm。最后访问日期：2019 - 05 - 05。
② 新华社消息：《李克强在博鳌亚洲论坛 2019 年年会开幕式上的主旨演讲》，http：//www.xinhua-net.com/2019 - 03/29/c_1124303140.htm。最后访问日期：2019 - 05 - 05。
③ Ha - Joon Chang：《抽掉梯子——自由贸易的"真实历史"》，李胜利译，载于《新政治经济学评论》2007 年第 3 卷，第 52 ~ 82 页。

在当代中国，改革开放已经进行了 40 多年，中国经济取得了举世瞩目的伟大成就，从"文革"后的一穷二白、国民经济濒临崩溃的边缘，到今天 GDP 高居全球第二、进入中等收入国家行列，① 这些成就的取得离不开社会主义市场经济体制改革导向。经过 40 多年的改革开放，我国在市场主体发展、市场体系建设、市场规则体系建设等方面均取得了长足的进步，我国市场主体从改革开放之初的不足 50 万户，到 2018 年 11 月底，全国实有市场主体 1.09 亿户；② 以活跃的商品市场、资本市场、劳动力市场为核心的现代市场体系总体上运行有序，宪法、法律、行政法规、部门规章、地方性法规、地方性规章等共同构成的市场规则体系也已经较为完备。这意味着经过长期的经济转轨，我国已经较为成功地从社会主义计划经济体制转向了社会主义市场经济体制，现代市场体系已经较为健全，可以让经济活动在市场中以市场规律实现，一般来说无需政府采取特别干预措施。因此，推行竞争中立规则也符合我国的现实需求。

第三节　竞争政策优先与地方税收竞争

一、地方税收竞争引发的问题

我国自改革开放以来因市场化和财政分权化改革，地方独立经济利益诉求日渐强烈。尽管我国地方政府不拥有完全的税收自主权，③ 但由于我国税法中对地区或特定区域、投资、出口、高科技、创业及中小企业等的各种形式的税收优惠措施规定，税收征管中的信息不完全性，现行税收征管方式和征管制度等，都使得地方政府事实上仍具有进行税收竞争的很大空间。④ 虽然激烈的税收竞争在整体上促进了经济增长，⑤ 然而，激烈无序的税收竞争会往往会破坏公平竞争环境，

---

① 2018 年我国国内生产总值（GDP）900 309 亿元，首次突破 90 万亿元大关。按可比价格计算，GDP 比上年增长 6.6%，实现了 6.5% 左右的预期发展目标，在世界前五大经济体中居首位，中国经济增长对世界经济增长的贡献率接近 30%，持续成为世界经济增长最大的贡献者。参见《中国经济总量首次突破 90 万亿元》，http://www.gov.cn/shuju/2019-01/22/content_5359979.htm，最后访问日期：2019-01-19。

② 林丽鹏：《市场有活力　发展有动力——近五年我国各类市场主体总量增加七成以上》，载于《人民日报》2019 年 1 月 9 日，第 7 版。如前文所述，2020 年末我国市场主体总数达 1.4 亿户。

③ 因为省级政府是国内税收竞争主要参与者与实施者，因而本文中地方政府主要是指省一级的地方政府。

④ 参见谢欣、李建军：《地方税收竞争与经济增长关系实证研究》，载于《财政研究》2011 年第 1 期。

⑤ 参见李涛、黄纯纯、周业安：《税收、税收竞争与中国经济增长》，载于《世界经济》2011 年第 4 期。

损害市场竞争机制,阻碍市场要素自由流通。

一般而言,地方政府因发展本地经济而采取的税收优惠措施大体可以分为两种:一种是平等适用于辖区内所有贸易的税收优惠措施,其旨在吸引外地资源进入本地,促进本地经济发展("促进性税收优惠措施");另外一种是给予辖区内本地商品贸易给予税收优惠,而对辖区内相同的外地商品贸易或跨区域贸易采取歧视性税收待遇,其旨在保护本地商业("保护性税收优惠措施")。① 地方政府基于其独立经济利益而对地区利益的提升形成强烈的诉求,其往往通过降低税负吸引人才、技术、资本等要素资源流入本地,因此地方政府采取促进性税收优惠制度较为普遍和常见。就促进性税收优惠措施而言,我国地方政府因不享有独立的税收立法权,亦缺乏相应的税收减免税权,所以其采取的税收优惠措施或政策在多数情形中缺乏上位法的明确授权,② 从而形成制度外税收措施及竞争现象。制度外税收措施的透明度低、隐蔽性强,不容易被上级主管部门察觉,由此会产生税收恶性竞争的态势。③

保护性税收优惠措施在我国实践中也不鲜见,保护性措施往往针对外地商品或服务而实施歧视性税收待遇,以偏袒本地商品或服务。譬如,南方某省有关部门曾下发文件规定:省内企业单位和个人购买某品牌经济型轿车的,减免各种地方性税费;对用于出租车的,营运证办理费减半。类似地,还有某省曾规定:"凡购买本省各种型牌汽车的省内用户,免收各种机动车辆地方购置附加费,预收通行费;免收购买小汽车教育附加费;免收新购汽车验证费;优先办理行车执照手续。"④ 此外,地方政府可以凭借在决定企业享受所得税优惠方面具有的支配权力和决策空间,歧视外地企业,加大外地企业在本地经营的成本。⑤ 广义上,税收优惠措施往往包含财政补贴。地方政府凭借财政补贴保护本地产品也是存在的,例如最近几年广受关注的新能源汽车的财政补贴中出现的较为严重的地方保护主义现象。我国从 2009 年开始实施新能源汽车补贴政策,之后支持新能源汽车发展的各项政策也陆续推出,其中一项重要的政策就是对于购买新能源汽车给予一定数额的财政补贴。但是,一些地方政府通过制定新能源汽车产品目录,往

---

① 本文对税收优惠的类型化仅具有学理上意义,而在实践中需要依据相关规则予以判断分析。
② 如一些政府为争夺税源发展本地经济往往通过会议纪要的方式确定相关税收优惠事项,其表现为以税收返还等方式变相减免税,制造"税收洼地";擅自越权变相减免,变"减免税"为"先征后返",对企业已经缴纳的税收以财政奖励或补贴等名义返还给企业等。参见王彦明、吕楠楠,《税收法定视域下地方政府会议纪要合法性检讨》,载于《法学》2015 年第 7 期。
③ 参见熊伟:《法治视野下清理规范税收优惠政策研究》,载于《中国法学》2014 年第 6 期。
④ 国家计委宏观经济研究院课题组:《打破地方市场分割建立全国统一市场》,载于《经济研究参考》2001 年第 27 期。
⑤ 李元旭、宋渊洋:《地方政府通过所得税优惠保护本地企业吗——来自中国上市公司的经验证据》,载于《中国工业经济》2011 年第 5 期。

往将外地新能源汽车排除在汽车名录之外,导致购买本地的新能源汽车与购买外地新能源汽车在财政待遇上存在差异。就保护性税收优惠措施而言,因为其存在歧视性对待外地商品或跨区域贸易,外地商品与本地商品间形成不公平竞争态势,直接造成地方保护,分割市场,阻碍商品自由流通。尽管目前无论从影响上或数量上,我国地方政府采取保护性税收优惠措施远不如促进性税收优惠措施,但基于独立利益诉求和类似于锦标赛式的竞争,地方政府从来没有遏制保护本地商品贸易的冲动,尤其在未来赋予地方具有一定独立税收立法权的趋势下,可能会出现为保护地方利益而损害公平竞争之情形,① 因而地方政府有可能为保护本地商品贸易而采取大量保护性的税收措施,对此我们要未雨绸缪。

地方政府间税收竞争业已引起了中央的高度关注。《中共中央关于全面深化改革若干重大问题的决定》(以下简称《决定》)专门论及要加强对税收优惠的规范管理。依据《决定》精神,国务院于 2014 年 11 月发布通知开始了新一轮清理规范税收优惠政策。尽管本次清理规范对于维护公平的市场竞争环境,促进形成全国统一的市场体系,发挥市场在资源配置中的决定性作用有着重要意义,但是凭借行政手段规范清理乃为权宜之计,无论对于政策发布者抑或受税收政策影响的当事人,皆不具有可预测性,因而规范清理受到阻力也会较大。② 倘若没有一个制度化和规范化的长效解决机制,税收优惠政策还会泛滥,无序、不当的地方政府间税收竞争现象还会重演。

二、地方税收竞争的反垄断规制路径

地方政府为发展经济而运用的财税政策是产业政策的重要内容,政府借此进行资源优化配置,希冀解决市场难以解决或不能解决的问题,因而税收政策是政府常用的发展经济重要的手段。当前随着我国经济体制改革进一步推进,我国在中央层面已达成共识要强化竞争政策的基础地位,确保在处理其与产业政策关系上处于优先地位,因此包括税收政策在内的产业政策不能妨碍或限制竞争。

对于地方政府因争夺税收资源而出台的大量税收优惠政策或措施如何规制呢?对此,大体有两种路径或措施:一种是违宪审查,另一种为公平竞争审查。

美国就是通过诉讼方式实施的违宪审查来判定各州出台的税收政策是否违宪以规范州际税收竞争。美国宪法第 1 条第 8 款赋予联邦国会调控对外贸易和州际

---

① 参见秦前红:《谨防地方保护主义法律化》,载于《党政视野》2015 年第 2 期。
② 国务院在发布关于清理规范税收等优惠政策的通知之后不到半年内又通知,暂停税收等优惠政策专项清理工作,对已出台的违法税收优惠政策不再"一刀切"取消,而由各地各部门设立过渡期,逐步清理。参见商西:《5 个月反转 国务院暂停清理税收优惠政策》,载于《南方都市报》2015 年 5 月 13 日。

贸易的权力，这一规定被称为"贸易条款"。美国宪法中的贸易条款从正面看仅授予联邦以调控州际贸易的权力。然而，美国联邦最高法院长久以来一直认为该条款同时限制了各州设置障碍阻隔州际贸易，即贸易条款否定性方面直接限制了州权介入州际贸易，这种对州权的限制常常被作为贸易条款的否定性意义或"潜伏贸易条款"原则。在财政分权体制下，必然产生税收竞争问题。因为财政自治为地方政府创造了为追求各自的经济目标而竞争的动机，而其亦影响了地方政府利用不同政策工具的偏好。税收优惠政策往往更易被地方政府作为吸引流动资本的竞争手段。① 美国州际税收竞争非常激烈，对于美国存在的州际税收竞争，美国联邦最高法院如何通过贸易条款介入州际税收竞争的呢？美国宪法制定者早就意识到，州际贸易战和竞争将会是联邦政府软弱无力及最终垮台的原因。如果美国要发挥它作为一个巨大共同市场的潜力，各州的规章制度必须服从统一的全国政府。② 正如美国联邦最高法院在"杜蒙德案"（H. P. Hood & Sons, Inc. v. Du Mond）中所宣称：贸易条款所培育的制度就是哪怕是任一农民和工匠都应该明确地被鼓励生产，因为他将可以自由进入这个国家的任何一个市场，没有任何障碍阻碍其出口产品，同时没有任何其他州可以凭借关税或其他管制措施排斥他们。同样，任何一个消费者都应该可以看到在我们国家所有生产领域中的自由竞争，而充分的自由竞争可以使得消费者免受经营者侵害。③ 联邦法院主要凭借"潜伏贸易条款"来裁决各州制定的包括税收优惠制度在内的税法规范是否有碍州际贸易，从而达到规范和制约州际税收竞争的目的。美国联邦最高法院认为，尽管各州都有课税以增加财政收入和规范本州内商业行为的合法权力，但是各州的课税权和政策制定权不能被用来作为设置妨碍州际贸易的屏障。州际贸易间的障碍可能导致各州课征报复性税收，这样纳税人的州外业务就被划分为若干区域，同时纳税人会被迫将其业务移入本州内。因为州政府有维护本州利益的偏好并且州外纳税人无法参与本州政治决策生成过程，所以贸易条款就承担了保护州际贸易和避免产生此消极后果的重任。④

公平竞争审查一般是指竞争主管机构或其他相关机构通过分析、评价拟定的或者现行的政策可能或者已经产生的竞争影响，提出不妨碍政策目标实现而且对

---

① See Yu Zheng, Fiscal Federalism and Provincial Foreign Tax Policies in China, 15 (48) Journal of Contemporaiy China, 479 (2006).

② 参见［美］斯坦利·I. 库特勒：《最高法院与宪法——美国宪法史上重要判例选读》，朱曾汶、林铮译，商务印书馆2006年版，第90页。

③ See H. P. Hood & Sons, Inc. v. Du Mond, 366 U. S. 525 (1949).

④ See Philip M. Tatarowicz and Rebecca F. Mims – Velarde, An Analytical Approach to State Tax Discrimination Under the Commerce Clause, 39 Vanderbilt Law Review, 879 (1986).

竞争限制最小的替代方案的行为。① 事实上，地方政府采用税收政策来发展经济本身无可厚非，但是其采取的税收政策或措施不能妨碍或限制竞争，不能阻碍市场要素的自由流通。否则，该情形往往被视为行政垄断而被加以规制。对于行政性垄断往往通过公平竞争审查予以规制。不少国家如澳大利亚、韩国等就是通过实施公平竞争审查制度来遏制行政性垄断。澳大利亚的公平竞争审查包括审查并废除国家、州际以及地方性的不公平妨碍竞争的法律法规，审查国有企业的组织结构以判定他们是否阻碍竞争、是否需要重组，甚至审查垄断性行业的价格规制等。② 在我国，尽管随着经济体制改革的不断深化，全国统一市场基本形成，公平竞争环境逐步建立，但地方保护、区域封锁、行业壁垒、企业垄断、违法给予优惠政策或减损市场主体利益等不符合建设全国统一市场和公平竞争的现象仍然存在。为解决这一问题，国家建立了公平竞争审查制度，2016年6月14日国务院印发《关于在市场体系建设中建立公平竞争审查制度的意见》，2017年6月国家发展改革委、财政部、商务部、工商总局、国务院法制办等五个部门联合发布《公平竞争审查制度实施细则》（暂行）。根据规定，具有歧视外地商品（服务）或外地经营者的税收政策或措施属于公平竞争审查的对象。这样，我国正在大力推行的公平竞争审查制度通过禁止那些限制或者妨碍竞争的税收政策实现对地方政府间税收竞争的规制。

  无论美国的违宪审查抑或我国推行的公平竞争审查在规制地方税收竞争的目的是一致的，通过禁止地方政府的阻碍或限制竞争的税收政策，塑造自由竞争环境以遏止地方保护和市场分割，进而实现、维持全国市场的统一性。但是，两者的区别也非常明显。美国的违宪审查是事后审查，其通过诉讼方式进行，审查对象包括州出台的立法或政策等。而我国推行的公平竞争审查主要是政策制定者自我审查，审查对象既包括清理存量，也包括清理增量，就作为重点的清理增量而言是事前审查，即行政机关和法律、法规授权的具有管理公共事务职能的组织（政策制定机关）对制定的规章、规范性文件和其他政策措施进行审查。这两条路径并行不悖，一国可以同时建立两种路径来规制地方的税收立法权，从而规范地方税收竞争，营造有利于商品和要素自由流通的公平竞争环境。就我国的现实情况而言，通过诉讼方式实施的违宪审查制度还需要假以时日。对于我国一些地方越权采取或者擅自制定的税收优惠措施或政策，应该要坚持税收法定原则，减少地方逾越立法权限擅自出台税收制度的空间。但同时，我们要考虑到过于严苛的立法权约束不利于调动地方发展经济的积极性、主动性和创造性，

---

① 王先林：《公平竞争审查制度与我国反垄断战略》，载于《中国市场监管研究》2016年第12期。
② 叶高芬：《澳大利亚行政性垄断规制经验及其启示》，载于《中国社会科学院研究生院学报》2015年第3期。

尤其在将来进一步赋予地方税收立法权的趋势下，完全禁止地方出台税收政策或措施既不可能，也无必要。而通过实施公平竞争审查制度，要求政策制定者在出台政策前进行公平竞争审查，一定程度上可以减少不利于商品和要素自由流通的税收政策或措施的出台，从而达到规范地方税收立法权的目的，实现对地方税收竞争的规制。

三、地方税收优惠政策违背公平竞争原则之判定

通过公平竞争审查措施来审查地方税收政策或措施是否限制或妨碍竞争，其重要内容之一就是确立审查标准，以便判定地方发布的税收政策是否限制或者妨碍竞争。我国相关立法文件和政策规定不得对外地和进口商品、服务实行歧视性价格和歧视性补贴政策，不能歧视外地经营者等，因而可以认为是否存在歧视成为最为重要的判定原则。上文提到，地方政府因发展本地经济而采取的两种税收优惠措施，即促进性税收优惠措施和保护性税收优惠措施，其类型化的依据也在于是否存在歧视。但在实践中，正如美国最高法院曾指出歧视不是自我界定的概念，其从来也没有确定该原则适用情形。[①] 尤其是在认定一项税收优惠制度或措施是否存在歧视是非常复杂的，因为税收优惠制度本身就是要确认差别，否则无法体现"优惠"，但是这种差别又不能形成歧视。由于我国公平竞争审查制度还处于初创阶段，其具体规则还需要进一步发现和提炼。美国联邦法院在依据美国宪法的"潜伏贸易条款"来裁决各州制定的包括税收优惠制度在内的税法规范是否有碍州际贸易时，其重要判定原则便是非歧视原则。尽管其裁决依据不是反垄断法，但是其对歧视认定具有参考借鉴价值。

美国联邦最高法院适用审查各州税收立法是否违宪的司法实践中采用了"全自动案测试法"（Complete Auto's Test）。[②] 该测试法的第三要件即非歧视原则是主要的裁判依据。事实上，禁止歧视州际贸易自始便是潜伏贸易条款司法审查的

---

① See Kathryn L. Moore. State and Local Taxation of Interstate and Foreign Commerce：The Second Best Solution，42 Wayne Law Review，1425（1995）.

② 美国联邦最高法院认为为保护国家利益，"贸易条款"被解释为一个州课征的税收只有满足这样条件才被认为是有效的，一是应税行为必须与该州有实质的联系（实质联系），二是该税收被合理课征（合理课税），三是没有歧视州际贸易（非歧视），四是该税收与该州所提供的公共服务有相当的关联（与州公共服务相关）。这种方法被称为"全自动案测试法"。See Walter Hellerstein，Michael J. McIntyre and Richard D. Pomp，Commerce Clause Restraints on State Taxation after Jefferson Lines，51（fall）Tax Law Review，47（1995）.

基本原则。① 裁判实践表明，该原则在法院确保各州间自由贸易中起到最为重要的作用。依据此原则所作出的裁决数量远远高于依据其他全自动案测试法的要件裁决数量。② 因而，该原则成为美国联邦最高法院近年来宣告州税收立法无效最为重要的依据。③ 有学者指出，在确立全自动案测试法的 30 年间，美国法院依据非歧视原则至少使得一打以上的类型各异的仅适用本州内应税行为或州内纳税人优惠待遇的州税收措施成为无效文件。④ 可以说，非歧视原则也成为"贸易条款"规制州际税收竞争最为重要的规则。正是这样的原则使得依据贸易条款来否定州税收合宪性做法得到广泛的认可。法院在审理"波士顿股票交易所案"（Boston Stock Exchange）案件中对此解释道，根据贸易条款任一州都不可以通过给予本州商业直接优惠待遇的方式来课征歧视州际贸易的税收。禁止对州际贸易实施歧视性待遇是贸易条款立法基本目的的当然推论。倘若允许某州以牺牲他州为代价来制定支持本州企业发展的法律，那么这将会导致各州竞相采取优惠措施，进而破坏贸易条款所保护的贸易自由。⑤

（一）税收歧视类型化

美国联邦最高法院在司法实践中利用类型化的税收歧视来裁决涉及州际贸易的州税立法或措施，其将税收歧视分为表面歧视、目的歧视与效果歧视。

（1）表面歧视（facial discrimination）。法院在依据潜伏贸易条款审查州立法时，第一步就是判断其对州际贸易是否存在表面歧视。多数宪法学理论认为，倘若某州立法从行文上就能发现关于歧视的规定，此立法往往被认为存在表面歧视。表面歧视一般适用本身违法原则（virtually per se invalid），即存在表面歧视的立法当然往往被视为无效。⑥ 因而，存在表面歧视的税收立法或措施也是无效的，但也有例外情况。如果一项歧视性税收为消解因仅针对州内商业或交易课征的税收而形成不合理状态，那么该税收被视为补偿税（the compensatory tax），不会当然无效，典型情况便是使用税。使用税一般是销售税的附加税。销售税课征

---

① See Walter Hellerstein, State Taxation of Interstate Business: Perspectives on Two Centuries of Constitutional Adjudication, 41 (37) Tax Law, 40 (1987).
② Thomas Steele and Andres Vallejo, Challenging Discriminatory Taxes: The Commerce Clause at a Crossroads? See https://www.mofo.com/resources/publications/challenging-discriminatory-taxes-the-commerce-clause-at-a-crossroads.html, 最后访问日期：2018 - 03 - 08。
③ See Laurence H. Tribe, American Constitutional Law § 6 - 16, at 1107, Foundation Press (3d ed. 2000).
④ See Peter Enrich, Commerce Clause Constraints on State Business Location Incentives, http://ssrn.com/abstract=941425, 最后访问日期：2015 - 05 - 25。
⑤ See Boston Stock Exchange v. State Tax Comm'n, 429 U. S. 318, 329 (1977).
⑥ City of Philadelphia v. New Jersey, 437 U. S. 617 (1978).

对象是州内商品或服务的购买者,而对于通过邮件、电话或互联网向州外实施购买行为不课征。为阻止本地经营者的不公平境遇,法院支持针对从州外购买商品或服务课征作为补充性的使用税。①

(2) 效果歧视(discrimination in effect)。当一个州税法或措施在实施中产生歧视后果,其被称之效果歧视性税收。依据"潜伏贸易条款"分析效果歧视的典型案例就是西林乳品公司案(West Lynn Creamery, Inc. v. Healy)。在此案中美国联邦最高法院对马萨诸塞州一项税收措施进行了司法审查。该州于1992年发布了一项定价法令(a pricing order),依据该法令,任何乳制品经营商必须每月交纳一笔补助金作为马萨诸塞州乳业均衡基金(Massachusetts Dairy Equalization Fund)。② 该项补助金规定平等适用于所有的乳制品经营商,无论其是州外经营者还是州内经营者。据此,该项法令没有被视为表面歧视。然而,依据另一项适用于乳业均衡基金的法律,任一马萨诸塞州的乳制品经营商每月从该基金还获得一定资助额。美国最高法院认为两项法令同时实施实质上产生了歧视州外经营商的效果。③ 同一般关税类似,该税收在效果上仅适用于州外的生产商。法院认为该歧视性税收不能通过审查,这是一项违宪措施。

(3) 目的歧视(purposeful discrimination)。如果一项税收立法或措施旨在通过加重州外经营者税收负担而给予州内经营者经济优惠待遇,那么此项税收就存在目的歧视。法院判断一项税收立法或措施是否存在目的歧视,往往要考察立法动机、立法目标等。例如,在审理"迪亚斯案"(Bacchus Imports, Ltd. v. Dias)中,美国联邦最高法院就发现存在目的歧视的税收立法。在此案中,一项夏威夷州法令对白酒的批发销售课征20%消费税。但是,该法令规定销售两种本州生产的白酒者免征此税。该州解释说确立这样豁免原因在于通过鼓励销售以促进当地产业的发展。怀特法官在表达法院裁判观点时指出:"我们不需要揣测立法者的动机,有一点是无疑的,免除纳税的目的在于援助该州产业。"另外,法院还发现该项法令存在效果歧视,因而法院以存在目的和效果歧视为由认定该项税收豁免违背"潜伏贸易条款"。④ 最后,法院认定该案中夏威夷州免税政策因偏袒当地产品而存在目的和效果双重歧视被认定违背潜伏贸易条款。在司法实践中,立法背后的目的和动机的证据往往是很难被发现的。因此,相比表面歧视和效果歧视,美国最高法院较少依据此种歧视来判定税收立法的效力。

---

① Henneford v. Silas Mason Co., Inc., 300 U.S. 577 (1937). 补偿税理论适用范围较窄,至今只适用于使用税征收上。
② 该基金主要用以补助奶农。
③ West Lynn Creamery v. Healy (93-141), 512 U.S. 186 (1994).
④ Bacchus Imports, Ltd. v. Dias, 468 U.S. 263 (1984).

(二) 税收歧视的认定

美国联邦最高法院一直强调其裁决不是阻止各州建立自己的税收制度去促进本州的经济增长和产业发展。事实上，美国联邦最高法院多次阐述，建构一个能给课税州的公民提供就业或美好前程的促进投资的税收制度是一个令人称赞的目标。[①] 法院仅禁止在实现上述合理目标中采用的不适当方式，而这些不适当方式造成了州内外歧视性待遇。然而，在适用贸易条款中，一个合宪的、良性的、吸引产业到一州发展的优惠制度如何区别于一个违宪的、歧视性的优惠制度呢？法院曾对"歧视"做了一个简洁的描述："歧视就是意味着存在有利于州内而不利于州外经济利益的差别待遇"。[②] 因此，一项歧视性税收措施应是偏袒本州应税行为，并加重了与本州存在竞争关系的本州之外商品、经营行为或企业的负担，也就是歧视性的税收优惠措施会导致州内和州外的纳税人承担不同的税收负担。下面通过两个案例来加以说明。

案例一："波士顿股票交易所案"（Boston Stock Exchange）。在案件中，原来纽约州开征的证券交易税适用于所有在纽约州境内的证券交易、销售协议、交易备忘录和所有股份或证券的交付和转让，并平等适用于州内和州外的交易，无论交易发生在何地，相同的税收措施适用于通过纽约交易代理商的所有证券交易。1968年纽约州发布新规定，为支持纽约证券经纪行业的发展，激励非本州股票销售者和其他证券销售者通过纽约而不是其他地方的经纪商实施交易，该州给予通过本州经纪商实施交易证券的销售者减少50%证券交易税的税收优惠。在案件审理中，法院认为此税收规定打破了证券交易税平等适用于州内和州外的平衡，因为一个销售者考虑在何地销售的决定不再是建立在纯粹的非税收标准基础上。相反，一个销售者会基于减少交易税的考量而通过一个纽约经纪商进行交易。法院认为旨在鼓励本州商业行为的税收减免措施违背了贸易条款的非歧视原则，因为纽约州的税收措施使得州外税收负担高于州内。[③]

案例二："新能源案"（New Energy）。俄亥俄州利用税收抵免制度来鼓励州内生产乙醇（ethanol）。乙醇是从玉米中提炼出来的，其可以与汽油混合被用来制造汽车燃料，该燃料被称为乙醇汽油。针对作为乙醇汽油组成部分的乙醇，俄亥俄州给予了州内汽车燃油税收抵免优惠。其前提是该乙醇在俄亥俄州内生产的或者在给予俄亥俄州内生产的乙醇相同税收优惠待遇的其他州内生产的。在该案

---

① See Trinova Corp. v. Michigan Dep't of Treasury, 498 U.S. 358, 385–86 (1991).
② See Oregon Waste Systems, Inc. v. Department of Envtl. Quality, 511 U.S. 93, 99 (1994).
③ See Boston Stock Exchange v. State Tax Comm'n, 429 U.S. 318, 329 (1977).

中法院毫不费力地推断出该税收优惠措施未能满足贸易条款的要求。因为法院认为俄亥俄州的规定明显地剥夺了那些使用在其他州生产产品的纳税人平等适用此税收优惠待遇的权利，因此其违背了非歧视原则的根本要求。①

法院在审理晚近一个案件即"戴姆勒案"（Cuno v. Daimler Chrysler）中采用了一个学术文献中分析的标准即"非强迫"标准（"anti-coercion" standard）来认定"歧视"。该标准是海勒斯坦教授和库勒教授（Hellerstein and Coenen）在综合分析美国联邦法院各种适用非歧视原则案件后得出的。② 依据"非强迫"标准，宪法禁止州或本地政府利用税收权力强制性的影响商业决策。一般而言，对新建不动产免征财产税的措施不会涉及被质疑运用州的强迫性权力。实施这种措施，该州事实上似乎在说："来我们州吧，我们将不会向你课征任何额外的财产税。当然，如果您选择不接受我们的邀请，您的纳税清单上将没有任何变化。"作为对比的运用州强迫性权力情形是这样的："你已经受制于我们的税收权力，因为你在本州实施应税行为。如果你愿意降低税负，那么在本州你可以通过实施附加的商业行为实现此目的。一旦你拒绝我们的邀请，我们将会继续像以前一样使我们的课税权，甚至你纳税清单上的应纳税额可能将会上升。"前者可以被视为一个"胡萝卜"即通过免除额外的税收负担吸引纳税人来本州从事应税行为，后者可以被视为一个"大棒"即威胁加重已在本州从事应税行为纳税人的税收负担，实际上体现了运用州税收权力去强迫在本州实施一些商业行为。选择免除在本州内实施应税行为纳税人的税收负担与旨在吸引一个新税基而对其不课征税收的行为区别在于特定纳税人先前是否已在本州从事一些应税行为。

随着时间的推移，法院在实践中对歧视判断逐渐产生了一些变化。后来，法院对于非歧视原则的适用主要关注税收立法或措施是否存在过度负担的可能性，而不是依据对贸易造成损害的证据。换言之，对于州税收立法的审查不需要证明州际贸易已经实际受到损害或者一项收入已经遭受双重课税。一项不合理的获取收入或财产的制度必然引发重复征税，因为其他州对同一收入或财产会有更多合法诉求并课以税收。③ 美国联邦最高法院在"哈德斯蒂案"中认为对来源他州的收入给予不合理的课税也是歧视州际贸易的一种形式，因而在该案中法院将原本作为分析合理课税要件的内部一致性测试法延伸适用于是否存在歧视的判断。在

---

① See New Energy co. v. Limbach, 486 U. S. 269 (1988).

② See Walter Hellerstein and Dan T. Coeneny, Commerce Clause Restraints on State Business Development Incentives, 81Cornell Law Review, 790 (1996).

③ See Thomas Steele and Andres Vallejo, Challenging Discriminatory Taxes: The Commerce Clause at a Crossroads？See https：//www.mofo.com/resources/publications/challenging-discriminatory-taxes-the-commerce-clause-at-a-crossroads.html，最后访问日期：2018 - 03 - 08。

此案件中，纳税人认为西弗吉尼亚州批发总收入税（wholesale gross receipts tax）存在对州际贸易的表面歧视，因为该州当地制造商不承担此税收。而西弗吉尼亚州辩称批发总收入税作为补偿税是平衡当地制造商被课征的较高生产税，但法院否定了该州的理由。法院认为即便两个税收在一起征收，批发税也不能歧视州际贸易，因为如果每一个州都开征此税，其结果便是州际贸易承受比州内贸易更重的税收负担。① 美国联邦最高法院在最近审理的案件（"布莱恩·韦恩案"）中再一次通过内部一致性测试法认定马里兰州一项税法因存在歧视而被宣布违宪。②

从美国联邦最高法院的司法实践来看，禁止税收歧视的目的在于确保市场自由流通，防止地方保护，而歧视性税收本质上可以被视为一种关税，即阻碍了市场的自由流通，形成市场封锁和分割。从另一角度可以认为，具有阻碍市场自由流通的类似于关税的税收措施都可被视为存在歧视。所以，美国司法实践上认为对于不符合内部一致性测试的税收立法往往会导致重复征税，阻碍州际贸易，此种税收也被认定为存在歧视。歧视性税收实际上包括对本州的企业给予直接商业优势的税收和加重州际贸易负担的税收。前者对本州纳税人直接偏袒，譬如税收抵免等；而后者加重了州际贸易的负担，譬如不合理分配税收负担方法，实际上就是使州外纳税人负担更多的税收。

尽管我国已经确立了公平竞争审查制度，但是其具体适用规则还需要在实践中逐渐累积，尤其在审查税收优惠政策时，税收歧视认定更为复杂。此问题是税法和反垄断法的交叉领域，一方面要坚持税收法定原则，另一方面还需要仰仗公平竞争审查制度。在审查税收政策时，还要结合税收本身的特质来进行研判。美国违宪审查和我国公平竞争审查在确保商品和要素自由流通、防止地方保护或地区封锁上是殊途同归的。美国对歧视性税收认定规则值得我们借鉴。在对歧视税收类型化的基础上可从两个方面进行分析。歧视性税收实际上包括对本地区的企业给予直接商业优势的税收和加重区域间贸易负担的税收。前者往往容易引起人们的注意，但是后者容易被忽视。我国在对税收政策或措施进行公平竞争审查时要考虑借鉴此规则。可以考虑采用内部一致性测试法来进行分析认定。此外，还可以考虑是否存在"强迫"以判定歧视的存在与否。如果我国不断深入推进公平竞争审查制度，坚持对地方出台的税收政策或措施进行公平竞争审查，采用歧视

---

① See Armco, Inc. v. Hardesty, 467 U.S. 638（1984）.
② 根据马里兰的法律，该州对其居民征收两种个人所得税即州个人所得税和县个人所得税，同时该州会对其居民行使税收属人管辖权，即对其居民来源于境内外所有收入课税。若马里兰州居民就其来源他州的收入向收入来源州缴纳了所得税，马里兰州在征收州个人所得税时会对已缴纳的税收给予抵免，但是征收县个人所得税则不能抵免。其实施结果便是一些从境外取得收入的马里兰州居民被课以双重税收。法院在判决中明确指出内部一致性测试法是法院假定每个州都采取相同税收措施，该测试法能够帮助法院分析争议税收立法是否歧视州际贸易。

税收认定方法，在一定程度上可以解决地方税收优惠政策泛滥无序的现象，不当的地方政府间税收竞争的现象将可能得到遏制。

第四节 竞争政策优先与国家补贴

一、国家补贴的含义及制度意义

（一）国家补贴的含义

"补贴"一词有着广泛的含义，但现代意义上补贴多指财政补贴，又称国家补贴，是指一国政府为实施特定公共政策，对特定的产业、事业单位和居民所做的无偿的财政支付行为。[①] 一般来说，国家补贴具有以下特征：第一，补贴的主体是政府，包括中央政府和地方政府及其公共机构；第二，补贴是一种财政行为，即提供财政捐助及价格或收入的支持；第三，被补贴方因此获得某种从市场中不能获得的利益；第四，补贴具有选择性和特定性，即补贴的对象是特定的。

国家补贴表现为多种形式，主要有：（1）税收减免，包括对税收的直接免除和税收的优惠；（2）提供低息贷款或无息贷款；（3）对应收费用的减免及行政收费的减免；（4）任何收入和价格支持，如直接无偿拨付财政资金。总之，是给予被补贴方一种从其他市场无法获得的经济利益，而且这种利益具有无偿性，即无需支付对价。政府补贴不仅包括政府给予特定主体的资金补贴，而且包括现有亏损补偿、税收优惠、贷款支持等类型的间接补贴。[②]

根据财政补贴发生的区域，可以分为两种：一类是适用于全国区域的促进特定产业发展的财政补贴，如公共服务领域、促进新能源、环境保护、科技创新行业等；另一类是在特定区域类适用的区域性的财政补贴。这类补贴主要是政府针对特定区域或特定企业而实施财政补贴。前者主要是指对经济开发区、自贸区和各类工业园区等实施的财政补贴，后者是指地区政府为了保护地方经济的发展而对某些纳税大户、支柱企业或招商引资引入的企业给予的财政补贴。

[①] 李本：《补贴与反补贴制度分析》，北京大学出版社2005年版，第2页。
[②] 孟雁北：《产业政策公平竞争审查论》，载于《法学家》2018年第2期。

（二）制度意义：国家补贴是实施公共政策的重要手段

纵观经济法的产生历史，"市场失灵"是经济法产生的根本原因。"市场失灵"表现在微观层面和宏观层面，从而产生了市场规制法和宏观调控法。

在微观层面，市场失灵表现为市场自由竞争失序和信息偏差，其主要表现是市场经济的自由竞争失去作用，市场经济出现了大量的不公平竞争和垄断行为，19世纪末表现得尤为明显。为了解决市场竞争失序，最终美国颁布了《谢尔曼法》，德国制定了《反不正当竞争法》，目的是赋予国家在市场微观层面对市场主体权利的限制，赋予政府管理和干预市场竞争的权力，最终诞生了市场规制法。反垄断法和反不正当竞争法产生的目的是维护直接的市场竞争机制，维护经营者公平自由竞争的权利。

在宏观层面，根据公共财政理论，政府之所以收取财政收入，目的是提供市场提供不了的公共产品，如公共交通、教育等。由于公共产品具有外部性和非排他性，市场无法提供，因此财政的重要职能就是通过获得财政收入，再提供公共产品。此外，市场经济的外部性导致市场经济失衡，要求政府通过财政政策和金融政策从宏观层面来调节经济总量，达到社会经济中实施产业政策、贸易政策、提高就业率、保障社会福利等多种经济目的，弥补"市场失灵"的目的。而财政补贴是政府实施经济宏观调控的重要手段之一。补贴"作为财政政策与产业政策的重要构成部分，成为推动经济结构调整的主要力量之一"。[①]

可见，微观层面的竞争法和宏观层面的财政法都具有弥补市场失灵的作用，二者具有同一性。在市场经济条件下，市场在资源配置方面起到基础性作用，凡是市场发挥作用的地方，财政就不应该介入；反之，才应该由财政弥补。[②] 正当的财政补贴可以弥补市场竞争机制的不足，对于公共领域的补贴可以弥补公共产品因市场失灵造成的效率损失，促进公共企业更好地提供公共产品和公共服务，加快基础设施的建设，为市场经济的快速发展提供更优越的基础环境；为实施产业政策对于特定产业的补贴如农业、科技创新、新能源、环境保护等领域的补贴在一定程度上可以促进我国新兴产业和科技研发的快速发展，增强我国企业在这些行业的国际竞争力；对于出口企业的财政补贴，在一定程度上也为我国企业走出国门提供了一定的竞争优势，增强我国出口企业的国际竞争力。

---

① 王红建、李青原、邢斐：《金融危机、政府补贴与盈余操纵——来自中国上市公司的经验证据》，载于《管理世界》2017年第7期。

② 王先林等著：《经济法学专题研究》，法律出版社2013年版，第271页。

二、经济全球化背景下国家补贴对市场竞争的影响和性质

一国实施适当的国家补贴有利于弥补市场失灵,缩小分配差距,增进社会福利。① 但是,市场和政府的关系并非非此即彼,在现实生活中,二者的边界模糊。特别在经济全球化的背景下,政府还承担发展本国经济,扩大对外贸易等职能,政府实施的各种政策目标难免造成冲突,如实施财政政策达到其他目标时,不考虑和竞争政策的协调,就有可能损害市场经济最为重要的市场竞争机制,作为财政支出重要手段的财政补贴对市场竞争的影响尤为明显。过多的补贴可能会赋予企业特有的市场竞争优势,损害市场公平竞争,形成地区封锁乃至行业垄断,不利于科学地界定政府和市场的关系,实现资源的优化配置,促进政府职能的转变。

(一) 国家补贴对市场竞争的影响

财政补贴是政府在市场机制之外,运用财政权力对特定企业或个人所做的无偿财政支付。② 我国宪法第 15 条规定,我国实行社会主义市场经济。因此,市场机制应当成为资源配置的主要方式,竞争政策成为市场基础性和核心的政策。既然如此,不管经济周期的反复,记住政策底线坚守不变。③ 既然竞争政策是第一位的机制,其他机制就必须围绕和配合竞争机制的有效运行。一般情况下,市场可以提供和发挥作用的领域,公共财政不得干预,但我国市场经济脱胎于计划经济,政府对市场的影响较深。中国经济转型期的国家干预具有区别于西方成熟市场国家的显著特点,以市场为导向的适应性干预和以传统的行政命令方式进行的强制性干预同时并存,有时难免出现前者干预不足、后者干预过度的局面。这不仅不能解决市场失灵的问题,反而会阻碍经济体制的深入改革和市场机制的正常运行。④

在众多的干预措施中,财政补贴成为政府干预经济的重要手段,改革之初的财政政策带有浓重的计划经济色彩,运用财政补贴干预经济的现象屡见不鲜,如地方政府为招商引资而违规实施的各种税收优惠,先征后返,免征税收和减征税收,各类工业园区赋予企业的税收优惠,企业亏损性财政补贴。财政补贴属于干

---

① 施正文:《财政补贴与市场公平竞争》,载于《中国工商管理研究》2014 年第 9 期。
② 参见 2018 年修订的《中华人民共和国宪法》第 15 条:"国家实行社会主义市场经济。"
③ 徐士英:《竞争政策对反垄断法实施的影响》,吴志攀主编《经济法学家》(第九卷),北京大学出版社 2012 年版,第 357 页。
④ 方小敏:《中国经济转型中的国家干预界限研究》,载于《南京大学学报(哲学·人文科学·社会科学版)》2013 年第 1 期。

预市场机制的间接调控方法,相对于政府运用行政强制手段和行政命令等直接行政手段干预市场竞争,其影响的后果更为隐蔽,具有间接性。不正当的补贴会对市场竞争产生以下不利影响:

首先,政府对于特定企业的补贴会使得市场运行机制中的价格机制失灵,获得补贴的企业可以在不考虑产品或服务成本的基础上确定比未获得补贴的企业更低廉的价格,出现市场经济的"优不胜,劣不汰"的结果。

其次,补贴使得市场供求机制也失去作用,供求机制使得市场供过于求的产品和生产者及时地退出相关市场,但是如果特定企业获得财政补贴特别是亏损性补贴,这些本应当退出市场的企业得以继续留在市场,继续生产市场不需要的产品,从而导致产能过剩。有学者通过研究中国国有煤炭企业财政补贴的影响发现,补贴政策有利于保障国有煤炭企业安全清洁生产,但会带来一定的效率损失,使得资源错误配置。[1] 该研究结论对于我国国有企业应该具有代表性,反映了国有企业财政补贴的现状。

地方政府的财政补贴对市场竞争产生了巨大影响。1994 年财政分权以来,地方政府出于自身发展经济的需要,展开财政补贴性竞争。一方面,地方政府以财政补贴、税收返还或减免以及土地经营权转让等各种形式直接补贴企业投资;另一方面,违反公平竞争审查制度为地方企业提供补贴也不利于市场机制在资源配置中起决定性作用。[2]

在经济全球化背景下,政府给予国内出口企业的补贴还会产生国际公平竞争问题。一般情况下,国际间的补贴与反补贴涉及的是"公平贸易问题",但其实质依然是国际间企业之间的公平竞争问题。政府补贴对于出口企业的国际竞争力产生何种影响?有学者研究表明,财政补贴可以显著提高我国本土企业出口产品的质量,提高我国企业和产品的国际竞争力。[3] 因此,我国应加大对出口企业的补贴。但是,对出口企业的补贴会对进口国的其他企业构成不公平的竞争优势,遭到进口国反倾销和反补贴的诉讼和制裁。因此,为避免我国出口企业遭遇类似诉讼,对于出口企业的补贴并非越多越好。

(二) 国家补贴限制市场竞争的性质

与直接的行政命令相比,财政补贴对市场竞争的影响主要表现为赋予获得补贴的企业不公平的竞争优势,从而使得正常的公平竞争机制受损。由于财政补贴

---

[1] 朱希伟等:《产能过剩异质性的形成机理》,载于《中国工业经济》2017 年第 8 期。
[2] 张亚斌等:《地方补贴性竞争对我国产能边利的影响》,载于《财经研究》2018 年第 5 期。
[3] 张洋:《政府补贴提高了中国制造业企业出口产品质量了吗》,载于《国际贸易问题》2017 年第 4 期。

是政府利用财政权实施的限制竞争行为,其实质是一种行政性垄断。如上所述,在计划经济时期,从市场准入到原材料采购,再到产品的销售定价、产量的确定,无不由政府决定。随着1994年分税制改革的实施,地方政府拥有了更大的财政权和行政权,本地企业经营的好坏直接影响本地区财政收入的高低和本地区GDP的高低,某些地方政府为了发展经济的需要,利用财政补贴对本地企业给予优惠,最终造成地方割据和市场壁垒,使得其他地区的产品和服务不能在本地区畅通销售和提供,或者阻碍本地区的资源流向外地,人为地阻碍了全国统一大市场的形成和竞争,构成一种地区垄断。

根据国务院2001年制定的《关于禁止在市场经济活动中实施地区封锁的规定》第4条,禁止地区封锁的行为涉及财政补贴的有:(1)对外地产品或者服务设定歧视性收费项目、规定歧视性价格,或者实行歧视性收费标准。即对外地企业设定更高的收费,或者对本地企业给予更多的免除费用的待遇,导致外地企业无法在本地从事正常的经营活动。(2)以采取同本地企业、其他经济组织或者个人不平等的待遇等方式,限制或者排斥外地企业、其他经济组织或者个人在本地投资或者设立分支机构,或者对外地企业、其他经济组织或者个人在本地的投资或者设立的分支机构实行歧视性待遇,侵害其合法权益。其主要表现为给予本地企业提供更优惠的贷款支持,从而排斥外地企业进入;给予本地企业更多税收优惠或其他倾斜性政策。

另外,相关政府利用财政补贴对于特定企业进行倾斜性保护,在我国市场经济实践中,存在利用财政补贴形成垄断的情形。财政补贴对行业的保护主要表现为对已经改革的竞争性国有企业的财政补贴。"对于那些竞争性的国有经济,国家应当尽可能退出。"但"对于那些关系国家安全与国计民生行业的国有经济,因其往往具有自然垄断属性,应当豁免适用竞争规则。"但是,何为公共产品和公共服务,各国包括发达国家的美国和欧盟都没有一个确切的界定,而我国国有企业的改革依然在路上,因此对于国有企业的财政补贴也尚未完全理顺。

三、经济全球化背景下我国国家补贴反垄断规制的完善

近年来,我国财政补贴限制竞争的问题逐渐得到重视,除了依据反垄断法的关于行政性垄断的相关规定外,国务院于2014年11月27日发布了《国务院关于清理规范税收等优惠政策的通知》,首次提出要系统地清理我国税收、行政收费优惠和其他财政优惠等优惠政策,加快建设统一开放、竞争有序的市场体系,明确清理的原则和范围,提出要建立长效机制,如建立评估和退出机制,建立监

督考评机制，强化责任追究机制等。但该通知对税收等优惠清理的具体范围、评估标准、程序等并未作出具体的规定，造成执行困难。

随后，2016年发布的《国务院关于在市场体系建设中建立公平竞争审查制度的意见》，2017年10月23日国家发展改革委、财政部、商务部、国家工商行政管理总局、国务院法制办会同有关部门研究制定了《公平竞争审查制度实施细则（暂行）》，《实施细则》的部分条文涉及财政补贴的审查，为我国施行财政补贴的公平竞争审查提供了依据。

要有效地规制财政补贴限制竞争行为，国家补贴的审查需要从以下几个方面进行完善：

（一）明确国家补贴构成非法限制竞争的要件

一项补贴措施构成限制竞争的国家补贴必须满足以下要件：（1）给予补贴的主体是国家。这里指的是广义的国家，包括一国中央政府、地方政府、地方政府的分支组织、政府授权的公共机构等。（2）存在一种动用国家财政资源给予的某种优惠措施。这种优惠措施包括：授权，利息，税收减免，担保，政府持有一家企业的部分或全部股份，以优惠的条件提供产品或服务，等等。（3）补贴措施的对象具有"选择性"，即补贴仅仅给予特定企业。一项补贴措施被认为具有"选择性"的标准是：仅仅某些特定的企业获得某种"优惠"，而其他具有相同条件的企业在同等条件下却没有得到补贴。（4）竞争已经或将要被扭曲。竞争被扭曲的表现为接受补贴者获得一定的竞争优势，导致包括该行业的价格机制、竞争机制和供需机制都遭到破坏，市场出现了垄断和不公平竞争的行为。（5）补贴措施可能会影响到国内统一大市场的形成。统一大市场是市场竞争的前提和结果，如果补贴导致个别地区或特定行业存在市场壁垒，即可视为阻碍国内统一大市场的形成。

（二）明确国家补贴审查的基本原则

对财政补贴进行审查除了遵循反垄断法的一般的原则外，还要注意其实施的特殊性，并坚持以下原则：

首先，市场投资者原则。市场投资者原则是判断财政补贴是否合适的首要原则，即指某一项目或某一领域，只要在市场上有私人企业愿意投资，政府就不得给予财政援助。政府给予补贴的前提和基础是市场出现失灵，反之，则无须加以干预。因为市场基础和优先原则决定了市场机制在资源配置中起到基础性的作用，市场可以自己解决的问题，应当由市场自己解决，如果政府给予补贴加以干预，就构成干预不当。①

其次，公共经济服务利益原则。判断政府给予补贴是否合适的另一个原则是政府对特定企业提供的补贴要有利于提高本国居民的整体利益和"公共利益"，包括提供公共产品的很多行业。公共经济服务是一国经济发展的基本要求，其涉及提供公共服务的公用企业，大多数国家的反垄断法和WTO的反补贴措施都对其网开一面。由于具有整体性的社会公益服务对于实现社会整体服务极为重要，但是又很难通过市场竞争机制获得，或者提供公共服务的企业无法获利或者获利甚微，因此，需要国家在该领域给予补贴，引导相关企业提供公共经济服务，因此可以豁免适用反垄断法。②

再次，适度原则。财政补贴对于行业具有引导和激励作用，但是即使对某些行业允许使用财政补贴，也并非越多越好。财政补贴的目的是弥补市场机制的不足，提高特定企业的收益，引导经营者从事不能盈利的行业或新兴产业。但是，过多的财政补贴会导致企业过度依赖补贴，失去创新动力和竞争意识，适得其反。一方面财政补贴要达到量化的、最佳的效率，另一方面也要注意公平。通过评估，测算出财政补贴的最佳幅度，从而达到宏观调控的结构合理、总量均衡、就业充分等目的。

（三）经济全球化背景下国家补贴公平竞争审查的豁免

由于财政补贴对市场竞争和国民经济的影响具有两面性，各国对于财政补贴都有所运用，既不能一概反对，将具有积极作用的财政补贴排除在经济政策之外，也不能让具有损害市场竞争机制的财政补贴出现在政府制定的法律法规和公共政策中。此外，在经济全球化的背景下，财政补贴的适用还要和国际反补贴制度保持一致，以免因此给国内企业在国际竞争中留下隐患，遭到他国的处罚。一般来说，以下领域的财政补贴因为实现其他经济目标可能得到豁免：

一是一般基础设施建设。如前所述，一些由市场无法建设的一般基础设施如公共道路、桥梁、机场、码头等基础设施，本来应由政府提供，近年来部分领域已实行市场化改革，但是这些领域本来是市场失灵的公共产品，当企业无法盈利时，可以由政府给予一定财政补贴。

二是科研创新领域。科研创新补贴是指对高等教育机构、研究机构和公司的科研创新活动所给予的直接财政拨款，税收优惠等。随着经济全球化的发

---

① 方小敏：《转型经济国家对市场竞争的干预》，吴志攀主编《经济法学家》（第九卷），北京大学出版社2012年版，第352页。

② 翟巍：《欧盟反垄断法视域下的国家保障公共经济利益服务行为》，王先林主编《竞争法律与政策评论》第1卷，上海交通大学出版社2015年版，第72页。

展，企业要想提高核心竞争力，就必须进行科技创新。科技创新是提升企业竞争力的基础条件，对企业在市场竞争中的地位起到基础性的作用。① 因此，各国都运用财政补贴激励本国的研究机构、企业等进行科研创新活动，如欧盟近年来为实现"欧洲 2020 战略"的研究、发展和创新（R&D&I）的目标，加大了对科研创新的国家援助，提出争取在 2020 年欧盟对于科研创新投资达到 GDP 的 3% 的目标。②

三是环境保护与绿色能源。近年来，随着地球气候变暖和环境恶化，各国都将环境保护纳入政府补贴的对象。对于环境保护的财政补贴主要表现在对于企业升级其环保设施给予财政补贴或税收优惠。另外，还有鼓励企业投资开发使用可再生能源如太阳能。但是，欧盟在实施补贴的过程中也发现过度的补贴导致电力市场竞争的扭曲，电力价格偏离竞争价格。因此，在政府给予可再生能源一定的扶持，其规模达到一定程度后，政府应该逐步取消补贴，让市场机制在这些行业发挥作用。③ 如欧盟自 2016 年开始，就改变过去给予企业的新能源补贴政策（Feed – in – Tariff），采取竞价上网的方式使得新能源企业参与市场竞争，减少财政补贴对该领域竞争的扭曲和干预。

财政补贴的公平竞争审查除了上述豁免外，涉及维护国家经济安全、文化安全和建设、社会保障、救灾救助等目的的也可以对上述领域实施的财政补贴给予一定的豁免。但是，也应符合必要的条件：一是实现某项政策目标不可或缺的；二是不会严重排除或限制竞争；三是明确实施期限。④

第五节　竞争政策优先的具体实施：以网约车为例

一、传统出租车市场的管制现状

当今世界的绝大多数国家，包括经济体制最开放、市场竞争最激烈的发达国家和众多发展中国家，都对出租车行业实行严格的管制政策。⑤ 这些管

---

① 肖明：《科技创新对提高企业竞争力的作用》，载于《管理观察》2015 年第 11 期。
② See Europe 2020 A Strategy For Smart, Sustainable And Inclusive Growth, http://eur-lex.europa.eu/legal-content/EN/TXT/? qid =。最后访问日期：2018 年 4 月 12 日。
③ 欧盟于 2014 年 3 月修订了《环境保护与能源国家援助指南》，加强了对环保和再生能源补贴的审查。
④ 参见《公平竞争审查实施细则》第 18 条的规定。
⑤ OECD, Taxi Services: Competition and Regulation, DAF/COMP (2007) 42, p.17.

制通常体现在：(1) 限定出租车总数，禁止新的经营者自由进入出租车市场；(2) 固定出租车费率，不允许司机与乘客自由议价；(3) 设定服务基准，车辆安全、司机资质、载客规范等方面须满足特定条件；(4) 巩固责任承担能力，通过强制出租车经营者购买保险等措施，确保事故受害人能够得到一定的经济赔偿。① 其中，出租车数量管制政策封锁了市场入口，排斥了来自潜在经营者的竞争，费率管制政策则抑制了现有同行间的竞争，两相叠加，相当于使既有经营者拥有了垄断市场和固定价格的法定权利，限制竞争则成为出租车管制机构的法定职权。

对出租车市场竞争的限制，俨然是一种历史悠久并且广为传承的传统。在欧洲，当世界上最早的出租车（名为"hackney"的配有轿厢的出租马车）在1600年至1625年间现身伦敦和巴黎后不久，② 英国当局就陆续出台了抑制其市场扩张的多部法令。③ 在北美，机动车于19世纪末开始作为出租用车辆投入运营，在经历了仅仅40年自由发展期后，《哈斯法》(Haas Act) 就于1937年在纽约通过，该法建立的旨在控制甚至压缩出租车总数的特许经营制度一直延续至今，并且潜移默化地成为美国和其他国家很多城市效仿的样板。在20世纪90年代初期的中国，鼓励出租车行业发展的优惠政策曾遍地开花，个体户开出租车的申请还非常容易获批，不过，短暂的宽松期在1995年前后即告结束，中国的出租车行业从此受到严格管制，总量受到控制，进入壁垒高耸。④

限制竞争的管制政策造就了出租车市场突出的"垄断"特征，因而受到不少自由市场主义者的猛烈抨击，被指责为不正当地限制了出租车行业的竞争，扭曲

---

① See Paul Stephen Dempsey, Taxi Industry Regulation, Deregulation & Reregulation: the Paradox of Market Failure, Transportation Law Journal, Vol. 24, 1996, p. 75.

② David Williams, Information and Price Determination in Taxi Markets, Qualterly Review of Economics and Business, Vol, 20, No. 4, 1981, p. 36.

③ 1601年，英国下议院通过了一部限制出租马车"过度和过多使用"的法律（See Edwin A. Pratt, A History of Inland Transport and Communication in England, Kegan Paul, Trench, Trübner in London, 1912, p. 59）；1635年，查理一世曾发布命令，要求出租马车必须申请许可，以便"限制对马车的各种胡乱使用"；英国议会于19年后开始实施限制出租马车数量的制度；1831年，世界首部对出租车辆进行综合管制的法律"The London Hackney Carriage Act"颁布（See Paul Stephen Dempsey, Taxi Industry Regulation, Deregulation & Reregulation: the Paradox of Market Failure, Transportation Law Journal, Vol. 24, p. 76）。

④ 建设部、交通部、财政部、国家发展计划委员会、公安部《关于进一步加强城市出租汽车行业管理工作的意见》要求，"城市人民政府要对出租汽车市场供求状况进行认真调查，统一市场准入规则，建立切实有效的总量调控机制"。实践中，地方政府对出租车牌照的发放控制非常严格，每年新增指标极少，有的城市出租车数量多年维持不变，甚至出现"负增长"（见邓纲、周璨：《出租车市场的政府管制及其完善》，载李昌麒、岳彩申主编：《经济法论坛》，群众出版社2011年版）。这种管制效果与《哈斯法》制下的纽约市出租车数量情况高度相似。

了市场经济机制,导致消费者利益向经营者转移,社会净福利损失。与此相呼应,20世纪六七十年代以来,"放松管制运动"(deregulation movement)在美国、英国、挪威、爱尔兰、瑞典、新西兰、荷兰、日本、韩国、新加坡等国的部分城市兴起,出租车数量、费率方面的管制被不同程度地解除。有趣的是,关于这些具有实验色彩的政策变革是否取得了如期的成效,观察者们的角度和结论并不统一:"乐观派"在考察新西兰和爱尔兰等案例后认为,放松管制后出租车数量倍增,乘客的候车时间缩短、服务满意度上升;①"悲观派"指出,大多数城市放松管制后的结果都令人非常不满,以至于很多放松管制的地方后来实际上都抛弃了这种做法,重新回到实施管制的老路(reregulate);②"中间派"则主张,出租车管制问题与当地的历史、经济、人口和交通等条件紧密相关,因而同样的放松管制方式在不同的国家或城市或许会产生不同的效果,对出租车行业的管制决策,须根据各个法域的特定情形"量体裁衣"。③

目前,出租车市场竞争政策的基本格局仍然是车辆总数及价格管制大行其道,放松管制的公认成功案例较少且可复制性不强,尝试放松管制政策的地区大多再次恢复实施管制,历来不限制出租车数量的一些地区在饱受诟病之后也开始走上管制道路。④ 这些事实都强烈暗示着,在不同地区的出租车市场当中可能存在某些共通的因素,决定了限制竞争的政策取向。

---

① OECD, Taxi Services: Competition and Regulation, DAF/COMP(2007)42, 2007, p.8. 不过,这些地区的共同特征是,经济发达、私家车拥有率高、出租车服务的主要模式是电话预约而非沿途巡游揽客(见王军:《为竞争而管制——出租业管制改革国际比较》,中国物资出版社2009年版,第77、132页),这些市场特征削弱了其放松管制的"经验"对其他国家或地区出租车市场的适用性。

② Paul Stephen Dempsey, Taxi Industry Regulation, Deregulation & Reregulation: the Paradox of Market Failure, Transportation Law Journal, Vol. 24, 1996, p.75. 关于放松管制后部分地区出现的载客率和服务质量下降、费率、候车时间和拒载率上升等不良现象的实证和比较研究,可参见 Craig Leisy. Taxicab Deregulation and Reregulation in Seattle: Lessons Learned, Report for the International Association of Transportation Regulators(IATR)Conference, 2001, etc.

③ Bruce Schaller, Entry Controls in Taxi Regulation: Implications of US and Canadian Experience for Taxi Regulation and Deregulation, Transport Policy, Vol. 14, Issue 6, 2007, p.504.

④ 例如,美国首都华盛顿特区有史以来就放任出租车数量自由增减,但没有门槛的市场准入政策好处并不明显,反倒是各种丑闻(司机野蛮肇事、路况不熟、绕道宰客,车况不佳仍然强行上路,安检人员收受出租车司机贿赂等)不绝于耳,以致被谑称为"出租车行业不当管理模式之典范"(Christopher Georges, D. C.'s Checkered Cabs, The Washington Post, March 21, 1993)。2012年,这座城市的管制政策终于发生重大转向,议会认为限制出租车数量"符合公共利益并且不会不正当和显著地损害本地的出租车行业",通过了《出租车改革法》,特区出租车委员会被授权建立限制出租车数量的管制体系,并于2015年初将当地合法经营的出租车总数限定为6 191部(Mike DeBonis, How Many Taxicabs Should D. C. Have? 6, 191, Regulators Say. , The Washington Post, January 12, 2015)。

二、传统出租车管制中的限制竞争政策

限制竞争政策在世界各地的传统出租车市场普遍出现和长期存在,难以被简单评价为"决策错误"的结果。从"集团博弈-制度环境-经济学思辨"的分析框架来看,这种政策的直接发生原因,往往是经营者之间的倾轧、联手及其对官员的游说、施压,官员对政策选项的风险收益评估及其对域外管制政策的移植借鉴。这些因素当中固然充斥着私人的利害计算和历史的偶然性,未必全然出于对公共利益的刻意追求,但是由此催生的限制数量与价格竞争的管制政策,却"恰巧"蕴含着与传统出租车市场的交易特性相适应的某些经济理性,因而非但没有遭到学界同仇敌忾式的批判,反而得到"信息不对称理论"(Asymmetric Information Theory)等经济学分析的有力支持。

(一)从业者和官员的限制竞争需求

客运服务从业者之间的博弈,对出租车市场限制竞争政策的出现和普及发挥了重要作用。最初控制出租车数量规模的呼声,来自作为既得利益者的其他运输行业的经营者,出租车业主作为新兴的职业群体,反倒是被排挤、压制的对象。例如,出租马车问世后虽然受到公众欢迎,但却让长期把持伦敦运输命脉的泰晤士河上的船运业者们大为恼火,他们将客货运输视作其专营特权,咒骂出租马车是抢走其市场和运费的"到处游荡的窃贼",并且成功游说当局出台了限制使用出租马车的法令;① 又如,20世纪初芝加哥的铁路公司意识到刚刚出现的出租汽车将成为其强劲竞争对手,遂游说州公共事业委员会并提起诉讼,要求州政府对包括出租车在内的从事公共运输的机动车实施牌照限量控制。②

如果说出租车行业早期管制政策的出台是相邻行业之间对抗性博弈的产物,那么当出租车业主们认识到管制政策具有设置准入壁垒、抑制本行业内部竞争的"好处"之后,很快就开始主动寻求建立和巩固这种政策。其典型组织和活动方式是行业协会游说和罢工抗议示威。以美国为例,大量城市在20世纪30年代出现的制定管制条例、建立专门机构、对出租车行业进行总数和最低费率管制风潮,即主要源于美国中转运输协会(American Transit Associa-

---

① Edwin A. Pratt, *A History of Inland Transport and Communication in England*, Kegan Paul, Trench, Trübner in London, 1912, p. 58.
② 王军:《为竞争而管制——出租车业管制改革国际比较》,中国物资出版社2009年版,第23页。

tion)、全美出租车业主协会（National Association of Taxicab Owners）等机构施加的压力。① 此外，与其他很多市场领域相比，世界各国的出租车行业对罢工抗议这种街头政治活动的运用显然更加频繁和熟稔。这是因为，在"人员储备"（处于社会底层、缺乏其他谋生手段的司机群体）、"观念基础"（开放竞争及其带来的运费收入减少、特许牌照贬值，易在出租车司机当中产生集体被剥夺感）、"发动手段"（原本用于电招派车的无线电通信手段便利了罢工意思的联络）、"作用机理"（执意继续运营的司机极易遭到罢工同行的"监督与惩罚"，出租车停运和故意堵塞道路会给公共交通和社会舆论造成显著影响）等方面，出租车经营者的确更具有组织发动行业性、地域性罢工的"先天优势"。因此，当限制竞争的管制政策出现松动时，罢工往往首当其冲地成为传统出租车利益集团动用的博弈手段。②

官员制定实施限制出租车市场竞争政策的动机有两类：其一是私利，即通过为出租车经营者提供垄断保护来换取不正当的利益。管制俘获、公共选择理论对权力寻租现象已有大量分析，现实中的此类事例也不鲜见；③ 其二是公益，即出于追求善治的良好意愿，尤其面对自由竞争所致的出租车行业乱局，在权衡比较后做出的相对"不坏"的政策抉择。在这个过程中，出于降低试错成本等考虑，某些地区限制竞争并获得某些公共秩序利益的经验，可能成为其他地区径行移植此类政策的论据和样板。

（二）传统出租车市场的信息不对称特性

自由竞争的理论模型包含着一个重要的预设假定，即参与交易的各方占有完全的信息。然而，"信息不对称"（asymmetric information）——交易当事人中的一方比另一方拥有更多或更有价值信息，当事人的谈判能力和地位因而也不对等的现象，在社会政治、经济活动中广泛而不同程度地存在着。严重的信息不对称，会激励当事人选择实施败德背信的逆向行为（adverse selection），导致市场

---

① Mark W. Frankena and Paul A. Pautler, An Economic Analysis of Taxicab Regulation, Staff Report of the Bureau of Economics of the Federal Trade Commission, 1984, pp. 74 – 75. 有观点认为，各法域长期以来表现出来的限制出租车数量供给的倾向，很多都可以归因于已经拥有出租车牌照的利益集团强大的政策游说能力（See OECD, Taxi Services: Competition and Regulation, DAF/COMP (2007) 42, 2007, p. 33）。

② 媒体公开报道显示，为抗议政府降低市场准入门槛，或者对"黑车"打击不力，美国、意大利、希腊、法国、英国、西班牙、波兰等很多国家和地区，都曾多次发生较大规模的出租车司机罢工、出租车辆阻塞交通要道的现象。

③ 美国纽约在20世纪30年代曾发生一起轰动性的案例，时任市长沃克（James J. Walker）被控收受当地最大一家出租公司的股票，作为推动该市建立出租车数量控制政策的交换。See Joint Stock Account Explained by Block at Walker Hearing, The Republican Journal, August 24, 1932, p. 1.

机制失灵。① 传统的出租车市场恰恰具有显著的信息不对称特性，驾乘双方通过"私人方式"传递和获取交易信号的成本相当高昂，于是，运用管制政策这种"公共方式"来降低信息不对称程度的做法，便得到了来自经济学分析的正当性支持。

从交易标的来看，出租车服务属于典型的"体验物品"（experience goods），其质量信息无法事先获得，只有在消费体验后才能确定，甚至在消费之后也不能做出正确评价（例如，缺乏经验的乘客可能根本觉察不到司机故意绕道或者多收费），出租车服务的供给者则在车辆的机械状况、司机的驾驶技能、习惯品行等方面拥有显著的信息优势。信任关系是交易发生的关键——乘客之所以"敢"与陌生人缔结出租车服务关系，前提是怀有某种"最低限度的信任"，尤其是相信其出租车司机不会借机实施严重侵害乘客人身、财产权利的行为。然而，环境犯罪学（environmental criminology）研究表明，与公众隔离的、缺乏监管的场域往往是犯罪行为高发的"热点地区"（hot spots），② 出租车的轿厢恰恰符合这些特征。在治安手段粗放的情况下，放弃出租车市场的准入限制，无异于为犯罪分子利用出租车诱骗加害他人洞开了方便之门。维系出租车市场的总量控制、特许经营制度，则对这一行业的整体可信程度发挥着某种意义上的隐性担保功能。③

从交易模式来看，即便服务质量信息在交易之前就是可识别的（例如，由可信赖的机构评定服务品质等级，并用不同的车辆外观特征加以标示）或者是同质化的，传统出租车市场的价格竞争机制也是极易失灵的。这是因为，按照竞争理论的假定，买方会在众多经营者之间辗转切换，以便寻得报价更低的经营者与之

---

① See George A. Akerlof, The Market for "Lemons": Quality Uncertainty and the Market Mechanism, The Quarterly Journal of Economics, Vol. 84, No. 3, 1970, pp. 488 - 500. 信息不对称是"契约经济学理论"（contract theory and economics）的重要组成部分，阿克洛夫（George Akerlof）、史宾斯（Michael Spence）、斯蒂格利茨（Joseph E. Stiglitz）等曾因对信息不对称问题的研究荣获诺贝尔经济学奖。

② P. W. Easteal and P. R. Wilson, Crime on Transport: Rail, Buses, Taxis, Planes, p. 2, 33, Woden Printers & Publishers, 1991.

③ 即便是在实施准入管制的情况下，以出租车司机身份作掩护，对乘客实施诈骗、抢劫、监禁、强奸、杀害等犯罪的事例也还是时有发生（参见刘虎：《兰州6女子"拼的"遇害 出租车单双号限行遭质疑》，《新快报》2012年1月10日第AT08版；刘洋、窦京京：《"的哥"奸杀女乘客 被索赔百万》，《新京报》2013年8月8日第A18版；英美地区拥有合法运营资质的出租车司机对乘客实施犯罪行为的情况，可参见Simon Harding, Sumeet Gulati and Milind Kandlikar, Taxi APPs, Regulation, and the Market for Taxi Journeys, p. 15, http://www.researchgate.net/publication/276274811）；相比之下，出租车司机遭到乘客暴力侵害的情形则要频繁得多，被杀害的比率在各种行当里高居榜首（See Max Ehrenfreund, The 20 deadliest jobs in America, The Washington Post, January 28, 2015），在很多国家和地区都被视为一种高危职业。对上述现象的一种解释是，有犯意的乘客可以"自由"和"匿名"进入出租车这一"热点地区"，因而其加害司机的预期犯罪成本相对较低；各地当局对出租车经营者的"限制准入""实名特许"政策，则筛除了部分有犯意的司机，并加大了司机针对乘客犯罪行为的败露概率和逾期成本，从而抑制了此类案件的大量发生。

成交，经营者则可以通过降低价格赢得更多的交易机会，因而效率最高的经营者将最终胜出。然而，这种分析模型并不适用于传统出租车市场。

在缺乏现代通信技术支持的巡游服务模式中，乘客无法预见在其愿意等候的最长时间内，将有多少空车驶过身边以及这些车辆的最低服务报价为何，所以通常会选择搭乘随机拦到的第一部出租车，而不是耗费高昂的时间成本来收集和比较出租车服务的价格/品质信息；在定点候客（例如在机场、火车站的固定站点排队等候）服务模式中，乘客迫于"正式的和非正式的压力"，也很少在出租车队列里"挑三拣四"，而是遵守"先来者先走"（first in, first out）的规矩，搭乘等在最前排的车辆。① 总之，出租车的用户难以通过支付较高的价格来缩短等车时间、获得更优质服务，司机也难以通过降低价格吸引到更多用户的青睐，② 双方全凭"碰运气"形成交易关系。所以即便实施自由竞争政策，允许无限量的出租车涌入市场以及与客户自由议价，传统的出租车市场也仍然缺乏真正的有效竞争，甚至会导致"劣币驱逐良币"的逆向淘汰，无论是客户还是经营者，都无法从放松市场竞争管制当中获益。

（三）小结

限制竞争的公共政策，恰恰可以作为一种向出租车客户传递服务信息的"公共方式"，显著缓和信息不对称问题的严重性，从而较之开放自由竞争可能更具效率：一方面，标准化的费率政策省去了交易双方对价格信息的收集和谈判成本；另一方面，限制车辆总数的政策使消费者有理由相信，出租车行业的整体服务水平和安全可靠性可以维持在某种"底线"之上，因为这种政策使出租车市场的"群体垄断"获得了合法性，有助于稳定出租车司机的盈利能力，增强对"不当经营行为"的威慑力（经营者一旦被施以剥夺营业资格的处罚，就意味着被彻底、永久地逐出市场以及巨大经济利益的丧失③），减少经营者无度压缩成本、降低服务品质（例如，由缺乏经验、技能和职业道德的司机驾驶，使用有事

---

① Paul Stephen Dempsey, Taxi Industry Regulation, Deregulation & Reregulation: the Paradox of Market Failure, Transportation Law Journal, Vol. 24, 1996, p. 108.

② See Kenneth M. Gwilliam, Regulation of Taxi Markets in Developing Countries: Issues and Options, Transport Note, No. TRN-3, 2005, p. 3.

③ 在限制市场进入的管制政策环境中，出租车业务营运资质（即"牌照"，或称"特许经营权"）的稀缺性使其本身具有昂贵的市场价值。例如，在上海、沈阳等地，一张出租车"牌照"的转让价格可高达50万、80元（见叶健：《全面深改关键年，出租车改革能否迈开腿？》，《新华每日电讯》2015年1月11日，第1版）；在美国纽约、波士顿和迈阿密，出租车"牌照"的价格一度高达100万美元、70万美元和30万美元，以至被认为是"绝佳的投资品"（See Emily Badger, Taxi Medallions have been the Best Investment in America for Years. Now Uber May be Changing That., Washington Post, June 20, 2014）。

故隐患的车辆等）的激励；此外，限制竞争政策还有减少出租车行业某些负外部性（大量出租车上路或将加剧交通拥堵、空气污染等）的功能。因此，尽管传统出租车市场的限制竞争政策受到不少批评，但信息不对称等经济学分析为其提供了"正当性"基础，长期以来都不曾遭到过颠覆性的挑战。

失灵的市场竞争机制使得限制竞争成为一种符合经济理性的选择，这在很大程度上解释了世界各国当局的出租车市场管制政策，何以在限制车辆总数和价格竞争方面表现出高度的相似性、稳定的趋同性——那些经历过"管制－放松管制－再次回归管制"政策变迁的案例，尤为有力地印证了限制竞争政策的顽强生命力。

三、网约车对出租车市场限制竞争政策的挑战

近年来，以"优步"（Uber）为代表的网约车技术平台的出现和推广，不但给出租车市场带来了崭新的商业模式，而且动摇了限制竞争政策的经济学根基，使全球趋同的管制格局有史以来第一次真正面临了"被撕裂的危机"。运用"集团博弈－制度约束－经济分析"的三维分析模式，有望对网约车环境下出租车市场竞争政策的争议实质做出更妥帖的解读，并对未来政策的基本取向和格局给出较为可靠的预判。

"优步"（Uber）公司于 2010 年 6 月推出世界首款专门用于"打出租"的 App，① 其服务迄今已覆盖约 60 个国家的 300 多个城市。② 网约车的功能流程是：通过在手机上免费下载安装的 App 客户端，自带车辆的驾驶员（大部分是不具备"特许经营资格"的私家车主）提交自己的性别、年龄、职业等账户注册信息，审查合格后即获成为网约车司机；乘客输入姓名、联系方式、信用卡号等信息，建立个人账户；App 收到客户的出租车供求信息后，运用移动互联网和 GPS（全球定位系统）自动识别、匹配地理位置临近的乘客或司机，在他们的账户之间建立链接关系，实时交换传递信息，撮合双方自愿成交，并全程跟踪监测行车路线；待接送任务完成后，车费以电子支付方式在乘客与司机的银行账户之间自动划转，优步从中抽取一定比例的费用，乘客收到包含行驶里程、车费明细等信

---

① 自此以后，出租车市场陆续涌现出多家效仿优步功能模式的网约车服务商，如 Lyft、Sidecar、Wingz、Summon、FlyWheel、Curb、NuRide、CarPooling. com、Carma、RelayRides、FlightCar、GetAround（See Matthew Feeney, Is Ridesharing Safe? Policy Analysis, Cato Institute, January 27, 2015）以及中国的"滴滴打车""快的打车"等。为方便讨论起见，本章仅以优步公司的网约车服务为例进行讨论。

② See 60 Countries, https：//www. uber. com. cn/cities；Amman, You Are Uber's 300th City! http：//newsroom. uber. com/amman/2015/04/amman-you-are-ubers－300th-city/.

息的电子账单；最后，驾乘双方可以根据对方的行为举止、服务水平在 App 上相互评价、打分，由此累积形成的个人分值等级信息，通过 App 向潜在的交易对象公开，从而对他人与这名司机或乘客发生出租车服务交易关系的意愿产生影响。

网约车带来的变局堪称是"革命性"的，它以相对低廉的私人技术成本，从以下两个方面极大消解了传统出租车市场的"信息不对称"特性：（1）为驾乘双方的"缔约意思"提供了精准迅捷的信息沟通机制，使发现交易相对人的方式，由以往的"街头偶遇"转变为当下的"智能匹配"，节省了司机盲目空驶、乘客徒劳等待的无谓成本；（2）为驾乘双方的"履约信誉"提供了双向反馈的信息公示机制，使出租车服务从以往非亲身乘坐难以知晓其优劣的"体验物品"，转变为可以借助历史评分事先评估的"先验物品"①，也让"劣迹斑斑"的乘客难以遁形。网约车用户能够轻易识别出信誉不良者并避免与其交易，由此形成的"联合抵制"效应在私人之间发挥着惩罚与威慑功能，为交易各方争做一名"好司机"或"好乘客"提供着持续的激励。

作为一种颇受用户青睐的信息技术应用平台，网约车在很大程度上颠覆了传统出租车市场的交易模式，祛除了"市场失灵"的痼疾，重塑了市场竞争机制，将其改造成为符合"自由竞争理论模型"假定，可以凭借市场自发力量实现资源高效配置的"正常"市场。

同时，大批不具有商业运营合法资质的私家车司机借助网约车涌入出租车市场，提供所谓的"拼车服务"（ride-share service，在我国俗称"专车服务"）。这种广受乘客欢迎的"非法经营"活动，招致了大量技术性批评意见，② 严重冲击了传统出租车经营者的利益，挑战了传统的限制竞争政策。

四、网约车与竞争政策自由化的进程

对网约车而言，实施"限制竞争"政策不具有经济学意义上的正当性。从效

---

① 先验物品又称"搜寻物品"（Search goods），是指消费者在购买之前就能通过某些方式确定其质量的产品或服务。See Phillip Nelson, Information and Consumer Behavior, Journal of Political Economy, Vol. 78, No. 2 1970, pp. 311 - 329.

② 批评主要集中在五个方面：非法运营（与特许经营制度相冲突），不公平竞争（比传统出租车司承担的监管成本低），乘客保障不力（对网约车司机背景、车况安全性的审查有欠缺）、商业保险不足（保费和投保金额低于传统出租车），侵犯个人隐私等。理论上，这些"缺陷"都可以通过技术性手段解决，并非网约车服务的固有弊病，也不构成对其"正当性"的根本指责。实际上，"拼车"甚至曾经是很多政府机构大力提倡的节能、环保、经济出行方式（See Carlos Sun and Praveen Edara, Is Getting an Uber - Lyft from a Sidecar Different from Hailing a Taxi? Current Dynamic Ridesharing Controversy, Transportation Research Record: Journal of the Transportation Research Board, Vol. 2536, p. 60），只是当网约车使"拼车"现象普遍发生，以至侵蚀到传统出租车经营者的利益之后，其合法性才遭到质疑。

率最大化的观点来看，随着网约车化程度的加深，自由竞争——尤其是废止特许经营制度、允许符合基准条件的车辆和司机进入市场独立作业、允许出租车费率由市场自发调整等，应当和可能成为未来出租车市场管制政策的演变趋向。但是，这并不意味着全球出租车市场将迅速、普遍地实现经营业态的网约车化及与之相伴的竞争政策自由化。

网约车的现实境遇表明，监管当局的态度存在巨大分歧，各法域原本趋同的限制竞争政策格局正在呈现出分崩离析的态势。例如，加利福尼亚、温哥华、西雅图、日内瓦、德里等地的监管机构和瑞士、西班牙、德国等国的法院，已经下令禁用网约车；但是，美国、巴西和法国的一些法院也曾做出过拒发禁令的决定；中国、比利时、荷兰、菲律宾、韩国的警方查处过优步公司或网约车服务，法国甚至以涉嫌犯罪为名逮捕了优步在当地分支机构的高管；但是，截至2015年1月，网约车也获得了美国22个州和城市的许可，其他国家的17个城市甚至专门通过了支持网约车运营的市政条例。而且，网约车合法性的地区数量有望继续增多。

对于上述现象，"集团博弈 - 制度环境 - 经济学思辨"分析框架给出的解释是：在失去经济学的正当性基础之后，出租车市场网约车化与竞争自由化进程之缓急快慢，还将受制于既得利益集团的博弈、既有制度环境的约束以及这些阻力与推动力之间的对抗较量。

从集团博弈的因素来看，阻击网约车的力量首先来自传统出租车市场的从业者，他们的身份又有"持照者"和"劳力者"之分。持照者是指拥有出租车特许经营资质（"牌照"）的组织或个人，劳力者是指向持照者缴纳"份子钱"①、向乘客直接提供服务的出租车司机。一旦开放市场竞争，持照人必将失去牌照本身的高昂投资价值，②无法从劳力者身上继续食利。因此，持照者群体是网约车化的最终受害者和最坚决、最彻底的反对派。

劳力者的立场则较为复杂。他们对持照者的"压榨"不满，但又从牌照制度的限制竞争效果当中"获益"；他们的收入可能因网约车化而减少，于是成为抵制网约车的急先锋、持照者的同盟军，甚至不惜以群体和暴力方式向网约车司机

---

① 劳力者因承包经营有牌照出租车而向持照者定期缴纳俗称"份子钱"的固定费用，这种现象普遍存在于实施特许经营制度的地区。批评者认为，"份子钱"是持照者对司机的压榨和对消费者利益的侵犯，为了维持，很多司机不得不超时、超负荷工作，甚至"70%以上的时间都在为'份子钱'拼命"（见刘乃梁：《出租车行业特许经营的困境与变革》，载于《行政法学研究》2015年第5期等）。

② Emily Badger, Taxi Medallions have been the Best Investment in America for Years. Now Uber May be Changing That. , Washington Post, June 20, 2014. 由于网约车化及其对市场政策预期的影响，美国一些城市的出租车牌照价格在2014年已贬值20% ~ 30%。

和管制当局宣泄抗议。① 但是,劳力者离开传统出租车市场的转换成本(switching cost)② 较低,当网约车被当局宣告合法时,很多劳力者可能会迫不及待地与"压榨"他们的执照者决裂,欣然加入网约车司机的行列。

阻力还可能来自管制出租车市场的有关官员。传统出租车从业者可能通过制造社会失序、骚乱等威慑方式,成功俘获管制当局,③ 或者至少延缓网约车化和竞争政策自由化的进程。在各法域当局缺乏经验和共识的情况下,越早放弃以往"行之有效"的限制竞争政策改行网约车新政,意味着主管官员面临越大的"政策试错"乃至"政治不正确"风险。

促进网约车化的现实动力主要来自其受益者——网约车的运营商和客户(司机和乘客)。其中,网约车客户的潜在数量较大但利益关系松散,通常缺乏作为利益集团参与政策博弈的组织动员能力和成本负担意愿。网约车运营商作为新兴市场主体,单独对立法机构施加影响的能力也较为有限。不过,网约车合法化的案例表明,在网约车运营商的组织号召下,或者通过对社情民意反应灵敏的代议立法机制,主张开放出租车市场竞争的舆论呼声,可能凝聚成推动政策转型的合力。④

对网约车化进程具有决定性意义的另一个因素,是现行的法律制度环境。各国出租车市场管制政策的形成机制不尽相同,有的完全由地方市政当局自行决议,有的由中央政府部门制定基本政策后交地方政府细化执行;有的地区视其为

---

① 为了表示对网约车化的抗议,巴黎多次发生传统出租车司机袭击网约车司机和乘客、打砸车辆、与防暴警察发生冲突的事件;大批出租车曾联合串通,同时堵塞了欧洲多国首都的干道;类似情况在包括中国在内的不少国家和地区也屡有出现。See By Laura Smith – Spark, Courtney Love Rages at Violent Anti – Uber Protest by Paris Taxi Drivers, http://edition.cnn.com/2015/06/25/europe/france-paris-uberpop-protests/index.html, 2015 – 10 – 03;宋笛:《专车暴力冲突之后 地方政府态度松动》,载于《中国企业报》2015 年 6 月 2 日,第 4 版。

② 转换成本也称转换壁垒(switching barrier),是微观经济学、战略管理学、市场营销学中的一个概念,指原本与特定当事方进行交易、后改为与其他当事方交易时,所需承担的时间、心理、经济等方面的代价。参见李俊峰:《反垄断法中交易不成损害的可赔偿性》,载于《现代法学》2012 年第 4 期。

③ 例如,数千名反对网约车的出租车司机在法国多地采取大规模罢工、封路、袭击人员财物等暴力行动之后,法国总统奥朗德表示,这种抗议方式虽然"不能接受"但是"可以理解",网约车的驻法机构"目无法律",应予解散(Laura Smith – Spark and Jethro Mullen, French government orders Paris police to crack down on Uber after protests, http://edition.cnn.com/2015/06/26/europe/france-paris-uberpop-protests/index.html)。

④ 在网约车遭到政府查禁的地区,优步公司的应对策略是向客户致信,争取他们的联手支持。优步曾经在美国发动华盛顿州的 5 万人给监管机构发送邮件,并推送了 3.7 万多条推特向当局施压;同时,优步还建立了近 200 人的游说团队,聘请了大量资深政治顾问,以政治代价来狙击传统出租车公司,说服各州的立法官员,并取得了一定程度的效果。例如,弗吉尼亚州车管局曾下达禁止网约车的命令,但在优步游说州长助理后,禁令发出未满 48 小时就被撤销;美国加州的公共事业委员会则一致投票作出永久性立法,为网约车正名(晓睿:《打车市场"革命者"Uber 的乐与怒》,载于《中关村》2015 年第 6 期)。

可司法裁决事项，一起判例就能一锤定音地确认网约车是否合法，有些地区的法院则对其基本奉行不干涉主义。① 整体而言，在面临选举压力的行政化、地方化决策机制下，网约车更容易争取合法性的确认；在司法化或国家化的机制下，面对竞争政策变迁所需的复杂制度设计、地方出租车市场不均衡的发展状况，法院和中央政府会更倾向于采取保守态度，致使网约车合法化的难度增大。

总之，网约车化与竞争政策自由化的全球进程，很可能会以局部性、碎片化、蚕食状、不同步的方式在各法域分散发生。随着经验教训的积累和传播，有望逐渐形成可移植、可复制的新的市场机制和政策共识，进而再次出现新的出租车市场管制政策的趋同格局。

---

① See Joel Seligman, The Application of the Federal Antitrust Laws to Municipal Taxicab Regulation, Journal of Urban and Contemporary Law, Vol. 26, No. 25, 1984.

第六章

重点战略：有效控制行政性垄断

垄断行为既可能被市场经营主体实施，即经济性垄断，也可能被行政主体实施，这就是行政性垄断。由于我国的转型期经济特性，除了经济性垄断之外，影响我国建设统一开放、公平竞争、规范有序的市场经济秩序的还有行政性垄断。行政性垄断不仅扰乱了市场竞争秩序，破坏全国统一大市场的形成，还侵害了消费者利益，引发收入分配不均，同时滋生腐败，败坏社会风气，严重损害了政府形象，并违背 WTO 规则，影响了我国同世界经济的接轨。因此，我国推进反垄断战略的一项重要任务就是有效控制行政性垄断。党的十九大报告提出"打破行政性垄断"，党的十九届四中全会强调"加强和改进反垄断执法"，党的十九届五中全会提出"打破地方保护，加强反垄断执法"。本章对于这方面的内容进行探讨，旨在确立有效控制行政性垄断的重点战略。在下文中，第一部分简要分析行政性垄断及其法律规制的基本问题；第二部分探讨控制行政性垄断与反垄断执法问题；第三部分探讨行政性垄断与公平竞争审查问题；第四部分则以政府采购为例，探讨具体领域的控制行政性垄断问题。

第一节 行政性垄断及其法律规制的一般分析

一、行政性垄断的基本界定和主要类型

行政性垄断是我国学者在研究垄断或限制竞争行为时，为与传统的市场经营

主体的垄断或限制竞争行为（即所谓的经济性垄断）相区别而提出来的。党的十九大报告中也明确提到"打破行政性垄断，防止市场垄断"。

对于行政性垄断，目前还没有一个统一的表述。虽然人们在行政性垄断所指的基本现象上有大致相同的认识，但从众多不同的概念界定中还是可以看出它们之间的分歧的。这种分歧主要包括以下方面：第一，关于行政性垄断的主体的不同表述，有"政府及其所属部门""政府和政府部门""地方政府行政机关和国家经济管理部门""政府行政机关或其授权单位""行政主体"等多种；第二，行政性垄断是一种垄断状态，还是一种垄断行为，或者既包括垄断状态，也包括垄断行为；第三，行政性垄断都是非法的，还是既有非法的行政性垄断又有合法的行政性垄断。

行政性垄断的主体主要是行政机关，即政府及其所属部门，但在这之外还包括法律、法规授权的社会组织，因此可以用"行政主体"或者"行政组织"来统称，以避免具体列举的不准确、不完整的问题。基于行政性垄断和国家垄断的区分[①]，这里的行政主体不包括中央政府即国务院，因为国务院作为最高国家行政机关，其作出的行政决定和制定的行政法规等规范性文件应被视为国家行为，其中涉及限制竞争的也应被视为合法的国家垄断。但是，国务院所属各部门也是行政性垄断的主体。

尽管广泛意义上的垄断包括垄断状态和垄断行为两种情况，但行政性垄断只是指垄断行为，即行政性限制竞争行为，这里显然无法适用经济性垄断中的状态概念。因为，行政性垄断的实施主体是行政主体，而不是经营者，无法通过行政权力的滥用形成一定的市场状态。作为行政性垄断的结果，某些经营者可能具有在特定市场上的某种垄断状态，但是行政性垄断本身只能是行为，即排除、限制竞争的行为。

至于行政性垄断的性质，基于其与国家垄断的区别以及其仅存在能否直接构成而不适用除外和豁免的问题，应当认为"滥用行政权力"的行政性垄断都是非法的，不存在是否合法的问题。实际上，这个问题从"滥用"本身就可清楚地看出，因为既然是滥用行政权力，就不可能是合法的。具体的滥用形式可以是多种多样的，既可以表现为实施具体行政行为时的违法，也可以表现为实施制定规范性文件等抽象行政行为时的违法；既可以是违反具体明确的法律规定，也可以是

---

① 行政性垄断和国家垄断的区别主要表现在：第一，主体不同。行政性垄断是行政主体凭借行政权力实施的垄断，其主体是行政机关及法律、法规授权的组织；国家垄断是国家实施的垄断或凭借国家权力实施的垄断，其主体是国家。第二，产生的根源不同。行政性垄断产生的根源是局部利益与个人利益，国家垄断产生的根源是国家利益与社会公共利益。第三，性质不同。行政性垄断是非法的，国家垄断是合法的。参见郑鹏程：《行政垄断的法律控制研究》，北京大学出版社2002年版，第35~36页。

违反法律的基本原则和精神。行政权力滥用虽有多种表现，但作为构成行政性垄断要件的行政权力滥用，仅发生在行政主体对市场活动的干预中，也就是通过违法行使行政权力，使得特定市场上的竞争受到人为的排除或者限制，表现为优待、庇护某些经营者，而歧视、排挤另一些经营者，对经营者的自主经营、自由竞争活动施加不当的影响，背离了行政主体作为经营者市场行为的公正裁判的角色。

基于以上分析，这里可对行政性垄断作最简略的界定，即行政性垄断是指行政主体滥用行政权力排除、限制市场竞争的行为。这表明，行政性垄断的主体不是一般的市场经营主体，而是除中央政府以外的行政主体，包括地方政府和中央与地方政府部门及其授权的组织，在我国《反垄断法》中表述为"行政机关和法律、法规授权的具有管理公共事务职能的组织"；其行为也不是市场经营主体自身的经济行为，而是行政主体滥用其行政权力的行为，并由此导致对市场竞争的实质限制。这里，"滥用行政权力"是判定构成行政性垄断的基本标准。

对于何种行为构成滥用行政权力，排除、限制竞争，我国《反垄断法》并没有明确界定，一般应考虑以下因素：首先，该行为是否具有排除、限制竞争的效果，只有排除、限制竞争的行为才为反垄断法所禁止；其次，该行为是否有法律或者政策依据，如果行政机关和法律、法规授权的具有管理公共事务职能的组织的行为是依照法律或者国家政策作出的，即使具有排除、限制竞争的效果，也不属于滥用行政权力的行为。

行政性垄断的实质是滥用行政权力排除、限制市场竞争，因此在任何社会都有产生的可能。我国曾经有不少人认为行政性垄断是中国所特有的现象，但随着认识的深化，越来越多的人认识到行政性垄断不仅存在于中国，在其他经济体制转型的国家也大量存在，甚至在西方市场经济发达国家也同样存在，只不过这个问题在我国由传统计划经济体制向社会主义市场经济体制转轨过程中显得较为突出。行政性垄断虽然具有不同于一般经济性垄断的特点，但它们在本质上都是对竞争的限制，其结果都破坏了自由、公平的市场竞争秩序，因而应当受到同样的规制。而且，既然行政性垄断在我国表现得较为突出，那么我国也就更有理由和必要对其进行法律规制。

行政性垄断的具体表现是多种多样的，很多学者也从多种不同的角度对此进行了分类，有"二分法"（地区性行政垄断、行业部门性行政垄断）、"三分法"（国家垄断、行政性公司垄断与地区行业垄断，或者行业垄断、地区垄断和其他利用行政权力实施的垄断）和"四分法"（地区贸易壁垒、部门贸易壁垒、政府限定交易和设立行政公司或者地区封锁、部门垄断、强制交易与强制联合限制竞争)。相对来说,"三分法"中的后一种分类即将其分为地区垄断、部门垄断和其他利用行政权力实施的垄断三类是比较恰当的,既列明了行政性垄断的基本类型,又使得这种列举具有包容性和灵活性。其中,地区垄断又称为地区封锁,是指某一地区的行政主体为保护本地区企业和经济利益,滥用行政权力排斥、限制外地企业参与本地市场竞争或本地企业参与外地市场竞争的行为。这是最典型、最普遍的行政性垄断,国务院在 2001 年 4 月 21 日发布的《关于禁止在市场经济活动中实行地区封锁的规定》第 4 条列举了实践中常见的 8 种地区垄断行为。部门垄断是指行政主体为保护本部门的企业和经济利益,滥用行政权力实施的限制其他部门企业参与本部门市场竞争的行为。部门垄断与地区垄断在主体方面存在交叉的可能性,如地方政府部门既可能是地区垄断的实施者,也可能是部门垄断的实施者,但就基本方面而言,两者的区分还是比较明显的,表现了行政权力的不同辐射方向。这里需说明的是,部门垄断与行业垄断有联系,但两者不是一个概念。行业垄断如果涉及行政权力滥用的就属于行政性垄断,而不涉及行政权力滥用的则属于一般的经济性垄断。其他利用行政权力实施的垄断,是指除地区垄断和部门垄断之外的其他行政性垄断情形,如强制交易和强制实施垄断行为(如强制联合定价,强制联合拒销、拒购)等。此外,作为一种行政行为,行政性垄断既可以表现为具体行政行为,也可以表现为抽象行政行为。

二、行政性垄断的原因和危害

既然行政性垄断在本质上是滥用行政权力排除、限制市场竞争,那么在任何社会,只要存在滥用行政权力干预市场竞争,就有产生行政性垄断的可能,并且有着大致相同的基本动因,即在根本上都是为了追求特定的政府利益。不过,行政性垄断在各个国家和地区产生的具体原因还是存在差异性的,也正是这种差异性使得其在各个国家和地区的表现形式和程度不同。

在我国,行政性垄断表现得较为突出,其产生的原因也比较复杂,既有历史的原因,又有现实的原因;既有经济上的原因,又有体制上的原因。相对来说,体制上的原因是我国行政性垄断产生的主要原因。无论是"从全局性的国家垄断到局部性的行政垄断"还是"从行政利益的一元到行政利益的多元"[①],这都属于经济体制和政治体制上的转变。完全的计划经济无所谓行政性垄断,因为一切经济活动都在国家控制之下;成熟的市场经济也在最大程度上减少了行政性垄断

---

① 王保树:《论反垄断法对行政垄断的规制》,载于《中国社会科学院研究生院学报》1998 年第 5 期。

的产生，因为政府管理经济活动是规范的。而我国从计划经济体制向社会主义市场经济体制转轨的过程中，市场的不完善和政府管理经济活动的不规范就容易形成滥用行政权力排除、限制市场竞争的问题。可以说，新旧体制的转轨是我国产生行政性垄断的根源，我国的行政性垄断主要是体制性的产物。同时，多元化的行政利益驱动是行政性垄断发生的根本动因，行政性垄断的出现与存在是以经济利益的多元化为前提的。在改革的过程中，我国经历了从行政利益的一元到行政利益多元的转变，地方、部门独立利益的存在和强化形成了滥用行政权力排除、限制竞争的动因。当然，缺乏有效的法律规制也是我国行政性垄断长期不能得到根治的一个重要原因。

关于行政性垄断的危害，可以从很多方面来看。首先，行政性垄断具有与经济性垄断一样的危害性，即人为地在相关市场上限制甚至消灭了竞争，破坏了自由、公平的市场竞争秩序，扭曲了资源配置，抑制了经济活力，阻碍了全国统一市场的形成和发展，使得消费者利益受损，经营者的公平竞争机会受到排挤。其次，从其发生作用的广度和深度看，行政性垄断较之经济性垄断对市场经济的危害更为严重，因为行政性垄断是行政主体依靠其行政权力，通过行政组织和行政手段实施的，这对市场竞争的破坏性往往是致命的、严重的，特别是抽象的行政垄断行为，其影响的范围广泛而持久。最后，行政性垄断还具有经济性垄断所不具有的社会危害性，即政治上的危害性。例如，行政性垄断容易滋生社会腐败现象和不正之风，产生新的社会分配不公，破坏国家法制的统一，损害政府应有的公正形象。

在我国成为WTO成员之后，行政性垄断除了上述经济上、政治上的危害之外，还有另一个层面的危害，即与WTO基本原则相冲突，影响我国履行"入世"的承诺。从理论上来说，行政性垄断对一部分国内市场主体（本地区的、本行业的或者被指定的企业）给予特殊"保护""优惠"或授予特许权，而对其他主体进入本地市场规定极其苛刻的条件，这必然导致国内的其他市场主体以及国外的市场主体受到歧视待遇甚至被不公正地排挤出市场。首先，与WTO的非歧视原则中的国民待遇原则相悖。因为，国民待遇原则要求任何成员方对其他成员方的产品、服务或服务提供者及知识产权所有者和持有者所提供的待遇，不低于本国同类产品、服务或服务提供者及知识产权所有者和持有者所享有的待遇。它通过直接约束成员方的"受政府控制的事项"，为实现国际间市场主体的公平竞争创造条件。而行政性垄断恰恰是在"受政府控制的事项"上，不仅在国内市场主体间实行差别待遇，而且必然在外国主体和部分国内主体间实行差别待遇，从而直接构成了对WTO国民待遇原则的违反。其次，行政性垄断往往也违反WTO其他的基本原则。例如，据以实施行政性垄断的规范性文件往往并不公开，这就违反了 WTO 透明度原则；行政性垄断以不正当限制竞争的方式在某一行业或某一地区妨碍了正常的市场准入，建立了新的壁垒，这与 WTO 自由贸易原则相悖；在实施行政性垄断的情况下，WTO 的公平竞争原则更是无法实现的；实施行政性垄断更难实现程序公正的要求。此外，行政性垄断还背离了法制统一的原则，妨碍了 WTO 各项规则在我国的统一实施，因为行政性垄断往往表现为地方政府及其部门采取与中央精神相悖的立法、政策和措施。

三、行政性垄断法律规制的路径

改革开放以来，我国经济生活中存在着一定的行政性垄断现象，并且危害较大，应当尽快加以消除。对此，各方面的基本认识是一致的。但是，对于如何消除行政性垄断，人们的认识就有分歧了。一些人认为，行政性垄断既然是体制性的产物，其最终解决就要靠深化经济体制和政治体制改革，而不是法律，尤其是反垄断法能够解决的。不过，更多的人认为，作为由复杂的、综合的原因引起的行政性垄断问题需要多种手段解决，深化经济和政治体制改革确实是其中非常必要的方面，但不是唯一的，尤其是不能坐等改革。而法律方面的改革措施更是必不可少的，除了通过包括《行政许可法》在内的其他法律措施外，其核心内容还是制定和实施包括规制行政性垄断内容在内的反垄断法。虽然不能指望一部反垄断法能够解决行政性垄断的全部问题，但是在实行依法治国的今天，这种措施是带有根本性的，也是最终能够靠得住的。同时，制定和实施反垄断法等法律法规来规制行政性垄断本身，既是经济和政治体制改革的一部分，也必将进一步推动和促进经济和政治体制的改革。因此，全面深化经济体制和行政管理体制改革与加强法律规制对于有效控制行政性垄断来说都是必要的，两者完全可以并行不悖。

就行政性垄断的法律规制来说，根据事前还是事后以及实施主体的不同等，可以分为公平竞争审查和反垄断执法两条基本的路径。前者是指相关政策法规文件出台前或者出台后，按照公平竞争的原则和相关具体标准，对其是否妨碍公平竞争进行评估并采取相应措施的一项制度；后者是根据反垄断法中的相关规定，对产生了排除、限制竞争后果的具体行政行为或者抽象行政行为予以调查处理的一项制度。很显然，公平竞争审查都是针对拟定中或者已经出台的政策文件，一般属于事前采取的预防性措施（针对存量文件的审查也可能是发生了排除、限制竞争后果的），旨在将妨碍公平竞争的情况消除在萌芽状态或者防止产生进一步的危害后果；而反垄断执法则是按照法定程序，由反垄断执法机构对产生了排除、限制竞争后果的行为（具体行政行为或者抽象行政行为）进行调查，并根据规定进行相应的处理，旨在纠正和消除已经产生的竞争危害后果。作为行政性垄断法律规制的两条基本路径，公平竞争审查和反垄断执法虽然存在法律依据和具体方式等方面的不同，但是它们对于预防和制止行政性垄断、维护市场自由公平竞争来说都是不可缺少的。

在我国，这两条法律规制路径不是同步产生的。作为反垄断执法的一部分，反行政性垄断的法律依据是规定在2007年出台、2008年实施的《反垄断法》中的，即其总则的第8条和第五章（6个条文），并且在该法实施十多年来已经产生了较好的效果。而公平竞争审查则是近几年才出现的，其主要依据是2016年6月国务院印发的《关于在市场体系建设中建立公平竞争审查制度的意见》，实施的时间还比较短，但也已经初见成效。

本章以下就分别针对这两条规制行政性垄断的法律路径展开分析。

第二节 控制行政性垄断与反垄断执法

一、反垄断执法控制行政性垄断的法律依据

行政性垄断并非我国所独有，存在行政性垄断现象的其他国家也有许多是通过制定和实施反垄断法来解决。即使像美国这种成熟的市场经济国家，也存在规制行政性垄断的法律。"美国的历史告诉我们，即使在美国，各地实施地方保护主义的力量也是很强大的，因此最高法院必须不停地遏制州及其地方政府的地方保护主义意图……""美国禁止行政垄断的规定是在1789年的宪法中所确认的，这比谢尔曼法早了100年。美国经验认为，禁止政府机构对竞争进行限制，这比禁止私人部门的限制更具重要性和基础性。即使从历史上看，美国政府参与经济的程度相对是较低的，但是这个经验仍然是非常可靠的。"[①]

在美国反托拉斯法中，"人"（Person）可以指代任何主体。在美国最早的反托拉斯法《谢尔曼法》中规定：任何人签订契约，或从事联合或共谋，用来限制州际或与外国之间的贸易或商业，是严重犯罪（第1条）；任何人垄断或企图垄断，或与他人联合、共谋垄断州际或与外国间的商业和贸易，是严重犯罪（第2

---

① ［美］陈懿华：《行政垄断：美国反托拉斯法的州行为论》，载于王晓晔主编《反垄断立法热点问题》，社会科学文献出版社2007年版，第137、140页。

条)。根据美国联邦最高法院的判决,反托拉斯法适用的对象也包括在诉讼中作被告的市政机关,即市政机关限制竞争的行为不能从联邦反托拉斯法中得到豁免。美国联邦最高法院虽然在1943年"布朗案"(Parker v. Brown)中提出了州行为理论(the State Action Doctrine),即州政府的行为可以得到反托拉斯法的豁免,美国各州为实施其经济政策而颁布的法规可以不受联邦反托拉斯法的制约,但是依照这个判决,企业不能因执行州政府的法令而违反联邦的反托拉斯法,否则,就违反了联邦法优于州法的原则。因此,美国各州虽然有权制定本州的市场竞争规则,但它们不得使企业的行为背离《谢尔曼法》和联邦的其他竞争规则。在之后的判决特别是1980年"米德卡尔案"(Midcal)的判决中,联邦最高法院的这种观点有所改变,承认企业以及州政府的下属机构为贯彻和执行州政府的法令和行为,也可得到联邦反垄断法的豁免,但这些行为必须是经州政府以法律形式明确认可,且在州政府的监督之下进行的。由此,州政府的下属机构不能因有政府实体的地位就可以自动得到联邦反托拉斯法的豁免。1984年美国通过了《地方政府反托拉斯法令》(The Local Government Antitrust Act),该法豁免了地方政府的三倍损害赔偿,但没有规定地方政府可以从禁令以及衡平法的其他救济中得到豁免。①

至于东欧、俄罗斯等经济转型国家,由于本身也存在着较为严重的行政性垄断问题,因而其通过相关反垄断法加以规制也就不足为怪了。例如,2006年的《俄罗斯联邦竞争法》② 共10章54条,涉及规制行政性垄断的就有3章7条。此外,乌克兰、保加利亚等国的反垄断法中也对相关行政性垄断问题做了规定。这表明,以反垄断法规制行政性垄断已成为许多经济体制转轨中的国家的通行做法。

在《反垄断法》颁布之前,我国关于行政性垄断的法律规范分散在有关法律、法规之中,主要是《反不正当竞争法》第7条和2001年国务院发布施行的《关于禁止在市场经济活动中实行地区封锁的规定》。但这远远满足不了我国规制行政性垄断的现实需要,因此通过制定完整的反垄断法来为我国全面规制行政性垄断提供有效的法律依据就成为必然选择。但在我国反垄断法应当采取什么方式来规制行政性垄断的问题上也是有分歧的。例如,许多人都主张应对行政性垄断的行为表现及其法律责任作出专门的规定(设立专章),我国有关部门多年来所草拟的反垄断法大纲或草案的历次文本中一般都对行政性垄断的内容设专章规定,只是2005年年底的反垄断法起草文本中行政性垄断作为专章的规定一度被

---

① 参见王晓晔:《企业合并中的反垄断问题》,法律出版社1996年版,第276~277页。
② 该法是在2006年7月合并了1991年的《关于商品市场上的竞争和限制垄断行为的法律》(后经过8次修改)和1999年的《金融市场竞争法》而制定的统一的竞争法。该法后来进行了多次修订。

删去。不过，专章的规定很快又恢复了，直到《反垄断法》最后通过。

我国《反垄断法》采取原则规定和典型行为列举相结合的方式对行政性垄断行为进行规制。一方面，在总则第8条原则禁止行政性垄断，即"行政机关和法律、法规授权的具有管理公共事务职能的组织不得滥用行政权力，排除、限制竞争"；另一方面，又在第五章用6个条文分别规定了行政性垄断的主要表现形式。应该说，这是从我国的国情出发，在反垄断法这一保护竞争的专门性、基础性法律中规制行政性垄断的一种尝试。总体来说，这些规定是对禁止滥用行政权力排除、限制竞争的基本政策的延续和重申，相对于以前的规定更加明确和具体，基本上是合理可行的，为处理行政性垄断行为提供了基本的法律依据。

二、我国反垄断法规制的行政性垄断的典型形式

（一）指定交易

指定交易是指行政机关和法律、行政法规授权的具有管理公共事务职能的组织滥用行政权力，要求他人（单位或者个人）与其指定的特定经营者进行交易。这是我国行政性垄断行为的典型表现之一，它既排除了被指定者以外的经营者在特定市场上的公平竞争机会，也使得被限定的单位或个人的交易自由受到限制，并往往因该指定的商品或服务质次价高而受到经济上的损失。

我国早在1993年的《反不正当竞争法》第7条第1款就规定："政府及其所属部门不得滥用行政权力，限定他人购买其指定的经营者的商品，限制其他经营者正当的经营活动。"① 《反垄断法》第32条进一步规定："行政机关和法律、法规授权的具有管理公共事务职能的组织不得滥用行政权力，限定或者变相限定单位或者个人经营、购买、使用其指定的经营者提供的商品。"这里的限定和变相限定的表现形式也有多种，都有一定的强制性，比如有的通过制定行政规范性文件强制限定或变相限定，有的是在有一定垄断或资源稀缺性质的行业实施强制限制或变相限制等。

（二）妨碍商品在地区之间自由流通

妨碍商品在地区之间自由流通是指行政机关和法律、法规授权的具有管理公共事务职能的组织滥用行政权力，采取不正当的方式阻碍商品在地区之间的自由

---

① 这一规定在该法2017年修订时已被删除。

流通，损害全国统一市场形成的行为。实行社会主义市场经济，需要在全国范围内建立健全统一、开放、竞争、有序的现代市场体系。而妨碍商品在地区之间的自由流通与这一基本要求是直接相违背的，人为扭曲了竞争机制的作用和资源的合理配置，保护了落后的经营者，也损害了广大消费者和受特定保护以外的经营者的合法权益，其危害显而易见。

我国早在1993年的《反不正当竞争法》第7条第2款就规定："政府及其所属部门不得滥用行政权力，限制外地商品进入本地市场，或者本地商品流向外地市场。"① 2001年国务院发布施行的《关于禁止在市场经济活动中实行地区封锁的规定》更是对此做了比较具体的规定。我国《反垄断法》第33条在原有规定的基础上做了进一步的规定，即"行政机关和法律、法规授权的具有管理公共事务职能的组织不得滥用行政权力，实施下列行为，妨碍商品在地区之间的自由流通：（一）对外地商品设定歧视性收费项目、实行歧视性收费标准，或者规定歧视性价格；（二）对外地商品规定与本地同类商品不同的技术要求、检验标准，或者对外地商品采取重复检验、重复认证等歧视性技术措施，限制外地商品进入本地市场；（三）采取专门针对外地商品的行政许可，限制外地商品进入本地市场；（四）设置关卡或者采取其他手段，阻碍外地商品进入或者本地商品运出；（五）妨碍商品在地区之间自由流通的其他行为。"这里列举了这种行为在实践中的四种主要表现形式，并设有兜底条款。虽然它们的表现形式各异，限制竞争的程度也不一样，但是在本质上都是歧视外地商品，妨碍商品在地区之间自由流通。

（三）招投标活动中的地方保护

招标投标是在建设工程承包、成套设备或者其他商品的购买、企业承包经营和租赁经营、土地使用权出让、经营场所出租等领域广泛采用的竞争性交易方式。我国大力推行招标投标制度，就是为了充分发挥市场竞争机制在公共资金采购中的作用。这种本身带有明显竞争性的交易方式尤其需要确保公平，否则对竞争的危害更为明显。除了作为招标人和投标人的经营者不得串通招投标外，行政机关和法律、法规授权的具有管理公共事务职能的组织也不得在招投标活动中搞地方保护。如果在招标投标活动中搞地方保护，必然会大大缩小竞争规模，充分竞争的优越性难以得到发挥，使招标投标的作用大打折扣。在招标投标活动中实行地方保护的做法，破坏了市场的统一性，违反了公平竞争的原则，严重影响招标投标活动的正常开展，也给腐败行为留下可乘之机。鉴于此，我国《反垄断

---

① 这一规定在该法2017年修订时已被删除。

法》第 34 条明确规定:"行政机关和法律、法规授权的具有管理公共事务职能的组织不得滥用行政权力,以设定歧视性资质要求、评审标准或者不依法发布信息等方式,排斥或者限制外地经营者参加本地的招标投标活动。"

(四)排斥或者限制在本地投资或者设立分支机构

行政机关和法律、法规授权的具有管理公共事务职能的组织滥用行政权力搞地方保护,除了限制外地商品流入本地市场或者本地商品流入外地市场这些涉及商品流通的地域性限制外,还包括对资金、技术、人员流动和企业跨地区联合等方面的限制。排斥或者限制外地经营者在本地投资或者设立分支机构即是其中的一个重要方面。这种行为保护本地经营者的利益,使外地经营者无法对本地经营者形成挑战,排斥、限制正常的竞争,其结果会使可竞争的统一市场转变为垄断趋向的市场结构,破坏比较优势,保护落后,最终也不利于本地区经济的发展。为此,《反垄断法》第 35 条明确规定:"行政机关和法律、法规授权的具有管理公共事务职能的组织不得滥用行政权力,采取与本地经营者不平等待遇等方式,排斥或者限制外地经营者在本地投资或者设立分支机构。"

(五)强制经营者从事垄断行为

按照反垄断法的要求,经营者在经济活动中要遵守自由、公平的市场竞争规则,不得从事非法垄断行为。作为行使公权力的行政机关和法律、法规授权的具有管理公共事务职能的组织要担负起指导和监督的职责。但是,在现实经济生活中,一些经营者的非法垄断行为恰恰是行政机关和法律、法规授权的具有管理公共事务职能的组织滥用行政权力,强制其从事的。这种做法既违反了建立和完善社会主义市场经济体制的要求,侵害了经营者依法享有的经营自主权,也会损害消费者的合法权益。由于这种行为具有超经济的强制性和排斥竞争的封闭性,因而相对于经营者自己从事的垄断行为来说,其往往具有更大的危害性。为此,《反垄断法》第 36 条明确规定:"行政机关和法律、法规授权的具有管理公共事务职能的组织不得滥用行政权力,强制经营者从事本法规定的垄断行为。"当然,这一问题的解决还需要更多方面的努力,包括加强行政法制建设,强化科学行政、依法行政意识,树立正确的政绩观,摆正行政机关和法律、法规授权的具有管理公共事务职能的组织的角色定位等。

(六)制定含有排除、限制竞争内容的规定

行政机关滥用行政权力,排除、限制竞争,既可以通过具体的行政行为来实

现，也可以通过抽象行政行为来实现。抽象行政行为是指以不特定的人或事为对象制定具有普遍约束力的规范性文件的行为。行政机关以抽象行政行为排除、限制竞争是指行政机关滥用行政权力，在其发布的有约束力的规范性文件中制定含有排除、限制竞争内容的规定。与以具体行政行为排除、限制竞争相比，以抽象行政行为排除、限制竞争有以下特点：针对的对象是不特定的人或者事；其效力具有普遍性；该规定可以反复适用，而不是只适用一次；该行为通常创立了一种新的行为模式。因此，采用抽象行政行为的方式排除、限制竞争往往影响面更广，副作用更大。为此，《反垄断法》第 37 条明确规定："行政机关不得滥用行政权力，制定含有排除、限制竞争内容的规定。"这一规定具有非常重要的意义。需要说明的是，在这方面存在反垄断执法与公平竞争审查的交叉与衔接问题。

三、反垄断执法控制行政性垄断的实施机制

行政性垄断行为既然受到反垄断法的禁止，就需要有相应的法律实施机制提供保障，否则，有关禁止行政性垄断行为的规定就会流于一般的政策性宣示。因此，如何在反垄断法中合理规定行政性垄断行为的执法主体和法律责任就是一个非常重要的问题。

（一）现有规定和实际操作

我国《反不正当竞争法》在 2017 年修订前曾在第 30 条对行政性垄断行为（指定交易和地区封锁）的规定是："由上级机关责令其改正；情节严重的，由同级或者上级机关对直接责任人员给予行政处分。被指定的经营者借此销售质次价高商品或者滥收费用的，监督检查部门应当没收违法所得，可以根据情节处以违法所得一倍以上三倍以下的罚款。"对此规定，学界普遍认为其不足以有效制止行政性垄断行为，并希望在《反垄断法》中加以强化。在我国反垄断立法的过程中，对于如何规定行政性垄断行为的执法主体和法律责任也是经过反复讨论的。一些人主张，反垄断法应当改变由"上级机关"负责处理的做法，而应由反垄断执法机构统一处理行政性垄断行为，并且更具体、严格地规定其法律责任。但是，我国最终通过的《反垄断法》并没有采纳这样的意见。该法第 51 条对此的规定是："行政机关和法律、法规授权的具有管理公共事务职能的组织滥用行政权力，实施排除、限制竞争行为的，由上级机关责令改正；对直接负责的主管人员和其他直接责任人员依法给予处分。反垄断执法机构可以向有关上级机关提出依法处理的建议。""法律、行政法规对行政机关和法律、法规授权的具有管理

公共事务职能的组织滥用行政权力实施排除、限制竞争行为的处理,另有规定的,依照其规定。"

依此规定,行政机关或法律、法规授权的具有管理公共事务职能的组织滥用行政权力,排除、限制竞争的,由该行政机关或者法律、法规授权的具有管理公共事务职能的组织的上级机关责令改正,该行政机关和组织应当依法改正。对直接负责的主管人员和其他直接责任人员,依法给予警告、记过、记大过、降级、撤职、开除等行政处分。同时,对行政机关和法律、法规授权的具有管理公共事务职能的组织的上述违法行为,反垄断执法机构可以向有关上级机关提出依法处理的建议。《反垄断法》增加的"反垄断执法机构可以向有关上级机关提出依法处理的建议"的规定还是有必要的。这意味着专门的执法机构虽然没有直接处理行政性垄断行为的权力,但仍然有建议上级机关进行处理的权力。这可以在一定程度上加强对行政性垄断行为的监督。

尽管《反垄断法》没有规定反垄断执法机构对于行政性垄断可以像对经济性垄断行为那样调查处理,只是规定了"建议权",但是要行使这种建议权就必须进行相应的调查并根据调查结果进行处理,包括对认为构成滥用行政权力排除、限制竞争的行为依法向有关上级机关提出依法处理的建议,这也是一种执法活动。实际上,在2008年国务院规定的"三定"方案中,原国家工商总局的职责中就包括负责垄断协议、滥用市场支配地位、滥用行政权力排除、限制竞争方面的反垄断执法工作(价格垄断行为除外)。而且,原国家工商总局在2009年5月26日公布了《工商行政管理机关制止滥用行政权力排除、限制竞争行为程序规定》,在2010年12月31日公布了《工商行政管理机关制止滥用行政权力排除、限制竞争行为的规定》。在机构改革调整后,国家市场监管总局也在2019年6月26日公布了《制止滥用行政权力排除、限制竞争行为暂行规定》,于2019年9月1日起实施。可见,在实际的操作中,对行政性垄断行为的调查处理也是我国反垄断执法机构执法活动的一部分。

(二)从典型案例看对行政性垄断进行反垄断执法的效果

从以往制止行政性垄断行为的实践来看,反垄断执法机构的建议还是有一定效果的。有调查表明,在工商机关制止和查处的五百多件地方政府及其所属部门滥用行政权力限制竞争的案件中,90%属于所在的地方政府或地方政府所属部门领导对竞争法不了解而实施的。在这种情况下,只要竞争执法机关及时告知,相关行为就会得到自我纠正。[①] 因此,反垄断执法机构的这种建议权在一定程度上

---

① 参见桑林:《对反垄断法几个有争议的问题的思考》,载于《中国工商管理研究》2006年第3期。

还是可以起到督促上级机关依法处理行政性垄断行为的作用的。这在《反垄断法》实施以后的相关案例上也得到了体现。

据统计，我国《反垄断法》实施 10 年来，反垄断执法机构共查处滥用行政权力排除、限制竞争案 183 件，震慑了违法者，净化了市场环境。① 另据国家市场监管总局反垄断局 2021 年 3 月的系列综述文章，"十三五"时期，全国依法查处滥用行政权力排除、限制竞争案件 274 件，有效保护市场公平竞争和消费者利益，维护了反垄断法权威。其中，涉及省级政府所属部门的案件约占 14.8%，涉及市级政府及其所属部门的案件约占 45.1%，涉及县级政府及其所属部门的案件约占 36.2%。② 以下就选取两个典型案例加以说明。

典型案例一：广东省河源市政府会议纪要关于汽车 GPS 指定交易案③

2010 年 1 月 8 日，广东省河源市政府召开政府工作会议，会议的主要内容是落实广东省政府加强道路交通安全管理的指示，推广应用卫星定位汽车行驶记录仪。在会议纪要中，河源市政府明确指定新时空导航科技有限公司（以下简称新时空公司）自行筹建的卫星定位汽车行驶监控平台为市级监控平台，要求该市其余几家 GPS（全球卫星定位系统）运营商必须将所属车辆的监控数据信息上传至新时空公司平台。此后，河源市物价局依据该会议纪要，批复同意新时空公司对其他 GPS 运营商收取每台车每月不高于 30 元的数据接入服务费。5 月 12 日，河源市政府办公室印发了《强制推广应用卫星定位汽车行驶记录仪工作方案》，明确要求全市重点车辆必须将实时监控数据接入市政府指定的市级监控平台。11 月 11 日，河源市政府召开政府工作会议，重申了上述要求，并要求交警部门对未将监控数据上传至新时空公司平台的车辆，一律"不予通过车辆年审"。

2011 年 1 月 26 日，河源市易流科技有限公司等 3 家汽车 GPS 运营商联名向广东省工商局投诉，反映河源市政府在强制推广汽车 GPS 工作中的行政行为涉嫌滥用行政权力排除、限制竞争。3 月 25 日，3 家企业又向广东省人民政府法制办公室就河源市政府的上述行政行为提起行政复议。

广东省工商局按照《反垄断法》的有关规定对上述投诉进行了调查。调查发现，截至 2010 年年底，河源市共有 GPS 运营商 11 家，其中新时空公司、威霸公司、易流公司等运营商建有企业监控平台。在确定新时空公司自建的监控平台为

---

① 参见张茅：《保护公平竞争 促进社会主义市场经济健康发展》，载于《人民日报》2018 年 8 月 1 日，第 10 版。
② 参见国家市场监管总局官网"强化反垄断执法"专栏文章《破除行政性垄断强力推进》，http://www.samr.gov.cn/zt/qhfldzf/202103/t20210318_327050.html。最后访问日期：2021-03-18。
③ 参见邓永胜：《反垄断法实施三年步入深水区 向行政垄断亮黄牌》，中国新闻网，https://www.chinanews.com.cn/fz/2011/12-29/3568753.shtml。最后访问日期：2021-01-30。

市级平台以前，该市所有 GPS 运营商管理的车辆监控信息均由其直接上传至省级监控数据中心。由于市政府不恰当的介入，严重破坏了当地 GPS 运营商的市场竞争格局。广东省工商局认为：(1) 新时空公司是 GPS 运营商之一，不具有政府行政管理职能，将其自行投资建设的卫星定位汽车行驶监控平台作为市级监控平台，实际上是限定其他 GPS 运营商接受新时空公司这一经营者提供的数据接收、上传和分发服务。(2) 新时空公司对该市其他 GPS 运营商预收 2011 年下半年每辆车每月 30 元的数据接入服务费，否则，其他 GPS 运营商的数据不能接入市级监控平台。这造成其他 GPS 运营商在接受政府监管的同时，不得不接受新时空公司提供的有偿服务。(3) 河源市政府要求交警部门对未将监控数据上传至新时空公司平台的车辆采取不予通过车辆年审的强制措施，使得新时空公司变成其他 GPS 运营商正常经营必须依赖的对象，严重破坏了该市汽车 GPS 运营服务市场的竞争格局。

基于上述理由，工商机关认定，河源市政府的行政行为超出了法定权限和上级有关政策要求，干预了企业正常经营活动，导致排除、限制竞争的后果，违反了《反垄断法》第 32 条以及《工商行政管理机关制止滥用行政权力排除、限制竞争行为的规定》第 3 条的规定，构成行政机关滥用行政权力排除、限制竞争行为。根据《反垄断法》第 51 条、《工商行政管理机关制止滥用行政权力排除、限制竞争行为的规定》第 6 条、《工商行政管理机关制止滥用行政权力排除、限制竞争行为程序规定》第 4 条的规定，广东省工商局向广东省政府正式作出"依法纠正河源市政府上述滥用行政权力排除、限制竞争行为"的建议。

2011 年 6 月 12 日，广东省人民政府作出复议决定，认为河源市人民政府上述行政行为违反《反垄断法》第 8 条、第 32 条和《道路交通安全法》第 13 条的规定，属于滥用行政职权，其行为明显不当，决定撤销其具体行政行为。河源市政府根据广东省政府的决定，纠正了其滥用行政权力排除、限制竞争的行为，恢复了该市汽车 GPS 运营市场的竞争格局。

本案是《反垄断法》实施以后第一个被查处的行政性垄断案件，具有重大意义。该案加强了各地政府对行政性垄断的认识，增强了其守法意识和依法行政意识。虽然《反垄断法》第五章中有关行政性垄断法律责任的规定有缺陷，但反垄断执法机构如果真正依法行使建议权，相关行为还是可以得到有效纠正的。

典型案例二：国家发改委查处河北省三部门行政垄断案①

---

① 资料来源：中国政府网：《河北几部门违反〈反垄断法〉发展改革委建议纠正》，http://www.gov.cn/xinwen/2014-09/26/content_2756875.htm。最后访问日期：2018-03-18。

2014年9月，国家发改委根据举报，依法对河北省交通运输厅、物价局、财政厅违反《反垄断法》的相关规定，对本省客运班车实行通行费优惠政策，滥用行政权力排除、限制相关市场竞争的案件进行了调查。

调查发现，2013年10月，河北省交通运输厅、物价局和财政厅联合下发《关于统一全省收费公路客运班车通行费车型分类标准的通知》，确定自2013年12月1日起，调整全省收费公路车辆通行费车型分类，并对本省客运班车实行通行费优惠政策。客运班车通过办理高速公路ETC卡或者月票，按照计费额的50%给予优惠。2013年10月30日，交通运输厅下发《关于贯彻落实全省收费公路客运班车通行费车型分类标准有关事宜的通知》进一步明确规定，优惠政策"只适用于本省经道路运输管理机构批准，有固定运营线路的客运班线车辆"。

据调查，通行费支出对经营者收益率影响较大。根据某运输公司测算的数据，高速公路通行费占其总收入的比重为10%~20%。河北省有关部门对本省客运班车实行通行费优惠政策，其实质是对本省客运班车经营者按照通行费额给予经济补偿，使河北省客运班车经营者的通行费成本大幅低于其他省份相关经营者，导致外省经营者处于不利的竞争地位。以天津至河北石家庄线路为例，天津公司单程需缴纳通行费360元，与之对开的河北省公司只缴纳180元，单次差额180元。据天津一运输公司测算，仅这一线路天津公司比河北公司每年就多支出130余万元。

河北省有关部门的上述做法，损害了河北省客运班车经营者与外省同一线路经营者之间的公平竞争，违反了《反垄断法》第8条"行政机关和法律、法规授权的具有管理公共事务职能的组织不得滥用行政权力，排除、限制竞争"规定，属于《反垄断法》第33条第1项所列"对外地商品设定歧视性收费项目、实行歧视性收费标准，或者规定歧视性价格"行为。

国家发改委就相关问题与交通运输部进行了沟通确认，并依据《反垄断法》的相关规定，向河北省人民政府办公厅发出执法建议函，建议其责令交通运输厅等有关部门改正相关行为，对在本省内定点定线运行的所有客运企业，在通行费上给予公平待遇。通过改正相关行为，有利于保证所有客运企业之间的公平竞争。

本案是我国《反垄断法》实施以来又一起受到较大关注的行政性垄断案，并且是由韩国驻中国大使馆举报的，影响很大。在本案中，国家发改委向河北省政府发出的反垄断执法建议函具有积极意义，释放了严查行政性垄断的信号。

总之，在我国《反垄断法》规定的实施机制有限的情况下，我国对行政性垄断的反垄断执法还是取得了较为明显的效果，规范了行政权力的行使，维护了自由公平的市场竞争秩序。当然,下一步在进一步修改《反垄断法》的过程中有必要做出必要的完善,以便其发挥更大的作用,产生更好的效果。

第三节 控制行政性垄断与公平竞争审查

一、公平竞争审查对控制行政性垄断的意义

作为竞争政策实现的基本路径之一,公平竞争审查一般是指竞争主管机构或其他相关机构通过分析、评价拟定的或者现行的政策措施可能或者已经产生的竞争影响,用以纠正排除、限制竞争的政策措施或者提出对竞争限制最小的替代方案的行为。从公平竞争审查针对的对象来看,其调整的是政府出台妨碍公平竞争的政策措施这一类行为,具体的就是行政机关和法律、法规授权的具有管理公共事务职能的组织(统称政策制定机关)制定市场准入、产业发展、招商引资、招标投标、政府采购、经营行为规范、资质标准等涉及市场主体经济活动的规章、规范性文件和其他政策措施。

公平竞争审查制度已经被越来越多的国家采用,并被证明是约束政府权力不当行使,维护市场公平竞争的有力措施,为市场在资源配置中起决定性作用提供了必要的制度保障。随着改革的深化和法治的完善,我国政府权力的行使受到了越来越多的制约,但是目前在经济活动中仍然存在地方保护、行业壁垒等不符合形成全国统一市场和公平竞争要求的现象。虽然保证公平竞争和维护市场秩序要靠政府,但是政府的有形之手应当保障各类市场主体公平地受到法律保护,而不应介入市场竞争环节中设置各种壁垒,妨碍公平竞争的实现。

在我国,实施公平竞争审查制度具有多方面的积极意义。"公平竞争审查制度的建立,对完善中国特色社会主义政治经济学、解决现实问题、维护市场竞争环境、推进我国经济转型和深化市场体制改革具有里程碑意义。"[①] 作为对政府排除、限制竞争行为进行的预防性审查(事前防范),公平竞争审查制度与反垄断法中禁止滥用行政权力排除、限制竞争的行政性垄断规制制度(事后查处)共同构成对政府行政权力妨碍市场竞争的有效约束,是具有鲜明中国特色的推行竞争政策的重要手段和工具,是我国确立竞争政策基础地位的关键一

---

① 王江平:《以公平竞争审查制度推动改革发展进程》,载于《光明日报》2016年9月15日,第6版。

步。就目前社会各方面普遍关注的优化营商环境、促进民营经济发展和区域一体化发展等热点问题来说,公平竞争审查制度也都可以在其中发挥非常重要的作用。例如,营商环境一个基本的方面就是公平竞争的市场环境,而公平竞争审查制度就是要着眼于建立和维护公平竞争的市场环境,防止政策制定机关出台阻碍和破坏市场公平竞争的政策措施;促进民营经济发展中的一项重要任务就是要破除公平竞争和统一市场建设中的各种藩篱,而公平竞争审查制度就是一个现成的政策工具,正如比亚迪公司董事长王传福所言:"充分竞争是给民企最好的礼物"①;在实施区域一体化发展战略中的一项重要任务就是要打破地方行政壁垒,破除统一市场建设中的各种藩篱,而这也正是公平竞争审查制度的一项重要任务。

就有效控制行政性垄断来说,仅有目前《反垄断法》中的前述禁止滥用行政权力排除、限制竞争规定是远远不够的。一方面,该法只是涉及事后的监督和救济,而不涉及事前的预防和控制,而且即使是事后规制,也不是由统一的反垄断执法机构负责查处,而是由实施该行为的行政机关或者法律、法规授权的具有管理公共事务职能的组织的上级机关责令改正,其规制效果也还是有限的;另一方面,该法适用的前提是行政机关或者法律、法规授权的具有管理公共事务职能的组织的行为构成"滥用"行政权力排除、限制竞争,而很多排除、限制竞争的政策措施对市场竞争的影响非常大,但未必属于"滥用"行政权力的范畴,特别是在政策制定过程中,很难说行政机关具有滥用行政权力的情形。因此,反垄断法对很多反竞争的政策难以有效适用。可以说,我国《反垄断法》虽然已经把行政性垄断纳入其中进行规范,但基本上沿袭了在行政系统内自我纠偏的路径。《反垄断法》实施至今,最难查处的就是滥用行政权力排除限制竞争的行政性垄断案件。试图通过控制行政权力达到解决行政性垄断的路径往往事与愿违,尤其在行政立法盛行的当下,政府通过频繁的"立法"活动,并在"依法行政"的名义下,限制竞争的行为就可因其形式的"合法性"而具有了正当性。那些"合法"的垄断者实施着并不具有正当性行为的现象屡见不鲜。② 因此,我国还需要在《反垄断法》现有的行政性垄断规制制度之外,采取其他方面的有效措施来为规范政府有关行为,而公平竞争审查制度的出现,为控制行政性垄断带来了一个新的视角、方法和契机。

---

① 张妮:《比亚迪公司董事长王传福:充分竞争是给民企最好的礼物》,载于《环球时报》2018年11月30日。
② 徐士英:《竞争政策视野下行政性垄断行为规制路径新探》,载于《华东政法大学学报》2015年第4期。

二、我国公平竞争审查制度及其实施的现状

作为竞争政策实现的一条重要路径和制度保障，公平竞争审查工作在我国还只是刚刚起步。2016年6月14日，国务院出台了《关于在市场体系建设中建立公平竞争审查制度的意见》（简称《意见》），这标志着我国公平竞争审查制度的落地。2017年10月23日，经国务院同意，国家发展改革委、财政部、商务部、国家工商总局、国务院法制办联合印发了《公平竞争审查制度实施细则（暂行）》，这使得公平竞争审查工作有了更具操作性的规则。

《意见》确立了我国的公平竞争审查制度基本框架，要求行政机关和法律法规授权的具有管理公共事务职能的组织以及行政法规、国务院制定的其他政策措施、地方性法规的起草部门（统称"政策制定机关"），在政策制定过程中应开展公平竞争审查，并按照"谁制定、谁清理"的原则，有序清理"存量"政策措施。

几年来，公平竞争审查工作在我国从上到下逐步开展起来，并且取得了初步的成效，开始从源头上防止滥用行政权力排除、限制竞争的行为。2016年12月，国务院批准同意建立由28个部门参与的公平竞争审查工作部际联席会议制度，负责统筹协调和监督指导全国公平竞争审查工作。2018年12月，联席会议办公室调整为市场监管总局，公平竞争审查制度进一步建立健全。为推动公平竞争审查制度落地落实，市场监管总局多次召开公平竞争审查工作部际联席会议，制定《部际联席会议工作规则》，印发《市场监管总局等四部门关于进一步推进公平竞争审查工作的通知》，发布《公平竞争审查第三方评估实施指南》，修订《公平竞争审查制度实施细则（暂行）》，制度规则体系不断完善。2019年，公平竞争审查制度实现国家、省、市、县四级政府全覆盖。"十三五"时期，全国清理各类政策措施文件189万件，修订废止文件近3万件，审查新出台政策措施85.7万件，纠正违反审查标准的政策措施4100余件，极大激发了创新活力。2017~2020年，市场监管总局组织反垄断执法机构实施组织开展两轮存量政策措施清理，推动上海、安徽、山东、湖北、新疆等十余省（区、市）开展第三方评估。在公平竞争审查工作部际联席会议的统筹协调下，市场监管总局将公平竞争审查纳入质量工作考核体系，对2018年、2019年重点督查发现的42件存在违反审查标准的政策措施进行通报。各地结合实际，完善相关机制。黑龙江、浙江、广东等地将公平竞争审查纳入依法行政、法治政府考核评价体系。江苏、湖北等地建立公平竞争审查网络举报系统，湖南建立公平竞争审查约谈机制，制度的刚性立

起来了。①

当前，我国实施公平竞争审查制度面临着一定的困难和挑战。一方面，这是由我国目前的公平竞争审查制度本身的特点所带来的。竞争审查制度本身在各国的表现形式各异，我国的公平竞争审查作为竞争审查制度的一个类型，有着与其他国家竞争审查制度类似的地方，但又有着明显的本土化特点。例如，它跨越了管制影响评估阶段直接进入比较全面的公平竞争审查，这使得其涉及的范围非常广泛，工作的内容很复杂，工作的难度很大；审查的对象包括"增量政策措施"和"存量政策措施"，但以增量政策措施为主，这虽然体现了主要着眼于未来的考虑，但对既有问题的纠正可能容易受到忽视，或者力度有限；实行自我审查和外部监督相结合，强调政策制定机关的自我审查，这虽是基于现实条件的理性选择，政策制定机关的自我审查也确实具有其充分掌握政策制定信息的独特优势，但其审查动机和实际效果也难免会令人存疑；审查标准虽然列出了4大项18小项并有若干例外规定，但对具体标准的理解和把握也绝非易事，尤其是例外规定如果不能得到适当的限制，这项制度就有被规避和被架空的危险。另一方面，这也是我国目前公平竞争审查实施机制的薄弱性和工作的不平衡性所引发的。公平竞争审查针对的是政府出台妨碍公平竞争的政策措施的行为，这在很多时候会与地方和行业的发展思路相抵触，必然会遇到各种阻力，而实行以自我审查为主的方式又进一步弱化了审查的效果。同时，我国地域辽阔，行业众多，各地区、各部门的实际情况差异比较大，对此项工作的重视程度也不会完全一致，并且还会存在开展公平竞争审查工作比较积极的地方和部门反而在利益上吃亏的情况（尤其是在打破市场进入壁垒、开放市场方面），这会对这项工作产生反向激励的不利影响。

但同时，我们也要看到我国实施公平竞争审查制度又有着良好的机遇和条件。首先，随着依法治国的不断推进和公平竞争理念的逐步普及，随着相关规范性文件的出台及其实施所取得的初步成效，政府和社会各界对开展公平竞争审查工作必要性的认识在不断提高，信心也在增强。其次，党和政府对这些工作高度重视，建立了具有中国特色的行之有效的实施机制，特别是建立各级公平竞争审查工作的联席会议制度，明确反垄断执法机构在其中发挥牵头的作用，并建立了相应的工作督查和追责制度，这使得这项工作有较好的组织和机制保障。再次，公平竞争审查的开展还有一个所谓的"路径依赖"问题，也就是一项新制度的建立比较困难，但一旦建立了它就要按照既定的路径发展。因此，我们对这项工作

---

① 参见国家市场监管总局官网"强化反垄断执法"专栏文章《公平竞争审查制度建设提速加力》，http://www.samr.gov.cn/zt/qhfldzf/202103/t20210318_327053.html。最后访问日期：2021-03-18。

还是要充满信心，而且在经历了"万事开头难"之后就会呈现"越推越顺"的情况。

三、我国的公平竞争审查制度的进一步完善

"建立公平竞争审查制度是一项长期性、系统性、复杂性工程"。这项工作不可能一蹴而就，制度建设也不会一劳永逸，因此需要在切实执行现有的制度规则的基础上，不断总结经验教训，稳步推进制度的完善。正像《意见》所要求的那样，对建立公平竞争审查制度后出台的政策措施，各级人民政府及所属部门要在定期清理规章和规范性文件时，一并对政策措施影响全国统一市场和公平竞争的情况进行评估，鼓励委托第三方开展评估，评估报告应当向社会公开征求意见，评估结果应当向社会公开，经评估认为妨碍全国统一市场和公平竞争的政策措施，要及时废止或者修改完善。

结合我国实施公平竞争审查制度的初步经验和其他国家进行竞争审查的成功做法，我国公平竞争审查制度可以从以下几个方向进行完善：

一方面，将公平竞争审查制度正式上升至法律层面，成为国家的一项基本的法律制度。目前以国务院规范性文件形式建立我国的公平竞争审查制度，是在开始探索阶段快速推进该制度的一种较为实际可行的选择，有利于提高效率，尽快取得初步成效，也为全面建立该制度打下基础。但是，由于公平竞争审查是一项非常重要的制度，事关全局，而且涉及对政府权力本身的限制，必然会遇到许多困难和阻力，这就需要有权威的法律依据，既予以严格规范，也提供有力保障。因此，在经过一段时间的试行之后，在总结经验的基础上，不但需要完善制度内容，而且也需要提高立法层次，将其提高至由全国人大或者其常委会制定的法律。由于直接制定公平竞争审查的法律难度比较大，时间也会很长，因此一种较为现实可行的选择是在修订《反垄断法》时增加这方面的内容，建立起这方面若干基本的制度规则，并做好与该法中禁止滥用行政权力排除、限制竞争制度（行政性垄断规制制度）的衔接、协调，具体的规则可由国务院制定相关的实施条例去建立，从而形成我国以《反垄断法》为核心的竞争政策体系。

另一方面，逐步完善公平竞争审查的具体制度规则。首先，加大反垄断执法机构在公平竞争审查中的作用。现有的制度框架是以政策制定机关进行自我审查为基础的，虽然基于现实的情况难以完全改变，但是由于公平竞争审查的专业性较强，大部分政策制定机关并没有关于竞争审查的方法和知识，因此需要通过明确法律授权的方式让反垄断执法机构参与到竞争审查中去，以便更好地发挥其指导和监督的作用。其次，充分利用现有的相关制度实施公平竞争审查。例如，结

合立法程序中的合法性审查环节实施公平竞争审查，利用规章和规范性文件的清理制度实施公平竞争审查。将公平竞争审查集成到政策措施制定过程中的现有制度中，不但是为了节省审查的人力成本和时间成本，更重要的是可以提高政策制定者对公平竞争审查的积极性和能力，进而使公平竞争审查发挥更大的效用。再次，加强对公平竞争审查工作的监督。这在我国实行的是"自我审查"模式的情况下显得更为重要。在借鉴其他国家竞争审查制度的监督机制经验基础上，我国应当健全行政机关内部的监督制度，并在法治化过程中设置独立的监督机制，同时要发挥司法监督的作用，并不断完善专项调研和督查等非正式的监督机制。最后，要完善违反公平竞争审查制度的责任追究制度。现有的公平竞争审查制度的责任追究的法律依据和法律体系并不明晰，需要结合我国现行的政策措施制定的责任体系以及公平竞争审查所规制的排除、限制竞争的政策措施存在的特点，在公平竞争审查的法治化过程中，从责任性质、责任主体和责任形式几个方面逐步加以完善。

第四节　控制行政性垄断的具体实施：以政府采购为例

一、政府采购的含义与特点

政府采购（government procurement or public procurement）是现代社会常见的一种现象。一般是指国家机构为了满足自身需要以及提供公共服务而进行的采购活动。但是就具体的内涵外延来说有着不同的理解。我国学者也曾就此做出过不少定义，例如有学者提出，政府采购"一般是指行政主体为了公共财产的供给，从民间购入货物、工程和服务的行为"；[①]"政府采购是指特定的政府采购人为了实现政府职能和社会公共利益，使用公共性资金选择购买货物、工程或服务的活动与行为。"[②] 上述学者定义是对政府采购的广义理解。而根据《中华人民共和国政府采购法》（以下简称《政府采购法》）第 2 条，所谓政府采购，是指各级国家机关、事业单位和团体组织，使用财政性资金采购依法制定的集中采购目录以内的或者采购限额标准以上的货物、工程和服务的行为。相对于前述学者提供

[①] 王亚星：《政府采购制度创新》，中国时代经济出版社 2002 年版，第 3 页。
[②] 焦富民：《政府采购救济制度研究》，复旦大学出版社 2010 年版，第 1 页。

的定义，我国《政府采购法》所规范的政府采购行为属于狭义上的，不但要求使用财政性资金，而且要求所购货物、工程和服务属于集中采购目录以内和采购限额标准以上。至于集中采购目录以外、不足采购限额标准的，仍属于实质意义上的政府采购，但不受该法调整。

我国政府采购的特点主要有以下几个方面：

一是采购主体法定。与一般的私人或者企业、社会组织采购不同，政府采购的主体即采购人是特定的。作为我国政府采购主体的"各级国家机关、事业单位和团体组织"有一个共同的特点，就是非营利性，也正因为如此，才有可能涉及财政性资金的使用问题。值得注意的是，我国《政府采购法》规定的采购人不包括国有企业，主要是考虑到国有企业是生产经营性单位，其资金来源多元化，并非全部是财政性资金。

二是使用财政性资金。在《政府采购法》制定之初，财政性资金一般解释为包括财政预算内资金和预算外资金。预算内资金，是指年初预算安排的资金和预算执行中财政追加的资金；预算外资金，是指政府批准的各类收费或基金等。非财政性资金主要是指事业单位和团体组织的自有收入，包括经营收入、捐助收入、不用财政性资金偿还的借款等。

三是采购的货物、工程和服务属于依法制定的集中采购目录以内或者采购限额标准以上。根据《政府采购法》及《政府采购条例》的规定，政府采购实行集中采购和分散采购相结合。所谓集中采购，是指采购人将列入集中采购目录的项目委托集中采购机构代理采购或者进行部门集中采购的行为；所谓分散采购，是指采购人将采购限额标准以上的未列入集中采购目录的项目自行采购或者委托采购代理机构代理采购的行为。纳入集中采购目录的政府采购项目，应当实行集中采购。集中采购目录包括集中采购机构采购项目和部门集中采购项目。技术、服务等标准统一，采购人普遍使用的项目，列为集中采购机构采购项目；采购人本部门、本系统基于业务需要有特殊要求，可以统一采购的项目，列为部门集中采购项目。集中采购的范围由省级以上人民政府公布的集中采购目录确定。属于中央预算的政府采购项目，其集中采购目录由国务院确定并公布；属于地方预算的政府采购项目，其集中采购目录由省、自治区、直辖市人民政府或者其授权的机构确定并公布。

四是严格的采购程序要求。私人或者企业采购，除了依据《合同法》（《民法典》合同编）缔结及履行合同外，国家一般没有什么具体的程序性要求。但是对于政府采购的程序，世界各国（地区）均有非常严格的程序要求，以避免因为腐败或者其他因素导致公共资金浪费，达不到"物有所值"的目的。我国《政府采购法》对于采购当事人资质、采购程序、争议处理等均有严格的规定，而且在采购工程项目时，还必须遵守《招标投标法》及《中华人民共和国招标投标法实施条例》（以下简称《招投标条例》）的有关规定。

五是采购目的是满足各级国家机关、事业单位和团体组织履行其国家行政管理或提供社会公共服务等职能。政府采购所用资金是财政性资金，源于纳税人支付的税金。"民脂民膏"当然不能用于非公共目的，因此凡是那些不是为了满足国家或者政府管理需要、不是为了一定的社会公共利益而进行的采购，也就当然不应被纳入政府采购范畴。

二、政府采购法与反垄断法政策目标之冲突

我国《政府采购法》第1条提出的立法目的是"规范政府采购行为，提高政府采购资金的使用效益，维护国家利益和社会公共利益，保护政府采购当事人的合法权益，促进廉政建设"。在这里，直接目的是"规范政府采购行为，提高政府采购资金的使用效益"，但同时也负有"维护国家利益和社会公共利益""保护政府采购当事人的合法权益"以及"促进廉政建设"的任务。尽管一般来说上述目标是重合的，但是仍有可能发生冲突。至于具体案件中的各目标的先后顺序或者权重大小，同样没有明确。例如该法第9条规定"政府采购应当有助于实现国家的经济和社会发展政策目标，包括保护环境，扶持不发达地区和少数民族地区，促进中小企业发展等"；第10条则提出政府采购应当采购本国货物、工程和服务。《政府采购条例》第6条则要求"国务院财政部门应当根据国家的经济和社会发展政策，会同国务院有关部门制定政府采购政策，通过制定采购需求标准、预留采购份额、价格评审优惠、优先采购等措施，实现节约能源、保护环境、扶持不发达地区和少数民族地区、促进中小企业发展等目标。"这些规定可以视为在政府采购中"维护国家利益和社会公共利益"的具体体现，但是由此带来的采购成本上升、支出增加的结果，可能就直接与"提高政府采购资金的使用效益"这一政府采购的基本目标发生冲突，需要有关国家机关通过法定程序依法确定二者之间的平衡，并在具体的采购活动中予以落实。

从我国《政府采购法》与《反垄断法》立法目的条款来看，"维护社会公共利益"是二者唯一的交集。然而，由于反垄断法是在市场经济中维护市场竞争机制的基本法，而政府采购法规范的政府采购行为则是一国市场中最大的单一采购主体所为，对于市场竞争格局影响极大，由此二者之间发生了不小的交集。政府采购领域发生的各种垄断行为也就有可能同时受到两部法律的规范。

我国《政府采购法》中有关公平竞争的条款或者政策宣示也并不少见。例

如，该法第 3 条规定"政府采购应当遵循公开透明原则、公平竞争原则、公正原则和诚实信用原则。"第 5 条提出"任何单位和个人不得采用任何方式，阻挠和限制供应商自由进入本地区和本行业的政府采购市场。"第 22 条（参加政府采购活动的供应商应当具备条件）第 2 款提出"采购人可以根据采购项目的特殊要求，规定供应商的特定条件，但不得以不合理的条件对供应商实行差别待遇或者歧视待遇。"第 25 条则要求"政府采购当事人不得相互串通损害国家利益、社会公共利益和其他当事人的合法权益；不得以任何手段排斥其他供应商参与竞争。供应商不得以向采购人、采购代理机构、评标委员会的组成人员、竞争性谈判小组的组成人员、询价小组的组成人员行贿或者采取其他不正当手段谋取中标或者成交。采购代理机构不得以向采购人行贿或者采取其他不正当手段谋取非法利益。"第 64 条第 2 款则禁止任何单位和个人"违反本法规定，要求采购人或者采购工作人员向其指定的供应商进行采购。"该法第八章"法律责任"中对上述违法行为规定了行政乃至刑事责任。

然而，从反垄断法的角度观察，又可以很容易地发现我国《政府采购法》中存在着若干限制市场竞争的条款。例如，该法第 7 条提出"政府采购实行集中采购和分散采购相结合。集中采购的范围由省级以上人民政府公布的集中采购目录确定……纳入集中采购目录的政府采购项目，应当实行集中采购。"集中采购，因其采购数额增大，显然会带来更大的买方力量，对于市场竞争的影响也就不同于分散采购。第 9 条提出了政府采购负有的其他政策目标："政府采购应当有助于实现国家的经济和社会发展政策目标，包括保护环境，扶持不发达地区和少数民族地区，促进中小企业发展等。"这意味着为了实现上述目标，"提高政府采购资金的使用效益"有时候就不再是最为重要的考虑因素，可能会被置放于靠后的位置。第 10 条应当采购国货的规定则直接在相当范围的政府采购市场中排除了海外产品或者服务的竞争。

第 13 条有关政府采购监督管理的部门的规定，则提出了该领域垄断行为的执法机关究竟是各级人民政府财政部门及其他有关部门（依据《政府采购法》）还是反垄断执法机构（依据《反垄断法》）的问题。例如，2017 年财政部发布的"指导案例 3 号：××注册与备案管理系统项目投诉案"（2016 年），财政部根据《政府采购法》第 71 条第（3）项的规定，责令代理机构 B 就对供应商实行差别待遇或者歧视待遇的行为限期改正，并对其作出警告的行政处罚[①]；"指导案例 6 号：××设备购置采购项目举报案"中，财政部认为在 2015 年的一项设备采

---

① 财政部："指导案例 3 号：××注册与备案管理系统项目投诉案"，http://www.ccgp.gov.cn/aljd/201711/t20171120_9187896.htm，最后访问日期：2019 - 01 - 10。

购中，不同投标人的投标文件或响应文件混盖公章，又无法提供合理解释的，属于恶意串通投标行为，对其分别作出了行政处罚决定。① 上面两个指导案例所涉及的均为竞争课题，其行为描述也与《反垄断法》中的有关垄断行为相符，但完全是由《政府采购法》确定的行政执法部门——财政部门——根据《政府采购法》有关条款予以调查处理。《反垄断法》以及反垄断执法机构则完全没有提及。

总之，政府采购法的基本宗旨或者目标是确保政府采购的效率即"物有所值"，同时也不忽视其他一系列附带性、次要性的目标，如经济增长维持、生态环境保护、中小企业促进、不发达地区开发以及其他公共利益目标等；而反垄断法的基本目标则是维护市场竞争秩序以促进社会主义市场经济健康发展，同时也存在着提高经济运行效率、维护消费者利益、维护社会公共利益等目标。② 就二者一般目的或者直接目的的达成而言，维持一个公平自由竞争市场，对政府采购"物有所值"的追求大有裨益，而政府采购所要求的"公平公正公开"、阳光采购等，也会对良性的市场竞争产生积极的引导作用。因此，从一般意义上来说，反垄断法与政府采购法二者契合度颇高。但是，如果在"物有所值"之外追求其他目标，则情况就会有所不同。

三、政府采购相关的行政性垄断案例及特点

我国《反垄断法》自 2008 年 8 月 1 日实施以来，对于行政性垄断的规制取得了重要进展，从行政执法来看，十年来查处了 12 个省区市政府在"新居配"建设中滥用行政权力排除、限制竞争案件等 193 件，建立并组织实施了公平竞争审查制度，各地区各部门共对 12.2 万份文件开展了公平竞争审查。③ 特别是在 2018 年三大执法机构合并的复杂情况下，积极查办医疗、交通、建筑、公章刻制等行业领域行政性垄断案件，纠正和制止滥用行政权力排除、限制竞争行为

---

① 财政部："指导案例 6 号：××设备购置采购项目举报案"，http：//www.ccgp.gov.cn/aljd/201711/t20171120_9187972.htm。最后访问日期：2019 – 01 – 10。

② 我国《反垄断法》第二章"垄断协议"第 15 条规定：经营者能够证明所达成的协议属于下列情形之一的，不适用本法第 13 条、第 14 条的规定：（一）为改进技术、研究开发新产品的；（二）为提高产品质量、降低成本、增进效率，统一产品规格、标准或者实行专业化分工的；（三）为提高中小经营者经营效率，增强中小经营者竞争力的；（四）为实现节约能源、保护环境、救灾救助等社会公共利益的；（五）因经济不景气，为缓解销售量严重下降或者生产明显过剩的；（六）为保障对外贸易和对外经济合作中的正当利益的；（七）法律和国务院规定的其他情形。上述规定较为明显地体现出我国《反垄断法》除了维持市场竞争秩序外，还需要考虑其他有关系因素。

③ 《国新办举行〈反垄断法〉实施十周年新闻发布会》，http：//www.scio.gov.cn/xwfbh/xwbfbh/wqfbh/37601/39282/index.htm。最后访问时间：2019 – 01 – 28。

54 起。全国对 31 万份新制订文件进行公平竞争审查，修改完善 1 700 余份；对 82 万份已制订文件进行梳理，清理涉及地方保护、指定交易、市场壁垒的文件 2 万余份。随机选择 8 个部门和 5 个省份开展重点督查，对 40 余份涉嫌排除限制竞争的文件进行督促整改。① 在司法领域，以"深圳市斯维尔科技有限公司与广东省教育厅、广联达软件股份有限公司侵犯公平竞争权案"为代表的反垄断行政诉讼案件也开始逐渐涌现。

就政府采购领域中的行政性垄断案件，以下五起案件较具代表性。

（一）安徽省蚌埠市卫生和计划生育委员会药品采购行政性垄断案*

2015 年 3 月，安徽省蚌埠市卫生和计划生育委员会（以下简称蚌埠市卫计委）等 6 部门印发《蚌埠市公立医疗卫生机构药品耗材设备集中采购实施办法（暂行）》，成立蚌埠市公立医疗卫生机构药品、耗材及设备集中采购工作办公室（以下简称采购办公室）和全市公立医疗机构采购联合体（以下简称采购联合体）。其中，采购办公室设在蚌埠市卫计委；采购联合体由全市 94 家公立医疗机构组成（其中一家为精神病医院）。蚌埠市卫计委在 2015 年 4~5 月分三次组织发布公告，进行药品集中招标采购。其中，4 月 10 日发布的《蚌埠市公立医疗机构临床用药单品种带量采购询价公告》中，不仅确定了 30 种药品的品种、规格和剂型，还直接确定了生产企业，排除和限制了同种药品不同生产企业之间的竞争，不利于通过市场竞争形成合理价格，违反了《反垄断法》第 32 条"行政机关和法律、法规授权的具有管理公共事务职能的组织不得滥用行政权力，限定或者变相限定单位或者个人经营、购买、使用其指定的经营者提供的商品"和第 37 条"行政机关不得滥用行政权力，制定含有排除、限制竞争内容的规定"要求。在 4 月 10 日发布的市区组竞争性磋商公告和 5 月 22 日发布的三县组竞争性磋商公告中，对本地和外地经营者的规模要求相差巨大，同时在外地和本地相关经营者数量明显存在巨大差别的情况下，两次招标均明确规定外地和本地同样数量的经营者中标，保护本地相关经营者的意图明显。该做法排除了外地潜在投标者，不利于促进相关市场充分竞争，控制药品虚高价格，违反了《反垄断法》第 34 条"行政机关和法律、法规授权的具有管理公共事务职能的组织不得滥用行政权力，以设定歧视性资质要求、评审标准或者不依法发布信息等方式，排斥或者限制外地经营者参加本地的招标投标活动"

---

① 《张茅在全国市场监管工作会议上的讲话摘编》，http：//www.cicn.com.cn/zggsb/2018 - 12/28/cms113995article.shtml。最后访问时间：2019 - 01 - 29。

* 参见《国家发展改革委办公厅关于建议纠正蚌埠市卫生计生委滥用行政权力排除限制竞争有关行为的函》。

和第 37 条"行政机关不得滥用行政权力，制定含有排除、限制竞争内容的规定"要求。

国家发改委认为，蚌埠市卫计委在药品集中采购中，履行了有关管理和监督指导职责，也直接参与了相关工作，但其政策及做法违反了《反垄断法》相关规定，排除、限制了相关市场竞争。为促进药品集中采购中的公平竞争，2015 年 8 月 17 日国家发改委办公厅为此发文建议安徽省人民政府办公厅责令蚌埠市卫计委切实采取措施，纠正违反《反垄断法》的有关行为；并对本省药品集中采购中是否还存在其他违反《反垄断法》排除限制竞争行为，从总体上予以清理和规范，并将整改情况于 2015 年 8 月 31 日致函国家发改委。

（二）北京市公安局公安交通管理局在交通违章罚款管理中涉嫌滥用行政权力排除、限制竞争行为案[*]

2018 年上半年，国家市场监管总局根据举报，对北京市公安局公安交通管理局（以下简称北京市交管局）在交通违章罚款管理中涉嫌滥用行政权力排除、限制竞争行为进行了调查。根据市场监管总局查明的事实显示，1995 年北京市交管局未经公开竞争性程序，确定工商银行北京市分行作为北京市交通违章罚款唯一代收银行并延续至今，在《招标投标法》和《反垄断法》相继实施后，也未依法依规进行调整。同时，尽管近年来北京市交管局逐步开通了线上交纳罚款方式，推出了北京交警 App、12123 交警 App、北京市交管局综合服务管理平台网站等线上交款渠道，但北京市驾驶人在京违章，线下交纳罚款仍然只能到工商银行网点办理，即使通过设立在各网点以及部分执法站、交通队、车辆检测场的多媒体自助终端机或者工商银行 ATM 机（自动柜员机），也只能通过工行卡办理。此外，2015 年，按照公安部有关规范机动车驾驶人交通安全信息卡管理工作要求，北京市交管局不再强制将牡丹交通卡作为驾驶人信息卡使用，驾驶人可自愿选择继续保留该卡作为普通信用卡使用，或者到工商银行销户不再保留，但北京市交管局未对社会公示此消息，也未进行相关必要宣传和说明。

市场监管总局认为，1995 年北京市交管局确定工商银行北京市分行作为交通违章罚款唯一代收银行，具有一定合理性。但此后一直没有依照《反垄断法》等相关法律法规要求，通过公开正式的招投标等竞争性程序，向所有银行提供公平竞争的机会。北京市交管局一直维持工商银行北京市分行作为唯一代收银行，

---

[*] 参见市场监管总局：《北京市公安局公安交通管理局积极纠正交通违章罚款管理中排除限制竞争行为》，载于《中国价格监管与反垄断》2018 年第 7 期。

且未在2015年以后向社会广泛公示和宣传已不再强制将牡丹交通卡作为驾驶人信息卡使用，排除、限制了其他具有合格资质和服务能力的银行参与交通违章罚款代收业务竞争。

北京市交管局在交通违章罚款管理中的相关规定和做法，一定程度上排除限制了竞争，涉嫌违反《反垄断法》第8条"行政机关和法律、法规授权的具有管理公共职能的组织，不得滥用行政权力，排除、限制竞争"的规定，属于第32条所列"限定或者变相限定单位或者个人经营、购买、使用其指定的经营者提供的商品"。国家市场监管总局开展调查后，北京市交管局认识到相关做法与《反垄断法》规定不符，承诺尽快调整相关工作方式方法，提出三项具体整改措施，并将接受国家市场监管总局对于整改措施落实情况的监督，在今后严格遵守各项法律法规，按照《反垄断法》和公平竞争审查制度的要求，加强自我审查，规范各项工作管理，积极引进新技术、新方法，提供更多便民利民措施。

（三）湖北省天门市人力资源和社会保障局行政性垄断案[*]

2018年8月，湖北省发展和改革委员会对天门市人力资源和社会保障局涉嫌滥用行政权力排除、限制竞争行为进行调查。

经查，2017年5月，天门市人力资源和社会保障局在天门市政务公开网上发布《关于在工程建设领域实行农民工工资与工程款分账管理的公告》，规定从2017年5月10日起，为预防和解决拖欠或克扣农民工工资问题，维护农民工的合法权益，在全市工程建设领域实行农民工工资与工程款分账管理，要求"施工企业在指定的中国银行、中国工商银行、中国建设银行开设农民工工资专用账户。"上述行为违反了《反垄断法》第32条"行政机关和法律、法规授权的具有管理公共事务职能的组织不得滥用行政权力，限定或者变相限定单位或者个人经营、购买、使用其指定的经营者提供的商品"之规定，构成滥用行政权力，排除、限制竞争行为。

经湖北省发展和改革委员会提出整改建议后，天门市人力资源和社会保障局认识到上述做法与《反垄断法》的相关规定不符，及时更改了公告中的有关内容，并于2018年8月向湖北省发展和改革委员会提交了整改报告。

---

[*] 《市场监管总局关于发布2018年市场监管部门制止滥用行政权力排除、限制竞争行为典型案例的公告》，http://samr.saic.gov.cn/gg/201812/t20181229_279404.html。最后访问时间：2019-01-15。

（四）银川市环保局要求企业与污染源自动监控设施第三方运营服务中标单位签订服务合同行政性垄断案*

2017年2月7日银川市环保局通过政府采购程序，确定了3家银川市污染源自动监控设施第三方运营服务中标单位，中标费用由政府承担60%、企业承担40%。3月7日该局向银川市重点污染源企业下发《关于做好银川市污染源自动监控设施第三方运营管理交接工作的通知》（以下简称《通知》），要求有关污染源企业在2017年3月31日之前与中标单位签订污染源自动监控设施运营服务合同，运营期限3年。2017年5月，原宁夏回族自治区工商局接到实名举报，对此进行立案调查。

经过分析核查，原宁夏工商局发现该《通知》有两处含有排除、限制竞争内容的规定：一是《通知》第3项"于2017年3月31日前完成与中标单位的交接工作，签订运营服务合同"、第6项"待企业原有合同到期日起，由市环保局统一安排运营单位"、第7项"待企业恢复生产或自动监控设备安装到位后，由市环保局统一安排运营单位"。根据环保部《污染源自动监控设施运行管理办法》第5条"污染源自动监控设施运行费用由排污单位承担，有条件的地方政府可给予适当补贴"、第23条"环境保护行政主管部门在行使运行监督管理权力时，应当遵守下列规定：……（五）不得以任何形式指定污染源自动监控设施运行单位"的规定，银川市环保局基于确保监控数据真实、准确的目的，可以要求企业为享受政府补助，须与其指定的中标单位签订运营服务合同，但其要求企业必须接受中标单位运营服务的做法，违反了《反垄断法》第32条、第37条规定，剥夺了企业自主选择自行运营或其他运营经营者的权力，具有排除、限制竞争效果。二是《通知》第2项"设备关键零部件的维修、更换等费用不包括在中标价内，相关事宜由企业与中标单位另行协商"。污染源自动监控设备零部件维修、更换相关市场经营者进入较容易，竞争较为充分。银川市环保局依法具有对自动监控系统的建设、运行和维护的监督检查权力，但该文件有变相限定有关企业接受中标单位设备零部件维修、更换服务之嫌疑，具有排除、限制竞争效果。

据此，原宁夏工商局认为，银川市环保局制定印发的《通知》含有排除、限制竞争内容的规定，其行为违反了《反垄断法》第32条、第37条的规定，构成滥用行政权力排除、限制竞争行为。2017年8月24日，原宁夏工商局发出《自

---

* 本案引自马鹤银、刘武：《公平竞争审查制度的落地做实需要执法监督》，载于《中国工商报》2017年12月14日。

治区工商局关于建议对相关文件进行公平竞争审查的函》，要求银川市环保局依据《自治区人民政府关于在市场体系建设中建立公平竞争审查制度的实施意见》相关规定，对《通知》进行自我审查，清理、废除妨碍公平竞争秩序建立的相关内容。最终，银川市环保局对《通知》内容进行了变更，删除了《通知》中妨碍公平竞争审查制度建立的相关内容，并将清理结果函复原宁夏工商局。

（五）深圳市斯维尔科技有限公司诉广东省教育厅行政性垄断案*

2014年3月11日，广东省教育厅下发《广东省教育厅关于开展2014年全国职业院校技能大赛高职组广东省选拔赛的通知》，成立由广东省教育厅、行业企业、高职院校组成的"2014年全国职业院校技能大赛"高职组广东省选拔赛组织委员会（以下简称广东选拔赛组委会），统筹负责本次比赛，组委会下设秘书处负责具体相关事宜。该通知还明确工程造价基本技能为其中的比赛项目之一。2014年全国职业院校技能大赛高职组广东省选拔赛工程造价基本技能赛项组委会（以下简称广东省选拔赛工程造价基本技能赛项组委会）经报送广东省教育厅审核通过后发出《关于举办2014年全国职业院校技能大赛高职组广东省选拔赛工程造价基本技能赛项的通知》，明确将于2014年4月26日举办2014年全国职业院校技能大赛高职组广东省选拔赛工程造价基本技能项目竞赛，该项目竞赛由广东省教育厅主办，广州城建职业学院承办，邀请广联达软件股份有限公司协办。赛项竞赛规程要求在工程造价基本技能赛项中使用广联达的认证系统、广联达土建算量软件GCL2013和广联达钢筋算量软件GGJ2013。斯维尔公司认为广东省教育厅在2014年全国职业院校技能大赛高职组广东省选拔赛工程造价基本技能赛项指定使用第三人广联达软件的行为违法，在多次提出异议无果的情况下遂向广州市中级人民法院提起行政诉讼，请求确认在省级赛区"工程造价基本技能比赛"中，广东省教育厅滥用行政权力指定或变相指定使用广联达公司独家软件和相应设备的具体行政行为违法，责令二者立即停止违法行为，并承担因调查、制止被告及广联达公司违法行为的合理开支等诉讼请求。

广州市中级人民法院经过审理认为，原告要求确认被告指定在涉案赛项中独家使用第三人相关软件行为违法的诉请理据充分，予以支持。但原告要求予以相应赔偿的诉请法律依据不足，予以驳回。遂于2015年2月判决：一、确认被告广东省教育厅指定在2014年全国职业院校技能大赛高职组广东省选拔赛工程造价基本技能赛项中独家使用第三人广联达软件股份有限公司相关软件的行为违

---

* 参见广东省高级人民法院（2015）行政判决书"上诉人广东省教育厅、广联达软件股份有限公司与被上诉人深圳市斯维尔科技股份有限公司侵犯公平竞争权行政纠纷案"，http：//www.gdcourts.gov.cn。

法；二、驳回原告深圳市斯维尔科技有限公司的赔偿请求。

被告方不服提起上诉。广东省教育厅上诉称：一、上诉人的行为不构成行政性垄断，原审判决认为上诉人的行为构成行政性垄断错误；二、本案不属于行政诉讼受理范围。广联达公司上诉称：一、原审判决适用《反垄断法》判断本案所涉的"省教育厅在涉案的赛项技术规范和竞赛规程中明确指定涉案赛项独家使用广联达的相关软件"行为的合法性是错误的；二、原审判决以省教育厅未能举证证明"其在涉案的赛项中指定独家使用第三人的相关软件经正当程序，系合理使用行政权力"为由，认定省教育厅滥用行政权力，在适用法律方面存在错误，也违反了人民法院仅对行政行为合法性进行审查的基本原则。

经审查，广东省高级人民法院认为原审法院经审理查明的事实属实。对于两个焦点问题，法院认为：（1）关于广东省教育厅指定独家使用由广联达公司免费提供的相关软件行为是否属于行政诉讼受案范围的问题。在涉案的工程造价基本技能赛项中指定独家使用由广联达公司免费提供相关软件的行为系广东省教育厅行使行政职权的行政行为。斯维尔公司以广东省教育厅上述指定使用行为侵犯其公平竞争权提起的诉讼，属于上述司法解释规定的行政诉讼受案范围；（2）关于广东省教育厅在涉案赛项中指定独家使用由广联达公司免费提供的相关软件是否合法问题。本案中，经广东省教育厅审核通过后才予以公布的涉案赛项技术规范、竞赛规程均明确在涉案赛项中指定独家使用广联达公司的相关软件，且没有进行合法性以及合理性论证，该行为会导致参赛院校师生在使用习惯方面产生依赖，并且提升广联达公司产品的知名度，从而导致广联达公司软件在市场占有份额的上升，同时导致了斯维尔公司等同类竞争者的产品在市场占有份额方面的下降，进而损害市场公平竞争秩序，产生了排除、限制竞争的效果。因此，广东省教育厅指定使用广联达公司相关软件属于滥用行政权力，排除、限制竞争的行为。最终于2017年6月宣布维持原判。

（六）典型案例评析

从上述四件行政执法案件和一件行政诉讼案件来看，在我国政府采购领域中行政性垄断案件发生原因各异，表现也各不相同，大致有如下特点：

第一，违法行为主体种类较多，但又相对集中。尽管目前已经查处或者提起诉讼的行政性垄断案件并不算多，属于政府采购领域的更是数量有限，但是涉及的违法行为主体来源却较为丰富，从公安部门、人社部门、教育部门、环保部门到卫生部门等，不一而足。从目前已经由国务院反垄断执法机构公布或者媒体报道的案件来看，各地卫生部门由于医疗制度改革、药品集中招标采购等原因，涉案较多，在安徽省蚌埠市卫计委被调查并要求改正之后，不少其他地方均因为类似情况而被反垄断执法机构开展反垄断调查，并大多认定违反了《反垄断法》，行政性垄断成立。

第二，行为表现各异。政府采购领域中的行政性垄断行为表现各不相同，一般可以分为两类：地方保护型的行政性垄断和非地方保护型（优待特定企业）的行政性垄断。地方保护型的行政性垄断最为典型的就是一些地方卫计委在推出药品集中招标采购政策时，在其中加入了若干优待本地企业的条款，例如在国家发改委查处的蚌埠市卫计委行政性垄断案中，第112号公告中要求"市外投标企业2014年销售额不低于20亿元人民币，本市企业2014年销售额不低于4 000万元人民币"，对本地和外地经营者的规模要求相差50倍。第168号公告中要求"市外投标企业年销售额（不含税）不低于5亿元人民币，本市企业年销售额（不含税）不低于2 000万元人民币"，对本地和外地经营者的规模要求相差25倍。同时，在外地和本地相关经营者数量明显存在巨大差别的情况下，两次招标均明确规定外地和本地同样数量的经营者中标，保护本地相关经营者的意图明显。而芜湖市药品医用耗材管理中心在2017年8月16日在芜湖市公共资源交易中心网站发布的《招标公告》及其所依据的《芜湖市公立医院药品集中配送企业公开遴选方案》，存在强制要求中标人6个月内在本地注册全资子公司或控股子公司的条款。该条款人为设定了对外地企业的歧视性资质要求，加重了外地企业的履约成本，可能会迫使部分外地企业因无法满足条件而放弃参加竞标。① 浙江省卫计委在2014年度两批药品集中采购中，涉嫌实施地方保护，排除和限制了相关市场竞争：在《浙江省2014年药品集中采购（第一批）实施方案》和《2014年浙江省普通大输液集中采购方案》的经济技术标评审项目中，专门针对本地企业设定"浙江省应急储备定点品种""省级政府技术创新综合试点企业"等加分项目，外地企业无法获得此类加分，在一定程度上限制了外省企业同本省企业的公平竞争。② 而非地方保护型（优待特定企业）的行政性垄断也有不少，浙江省卫计委在2014年度两批药品集中采购中，第二批采购将招标范围限定为在药品集中采购平台上有历史交易记录的产品，即2010～2011年的中标企业和中标产品，导致之前未中标企业及其他药品生产企业和新产品无法参与此次采购，从而限制了相关市场的公平竞争。前文列出的北京市公安局公安交通管理局在交通违章罚款管理中涉嫌滥用行政权力排除、限制竞争行为案，湖北省天门市人力资源和社会保障局行政性垄断案，银川市环保局要求企业与污染源自动监控设施第三方运

---

① 《安徽省物价局反垄断调查结论书》，http：//zwgk.bengbu.gov.cn/com_content.jsp? DwId = 87998036&XxId = 1532564244。最后访问时间：2019 - 01 - 22。

② 《四川、浙江省卫生和计划生育委员会及时纠正药品集中采购中违反〈反垄断法〉、排除限制竞争行为》，载于《中国价格监管与反垄断》2015年第11期。

营服务中标单位签订服务合同行政性垄断案,以及深圳市斯维尔科技有限公司诉广东省教育厅行政性垄断案等,均属于此。

第三,是否属于行政行为、是否属于政府采购存在争议。包括上述列举的典型案例在内,在政府采购领域中行政性垄断案件的行为主体资格及行为性质往往存在争议或者模糊之处。该领域案件中往往涉及某个行政机关与一些直接从事采购活动的事业单位或其他组织之间关系的判定。例如,在上诉人广东省教育厅、广联达因与被上诉人斯维尔侵犯公平竞争权行政纠纷案中,上诉人提出"举办该类型比赛项目不是省教育厅的法定职责,是权力之外的行为,不属于行政行为。此外,该行为不是政府采购行为,也未限制各学院日常购买和使用软件,对斯维尔公司的实体权利不产生实际影响",因此该案不属于行政诉讼受案范围;"涉案赛事属于文化教育活动,不属于《反垄断法》的适用范围",因而一审法院"以《反垄断法》作为认定省教育厅行为是否合法的依据,属适用法律错误。"当然,两审法院均否定了其理由,认为涉案的工程造价基本技能赛项系由被告广东省教育厅主办,且上述赛项技术规范和竞赛规程在经被告审核通过后才予以公布,故在涉案的工程造价基本技能赛项中指定独家使用第三人相关软件的行为系被告行使行政职权的行政行为。而在蚌埠卫计委行政性垄断案中,由全市94家公立医疗机构组成的"蚌埠市公立医疗机构药品带量采购联合体"至少以自己名义发布了一个招标文件,则其与蚌埠市卫计委之间存在何种关系,是否属于《反垄断法》第五章中的"法律、法规授权的具有管理公共事务职能的组织",颇有值得讨论之处。

第四,是否属于正常、合法的履行行政职能较具争议。在斯维尔公司诉广东省教育厅侵犯公平竞争权案、蚌埠、深圳市卫计委等行政性垄断案中,确认属于行使行政职权的行政行为,则该行为的合理性、合法性如何判断就成为另外一个值得关注的问题。在斯维尔与广东省教育厅行政诉讼案件中,一审法院认为,"被告应对上述行政行为的合法性负举证责任,但被告提供的证据不能证明其在涉案的赛项中指定独家使用第三人的相关软件经正当程序,系合理使用行政权力,应承担举证不能的责任。"上诉意见则提出:"《行政诉讼法》只规定人民法院对行政行为进行合法性审查,包括审查是否符合法定程序。由于目前法律法规未明确规定教育部门应遵循何种程序组织和管理职业教育赛事,因此,省教育厅组织赛事的程序不违反法定程序,原审法院将本案作正当程序审查以及合理性审查,违反了《行政诉讼法》的规定。"二审法院则肯定了一审判决意见,"广东省教育厅应对其在涉案赛项中指定独家使用广联达公司相关软件的合法性负举证责任,包括其行为不仅合法且应当遵循正当程序,正当合理地行使行政权力负举证责任,如举证不能,理应承担败诉的结果。广东省教育厅在法律未有明确规定其指定使用行为应遵循何种法定程序的情况下,其应当经过公开、公平的竞争性选择程序来决定使用相关商家免费提供的软件,除非有正当理由,否则属于滥用行政权力。"

第五,法律责任偏轻。我国《反垄断法》第51条规定:"行政机关和法律、法规授权的具有管理公共事务职能的组织滥用行政权力,实施排除、限制竞争行为的,由上级机关责令改正;对直接负责的主管人员和其他直接责任人员依法给予处分。"这里规定的法律责任已属轻微。对于公认限制竞争严重、危害性不小的行政性垄断,法律规定的行政责任能否落实尚有疑问。

当然,这与政府采购领域中行政性垄断案件的特殊性有关。从一系列地方卫生部门滥用行政权力限制竞争案件来看,支持本地企业的意图十分明显。这与我国地方政府长期以来负有的发展地方经济、稳定地方就业的职能有关。作为地方政府的职能部门,各地卫计委为了贯彻落实地方政府的方针政策,出台这些采购措施当然不足为奇。另外,我国医药卫生体制改革长期以来举步维艰,作为其中有机组成部分的药品供应保障体制也是如此,中央一直在推动各地进行政策试点,希望找出一条优质高效、低成本的满足药品供应的途径。各地试点政策做法从某种角度来说,也属于探索性的改革措施,由此得到上级机关的宽容甚至是支持,也就不难理解了。

四、政府采购中行政性垄断的法律规制

在政府采购领域,由于承载了较多的政治、经济、社会目标,其与竞争政策的关系处理也就更加困难。作为全球最大的发展中国家及转轨国家,我国面临着百年未有的变局,国内外的政治经济社会乃至意识形态差异及冲突不断,有时还相当尖锐,就需要更加深入地理解这方面的问题,更加谨慎地处理有关矛盾。

(一)通过立法衔接实现平衡协调

如前所述,我国《政府采购法》中有多个条款赋予政府采购人以优先采购的权力和责任,这是国家最高立法机关的决定,体现了国家意志,理所当然豁免于《反垄断法》的适用,因而无需在《反垄断法》中再行作出同样规定。但是,正如行政机关拥有法定行政权力却常常发生滥用行为一样,对于政府采购人超越《政府采购法》的制度精神之外的采购规则及行为,应当以《政府采购法》进行审查,对于其中涉及的有关政府部门及政府采购人反竞争问题,也要用《反垄断法》予以审查并解决。由于涉及问题相当复杂,因此最佳做法应该是由国务院反垄断委员会制定相关的指南,就其合法与非法行为进行较为详细的描述与阐释,

并提出政府采购领域行政性垄断行为的一般分析框架。

(二) 加强政府采购领域中行政性垄断行为的查处机关的协调

如前所述，目前在政府采购领域中的行政性垄断行为，事实上存在着多个查处机关，不但反垄断执法机构具有权力，财政部门依据《政府采购法》也拥有监管权力。例如《政府采购法》第13条规定：各级人民政府财政部门是负责政府采购监督管理的部门，依法履行对政府采购活动的监督管理职责。各级人民政府其他有关部门依法履行与政府采购活动有关的监督管理职责。对于"擅自提高采购标准""以不合理的条件对供应商实行差别待遇或者歧视待遇"等行为，根据该法第71条规定"责令限期改正，给予警告，可以并处罚款，对直接负责的主管人员和其他直接责任人员，由其行政主管部门或者有关机关给予处分，并予通报"。这至少涉及有关财政部门以及采购人的行政主管部门或有关机关。而根据《政府采购条例》第61条，"采购代理机构发现采购人的采购需求存在以不合理条件对供应商实行差别待遇、歧视待遇或者其他不符合法律、法规和政府采购政策规定内容，或者发现采购人有其他违法行为的，应当建议其改正。采购人拒不改正的，采购代理机构应当向采购人的本级人民政府财政部门报告，财政部门应当依法处理。"该项权力明文赋予了财政部门。实践中财政部门对于此类案件也做了处理，例如财政部发布的政府采购10个指导性案例中的第4号"××物业消防运行服务项目举报案"，招标文件中将供应商具有特定金额的合同业绩作为资格条件，实质上属于以营业收入排除或限制中小企业进入政府采购市场，涉嫌构成《政府采购法》和《政府采购条例》所规定的"以不合理的条件对供应商实行差别待遇或者歧视待遇"的情形。

从已经发生的有关案例来看，政府采购中串通投标方面的案件似乎由财政部门处理更多，可能是由于财政部门作为主管部门接受投诉，因而也更容易发现这方面的问题。而对于各种行政性垄断行为的查处，至少最近几年则是反垄断执法机构更为活跃。一个可能的解释是反垄断执法机构对于市场竞争以及竞争法的理解更为透彻，因而对于来自公权力的反竞争行为，特别是制定"含有排除、限制竞争内容的"政策文件的行为更为敏感。鉴于二者具有的各自优势，加强合作，建立起必要的信息交流机制，在处理重大疑难案件时保持反垄断执法机构的独立执法权力，对于政府采购领域中行政性垄断案件的处理会更为有利。

(三) 加强政府采购领域的反行政性垄断执法、支持反行政性垄断诉讼

法律的生命在于实施。无法或者得不到实施的法律只能停留在纸面，成为一纸具文。可喜的是，无论《政府采购法》还是《反垄断法》，目前在我国已经有

了不少实施的案例，无论是前者的主要执法机关（财政部门），还是后者的主要执法机关（反垄断执法机构），都公布了不少典型执法案例。司法机关也审理了若干行政性垄断案件，其中我国首例行政性垄断诉讼案——深圳市斯维尔诉广东省教育厅行政性垄断案，广东省教育厅因滥用行政职权而败诉。对此有评论指出：此案的终审结果有望解决困扰政府采购多年的难题，使"红头文件"再也不能遮挡政府采购的阳光。①

就政府采购领域的反行政性垄断执法来说，目前事实上的"双轨制"——财政部门和反垄断执法机构都有各自优势，可能依据不同法律去执法，客观上存在执法竞争效应，也有利于发挥各自优势。但是，不同行政机关依据不同的法律去解决同一领域的竞争问题，其带来的问题也很明显：不利于统一执法尺度，更不利于在该政策性很强的领域形成统一的竞争政策。如果说基于同一领域甚至是同一部法律的不同执法机构都会形成较为严重的执法权争夺和执法规则冲突，②那么我们也完全有理由担忧不同执法机关基于不同法律可能会形成更为严重的不协调。因此，有必要从立法角度统一执法权或者在不同执法机构之间建立起协调机制。

就政府采购领域的反行政性垄断诉讼来说，尽管很难获得财政部门对于有关案件处理的数据，但就财政部门与反垄断执法机构公布的案件来看，其数量远远超过民事及行政诉讼案件数量，这与反垄断案件涉及问题的专业性、政策性强有直接关系，以至于私人执行难度很大。另外在我国，行政诉讼原告胜诉率低是一个老大难问题。因此，在加强政府采购领域的反垄断行政执法之外，加强对于有关行政诉讼案件原告方的支持颇有必要。这方面可以考虑借鉴美国反托拉斯诉讼中经常出现的"法庭之友"（Amicus Curiae）制度，允许包括反垄断执法机构在内的非案件当事人的个人或者团体、机构，主动就有关案件提出事实上的经验或法律上的见解，以增强反垄断行政诉讼双方当事人、特别是原告方的诉讼地位及诉讼能力。如此也更有利于案件的解决。

（四）强化法律责任

《反垄断法》对于违反该法第五章从事行政性垄断行为的法律责任仅仅是"行政机关和法律、法规授权的具有管理公共事务职能的组织滥用行政权力，实施排除、限制竞争行为的，由上级机关责令改正；对直接负责的主管人员和其他

---

① 戎素梅：《2017 中国政府采购大事记》，载于《中国政府采购报》2018 年 1 月 8 日，第 4 版。
② 参见李胜利：《美国反托拉斯执法机构的执法冲突和协调及其启示》，载于《法商研究》2014 年第 2 期。

直接责任人员依法给予处分"。无论是作为团体组织的"改正"责任，还是直接责任者的"处分"责任，与行政性垄断可能造成的危害相比，都可谓轻微。

在《政府采购法》中，对于"擅自提高采购标准""以不合理的条件对供应商实行差别待遇或者歧视待遇"等行为，根据该法第71条规定"责令限期改正，给予警告，可以并处罚款，对直接负责的主管人员和其他直接责任人员，由其行政主管部门或者有关机关给予处分，并予通报"。实践中，财政部公布的具有指导意义的"指导案例3号：××注册与备案管理系统项目投诉案"（2016年），财政部根据《政府采购法》第71条第（3）项的规定，责令代理机构B就对供应商实行差别待遇或者歧视待遇的行为限期改正，并对其作出警告的行政处罚。①

由上可见，无论是《反垄断法》还是《政府采购法》，对于政府采购领域中行政性垄断行为人的法律责任规定以及实践中的处理都是不足的，需要作出更为严厉的责任规定，并在实践中落到实处。

---

① 财政部：《指导案例3号：××注册与备案管理系统项目投诉案》，http：//www.ccgp.gov.cn/aljd/201711/t20171120_9187896.htm。最后访问时间：2019-01-10。

第七章

前沿战略：反垄断与保护知识产权协调发展

反垄断法与知识产权法在目标导向及其具体规则上存有差别，这导致二者在实施过程中不可避免地存在冲突与矛盾，因此如何处理好反垄断与保护知识产权的关系一直以来都是反垄断领域最为复杂的问题。知识产权法通过赋予权利人法定垄断权以激励创新，而反垄断法则通过禁止经营者实施垄断行为来保护竞争，这导致知识产权权利人特定情况下的权利行使行为可能招致反垄断法的干预，而反垄断法对知识产权行使行为的规制可能致使创新机制难以运行，此时就会涉及这两种法律制度在立法目标及其运行机制上的冲突与协调。当前，知识产权法与反垄断法具有激励创新和促进竞争的共同目标已经成为共识，并在主要国家和地区的竞争政策法规中有所体现，但是这仍然未能解决这两种法律制度在运行过程中所存在的协调问题。随着知识产权日益成为新经济时代下企业之间开展竞争的重要武器，近年来不断涌现的涉及知识产权的垄断案件更是凸显了这一问题的紧迫性。事实上，反垄断与保护知识产权的协调发展是当今国内外都非常关注的前沿问题，也应成为中国反垄断战略中必须加以充分关注和恰当处理的重点问题之一。

第一节　中国关注反垄断与保护知识产权协调发展的背景和意义

一、现代社会知识产权问题的多维视角

在经济全球化和知识经济的背景下，知识产权的重要性空前提高。对于知识

产权本质和功能的观察至少可以从以下三个不同的视角进行。①

作为一种民事权利，知识产权的界定和保护是实现激励创新和维护公正的重要形式。知识产权是以特定的智力成果或者知识产品为客体的民事权利，其在基本性质上属于私权，但是又与社会公共利益密切相关。知识产权制度的基本目标是激励创新，即通过对特定知识产品在一定期限内的专有权的确认和保护来鼓励知识的生产、传播和利用。知识产权制度还要通过调节机制实现维护社会公正的目标。因此，知识产权在法律上应该得到合理的界定和保护。

作为一种竞争工具，知识产权的掌握和利用是获取自身优势与打击竞争对手的重要手段。在知识经济时代，知识和信息的重要性比在以往任何时代都有了空前的提高，相应地，知识产权在财富中的地位也空前提高。对企业来说，既然知识产权是其竞争力的基础和核心要素，那么知识产权就不仅是单纯的民事权利，而且是市场竞争的重要工具。在知识产权方面处于优势的跨国公司和大企业都十分重视运用知识产权这一重要的竞争工具来巩固和发展自身的竞争优势，打击竞争对手，并以此为手段抢占市场竞争的制高点。这体现在知识产权的取得、知识产权的利用和知识产权的诉讼等各个环节。站在企业的角度来看，在法律规定的界限范围内充分利用知识产权这一市场竞争的工具是很自然的事，无可厚非。不过，从社会角度考虑，将知识产权作为市场竞争工具的过度利用也会产生许多问题。

作为一种国家战略，知识产权战略的制定与实施是维护国家利益与竞争优势的重要举措。在现代社会，知识产权不仅从个体民事权利发展成为企业市场竞争的重要手段，而且与国家利益息息相关。知识产权已与科技竞争、经济贸易乃至综合国力直接挂钩，成为各国激烈竞争的焦点之一和国家公共政策的一个重要方面，并日益上升为国家发展战略的一个重要组成部分。这决定了知识产权政策就不仅是一个权利保护的问题，而且包括创造、管理、实施和保护的全方位的制度体系。在当代激烈的国际竞争中很多国家都重视从国家战略的高度对其加以充分地利用。近年来，中国也开始从国家战略的高度上来看待知识产权问题，制定出并正在积极实施国家知识产权战略。这标志着中国对知识产权由被动应对到主动谋划的转变，是中国开始积极利用知识产权这一政策工具服务于国家发展和争取竞争优势的集中体现。

二、我国现实的知识产权滥用行为已经出现

在我国，随着知识产权法律制度的不断完善，知识产权保护的力度在不断加

---

① 参见王先林：《从个体权利、竞争工具到国家战略——关于知识产权的三维视角》，载于《上海交通大学学报（哲学社会科学版）》2008 年第 4 期。

大,滥用知识产权的行为时有发生,借此实施的排除、限制竞争行为也日益突出。早在2005年度国家软科学研究计划重点委托研究课题成果《在华跨国公司知识产权滥用情况及其对策研究报告》①中,就列举了跨国公司在中国滥用其优势地位实施限制竞争行为的几种典型表现,主要包括拒绝许可、搭售、价格歧视、掠夺性定价和过高定价等,同时还附上了微软公司、思科公司、DVD专利联盟、英特尔公司和通用汽车公司等涉嫌滥用知识产权排除、限制竞争的实例。2008年6月5日国务院公布的《国家知识产权战略纲要》在"序言"部分也指出,我国目前的"知识产权滥用行为时有发生"。

近些年来,知识产权滥用行为在我国更是不断受到关注,并在相关的反垄断诉讼和行政执法中受到处理。例如,深圳市中级人民法院一审、广东省高级人民法院二审的华为技术有限公司诉美国交互数字技术公司、交互数字通信有限公司、交互数字公司垄断案②,法院认定三被告共同实施了垄断民事侵权行为,应承担共同实施垄断民事侵权行为的法律责任,判决三被告立即停止针对原告实施的过高定价和搭售的垄断民事侵权行为,并连带赔偿原告经济损失人民币2 000万元,驳回原告的其他诉讼请求。本案是中国首例原告完全胜诉的反垄断民事诉讼案,也是中国法院受理的首例由标准必要专利许可引发的垄断纠纷案件,涉及知识产权领域最前沿的疑难法律问题,广受国内外关注,最高人民法院将其列入"2013年度全国法院十大热点案件"。本案尝试在专利权保护与反垄断之间进行合理的平衡,并探讨了在涉及标准必要专利时相关市场的界定以及如何认定过高定价和搭售等疑难问题。尽管有些结论在学术上还可以讨论,但是该案的判决在世界上树立了标准必要专利领域垄断纠纷的审判标准,具有重要的意义。又如,在国家发改委查处美国高通公司滥用市场支配地位案③中,也涉及标准必要专利的问题。而对于全球范围内的反垄断执法而言,中国执法机构也在本案中展现了决心和能力,表明中国在重视知识产权保护的同时,也坚决反对任何滥用知识产权排除、限制竞争的行为。

另外,从《反垄断法》2008年8月实施以来,国务院反垄断执法机构(2018年前为商务部,2018年后为国家市场监管总局)共附条件批准经营者集中48件。在附条件批准的案件中,至少有大约半数涉及知识产权的救济问题,包括

---

① 软科学研究计划编号为2005DGS2D053,安徽大学法学院、上海交通大学法学院联合研究课题组,王先林主持,2015年。《商务周刊》2005年第21期以《跨国公司在华知识产权滥用》为题刊发了该报告的主要内容。

② 参见人民网:《华为诉美国IDC终审宣判:IDC构成垄断赔2000万》,http://ip.people.com.cn/n/2013/1029/c136655 - 23359806.html。最后访问日期:2018 - 03 - 18。

③ 参见新华网:《发改委公布对高通处罚决定书 判罚或成反垄断标杆》,http://www.xinhuanet.com/politics/2015 - 03/03/c_127538361.htm。最后访问日期:2018 - 03 - 18。

2009年的辉瑞公司收购惠氏公司案、松下公司收购三洋公司案，2011年的通用电气（中国）有限公司与中国神华煤制油化工有限公司设立合营企业案、谷歌收购摩托罗拉移动案、联合技术收购古德里奇案，2012年的安谋公司、捷德公司、金雅拓公司组建合营企业案，美国百特国际有限公司收购瑞典金宝公司案，2013年的赛默飞世尔科技公司收购立菲技术公司案、微软收购诺基亚设备和服务业案，2014年的默克公司收购安智电子材料公司案，2015年的诺基亚收购阿尔卡特朗讯股权案、恩智浦收购飞思卡尔全部股权案。国务院反垄断执法机构附加与知识产权相关的限制性条件主要包括以下种类：一是坚持 FRAND（公平、合理、无歧视）原则。要求专利许可人遵守其在标准组织做出的公平、合理、非歧视的许可承诺。二是对禁令使用限制。要求专利许可人在标准必要专利的许可中对善意的潜在被许可人不寻求禁令救济。三是禁止搭售行为。要求标准必要专利许可人在许可专利时不以被许可人是否接受其非标准必要专利为前提。四是对第三方受让人的约束。标准必要专利持有人在转让标准必要专利时，应当要求第三方受让人继续履行其向标准制定组织和向国务院反垄断执法机构做出的承诺，否则，不得进行转让。[①] 这说明，对于具有或可能具有排除、限制竞争效果的经营者集中，国务院反垄断执法机构结合个案具体情况，注意运用涉及知识产权的附加限制性条件，以减少或者消除排除、限制竞争效果。这既包括结构性条件，也包括行为性条件，以及结构性条件和行为性条件相结合的综合性条件。

三、知识产权领域反垄断的复杂性和敏感性

知识产权领域的反垄断是一个全新的有着重要意义的问题，同时又是一个敏感、复杂因而充满挑战的问题。这涉及如何认识反垄断法与知识产权法之间的复杂关系。长期以来，法学界和实务部门对于反垄断法与知识产权的关系，尤其是反垄断法应当如何对待知识产权的行使行为有着不同的看法。在反垄断立法过程中，有的基于知识产权本身的合法垄断权的性质，主张反垄断法不应该规定知识产权问题，或者仅仅明确知识产权是反垄断法的适用除外领域；有的则认为反垄断法应该适用于知识产权领域，而且还要作具体规定，以对知识产权的行使行为加以严格的约束。现在，这方面的原则问题在《反垄断法》中已经得到了解决，该法第55条明确规定："经营者依照有关知识产权的法律、行政法规规定行使知识产权的行为，不适用本法；但是，经营者滥用知识产权，排除、限制竞争的行

---

① 参见《2015第四届"中国竞争政策论坛"暨知识产权与反垄断国际研讨会综述》，商务部反垄断局尚明局长发言的部分，载于《竞争政策研究》2015年第3期。

为，适用本法。"这就在建立起了基本的反垄断法律制度的同时，也确立了反垄断法适用于知识产权领域的基本原则。但是，如何对该条进行正确的理解和合理的适用，保证反垄断法在知识产权领域的正确实施还有很多具体问题需要解决。

反垄断法实施本来就是一个非常复杂的问题，因为反垄断法条文的原则性和规则的不确定性是各国反垄断法的普遍特征。现实中的竞争问题充满复杂性，往往需要执法机构根据每一个案件的具体情况进行具体分析，而不能依靠立法机构制定出普遍适用、又能在适用中确保正当性的具有操作性的法律规范。另外，立法条文往往只能反映各个利益团体之间博弈的结果，因而有人认为立法机构"既缺乏智慧、又缺乏能力和必要的一致，制定出能够解决现实竞争问题的具体条文。"[①] 在美国、欧盟和日本等国家和地区，一方面依靠执法机构和法院在具体的执法案例中，通过法律适用来明确和统一执法的尺度；另一方面执法机构也在总结实践经验的基础上，针对不同领域的情况，制定具有法律性质的规章或具有指导性文件性质的指南，来为执法机构的执法和经营者的市场竞争行为提供指引。

反垄断法在知识产权领域实施往往会更为复杂和敏感。保护知识产权以激励创新和实施反垄断法以维护竞争都是现代各国重要的政策选择，但是，这两种政策之间有一个协调的问题。本来，知识产权作为一种合法的垄断，其拥有本身和正当行使是作为反垄断法的适用除外而存在的，此时对竞争的限制应被视为国家建立和实施知识产权制度的必要代价，因而应当得到反垄断法的容忍。但是，知识产权也可能被滥用来排除、限制竞争，这就违背了国家建立和实施知识产权制度的基本宗旨，也为反垄断法所不容。这需要把握好在知识产权领域进行反垄断执法的"度"的界限。不同的国家、不同的时期在知识产权领域进行反垄断执法时是有不同的分析和处理原则的。西方发达国家和地区在这方面有一个曲折的、不断调整的发展过程。例如，在美国反托拉斯执法的初期阶段，知识产权制度曾被视为与反托拉斯法之间存在难以调和的冲突，美国的执法机构曾一度对知识产权权利行使行为执行严厉的反托拉斯法政策。而这些执法政策和执法例也饱受经济学界和法学界的批评，认为其执法不利于对创新的激励，阻碍了经济的发展。1990年之后，美国的执法机构逐步认识到知识产权制度与反托拉斯在促进竞争和保护消费者利益方面具有一致的目标，在实践中也放宽了知识产权领域的反托拉斯执法。同样，欧盟和日本也分别通过设定豁免或适用除外制度，放宽知识产权领域中的反垄断执法。然而，这种通过划定免责区域，将知识产权权利行使从

---

① [美] 莫利普·阿瑞达、路易斯·卡普洛著：《反托拉斯法精析：难点与案例》，中信出版社 2003 年版，第 5 页。

反垄断执法中加以区隔的方法，仍然不能解决一些复杂的执法难题。在上述情形中，反垄断执法机构需要区分出合法的权利行使行为和不合法的权利行使行为，而且在做出区分之时，既要考虑保护知识产权对创新的激励，又要考虑对竞争和消费者带来不利影响的非法权利行使行为加以预防和制止。

我国在将反垄断法适用于知识产权领域时，同样面临着需要在激励创新与维护竞争之间取得合理平衡这样一个复杂和敏感的问题。尤其是，我国反垄断法的实施时间不长，执法经验不足，而在知识产权领域进行反垄断执法更是一个全新的课题。《反垄断法》第 55 条的规定又过于原则，何种行为能够被视为正当的权利行使行为，何种行为将被视为滥用知识产权排除、限制竞争的非法垄断行为，缺乏明确具体的界定。而这种原则性的条文，既不能在涉及知识产权的反垄断执法活动中为执法机构提供指引，又不能在涉及知识产权的市场竞争活动中为经营者提供准则。因此，目前在将反垄断法适用于知识产权领域时面临的困难和问题就显得更为突出。

第二节　中国知识产权政策的发展及其与反垄断的协调

一、中国日益重视从战略高度认识和运用知识产权

知识产权的制度安排属于政府公共政策的范畴，是实现公共利益的手段，其不仅是一个权利保护的问题，而且包括创造、管理、实施和保护的全方位的制度体系。在当代激烈的国际竞争中很多国家都重视从国家战略的高度对其加以充分地利用。在这样的背景下，我国于 2008 年 6 月发布了《国家知识产权战略纲要》。这标志着我国对知识产权由被动应对到主动谋划的转变，是我国开始积极利用知识产权这一政策工具服务于国家发展和争取竞争优势的集中体现，必将对我国应对经济全球化和知识经济的挑战，以及建设创新型国家具有重要的意义。

此后，国务院常务会议研究建立了知识产权战略实施工作部际联席会议制度，批准成立了全国打击侵犯知识产权和制售假冒伪劣商品工作领导小组，批复同意建立推进使用正版软件工作部际联席会议制度。2015 年 3 月中共中央、国务院发布了《关于深化体制机制改革加快实施创新驱动发展战略的若干意见》，2015 年 12 月国务院发布了《关于新形势下加快知识产权强国建设的若干意见》，

2016年5月中共中央、国务院印发了《国家创新驱动发展战略纲要》,2016年8月30日中央全面深化改革领导小组第二十七次会议审议通过了《关于完善产权保护制度依法保护产权的意见》,2019年11月中共中央办公厅、国务院办公厅印发了《关于强化知识产权保护的意见》。我国还探索成立了多家知识产权法院和一批知识产权法庭,2019年初又成立了最高人民法院知识产权法庭,负责审理专利等专业技术性较强的知识产权民事和行政上诉案件,知识产权保护能力持续加强。2020年10月国务院同意建立由市场监管总局牵头的反不正当竞争部际联席会议制度,这有利于加强对包括商业秘密和商业标识等其他知识产权保护工作的统筹协调。这一系列重要文件反映出中国越来越重视知识产权保护对激励创新的作用,将知识产权上升到了国家战略的高度,进而提出了加快建设知识产权强国的目标,其核心举措就是不断提高知识产权的保护水平和保护力度。

总之,改革开放以来特别是党的十八大以来,我国不断完善知识产权法规政策体系,制定并实施国家知识产权战略,加大行政执法和司法保护力度,知识产权保护工作取得了积极成效,我国的知识产权国际影响力大幅提升,涌现出一批具有自主知识产权和核心竞争力的创新型企业。可以说,我国走出了一条中国特色知识产权发展之路,知识产权保护工作取得了历史性成就,全社会尊重和保护知识产权意识明显提升。国家知识产权局发布的调查报告显示,2019年我国知识产权保护社会满意度总体得分为78.98分,较2018年提升2.10分,较调查第一次启动的2012年提高了15.29分,满意度大幅提升。世界知识产权组织等发布的《2020年全球创新指数》报告显示,中国以53.28的全球创新指数得分,在全球参与排名的131个经济体中位列第14名,与2019年位次持平,是唯一进入全球创新指数前30名的中等收入经济体。世界银行发布的《2020年营商环境报告》显示,中国营商环境在全球的排名从2017年的第78位大幅跃升至2019年第31位,中国连续第二年跻身全球营商环境改善最大的经济体排名前十。① 这是对我国知识产权保护的充分认可。

二、中国同时重视保护知识产权与反垄断的协调

知识产权保护也有一个合理与适度的界限。这是因为,知识产权保护在本质上是一个利益界定和调整问题,它在国内层面涉及知识产权所有人(社会个体)

---

① 参见中国政府网消息,http://www.gov.cn/xinwen/2019-10/24/content_5444374.htm。最后访问日期:2021-03-09。

与公众（消费者、竞争者及其所代表的社会整体）之间的利益平衡以及公平与效率的协调，而在国际层面则涉及不同国家、地区之间的利益调整。而且，即使知识产权的获得本身是合理、合法的，其实际的行使行为也存在一个正当与否的问题，这意味着，正当获得的知识产权也可能被滥用，即经营者违反法律、行政法规授予有关知识产权的界限和目的，以不正当方式行使知识产权，损害他人利益和社会公共利益。虽然这种滥用行为的表现不限于垄断行为，但其典型表现之一就是对竞争的排除、限制，因此作为以维护竞争为根本使命的反垄断法进行规制也就非常必要和自然。在这个特定的领域，反垄断与保护知识产权在激励创新方面具有高度的一致性，可谓殊途同归。反垄断通过保护竞争促使经营者持续不断地进行创新；保护知识产权通过激励经营者创新，从而促进动态竞争。因此，两者在保护竞争和激励创新上都是必不可少的。

基于此，中国在继续加强知识产权保护的同时，也在探索对滥用知识产权进行法律规制。2007年8月30日通过的《反垄断法》第55条规定："经营者依照有关知识产权的法律、行政法规规定行使知识产权的行为，不适用本法；但是，经营者滥用知识产权，排除、限制竞争的行为，适用本法"。这表明了中国对滥用知识产权进行反垄断规制的基本态度，成为中国规制滥用知识产权的主要依据。

在国家的其他政策文件中也非常重视这方面的问题。2008年6月5日国务院公布的《国家知识产权战略纲要》所规定的战略重点之一就是"防止知识产权滥用"，并要求"制定相关法律法规，合理界定知识产权的界限，防止知识产权滥用，维护公平竞争的市场秩序和公众合法权益"。这就从国家战略的高度提出了在重视保护知识产权的同时，还要重视防止知识产权滥用的问题。2015年12月国务院发布的《关于新形势下加快知识产权强国建设的若干意见》，在强调实行严格的知识产权保护的同时，也明确要规制知识产权滥用行为，包括完善规制知识产权滥用行为的法律制度，制定相关反垄断执法指南；完善知识产权反垄断监管机制，依法查处滥用知识产权排除和限制竞争等垄断行为。2016年5月中共中央、国务院印发的《国家创新驱动发展战略纲要》也要求健全防止滥用知识产权的反垄断审查制度。

2020年11月30日，习近平总书记在主持中央政治局就加强我国知识产权工作保护工作举行第25次集体学习时的讲话中多处涉及反垄断问题，包括统筹推进专利法、商标法、著作权法、反垄断法等修订工作，增强法律之间的一致性；要统筹做好知识产权保护、反垄断、公平竞争审查等工作，促进创新要素自主有序流动、高效配置；研究制定防止知识产权滥用相关制度；要完善知识产权反垄断、公平竞争相关法律法规和政策措施,形成正当有力的制约手段。①

第三节 主要国家和地区知识产权领域反垄断的经验借鉴

一、美国在知识产权领域适用反托拉斯法的基本情况

反托拉斯法是否应当适用于以及如何适用于知识产权权利行使行为?美国对此问题的回答是应当适用,而且与其他类型的排除、限制竞争行为一样,适用相同的反托拉斯法规则——即《谢尔曼法》第1条和第2条以及《克莱顿法》第3条,分别对合谋行为(垄断协议行为)、垄断行为(滥用市场支配地位行为)和搭售等行为加以规制,并适用相应的分析方法(本身违法原则或者合理原则),无论其是否涉及知识产权权利行使行为。

在美国反托拉斯法实施的历史上,一般是将知识产权权利行使行为与其他类型的排除、限制商业、贸易行为同等对待,均仍根据行为主体的个数以及行为的方式不同,分别按照合谋行为(垄断协议行为)、垄断化行为(滥用市场支配力量行为)适用《谢尔曼法》《克莱顿法》相关条款加以禁止。例如,在1926年的美国诉通用电气公司案中,② 美国最高法院讨论了专利权许可方限制专利权被许可方出售专利产品零售价格的行为是否构成滥用市场支配地位,从而违反《谢尔曼法》第2条;而在1979年的广播音乐公司诉哥伦比亚广播公司案中,③ 美国最高法院讨论了音乐著作权人集体授权广播音乐公司收取固定的使用费的行为是否构成垄断协议,从而违反《谢尔曼法》第1条。这些案件尽管属于涉及知识产权权利行使行为的案件,但均与一般案件一样,适用相同的反托拉斯法条文和违法判定规则加以审理,并未因其涉及知识产权权利行使行为而有所区别。

美国执法机构和法院对于知识产权权利行使行为的合理原则判断,也一向比较严格。如果知识产权权利行使行为如专利许可,构成横向竞争者之间的价格固定、产量限制或市场分割,则适用本身违法原则予以禁止。如果知识产权权利行

---

① 新华网消息:《习近平在中央政治局第二十五次集体学习时强调 全面加强知识产权保护工作激发创新活力推动构建新发展格局》,http://www.xinhuanet.com/2020-12/01/c_1126808128.htm。最后访问日期:2021-02-19。
② United States v. General Electric Co., 272 U.S. 476 (1926).
③ Broadcast Music Inc. v. Columbia Broadcasting System, Inc., 441 U.S. 1 (1979).

使行为不构成前述几种类型的行为，则可以适用合理原则予以分析，判断限制竞争性行为是否为达到促进竞争的效率改善所必须，以及促进竞争的效率改善是否大于限制竞争的不利益。①

另外，美国执法机构和法院在相当长的历史时期内，曾推定拥有知识产权就拥有市场支配力，从而无须对知识产权领域中排除、限制竞争行为的竞争效果做进一步分析。上述执法原则和指导思想导致美国执法机构对知识产权领域的执法相当严格。例如，在20世纪70年代美国司法部曾对知识产权授权行为提出了"九不"（the "Nine No-Nos"）的审查原则，并在后来被正式纳入1977年的《国际经营活动中的反托拉斯执法指南》之中，成为正式的审查标准。

随着后期法学和经济学的发展，执法机构逐渐认识到，技术创新也是一种重要的竞争方式。而且，知识产权权利行使行为，尤其是授权许可行为，具有促进竞争的一面。同时，拥有知识产权并不必然拥有市场力量。而这种严厉的执法事实上禁止了许多并不影响市场竞争的知识产权权利行使行为，阻碍了技术的推广和传播。在此情况下，执法机构究竟应该如何在案件中分析和判断知识产权权利行使行为的竞争效果，应当如何认定知识产权的市场支配力，需要有一个统一的指导思想。为此，美国司法部与美国联邦贸易委员会于1995年联合颁布了《知识产权许可反托拉斯指南》（以下简称《指南》）。②

《指南》一共包括六个部分。第一部分阐述了执法机构对知识产权保护的基本立场；③ 第二部分阐述了在知识产权保护领域中执行反托拉斯法的三个原则；第三部分和第四部分介绍了执法机构对知识产权许可中各种排除限制行为对竞争的影响进行分析时所考虑的分析因素和采用的分析模式；第五和第六部分列举了横向限制、维持转售价格、搭售、排他性交易、交叉许可和联营协议、回授、知识产权收购以及实施无效的知识产权等七个具体行为，并简要介绍了在这些行为中各种因素对于竞争的影响以及执法机构的基本态度。

2007年4月，美国司法部和联邦贸易委员会又再次联合颁布了《反托拉斯执法与知识产权：促进创新和竞争》报告（以下简称报告），进一步明确了执法机构对知识产权与反托拉斯法交叉领域中的一些特定问题的执法态度。该报告不仅重申了《指南》的原则、分析方法和对特定类型许可安排的执法态度，而且还补充了执法机构对一些特定类型的许可安排的执法态度，这些特定类型的许可安

---

① 《知识产权许可反托拉斯指南》第3.4部分。
② 《指南》中讨论的知识产权权利行使行为围绕各种许可安排，因此指南被称为知识产权许可反托拉斯指南。
③ 《指南》是美国司法部和美国联邦贸易委员会作为执法机构对其执法原则、执法方法的阐述，不具备成文法的法律效力，可以作为执法机构和法院在具体案件中的参考，但不得拘束执法机构和法院在具体案件中的执法和判决。参见《指南》第1.0部分。

排包括单方拒绝许可、标准制定以及超越专利有效期限行使专利权等许可安排。

自 1995 年美国司法部和联邦贸易委员会颁布了《指南》之后，有两个比较重大的判例，可能会对美国执法机构在知识产权领域未来的反托拉斯执法产生深远的影响。首先，是 2006 年的伊利诺伊工具公司诉独立墨水公司（Tool Works Inc. v. Indep. Ink, Inc.）案。① 在该案中，美国最高法院首次明确指出，知识产权并不必然给权利人带来市场支配力量。这一认定彻底推翻了美国最高法院此前在许多涉及知识产权搭售的案件中所确立的知识产权拥有市场支配力量的假设，从而也是对《指南》所确立之知识产权并不必然拥有市场支配力量原则的一种回应。在该案中，美国最高法院明确指出指控搭售行为违反反托拉斯法的原告，必须提供被告拥有市场支配力量的证据，而这也就要求执法机构在执法中，如果对知识产权搭售行为提出检控，必须提供知识产权具有市场支配力量的证据。其次，是 2007 年丽锦创意皮具有限责任公司诉 PSKS 公司（Leegin Creative Leather Prods., Inc. v. PSKS, Inc.）案。② 在《指南》中，对于知识产权许可中的转售价格维持行为，执法机构曾建议按本身违法行为提出指控。而在 Leegin 案中，美国最高法院却推翻了美国法院长期以来所确立的转售价格维持行为本身违法的原则。在该案中，美国最高法院从对品牌内的价格限制可以促进品牌间的竞争的角度，确认对于品牌内的最低转售价格限制行为，可以适用合理原则加以分析。由于该案的判决，执法机构在今后对于知识产权许可中的转售价格维持行为，应当会改变其在《指南》中所持有的本身违法的立场，而更多地考虑该等行为对品牌间的竞争影响等合理因素。

经过多次征求意见并举行了听证，美国司法部和联邦贸易委员会在 2017 年 1 月对《知识产权许可的反托拉斯指南》进行了修订，根据 20 多年来的立法、法院判例和自身执法中新情况进行了调整，但基本原则和基本制度没有大的变化。其中，对分析的一般原则重新表述为："基于反垄断分析的目的，执法机构对涉及知识产权的行为与涉及其他形式财产权的行为适用相同的分析方法，同时考虑特定财产权的特殊性。"③

二、欧盟在知识产权领域适用竞争法的基本情况

欧盟的竞争法目前主要体现在《欧盟运行条约》的第 101 条和 102 条。该条

---

① Illinois Tool Works Inc. v. Indep. Ink, Inc., 547 U. S. 28 (2006).
② Leegin Creative Leather Prods., Inc. v. PSKS, Inc., 127 S. Ct. 2705, 2714 (2007).
③ U. S. Department of Justice, the Federal Trade Commission, Antitrust Guidelines for the Licensing of Intellectual Property, January 12, 2017.

约来源于 1957 年在罗马签订的《欧洲经济共同体条约》（又称《罗马条约》、后来在阿姆斯特丹修订后的条约版本又称《阿姆斯特丹条约》）中有关规范竞争的相关条款（主要包括原《罗马条约》第 85 条和第 86 条，也即《阿姆斯特丹条约》第 81 条和第 82 条）。此外，欧盟竞争法还包括欧盟理事会、欧盟委员会根据条约相关条款发布的规章、通告等法律文件以及欧洲法院的相关判例组成（以下合称为"欧盟竞争法"）。对于是否在知识产权领域适用竞争法的问题，欧盟的回答是原则上不予适用，即对知识产权权利行使行为，尤其是对技术转让行为给予豁免，同时对特定类型的技术转让协议或特定类型的技术转让协议条款存在例外，即该等特定类型的技术转让协议或技术转让协议条款仍然需要受到欧盟竞争法的调整。因此，对于如何在知识产权领域适用竞争法的问题，在欧盟竞争法中也就转化为如何区分豁免适用欧盟竞争法的技术转让协议与豁免的例外的问题。

《欧盟运行条约》第 101 条（《欧共体条约》第 81 条、《罗马条约》第 85 条）规定："所有可能影响成员国间贸易，并且其目的或效果为阻碍、限制、扭曲共同市场内竞争的企业间的协议、企业协会的决议或一致行动，因与共同市场不相容而应被禁止……如果有利于改善产品的生产或销售，或有利于促进技术和经济进步，同时消费者能公平分享由此产生的利益……则第 1 款的规定将不予适用。"为进一步落实《欧共体条约》第 81 条第 3 款对促进技术进步的协议进行豁免的制度，1965 年 3 月欧共体理事会颁布《19/65 号条例》，授权欧共体委员会就转让专利、专有技术等工业产权的转让协议适用《欧共体条约》第 81 条第 3 款制定成批豁免规章。此后，欧共体委员会曾几度颁布规章，尝试运用各种区分方法，对不同类型的技术转让协议和条款，分别按《欧共体条约》的原则给予豁免以及按照原则的例外情况不予豁免。

在早期，欧共体委员会曾采用根据技术转让协议中条款的不同类型予以区分的方法，来区分豁免的原则和例外。按此方法，欧共体委员会先后于 1984 年和 1989 年分别颁布了对专利转让协议适用的《2349/84 号规章》和对专有技术适用的《556/89 号规章》。1996 年欧共体委员会颁布了《240/96 号规章》，取代了此前颁布的关于专利的《2349/84 号规章》和关于专有技术的《556/89 号规章》，将专利和专有技术统一涵盖在技术转让协议调整的范围之内，并继续沿用根据协议条款类型进行区分的做法。根据该方法，技术转让协议的条款被区分为三种类型，分别为可以根据《欧共体条约》第 81 条第 3 款进行成批豁免的白色清单条款，例如要求被许可人在合同期限内和期满后为许可人的技术秘密保密、禁止被许可人进行再许可或转让其所获得的许可等；不能直接予以成批豁免的黑色清单条款，例如限制合同一方自由决定被许可产品的价格、价格组成和折扣比例、限制合同一方不得在共同市场上与合同另一方或与其相关的企业就相互竞争的产品的研发、生产、销售进行竞争等；以及是否能够予以豁免尚不确定、需要予以个别申报并经审查确定是否给予豁免的灰色清单条款，例如要求被许可人接受与被许可产品技术指标或产品质量无关的技术限制、其他技术许可、产品或服务等，对于此类条款当事人可以向欧共体委员会提出豁免申请，如果豁免申请在4个月内没有被欧共体委员会驳回，这些条款方可被视为得到豁免。

《240/96号规章》所采用的根据条款类型区分是否适用豁免的方式受到了广泛的批评。主要的批评观点认为，首先，根据条款类型进行区分的方法过于教条化，给技术转让协议套上了枷锁，大量事实上并不违反欧共体竞争法的技术转让协议无法获得豁免[①]。《240/96号规章》的区分方法缺乏对技术转让协议各方的市场支配力量的分析，而事实上各种技术在市场中往往存在众多可替代的技术，因而往往并不具有市场支配力量。其次，根据条款类型进行区分的方法过于简单化，《240/96号规章》的区分方法缺乏对相关市场的界定以及对技术转让协议各方之间市场结构关系的经济分析，无法真正区分技术转让协议条款对于竞争的影响。

在此情况下，欧共体委员会于2004年颁布了《772/2004号规章》（并同时颁布了适用该规章的指南，即《关于技术转让协议的指南》），取代了《240/96号规章》。《772/2004号规章》废除了传统的根据技术转让协议条款类型来区分是否适用豁免的做法，改而采用更为灵活、准确的经济分析方法。

在上述《772/2004号规章》有效期即将届满前，世界各主要法域（包括中国）都在加大知识产权领域反垄断执法力度的背景下，欧盟委员会于2014年3月21日发布了《关于〈欧盟运行条约〉第101条第3款对技术转让协议类别的适用问题的规章》即《316/2014号规章》，并相应地发布了《〈欧盟运行条约〉第101条适用于技术转让协议的指南》，即"2014年指南"。《316/2014号规章》是在总结《772/2004号规章》的整体经验和实施以来取得的进一步经验的基础上制定的，目标是确保对竞争的有效保护及为企业提供充分的法律保障。对这些目标的追求也应尽最大程度考虑简化行政监督的需要和立法框架。在结构上，与《772/2004号规章》类似，《316/2014号规章》除了鉴于条款外，由第1条（定义）、第2条（豁免）、第3条（市场份额门槛）、第4条（核心限制）、第5条（被排除的限制性）、第6条（个案中的撤销）、第7条（不适用本规章的事项）、第8条（市场份额门槛的适用）、第9条（与集体豁免规章的关系）、第10条

[①] Commission adopts new safe harbour for licensing of patents, know-how and software copyright, Commission Press Release, IP/04/470 of April 7, 2004.

（过渡期）和第 11 条（有效期）组成。在内容上，《316/2014 号规章》也没有对《772/2004 号规章》做出大的修改。

三、日本在知识产权领域适用禁止垄断法的基本情况

日本的反垄断法主要包括《禁止私人垄断及确保公正交易法》以及日本公正交易委员会颁布的一系列指南、规则（以下简称《禁止垄断法》）。与欧盟竞争法相类似，对于是否对知识产权权利行使行为适用禁止垄断法的问题，日本禁止垄断法的回答是原则上予以豁免，但是对于特定类型的知识产权权利行使行为，将不适用豁免。因此，对于如何对知识产权权利行使行为适用禁止垄断法的问题，也就转化为如何区分豁免适用禁止垄断法的知识产权权利行使行为和不能豁免的知识产权权利行使行为的问题。

日本《禁止垄断法》第 6 章第 21 条规定："本法的各项规定不适用于被认定为根据著作权法、专利法、实用新型法、外观设计法或商标法的权利行使行为"。尽管如此，日本的执法机构认为，具有违反禁止垄断法的知识产权权利行使行为，在本质上与权利行使行为不同。此类行为虽然在表面上与权利行使行为一致，但是其主观目的与知识产权制度的基本目标——激励企业努力创新和使用技术——相偏离或相冲突。因此，执法机构认为，禁止垄断法应当适用于那些在本质上不应被认为是知识产权权利行使行为的限制性行为。

为区分豁免适用禁止垄断法的知识产权权利行使行为与不予豁免适用禁止垄断法的知识产权权利行使行为，日本公正交易委员会曾于 1999 年 7 月 30 日颁布《专利和技术秘密许可协议的反垄断法指南》，但它被 2007 年 9 月 28 日颁布的《知识产权利用的反垄断法指南》[①] 取代。《知识产权利用的反垄断法指南》阐述了执法机关在知识产权领域中实施反垄断法的指导思想和原则，并对一些典型的知识产权权利行使行为介绍了执法机关的基本观点。

《知识产权利用的反垄断法指南》的内容包括四章：第一章概述了竞争政策与知识产权制度的相互关系、《指南》的适用范围和主要内容；第二章阐明了反垄断法适用于与知识产权有关的限制行为的基本原则；第三章从私人垄断和不合理交易限制的角度分析了公正交易委员会对拒绝许可、限定许可范围以及专利联

---

① 《知识产权利用的反垄断法指南》中知识产权的范围不仅包括技术和技术秘密，还包括其他各种与技术有关的知识产权，例如受专利法、实用新型法、半导体电路布图设计保护法、植物种子和育种保护法、著作权法、外观设计法保护的技术；同时适用的权利行使方式也不仅包括技术许可，还包括其他与技术使用有关的限制行为，例如阻碍其他主体使用技术的行为、对被许可方的商业活动施加限制的行为等。

营、多重许可安排和交叉许可的基本观点;第四章从不公正交易行为的角度分析了公正交易委员会对拒绝许可以及许可中各种限制行为的基本观点。

该《指南》在 2010 年 1 月 1 日和 2016 年 1 月 21 日经过两次修订①,但修订的幅度都不大。其中,在 2010 年 1 月 1 日的修订中正文内容没有变化,只是引用的《不公平交易方式 一般指定》以及《禁止垄断法》的条款有所变化;2016 年 1 月 21 日的修订主要在第三章第 1 条第(1)中增加"e"项,在第四章第 2 条中增加第(4)款,内容都涉及标准必要专利和 FRAND(公平、合理、无歧视)承诺的问题。

四、主要国家和地区在知识产权领域反垄断的共同点和不同点

美国、欧盟和日本在知识产权领域反垄断的基本框架以及相关技术转让或授权协议适用反垄断法的指南,各有其形成的背景和特点,难以简单地分出其优劣,但是可以在综合比较其共同点和不同点的基础上为知识产权领域反垄断提供经验借鉴。

(一)共同点

1. 均认为反垄断法应当适用于知识产权权利行使领域

无论是美国反托拉斯法、欧盟竞争法还是日本禁止垄断法,均认为反垄断法应当适用于知识产权领域。其中,美国反托拉斯法全面适用于知识产权领域,且对知识产权领域采用其他领域相同的反托拉斯法原则进行违法判定;而欧盟、日本均是在原则上豁免适用的基础上,例外情况下对于违反反垄断法(欧盟竞争法、日本禁止垄断法)的行为仍然适用反垄断法。

2. 均对技术许可协议制定专门的指南

尽管在调整的具体知识产权类型和协议类型方面存在细微差别,美国、欧盟和日本均对专利、专门技术的授权、许可、转让行为制定了适用反垄断法的指南。其中,美国 1995 年的《知识产权许可反托拉斯指南》主要针对的是专利、版权、商业秘密和技术诀窍,主要针对的行为类型是许可安排。欧盟《316/2014 号规章》也明确规定其调整的范围包括专利许可协议、专有技术许可协议、软件版权许可协议、或专利、专有技术、软件版权混合的许可协议,包括任何含有关

---

① 2016 年修订后的中文全文请参见孙海萍的译本"日本关于知识产权利用的反垄断法指南(2016 修订)",载于《竞争法律与政策评论》第 2 卷,上海交通大学出版社 2016 年版。

于销售和购买产品、其他类型知识产权许可、或知识产权转让条款的协议,只要该等条款不构成该等协议的主要目的,且与合同产品的生产直接相关;对于转让专利、专有技术、软件版权或其组合的技术转让协议,如果转让方仍需承担部分与技术利用有关的风险,尤其是在为转让技术所支付的转让费用须取决于受让方所获取的转让技术所生产产品的销售所得、该等产品的数量、或使用该等转让技术完成操作的次数时,该等技术转让协议也应被视为技术转让协议。日本《知识产权利用的反垄断指南》中知识产权的范围包括各种与技术有关的知识产权。技术则指任何受专利法、实用新型法、半导体电路布图设计保护法、种苗法、著作权法、外观设计法保护的技术和任何作为技术秘密保护的技术。而《知识产权利用的反垄断法指南》所调整的限制行为包括任何阻碍其他主体使用技术的行为、任何授权许可其他主体在限制的范围内使用技术的行为、任何对被许可使用技术的被许可方的商业行为施加限制的行为。

3. 均对核心限制行为适用本身违法原则

欧盟《316/2014 号规章》、日本《知识产权利用的反垄断法指南》均针对具有横向竞争关系的竞争者之间利用技术授权许可协议进行的价格固定、产量限制或市场分割等行为采取本身违法原则,判定其受反垄断法的禁止。美国的《知识产权许可反托拉斯指南》虽未明文列举该等适用本身违法原则的行为,但明确指出适用反托拉斯法的一般原则,而反托拉斯法的一般原则即包含对该等行为适用本身违法原则予以禁止的规则,而且对此也在《知识产权许可反托拉斯指南》中通过示例和分析方法予以说明。

4. 均对除核心限制之外的其他行为采取经济分析方法

经济分析方法包括界定市场并分析知识产权权利人的市场支配力量,结合市场要素分析行为对相关市场的竞争影响,同时对于符合安全区要求的行为不再进一步追究反垄断法责任。我们可以看到,美国的《知识产权许可反托拉斯指南》、欧盟《316/2014 号规章》、日本《知识产权利用的反垄断法指南》均具有前述规定。

5. 均涉及对特定许可安排的讨论

这些特定的许可安排包括:知识产权搭售行为、限制使用条件行为、专利联营、交叉许可等。同时,对于这些特定的许可安排,美国、欧盟、日本均主张结合市场力量、市场要素分析其对相关市场的影响,可以说执法的立场和态度也基本一致。

(二) 不同点

1. 全面适用与豁免和例外

上述国家(地区)在知识产权领域适用反垄断法所存在的最大差异,是美国采用全面适用的方式适用反垄断法,而欧盟、日本采用豁免之例外的方式适用反垄断法。

首先,这种差异是由于各国(地区)反垄断法律体系本身造成。各国(地区)在知识产权领域执行反垄断法、制定相关指南,均是从各国(地区)反垄断法条文本身出发,因此路径不同。

其次,这种差异可能会进一步导致美国和欧盟、日本在知识产权领域适用反垄断法的违法判定原则不同:在美国,由于适用相同的反托拉斯法原则,因此判定知识产权权利行使行为是否违反反托拉斯法时,仍然是根据行为的具体类别,分别适用本身违法原则和合理原则加以判断。而在欧盟、日本,在知识产权领域适用反垄断法的前提是豁免原则在特定条件下的例外,因此执法机构在指南中,例如日本的《知识产权利用的反垄断法指南》,往往会强调不适用豁免的特定行为,与合法的知识产权权利行使行为存在本质区别,该等行为脱离了知识产权行为的立法宗旨。

行为脱离立法宗旨,又会被执法机构规定为违法的构成要件。在此情况下,有可能导致采用豁免和例外方式的国家(地区)判定知识产权权利行使行为违反反垄断法的构成要件,比该等行为在美国被判定为违法的构成要件要多出一项。

2. 指南的法律效力

欧盟《316/2014号规章》是具有法律约束效力的文件,可以直接作为生效法律被援引和适用。而美国的《知识产权许可反托拉斯指南》、日本的《知识产权利用的反垄断法指南》均为不具有法律约束效力的参考性质文件。

3. 对不正当竞争的规定

由于日本的禁止垄断法是将限制竞争和不正当竞争的内容合并立法,因此日本的《知识产权利用的反垄断法指南》从限制竞争和不公平竞争两个方面展开对技术授权行为的讨论。实际上,判定不公平竞争的技术转让协议的判定标准,往往与判定限制竞争的技术转让协议的标准不同,前者不要求市场支配力量的证明,而后者则需要结合权利人的市场支配力量以及其他市场要素进行经济分析。

第四节 中国知识产权领域反垄断需要明确的若干基本问题

知识产权领域反垄断涉及的问题方方面面,其中有些属于非常基本的问题,需要首先加以解决。

一、关于《反垄断法》第55条的必要性和功能定位

《反垄断法》在第八章附则中的第55条规定:"经营者依照有关知识产权的法律、行政法规规定行使知识产权的行为,不适用本法;但是,经营者滥用知识产权,排除、限制竞争的行为,适用本法。"对于这一规定,学界是有不同看法的。多数学者是从正面对该条的含义进行解读,认为该条文虽然比较原则但却是有必要的,确立了在对知识产权行使行为进行反垄断法规制的基本原则和立场;但也有一些学者对于该条规定的必要性和合理性提出异议,甚至持强烈的质疑和激烈的批评态度。这涉及对该条必要性的认识和功能定位问题。而正确理解《反垄断法》第55条,需要结合其出台背景、立法意图以及《反垄断法》的整体逻辑来进行,而不仅仅是进行字面上的逻辑推理,也不仅仅是依据某些国家的特定立法体例和判例规则以及在经历过多次反复后最终得出的某个结论。

众所周知,反垄断法与知识产权法分处两个完全不同的领域,但都属于各国的基本经济政策和法律制度,两者之间的关系是非常复杂的。一方面,反垄断法和知识产权法在促进竞争、推动创新和保护消费者方面存在着一致性,可谓殊途同归。首先,两者均具有促进竞争和推动创新的基本功能。知识产权法通过授予和保护经营者重要但有期限的独占权来奖酬其在创新上的投资,为创新提供动力,同时维护公平的市场竞争秩序;而反垄断法的基本目标是反对垄断,维护市场的自由公平竞争和经济活力,这就要求并保障经营者之间开展正常的竞争以寻求创新之路,为创新提供压力,同时防止取得支配地位的企业损害和阻碍创新。其次,两者均具有保护消费者利益的目的和功能。知识产权法不仅通过鼓励创新、促进经济发展在总体上增加消费者福利,而且通过对具体市场上的假冒等侵犯知识产权行为的制止和制裁来使消费者免遭交易中的损害;反垄断法则通过保护和鼓励竞争来保护和实现消费者的福利,这是其最基本的目的和功能。另一方面,反垄断法和知识产权法在具体方面又表现出明显的差异,存在某种现实的或者潜在的矛盾和冲突,主要表现为知识产权权利人在行使其权利的过程中可能超出法律允许的范围或者正当的界限,不正当地排除、限制市场竞争。因此,保护知识产权与执行反垄断法(对滥用知识产权排除、限制竞争进行规制)在本质上是一致的,两者是相辅相成,实现共同的目的,即鼓励创新和维护市场公平竞争,维护消费者利益和社会公共利益。正如英国知识产权委员会的报告所指出的,在发达国家,人们普遍认为,只有当知识产权制度得到有效竞争政策体制的

补充时，它才能达到预计的目标。① 这要求在立法和执法中注意寻求两者之间的平衡，"在竞争法与知识产权之间建立适当的平衡，是一个永恒的主题；即便是在成熟的法律体系中，也是如此。"②

但是，如何认识和处理两者的关系，主要是反垄断法如何对待知识产权问题，不同国家、不同时期的分析和处理原则差异很大，甚至完全不同。西方发达国家和地区在这方面有一个曲折的、不断调整的发展过程。在美国，反托拉斯部门和法院在根据谢尔曼法对知识产权行使行为进行规制时，在不同时期的宽严程度差异很大。在谢尔曼法实施的早期，法院的判决认可"依据美国专利法享有在使用权或者销售权方面的绝对自由"，因为"这些法律的目的就是垄断"。基于这个原则，最高法院允许知识产权人横向固定价格和维持最低转售价格，而在涉及有形财产时这些行为是被作为本身违法的。而从 20 世纪 30 年代到 70 年代，情况发生了相反的变化。法院继续将知识产权尤其是专利权看作授予了一种"垄断"，但是判决倾向于集中在知识产权人的行为是否"在法定的排他权的范围之内"。而对专利法和版权法授予的权利又作严格的解释。联邦反托拉斯执法人员也向被其认定为非常扩张专利权的行为按照违反谢尔曼法第 1 条的本身违法原则进行打击。其中，在 20 世纪 70 年代初期，美国联邦司法部对于知识产权许可行为的审查是以著名的"九不"（the "Nine No – Nos"）③ 原则为基础，这种原则在其后被正式纳入行政规则（1977 年的《国际经营活动中的反托拉斯实施指南》）之中，成为正式的审查标准。但是，从 20 世纪 80 年代开始，受芝加哥学派的影响，联邦执法机构和部分法院开始不再强调知识产权与反托拉斯之间的明显冲突，而认为两者是互补的，拥有共同的基本目标。当时负责反托拉斯事务的司法部部长助理巴克斯特向国会作证说，他看不出有任何理由禁止专利权人在保证专利许可方案不压制专利技术和该技术的替代者间竞争的条件下，按其认为最

---

① 参见英国知识产权委员会：《知识产权与发展政策相结合》，2002 年 9 月。该报告的中文版本的网址是 http：//www.iprcommission.org/papers/pdfs/Multi_Lingual_Documents/Multi_Lingual_Main_Report/DFID_Main_Report_Chinese_RR.pdf. 其英文版本 "Integrating Intellectual Property Rights and Development Policy" 的网址是 http：//www.iprcommission.org/papers/pdfs/final_report/CIPRfullfinal.pdf.

② 高木善幸、拉瑞·奥尔曼、姆拉泽·西尼拉主编：《知识产权教学原则与方法》，郭寿康、万勇等译，知识产权出版社 2011 年版，第 138 页。

③ 即：（1）要求被许可人从许可人处购买非专利材料是非法的；（2）专利权人要求被许可人在许可协议执行后向专利权人转让任何应属被许可人的专利为非法；（3）企图限制专利产品购买者转售该产品是非法的；（4）专利权人不应限制被许可人经营专利范围以外的产品或劳务的自由；（5）在没有被许可人同意的情况下向其他任何人进一步转让许可为非法；（6）强制性一揽子许可的做法是非法的专利转让扩大；（7）专利权人作为许可条件坚持被许可人支付与被许可人出售专利产品的销售无合理关系的专利使用费是非法的；（8）制造方法专利权人企图对被许可人用专利方法生产的产品的销售加以限制是非法的；（9）专利权人要求被许可人销售其专利产品时必须遵守指定价格或最低价格是非法的。

有效的方式来利用他们的权利。① 在司法部 1988 年的《国际经营活动中的反托拉斯实施指南》中就专门有"知识产权许可协议"的内容，其中便已放弃了"九不"原则。美国司法部和联邦贸易委员会于 1995 年 4 月 6 日联合发布的《知识产权许可的反托拉斯指南》更是集中表达了其在反垄断执法中对知识产权所持的基本立场，正式确立了三个基本原则，即在确认是否触犯反托拉斯法时将知识产权与其他财产同样对待，不假定知识产权产生反托拉斯意义上的市场力量，承认知识产权许可行为一般是有利于竞争的。在 2006 年的伊利诺伊工具公司诉独立墨水公司（Illinois Tool Works v. Independent Ink, Inc.）案的判决中，最高法院也正式放弃了知识产权授予市场力量或垄断力的推定，否定了涉及知识产权的搭售协议应受到比涉及有形财产的搭售更为严苛对待的观点。② 在欧盟和日本等法域，在不同时期的反垄断执法中也存在对于知识产权的不同态度。总体来说，欧美发达国家一般都经历了"注重知识产权—强调反垄断法—重视知识产权—二者并重（20 世纪末）"的演变轨迹，也即在完成了两次"螺旋"式上升后，对知识产权领域反垄断问题的认识才走上了正轨。③

长期以来，我国法学界和实务部门对于反垄断法与知识产权法的关系，尤其是反垄断法应当如何对待知识产权的行使行为有着不同的看法。在反垄断立法过程中，有的基于知识产权本身的合法垄断权的性质，主张反垄断法不应该规定知识产权问题，有人断言知识产权的垄断"是任何形式的反垄断法都不能干预的"，甚至将知识产权领域也存在反垄断问题的说法斥之为"无知"④，或者仅仅明确知识产权是反垄断法的适用除外领域；有的则认为反垄断法中不仅要规定知识产权问题，而且还要具体规定，甚至要设置知识产权反垄断的专章，明确知识产权反垄断的严格规则，以便为行政执法和司法提供明确的依据，以利于对知识产权特别是跨国公司的"知识霸权"进行限制和约束。在《反垄断法》通过后，也有人（甚至包括全国人大代表和政协委员）公开呼吁制定专门的知识产权反垄断法，将知识产权垄断作为单独一种垄断行为进行特殊的规制。

以上情况正是《反垄断法》第 55 条出台时的背景和目前所面临的现实情况。对该条必要性和功能定位的理解就不应脱离这种背景和现实情况。可以说，该条

---

① 参见［美］约翰·理查兹等著：《产品进入美国市场的法律问题》，侯国云等译，中国政法大学出版社 1991 年版，第 216～217 页。

② See ABA Section of Antitrust Law, *Antitrust Law Developments* (Sixth), American Bar Association, 2007, p1080 - 1082.

③ 王晓晔、吴玉岭：《与知识产权相关的限制竞争问题研究》，载于王晓晔主编《反垄断法实施中的重大问题》，社会科学文献出版社 2010 年版，542 页。

④ 参见杨继绳：《知识必须通过法制渠道进入经济——二谈知识经济》，载于《经济参考报》1998 年 7 月 7 日。

的规定正是《反垄断法》基于国内外在反垄断法和知识产权法关系上曾经和现实存在的不同看法和做法而做出的明确宣示和必要澄清，以免产生错误的认识和极端的做法。在第一次制定反垄断法就恰逢知识产权的重要性日益凸显和相关争议备受关注的背景下，该条做出这样的宣示和澄清是非常必要的，哪怕所表述的在一些国家目前已是不言自明的（但在历史上也是经历过曲折和反复的）。一方面，基于知识产权保护与反垄断的一致性，反垄断法应当尊重和保护正当的知识产权行使行为，这时对竞争的某种限制就应当视为国家实施知识产权制度以鼓励创新的必要代价，应当受到反垄断法的宽容，因此"经营者依照有关知识产权的法律、行政法规规定行使知识产权的行为"，不适用该法；另一方面，又要区分知识产权的拥有和知识产权的行使以及知识产权的正当行使与不正当行使，因此"经营者滥用知识产权，排除、限制竞争的行为"，适用该法。这既体现了对知识产权的尊重和保护，又使这种权利的行使受到必要的限制。反垄断法适用于知识产权的不正当行使行为，并不意味着对知识产权本身作为法定垄断权的基本性质的否定，而是在承认和保护这种权利的同时，防止和控制其被滥用。可以说，这个规定使得在继续加强知识产权保护的同时，也借鉴各国的普遍做法初步建立起了对知识产权行使行为的约束机制。

对于这条规定的必要性和立法意图，国务院法制办原主任曹康泰在《关于〈中华人民共和国反垄断法（草案）〉的说明》中也有明确的阐述："在保护知识产权的同时，也必须防止和制止滥用知识产权排除、限制竞争的行为，这是目前各国普遍面临的问题。随着知识产权问题越来越趋于国际化，有的国家一方面非常强调保护知识产权，特别是要求其他国家承担保护知识产权的国际义务，另一方面又将滥用知识产权排除、限制竞争的行为纳入反垄断执法范围，或者直接规定反垄断法适用于滥用知识产权排除、限制竞争的行为。考虑到在我国也不同程度地存在这类问题，特别是考虑到滥用知识产权已经成为大公司、大企业谋求垄断地位的重要手段，因此，反垄断法应当将滥用知识产权排除、限制竞争的行为纳入适用范围，为防止和制止滥用知识产权排除、限制竞争提供法律依据。"[①]

对于反垄断法适用于知识产权行使行为，有些国家或地区（如美国、欧盟）没有在反垄断法律中明确规定，而是在实施条例或执法指南中作出具体规定；有些国家或者地区（如日本）在反垄断法中原则规定依法行使知识产权的行为不适用反垄断法，并在相关条例或执法指南中对知识产权许可协议中的限制性条款能

---

① 曹康泰主编：《中华人民共和国反垄断法解读——理念、制度、机制、措施》，中国法制出版社2007年版，第256页。

否豁免适用反垄断法作出具体规定。如日本《禁止垄断法》第21条（原第23条）规定："本法规定，不适用于被认为是行使著作权法、专利法、实用新型法、外观设计法或商标法规定的权利的行为。"而我国《反垄断法》第55条既规定依法行使知识产权的正当行为不适用反垄断法，又规定对滥用知识产权排除、限制竞争的行为进行反垄断法规制。相对于日本需要对相关条文作所谓的"反面理解"才能得出后一方面的结论来，我国《反垄断法》第55条则直接作出了正、反两方面的规定，这相对来说是一种更为明确的规定。实际上，"保护权利"的完整含义就是"保护权利的正当行使"，"保护与防止滥用知识产权"是从积极和消极的两个角度同时描述知识产权的保护范围，这不是两个分离的问题，而是同一个问题的两个方面。①

在对我国《反垄断法》第55条进行解读时，一个关键问题是如何解释该条规定的性质和功能定位，尤其是，该条是不是认定某个知识产权行使行为违法性的依据（违法构成要件）？如果是，那就确实存在滥用知识产权是违反《反垄断法》的前提还是结果的问题。这个当然可以有不同的解读。笔者认为，基于反垄断法与知识产权法的关系以及在反垄断法上认定知识产权行使行为违法的实际情况，我国《反垄断法》第55条的主要功能是宣示性和说明性的，即它表明反垄断法既不否定知识产权法授予的权利，也不将知识产权作为除外适用领域或者豁免，而是不适用于依法行使知识产权的行为，而适用于不正当行使（滥用）知识产权排除、限制竞争的行为。对此，有学者做了正确的分析：《反垄断法》第55条对反垄断法与知识产权法间的协调予以一般性规定，构成了协调两法冲突之外部体系的核心，为中国知识产权反垄断规制的实施奠定了制度基础。第55条虽具除外条款之外观，但不应被解释为限制性法条，而应被解释为说明性法条，是关于不违反反垄断法之知识产权行使与违反反垄断法之知识产权行使的类型描述。第55条并无构成要件，处理个案的实体性问题时，不应直接适用第55条，而是应适用反垄断法的其他规定认定某知识产权行使的违法性。第55条明确了衡平两法的理念，并将此衡平任务授权给反垄断执行机构。②

这意味着，知识产权的不正当行使行为即使构成垄断行为，它也不是一种单独的垄断行为，而是需要依据《反垄断法》第二章、第三章和第四章分别去分析判断，即"经营者滥用知识产权，排除、限制竞争的行为，根据行为的性质和表现形式，分别或者同时构成《反垄断法》所规定的垄断协议、滥用市场支配地位

---

① 本书编写组：《〈国家知识产权战略纲要〉辅导读本》，知识产权出版社2008年版，第87页。
② 参见董笃笃：《中国〈反垄断法〉第55条的解释与适用》，载于《重庆理工大学学报》（社会科学）2012年第5期。

和排除、限制竞争的经营者集中。"①《国务院反垄断委员会关于知识产权领域的反垄断指南》（2019年1月4日）第1条也规定："经营者滥用知识产权，排除、限制竞争的行为不是一种独立的垄断行为。经营者在行使知识产权或者从事相关行为时，达成或者实施垄断协议，滥用市场支配地位，或者实施具有或者可能具有排除、限制竞争效果的经营者集中，可能构成滥用知识产权排除、限制竞争的行为。"

二、关于"滥用知识产权"的含义及其与垄断行为的关系

在《反垄断法》适用于知识产权领域时，除了需要明确该法第55条的必要性和主要功能之外，还需要进一步合理解读该条中"滥用知识产权"的含义以及其与违反反垄断法的"垄断行为"的关系。实际上，前文提到的围绕《反垄断法》第55条的争议在很大程度上是与对"滥用知识产权"含义的理解有关的。

虽然不得滥用权利（和权力）的原则和制度在以往的立法中很早就有，但是"滥用知识产权"这一概念是在《反垄断法》第55条中首次使用的，而该法并没有对其含义做出解释。参加的有关国际公约如世界贸易组织《与贸易有关的知识产权协议》（WTO/TRIPs）虽然提到了滥用知识产权，但是同样也没有对其给予解释，而是留给各成员的国内法律去规定。在国内法律和国际条约都没有规定滥用知识产权的含义时，我们需要从学理分析、比较法考察和法律解释方法等方面对其进行合理的解读。

从一般法理学的视角来看，滥用知识产权应该属于滥用权利的范畴，因而应该受到禁止权利滥用这一民法原则乃至一般法律原则的限制。② 总体来看，禁止权利滥用经历了从法律观念到判例再到成文法规定的发展演变过程。在现代社会，它既是一种普遍的、基本的法律观念，也是各国法律乃至宪法所普遍规定的基本法律原则。《宪法》第51条、《民法典》第132条等法律规定也同样包含了禁止权利滥用原则。任何权利都有被滥用的可能性，而其实际的表现和后果则要取决于多种因素。从理论上来说，由于知识产权在性质上属于民事权利，因此其与任何其他民事权利一样，也有被滥用的可能。而且，知识产权客体的无形性特

---

① 参见《关于知识产权领域反垄断执法的指南》（学者建议稿）第3条第2款，载于王先林主编《中国反垄断法实施热点问题研究》，法律出版社2011年版，第378页。

② 虽然有学者从立法和判例的角度不承认滥用知识产权与禁止权利滥用的民法原则有什么关联，但是其在分析了英国滥用专利垄断权的理念和理由后，也认为知识产权滥用确实又与权利滥用原则有着内在的关联和一致。参见张伟君：《规制知识产权滥用法律制度研究》，知识产权出版社2008年版，第46、58页。

点使得权利的范围和侵权行为的认定相对于有形财产权要更为复杂，知识产权在法律上还具有更强的排他性，这使得权利人在行使权利的过程中越出其应有边界或者违背法律设定这种权利的目的的可能性要更大；同时，知识产权在性质上与社会公共利益的关系更为密切，特别是知识产权在以经济全球化和知识经济为特征的现代社会的地位和作用又显得越来越重要，因此，虽然知识产权相对于其他财产权利来说产生较晚，其滥用问题也相应地产生较晚，但是知识产权滥用一旦出现，所带来的影响和后果比其他财产权滥用所带来的要更大，也因此其更加受到关注。一般来说，"权利滥用，是指权利人违反权利设置的目的、以不正当的方式行使权利，损害他人利益或社会公共利益"①，这样从广泛意义上可以说，"滥用知识产权"就是指知识产权的权利人在行使其权利时超出了法律允许的范围或者正当的界限，导致对该权利的不正当利用，损害他人利益和社会公共利益的行为。在这里，知识产权的获得与知识产权的行使是两个问题，不能因为知识产权是合法获得的权利就忽视甚至否认其也有滥用的问题，就如同在行使合法的所有权或者其他权利的过程中也可能存在滥用一样。显然，这里的滥用就是相对于权利的正当行使而言的。

  从比较法的视角来看，"滥用知识产权"在不同的国家和地区、不同的法律制度中是有不同含义的，有些国家和地区在法律和理论上甚至没有这一概念，而且，除了在个别国家是一个具有特定含义的法律概念外，其实并不是一个被广泛使用的法律概念。据学者考证，"滥用知识产权"（abuse of intellectual property rights）的概念源于英国专利法。基于专利制度是为了促进本国技术进步的公共利益考虑，专利权人不实施专利在英国被视为对垄断权利的滥用（abuse of monopoly），滥用专利因此成为专利强制许可的依据。这个概念和制度被《巴黎公约》所采纳。这里的滥用垄断权（专利权）主要是指不实施专利或者不充分实施专利的行为。美国法受到了英国法的影响，对专利权人的"搭售"行为，可以依据衡平法的"不洁之手"原则作为专利侵权的抗辩，由此创立了美国专利法中特殊的专利滥用（patent misuse）抗辩制度；随着判例的不断丰富，"专利滥用"的含义也不断扩充，而且，衡平法的抗辩进一步扩展为版权滥用和商标滥用等知识产权滥用的抗辩，形成美国一项独有的制度。因此，在分析各国关于知识产权滥用的概念和制度时，我们要严格把握各国特定的"滥用"概念，不能用英国的滥用概念去解释美国的知识产权滥用原则，也不能把美国的知识产权滥用原则与反托拉斯法对知识产权滥用的规制混为一谈。② 这个观点无疑是正确的，在这种

---

① 本书编写组：《〈国家知识产权战略纲要〉辅导读本》，知识产权出版社2008年版，第87页。
② 参见张伟君：《知识产权滥用的概念、表现和规制措施》，载于《电子知识产权》2007年第12期。

情况下，我们显然不必、也不应该拿某个特定国家特定语境下的"滥用知识产权"含义（如仅作为判例法上侵权抗辩的理由）去解释《反垄断法》第55条中的"滥用知识产权"，而应从一般意义以及该法的立法意图和整体的逻辑上去解释。

从法律解释学的视角来看，法律解释方法有多种，包括文义解释、论理解释、比较法解释、社会学解释，而论理解释又包括体系解释、法意解释、扩张解释、限缩解释、当然解释、目的解释和合宪性解释。其中，文义解释要求按照法律条文用语之文义及通常使用方式，以阐释法律之意义内容；体系解释要求以法律条文在法律体系上的关联探求其规范意义，并维护法律体系及概念用语之统一性；法意解释要求探求立法者或准立法者于制定法律时所作的价值判断及其所欲实现的目的，以推知立法者的意思。① 就解释《反垄断法》第55条中的"滥用知识产权"的含义来说，这三种解释显得非常重要。根据文义解释，滥用（abuse）在英文原意是指辜负、虐待等，延伸到对权利的肆意利用，在汉语中是指过度、无节制的利用状态，权利滥用意味着权利人的行为逾越了权利设立的目的，其表现出与立法目的相违背。② 因此，滥用知识产权的基本含义也就在于权利人对其知识产权的不正当利用或行使。根据体系解释，一方面，《反垄断法》中多次提到"滥用市场支配地位""滥用行政权力"，第55条"滥用知识产权"中的"滥用"也应具有相同的意义，都具有"不正当利用"的意思，而不能单独赋予其特定构成要件的含义，除非有专门的规定。根据法意解释，从《反垄断法》第55条的立法意图来看，国务院法制办原主任曹康泰《关于〈中华人民共和国反垄断法（草案）〉的说明》中就此指出："各国反垄断法一般都规定正当行使知识产权的行为不适用反垄断法，这是保护知识产权所必须的。但知识产权也存在权利行使不正当的问题。实践中，掌握知识产权的大公司常常通过强制性一揽子许可、在许可合同中附加不合理条件、利用市场支配地位收取不合理许可费等手段，限制竞争、谋求垄断，妨碍技术创新和技术进步，损害消费者权益。"③ 在这里，显然也没有将"滥用知识产权"局限于某些国家的特定含义上，而是将其定位于对权利的不正当利用或行使这一广泛和一般的意义上。因此，《反垄断法》第55条中的"滥用知识产权"没有特殊的含义，更不存在所谓的构成要件问题，而只是表明对权利的不正当行使的情形。因此，完全可以将该法

---

① 参见梁慧星著：《民法解释学》，中国政法大学出版社1995年版，第214~219页。
② 参见费安玲主编：《防止知识产权滥用法律机制研究》，中国政法大学出版社2009年版，第4、5页。
③ 曹康泰主编：《中华人民共和国反垄断法解读——理念、制度、机制、措施》，中国法制出版社2007年版，第256页。

第55条中的后半句换成"经营者不正当行使知识产权，排除、限制竞争的行为，适用本法"。在这里，对"不正当"的理解就如同该法其他地方的"没有正当理由""不公平"等一样，结合行为本身的具体情形来加以判断，具体是结合《反垄断法》第二至第四章的规定去判断。

总之，对《反垄断法》第55条中的"滥用知识产权"这一概念的理解不应限定于某些国家判例法中的比较狭隘的范围，而应当从一般的意义上去理解，即将滥用知识产权视为与正当行使知识产权相对的一个概念。这样，凡是知识产权的权利人在行使其权利时超出了法律允许的范围或者正当的界限，导致对该权利的不正当利用，损害他人利益和社会公共利益的行为，都可以视为滥用知识产权。例如，在知识产权行使的过程中，权利人利用许可方式，不正当地扩张其所享有的知识产权，或者利用知识产权所带来的优势，不正当地排除、限制市场竞争，以此谋取不正当的利益。

基于这样的理解，滥用知识产权就是一个非常广泛的概念，虽然它涉及反垄断法的问题，但它又不限于甚至也不首先是反垄断法方面的问题，因为滥用知识产权首先是与知识产权法本身维护社会公共利益的目标相抵触的，同时也与民法上的公平、诚实信用和权利不得滥用等基本原则相违背。即使是滥用知识产权违反竞争法，其也不仅涉及反垄断法，而且也涉及反不正当竞争法。例如，知识产权权利人滥发警告函或滥用诉权，在商誉和经济上给竞争对方造成很大损失，对正常的市场竞争也会造成扭曲和妨碍，这可能构成滥用知识产权，但主要是涉及违反反不正当竞争法和其他法律的问题。

一般认为，当知识产权的行使违反反垄断法构成垄断行为时，必然存在知识产权的滥用，但是，反过来并不一定成立，即有些（甚至多数）滥用并不违反反垄断法。在合法地利用知识产权和违反反垄断法之间还有许多行为，它们虽然不足以构成违反反垄断法的垄断行为，但却可能构成滥用知识产权的行为。不过，由于反垄断法是各国基本的公共政策，而且知识产权本身的垄断性决定了其滥用行为往往容易造成对反垄断法所维护的竞争秩序的破坏，因此滥用知识产权构成对反垄断法的违反往往表现得更为突出，也特别受到关注，从而也使得反垄断法是对滥用知识产权的最基本的和最主要的法律规制。

基于对滥用知识产权与垄断行为之间关系的这种认识，在理解《反垄断法》第55条的规定，认定"经营者滥用知识产权，排除、限制竞争的行为"时，就不需要采取"两阶段或者两要件认定法"，即首先认定出经营者实施了一个有着特定含义和构成要件的所谓"滥用知识产权"，然后再去认定其同时排除、限制了竞争，而是直接按照《反垄断法》的规定认定经营者在行使知识产权的过程中实施了某种垄断行为，其分别或者同时表现为经营者达成垄断协议，经营者滥用市场支配地位,具有或者可能具有排除、限制竞争效果的经营者集中。由于这些行为同时违反了有关知识产权法律、行政法规规定的界限和目的,是不正当行使知识产权的一种表现,因而也就属于滥用知识产权的范畴。这样,滥用知识产权与违反反垄断法也就很难截然分清哪是前提、哪是结果了。

三、关于知识产权与市场支配地位的关系

反垄断法在知识产权领域实施涉及的又一个基本问题是知识产权与市场支配地位的关系,这直接涉及在反垄断法上如何看待知识产权的特殊性,进而对相关行为是从严还是从宽适用反垄断法的问题。而这在不同的国家、不同的时期是有不同的分析和处理原则的。

在执行反垄断政策比较严厉的时期和国家,人们往往强调知识产权的特殊性,常常将拥有知识产权等同于拥有市场支配地位本身。过去曾有一段时期,美国和欧共体都假定知识产权的专有性本身就产生了市场垄断力,并假定知识产权许可产生竞争者之间的共谋。但在20世纪80年代以后,情况逐步有所改变,尤其是1995年的美国司法部和联邦贸易委员会联合发布《知识产权许可的反托拉斯指南》以来,各国反垄断执法机构在这一问题上的立场发生了重大的变化。该指南所阐明的三个核心原则之一便是在确认是否触犯反托拉斯法时,反托拉斯部门将知识产权与其他财产同样对待,认为尽管知识产权与其他形式的有形或无形财产相比具有重要的不同特性,但是在涉及反托拉斯的问题上,知识产权与其他任何有形和无形财产一样适用相同的原则。知识产权既不特别地免于反托拉斯法的审查,也不特别地受到怀疑,而是应适用统一的标准和法律原则;至于知识产权易受侵害性的特点,以及不同形式知识产权法律保护的目的、程度及期限方面的特点,只需在实践中结合具体案情和特定市场情况予以考虑,这些特点并不要求对知识产权适用根本不同于适用于其他财产权的反托拉斯法原则;这种处理方式,与反托拉斯法实践对具体案件中各种有形财产之间的差别也予以考虑一样。

与此直接相关,该指南的另一个核心原则是反托拉斯部门并不假定知识产权产生反托拉斯意义上的市场支配力,即知识产权作为垄断权本身并不能导致其权利所有人具有市场支配力的结论。具体来说,一般不会仅仅因为某企业拥有知识产权即认定其具有市场支配地位,因为,很可能存在着作为这些知识产权标的的专利、版权作品或技术秘密等的替代物;这类替代技术、替代产品的存在,会使知识产权权利人难以支配市场。美国司法部和联邦贸易委员会2007年4月联合发布的《反托拉斯执法与知识产权:促进竞争与创新》的报告重申了这一原则,

同时认为这一原则并非意味着知识产权与一般财产权利没有区别,区别无疑是存在的(具体列举了5个方面),但尽管有区别,相同的反托拉斯法分析原则也适用于知识产权。2007 年,美国司法部副助理司法部长杰拉德·F. 马苏德(Gerald F Masoudi)也明确指出,尽管知识产权形成排他权,但是这些权利并不是经济意义上的垄断:它们未必产生反托拉斯意义上"相关市场"的巨大份额,也未必导致在任何市场上提高价格的能力。他还以专利药品为例,说明仅仅存在知识产权并不允许反托拉斯执法者省掉市场界定和确定市场效果的关键步骤。他并指出,在 2006 年伊利诺伊工具公司诉独立墨水公司(*Illinois Tool Works Inc v Independent Ink Inc*)案中,最高法院引用了上述指南和经济学家的共识作为其判决的依据,一致支持了这样的立场。因此在美国,这个问题现在已经解决了。[①]

在欧盟,法院长期以来也使知识产权所有人确信拥有知识产权并不等于具有市场支配地位。在德意志留声公司(Deutsche Grammophon)案中,法院指出拥有知识产权并不自动就获得市场支配地位。这意味着,专有权基本上是消极的权利,它们并不自动导致利用受保护产品的积极的权利。商业利用的实际可能性取决于该受保护产品或方法在市场上的需求情况和竞争程度。不过,法院从来没有排除知识产权的拥有和行使确实存在构成市场支配地位的可能性。在有些情况下,排除侵权物品销售的权利可以通过妨碍竞争来产生市场支配地位;同样,在有些情况下,知识产权的拥有会被视为产生事实上的垄断。这多数是取决于用来确立何时会构成支配地位或者垄断的标准。[②]

虽然拥有知识产权本身不等于具有市场支配地位,但是,如同其他财产权一样,知识产权有时又确实是企业获得市场支配地位的一个重要的甚至是关键的因素。这时需要服从关于市场支配地位的一般分析。总体来看,有关国家和地区在将反垄断法适用于知识产权领域时,仍然是将相关行为纳入反垄断法通常的框架下进行分析的,既不因为知识产权固有的垄断性而对知识产权行使加以特别的约束,也不因为法律保护知识产权而对知识产权行使行为网开一面。在将反垄断法适用于知识产权领域时也应持这一基本立场,即反垄断执法机构不因经营者拥有知识产权而推定其在相关市场上拥有市场支配地位;拥有知识产权既不应使经营者承担特殊的义务,也不应成为经营者滥用市场支配地位的理由。《关于禁止滥用知识产权排除、限制竞争行为的规定》(2020 年修订版)第 6 条规定:"经营者拥有知识产权可以构成认定其市场支配地位的因素之一,但不能仅根据经营者

---

① See Gerald F Masoudi, *Intellectual property Rights and Competition Law*, The Antitrust Review of the Americas 2007 – a Global Competition Review special report.
② See Steven D. Anderman, *EC Competition Law and Intellectual Property Rights*, Clarendon Press Oxford 1998.

拥有知识产权推定其在相关市场上具有市场支配地位。"《国务院反垄断委员会关于知识产权领域的反垄断指南》第 2 条第（3）项也规定："不因经营者拥有知识产权而推定其在相关市场具有市场支配地位"。

四、知识产权领域反垄断的基本分析框架

知识产权领域反垄断主要是通过专门执法机构的反垄断执法来进行的。在知识产权领域进行反垄断执法需要明确其基本的分析框架，这既有反垄断分析的一般问题，也有涉及知识产权时的特殊问题。这里拟对其进行初步探讨。

首先，需要明确的是，知识产权领域反垄断的过程中，经营者滥用知识产权排除、限制竞争的行为并不是一种独立形态的垄断行为，而根据行为的性质和表现形式，分别或者同时构成该法所规定的垄断协议、滥用市场支配地位以及排除、限制竞争的经营者集中。同时，经营者其他滥用知识产权的行为，违反有关知识产权、反不正当竞争等法律、行政法规的，还需要依照相应的法律、行政法规处理。

知识产权领域反垄断，即对涉嫌滥用知识产权排除、限制竞争行为进行反垄断执法时，需要综合运用法学、经济学等方法就该行为产生或者可能产生的排除、限制竞争效果进行分析。这是对滥用知识产权行为进行反垄断法规制不同于其他法律（如专门的知识产权法）规制的重要方面。

在知识产权领域进行反垄断执法时需要按照一定的分析思路。分析经营者是否滥用知识产权排除、限制竞争，通常遵循以下思路：（1）分析行为的特征和表现形式；（2）界定相关市场；（3）分析行为对市场竞争产生的排除、限制影响；（4）分析行为对创新和效率的积极影响。

其中，对于知识产权领域的相关市场的界定，既要遵循相关市场界定的一般原则，例如要分别界定出相关商品市场和相关地域市场这两个基本维度，但同时也需要考虑知识产权领域的特殊问题。例如，就涉及相关商品市场的维度方面，除了需要界定出相关商品市场外，结合知识产权的特点往往还要界定出相关技术市场，一些国家还要界定出相关创新市场或者研发市场。这里的相关商品市场主要围绕利用知识产权制造或提供的商品与可替代的商品进行界定，相关技术市场主要围绕特定技术与可替代的技术进行界定，而相关创新市场或者研发市场则主要围绕相关商品、技术的研发活动与可替代的研发活动进行界定。在《国务院反垄断委员会关于相关市场界定的指南》中虽然没有明确提到相关创新市场，但明确提到"在技术贸易、许可协议等涉及知识产权的反垄断执法工作中，可能还需要界定相关技术市场，考虑知识产权、创新等因素的影响"。

在知识产权领域进行反垄断执法时还需要针对行使知识产权行为对竞争的影响进行评价。一般来说，行使知识产权行为对竞争产生或可能产生的不利影响，可以表现为对现实竞争的排除、限制，例如通过知识产权的取得或者独占性许可减少相关市场竞争者的数量，或者通过知识产权交叉许可协议消除经营者之间原本存在的竞争；也可以表现为对潜在市场竞争的排除、限制，例如通过拒绝许可知识产权行为，控制关键技术等资源，设置或者提高相关市场的进入障碍，使得其他经营者不能以合理的条件获得该资源，阻止潜在竞争者的进入。

分析行为对市场竞争产生的排除、限制影响，通常需要结合市场竞争状况，对具体行为进行分析。经营者行为对创新和效率可能产生积极影响，包括促进技术的传播利用、提高资源的利用效率等。通常情况下，经营者行为对创新和效率的积极影响需同时满足下列条件：（1）该行为与促进创新、提高效率具有因果关系；（2）相对于其他促进创新、提高效率的行为，在经营者合理商业选择范围内，该行为对市场竞争产生的排除、限制影响更小；（3）该行为不会排除、严重限制市场竞争；（4）该行为不会严重阻碍其他经营者的创新；（5）消费者能够分享促进创新、提高效率所产生的利益。

第五节　中国知识产权领域反垄断规则的新发展

一、《关于禁止滥用知识产权排除、限制竞争行为的规定》的出台

在中国，反垄断法实施的时间还比较短，在涉及知识产权的领域实施反垄断法的案件还不是很多，但是无论是在反垄断民事诉讼中还是在反垄断行政执法中，都已经出现了这样的案件，而且其调查和处理都受到了国内外的广泛关注。为便于反垄断执法机构在知识产权领域更好地进行执法，提高执法的透明度，也有助于相关经营者正确地行使知识产权，早在 2009 年 3 月国家工商总局就开始研究起草《关于知识产权领域反垄断执法的指南》。[①] 但后来考虑到中国反垄断法实施的时间不长，在知识产权领域实施反垄断法的实践经验更是有限，此时出

---

① 该指南的"起草修订第四稿"流传较广，全文收录在王先林主编：《中国反垄断法实施热点问题研究》（附录），法律出版社 2011 年版，第 378~388 页。

台一部符合中国实践、内容全面、体系完备的知识产权领域反垄断执法指南的条件还不成熟，而实践中存在的涉嫌滥用知识产权排除、限制竞争行为又需要予以规制，为此，国家工商总局在继续研究制定《指南》的同时，立足自身职责，启动了部门规章的制定工作，对滥用知识产权排除、限制竞争行为进行规制。2015年4月7日，国家工商总局公布了《关于禁止滥用知识产权排除、限制竞争行为的规定》（以下简称《规定》），自2015年8月1日起施行。2020年10月23日国家市场监督管理总局令第31号对其进行了修订。

《规定》一方面澄清了一些重要的原则和理念，另一方面确立了相关具体的制度规则。这对于正确理解和合理适用知识产权领域的反垄断规则具有重要的意义。在原理和理念方面，《规定》澄清了关于反垄断和保护知识产权的关系，指出反垄断与保护知识产权具有共同的目标，即促进竞争和创新，提高经济运行效率，维护消费者利益和社会公共利益。同时，《规定》对滥用知识产权排除、限制竞争行为进行了必要的界定，表明了知识产权与市场支配地位的关系，合理界定了涉及知识产权的相关市场。在具体制度方面，《规定》对涉及非价格的滥用知识产权排除、限制竞争行为的反垄断规制进行了相应的规定，既涉及禁止垄断协议方面的规则，也涉及禁止滥用市场支配地位方面的规则，有不少的亮点和突破，特别是确立了安全港规则、拒绝许可规则、专利联营规则和涉及专利的标准制定和实施的反垄断规则。

二、《关于知识产权领域的反垄断指南》的制定

虽然国家工商总局发布并实施了前述《规定》，但是该规定的出台不能取代中国滥用知识产权反垄断指南的制定。一方面，该规定只是作为中国原来三家反垄断执法机构之一的国家工商总局出台的部门规章，其效力有限，适用范围也仅限于工商行政管理机关的反垄断执法活动，而不包括国家发改委及其授权机构的反价格垄断执法活动和商务部的经营者集中反垄断审查活动；另一方面，囿于部门规章的立法权限和体例，该规定涉及的内容还比较有限，而且很多问题也未能充分展开分析，对执法机构和经营者的指引仍然有限。基于此，中国目前迫切需要制定知识产权滥用的反垄断指南。

根据国务院反垄断委员会第五次、第六次全体会议工作部署，2015年该委员会办公室组织原三家反垄断执法机构，会同国家知识产权局等成员单位开展关于知识产权领域反垄断指南的起草工作。2015年下半年，国家发改委、商务部、国家工商总局和国家知识产权局分别起草了各自的版本，并通过不同方式征求各方面的意见。其中，国家发改委《关于滥用知识产权的反垄断指南》（2015年

12月31日征求意见稿）包括序言、基本问题、可能排除、限制竞争的知识产权协议、涉及知识产权的滥用市场支配地位行为和涉及知识产权的经营者集中等几个部分；商务部《关于禁止滥用知识产权排除、限制竞争行为的指南》经营者集中反垄断审查部分包括定义、经营者集中审查引发竞争关注的涉及知识产权的情形、经营者集中涉及知识产权的竞争影响评估和采取的相应救济措施等内容；国家工商总局《关于滥用知识产权反垄断执法指南》（第七稿）于2016年2月4日公开征求意见。根据各方面反馈意见的基础上，国家工商总局于2016年4月向国务院反垄断委员会办公室提交了《关于滥用知识产权反垄断执法指南》（第八稿），除序言外，包括七章，分别是总则、相关市场界定、涉及知识产权的垄断协议、涉及知识产权的滥用市场支配地位、涉及知识产权的经营者集中、涉及知识产权的若干特定行为的反垄断分析和附则；国家知识产权局也在2016年3月向国务院反垄断委员会办公室提交了《知识产权领域反垄断执法指南》（2016年3月建议草案），内容包括序言、知识产权领域反垄断执法的基本原则和步骤、知识产权行使行为的反垄断分析和附则等三章。

此后，国务院反垄断委员会办公室在征求国务院反垄断委员会成员单位和专家咨询组意见的基础上形成了统一的指南起草文本。2017年3月23日，《国务院反垄断委员会关于滥用知识产权的反垄断指南（公开征求意见稿）》（简称《征求意见稿》）在网上发布，公开征求各方面的意见。《征求意见稿》由前言、五章共27条组成，分别是一般问题、涉及知识产权的垄断协议、涉及知识产权的滥用市场支配地位行为、涉及知识产权的经营者集中以及涉及知识产权的其他情形。总体来说，其实质内容没有超出四部门提交的建议稿所涉及的范围，尤其是国家发改委和国家工商总局此前公开征求意见的版本中所涉及的内容范围，但表述更为简洁，内容取舍时主要考虑已有共识的部分以及本身的合理程度。

2018年8月，国务院反垄断委员会办公室根据国务院机构改革情况对指南草案部分内容做了进一步的修改完善。2018年11月，指南提交国务院反垄断委员会全体会议审议。2019年1月，委员会主任批准，《国务院反垄断委员会关于知识产权领域的反垄断指南》（简称《指南》）正式发布。《指南》共五章28条。

《指南》在形式上基本符合反垄断指南的体例，并具有中国现阶段的特色。反垄断指南在行文体例和规范内容等方面具有不同于行政法规、行政规章的特点，其一般不采取行政法规和行政规章那样直接规定行为人具体权利义务的方式（多为禁止性规范），而是着重阐明对于相关行为的态度，对其进行反垄断分析的原则和方法等。有的还在这样的指南中提供假设性的案例，用以例示说明在何种情况下某种行为被视为合法或者非法，以给经营者对相关行为更好的法律预期。

例如，美国司法部与美国联邦贸易委员会于 1995 年联合发布的《知识产权许可的反托拉斯指南》中就提供了 10 个相关的具有典型意义的假设性案例。《指南》也采取了相对柔性的、灵活性比较大的行文方式，着重阐述反垄断执法机构在涉及知识产权领域的反垄断执法的基本态度，进行相关分析的原则和方法，包括对一些典型行为的比较系统和专门的分析意见。当然，考虑到我国在涉及知识产权领域的反垄断执法经验还非常有限，对一些前沿性问题的分析带有探索性和过渡性，并且公众对带有立法性文件的行文体例创新也有一个接受度的问题，因此目前的指南没有采取假设性案例的方式。

《指南》在内容上比较全面、具体，既吸收了美欧的相关原则和规则，又体现了中国自身的实际情况和特色。该指南是经过长期讨论、反复斟酌的，有些条款经多次修改（例如是否需要写入创新市场或者研发市场等条款），虽不能说尽善尽美，但总体上比较成熟，与 2017 年 3 月公布的《征求意见稿》相比的变化也比较大。其内容既确立了知识产权领域的反垄断分析原则和分析思路，又明确了涉及具体知识产权的垄断行为的认定规则，而且较之于《反垄断法》及其配套规章，这些规定比较具体，具有较强的可操作性。当然，其在总体上仍然还是比较简略的，很多地方没有展开分析。

《指南》在 2018 年审议通过时正值中国反垄断法实施 10 周年，同时，反垄断执法机构实现了"三合一"的改革，这意味着中国反垄断执法机构和知识产权机构不仅均实现了各自的统一（版权除外），而且实现了两者之间在整个大的市场监管体制中某种程度上的统一，这将更利于实现知识产权保护与反垄断执法之间的协调发展。而《指南》的制定和实施将会进一步促进中国一方面继续加强知识产权保护以激励创新，另一方面不断加强反垄断执法以维护和促进公平竞争，正确处理知识产权领域的垄断行为，以更好地实现创新与竞争的平衡。①

---

① 参见王先林：《我国知识产权领域反垄断规则的集中体现和全面展示》，载于《中国市场监管研究》2020 年第 8 期。

第八章

关键战略：中国反垄断的本土化

第一节 法律移植与反垄断法本土化问题概述

法律移植是长期且缓慢的过程。学界一般认为法律移植存在三个阶段：（1）详观移植对象；（2）深析本土的制约性要素；（3）慎行本土化改造。[①] 可见，法律移植与本土化是有机结合的，本土化是法律移植的最后阶段。当移植的法律在和本土的制度有机融合后，法律的工作也就最后完成。也因此，这三个步骤并非截然分立、一蹴而就，需要在反复认知中得以改善并提高，而这也是我国诸多法律频繁修改的主要原因之一。[②]

就反垄断法而言，中国反垄断法也面临如何处理法律本土化的问题。当代反垄断法中最有影响力的当属美国反托拉斯法和欧盟竞争法。美国反托拉斯法是现代反垄断法的鼻祖，《谢尔曼法》至今仍是美国反垄断法最为主要的渊源，丰富的案例和由此发展出来的理论无疑深刻地影响了世界各国和地区的立法。由于特定的历史、经济、文化等原因，欧盟竞争法的历史虽然无法和美国相比，但却发

[①] 参见常鹏翱：《异议登记的制度建构：法律移植的微观分析》，载于《中国法学》2006年第6期，第44页。

[②] 参见左为民：《当代中国刑事诉讼法律移植：经验与思考》，载于《中外法学》2012年第6期，第1145页。

展出了与美国反垄断法不一样的体系。而更值得注意的是，目前实施反垄断法的国家和地区中的绝大多数选择后来者——欧盟竞争法作为其立法蓝本，① 中国就是其中之一。不管是《反垄断法》还是后期出台的各种配套法规，中国反垄断法都有浓重的欧盟竞争法的影子。②

由于反垄断法理论体系的脆弱性，反垄断法律移植注定要比其他部门法的法律移植更为艰难。与其他部门法相比，反垄断法律移植的难点主要有三个方面：③第一，粗线条的立法模式使得各国反垄断法的母法缺乏执法目的和分析方法等可直接操作的内容，因此简单移植他国的反垄断法律条文并不能完成移植工作。第二，很多国家的反垄断执法实践是通过非成文法的形式确立的，这里面既包括法院的判例，也包括行政执法机构未公开的内部执法规则，因此单单移植他国已经颁布的执法细则也不能说是完全解决了法律移植的第一步工作（即全面观察移植对象），更无从谈及随后的根据本土制约性要素对之进行改造。第三，反垄断法理论的革新主要来自经济学理论变迁这种外生性因素，因此反垄断法律移植不但要体现在法条的移植上面，而且要体现在经济学理论的法律化改造和移植上面，但经济学理论流派的差异增加了法律化的难度。

反垄断法本土化面临的问题当然也是所有法律移植时所面临的问题。对于中国反垄断法而言，能够借鉴美国、欧盟的反垄断法律制度与实践无疑可以在相对短的时间内完成基本法律制度的构建，能够通过"后发优势"省却重新发明车轮的成本。但与此同时，不能理解中国实际的制度环境而生搬硬套，则可能陷入路径锁定或者水土不服的困境，反而破坏反垄断法的权威，破坏市场机制的正常作用。

对于反垄断法这样的外来法律制度，本土化的关键主要在于以下几个方面：

首先，在法学方法论层面上处理好本土化的问题。法律在移植过程中既有结合本土政治、经济、文化等进行改造的需要与过程，也同样有抗拒异化而最终体现其作用与价值的一面。经济法的产生在中国具有特定的历史背景，同时在法律体系的构造上也与美国、欧盟存在显著的差异，作为经济法重要组成部分的反垄断法也因此受到经济法方法论的影响。因此，在反垄断法的移植与本土化上，如何理解法学方法在反垄断法中的创新与坚守成为重要问题。

其次，来自不同法律体系的条文在本土化中可能产生体系上的冲突。法律移

---

① William E Kovacic, *Competition policy in the European Union and the United States: Convergence or Divergence in the Future Treatment of Dominant Firms?*, 4 Competition Law International, 2008, pp. 8 – 9.

② Giacomo Di Federico, *The New Anti-monopoly Law in China from a European Perspective*, 32 (2) World Competition, 2009, pp. 249 – 270.

③ 侯利阳：《大历史视角下的反垄断法与本土化移植》，载于《交大法学》2018 年第 4 期。

植与本土化可以利用后发优势来吸收各个国家在立法与法律实施上的优点，但同时不能忽略不同国家法律体系上所存在的差异，特别是那些没有在法律条文、判例中直接表现出来的差异，否则就可能导致移植的法律相互之间产生冲突，并最终影响到法律的有效实施。在这一层面上，欧盟竞争法和美国反托拉斯法都有其自身发展的历史背景和制度文化，中国反垄断法同时受到二者的影响，但需要清晰地理解二者之间的体系差异，并对此做出自己的判断和制度创新，由此才能够实现真正意义上的本土化。

再次，反垄断法的执法主体在制度设计上的本土化问题。执法主体主导了反垄断法的实施，而其制度设计也间接地决定了实施的效率与效果。中国反垄断执法机构的权力配置同时受到既有制度和美国等国家制度设计的影响。而通过理论逻辑的梳理以及实际执法效果的评估可以看到，中国反垄断执法机构从多机构的执法模式转变为单一执法模式是本土化改造中值得研究的例证。

最后，具体反垄断法条文在实施中如何有效进行本土化处理的问题。从理论逻辑上推导法律实施可能的问题固然是研究的重要方面，但与此同时，考察具体制度实施中呈现出的问题更能说明现实问题，并引发对如何本土化的思考。中国《反垄断法》从2008年实施以来，最大的争论无疑集中于如何规制转售价格维持。相关争议的理论来源与制度来源无疑都有美国反托拉斯法与欧盟竞争法的影子，并造成了中国反垄断法下的争论与撕裂。从具体制度层面理解反垄断法本土化问题既有理论上的必要，更有实践上的意义。

本章下面将从反垄断法的法学方法论、反垄断法的体系冲突、反垄断执法机构的权力配置以及转售价格维持规制所产生的争议的反思四个方面，从宏观的、基础性的本土化问题到具体法律条文实施中的本土化问题来全面地对反垄断法的移植与本土化进行阐释。

由于反垄断战略是以法律为基础的，而实现反垄断法的本土化是决定反垄断法作用发挥程度的关键问题，因此中国反垄断的本土化也就成为中国反垄断战略的关键。

第二节　反垄断法的法学方法论及其本土化功能

法学方法论在最为基本的理论认知层面对于法律移植与本土化产生影响。要实现法律制度的本土化，首要的就是要对于法学方法论有足够的理解，并对于处理反垄断法中的问题要有足够的方法论革新。在中国法律语境之下，反垄断法属于经济法的重要组成部分,并因此受到经济法方法论的深刻影响。长期以来,经济法的基础理论研究认为传统的法学方法只适用于传统的民商法等学科,适用于经济法学科则存在严重的缺陷,需要创造出新的法学方法论,在这样的背景下提出数目繁杂的所谓创新式的法学方法论,诸如系统分析方法、政策分析方法、博弈研究方法以及成本收益分析研究方法、整体主义的解释方法等。中国经济法基础理论在法学方法论上的创新并不是以个案适用为取向,而是证明经济法独立性的工具;只有传统的法学方法论才有可能将立法继受、学说继受与实务继受糅合在一起,从而承担起反垄断法自主运作的重任。而中国《反垄断法》的颁布,标志着立法继受德国①与欧盟②等国家与地区竞争法暂时告一段落③,如何通过学说继受与实务继受④实现《反垄断法》自足的本土化运作便成为重大时代课题⑤。然而,该法颁布将十多年后,尽管西方学说与法律适用经验被不断地介绍到我国反垄断法的学说与实务中,但无论是学说解释还是法律适用都严重缺乏法学方法论上的自觉性。

一、法学与经济法学中方法论问题

法学方法论在国内有诸多含义⑥,这里将法学方法论定义为对法律解释、适用的方法论,与法解释学为同义词⑦或者主要就是法律解释学⑧;它主要包括了为萨维尼⑨发展出来的四种解释方法论,也就是文义解释、历史解释、体系解释和目的解释。从法律发展史而言,民法被誉为是万法之母;同样地,法学方法也最先从民法开始发展起来,因而法学方法论一开始就与民法有着共生的关系,甚至在德国相当数量的法学方法论大师都是包括民法在内的部门法学者出身。这同

---

① See Xiaoye Wang, Preface: *My anti-monopoly law research path*, *The Evolution of China's Anti-Monopoly Law*, 2014, P. 32.
② See H. Stephen Harris, Jr. etc., *Anti-Monopoly Law and Practice in China*, Oxford University Press, 2011, P. 4.
③ 《反垄断法》的基本完成并不意味着广义的立法继受的完成,与《反垄断法》的高度抽象性相关的反垄断指南也还在持续制定中。
④ 关于立法继受、学说继受与实务继受的关系可参见王泽鉴:《德国民法的继受与台湾民法的发展》,载于《比较法研究》2006年第6期,第5页;朱晓喆:《比较民法与判例研究的立场和使命》,载于《华东政法大学学报》2015年第2期。
⑤ 李剑:《中国反垄断法实施中的体系冲突与化解》,载于《中国法学》2014年第6期。
⑥ 王利明:《法学方法论》,中国人民大学出版社2012年版,第24页。
⑦ 梁慧星:《民法解释学》,中国政法大学出版社1995年版,第190页。
⑧ 刘水林:《经济法基本范畴的整体主义解释》,厦门大学出版社2006年版,第24页。
⑨ [德]萨维尼、[德]格林:《萨维尼法学方法论讲义与格林笔记》(Savinys Vorlesungen über juristische Methodologie und Nachschrift Jacob Grimm),杨代雄译,法律出版社2008版。

样体现在中国。新中国成立后，法学长期以来仅仅是国家学说的一部分，因而并没有所谓的法学方法的问题；从 1990 年开始，法学方法论的意识开始发展起来，并深受德国法与中国台湾有关规定的影响，尤其是拉伦茨的《法学方法论》，以至于"民法方法论最集中地体现了法学方法论的特点"①。

在中国，经济法学界对经济法方法论的创新与经济法学学科自身地位的嬗变有着直接关联。经济法学界一度主张将民法调整的范围纳入经济法内，建立一部统一的"大经济法典"。然而，随着 1986 年《民法通则》的颁布，作为经济法"偏室"②的民法正式从经济法中脱离出来③；有民法学者甚至以经济行政法作为"行政法作用于经济领域的产物"的观点作为理由，主张将经济法归入行政法部门④。尤其是 2002 年法院的经济审判庭被正式撤销，改为民事审判二庭，在经济法的概念、调整对象以及经济法能否成为独立的法律部门的问题上，经济法学界面临着前所未有的生存危机。为了证明经济法的独立性，经济法学界除先后提出了各种理论学说以外，还着力提出了数目繁杂的创新式的法学方法论（尤其是经济分析方法），以试图证明经济法学科的独立性⑤。在中国经济法学界看来，以反垄断法为核心的经济法⑥与传统民商法的法律适用上有着显著的区别，发源于民法的法学方法适用到经济法时存在固有的弊端。"对法解释学的过分强调，导致了法学方法论的畸形发展，特别不利于理论法学的发展，更不利于经济法、社会法等新兴法律部门的发展"⑦。就反垄断法而言，学界常常引用的波斯纳的说法就是"今天在反托拉斯问题上，难道还有其他的观点（经济学以外的观点）吗"？在反垄断法这一"法学领域"中，相关的法律、指南、案件审理以及反垄断法理论研究无一没有经济学的影子。⑧ 在这样的背景下，传统法学方法论在我国经济法学界既不受欢迎也并不占据主流，相反经济法学界提出了诸多方法论上的创新，这些创新的共同点在于，经济法是一门有着独特逻辑的现代法，传统的

---

① 王利明：《法学方法论》，中国人民大学出版社 2012 年版，第 45 页。
② 苏永钦：《走入新世界的私法自治》，中国政法大学出版社 2002 年版，第 4 页。
③ 《民法通则》第 2 条规定："中华人民共和国民法调整平等主体的公民之间、法人之间、公民和法人之间的财产关系和人身关系。"王汉斌在《关于〈中华人民共和国民法通则（草案）〉的说明》中，强调民法通则第 2 条规定体现的民法基本原则："第一，民法有很大一部分是以法律形式反映经济关系的，而商品交换的当事人的法律地位平等是民法的基本原则。第二，民法主要是调整平等主体间的财产关系，即横向的财产、经济关系。政府对经济的管理，国家和企业之间以及企业内部等纵向经济关系或者行政管理关系，不是平等主体之间的经济关系，主要由有关经济法、行政法调整，民法基本上不作规定。"
④ 梁慧星、王利明、崔勤之：《经济行政法论：中国经济法诸论》，法律出版社 1987 年版，第 67 页。
⑤ 李曙光：《经济法词义解释与理论研究的重心》，载于《政法论坛》2005 年第 6 期。
⑥ 王为农：《经济法学研究法理与实践》，中国方正出版社 2005 年版，第 33 页。
⑦ 刘水林：《经济法基本范畴的整体主义解释》，厦门大学出版社 2006 年版，第 26 页。
⑧ 李剑：《反垄断法实施中经济学方法的应用》，载于王先林主编《中国反垄断法实施热点问题研究》，法律出版社 2011 年版，第 111 页。

法学方法论无法满足经济法的发展需要，因此有必要创造一种全新的经济法的方法论。

中国经济法学界通常认为传统法学的方法论是不够用的，为此提出了包括系统分析方法、政策分析方法、博弈研究方法与成本收益分析研究方法在内的综合性的方法。① 不过，这些研究方法似乎并不能为具体问题提供一种方向性的方法。例如，在解释经营者甲通过购买乙的资产而获得控制权的问题上，上述方法并没有帮助。以系统分析方法就该个案应用而言，经济法主体系统所指的是甲与乙、经济法主体权利系统指的是甲乙交易资产行为中甲乙的权利关系，经济法责任系统则是指甲乙之间交换的法律责任，然而在甲如何通过购买资产的方式取得对乙的控制权问题上，则缺少意义。该问题同样地体现在其他方法论的应用上。同时，又有学者提出了整体主义的方法论，认为"经济法学作为法学的学科之一，其方法论一般就是法学方法论，即法学方法论是包括经济法在内的所有部门法通用的一般理论。因此，对经济法方法论的一般的探讨，就是对法学方法论的探讨"。② 根据这种整体主义的解释，经济法的基础理论应该重构。但这种整体主义的分析并不能凸显经济法的本质特征，也不能对具体法律问题的法律适用提供任何具有可操作性的法律结论。

在德国经济法学界，法学方法论的产生也有其背景。拉德布鲁赫在《法学导论》这样写道："正如那些费心于自我审视的大多数的人是病人一样，忙于探讨方法的学科也常常是变态的学科；健康的人和健康学科通常不讨论自己。"③ 这个在 20 世纪 60 年代前经常被德国学界引用的论断④的背景是当时德国法学方法已经成为不言而喻的自觉适用，如果此时再去质疑法学方法问题则无疑是动摇了法学的根本⑤。然而，1957 年德国《反限制竞争法》颁布后，德国经济法学界的少数学者也试图对经济法方法论进行创新，其主要理由是德国《反限制竞争法》的法律规范同时涉及民商法、行政法、刑法等多个部门法⑥，这些领域有着不同的诉讼程序，而这些领域有着并不完全相同的解释原则，从而产生不同的冲突。例如，德国《反限制竞争法》不仅包含了私法以及其他行政法与刑法规范，诉讼

---

① 张守文：《经济法理论的重构》，人民出版社 2004 年版，第 28 页。
② 刘水林：《经济法基本范畴的整体主义解释》，厦门大学出版社 2006 年版，第 23 页。
③ G. Radbruch, Einführung in die Rechtswissenschaft, 1929, Nachdruck Frankfurt/M 1952, S. 242.
④ 这句话所指摘的对象是当时德国法学方法已经成为不言而喻的自觉适用的情形而言，对方法论极端缺乏的国家而言这种论断则是非常有害的。参见［日］大木雅夫著：《比较法（修订本）》，范愉译，法律出版社 2006 年版，第 79 页。
⑤ ［日］大木雅夫著：《比较法（修订本）》，范愉译，法律出版社 2006 年版，第 79 页。
⑥ Gerd Pfeiffer, Grundfragen der Rechtskontrolle im Kartellverfahren, in: Schwerpunkt des Kartellrechts 1978/79, Verwaltung-und Rechtsprechungspraxis, S. 1 ff, 10; Wernhard Möschel, Recht der Wettbewerbsbeschränkungen, §4, Rn. 118, 119.

程序上损害赔偿采用民事程序,行政处罚采用行政程序,刑事处罚采取刑事诉讼程序,这将会导致一个案件事实可以同时涉及三个领域而产生《反限制竞争法》适用的碎片化问题①。例如,刑法禁止类推解释原则,然而民法、行政法却允许类推解释②。德国的少数学者提出了经济观察法与公共政策法等法学方法论上的创新。

德国经济法学界认为法学方法主要有经济观察法和公共政策法。经济观察法与中文平常所理解的经济分析方法不同,它指的是对事物的判断不能根据法律的形式而是根据其实质予以判断。这种方法的适用"一方面取向于各自的规范不必适用于经济上同样但缺乏词义上规定的案件事实,另一方面排除了尽管满足了形式上的构成要件但基于法律上目的不予以适用的情形"③。在适用德国《反限制竞争法》时,经济观察法应用较多。公共政策的方法来自美国的术语 public policy,德国著名经济法学家斯特恩多夫(Steindorff)根据美国公共政策及其竞争法的实践提出了公共政策的方法。根据公共政策的方法,法律规范的构成要件可以根据现存的状况去理解和解释。而如果从抽象的法律本质或者先验的法律概念出发去理解,不仅会导致规范的真实意义的错位,还会忘记"在适用法律规范时保持警醒"④。根据公共政策方法进行法律解释也就意味着,包含在法律规范中的构成要件是典型的要件,但在经济领域,规范同样决定着经济效果的事实。而法律规范与事实之间具有交互影响的效果⑤。

总体来说,德国对方法论的探索还是严格遵循法律适用的取向,无论是经济观察法还是公共政策等方法的适用都围绕着如何解释条文展开,它们只是法律解释在具体方向的强化。这些方法也都可以归入传统的四种解释方法尤其是目的解释方法。因此,尽管德国经济法学界对于经济法是否具有其特殊的解释方法的讨论,但现在达成的共识是,经济法学科没有特殊的解释方法⑥。目前学界的共识是,经济法与反垄断法并没有特殊的法律解释方法。而中国经济法的法学方法论创新一开始就是为了证明经济法学是一门独立的学科。经济法学作为一门独立学

---

① Rittner/Dreher, Wirtschaftsrecht, §14, Rn. 82, S. 365; Susanne Fessel, Strukturelle Grenzen kartellrechtlicher Regulierung, S. 150; Maasch, ZHR 150 (1986), S. 354, 356.

② Sandrock, Die Einheit der Wirtschaftsordnung, S. 22 ff.; Bechtold, Einführung, Rn. 86; Lan-gen/Bunte/ Bunte, Einleitung zum GWB, Rn. 92.

③ Peter Ulmer, überlegungen zur wirtschaftlichen Betrachtungsweise im Kartellrecht, WuW 1971, S. 878, 882.

④ Ernster Steindorff, Politik des Gesetzes alsAuslgungsmaßstab in Wirtschaftsrecht, in: Palus/Dieterichsen/Canaris, Festschrift für Karl Larenz zum 70. Geburtstag, S. 271, 224.

⑤ Ernster Steindorff, Wettbewerbliche Einheit und kartellrechtliche Vermutungen, S. 34.

⑥ Klaus‐Dieter Stephan, Die Anwendung des Zusammenschlussbegriffs auf Personalgesellschaften, 1989, S. 32.

科存在的必要性不在于其逻辑是否如同民法那样逻辑体系严密,而在于其能否回应经济法实务界在法律个案适用过程中是否提供足够的洞见与解决方案。"经济法学界在锐意创新的过程中,严重冷落了法解释学等传统的研究方法,直接导致经济法理论解释力的削弱和经济法研究法学特质的减损。作为法学的子学科,传统法学研究方法应该成为未来中国经济法学的主流研究方法。未来经济法研究方法必定是多元的,研究手段必然是综合的、协调的,研究体系也一定是动态的、开放的,但其核心却应该是恒定的,即传统法学的基本研究方法不应被动摇、更不应被抛弃"①。

因此,就作为经济法重要组成部分的反垄断法来说,其解释仍然要遵循传统法学的基本解释方法。下面就对反垄断法的解释方法及其本土化问题进行简要分析。

二、反垄断法的解释方法及本土化意义

(一) 文义解释

由于法律是通过文字形式外观而不是电影、舞蹈或者文学而得以存在②,探究法律的意义当然必须从最直接的法律文本开始,因而文义解释是法律解释活动的开始,也是法律解释得以正确进行的前提,就此而言文义解释承担了界定功能。

首先,这意味着包括经济学在内的某个社会科学理论或者公平、正义、民主自由与公共利益等抽象观念或者国外法律条文都不得作为解释的起点。将经济学在内的某个社会科学理论作为解释的出发点或者依据则是社科法学的进路,在立法层面或者法律运行上有助于增加对法律更深刻的认识,但对于法律个案适用者而言,其执法根据的是法律条文。法律条文本身或者宣称就是公平正义、民主自由等抽象理念的具体化与成文化,这种具体化与成文化本身也是对这些漫无边际的抽象理念的制约,将公平正义、民主自由、效率等抽象理念作为解释的出发点则意味着放弃已有的法律条文重新回到抽象理念,不但缺乏效率也可能为法律适用者留下缺乏制约的裁量空间。

其次,文义解释还具有界定可能的文义范围的功能③,这也是文义解释最为

---

① 冯果:《法解释学等传统法学方法——未来中国经济法学的主流研究方法》,载于《重庆大学学报(社会科学版)》2008年第5期。

② 因而 Braselmann 说:"法律一种具有法律效力的语言文本。法律适用必须建立在这些文本之上。法律的存在与语言之中,也通过语言存在。"

③ Dieter Schmalz: Methodenlehre für das juristische Studium, 4. Aufl, 1998, Rn. 235.

核心与最大范围内的意义①。通常每一个文义都从核心开始具有各种不同的射程，采取何种解释则是根据目的来进行判断，法律适用者对文义的解释，必须具备合理的理由与谨慎的分析，不得越出其最大的范围，如果越出了该文义的最大范围，那么这就已经属于法律的续造而不是法律的解释。

通常地，如果法律条文的规定足够清晰，通过文义解释就可以确定法律条文的含义，那么法律解释就到此结束。然而，除极少数条款外②，反垄断法是由高度抽象的一般性的法律概念组成（例如"排除、限制竞争效果"），很难仅仅通过文义解释查明法律所要表达的意思。因此，寻求其他的解释方法成为必需。

（二）历史解释

历史解释就是指从立法机关审议情况、法律草案说明等立法资料中探寻立法者当时的立法目的以探求法律的内容，主要包括从法律条文的历史发展尤其是早期类似法律及其变迁；法律的形成历史以及法律改革的建议与立法资料③。通过历史解释我们可以清楚地了解某一"候选"的法律制度是如何成为法律的一部分，立法者是基于何种考虑将之上升为正式的法律制度。历史解释意味着在对《反垄断法》条文进行解释时必须从西方竞争法的语境转入中国的语境。因而，对法律文本进行历史解释是反垄断法的本土化的内在要求。

然而，在我国《反垄断法》的立法过程中，很少有立法理由书以及其他可以公开的资料。目前历史解释的主要资料包括了1980年《关于开展和保护社会主义竞争的暂行规定》、国务院法制办公室关于《中华人民共和国反垄断法（草案）的说明》、各类已经公布的草案与送审稿等。国务院法制办公室关于《〈中华人民共和国反垄断法（草案）〉的说明》明确指出："我们多次广泛征求了……国内外专家的意见，并专门召开了反垄断法国际研讨会。在研究借鉴国外反垄断立法有益经验的基础上，从我国经济发展的实际情况出发，对送审稿进行了反复研究、论证和修改"④。历史解释意味着必须探明，尽管我国《反垄断法》的具体条文参照了西方国家的反垄断法的条文，但是立法者在条文的设计上是基于何种理由参照，在参照中又是基于何种考量没有采纳西方国家竞争法的条文或者进行了中国特色的修改，这些问题的探究对于解释法律文本有着重要

---

① Vgl. Säcker, in: Säcker Münchener Kommentar zum BGB, Bd. 1: Allgemeiner Teil, 6. Aufl. 2012, Rn. 128.
② 例如，中国《反垄断法》第57条规定："本法自2008年8月1日起施行。"
③ 王利明：《法学方法论》，中国人民大学出版社2012年版，第433页。
④ 曹康泰：《国务院法制办公室关于〈中华人民共和国反垄断法（草案）〉的说明》，载于商务部条法司编：《〈中华人民共和国反垄断法〉理解与适用》，法律出版社2007年版，第397页。

的意义。

（三）体系解释

体系解释是指法律条文在所在的法律（所处的编、章、节、条、款等）、所在的部门法乃至整个法律体系中去阐明其规范旨意的解释方法。如果说历史解释是从纵向的时间轴的角度来理解，那么体系解释则是从横向层面予以理解。没有一个法律规范与法律概念是单独存在的，它们总是法律秩序的一部分并且它们的内容也来自其他法律规定。法律秩序内互相冲突应当尽量避免。体系解释则试图从整体的法律秩序，也即所有适用生效的法律条文与法律去解释[①]。基于宪法在我国法律体系具有最高位阶的地位，因此体系解释必然也会衍生出合宪性解释。体系解释意味着对法律条文的解释必须从中国的法律体系出发而非西方的法律系统出发。

法律体系分为多个不同的部门法，每个部门法承担着不同的法律任务，部门法内的法律概念与规范也根据法律的任务（目的）有着不同幅度的解释，因而体系解释也必须受到目的解释的制约。反垄断法的条文在形式上与私法、行政法、宪法乃至刑法密切相关。以经营者集中的定义为例，其大量的构成要件例如资产、股权、控制权等都能在公司法等私法中有着相对应的出处，但这并不意味着经营者集中的定义的解释必须与其在私法上的定义保持一致。

（四）目的性解释

利益法学与价值法学建立在每个法律规范都具有其要实现的目的与任务的认知基础之上。目的解释就是指通过查明规范的目的来判定法律目的的意义。王利明教授将之定义为"通过探求制定法律文本的目的以及特定法律条文的立法目的，来阐释法律的含义"[②]。换言之，是指从法律规范的目的中寻求法律规范的内容，即借助于什么样的法律规范去实现什么样的法律目的以及应当如何解释才能达到法律目的。法律条文中的法律概念通常有多种含义，通常可以分为核心含义与边缘含义。在当中起到决定性作用的是隐藏在该法律规范背后的利益考量以及法律秩序整体上的内在关联。在法律解释中，目的性解释就有决定性的意义，在反垄断法中所有的法律条文与概念都是根据反垄断法的目的予以填充、修正或者形成，因而目的解释甚至是反垄断法适用的基本原则。

在具体的法律规范中采取何种解释，可以根据目的性解释选取与法律规范本身的目的最接近的含义。就此意义而言，目的解释又可以分为目的限缩解释与目

[①][②] 王利明：《法学方法论》，中国人民大学出版社2012年版，第414页。

的扩张解释。目的限缩解释是指当法律规定过于宽泛，与立法目的不符合的情形下，根据目的将其含义限制、缩小到合适的范围①；目的扩张解释则是指法律条文的含义与立法目的相比过于狭窄而通过解释使得法律条文的字面含义扩张②。法律规范目的的确认标准是应当以立法者为准还是以法律适用者为准，对这个问题的解答具有主观解释与客观解释之分。前者指根据立法者主观意志也就是历史上的立法者目的为准，后者则是脱离历史语境从法律颁布时的法律上的客观意志（也就是法律适用者的真实意志）出发，它将法律看作具有某种自身客观规律的东西，在解释法律时可以依照法律适用者当时的社会现实去解释法律。然而，客观解释的称谓并不是指法律适用者的解释就是客观的，否则，客观解释有时会混淆法律解释与法官造法之间的固有界限。

目的性解释在本土化方面的重要问题是，无论目的解释如何操作，都必须立足于我国《反垄断法》的法律文本与法律目的。我国《反垄断法》第1条指出该法的目的是"为了预防和制止垄断行为，保护市场公平竞争，提高经济运行效率，维护消费者利益和社会公共利益，促进社会主义市场经济健康发展，制定本法。"这意味着，我国《反垄断法》的立法目的是多元化的，不能将美国反托拉斯法中对效率的强调作为我国唯一的立法目的，而必须顾及"维护消费者利益和社会公共利益，促进社会主义市场经济健康发展"等目的。以反垄断法上资产取得条款的解释为例，反垄断法与私法是两种不同性质与功能的法律：反垄断法以保护竞争为主要目的，资产取得条款的目的就在于承担起筛选有能影响竞争的资产形态的过滤功能，将具有影响市场竞争结构的"资产取得"采取具有行政许可性质的事先申报审查制度，从而具有强烈的国家管制色彩；而私法范畴下的"资产取得"则属于平等主体之间根据私人意思自治③所进行财产或财产权性权利流转，存在着国家不可侵犯的天然界限，国家最佳治理方式便是听凭私人自治。资产取得条款的私法化解释有可能消解了私法与反垄断法的界限，导致国家权力的末梢深入各种原本属于私法生活中的各种形态。

（五）比较法解释

比较法在法律解释以及法律漏洞填补方面的作用历史上一直有所争议，但现在来看，比较法作为一种解释方法不再为人所怀疑④，甚至被称为"第五种"解

---

① 王利明：《法学方法论》，中国人民大学出版社2012年版，第425页。
② 王利明：《法学方法论》，中国人民大学出版社2012年版，第428页。
③ 关于"意思自治"的内涵参见朱庆育：《民法总论》，北京大学出版社2013年版，第109页。
④ Konrad Zweigert, Rechtsvergleichung als universale Interpretationsmethode, Rabelsz 15（1949/50），5（10）.

释方法①。外国立法有助于为特定问题提供各种解决的可能性,并对本国法律的解释和适用有着重大的参考价值,因而目前各个国家与地区的法院以及执法机构均已接受将外国立法作为一种解释方法。比较法"作为本国立法之参考资料"的功能在我国《反垄断法》的立法过程中有着清晰的体现,以至于"中国反垄断法起草的过程一定程度上就是一个移植和借鉴外国法的过程"②。国务院法制办公室关于《中华人民共和国反垄断法(草案)的说明》明确指出:"我们多次广泛征求了……国内外专家的意见,并专门召开了反垄断法国际研讨会。在研究借鉴国外反垄断立法有益经验的基础上,从我国经济发展的实际情况出发,对送审稿进行了反复研究、论证和修改"③。因而,在解释我国《反垄断法》时,相关国家与地区的学说与判例的可借鉴性很大。

尽管如此,在对我国《反垄断法》进行解释时必须注意其界限。正如"第五种"的称呼所显示的,比较解释方法并不具有优越地位,它必须是与其他四种方法解释相结合或者当四种解释方法都无法解释时才可以进行④;因而在利用外国法律作为解释方法时,必须能融入《反垄断法》框架,也不得逾越《反垄断法》所规定的文义范围。《反垄断法》首先是一部具有强制性的法律规范,其具体适用在形式上要遵守三段论,即作为法律规范的大前提(包括法律构成要件与法律后果),作为案件事实的小前提(具体案件事实)以及大前提与小前提之间的涵摄过程。一个涉嫌排除、限制竞争的具体行为是否应当受《反垄断法》的规制的论证过程应当首先明确《反垄断法》是否有着明确的法律规定(大前提),其次要确定涉嫌排除、限制竞争的事实(小前提),最后得出明确的法律结论。因而,所有有关反垄断经济学的分析工具在具体个案分析时都首先必须面临的问题:我国《反垄断法》究竟有没有规定此类条款?如何解释这些法律条款?

在这些问题的操作上,反垄断法的法学方法论为实现《反垄断法》的本土化运作提供了坚实的技术支持。文义解释意味着法律适用者一开始必须从法律条文出发而不是从德国或者欧盟的立法或者执法经验出发,从而避免一开始就掉入反

---

① Peter Häberle, Grundrechtsgestaltung und Grundrechtsinterpretation im Verfassungsstaat zugleich zur Rechtsvergleichung als, fünfte — Auslegungsmethode, JZ 1989, S. 913 ff.; Röhl, Klaus F./Röhl, Hans Christian: Allgemeine Rechtslehre, 3. Auflage 2008, S. 625 ff.

② See Xiaoye Wang, *Preface*: *My Anti-monopoly Law research Path*, The Evolution of China's Anti – Monopoly Law, 2014.

③ 曹康泰:《国务院法制办公室关于〈中华人民共和国反垄断法(草案)〉的说明》,载于商务部条法司编:《〈中华人民共和国反垄断法〉理解与适用》,法律出版社2007年版,第397页。

④ 王泽鉴:《比较法与法律之解释适用》,载于《民法学说与判例研究》第二册,北京大学出版社2009年版,第14页。

垄断法"被殖民化"的陷阱；历史解释则意味着，必须查明立法者基于何种理由继受或者摈弃西方反垄断法的规定，以防止过于草率地直接用西方的经验生硬地套在并不存在的条款中；体系解释与目的解释则引导法律适用者将法律条款置于我国的法律体系内，并将目的限于《反垄断法》所规定的目的，而不是西方反垄断法中各自强调的"效率"或者"消费者利益"等目的；比较法解释的补充地位则有效地防止了我国《反垄断法》适用的再度被殖民化。

第三节 反垄断法本土化中的法律体系冲突

一、反垄断法本土化的缘起

尽管中国反垄断法的蓝本主要来自欧盟，但无疑也受到了美国反托拉斯法等的影响。就美国反托拉斯法而言，美国经济发达并推崇自由市场，也积累了大量理论成果与案件处理经验，从而使得美国反托拉斯法理论、判例在全世界范围内都具有非常大的影响力。例如，在学理方面，著名的反垄断法理论流派，如哈佛学派、芝加哥学派和后芝加哥学派等都源自美国；被广泛采用的反垄断分析方法，如分析经营者集中时采用的 HHI 指数、界定相关市场的 SSNIP 方法等，也基本是美国反托拉斯法的贡献。而在判例方面，引发"玻璃纸谬误"的杜邦案，[1] 采用了结构性救济措施的 AT&T 案[2]等，涉案公司也都是美国的著名公司。中国在《反垄断法》的起草阶段也征求了包括美国在内的国外建议。虽然最后颁布实施的《反垄断法》文本主要是依据欧盟竞争法，但这一过程无疑使得在对条文的解读和相关分析思路上会关注到美国法的理论和判例。

从这个角度来说，中国反垄断法体系[3]并不"单纯"。尽管在立法、法律实施上有借鉴上的"后发优势"，但也由此产生了如何将各种借鉴的制度相互融合，以维持法律体系内在逻辑一致的问题。这一问题在中国近期一些引人关注的垄断协议案件中已经明确地凸显出来。比如，深圳市有害生物防治协会案是一个典型

---

[1] United States v. E. I. du Pont de Nemours & Co., 351 U.S. 377 (1956).
[2] United States v. AT&T, 552 F. Supp. 131 (D.D.C. 1982).
[3] 此处所提及的反垄断法体系，包括了《反垄断法》以及配套法规所构成的条文体系，以及法律实施所涉及的执法和司法的实施体系。

的行业协会固定价格案件。① 但法院认为，认定非法垄断协议的前提是成立"排除、限制竞争的协议、决定或者其他协同行为"，因而原告必须对此限制竞争效果予以证明。② 并且，在判决书中法院还明确提出该案是按照"合理原则"这一美国反托拉斯法下的分析方法来进行审判——而中国反垄断法以及配套的法规、指南和司法解释中都没有出现过"合理原则"的字样。③ 此外，在纵向垄断协议案件处理中，法律适用上也出现了明显的冲突。国家发展和改革委员会（以下简称国家发改委）在查处茅台、五粮液转售价格维持案件以及后来的奶粉企业转售价格维持案时，都是在认定转售价格维持事实存在之后就进行了处罚，并没有分析"排除、限制竞争的效果"。相比之下，在备受关注的锐邦诉强生案中，尽管一审和二审结果不同，④ 但法院在对《反垄断法》第14条的解读上却具有一致性，认为原告（上诉人）需对限制最低转售价格协议具有"排除、限制竞争效果"承担举证责任，并且详细地分析了认定违法所需要的构成要件。在这些案件的处理中，国家发改委对《反垄断法》相关条文的解读更倾向于欧盟竞争法中"一般禁止，例外许可"的方式，而法院的司法解释和案件分析，则明显采纳了美国反托拉斯法的理论。

可见，我国反垄断法在适用上的冲突客观存在。表面上看，这些案件是对部分《反垄断法》条文理解上有不一致的地方，但更深层次的问题也同时凸显。事实上，任何法律条文的适用都包含了对整个法律体系的理解，都需要遵循整个体系所形成的逻辑框架的限制。换句话说，法律适用上的冲突，实际上正反映了对法律体系、特别是体系的逻辑性的理解上的差异或忽视。因此，这些垄断协议案件中所表现的冲突，需要更深层次的警觉与解析。

在反垄断法相对成熟的国家和地区，如美国和欧盟，经过多年的发展，其反垄断法都已经形成各自"相对"完整、自洽的逻辑体系。虽然都是反垄断法，但不同的法律体系由于其逻辑出发点不同而导致具体制度上蕴含了显著的差异。如果中国《反垄断法》在配套法规制定、司法解释出台以及实施中不关注到这种差异性，则无可避免地会将这些逻辑前提上的差异——同时也是体系上的差异带入到司法解释、部门规章制定以及对具体案件的处理中。而个案中的理解差异反过来又会对反垄断法逻辑体系构成冲击。在此意义上，关注中国反垄断法实施中基于不同制度借鉴而产生的体系逻辑上的冲突，无疑会更便于理解我国反垄断法在

---

①③ 广东省高级人民法院：《广东省深圳市惠尔讯科技有限公司与广东省深圳市有害生物防治协会垄断纠纷上诉案》，http://www.gdcourts.gov.cn/。

② 具体的案件评述，请参见李剑：《横向垄断协议法律适用的误读与澄清——评深圳有害生物防治协会案》，载于《法学》2014年第3期。

④ 上海市高级人民法院：《北京锐邦涌和科贸有限公司诉强生（上海）医疗器材有限公司、强生（中国）医疗器材有限公司纵向垄断协议纠纷上诉案》，http://snsfbh.hshfy.sh.cn/shfy/web/。

引入相关制度、理论以及发展自身特色制度时所需要关切的立足点。

二、反垄断法律体系的前提差异与本土化

从较为宏观的角度而言，中国反垄断法面临的上述问题可以理解为法律借鉴、趋同中的选择问题。反垄断法的趋同与融合一直被热烈讨论。① 抛开学术争论不谈，各国和地区在法律制度上的相互借鉴、融合无疑一直在不同程度、不同领域上持续发生。② 即便是欧盟竞争法，也在吸收美国反托拉斯法的相关制度。③ 对于这种趋同的发生，有学者认为，是因为反垄断法不管是在哪里实施，都是基于学术共同体构建的分析框架：福利目标，被广泛接受的经济分析方法，还有在世界范围大体相同的基本分析结构等。④ 例如，所有的国家和地区都区分了竞争者之间的协议与单方行为；所有的国家和地区都承认传统的卡特尔是有害的，并同时认为有一些横向协议是有利的；所有国家和地区都承认，在纯粹的价格固定或市场划分之外，市场力量是福利损失的关键因素；它们还都在绝大多数情况下将市场界定作为评估市场力量的主要工具。正是由于这种共同基础的存在，使得各国和地区的反垄断法在总体上具有相似性。

但是，趋同、融合本身就暗含了差异的存在。不可否认的是，作为中国《反垄断法》蓝本的欧盟竞争法与美国反托拉斯法之间存在诸多方面的不同。⑤ 在宏观层面上，需要考虑政治经济因素、法院以及行政执法机构将原则融入政策的质量和能力等；而在微观层面上，除了法律目标外，美国在大量的制度框架上的发展不同于欧盟，包括私人三倍赔偿、强有力的集团诉讼体系、司法为基础的实施体系（不同于欧盟以行政为基础的竞争执法体系）等，都构成了制度差异的一部分。逐一比较近乎是不可能完成的任务。不过，就法律制度设计的根本而言，反垄断法所追求的直接效果无疑是发现限制竞争的行为并予以规制，相关制度都围

---

① See, Makan Delrahim, *The Long and Winding Road*: *Convergence in the Application of Antitrust to Intellectual Property*, 13 George Mason Law Review, 2005, p. 259.

② 用趋同（convergence）而不是协调（harmonization），是因为趋同暗含了法律条文或者其适用上的统一性。而协调的竞争法律或政策在可预见的将来不可能得到实施，更不是被追求的目标。因为其实现建立在构建超国家的实体或者多边条文的基础上。（See Randolph W. Tritell, *International Antitrust Convergence*: *A Positive View*, 19 Antitrust, 2005, p. 25.）

③ 作为反垄断制度现代化的一部分，欧盟在 2004 年时实施的 1/2003 号条例（Council Regulation 1/2003）中引入了美国式的和解制度。

④ John Kallaugher, *Review of Elhauge & Geradin's Global Competition Law and Economics*, 3 (2) *Competition Policy International*, 2007, p. 241–248.

⑤ See Daniel J. Gifford & Robert T. Kudrle, *Rhetoric and Reality in the Merger Standards of the United States, Canada, and the European Union*, 72 Antitrust Law Journal, 2005, p. 423.

绕这一过程展开。在此基础上，各国的差异可能在于，什么是需要规制的限制竞争行为？如何设置合理的执法机制？如何有效救济等？进而引发如何进行制度选择与优化这一重要的现实性问题。从这一思考角度出发，分析不同法律体系下如何合理地发现限制竞争行为就具有根本性的作用，也更能呈现制度上的本质差异，从而对于中国法律的实施产生意义。

（一）错误成本分析框架下的制度选择

对于反垄断法的实际运作来说，发现限制竞争行为这一过程需要同时考虑司法、行政等直接运作成本，以及在这些运作机制下可能产生的两种错误成本。前者是制度运作的显性成本，被更多地关注；后者则是基于处理复杂、多变的市场行为而产生的隐性成本，经常被忽略，但往往对于制度的整体发展更具有决定性影响。错误成本分析中，制度的运作面临两种选择：一方面，如果错误判定行为无罪，会产生弱化或者降低法律标准的效果。随着错误判定无罪频率的上升，潜在的被告将拥有更少的动机去遵从法律标准；另一方面，如果错误判定行为有罪，就会提高法律标准。随着错误判定有罪频率的上升，甚至那些遵从标准的潜在被告都会被迫去改变他们的行为，以便减少被认定有罪的风险。换句话说，错误判定无罪导致"威慑不足"及相关成本，而错误判定有罪导致"威慑过度"及相关成本。① 第一种成本被称为假阴性（false negative），第二种成本被称为假阳性（false positive）。两种错误成本以及由此所构建的"错误成本分析框架"，对于理解不同反垄断法体系的基本逻辑起点有着巨大的帮助作用。②

由于现实中大量的不确定性因素和成本限制，能够完全消除假阳性与假阴性成本的完美制度不可能存在，由此也产生了制度选择和改善的问题。"错误成本分析框架"提供了一个基本的思考制度优化的路径，即最优的反垄断规则是能够"最小化"预期的假阳性、假阴性社会成本的规则。伊斯特布鲁克法官提出原谅假阴性错误更可取。第一，因为绝大多数形式的合作是有益的；第二，相比之下，经济系统对垄断的纠正比对司法错误的纠正更容易。③ 换句话说，因为错误地放过了限制竞争行为而犯的错误，会被市场竞争力量所纠正；而错误地惩罚促进竞争行为所犯的错误，则可能带来显著的成本，对这一行为的惩罚会影响整个经济，并且不会被市场力量所弥补。因此，应当假定绝大多数市场行为是好的，以防止假阳性，并对反垄断干预设定更高的门槛。

---

① ［美］基斯·N. 希尔顿：《反垄断法：经济学原理和普通法演进》，赵玲译，北京大学出版社2009年版，第 105 页。
② Frank H. Easterbrook, *the Limits of Antitrust*, 63 Texas Law Review, 1984, p. 1.
③ Frank H. Easterbrook, *the Limits of Antitrust*, 63 Texas Law Review, 1984, p. 15.

错误成本分析框架的一个优点在于,它允许反垄断规则通过我们对不同行为所具有的竞争效果的经验认识来设定,① 因而能够解释大量反垄断规则的合理性所在。扩展这一理论的适用范围可以提供视角去分析多种反垄断具体制度。例如,横向固定价格协议通常被严厉对待,是因为这一行为通常对消费者都具有损害效果。在此情况下,虽然严厉的制度也会惩罚到偶尔具有良性后果的价格固定,但却可以防止假阴性带来的社会损害。

错误成本分析框架对于美国反托拉斯法的影响极为巨大,对假阳性成本的避免在事实上成为其最基本的理念。④ 美国法院在反托拉斯案件中越来越多地用合理原则来分析案件,就表明美国法院在总体上是倾向于认为法院和执法机构的干预造成了更多而不是更少的错误。⑤ 例如,转售价格维持、搭售等都从之前当然违法的处理方式上发生了转变,更多地探求行为中的商业合理性。而合理原则的运用使得在大量案件中被告都得以免除责任,事实上使得反垄断法整个的干预大幅度减少。但是,需要同时指出的是,这一观点在欧盟司法或者欧盟执法机构官员的演讲中并没有出现过。⑥ 欧盟的分析框架和具体规则表明,它更多地关注的是威慑不足的问题(under-deterrence)。换句话说,更关注假阴性问题。

(二) 差异化的具体例证

欧盟竞争法之所以更关注假阴性,当然有多种历史、政治、经济以及法律上的因素,而学者通常认为,这和弗莱堡学派的理论有重要关联。该学派强调理论与历史的整合以及经济与法律的整合,认为经济发展的最佳模式既不是完全放任,也不是完全集权,而是在"经济宪法"机制下构建"社会市场经济"。这一经济社会中,个人的权利得到平等地尊重,但又不能被完全放任或者完全集中,而是通过建立一种制度性的秩序对其进行管理。在这种机制下,市场主体在追求自身利益的同时可以促进社会利益的发展,国家的作用仅仅在于遵循"经济宪法"的规律,制定符合经济宪法秩序需求的秩序政策。竞争法在这个机制中便处于核心地位。⑦ 该学派的学者认为,经济竞争将为他们所预想的社会提供基础,但是只有法律能够为适当的竞争提供条件。虽然与经济有关的

---

① Frank H. Easterbrook, the Limits of Antitrust, 63 Texas Law Review, 1984, p. 1.

④ Alan Devlin, Antitrust Error, 52 (1) William and Mary Law Review, 2010, p. 75 – 132.

⑤ 由于美国的联邦体制,州有非常大的权力,在反垄断法上各州也有自己的相对独立的做法,因而在很多问题上都没有一个统一的做法。这里主要涉及美国联邦层面的反托拉斯法。

⑥ William E Kovacic, Competition policy in the European Union and the United States: Convergence or Divergence in the Future Treatment of Dominant Firms?, 4 Competition Law International, 2008, p. 11, 14.

⑦ 彭心倩:《欧共体竞争法产生的法律历史社会学分析》,载于《湖南社会科学》2010 年第 1 期。

所有法律都应当是"秩序政策"的表现，但是竞争法却承担着建立和保护竞争条件的直接责任。① 因此，弗莱堡学派同时强调市场与国家作用，并希望在其中建立一种平衡。

该学派对欧盟竞争政策有四个方面的关键影响：② 第一，欧盟在确定企业是否具有支配地位上的门槛较低。与此相一致的是，认为当市场上有大量相互竞争的企业时市场运作状况最佳，而当企业大到偏离"完全竞争"（complete competition）时，它们应当被强迫归队。由此也导致了第二个方面的影响，即认为支配地位企业具有"特别的责任"。它们的行为必须要表现得"似乎"是竞争性企业那样，并因此不能从事那些可能会导致提高其市场力量的行为。第三，欧盟将很多单方行为按照"一般禁止"的原则来规制，其遵从的理论观点是有可能从"完全竞争"中区分出"妨碍竞争"。第四，欧盟竞争法规制利用市场力量的剥削行为，如价格歧视、超高定价，这是与美国法最为显著的区别。③ 在这些方面可以明显地看到，受这一学派理论的影响，欧盟竞争法对于市场参与者的要求非常严厉。换句话说，欧盟竞争法更强调对市场竞争的干预，而其中所隐含的就是对市场机制自我调节的不信任——从前述错误成本分析框架来看，则是认为竞争执法机构更有能力消除错误成本，因而其整体制度设计更倾向于防止假阴性错误。为进一步说明问题，前述四个方面的影响可以进一步阐述如下：

（1）较低的市场支配地位认定门槛。欧盟竞争法要求企业按照欧盟和德国竞争法将市场份额作为评估支配地位的重要考虑因素。这种做法其实很常见，但是将它们与其他国家和地区相区分的是干预的门槛。德国法规定，如果一个企业拥有超过三分之一的市场份额就会被假定拥有市场支配地位。④ 在欧盟竞争法下，推定的支配地位是拥有超过50%的市场份额，而40%的市场份额也会被认为具有市场支配地位。⑤ 相比之下，美国法下要假定拥有垄断力量要求相关企业的市场份额超过60%。⑥

（2）企业的特别责任。最能体现欧盟竞争法下对市场支配地位认定门槛较低的，是关于相对优势地位理论的采用。相对优势地位通常是指市场中不具有市场

---

① 何梦笔：《秩序自由主义》，中国社会科学出版社2002年版，第1~10页。
② Christian Ahlborn & Carsten Grave, *Walter Eucken and Ordoliberalism: An Introduction from a Consumer Welfare Perspective*, 2 Competition Policy International, 2006, p. 209.
③ 严格说来，这4个方面也只是众多差异中的一部分，但比较显著地体现了其和美国反托拉斯法的差异性。
④ See Case C – 62/86, AKZO v. Commission, 1991 E. C. R. I – 3359, at para. 60.
⑤ See Case T – 219/99, British Airways plc v. Comm'n, 2003 E. C. R. II – 5917, 211, 223 – 25; Case COMP/38. 233, Wanadoo Interactive, Commission Decision of July 16, 2003, 227.
⑥ David S. Evans, Antitrust Issues Raised By The Emerging Global Internet Economy, 102 (4) Northwestern University Law Review, at 17 (2008).

优势地位的企业，在特殊情况下对于依赖其进行交易的相对人具有类似于垄断企业的支配性影响力，因此该企业对于依赖其生存的企业就具有"相对"的强势地位。① 相对优势地位滥用理论发源于德国，② 并影响到了中国。③ 相对优势地位理论的存在和被立法采纳，使得一个企业即便没有"市场支配地位"——即便欧盟的标准已经比较低——也仍然需要承担反垄断法上的责任，从而构成对企业的特别责任。④

（3）单方行为的严格规制。欧盟法对很多单方行为的规制都比较严厉。以搭售为例，相比美国的法律，欧盟法对搭售采用原则更接近美国反垄断法中早期的当然违法原则。在已经判决的案件中，欧盟法院对3个合约性搭售都认定违法。⑤ 在微软案件中，尽管美国法院最终没有分解微软公司，但欧盟委员会仍然认定非法搭售成立，并开出了巨额罚单，从而在技术性搭售上也持否定态度。在经营者集中案件中有通过搭售延伸市场支配地位的理论，欧盟委员会则依据该理论在最近一些年处理了不少案例。相比之下，在美国法中已经很多年都没有找到反托拉斯执法机构禁止的搭售案例。

（4）对剥削性行为的规定。在超高定价规制上，其实也有两种基本的模式：一是以美国为代表的放任模式。在很多案件中，美国最高法院都认为美国反垄断法并不包含对于超高定价的处理，学术界对此也多持肯定态度。⑥ 二是以欧盟为代表的积极模式。相比美国，欧洲实行的是尽管有所限制，但却是干预主义的竞争政策。《欧盟运行条约》第102条（原《欧共体条约》第82条）中规定，"直接或者间接强加不公平交易价格或其他交易条件"可构成市场支配地位滥用。该条款中的"不公平"一语被用于欧洲法院和欧盟委员会处理的超高定价案件中。

由此可见，欧盟竞争法体系和美国反托拉斯法体系存在显著的差异，在对待

---

① 单骥、何之迈、吴秀明：《从依赖性理论探讨相对市场优势地位——以公平法立场之研析适用》，台湾公平交易委员会委托研究，1999年，第27页。

② 何之迈：《公平交易法专论》，台湾三民书局1993年版，第548页。

③ 我国的《反垄断法》第18条第4款规定："认定经营者具有市场支配地位，应当依据下列因素：……（四）其他经营者对该经营者在交易上的依赖程度……"因为相对优势地位理论的核心就是"依赖性"概念，因此，对"依赖程度"的规定表明，我国《反垄断法》采纳了相对优势地位滥用理论。

④ 参见李剑：《相对优势地位理论质疑》，载于《现代法学》2005年第3期；李剑：《论结构性要素在我国〈反垄断法〉中的基础地位——相对优势地位滥用理论之否定》，载于《政治与法律》2009年第10期。

⑤ Napier Brown v. British Sugar, Commission Decision 88/519/EEC, 1988 O. J. （L 284）41；Eurofix-Bauco v. Hilti, Commission Decision 88/138/EEC, 1988 O. J. （L 065）19；Tetra Pak II, Commission Decision 92/163/EEC, 1992 O. J. （L 072）1.

⑥ See Michal Gal, *Monopoly Pricing As An Antitrust Offense In The U. S. And The EC：Two Systems Of Belief About Monopoly？*, 49 Antitrust Bulletin, 2004, p. 343.

假阳性和假阴性错误上采取了不一样的态度。① 相比之下，欧盟竞争法更关注威慑不足的问题，关注市场支配地位企业所带来的消费者福利损失等方面的问题，因而相关制度在设计上更偏向严厉。这种对待错误成本的不同态度，实际上构成了美国和欧盟竞争法律体系的逻辑前提差异。而中国《反垄断法》以欧盟竞争法为蓝本，那么这一隐含于法律体系之中的前提，也自然而然地附着于中国《反垄断法》，影响其运作的基本方向。

三、中国反垄断法制度选择的考虑因素

在制度之间的差异被发现和确认时，会产生一个自然而然的问题：何种制度体系更优？答案无疑直接影响到作为反垄断法后来者的中国，影响到其在借鉴、吸收制度上的倾向。从前述基本分析框架上来看，如果市场力量可以更好地纠正假阴性的错误，那么采用欧盟竞争法这样在基本逻辑前提上包含了对市场不那么信任的体系就是不可取的。相应地，即便以其竞争法为蓝本，在后续的发展中要么通过修法来重构，要么在反垄断法实施中通过司法、行政执法的方式，在诸如强生案等案件中建立合理分析的完整框架来"实际地"扭转。而要注意的是，错误成本分析框架本身也存在隐含的前提。制度的选择取决于对于制度前提假设的选择与接受，进而决定了法律体系的逻辑应当如何发展。中国语境下的制度选择要注意几个方面的问题：

（一）关注反垄断理论分析中的前提条件

在判断特定类型行为是假阳性社会成本高还是假阴性社会成本高时，实证研究的结果往往又构成了一个基础，而并非伊斯特布鲁克法官所表述的那样可以直接认定。正如哈兰（Harlan）法官所言，从证明标准可以看出，对于事实的发现，问题在于我们的社会在纠正事实结论上有多大程度的自信。② 而自信的程度需要两个变量来反映：第一，假阳性和假阴性错误的相关可能性是多少？第二，假阳性错误的成本相比于假阴性错误的成本是多少？尽管不少学者认为，前述错误成本的分析方法结合了现有的关于单方行为的经验性证据，以及伊斯特布鲁克法官对设计反垄断规则的可预期的不对称错误成本的

---

① 还有学者认为，欧洲竞争法不是从美国输入，而仅仅是行政管制向一个新领域的扩展，因而二者之间显示了很大的不同。参见［美］戴维·J. 格伯尔：《二十世纪欧洲的法律与竞争：捍卫普罗米修斯》，冯克利、魏志梅译，中国社会科学出版社2004年版，第15页。
② In re Winship, 397 U. S. 358, 370 (1970).

原创性洞察，因而可以用错误成本分析框架来处理诸如掠夺性定价、转售价格维持等全部行为，决定法律应当采用的态度。① 但是，实践中的问题在于，对某一类行为的"预先确信"通常不会直接说明，并且难以得到一致的实证证据支持。

纵向限制竞争行为的争议很能说明问题。有学者在对不同的纵向限制竞争行为的竞争影响进行评估后认为，现有的经验证据可以判定纵向限制行为更可能是良性的，或者说更有助于福利提升。② 但事实上，有不少相反的研究结论表明，纵向限制也存在损害消费者福利的效果。例如，日本公正交易委员会的实证调查显示，在日本的医药品市场上，转售价格维持造成了消费者福利损失。③ 1964年，英国通过了零售价格法案（the Resale Prices Act），禁止生产商控制其产品的零售价格，而非处方药市场却被当作一个例外。到了1995年，英国公平交易局对医药市场进行了调查，认为零售价格维持所产生的市场竞争效果已不再适合豁免。2001年5月15日，法庭判决结束了长达30年对非处方药市场中转售价格维持的豁免。④

综上所述，要最优化错误成本需要思考其隐含的前提：市场上假阳性更多还是假阴性更多，而相关判断往往需要结合实证研究来进行，并最终产生一个综合的"经验判断"。当缺乏对整体产业竞争状况的实证了解时，缺乏对特定行为是否普遍存在于市场之中，是否通常具有限制竞争性质的明确结果时，考虑反垄断法干预经济设立更高的门槛还是更低的门槛其实没有意义，也无法更好地对反垄断法规则的完善提供帮助。只有随着对产业实证了解的积累，对相关行为在中国市场上的竞争影响效果被更为清晰地描述之后，法律体系的前提假设才可以据此而调整，该调整也才能够更有针对性、合理性。因此，在反垄断法诉讼案件中，抛开法律适用本身不谈，要判定行为的合理性，判定其对市场整体竞争的影响，需要更多实证材料的支撑。

（二）关注中国市场完善程度来补充理论

在错误成本分析框架下，美国更关注假阳性问题是因为错误地放过了限制竞争行为而犯的司法错误，会被市场的竞争力量所纠正。但这一结论隐含的判断

---

① Thomas A. Lambert & Joshua D. Wright, *Antitrust (Over - ?) Confidence*, George Mason University Law and Economics Research Paper Series.

② James Cooper, *Vertical Restrictions and Antitrust Policy: What About the Evidence?*, 1 Competition Policy International, 2005, p. 45.

③ 王铭勇：《限制转售价格法制之研究》，（台湾）政治大学法律研究所2000年研究生论文，第74~75页。

④ 汪浩：《零售商异质性与零售价格维持》，载于《经济学（季刊）》2004年第10期。

是，市场本身具更强的纠错能力。不过，即便认为市场优于司法、行政执法机构的积极干预，不可否认的是，垄断本身就内生于市场的自由竞争，而很多时候单纯依赖于市场的力量无法解决限制竞争的问题，或者说至少无法在短期内解决垄断所带来的福利损害问题。更重要的是，不同国家、地区的市场本身也有发展程度上的区别；即便在一国之内，在特定地区的特定时期，市场机制的完善程度也存在显著的差异性。

这对于中国反垄断法实施而言具有重要的意义。根据一些对于中国市场经济本身发展状况的研究可以发现，① 中国的市场经济自由度并不理想。② 与此同时，由于中国幅员辽阔、区域差异显著，在内部存在巨大的不均衡性。根据学者对于部分省市市场化程度的研究，③ 沿海省份与内陆省份的市场化程度相去甚远。那么，在目前的状况下，如果要以市场自身的力量来纠正假阴性所带来的问题或许并非最佳选择，而通过反垄断法进行更多的干预相对而言更有合理性——正如欧盟为了实现"统一大市场"而推行较为严厉的竞争政策的做法一样。或者退一步讲，积极的反垄断执法所造成的错误并不比放任不管更多，那么通过执法以积累经验，拓宽对市场的认识则是附带的、会在未来实现的好处。

综上所述，法律体系的前提在很大程度上有"先验性"，所依据的一般确信往往是不加论证或者无法确切论证的。在一般意义上，欧盟竞争法体系和美国反托拉斯法体系在基本判断上的差异本身并无绝对的对错，也无所谓的优劣之分，因此简单地"借鉴""融合"特定制度而不考虑假设前提对体系的约束性可能不仅难以获得后发优势，反而可能带来严重的制度冲突。而为了获得反垄断法律体系逻辑的一致性，需要对中国反垄断法的体系有更为清晰的认识，并促进其体系化的完成。另外需要强调的是，中国反垄断法所面临的不仅仅是制度选择问题，至少还有内生制度的问题，即根据自身市场特点发展特色制度。只有在理解体系逻辑的前提下，化解体系上的冲突并创新才有基础。

---

① 美国传统基金会《2008经济自由指数》，转引自韩士专：《中国市场化程度的判断与预测——基于加拿大弗拉瑟研究所"世界经济自由度"的视角》，载于《统计与信息论坛》2008年第9期。

② 市场经济在很大程度上就是自由经济，因为市场经济可以理解为以商品交换为网络的社会经济系统。参见顾海兵：《30年来中国经济市场化程度的实证考量》，载于《中外企业家》2009年第1期。

③ 市场化是指经济制度由政府管制型经济（计划经济是其极端的表现形式）向市场经济转变的过程，它不是简单的一项规章制度的变化，而是一系列经济、社会、法律乃至于政治体制的变革。市场化特征主要表现为五个方面：一是经济决策分散化，政府只在宏观决策和一些必要领域发挥作用；二是经济行为主体的独立化；三是所有制结构和所有制实现形式的多元化；四是产品和要素的市场化；五是经济行为的规范化、契约化、法制化和秩序化。参见游碧芙、应千凡：《浙江经济市场化程度的测度与评价》，载于《浙江金融》2012年第1期。

第四节　反垄断执法机构权力配置模式的本土化改造

执法机构的配置在反垄断法本土化中具有极为重要的地位。即便法律制度移植而来，但法律执行的方式则根植于中国既有的司法、行政体系，进而影响到反垄断法实施的效率与效果。中国反垄断执法机构的权力配置同时受到既有制度和美国等国家制度设计的影响。而通过理论逻辑的梳理以及实际执法效果的评估可以看到，中国反垄断执法机构从多机构的竞争执法模式转变为单一执法模式是本土化改造中值得研究的例证。

放眼全球主要国家，反垄断行政执法权的配置有两种模式——"权力共享制"和"权力独享制"。权力共享制是指由多个执法机构共同享有反垄断行政执法权的模式，权力独享制是指由单一执法机构享有反垄断行政执法权的模式。前者以美国、英国等国家为代表，其中美国的反垄断执法机构为"司法部反托拉斯局"和"联邦贸易委员会"，英国则有"公平贸易办公室"和"竞争委员会"（2014年之前）；后者以日本和德国为代表，其中日本的反垄断执法机构是"公正交易委员会"，德国则为"联邦卡特尔局"。在我国反垄断立法过程中，学者们普遍推崇权力独享制，但《反垄断法》颁布之后到2018年都采用的是权力共享制，2018年机构改革之后转变为了权力独享制。据我们考察，"权力共享制"和"权力独享制"的形成是特定历史条件下由多种因素所决定的，其中现实需求和传统影响起到了关键的作用。这两种模式各有利弊。相比而言，权力独享制更适合中国的实际。

一、反垄断执法机构权力配置模式考察

（一）权力共享制

1. 权力共享制形成的原因

作为反垄断法的发源地，美国的权力共享制形成过程在现实需求方面更加突出。1890年颁布的《谢尔曼法》赋予美国司法部执行反托拉斯法的权力，但该法在通过之初不仅没有得到有效执行，反而出现了美国历史上最大规模的企业合并和垄断浪潮，以至于引起了整个社会各种新的不满和矛盾，如何将法律真正付诸执行成为亟须解决的问题。在这种情况下，美国国会于1903年2月11日通过

了加速法令（Expedition Act），规定优先处理巡回法院中依据《谢尔曼法》及《州际商务法》起诉的案件。2月14日，美国司法部设立了专门的反托拉斯执行机构——反托拉斯局。① 由此可见，美国主要的反托拉斯法《谢尔曼法》于制定之初，并未考虑在反托拉斯局外成立专责的行政主管机关，但由于在《谢尔曼法》后续执行过程中出现了美国民众认为法律规制不足，对于司法部执法的决心也颇有微词，再加上美国联邦最高法院于1911年在标准石油公司（Standard Oil）一案中宣示了"合理原则"（rule of reason），立法者认为有必要就反托拉斯事项设立一永久性的行政机关，以就市场竞争行为的"合理"与否提供较为明确的判断准则，于是在1914年通过了《联邦贸易委员会法》，设置了一个新的执法机构——联邦贸易委员会。② 按照学者们的分析，美国国会设立联邦贸易委员会出于两个目的，其中最主要的目的是保证执法机构忠实于国会的竞争政策选择，第二个目的是促进反垄断政策的发展和执行。③ 希望该执行机构能具有法律、经济、商业等方面的专业知识，并且比联邦司法部更独立积极主动地向商界提供指导原则，以便尽早确认及制止托拉斯的出现，另外也希望通过制定特殊的行政程序以确保法律执行的成效。④ 美国双机构权力共享制的反垄断执法模式还深受其法律传统的影响。权力分立和制约一直是美国的法律传统之一和其所推崇的法律精神，权力的分立和制约不仅体现在立法权、司法权与行政权的分离和制约，同时也体现在同种性质权力的分立和制约上。双机构的反垄断执法模式便是此种法律传统和法律精神的反应，"在反垄断法的执行上引入平行式二元主管机构的设置模式迎合了美国社会对分权体制的狂热的追崇心态"⑤。

与美国一样，英国也采用权力共享制的反垄断执法模式，但其形成更多的是传统影响的结果，同时现实需求也在不断促进反垄断执法机构的改进和发展。在很长一段时期，英国竞争法一直按照自己的传统和思维在发展，其反垄断执法机构主要有公平贸易局长与垄断和兼并委员会，但执法效果并不佳。1998年，英国颁布《竞争法》，设立了竞争委员会，取代了原有的垄断和兼并委员会，并建立了竞争委员会上诉法庭。同时，赋予了公平贸易局长更大的调查权力，确立了公平贸易局长在反垄断法执行中的核心地位，这与"英国在行政运作上历来有较

---

① 参见刘宁元主编：《中外反垄断法实施体制研究》，北京大学出版社2005年版，第53页。
② 参见廖义男等：《公平交易法指注释研究系列（三）》，台湾公平交易委员会1994年委托研究报告，第11页。
③ 参见[美]欧内斯特·盖尔霍恩等：《反垄断法与经济学》（第5版），任勇等译，法律出版社2009年版，第31页。
④ 参见李国海：《反垄断法实施机制研究》，中国方正出版社2006年版，第50页。
⑤ 参见李国海：《反垄断法实施机制研究》，中国方正出版社2006年版，第56页。

强烈的经济管制色彩"①是一脉相承的，也是为了迫切解决其面临的原有竞争法律软弱、漏洞较多等问题，并借此将竞争政策纳入主流经济政策当中，以提高国家整体竞争实力。②为了使英国成为世界上从事商业活动的最佳场所，2001年，英国政府在一部白皮书中明确提出了竞争制度改革六原则，其中之一就是"竞争决定应该由强大、积极、独立的竞争主管机构作出"。③在此背景下，英国制定了2002年《企业法》，该法取消了公平贸易局长，转而建立具有独立法人地位的公平贸易办公室，以解决先前暴露出来的个人因素对执法影响过大的问题。④不过，2014年4月1日英国政府同时撤销了竞争委员会和公平交易办公室，以竞争与市场管理局（CMA）和金融行为监管局（FCA）取而代之。竞争与市场管理局接管了竞争委员会和公平交易办公室的大多职能，依据1988年《竞争法》促进市场竞争、保护消费者。该机构有权调查可能违反英国或欧盟反竞争协议和滥用市场垄断地位的公司和机构，调查可能会造成抑制竞争的公司并购案等。金融行为监管局也是一个独立的机构，其对英国所有金融服务公司的行为进行监管，负责市场管理、保护金融消费者和促进金融服务提供商的良性竞争。金融行为监管局有制定规则、调查和执法的权力，以此来保护和监管金融服务业。⑤因此，就反垄断执法机构而言，英国已经由权力共享制转变到权力独享制的模式了。

2. 权力共享制的利弊

权力共享制模式下存在着两个或两个以上的反垄断执法机构。按照我们的观察，它们之间的执法权有的依据行业进行分工，有的依据执法阶段进行分工，还有的分工则不是非常明确。根据行业分工配置执法权有利于将人员、经验和资料等执法资源集中分配于负责相关领域的执法机构，使得该执法机构在自己负责的领域具备足够的专业能力以达到精细执法的程度。例如在美国，司法部反托拉斯局一般负责处理计算机软件、金融服务、媒体和娱乐以及电信市场的竞争问题，联邦贸易委员会则处理汽车和卡车、计算机硬件、能源、医疗、药品制造和生物技术等领域的反竞争行为。⑥而根据执法阶段配置执法权有利于防范权力的滥用，

---

① 参见刘宁元主编：《中外反垄断法实施体制研究》，北京大学出版社2005年版，第191页。
② 参见孔祥俊：《反垄断法原理》，中国法制出版社2001年版，第93～95页。
③ 参见王健：《2002年〈企业法〉与英国竞争法的新发展》，载于《环球法律评论》2005年第2期。
④ See Comso Graham, *The Enterprise Act and Competition Law*, 67（2）The Modern Law Review, 2004, p.135.
⑤ 参见新华网2014年8月12日伦敦消息：《英国：不断完善反垄断法制和机构》，http：//www.xinhuanet.com/world/2014-08/12/c_1112041783.htm。最后访问日期：2021-02-28。
⑥ See Global Competition Review, *The 2006 Handbook of Competition Enforcement Agencies*, P.191. 转引自王晓晔：《关于我国反垄断执法机构的几个问题》，载于《东岳论丛》2007年第1期。

形成一种权力制约机制。在巴西,经济法实施秘书处专司调查控诉职能,由竞争保护管理委员会承担审判职能,且该委员会的裁决为终审裁决。① 当分工不是非常明确时,通常不是好事情,但也可能带来竞争性执法的好处。例如,对于《克莱顿法》,美国司法部反托拉斯局和联邦贸易委员会都享有执法权,当一个机构由于懈怠而疏于执法时,而另一机构如果采取执法行动,则会对疏于执法的机构形成很大的压力,由此可以促进良性执法环境的形成。

然而,在权力共享制模式下,如果不能妥善处理好执法机构之间的分工和合作关系,则会造成权力冲突,带来执法障碍,进而对执法机构的权威性造成严重损害。权力冲突是权限划分不明确情况下的权力共享制带来的必然结果。由于法律授权不明确,某一案件多个执法机构可能同时享有管辖权,各个执法机构可能同时调查处理或者同时不调查处理案件。当各执法机构同时调查处理案件时,则从正面体现了权力冲突,即积极冲突;当各执法机构同时不调查处理案件时,则从反面体现了其权力冲突,即消极冲突。当执法权有着明确分工时,权力共享制使得不同的执法机构各具不同领域的优势和专长,而现实社会中反垄断案件并不总是仅涉及某一个专业领域,当具体案件所涉及领域超过了某一执法机构的专业范围的可能性即具有跨领域性和多样性时,这就使得该反垄断执法机构由于专业性的限制在处理案件时显得力不从心从而不能有效执法,这就产生了能力性或专业性执法障碍问题。相对于权力独享制而言,执法权的分享也造成了其一定程度上的权威性不足,而一旦发生权力冲突或执法障碍情形时,会进一步侵蚀反垄断执法机构的权威性。此外,反垄断执法权由一个以上机关行使,肯定是成本高而效率低,也明显存在执法资源配置不当的问题。②

(二)权力独享制

1. 权力独享制形成的原因

1947 年,日本在制定禁止垄断法时,为了能够充分有效地实现其立法目的,便效仿美国的联邦贸易委员会模式创设了被称为公正交易委员会的行政机构。③究其原因,与战后日本制定《禁止垄断法》的立法背景有很大关系。其一,日本《禁止垄断法》最初作为经济民主化政策的一环而导入,是在美国帮助下制定的,必然带有美国反垄断机构设置模式的立法经验烙印。其二,《禁止垄断法》的制定在当时仅仅得到当局和一小部分知识分子和商界人士的支持,执行起来有不少

---

① 时建中主编:《三十一国竞争法典》,中国政法大学出版社 2009 年版,序言第 5 页。
② 参见王晓晔:《王晓晔论反垄断法》,社会科学文献出版社 2010 年版,第 411~412 页。
③ 村上政博:《独占禁止法》(第 2 版),弘文堂 2000 年版,第 438 页。转引自王为农、叶通明:《日本公正交易委员会:机构、权限与特性》,载于《财经问题研究》2004 年第 1 期。

阻力。其三，私人大企业在日本有着德国所没有的广泛影响力和与政府千丝万缕的复杂关系，这种企业影响力的渗透必然会在一定程度上影响到《禁止垄断法》的执行。所有这些原因都要求必须有一个强有力的权威机构来保证《禁止垄断法》的实施，以实现战后日本民主经济秩序的重建。因此，一个高级别、独立的、权威的反垄断执法机构——公正交易委员会的设置不仅符合美国的经济民主化目的，也符合日本的实际国情。① "日本从来没有反托拉斯政策的运用经验，所以从复杂、不断发生变化的经济活动为规制对象上考虑，只有通过专门性、一元性的处理，才能确保反垄断法的统一性和效率性"。②

从比较法的视野看，具有集权传统的国家和地区更倾向于权力独享制的反垄断执法机构设置模式，日本的"公正交易委员会"和德国的"联邦卡特尔局"就是较为典型的代表。无论是传统的日本法律、政治文化还是自普鲁士时代延续下来的德国法律、政治思想都具有鲜明的集权传统，这种传统对反垄断执法机构的权力配置也产生了重大影响。日本之所以从反垄断立法伊始就借鉴和效仿美国但在执法机构设置方面却没有移植美国的权力共享制模式，集权传统恐怕也是重要原因之一。有学者直接将日本的公正交易委员会表述为"单一的集权的执法机构"。③ 同样受集权传统的影响，包括德国在内的欧洲国家竞争法系统的发展过程中，政府也没有遵循美国的范例，而是普遍采取了行政管制模式。在这种类型的系统中，决策者主要是行政官员。通过行政官员对限制竞争而给社会造成损害的大企业采取措施，竞争法被置于公法的领域之内，很少允许私人提起诉讼，就算允许，也只在极有限的情况下才行得通。一般来说，该法律要求成立一个单独的行政执法部门。④ 显然，在这些国家，权力独享制的反垄断执法机构更容易被理解和接受，并受到了普遍推崇。

2. 权力独享制的利弊

反垄断行政执法面对的主要问题是执法内容的专业性和执法对象的特殊性。执法机构在调查处理具体的案件时要判断诸如相关市场、市场集中度、经济效率、有效竞争、公共利益等具有高度专业属性的问题，涉及"经济与法律层面的专业判断"⑤，因而需要具备足够专业水平的执法机构以执行反垄断法。权力独享制模式下的单一执法机构有利于将包括专业人员和执法经验在内的执法资源做

---

① 林志强：《日本与德国反垄断机构模式比较》，载于《甘肃行政学院学报》2002 年第 1 期。
② ［日］铃木满：《日本反垄断法解说》，武晋伟、王玉辉译，河南大学出版社 2004 年版，第 35 页。
③ 张杰军：《美日反垄断法执法机构及权限比较研究》，载于《河北法学》2002 年第 1 期。
④ 参见［美］戴维·格伯尔：《二十世纪欧洲的法律与竞争》，冯克利、魏志梅译，中国社会科学出版社 2004 年版，第 216 页。
⑤ 魏杏芳：《独立超然的行政官——论听证官在竞争法案件中的角色》，载于《公平交易季刊》2002 年第 1 期。

最大程度的整合，以满足反垄断执法的专业性要求。同时，反垄断执法对象往往不是一般的企业和个人，而是特殊的有着强大经济或政治实力的企业或政府部门。为保证反垄断法的有效实施，要求执法机构也必须拥有足够强大的实力以应对执法对象的挑战。权力独享制模式下的单一执法机构往往具有更高的独立性和权威性，其权力配置也更为丰富和多样，可以更好地满足反垄断执法的实际需要。此外，权力独享制模式更加有利于反垄断执法理念、执法标准和执法方式的统一，对于倡导竞争文化、提高守法意识和强化实施效果大有好处。它还可以避免执法缺位和执法冲突现象的发生，执法程序也更为快捷，通常具有较高的执法效率。

然而，在权力独享制模式下，由于反垄断执法机构享有较为集中的权力，因此如果缺少有效的监督机制，极易导致权力的滥用。[①] "为防止权力过度膨胀需要强有力的监督机制来决定它执法成败不能不说是它的缺点"[②]。在实践中，其权力滥用表现为两种方式：其一，权限内的不合理执法及滥用自由裁量权以及权限外的越权执法，可称之为积极的权力滥用；其二，消极和怠于执法不履行相应职责，可称之为消极的权力滥用。积极的权力滥用会侵害反垄断执法对象的合法权益，消极的权力滥用则不利于社会公共利益的保护。对于积极的权力滥用，司法权的监督和制衡最为常见，也必不可少。然而，由于反垄断法中存在大量的不确定性概念以及法律赋予了执法机构概括性的行政执法权力，所以反垄断执法过程本身就严重依赖反垄断执法机构的专业判断，造成了其享有很大的行政裁量空间，这对法院的司法审查提出了更高的专业素质要求，以及无论是合法性认定还是合理性分析的难度也大大增加，其必然结果就是审查成本增加，意味着审查机关要付出更多的司法资源。

令人感到欣慰的是，对于权力独享制的弊端，很多国家已经找到了一些应对办法。对于积极的权力滥用，他们通过正当法律程序和准司法的调查处理方式来加以约束，同时通过设立专业的竞争法院或者竞争法庭，以应对反垄断执法的专业性司法审查要求；对于消极的权力滥用，一方面通过鼓励私人实施反垄断法来加以弥补，另一方面还可以通过问责制加以约束。

（三）发展趋势

权力分享制和权力独享制两种模式各有其优点和不足，虽然在具体环境下有

---

① 娄丙录：《反垄断执法体制模式研究》，载于《郑州航空工业学院学报》（社会科学版）2006年第6期。
② 林志强：《日本与德国反垄断机构模式比较》，载于《甘肃行政学院学报》2002年第1期。

关各国可能会通过特定方式发挥其优点、弥补其不足以有效执行反垄断法，并且事实也证明各国在弥补不足方面颇有成效，但不可否认的是，权力独享制的优势更为明显，设立一独立而权威的反垄断执法机构已经成为一个世界性的趋势。据我们目前掌握的资料，除了美国、巴西等少数几个国家外，大多数国家采用了权力独享制模式。最近几年，有些原来实行权力共享制的国家已经完成向权力独享制的过渡，还有一些国家正在采取措施转变为权力独享制，这种现象值得关注和研究。

2009 年之前，法国负责竞争执法的机构主要有两个：一个是法国经济工业就业部下属的竞争、消费和反欺诈总司，负责案件受理及审查；另外一个是法国竞争委员会，负责依据审查结果进行裁决。2007 年萨科齐就职法国总统后，即着手进行一系列经济改革，以使法国经济焕发新的活力。经过改革，法国废除了原经济工业就业部和竞争委员会两部门审查制度，新组建了法国竞争管理总局。该机构主要以原竞争委员会为基础组建，纳入了竞争、消费和反欺诈总司的审查职能，对案件拥有独立、单一和集中的裁决权。① 如前所述，作为权力共享制模式的另一代表——英国，也在 2014 年将其反垄断执法机构——公平贸易办公室和竞争委员会合并成一个新的、权力独享制模式下的反垄断执法机构。那么，英国为何摒弃原先运行良好的权力共享制模式转而选择权力独享制模式，并相信合并后的执法机构会发挥出更大的作用？不可否认，在后金融危机背景下节省财政支出可能会构成机关合并的重要考虑因素，但是实际上关于竞争委员会与公平贸易办公室的合并在节省财政支出方面并不明显。② 英国政府认为，设立统一的竞争和市场局可以促进调查处理程序合理化，同时也可以提高办事效率。③ 另外，这种体制改革可以确保一个具有强大权力和足够灵活性的单一执法机构运用最有效办法处理竞争问题，这有助于企业理解他们的竞争法义务和责任。④ 因此，促使英国政府做出这种选择的更重要的原因恐怕应该是权力独享制模式具有更大的优势。

从实然角度讲，权力独享制和权力共享制两种模式都能满足相关国家反垄断

---

① 倪娜、万欣：《我国反垄断的实施机制、模式及其改革构想》，载于《改革》2010 年第 3 期。
② See Laura Carstensen, *What Is A Good Competition Authority*? Eversheds' General Counsels' Forum, Claridges, 2010, p. 25.
③ Mayer Brown EU Antitrust & Competition Group, The OFT/CC Reforms – Throwing the Baby Out with the Bathwater? http://www.mayerbrown.com/files/Publication/354e94e6 – 6b3d – 4b8f – aec4 – bedf9d33bb9c/Presentation/PublicationAttachment/ffdb0602 – 6429 – 484a – b23f – c2035af35d7f/12380.pdf. 最后访问日期：2019 – 03 – 26。
④ A Competition Regime for Growth：A Consultation on Options for Reform，http://www.bis.gov.uk/Consultations/competition-regime-for-growth? cat = closedwithresponse. 最后访问日期：2019 – 03 – 26。

执法的需求，但是我们应当看到在应然层面上权力独享制却有着其显著的优势。虽然美国并列设置两个执行反托拉斯法的联邦行政机构已经100多年了，但美国人并不认为这是一个好经验。有学者指出，国会应将司法部反托拉斯局承担的民事诉讼任务统一交给联邦贸易委员会。可以想见，如果美国在今天考虑建立执行反托拉斯法的行政机构，它一定不会同时设立两个有并行管辖权的机构。① 至此，我们可以断言，权力独享制必将成为今后的发展趋势。

二、我国反垄断执法机构权力配置模式的变迁

（一）面向现实的权力共享制

在反垄断立法过程中，学者们的主流意见是推荐权力独享制。从实际需要来看，我国应该单独创设专门统一的执法机构，其并拥有包括对地方政府及其部门和国务院各部门的排除、限制竞争行为直接进行处理的广泛权力。② 还有的学者认为，基于我国的国情，我们只能设立一元的集权的执法体制。③ 对于权力独享制，我国有些行政机关在立法过程中也持欢迎态度。但是，他们设想中的权力独享制与学者们主张的权力独享制有着比较大的差别，这些行政机关希望自己是唯一的反垄断执法机构。学者们则认为，无论是国家发改委、国家工商总局还是商务部均不能担当此重任，应该新设一家独立的、权威的、强大的反垄断执法机构。④

然而，学者们的建议在现实社会中面临着巨大的挑战。在反垄断法制定以前，国家工商总局、商务部和国家发改委事实上各自分别获得了部分反垄断行政执法权。在立法过程中，执法权之争也非常激烈，商务部在向国务院提交的反垄断法（草案）中一度将反垄断执法权划归自己所有，但此举没有得到国务院的同意，也遭到了包括国家发改委和国家工商总局在内的其他部门的反对。在这种情况下，直接推行权力独享制模式会让已获得事实执法权的行政机关将反垄断执法权让渡出来，对原有执法机构来说无疑是权力的"剥夺"，肯定会受到抵触。而且，设立一个专门的反垄断执法机构将涉及我国行政管理体系的重大调整，在当时也是非常困难的。因此，有学者认为，新设一个独立的反垄断执法机构，或者对现有部门的职能进行大的调整，明确由一个部门承担反垄断职能，都有很大的

---

① 参见王晓晔：《王晓晔论反垄断法》，社会科学文献出版社2010年版，第411页。
② 王先林：《竞争法学》（第三版），中国人民大学出版社2018年版，第306页。
③ 张杰军：《美日反垄断法执法机构及权限比较研究》，载于《河北法学》2002年第1期。
④ 参见王晓晔：《关于我国反垄断执法机构的几个问题》，载于《东岳论丛》2007年第1期。

难度。维持有关部门分别执法的基本格局，具有较强的现实可操作性，有利于保证反垄断法颁布后的顺利实施。①

面对理想和现实的冲突，我国反垄断法做出了怎样的选择呢？《反垄断法》第 10 条第 1 款规定："国务院规定的承担反垄断执法职责的机构依照本法规定，负责反垄断执法工作。"根据 2008 年的"三定方案"，国家发改委、国家工商总局和商务部共享行政执法权。其中，国家发改委负责依法查处价格垄断协议行为；国家工商总局负责垄断协议、滥用市场支配地位、滥用行政权力排除限制竞争的反垄断执法（价格垄断协议除外）等方面的工作；商务部负责经营者集中行为的反垄断审查工作。与此同时，《反垄断法》第 9 条又规定："国务院设立反垄断委员会，负责组织、协调、指导反垄断工作，履行下列职责：（一）研究拟定有关竞争政策；（二）组织调查、评估市场总体竞争状况，发布评估报告；（三）制定、发布反垄断指南；（四）协调反垄断行政执法工作；（五）国务院规定的其他职责。国务院反垄断委员会的组成和工作规则由国务院规定。"该条规定表明，国务院反垄断委员会仅负责"组织、协调、指导"等工作，并不从事具体的执法工作。

（二）权力共享制的问题

1. 先天不足的缺陷

实际上，在反垄断法制定之前，权力共享制已存在于我国多个行政执法领域，其弊端和负面影响令人印象深刻。尽管如此，我国反垄断法此前选择了权力共享制执法权配置模式。从运行情况来看，该模式存在着先天不足的毛病，问题丛生，由此引发了实践中的怪现象。权力共享制模式的最大问题是执法权配置标准的模糊性。从表面来看，似乎三大执法机构之间的权力配置非常清晰，国家发改委查处价格垄断协议，商务部负责审查经营者集中，国家工商局对价格垄断行为以外的垄断协议、市场支配地位滥用和行政垄断享有执法权，但在实践操作中并非如此。价格垄断行为和非价格垄断行为如何区分，恐怕很难用一两句话说清楚。工商部门负责执法的三类行为，均涉及价格问题，与发改委系统负责执法的"价格垄断"行为难以清晰界分。② 相对来说，商务部对经营者集中进行审查的职能是比较清楚的，但如果实践中出现为了滥用市场支配地位而进行了并购或集中等动态垄断行为，特别是当跨国公司出现通过并购实现滥用市场优势地位，实

---

① 倪娜、万欣：《我国反垄断的实施机制、模式及其改革构想》，载于《改革》2010 年第 3 期。
② 晏耀斌：《执法权限划分再征意见〈反垄断法〉遭遇行政主导缺位》，http：//www.cb.com.cn/1634427/20100605/133392.html。最后访问日期：2019 – 03 – 09。

施限制竞争行为等案件时,商务部和工商总局在处理具体案件时难免会有职责交叉。① 由三家行政机关共享反垄断执法权在世界上确实有先例,但其职权划分方式却是独一无二的。可惜这种创新从一开始起就因其划分标准的模糊性而显现出了先天不足的毛病,引发了众多广受批评的问题。首先,这种僵硬的划分很难应对市场中复杂多变的垄断行为。② 实践中,经营者往往会采取包括价格因素在内的多种垄断行为来达到其实施垄断协议或滥用市场支配地位的目的,例如在垄断协议中一方面固定价格,另一方面又划分市场和限制生产数量;在市场支配地位滥用中既限定转售价格,又限定转售区域和指定交易对象。在这种情况下,到底由国家发改委或者是工商局单独执法、分别执法还是联合执法?单独执法缺少法律依据,而无论是分别执法还是联合执法都会导致执法资源配置不当的问题。其次,多家执法机构的存在,其执法尺度如何统一也是一个难题。例如,无论是价格垄断还是非价格垄断,在市场支配地位滥用行为的查处过程中,市场支配地位的认定、滥用行为的判断、罚款的标准应该相对统一,否则会导致对类似的行为由不同的执法机构作出不同的处理结果,这显然是非常不公平的。再次,权力共享制模式存在着不可避免的协调成本,影响执法效率和执法速度。在一些模糊地带还可能会有无人执法和执法互相推诿的问题。还有一个不得不提的怪现象,就是时有发生的多头举报问题。例如,我国《反垄断法》实施后不久,有律师就微软公司在我国的垄断行为进行投诉,由于不清楚现有的反垄断执法机构之间的具体职能划分,或者有关行为涉及不同部门的职责范围,而分别向三家执法机构举报。③ 在 2009 年,有诺基亚经销商向国家工商总局、国家发改委和国家税务总局同时举报,称诺基亚涉嫌价格垄断。④ "多头举报"现象的存在,充分表明了权力共享制模式没有被社会所广泛认知,反而带来了不少困惑,这亟须制度层面上的改进。

2. 对执法主体独立性的负面影响

在反垄断法颁布后,我国三个反垄断执法机构为了做好反垄断工作,相继对原先实际负责反垄断执法工作的内设机构进行了调整和重组。率先做出反应的是国家工商总局。其反垄断职责原来由公平交易局负责,公平交易局下设反不正当竞争处和反垄断处。2008 年 7 月,工商总局在改建公平交易局基础上新设了"反垄断与反不正当竞争执法局"。2004 年 9 月,商务部在条法司下设立了反垄断调查办公室,负责审查经营者集中案件。2008 年 8 月,商务部正式设立反垄

---

① 倪娜、万欣:《我国反垄断的实施机制、模式及其改革构想》,载于《改革》2010 年第 3 期。
② 李翊楠:《论我国反垄断法公共实施机构的改革》,载于《理论导报》2010 年第 9 期。
③ 参见《上海法治报》2008 年 8 月 25 日 A8 版。转引自王先林:《竞争法学》,中国人民大学出版社 2009 年版,第 332 页。
④ 《诺基亚回应"串货门",准备采取法律行动》,载于《北京晨报》2009 年 8 月 6 日。

局，提高了反垄断执法机构的行政级别。2010 年 7 月，国家发改委将价格监督检查司原"反价格垄断和市场监管处"一分为二，成立了反价格垄断处和市场价格监管处。2011 年 7 月，国家发改委又将价格监督检查司更名为价格监督检查与反垄断局。各反垄断执法机构所做的这些工作对于凸显反垄断职能，推进反垄断工作是有积极意义的，但仍存在较多的问题。国外的经验告诉我们，反垄断执法机构必须高度独立性和权威性，其中独立性尤其重要。一旦缺失独立性，执法效果会大打折扣。无论是反垄断与反不正当竞争执法局、反垄断局还是价格监督检查与反垄断局，均是一个内设机构，其独立性令人担忧。以商务部为例，商务部共有十八项工作职责，负责经营者集中反垄断审查是其中的一项职责①。在如此众多的职责中，如果没有一套完整的制度设计，是很难保障反垄断执法工作独立性的。当竞争政策和产业政策冲突时，国家发改委很有可能优先考虑产业政策；当竞争政策和贸易政策有矛盾时，商务部很有可能重点考虑贸易政策；国家工商总局反垄断职能相对来说比较单纯些，但由于其执法地位的问题，在实践中时常受到其他行政机关的干扰。因此总体来说，我国原有权力共享制模式下实际执法主体的独立性是不够高的。2011 年发生的中国电信和中国联通宽带接入垄断案进一步证明了我国反垄断执法机构独立性问题堪忧。2011 年 11 月 9 日，国家发改委价格监督检查与反垄断局负责人在接受央视采访时称，国家发改委正在调查中国电信和中国联通涉嫌宽带接入领域垄断问题，若事实成立，上述两家企业或遭数十亿元巨额罚单。②11 月 24 日，有知情人士告诉记者，"关于宽带反垄断的事情，最快下周会有一个初步结果出来。"③ 由于这是中国反垄断法自 2008 年生效以来查办的第一件涉及大型企业的有重大影响的反垄断案件，所以此案引起了广泛关注，民众赋予了很高的期望。然而，该案最后以承诺的方式结案，并没有给予"巨额罚单"。

（三）我国权力独享制的初步确立

2018 年 3 月 21 日，中共中央印发了《深化党和国家机构改革方案》，其中第 34 条规定，组建国家市场监督管理总局。改革市场监管体系，实行统一的市场监管，是建立统一开放竞争有序的现代市场体系的关键环节。为完善市场监管体制，推动实施质量强国战略，营造诚实守信、公平竞争的市场环境，进一步推

---

① 参见商务部网站："商务部主要职责" http：//www.mofcom.gov.cn/mofcom/zhizi.shtml。最后访问日期：2019 - 03 - 26。

② 《发改委：中国电信和中国联通涉嫌垄断》，http：//tech.sina.com.cn/t/2011 - 11 - 09/12106296381.shtml。最后访问日期：2019 - 03 - 26。

③ 刘方远：《传电信联通宽带反垄断案不会和解或从重处罚》，http：//www.antimonopolylaw.org/article/default.asp? id = 3537。最后访问日期：2019 - 03 - 26。

进市场监管综合执法、加强产品质量安全监管，让人民群众买得放心、用得放心、吃得放心，将国家工商行政管理总局的职责，国家质量监督检验检疫总局的职责，国家食品药品监督管理总局的职责，国家发展和改革委员会的价格监督检查与反垄断执法职责，商务部的经营者集中反垄断执法以及国务院反垄断委员会办公室等职责整合，组建国家市场监督管理总局，作为国务院直属机构。

根据这个改革方案，我国的反垄断执法机构由原来的权力分享制，即"三驾马车"共享反垄断执法权，统一到新组建的国家市场监督管理总局统一行使反垄断执法权。新整合的独立享有反垄断执法权的机关仍是隶属于市场监督管理总局之下的一个内设机构。由内设机构来执行反垄断法并非我国首创，德国的联邦卡特尔局就隶属于联邦经济和劳工部，英国原公平贸易办公室隶属于贸工部（2005年改名为"生产力、能源暨工业部"），美国反托拉斯局则隶属于司法部。然而，我国的情况与国外的还是有很大的不同，无论是独立性还是权威性都还有一定差距。其根本原因还是在于法律和制度层面。很多国家高度重视反垄断执法机构的独立性，并且通过法律明确规定为独立机构。例如，德国《反限制竞争法》第51条规定联邦卡特尔局是独立的联邦高级机关。英国《2002年企业法》规定，公平贸易办公室是一个独立的法人团体。[1] "反垄断机构的独立性至少和最高法院的独立性同等重要"。[2] 为了进一步保障执法机构的独立性，这些国家还建立了身份保障制度、不干涉业务制度以及执法中立制度。在身份保障方面，这些执法主体的负责人往往有着较高的地位，例如美国的反托拉斯局局长由助理司法部长担任，由总统提名，参议院任命；德国的联邦卡特尔局局长、副局长由联邦经济和劳工部向内阁提出建议，由总统任命；英国还规定，国务秘书只有基于不胜任与不当行为的理由才可以解除公平贸易办公室委员会成员的职务。在不干涉业务方面，这些国家规定部长只能作一般性的指示，不能干涉执法主体的具体业务活动。德国还规定，如果联邦经济和劳工部依法律规定对于联邦卡特尔局的处分或不处分进行一般指示的，应将该指示公布于联邦公报中。在执法中立方面，要求它们在执行职务时保持高度中立，不受利益集团的干扰。为此规定其工作人员不得拥有或经营任何企业，也不得在任何企业兼任高级管理人员。

如果要提升我国新组建的国家市场监督管理总局反垄断执法机构的独立性，学习借鉴国外的先进制度是非常必要的。首先应当提高这些执法主体的法律地位，从目前的无独立法人地位的内设机构改变为有法人资格的附属执法机构。可以考虑把负责反垄断执法的内设司局独立出来，作为国务院部委管理的国家局序

---

[1] 参见王健：《2002年〈企业法〉与英国竞争法的新发展》，载于《环球法律评论》2005年第2期。
[2] 参见［德］D. 沃尔夫：《德国竞争法的经验》，载于王晓晔编：《反垄断法和市场经济》，法律出版社1998年版，第258页。

列（类似现在的国家知识产权局），层级上比一般的内设司局高半级，为副部级的相对独立的执法主体，以自己的名义处理反垄断案件，反垄断局局长由国务院直接任命。此外，我们还要重视制度建设，保障这些执法主体的身份，规定国家市场监督管理总局局长在一般情况下不得干涉具体的执法活动，同时也要对这些执法主体工作人员的行为准则作出明确规定，严格禁止其在企业中担任高级管理人员，也不得经营管理企业，以保证其执法活动的中立和客观公正。

（四）我国权力独享制的远景目标

新一轮机构改革方案确立国家市场监督管理总局的内设机构独享反垄断执法权，仅仅是解决了权力冲突和执法标准的不统一问题，但仍然存在独立性和权威性不足的问题。因此，目前的改革方案只能算作是权力独享制的初级形态，我国权力独享制的远景目标应是由国务院反垄断委员会统一行使反垄断行政执法权。

1. 国务院反垄断委员会统一行使反垄断行政执法权的艰巨性和可能性

从长远来看，建立有效的协调机制以及在制度上改善实际执法主体的独立性仍不足以在根本上解决问题。最优的解决方案应是过渡到真正意义上的权力独享制。承接此项任务的最佳主体应是国务院反垄断委员会。可以考虑将来进一步机构改革时，将反垄断执法权交由国务院反垄断委员会行使，从而将该委员会从"协调者"改造成"执法者"。

世界上很多国家的实践已经充分证明反垄断执法机构的改革不是一蹴而就的，可能要经过漫长的过程才能达到理想的目标。例如，英国的反垄断执法机构从1948年的垄断和限制性行为委员会开始，到后来的限制性贸易协议登记处、公平贸易局长、垄断与兼并委员会以及2002年的公平贸易办公室和竞争委员会，历时半个多世纪才慢慢定型，直到2014年才最终完全过渡到单一的执法机构——竞争与市场管理局。由权力共享制过渡到权力独享制可能要一段相当长的时间，对此我们应有充分的思想准备。

权力独享制模式下的执法主体不应该是现行的任何一个执法主体，将国务院反垄断委员会从一个组织、协调主体改造成实际的执法主体是最好的选择，也是可行的。这种选择与我国的大部制改革趋势是完全吻合的。立法者在设立国务院反垄断委员会时，已经为设计一个独立的机构预备了一个制度"外壳"，为以后机构改革和职能调整留有了非常大的余地。[①] 这种改革在国外也是有先例可循的。例如，法国的竞争委员会原来仅是一个咨询机关，到1986年才改造成享有执法

---

① 张西道：《论反垄断执法权配置》，载于《现代商贸工业》2010年第1期。

权的行政机关；韩国的公平交易委员会原来是经济计划院长官的一个审议机关，1986发展成为独立的行政机关，成为执法主体。① 因此，将行政执法权统一于国务院反垄断委员会，既顺应了当前行政管理体制改革的需要，也符合国际反垄断法的发展趋势。

2. 国务院反垄断委员会还应享有准立法权和准司法权

当将国务院反垄断委员会改造成唯一行使反垄断行政执法权的主管机关以后，我们应同时考虑赋予其准立法权和准司法权。按照现行反垄断法的规定，反垄断委员会有权制定、发布反垄断指南，这是准立法权的主要表现形式之一，说明法律已经明确授予国务院反垄断委员会享有准立法权。关于是否配置准司法权以及该如何配置准司法权则稍微复杂些。虽然我国有准司法权的概念，学者们也主张有些行政机关应该配置准司法权，但实际上到目前为止还没有一个行政机关享有准司法权。赋予国务院反垄断委员会准司法权就意味着对目前行政体制和司法体制的重大突破。我们认为，这种突破是必要的。当一个反垄断执法机构独享行政执法权后，意味着其拥有的执法资源和执法权力都是非常强大的，引入准司法权可以督促执法过程的公开和公正，保障执法的透明度。在准司法权的体制下，行政相对人有充分表达意见的自由和抗辩的机会，有利于执法机构发现事实的真相，从而有利于作出令人信服的行政裁决。因此，一旦国务院反垄断委员会统一行使反垄断行政执法权后，给其配置准司法权也是非常必要的。

第五节　转售价格维持规制中的法律移植与本土化

法律的生命在于实施。也正是在法律实施的过程中，移植的法律所可能产生的问题才得以展现，进而产生如何本土化的问题。中国《反垄断法》从2008年实施以来，最大的争论无疑集中于如何规制转售价格维持，如何理解《反垄断法》第14条、第15条之间的关系。相关争议的理论来源与制度来源无疑都有美国反托拉斯法与欧盟竞争法的影子，并造成了中国法下的争论与撕裂。而从转售价格维持的法律实施角度入手进行分析无疑是具体制度层面理解反垄断法本土化问题最合适的切入点之一。

我国《反垄断法》第14条和第15条原则性地规定了转售价格维持，国家发改委2010年公布的《反价格垄断规定》第8条也只是重复了该两条的内容而未

---

① 参见白宁：《论建立以工商机关为主导的反垄断执法体制》，载于《工商行政管理》2005年第17期。

作细化规定，国家市场监管总局2019年公布的《禁止垄断协议暂行规定》第12条也基本上如此。由于学术界和实务界对相关理论和法条持有不同理解，故而两者均对转售价格维持反垄断法规制的路径产生了严重分歧。从理论层面看，大多数学者支持合理原则，只有少数学者坚持可抗辩的违法推定规则。① 从实务层面看，法院对转售价格维持的案件审理青睐采用合理原则，反垄断执法机构则倾向于采用可抗辩的违法推定规则。② 司法是正义的最后一道防线，这注定了法院和反垄断执法机构在转售价格维持的法律适用原则上局部所存在的适法分野迟早会打破"隔空对话、各行其是、相安无事"的格局而直接进行交锋。③ 因此，亟待开展能够连接理论与实务的研究工作来消弭这两种不同路径之争，为转售价格维持反垄断法规制的健康发展奠定坚实的基础。

一、转售价格维持规制路径上的争议根源

我国《反垄断法》的立法蓝本虽是欧盟竞争法，但在实施过程中仍然深受美国反托拉斯法的影响。④ 就转售价格维持的规制而言，《反垄断法》第14条和第15条在术语和内在逻辑上主要借鉴的是《欧盟运行条约》第101条。⑤ 美国在

---

① 较多学者主张对转售价格维持适用合理原则。参见于立、吴绪亮：《纵向限制的经济逻辑与反垄断政策》，载于《中国工业经济》2005年第8期；辜海笑：《转售价格维持的经济逻辑与法律规制》，载于《河南省政法管理干部学院学报》2008年第4期；何治中：《美国反垄断法对最低转售价格维持的规制原则变迁与启示》，载于《金陵法律评论》2008年秋季卷；许光耀：《转售价格维持的反垄断法分析》，载于《政法论丛》2011年第4期；刘蔚文：《美国控制转售价格判例的演进及其启示》，载于《华东政法大学学报》2012年第1期；兰磊：《最低转售价格维持的竞争效果分析》，载于《价格理论与实践》2012年第12期；黄勇、刘燕南：《关于我国反垄断法转售价格维持协议的法律适用问题研究》，载于《社会科学》2013年第10期。仅有极少数学者旗帜鲜明地支持可抗辩的违法推定规则。参见王健：《垄断协议认定与排除、限制竞争的关系研究》，载于《法学》2014年第3期；洪莹莹：《我国限制转售价格制度的体系化解释及其完善》，载于《华东政法大学学报》2015年第4期。

② 参见符颖：《纵向垄断协议的诉讼资格及证明责任——北京锐邦涌和科贸有限公司诉强生（中国）医疗器材有限公司案"评析》，载于《交大法学》2013年第2期；杨东：《我国反垄断法实施以来垄断协议规制情况分析》，载于《中国物价》2013年第10期；丁文联：《限制最低转售价格行为的司法评价》，载于《法律适用》2014年第7期；兰磊：《转售价格维持违法推定之批判》，载于《清华法学》2016年第2期。

③ 参见丁茂中：《现行〈反垄断法〉框架下维持转售价格的违法认定困境与出路》，载于《当代法学》2015年第5期。好在最高人民法院行政裁定书第（2018）最高法行申4675号对于海南裕泰案件的再审裁定在一定程度上进行了协调。

④ 参见李剑：《中国反垄断法实施中的体系冲突与化解》，载于《中国法学》2014年第6期。

⑤ 参见刘旭：《中、欧、美反垄断法规制限制最低转售价格协议的异同——兼评锐邦诉强生公司垄断案二审判决》，载于张伟君、张韬略主编：《知识产权与竞争法研究》第2卷，知识产权出版社2014年版，第196~197页。

2007年的"Leegin案"①中推翻了将近百年之久的"Dr. Miles案"②先例,判决最低转售价格维持不再适用本身违法规则,转而适用合理原则。③美国反托拉斯法的影响力巨大,该判决迅速在世界范围内引起了如何规制转售价格维持的激烈争论。我国学界大多被合理原则的思辨魅力所吸引,法院对"北京锐邦涌和科贸有限公司诉强生(上海)医疗器材有限公司和强生(中国)医疗器材有限公司纵向垄断协议案"(简称强生案)的一审、二审判决也都遵循了合理原则的分析框架。但是,我国并未明确转售价格维持的规制路径,仅是将美国和欧盟的做法人为地糅合在一起,这一方面造成了体系上的冲突与混乱,另一方面在借鉴中又未对本身违法规则、合理原则及可抗辩的违法推定规则的具体操作方法、考察因素及背后的含义进行深入挖掘,只停留在简单区分这些制度的基本内涵上。④欧美经验的双重影响无疑成为学界及实务界对转售价格维持反垄断法规制路径产生争议的根源。

各种制定法体系有着固有的逻辑结构,所有法律规则皆依某种基本的逻辑方案制成,并且这些法律规则的全部细节也都与该项逻辑方案全然一致。⑤欧盟、美国的转售价格维持反垄断法规制路径各成体系且逻辑自洽,两者的价值判断、制度文本、事实假定及适用模式各有不同,我国若是想在欧盟的立法蓝本下融入美国的术语体系注定是失败之举。⑥因此,若想确立转售价格维持反垄断法规制的理想路径,要么是继续立足于欧盟竞争法的蓝本,在后续发展中通过学习可抗辩的违法推定规则的操作细节来加以完善,要么是转向学界倡导、法院业已在"强生案"中所采用的美国式合理原则的分析框架,通过修法来实现重构。但是,任何规则要使其发挥作用,就必须通过现实条件的检验,而不能只诉诸演进的逻辑或精准的推论。⑦

因此,转售价格维持反垄断法规制的路径选择不能只局限于对反垄断法律文本和法学理论的阐释,否则对立双方很容易根据各自的理论前见而得出有利于本方的结论,无助于争议的解决。特定的前提衍生特定的体系,并形成对法律理解和适用上的约束,因此,简单地借鉴和融合特定制度而不虑及假设前提对体系的

---

① Leegin Creative Leather Products Inc. v. PSKS Inc., 127, Supreme Court of the U.S.A, 2007.
② Dr. Miles Medical Co. v. John D. Park & Sons Co., 220, Supreme Court of the U.S.A, 1911.
③ 参见张骏:《美国纵向限制研究》,北京大学出版社2012年版,第109~117页。
④ 参见曾晶:《论转售价格维持的反垄断法规制》,载于《上海财经大学学报》2016年第2期。
⑤ 参见邓正来:《中国法学向何处去——建构"中国法律理想图景"时代的论纲》,商务印书馆2011年第2版,第75页。
⑥ 参见洪莹莹:《我国限制转售价格制度的体系化解释及其完善》,载于《华东政法大学学报》2015年第4期。
⑦ 参见熊秉元:《正义的成本——当法律遇上经济学》,东方出版社2014年版,第138页。

约束性，不仅难获后发优势，而且可能带来严重的制度冲突。① 要化解转售价格维持反垄断法规制的路径之争，就必须阐明在两者间作出选择时所要面对的潜在逻辑前提。此际，就需要重点把握以下两个方面的内容：第一，反垄断法规制路径与我国经济发展状况的契合度。哲学的实证主义进路把概念与生活区隔开来，因为它使概念从属于概念分析，不关心环境，而正是环境给予概念以生命，为概念提供了它们从中取得真实含义的语境。② 法律的发展也要注意与经济之间的关系，才能更好地适应新的且不断变化的环境。③ 因此，确立转售价格维持反垄断法规制的理想路径不能仅囿于理论，更要切实把握一国的经济发展状况。第二，反垄断法规制路径与经济学发展状况的契合度。在美国，受芝加哥学派的影响，经济分析最终成了反垄断政策制定和实施中的最重要的理论工具；④ 在欧盟，2004 年改革后的竞争政策的诸方面都清楚地表达出了更多经济考量的倾向和内容。竞争法的适用也将重视分析行为的经济影响，而不是仅局限于分析行为限制竞争的特征和性质。⑤ 在欧盟与美国，经济学是反垄断法至关重要的理论根据，既然我国反垄断法将欧美经验作为智识和制度的借鉴资源，那么确立转售价格维持反垄断法规制的理想路径同样需要准确把握经济学的发展状况。

二、转售价格维持规制思路与本土化考量

（一）反垄断法规制路径与我国经济发展状况的契合度

1. 反垄断法规制路径与诸多行业现状的契合度

现阶段，我国转售价格维持的现象普遍存在，特别是在图书、报纸、药品、汽车以及较为知名的服装、家电等商品领域无不如此。⑥ 以至于有部分学者认为，严格规制转售价格维持会导致法律实施过度，不符合我国的国情。⑦ 但这毕竟只是理论的推演，我国目前关于转售价格维持案件的执法与司法数量仍然有限。⑧

---

① 参见李剑：《中国反垄断法实施中的体系冲突与化解》，载于《中国法学》2014 年第 6 期。
② 参见［英］韦恩·莫里森：《法理学——从古希腊到后现代》，李桂林等译，武汉大学出版社 2003 年版，第 236 页。
③ 参见邓正来：《中国法学向何处去——建构"中国法律理想图景"时代的论纲》第 2 版，商务印书馆 2011 年版，第 77 页。
④ 参见王传辉：《反垄断的经济学分析》，中国人民大学出版社 2004 年版，第 60 页。
⑤ 参见方小敏：《竞争法视野中的欧洲法律统一》，中国大百科全书出版社 2010 年版，第 185~186 页。
⑥⑦ 黄勇、刘燕南：《关于我国反垄断法转售价格维持协议的法律适用问题研究》，载于《社会科学》2013 年第 10 期。
⑧ 林文：《中国反垄断行政执法报告》（2008~2015），知识产权出版社 2016 年版，第 140~141 页。

更为令人担忧的是，一部分在美国一直不敢实施转售价格维持的企业如强生公司，在我国市场却十几年如一日地用白纸黑字的转售价格维持条款来排除品牌内竞争、长期维持较高价格水平、回避品牌间价格竞争，降低了相关市场的价格竞争、限制经销商定价自由、排挤有效率的经销商。① 理论是灰色的，而生活之树常青。在行业内广泛使用转售价格维持到底对市场竞争会产生怎样的影响乃是决定我国转售价格维持反垄断法规制路径选择的前提，这不能诉诸单纯的理论解释，而必须建基于详尽的实证调查。表 8-1 是对广泛使用转售价格维持的行业所作的实证调查的归纳，可供后续探讨参考。

表 8-1　　对广泛使用转售价格维持行业的实证调查

论文、调研报告	行业	方法和数据	调查结果	研究结论
吉列根（1986）[a]	汽油、服饰、家用产品、电子器件、娱乐设备、化妆品、酿造和工业产品	转售价格维持影响股票市场的事件分析：使用转售价格维持的制造企业的市场价值受到了法律的挑战	平均而言，当制造企业使用转售价格维持合同被起诉时，企业股价下跌了1.7%	证据排除了转售价格维持的经销商卡特尔解释，但与提高效率及制造商卡特尔的解释相一致
奥斯坦、汉森（1987）[b]	精馏酒精	特定行业实施转售价格维持福利效果的计量经济分析：对实行和不实行转售价格维持的州的相关数据构建回归模型，分析其对产品销售量和分销网络等因素的影响	转售价格维持会使零售价格提高、消费量减少并导致福利从消费者转移到零售商	转售价格维持的提高效率理论无法被证实
爱途、丸山（1990）[c]	零售业	转售价格维持对产品毛利率影响的自然实验：美国在废除允许转售价格维持法案后，美日经销体系的毛利率对比	1986年美国已废除了允许转售价格维持的法案，但日本仍允许对指定产品的转售价格维持。此时，日本的经销体系利润率明显高于美国	转售价格维持有利于维持行业的利润率

① 刘旭：《中、欧、美反垄断法规制限制最低转售价格协议的异同——兼评锐邦诉强生公司垄断案二审判决》，张伟君、张韬略主编：《知识产权与竞争法研究》第2卷，知识产权出版社2014年版，第259页。

续表

论文、调研报告	行业	方法和数据	调查结果	研究结论
赫歇尔（1994）[d]	白酒、零售业	美国联邦最高法院对舒格曼案的判决影响股票市场的事件分析：它在本质上减弱了转售价格维持合同的可实施性	判决对这个样本中的绝大多数公司产生了最小的股价变化。判决对上游制造商没有造成明显的损失，对于部分经销商则有正面影响	调查结果支持了转售价格维持便利经销商卡特尔的理论以及提高效率的理论。没有发现对制造商卡特尔的支持结论
日本公正交易委员会（1997）[e]	化妆品、一般医药产品	转售价格维持影响产品价格的自然实验：指定商品范围缩小之后，产品价格随之发生的变化	随着允许转售价格维持的产品范围的缩小，这些产品降价比例增加，与一般产品价格之间的差别缩小	转售价格维持有利于推高零售产品的价格
汪浩（2004）[f]	非处方药品	英国非处方药行业中实施转售价格维持的案例研究：英国公平交易局与代表制药商和经销商利益的两个行业协会的诉讼	法庭下令取消在非处方药市场的转售价格维持豁免，从而结束了在这个市场实行了长达30年的转售价格维持	非处方药的转售价格维持违背了消费者利益，或者说它至少部分抵消了效率理论所解释的好处

资料来源：郁义鸿、管锡展：《产业链纵向控制与经济规制》，复旦大学出版社2006年版，第205~211页；F. Lafontaine. *Resale Price Maintenance and Other Vertical Restraints*: *The Evidence*, FTC RPM Workshop, 2009. a. See T. Gilligan, *The Competitive Effects of Resale Price Maintenance*, 17 Journal of Industrial Economics, 1986, pp. 544 – 556. b. See S. Ornstein & D. Hanssens, *Resale Price Maintenance*: *Output Increasing or Restricting? The Case of Distilled Spirits in the United States*, 36 Journal of Industrial Economics, 1987, pp. 1 – 18. c. See Ito & Maruyama, *Is the Japanese Distribution System Reality Inefficient?*, National Bureau of Economics Research Working Paper, 1990. d. See P. Hersch, *The Effects of Resale Price Maintenance on Shareholder Wealth*: *The Consequences of Schwegmann*, 42 Journal of Industrial Economics, 1994, pp. 205 – 216. e. 参见李剑、唐斐：《转售价格维持的违法性与法律规制》，载于《当代法学》2010年第6期。f. 参见汪浩：《零售经济学引论》，北京大学出版社2011年版，第105~106页。

除了上述实证调查之外，还有一些针对医药行业、出版行业、服装行业的调查也都表明，转售价格维持推高了零售商品的价格。① 由此可见，在行业内广泛使用转售价格维持会弱化市场竞争、损害消费者福利、造成危害后果。同时，还存在着与司法错误有关的成本。申言之，一方面，错误宣判无罪有着弱化或降低法律标准的作用。随着错误宣判无罪频率的上升，潜在的被告将拥有更少的动机去遵从法律标准，因未能遵从所导致的支付损害赔偿金的可能性下降了；另一方面，错误宣判有罪有着提高法律标准的影响。随着错误的宣判有罪的频率上升，甚至那些遵从标准的潜在被告都会被迫去改变其行为，以便减少被裁定有罪的风险。换言之，错误宣判无罪导致了威慑不足及其相关成本（假阴性错误），而错误宣告有罪又导致威慑过度及其相关成本（假阳性错误）。② 合理原则会产生假阴性错误，把转售价格维持案件归到合理原则一类会使得伤害消费者的转售价格维持案件更加难以证明，还可能诱使生产者和交易者采用排斥竞争的转售价格维持，因为其并不触犯法律。③ 可抗辩的违法推定规则会产生假阳性错误，该规则会使企业惮于法律的惩罚而扭曲其行为选择，压抑其采用转售价格维持措施的积极性。④ 在这两种路径之间进行选择就是在一个错误宣判无罪的更大风险与错误宣判有罪的更大风险之间进行选择。从我国诸多行业的现状看，明显是假阴性错误的风险更大。综上分析可以推知，可抗辩的违法推定规则更为可取。

2. 反垄断法规制路径与网络经济勃兴的契合度分析

互联网及信息技术的发展和应用使得网络对商业零售产生了巨大影响。随着我国经济进入新常态，消费正在成为经济发展的最大动力，网络零售业在其中发挥极为重要的作用。近年来，我国网络零售业始终保持了 45% 的高速增长，远超其他国家和地区，目前网络零售业总额已居全球第一。根据中国互联网协会的报告显示，2013 年国内网络零售交易额达到 1.89 万亿元，比上年增长 42.8%；2014 年上半年全国网上零售额 1.14 万亿元，比上年增长 48.3%。其中，限额以上单位网上零售额 1 819 亿元，增长 56.3%，远高于社会消费品零售总额 12.1% 的增速。按照商务部发布的《互联网+流通行动计划》预测，2020 年网

---

① 参见李剑、唐斐：《转售价格维持的违法性与法律规制》，载于《当代法学》2010 年第 6 期。
② ［美］基斯·希尔顿：《反垄断法：经济学原理和普通法演进》，赵玲译，北京大学出版社 2009 年版，第 105 页。
③ 参见［美］罗伯特·皮托夫斯基：《超越芝加哥学派——保守经济分析对美国反托拉斯的影响》，林平等译，经济科学出版社 2013 年版，第 77 页；李剑：《横向垄断协议法律适用的误读与澄清——评"深圳有害生物防治协会垄断案"》，载于《法学》2014 年第 3 期。
④ 辜海笑：《转售价格维持的经济逻辑与法律规制》，载于《河南省政法管理干部学院学报》2008 年第 4 期。

上实物商品零售额将达到 5.5 万亿元。① 上网的消费者常常能够借助网络便捷地获取信息，从而简单地发现、比较和购买商品。与此同时，网络销售也能够通过有效地扩展和深化商品及服务市场来增强竞争。② 一般情况下，转售价格维持是由抑制创新和社会理想形式的竞争的欲望所激发的，但创新和社会理想形式的竞争往往会带来更低的价格和更高的产出。对消费者来说，产品销售环节中的创新能够促成进步，因为它会威胁到现状的稳定。③ 与之相反，转售价格维持则通常在维持现状，所以那些意欲妨碍有效率的创新竞争的企业会热衷于采用它。④ 消费者已经认识到了网络零售有着提供大量消费者剩余的潜力，特别是当富有创新精神的网络零售商选择与消费者分享他们从销售环节和其他效率中所节省下来的成本之时。然而，从传统经销商的角度来看，特别是那些依赖物理零售空间的商家，网络零售已经成了现有商业模式的威胁。各种激进的转售价格维持计划被日益视为阻碍富有创新精神的网络零售商试图打破现状，将折扣作为剩余返利给消费者的有效方法。网络还革新了消费者获取指导购买商品决定信息的方式。过去，消费者只有依靠实体店里销售人员的指导来得到最佳信息。现在则可以在网上获取更为昂贵和有价值的商品信息，这对传统的"搭便车"理论产生了重大影响。"搭便车"理论是可取的，而几乎所有的零售商（包括制造商）都搭了网络信息高速公路的便车。如今，消费者都会上网获取想要的商品信息，再从不同的网络或实体渠道购买商品。从实体店的角度来看，问题不是消费者在网上做过研究后再来店里，而是消费者在来店里之前就已在网上接受了教导，拥有了具体的价格预期。但许多实体店都希望消费者只是受价者，而非觅价者。⑤ 反垄断法想要促进而非妨碍消费者的觅价行为，⑥ 商家使用转售价格维持来限制网络零售直接违背了这一目标。

网络的零售创新很可能促进降低产品价格的销售效率。在任何情况下，创新

---

① 参见梁达：《网购成为释放居民消费潜力的新亮点》，载于《宏观经济管理》2014 年第 9 期。根据国家统计局网站 2021 年 2 月 28 日发布的我国 2020 年国民经济和社会发展统计公报显示，2020 年实物商品网上零售额 97 590 亿元，按可比口径计算，比上年增长 14.8%，占社会消费品零售总额的比重为 24.9%，比上年提高 4.0 个百分点。

② See G. Gundlach, *Overview and Contents of the Special Issue: Antitrust Analysis of Resale Price Maintenance After Leegin*, 55 The Antitrust Bulletin, 2010, p. 9.

③ See M. Adelman, *Effective Competition and the Antitrust Laws*, 61 Harvard Law Review, 1948, p. 1289, p. 1296, p. 1349.

④ See C. Murchison, *Resale Price Maintenance*, 2 Cornell University Law Review, 1919, p. 98.

⑤ 受价，是说一个生产者出售产品时不会找寻一个价格，他只是跟着该产品的市价出售。觅价，是指一个出售者所定的价不是由市场决定，而是由出售者或买卖双方决定。参见张五常：《经济解释》（卷三）（神州增订版），中信出版社 2012 年版，第 50 页、第 197 页。

⑥ See P. Harbour, *RPM and the Rule of Reason: Ready or Not, Here We Come?*, 55 The Antitrust Bulletin, 2010, p. 232.

的竞争对于经济进步的作用要远大于品牌内与品牌间竞争。然而，蔓延至网络的转售价格维持会妨碍创新和损害效率。在我国的网络经济持续发力成为经济发展的重要动力之际，有必要确保对转售价格维持的规制能够保护网络造福消费者的能力。反垄断法的根本目的是保护消费者在竞争性市场以竞争性价格购买产品和服务的权利，① 这就要求确立有利于消费者的规制路径。在合理原则下，原告要举证证明存在转售价格维持并且其具有排除、限制竞争的效果，举证责任负担较重。② 况且，合理原则所持的立场是"亲商界"的。在最近完成的一项研究中，有学者通过 1999 年至 2009 年发生的以合理原则作出最终处理的反托拉斯案件的分析，发现原告几乎无法获得胜利：在全部 222 个案件中，有接近 97%（215 件）的案件法院以原告未能证明存在反竞争效果为由予以驳回，剩下的 7 个案件在进行反竞争效果和促进竞争效果的权衡后，仅仅只有一件是原告获胜，而这仅仅是 1977 年以来联邦法院适用合理原则的最终效果的一个延续。③ 而根据可抗辩的违法推定规则，商家的举证责任较重。因为转售价格维持会被推定违法，举证责任转移到实施转售价格维持的商家身上，其要证明使用转售价格维持是促进竞争的，在实际上而非理论上是有利于消费者的。综上所述，可抗辩的违法推定规则更加可取。

（二）反垄断法规制路径与理论的契合度

1. 反垄断法规制路径与传统经济学实证调查的契合度

长久以来，反垄断法都被认为是建立在传统经济学基础的假设之上，即人是理性自利的。该假设从 20 世纪 50 年代以来经由波斯纳将芝加哥学派的经济学理论引入反托拉斯之后，便成了反垄断法的核心。反垄断法律原则便建立在人类行为是理性的这一信念之上，即使在有限的案例里出现了非理性的情况，市场的自我矫正力量也会抵消非理性行为。后芝加哥、哈佛等不同的经济学派也都认同反垄断法中的理性假设。④ 传统经济学对转售价格维持的经济学评估包括以下两方面的内容：一是转售价格维持的概念和理论，对此争议很少并有广泛的共识；二是有关转售价格维持竞争效果的经验证据，对此鲜有共识且即便在主流经济学家之间也存在明显争议。转售价格维持的经济理论固然重要，但使用转售价格维持

---

① See R. Lande, *Wealth Transfers as the Original and Primary Concern of Antitrust: The Efficiency Interpretation Challenged*, 34 Hastings Law Review, 1982, p. 65, p. 77.

② 丁文联：《限制最低转售价格行为的司法评价》，载于《法律适用》2014 年第 7 期。

③ 参见李胜利：《美国联邦反托拉斯法百年——历史经验与世界性影响》，法律出版社 2015 年版，第 176 页。

④ See M. Tate, *Behavioral Economics: An Insight into Antitrust*, 37 Law & Psychology Review, 2013, p. 254.

是为了促进竞争还是损害竞争归根结底是个实证问题。转售价格维持实证调查的难度很大,[①] 所以这方面的研究有限,综合性的研究成果更少:其一,有研究假设某些转售价格维持能够提高福利。然而,若干现有的关于汽车、墙面涂料以及个人电脑的研究却表明,"搭便车"也不会产生损害经济的后果。[②] 其二,有研究表明转售价格维持能够促进制造商卡特尔。有关转售价格维持整体效果的证据包括以下两组:一是比较制造商被允许使用转售价格维持前后产品的销量和利润;二是特定行业、产品或制造商的案例研究。第一组研究表明放弃使用转售价格维持会降低零售利润率和价格,有时也会增加产出;第二组研究也表明特定产品有类似的效果。[③] 其三,有研究认为转售价格维持也有一些被认可的好处。虽然转售价格维持的影响差异很大,但在某些案例中是会促进竞争的。例如,库尔斯啤酒在被判决允许使用转售价格维持前后,提升了经销商的服务及消费者对质量的看法。在更为模糊的案例里,制鞋商弗洛斯海姆使用了转售价格维持以保护其免受"搭便车"之苦,却并未使公司的收入最大化。[④] 其四,有研究在对 1975 到 1982 年的诉讼案件进行调查后发现,绝大多数使用转售价格维持的案例都是促进竞争的,提升服务和销量的理论更有解释力。[⑤] 其五,有研究重新审视了涉及纵向限制,包括转售价维持在内的经典案例背后的实证数据,发现有些案件里的限制服务于反竞争或策略行为。[⑥] 其六,有研究总结了转售价格维持现有的实证证据。根据更为一般的纵向限制分析,它认定了三种评判转售价格维持实证研究的类型:一种检查了政府实施的转售价格维持的案例,另外两种则检查了企业所实施的转售价格维持案例。结论是自愿接受的转售价格维持总体上具有积极影响,而外部强加的则具有消极影响。[⑦] 由此可见,实证调查无法证实转售价格维持的正面效果或负面效果,哪种效果更有可能发生以及哪种效果发生的频率更高。

---

① 首先,任何实施转售价格维持的决定都是内生的;其次,在行业现实的市场竞争中,企业会一次性地使用包括转售价格维持在内的多种纵向限制;再次,好的研究工具不多;最后,将转售价格维持所产生的成本变化做成数理模型是困难的,因为这些变化与激励机制和信息效果相关联。See F. Lafontaine, *Resale Price Maintenance and Other Vertical Restraints*:*The Evidence*, FTC RPM Workshop, 2009.

② See K. Kelly, *The Role of the Free Rider in Resale Price Maintenance*:*The Loch Ness Monster of Antitrust Captured*, 10 Geogre Manson Law Review, 1988, p. 877, pp. 889 – 892.

③ S. Ornstein & D. Hanssens, *Resale Price Maintenance*:*Output Increasing or Restricting? The Case of Distilled Spirits in the United States*, 36 Journal of Industrial Economics, 1987, p. 1 – 18.

④ See T. Lambert, *Dr Miles is Dead. Now What?*:*Structuring a Rule of Reason for Evaluating Minimum Resale Price Maintenance*, 50 William & Mary Law Review, 1983, p. 1937.

⑤ See P. Ippolito, *Resale Price Maintenance*:*Empirical Evidence from Litigation*, 34 Journal of Law and Economics, 1991, p. 263, pp. 266 – 267.

⑥ See P. Carstensen, *The Competitive Dynamics of Distribution Restraints*:*The Efficiency Hypothesis Versus the Rent – Seeking*, 69 Strategic Alternatives, Antitrust Law Journal, 2001, p. 569, pp. 594 – 606.

⑦ See F. Lafontaine & M. Slade, *Handbook of Antitrust Economics*, Paolo Buccirossi Press, 2008, p. 391.

基于迄今为止的实证调查证据，如果必须在合理原则与可抗辩的违法推定规则之间做出选择，应当从以下两方面着手：首先，转售价格维持与纵向非价格限制的竞争效果对比。纵向非价格限制缺乏转售价格维持那样在促进共谋方面的作用；① 转售价格维持可能提供的很多好处，纵向非价格限制在理论上也能做到。虽然在某些情况下（如厌恶风险），转售价格维持比纵向非价格限制更加有效，但仍不清楚现实中这些情况的发生频率如何；② 转售价格维持对竞争的损害要远甚于绝大多数的纵向非价格限制。③ 既然对纵向非价格限制适用合理原则，那么对转售价格维持就应当适用更为严厉的规则。其次，欧美反垄断法规制转售价格维持的演进逻辑。美国反托拉斯法的分析框架是本身违法原则与合理原则的两分法。④ 本身违法原则的高度违法性推定与经济学所揭示的转售价格维持可能具有的促进竞争效果根本无法相容，⑤ 唯有转向合理原则。而欧盟竞争法中的可抗辩的违法推定规则的违法性推定程度要低一些，具有效率抗辩的可能性，并不需要转向合理原则。综上所述，可抗辩的违法推定规则更加可取。

2. 反垄断法规制路径与行为反托拉斯的契合度

行为反托拉斯可被视为大量实证的行为证据在反垄断领域的运用。该理论借鉴了行为经济学对人类判断和决策过程的研究，特别注重那些和严格理性假设背离的真实的、系统的、可预测的有限理性偏差。⑥ 它是行为经济学的分析方法与反垄断相结合的产物，是对传统经济学假设的发展和修正。传统经济学的完全理性假设夸大了制造商判断和决策行为的现实。转售价格维持常常能使利润最大化，因此制造商就必须在不确定性之下成功地完成一系列富有挑战性的判断和决策任务。在做任何决定之前，理性的制造商必须判断在其销售系统中降低零售价格会有怎样的预期效果。⑦ 在确定了降价的整体预期效果之后，制造商必须决定

---

①② See Matthew Bennett, *Resale Price Maintenance：Explaining the Controversy, and Small Steps towards a More Nuanced Policy*, 33 Fordham International Law Journal, 2011, p. 1295.

③ See P. Areeda & H. Hovenkamp, *Fundamentals of Antitrust Law* (3rd edition), Ashgate Publishing Company, 2009, pp. 16 – 72.

④ 参见许光耀：《"合理原则"及其立法模式比较》，载于《法学评论》2005 年第 2 期；王先林主编：《中国反垄断法实施热点问题研究》，法律出版社 2011 年版，第 38 页。虽然美国反托拉斯法理论及实务上虽然也不乏对两者的调和，比如有非严格的本身违法规则、快速合理原则等，但无法否认这种两分法模式在美国反托拉斯法中根深蒂固，是最为根本的思维方式和分析方法，在转售价格维持领域尤其如此。参见张骏：《美国纵向限制研究》，北京大学出版社 2012 年版，第 53～61 页。

⑤ 本身违法规则的高度违法性推定是指一旦被证明有该行为即是违法，任何抗辩理由法院将不予采纳。参见简资修：《经济推理与法律》，北京大学出版社 2006 年版，第 263～264 页。

⑥ See A. Tor, *Understanding Behavioral Antitrust*, 92 Texas Law Review, 2014, pp. 574 – 575.

⑦ See A. Tor, *The Methodology of the Behavioral Analysis of Law*, 4 Haifa Law Review, 2013, pp. 244 – 246.

是否要以及怎么样来解决降价问题。① 但制造商作这些决定时所拥有的信息是很有限的。实际上，现实中的制造商并不是完全理性的，他们只有少量的认知资源，并受到动机和情感的影响，其理性是有限的。在真实的世界里，当制造商在不确定性之下做出判断时，会受到精神和心理因素的影响，还会依赖情境线索。行为反托拉斯积累的理论文献和实证证据表明制造商一方面倾向于对降价的预期损失做出不恰当的负面判断、厌恶降价，另一方面则过分地倾向于把转售价格维持作为处理降价问题的最佳方法。现将行为反托拉斯对制造商使用转售价格维持的观点做出归纳（见表8-2），以供探讨。

表8-2　　行为反托拉斯视角下制造商对转售价格维持的使用

判断或决策过程	行为效果	运用	结果
锚定效应[a]	源自偏见之锚的不充分的调整	由于有偏见的信息，无法充分调整对有关降价发生及危害的判断	高估了降价的预期损失
基于有效性的判断[b]	更容易回忆起来的事件显得更为普遍	基于极少数令人印象深刻的事件，高估了有害降价的发生频率	
	急剧变化的事件更容易被想到，因此显得更可能发生	对有害的降价做出言过其实的预测	
基于典型性的判断[c]	忽略了事前概率	对特定打折事件的传闻证据给予了过多的权衡	
	对样本规模不敏感	将一小部分的打折传闻作为了判断时做依据的典型	
	对可靠性不敏感	过度考虑了不可靠的信息	
厌恶损失	就相同价值的损失和收益而言，对前者的厌恶要甚于对后者的喜爱	为了防止潜在的损失，耗费的资源要多过降价的预期损失	厌恶降价
关注公平	愿意牺牲经济收益来阻止不公平的结果	付出较高的成本来努力阻止被视为不公平行为的零售商"搭便车"	

---

① See A. Cooper, *Entrepreneurs' Perceived Chances of Success*, 3 Journal of Bussiness Venturing, 1988, pp. 99-100.

续表

判断或决策过程	行为效果	运用	结果
基于理性的选择	基于单个方面最重要的属性,来寻求胜过其他方法的最佳方法	与解决降价的潜在后果不同,过度注重消除价格竞争或降价本身	偏向支持转售价格维持
相容性效应	偏好能更为直接地解决问题的方式		
确定性效应	消除风险的价值要远高于减少风险	高估了转售价格维持的收益	偏向支持转售价格维持
模糊厌恶	偏好明确的,而非模糊的风险或成本		
管理者的风险态度	过分努力地控制商业风险 自我高估商业能力和技巧		

资料来源:本表资料来源于 A. Tor & W. Rinner, *Behavioral Antitrust: A New Approach to the Rule of Reason after Leegin*, 3 University of Illinois Review, 2011, pp. 821-822;吕伟、任剑新、张凯:《论行为反托拉斯的创新及反垄断意义》,载于《现代财经》2014 年第 2 期。a. 锚定效应是指人们需要对某个决策做定量评估时会将某些特定数值作为起始值,像锚一样制约着估测值。在做决策的时候会不自觉地给予最初决策过量重视。参见吕伟、任剑新、张凯:《论行为反托拉斯的创新及反垄断意义》,载于《现代财经》2014 年第 2 期。b. 基于有效性的判断是指人会根据相关因素的便利程度对实践的概率做出评估。同上注,吕伟、任剑新、张凯文。c. 基于典型性的判断是指人会根据建立在多年经验基础上的事物之间的联系性进行推理。

纵观我国学术界及实务界对转售价格维持适用合理原则的具体意见,大致可概括为以下两点:首先,全面的合理原则观点要求通过"动机(效率、垄断)—条件(市场结构、信息环境)—效应(竞争效应、福利效应)"三阶段的经济分析。其次,简化的合理原则观点认为转售价格维持形成损害的前提是市场结构,其中最重要的因素是企业占据了市场支配地位。这两种合理原则的分析框架最终都建立在转售价格维持的竞争效果之上。如果它增加了产出,就是好的理性行为,应当支持;反之,如果它减少了产出,就是坏的理性行为,应当反对。这种判断背后潜在的逻辑前提是制造商是完全理性的,他只从事能使利润最大化的转售价格维持。但行为反托拉斯的分析揭示了在传统、理性的意义上,转售价格维持可能通常既不是促进竞争的,又不是反竞争的,它只是真实世界里由于制造商的有限理性而造成的系统性错误的产物。① 具体而言,与完全理性假设下的

---

① See A. Tor & W. Rinner, *Behavioral Antitrust: A New Approach to the Rule of Reason after Leegin*, 3 University of Illinois Review, 2011, pp. 863-864.

制造商相比，现实生活中的制造商受各种行为因素的影响，往往会高估直接降价的危害，并且对通过转售价格维持来保住产品高价具有独特的偏好。这使制造商过多地实施了转售价格维持策略，但在很多情况下它并没有起到预期的提高效率结果。[①] 因此，适用合理原则时所要考虑的动机、市场结构等因素并非现实中的制造商使用转售价格维持的理据。反观可抗辩的违法推定规则，其简单、直接的违法推定性却正好符合了行为反托拉斯中制造商深受各种行为因素影响而使用转售价格维持的观点。综上所述，可抗辩的违法推定规则更加可取。

我国反垄断法学术界及实务界对转售价格维持的规制路径均存在严重的分歧：大多数学者及法院青睐合理原则，少数学者及反垄断执法机构则倾向于可抗辩的违法规定规则。这无疑将会影响到转售价格维持反垄断法规制的前景。这种分歧源于我国反垄断法对转售价格维持的规制深受欧美经验的双重影响。由于两种路径无法兼容，若要解决争议就必须明确在选择转售价格维持反垄断法规制的路径时所要面对的逻辑前提：一是反垄断法规制路径与我国经济发展状况的契合度；二是反垄断法规制路径与经济学发展状况的契合度。通过对这两方面内容的深入分析可知，就目前我国转售价格维持反垄断法规制而言，可抗辩的违法推定规则较之合理原则更加可取。

---

① 参见吕伟：《限制最低转售价格的反垄断规制——基于行为反托拉斯的视角》，载于《价格理论与实践》2014 年第 2 期。

第九章

必要战略：中国反垄断的
国际协调与应对

随着经济全球化的深入发展，国家之间的贸易和投资等活动也得到了空前的增加，国际战略应成为国家反垄断战略中的更为重要的内容，甚至成为核心问题之一。虽然近年来出现了所谓的"逆全球化"的现象，但是这一方面不会改变经济全球化的总体和长远的趋势，另一方面也进一步凸显了运用反垄断维护国家整体利益的迫切性。在中国反垄断战略的制定和实施中，国际战略是一个必要的内容。本章拟就竞争规则国际协调的现状和路径选择、中国参与竞争规则国际协调的立场和策略、中国对于反垄断与反倾销关系协调的方案选择、中国对于竞争中立规则的立场和应对措施、中国反垄断法域外适用原则的合理确定和有效运用进行探讨，并分析中国反垄断法的本土化与国际化的协调问题。

第一节 竞争规则国际协调的现状和路径选择

全球竞争秩序是各国的竞争法之间的互动和融合的产物，法律为贸易活动中的协商一致、彼此合作、订立标准的个体和团体提供了平台，法律创设的标准、做法和谅解体系构架了市场的运作机制，影响了市场的效果。法律将竞争植入社会的功能使市场原则被更多人接受，让那些支撑竞争过程的权利和义务得到了政治支持。① 在缺少统一国际竞争政策的背景下，竞争规则的国际协调呈现出多层次、多维度的特点。域外适用作为单边主义的路径选择曾经发挥过重要的作用，随着国际礼让原则式微而逐渐失效，域外适用滥用带来的负面影响越来越明显。与此同时，多边贸易体制中诸多原则和条款中虽然体现了"公平竞争"理念，但是由于缺少统一的协定，已经无法满足全球竞争规则构建的需求。区域贸易协定成为了竞争规则协调的主要平台，其作为全球竞争规则构建的试验田发挥着重要作用。

一、域外适用中礼让原则式微带来更多冲突

各国经济互相渗透的程度加强后，经济的关联性导致一国领土范围内的反竞争商业行为可能会损害到其他国家的竞争秩序，美国就是以此为起点和理由，将美国的反托拉斯法的管辖权进行了逐步的扩张。竞争法域外适用突破了属地原则和属人原则的限制，将本国竞争法扩大到其他国家影响其本国竞争秩序的商业行为，该管辖权扩张不考虑行为人的国籍、住所和行为发生地。美国作为第一个拥有现代竞争法的国家，也是第一个确立以效果原则为竞争法域外适用规则的国家。美国这种单方面行为给其他国家的商业行为的法律后果带了更多的不确定性。由效果原则带来的结果经常会侵犯其他国家的主权，因而很多国家采取各种形式对美国的扩张管辖进行阻止和抗议。与此同时，美国以外的国家也开始被倒逼或主动接受域外适用原则，这是该单边行为的必然结果。在阻止美国的域外适用原则效果微弱的大背景下，越来越多的国家也接受并且采纳该单边行为。

但是，域外适用原则单方面适用的效果并不是总能实现，如果美国强行对管辖权进行无节制的扩张，其他国家的司法机关和立法机关会实施相对应的阻却措施，甚至会影响到美国与其他国家的外交关系。因此，美国法院开始有意识地通过国际礼让原则对本国管辖权的扩张进行合理的自我约束。国际礼让原则体现在美国反托拉斯领域主要是指"消极礼让"，是对反垄断法域外适用的自我限制和自我修正。

国际礼让原则虽然是美国反托拉斯法域外适用中的一个重要原则，但美国联邦最高法院在 1993 年哈特福德火灾保险公司（Hartfort Fire Case）② 一案的判决

---

① 参见［美］戴维·格伯尔：《全球竞争：法律、市场和全球化》，中国法制出版社 2012 年版，第 5 页。

② Hartford Fire Ins. Co. v. California, 509 U.S. 764, 113 S. Ct. 2891, 125 L. Ed. 2d 612 (1993).

中对"礼让原则"适用做出了限缩解释，该案件中法官指出礼让原则的适用是一种例外处理。只有当外国法中具体规定过企业必须从事某种完全违反反垄断法的行为时，这种规定导致企业无法遵守美国法律时，才可以适用礼让原则。该案的判决中对"礼让原则"适用条件的解释极具争议性，如果这种解释在美国法院被常态化，国际礼让原则几乎没有适用空间，美国反托拉斯的域外扩张的国内法障碍也几乎被清除。① 总的来说，国际礼让原则在反垄断法领域适用的趋势是逐渐被弱化和模糊化，给予法官的自由裁量权越来越大，对美国国家利益的重视程度越来越高。国际礼让原则的式微意味着域外适用的自我约束和自我限制机制的逐渐失效，同时，单边主义的再次兴起对全球市场的形成产生了不利影响。美国多次对中国发起贸易战、随意增加关税就是这种大趋势的具体体现。

二、WTO中与竞争政策有关的条款未产生实质作用

截止到目前，WTO框架下还没有形成关于竞争政策和反竞争行为的协议，但是有关"公平竞争"理念体现在WTO的诸多原则和条款中。WTO中与竞争政策有关的内容不仅体现在基本原则上，还体现在诸多条款中。《与贸易有关的知识产权协定》第40条第2款规定成员方可以对知识产权转让行为中的反竞争行为进行竞争执法，第31条中也将强制性许可作为救济的措施，第40条第4款中还提到了国际礼让的磋商方式解决知识产权的反竞争行为问题。WTO中的《保障措施协定》第11条、《反倾销协定》第3条、《与贸易有关的投资措施协定》第9条、《服务贸易总协定》第8条和第9条等条款中都直接或间接体现了对"公平竞争"的追求。由于WTO的竞争规则是被碎片后体现在不同的协定中，并没有形成统一适用的规范，因此他们在规制国际贸易中的反竞争行为方面几乎发挥不了任何作用。

1990年，日本的富士胶片公司为了扩大全球市场开始在美国进行低价倾销，这导致美国柯达公司被迫通过降低售价来维持市场份额。柯达公司认为，正是日本政府对于这种反竞争行为的纵容，导致富士公司可以依靠本国取得的利润来补贴出口倾销。② 1995年柯达依据美国1974年贸易法第302条提出请求，指出日本政府保护本国企业滥用市场支配地位的做法是违背公平竞争规则的。最终，两

---

① Kenneth W. Dam, *Extraterritoriality in an Age of Globalization: The Hartford Fire Case* 1993, Supreme Court Review. P. 317 – 323 (1993).

② See Color Negative Photographic Paper & Certain Chem, *Components from Japan & the Netherlands*, US-ITC Inv. No. 731 – TA – 661 (Aug. 19, 1994).

国在这一问题磋商失败后,将此案提交给 WTO 争端解决机构处理。①

美国通过非违约之诉提出日本的分销措施、促销措施、对大型零售商限制的规则违背了市场自由化。专家组在对美国指控的每一类措施逐项进行分析后,认为美国没有能够证明日本企业任何一项措施直接损害了进口产品和本地产品之间的竞争关系。② 之后专家组又对这三类措施依美国要求进行了综合分析,仍然认定美国没能提供充分的证明并驳回了美国提出的非违约之诉,也否定了日本存在违反透明度和国民待遇规定的行为。

日本竞争法专家松下满雄教授指出,不管日本政府在限制竞争中采取了什么措施,也不管日本政府在限制销售制度的形成过程中发挥了什么作用,此案争议的核心仍然是关于私人限制竞争行为,即富士公司作为私人企业采取了限制竞争的销售策略。③ 美国企图通过违约之诉中透明度原则和非违约之诉的可得利益来取得支持但最终并没能如愿,WTO 缺乏统一竞争法规范机制的缺陷初露端倪。柯达胶卷和富士胶卷的争议案表明,虽然私人限制竞争已经构成进入市场的严重障碍,但是 WTO 的现行规则却没有处理这种限制竞争的机制。④ 多边贸易体制自身发展的困境和 WTO 纳入竞争政策的困境都表明,现阶段通过全球主义路径来实现全球竞争规则的构建是非常困难的。

三、竞争规则协调的发展趋势——以区域贸易协定为主要平台

截止到目前,WTO 框架下还没有形成关于竞争政策和反竞争行为的协议,不同国家对于竞争政策纳入 WTO 框架的态度也是各不相同。与此同时,各国竞争法管辖权的冲突又在不断发生,各国采取域外适用的单边主义方式应对管辖权冲突的效果也越来越差。因此,不论当初在 WTO "新加坡议题"⑤ 持反对态度的美国还是持支持态度的欧盟、日本和韩国等成员,都在探索在区域贸易协定范围

---

① 美国作为申请人,依照 GATT 第 23 条第 1 款同时提出违约之诉和非违约之诉。其中,违约之诉主要指控日本违反了国民待遇和透明度原则;非违约之诉指控日本胶卷进口关税虽受约束但日本政府在国内采取的一系列措施,剥夺或损害了美国在 GATT 下的可得利益。

② WTO Panel Report, *Japan—Measures Affecting Consumer Photographic Film and Paper*, WT/DS44/R,(Mar. 31, 1998)。

③ [日] 松下满雄:《世界贸易组织的基本原则和竞争政策的作用》,载于《环球法律评论》2003 年第 1 期。

④ 参见王晓晔、陶正华:《WTO 的竞争政策及其对中国的影响—兼论制定反垄断法的意义》,载于《中国社会科学》2003 年第 5 期。

⑤ 贸易与竞争政策的关系属于 WTO 多边谈判的新议题之一,习惯称为 "新加坡议题",1996 年在新加坡 WTO 部长会议上正式成立了 WTO 贸易与竞争政策相关工作组专门研究这一议题。

内的竞争法协调方式。区域贸易协定目前处在一种野蛮生长的状态，多边贸易体制的危机更加剧了其扩张的步伐。在这种混乱图景中形成了一些分布形态，总结这种分布形态并不是为了简单化竞争政策规则，而是努力在寻找到某种自发的规律，这些规律可能不是协议签订主导者们有意识的引导，但是它们形成的特征和共性证明了其内在共同的意识驱动力。

（一）欧盟模式

欧盟竞争法是以 1958 年《建立欧洲经济共同体条约》即《罗马条约》第 85 条和第 86 条[①]为基础来发展的，《罗马条约》的竞争规则参照了《巴黎公约》的第 65 条和第 66 条，但是在广度和宽度上都超越了后者。《罗马条约》的基本目标是成立共同市场，建立经济与货币联盟，执行共同政策，以使产品、服务、人员和资本能够在成员间自由流动，通过经济政策的逐渐接近，促进经济活动的和谐、持续、平衡发展，增强稳定性，加速生活水平的提高，密切成员间的关系。可以发现，欧盟的竞争规则关注的内容不是单个成员的国内的竞争秩序，而是通过统一竞争政策来维持欧共体整体市场的有效运转和稳定发展。因此，内部市场的竞争并不是以单个成员内部为中心，而是为了实现欧盟其他条约的手段和工具。

欧盟竞争法的功能与美国不同，欧盟需要承担统一市场的融合功能，欧盟竞争法在最初生效时的首要任务就是把各成员国的市场统一成一个经济自由、竞争秩序稳定的共同市场。因此，欧盟竞争法不仅要保护每个成员国国内的竞争，还需要保护成员国竞争法融合统一的过程。欧盟竞争法的权能主要集中在欧洲委员会，其主要功能都是由欧洲委员会来行使，欧洲委员会被赋予的权能很广泛，可以调查、决定和制裁。

欧盟竞争法模式确实是目前最为完善的区域竞争规范，欧盟成员国在保留了本国的竞争法体系、竞争执法机构和司法机构的基础上，欧盟也建立了一套完整的区域竞争法体系。欧盟竞争法模式是非常特殊的区域竞争规则模式，这种特殊性与欧盟法律本身的特殊性紧密相连。关于欧盟法的法律地位的认定，学界依然没有形成统一的理论，有的学者将欧盟法视为"超国家法"，也有学者将欧盟法视为"联邦法"。欧盟的"类主权性质"发挥着越来越大的作用，欧盟各成员国单独制定的国内法效力低于欧盟立法机构制定的法令，它的制定、修改和废止都要受到欧盟法的约束，实际上欧盟正往一个类似国家性质的组织演进。欧盟的竞争法体系无论从实体上还是程序上都是目前最为完善和完美的

---

① 即后来的《欧洲共同体条约》第 81 条和第 82 条和现在的《欧盟运行条约》第 101 条和第 102 条。

区域竞争法体系，是一个非常重要的区域竞争规范范本。但是由于欧盟法的特殊性和欧盟市场一体化程度的特殊性，欧盟竞争法的模式移植若要到其他区域内则会具有很大的难度。

（二）北美自贸协定模式

1992 年美国、加拿大和墨西哥签署的《北美自由贸易协定》（NAFTA）于 1994 年 1 月 1 日正式生效。该协定关于竞争的规定主要在第 15 章 "竞争政策、垄断和国营企业" 和第 17 章 "知识产权" 之中。《北美自由贸易协定》纳入竞争的内容反映了成员国对竞争规则的重视，但协定关于竞争规则的规定非常简略，只要求成员国就竞争政策和竞争法实施紧密合作，除了国家垄断条款外，没有规定一般性的反垄断条款，也没有列明垄断的种类，没有对竞争机构的权利和义务作出规定，而将竞争事宜排除在贸易协定争端解决机制之外。《北美自由贸易协定》纳入竞争规则的主要目的是为成员国搭建就竞争事宜开展合作的平台。相比欧盟的模式，该协定中竞争规则的约束力相对较弱。这主要是因为北美自由贸易区的一体化程度要低于欧盟的一体化程度，这说明高层次的竞争政策国际协调机制必然受一体化程度的影响。①

此外，其他区域贸易协定如区域全面经济伙伴关系（RECP）、全面与进步跨太平洋伙伴关系协定（CPTTP）等也都包含了竞争条款或者竞争章节。整体来看，这些协定的竞争条款较为简单，在推进缔约方完善竞争立法，加强竞争执法，提高执法技术等方面发挥的作用较为有限。

（三）大洋洲模式

以澳新自由贸易协定和 ANZCERTA（澳新紧密经济关系协定）为代表的大洋洲竞争规则模式是一种独立于美国和欧盟竞争政策模式的存在。澳大利亚和新西兰这两个国家在地理位置、历史背景和经济发展方面都有很强的相似性，这作为一项有利条件促进了大洋洲的区域竞争政策的整合。澳新自由贸易区是目前发展速度最快的自由贸易区，它们的目标是建立 "无任何限制的自由贸易区"（unconditional free trade）。澳大利亚和新西兰是南太平洋地区经济最为发达的两个国家，彼此经贸联系紧密。澳大利亚是新西兰的第一大贸易伙伴。1983 年，澳新两国签署了《紧密经济关系协议》，后来又提出了 "统一经济市场" 议题，目的都是排除贸易壁垒、降低商业成本、鼓励投资，以加强两国经贸一体化，两

---

① 参见国家市场监督管理总局反垄断局：《中国反垄断立法与执法实践》，中国工商出版社 2020 年版，第 413 页。

国甚至在考虑统一货币的可能性。

澳新大洋洲模式的区域竞争合作主要体现在澳新的贸易协定中，澳新区域内的竞争执法协作可以代表目前自由贸易区的最高水准。ANZCERTA 协定的目标是协调澳新竞争立法①，新西兰的竞争法主动引入了澳大利亚竞争法中的理念，新西兰竞争法体系在逐步融入澳大利亚竞争法体系。在长期的执法合作中，两国的竞争执法合作程度不断加深，2006 年两国的合并审查制度完全统一，合并审查机构和合并审查规则都合二为一，这预示着两国竞争规则体系进入了新的合作层面。② 更为重要的是，澳大利亚和新西兰的贸易协定中明确取消了一切可能构成贸易保护的制度，两国之间的贸易往来已经是适用于反倾销法、反补贴法和保护措施等贸易救济法③，维护贸易秩序的任务主要由统一的竞争政策来承担。

澳新贸易协定排除了主要的贸易壁垒，在高度统一的市场内，取消了贸易救济法，以竞争法取代贸易救济法，这既代表了未来自由贸易区的趋势，也证明了贸易救济法和竞争法之间的互动作用，当贸易救济法的作用逐渐式微时，竞争法发挥作用的空间将会被扩大。

第二节　中国参与竞争规则国际协调的立场和策略

竞争法是市场经济国家的通行规则，目前全球已经有超过 130 多个国家建立了反垄断法律制度，开放型经济需要健全的反垄断法。在中国，《反垄断法》实施以来，反垄断执法机构积极主动走出去，加强与国际竞争规则衔接，建立反垄断常态化国际合作交流机制，强化执法合作，国际交流合作的广度和深度不断拓展，质量不断提升，取得了反垄断执法国际合作领域的重要进步，扩大了中国反垄断工作国际影响力。

---

① Article (12) (1) (a) of the ANZCERTA: Parties "shall examine the scope for taking action to harmonise requirements relating to such matters as standards, technical specifications and testing procedures, domestic labeling and restrictive trade practices."

Article 4 (4) of ANZCERTA: Each Member State shall take such actions as are appropriate to achieve the application of its competition law by 1 July 1990 to conduct referred to in paragraph 1 of this Article in a manner consistent with the principles and objectives of the Agreement.

② Australian Competition and Consumer Commission and New Zealand Commerce Commission, Co-operation Protocol for Merger Review (Aug. 2006; para. 1).

③ Protocol to the ANZCERTA, art. 1, 2. These provisions eliminated tariffs and import restrictions with a reservation as to parties' obligations due to prior international agreements.

截至2021年初，已与美国、欧盟、俄罗斯、英国、日本等33个国家和地区反垄断执法机构签署55份合作文件，为反垄断国际交流合作提供了框架和制度性安排。同时，与美国、欧盟、德国、俄罗斯、加拿大、印度、南非等司法辖区竞争机构就数十起重大跨国并购案件开展执法合作。此外，反垄断执法国际合作领域逐步拓展，从跨国并购案件执法合作向垄断协议、滥用市场支配地位等多领域开展执法合作。2019年5月，市场监管总局与欧盟竞争总司签署《关于反垄断案件调查合作的实务指引》。2020年10月，联合国关于竞争和消费者保护第8次审议大会期间，我国与俄罗斯等作为共同提案国，将打击跨境卡特尔作为联合国贸发会议政府间专家组2020~2025年工作优先领域。"十三五"时期，市场监管总局推动我国与哥斯达黎加、冰岛、瑞士、澳大利亚、韩国、格鲁吉亚、智利等7国签订的自贸协定以及《区域全面经济伙伴关系协定》中设立了竞争政策专章。积极推进与日韩、挪威、以色列等自贸协定的竞争政策（反垄断）议题谈判，主动把握国际贸易规则重构期规则制定的话语权。[①]

反垄断执法国际合作可以陶氏和杜邦并购案为例。欧盟、美国和中国等反垄断执法机构均认为，陶氏和杜邦的业务遍布全球，二者的合并将对农药产品以及化工产品市场的竞争格局产生重大影响，同时合并后可能会对相关市场产品的创新和研发产生负面影响。三地执法机构于2017年先后对陶氏和杜邦合并申报附条件批准。中国商务部在本案中与欧委会、美国司法部等开展了密切合作，最终就决定中所附条件以及竞争分析达成了一定共识。除加强与各法域反垄断执法机构的国际合作之外，中国反垄断执法机构也通过审慎仔细的市场划分、成熟的竞争分析设计出适应中国竞争需求的限制性条件，展现出其专业的审查水平与执法能力。此外，中国反垄断执法机构还对佳能收购东芝医疗系统公司未依法申报案件在全球范围内率先做出处罚决定，对其他司法辖区最终做出处罚决定起到引领作用，显示出中国反垄断执法的国际影响力正不断扩大。

竞争规则的国际协调与中国改革的理念是一致，中国应当积极参与多边贸易改革中的竞争政策议题，积极在区域贸易协定谈判中引入竞争政策条款，把中国经验提供给世界，掌握国际竞争规则的国际话语权。中国区域贸易协定中竞争规则的国际合作尚处于起步阶段，还没有形成明显的模式。中国与美国、韩国、俄罗斯及欧盟之间都签订了反垄断领域的合作谅解备忘录，确定了双方以通知、信

---

① 参见国家市场监管总局官网"强化反垄断执法"专栏的专题文章《积极参与全球竞争治理"朋友圈"》，http：//www.samr.gov.cn/zt/qhfldzf/202103/t20210318_327047.html。最后访问日期：2021-03-20。

息交换、消极礼让和技术援助方式进行执法合作，虽然迈出了反垄断国际合作的第一步，但仍属于浅层次范围，且由于2018年前这些合作是由中国不同的反垄断机构分别与外国的反垄断机构开展的，导致其缺乏协调性和统一性。中国参与的亚太经济合作组织（APEC）中的竞争政策合作也较为松散，既未涉及反垄断领域内任何程序性或实体性合作，也未出台具有约束力的协议或建立区域性的反垄断执法机构。2018年实现了反垄断执法机构的统一为我国参与竞争政策的国际合作提供了更好的条件和可能。在区域贸易制度安排中纳入竞争规则已经成了一种趋势的当下，中国应当积极参与全球竞争规则的构建，主动掌握国际话语权。

对于中国参与竞争政策国际协调的立场和策略可以从以下几个方面进行阐述：

一、有条件地积极参与区域竞争规则协调

面对多种国际竞争秩序协调途径，我国的立场应当是开放、包容但是有条件地开展本国与其他国家的合作联系。首先，中国加入WTO意味着我国的经济制度将彻底接受市场经济制度，因而WTO的以市场为基础的贸易准则和贸易行为规范都将适应于我国的市场经济，这就要求我们必须建立保证市场经济运行的竞争法律制度，在我国的竞争法中体现出WTO的核心原则：非歧视原则、透明度原则和程序公平原则。

我国的第一部反垄断法于2007年颁布，在2008年实施。该法的立法建议最初是在1993年提出，从漫长的酝酿过程中就可以窥见影响我国反垄断法的因素复杂。我国的反垄断法在立法之初参考了外国的经验和模式，但是这部法律依然是深根于本国的具体社会情况，没有脱离自己的道路。这部法律既反映了国内市场的需求，也没有明显背离美国和欧盟的基本模式，它是一部具有中国社会特色的反垄断法。这部法律的实体内容基本遵循了现代欧洲的模式，禁止垄断协议、禁止滥用市场支配地位行为和控制经营者集中，但是也有一部内容是中国独有的。最具有代表性的内容是禁止"行政性垄断"的规定，这个规定是针对地方政府和部门滥用行政权力排除、限制竞争的行为进行规制。

我们应该认识到，中国反垄断法所面临的不仅仅是制度选择问题，还有其移植法律模式后所要面临的内生制度问题，即根据自身市场特点发展特色制度，这一过程注定是漫长和谨慎的过程。中国反垄断法目前面对的另一个问题是，中国反垄断法部分移植了欧盟竞争法和美国反托拉斯法的相关制度，本身就存在冲突和融合的问题。在这种背景下，我国现阶段的任务是先解决本国内的制度模式冲突，做好法律制度移植的本土化工作，在这个基础上有条件地参与全球趋同化进

程。在关注趋同的同时，有条件地接受趋同进程中衍生出来的结论。所谓有条件地接受是指，需要综合考量各类因素，包括共同的国家经济利益、共同的法律传统及我国所处市场阶段的特殊性等因素。

趋同化模式的倡导者是以美国为代表的，我国的反垄断法本身就借鉴了很多美国反托拉斯法的经验，这为我国融入全球竞争秩序带来了便利。同时，我们也应该意识到，美国所鼓励的趋同模式是建立在国家自由独立的选择上，相对而言动力比较小，进程难以预期。我国一方面应当密切关注经合组织（ICN）、国际竞争网络（OECD）这些平台，同时也要意识到趋同的过程是缓慢的，不是一蹴而就的。我国在推动全球竞争法趋同的进程中应该发挥积极作用，主动去和其他国家协商，参与到全球化深化的制度融合中。

二、重视反垄断法和反倾销措施的协调

反倾销法为竞争法缺失的国际贸易秩序提供了一个工具，旨在维护国家之间的、模糊意识上的"公平"[1]，但问题在于，它没有在理论上统摄国际竞争秩序的野心和能力，而更多的是不断完善程序上的可操作性。在 WTO 框架下，反倾销规范的不断修正和完善给贸易摩擦提供了解决的途径，但也加速暴露了反倾销法自身的弱点。实践中，反倾销法正频繁成为贸易保护主义的"挡箭牌"，据统计，截至 2020 年 3 月，作为反倾销措施主要受害者的我国的出口应诉的反倾销案件累计达到 1 458 件。[2] 反垄断法和反倾销法在国际层面存在功能性冲突关系，在区域贸易规则中，要对二者进行整合，竞争法和市场一体化的合作范围越广，反倾销法的存在依据就越不充分。

从反倾销法向国际竞争法过渡也是从国家之间外部协调到国内政策协调的过渡，这个过程不是一蹴而就的，而是在国家间竞争法趋同的过程中，通过不断交流沟通慢慢形成的。中韩自贸区也显示了这种趋势和选择，协定中竞争政策的规则虽然大多聚焦在程序性的合作上，但是竞争政策的浅层次合作也可以推动

---

[1] 1886 年英国官方委员会的报告中特别建议征收 10% 左右的进口从价税，报告中明确赞同用"公平贸易"取代英国"自由贸易"政策，并将"公平贸易"与贸易保护政策区分开来。报告中明确了"公平贸易"指的是存在人为生产条件下，而不涉及生产条件的自然差异，其中造成人为生产条件差异的因素包括出口补贴、高额关税保护情况下的倾销以及间接税等，而贸易保护政策的目的是要抵消生产条件的自然差异，而不是人为差异。这种将反倾销归属于普通法上的"公平贸易"的观点，直到今天还被英美法系的许多国家所援引。参见 1886 年大不列颠贸易与工业萧条调查委员会《最终报告》(C. 4893)，第 55~57 页；《第二报告，证词记录》，第一部分 (C. 4715)，第 33、122、218 页。转引自 [美] 雅各布·瓦伊纳：《倾销：国际贸易中的一个问题》，沈谣译，商务印书馆 2013 年版，第 46 页。

[2] 数据来源参见 http://cacs.mofcom.gov.cn/cacscms/view/notice/ckys#，2020 年 3 月 25 日访问。

WTO 反倾销法的部分限制适用。我国应当积极在区域贸易协定中进行二者协调，减少我国出口企业被反垄断法和反倾销措施双重制裁的风险。

三、谨慎对待竞争中立规则

在 WTO 多哈回合多年谈判进展缓慢和成员改革诉求得不到回应的背景下，贸易保护主义、民粹主义抬头进一步加速了国际贸易摩擦的升级。美国在给 WTO 上诉机构制造障碍的同时，将代表其本国利益的改革诉求延伸至区域贸易协定中。区域贸易协定和多边贸易协定形成了竞争性互补关系，区域贸易协定成为了新议题的实验场所。在诸多实践的新议题中，竞争中立作为一种新型竞争规则被欧美国家反复强调，逐渐成为 WTO 国有企业和反补贴措施改革停滞后的诉求溢出效应。

贸易救济措施的滥用加剧了国际贸易中的政治和经济的紧张关系，成为了国家间贸易战的主要手段，其中关于市场经济地位的认识分歧让中国饱受反倾销调查之苦，受到了很多不公平的待遇。国际竞争法在区域范围内慢慢建立必然会推动贸易救济措施改革和国际公平竞争秩序的形成，但同时我们也要意识到国际竞争法建立中存在的严峻挑战。贸易救济措施中关于中国市场经济地位认定的问题仍然存在争议，以美国为首的发达国家在区域贸易协定中提出了"竞争中立"概念，这个制度其实是市场经济地位问题在竞争法领域的体现。美国版竞争政策协定中关于私人垄断行为和国企垄断行为存在明显的区分对待。国有企业条款将国有企业参与境外市场投资的审查阶段提前到进入行为发生前，并把诸如披露信息等义务仅与国有企业身份挂钩而与具体垄断行为割裂，大大增加了国有企业境外投资的成本与难度，可能成为继"非市场经济地位"之后，另一项限制中国出口贸易的政策工具。①

竞争中立规则从"公平竞争"概念衍生而来，现阶段的竞争中立概念的发展并没有遵循竞争政策的内在逻辑，将国有企业纳入国际竞争政策的调整中，从企业的反竞争行为（垄断协议、滥用市场支配地位、不当集中）的规制入手，而是不断强调"国有企业"的身份"原罪"，同时寄希望通过抛弃 WTO 补贴规范重新构建一套完全针对中国的国有企业的补贴规则。可以说，竞争中立政策是非市场经济地位问题在区域贸易协定内的延伸，其所辐射到的范围比非市场经济地位问题波及的还要广泛。正如胡加祥教授所言，"议定书第 15 条

---

① 唐宜红、姚曦：《TPP 国有企业条款与竞争中立规则对中国国有企业改革的启示》，载于《学术前沿》2015 年第 12 期。

是中国在入世谈判时的无奈选择，但是入世工作组报告相关条款的纰漏则是我们的切肤之痛。"① 所以，在未来的竞争中立政策谈判的过程中，一定要慎重对待，同时努力促进区域内竞争中立规则和反补贴规则的协调机制。

四、合理确定和有效运用反垄断法域外适用原则

随着经济全球化的趋势日益明显，特别是中国正式加入了WTO，中国更大规模和更加频繁地参加到国际经济贸易中去，国际市场的垄断行为对中国市场的影响也日益明显，尤其是国际卡特尔和跨国公司的大规模并购。被欧盟否决的美国通用电气与霍尼韦尔合并案和几乎遭欧盟否决的美国波音与麦道兼并案，虽然都发生在中国境外，但同样也会对中国市场产生重大的影响。因此，只有规定中国反垄断法的域外效力，才能在对外开放中更好地维护中国的主权和经济利益。而且，在其他国家（尤其是中国的主要贸易伙伴）已经规定了其反垄断法域外效力的情况下，我国也需要采取相对应的措施，以免在国际贸易活动中处于不利的地位。况且，国际社会对反垄断法的国际统一和协调虽已做过努力，但尚未产生、并且预计在短期内也难以产生一个具有正式国际约束力的统一竞争规则，在这种情况下规定国内反垄断法的域外适用，不仅是被迫采取的对等措施，而且可以起到对国际经济贸易中的垄断行为进行管制，维护国际竞争秩序的作用，在一定程度上也可起到促进国际反垄断统一立法的作用。

中国在制定反垄断法时规定其域外适用效力几乎是必然的选择，正像德国梅斯特梅克教授所指出的："正是坚持市场开放、防止跨国限制竞争的反限制竞争法规才会出现域外适用的效力，这种效力不取决于立法者对之期望或者不期望，规定或者不规定。因此，也谈不到放弃卡特尔法的域外适用。放弃域外适用，国家就不能对企业的行为制定一个有效的规则。"② 在目前国际上建立统一的反垄断法还是一件艰难的事情的情况下，"为了能够在跨国公司限制竞争的活动中保护本国消费者的利益，各国唯一可行的选择就是域外适用本国的反垄断法"③。中国反垄断法在规定其域外适用效力时，既要维护本国的主权和经济利益，也要顾及别国的主权、经济利益和国际经济贸易秩序，尽量避免因片面的、极端的做法而引起不应有的法律冲突。

---

① 胡加祥：《〈中国入世议定书〉第15条之结构》，载于《法学》2017年第12期。
② 转引自王晓晔：《竞争法研究》，中国法制出版社1999年版，第443页。
③ 王晓晔：《美国反垄断法域外适用析评》，载于《安徽大学法律评论》2002年第2卷第1期。

第三节　中国对于反垄断与反倾销关系协调的方案选择

一、反垄断法和反倾销法冲突对中国企业负面影响的案例

反垄断法的规制对象是私人企业，WTO 法的规制对象是其成员的贸易管理行为，当私人企业行为与主权国家贸易管理行为的界限模糊不清时，同一国际价格歧视行为可能面临着 WTO 反倾销法与国内竞争法重复审查和救济的风险。反倾销法与反垄断法的双重管制将政府和出口企业置于了进退两难的窘境中：放任企业自主定价，有可能遭遇外国的反倾销诉讼，从而招致损失，于是需要进行价格协调；价格协调则又可能面临外国的反垄断诉讼。这种冲突性在 WTO 原材料案件和美国竞争法诸案件中体现得尤为明显。

2009 年 6 月 23 日和 8 月 21 日，美国、欧盟和墨西哥就中国限制某些原材料出口措施分别请求与中国磋商。该案件的争议措施是《关于对柠檬酸等 36 种商品试行出口预核签章管理》（以下简称《出口预核签章管理》）。依该规定，针对商品目录中的产品，企业到海关办理出口报关手续时须持经进出口商会盖章签字后的合同，海关不接受未经签章的出口合同申报出口。① 但是，依《中国入世议定书》第 5.1 条和 5.2 条的规定，自 2004 年 12 月起，企业（内外资）均拥有包括资源产品在内的进出口贸易权，对外贸易权的取得无须审批，登记备案即可。这项签章制度引发的商会行为存在被认定为企业间的固定价格行为的风险。

在美国境内，围绕原材料案中的政府行为和企业行为，接连不断的反垄断诉讼被提起。2005 年，中国 6 家企业被美国动物科学产品公司（Animal Science Products Inc.）和拉尼斯公司（Ranis Company）指控固定价格，违反了美国《谢尔曼法》（以下简称维生素案）②，2008 年纽约东区联邦地区法院直接表示法院拒绝考虑美国行政部门在 WTO 争端解决过程中表达的观点；③ 2010 年，雷斯科公司（Resco Prods Inc.）对中国 2 家原材料出口商提起诉讼，主张它们共谋操控价

---

① See China – Measures Related to the Exportation of Various Raw Materials, WT/DS394, WT/DS395, WT/DS398.
② In re Vitamin C Antitrust Litigation, No. 06 – MD – 1738（BMC）（JO）（2006）.
③ In re Vitamin C Antitrust Litigation, 584 F. Supp. 2d 546（E. D. N. Y. 2008）.

格，限制某原材料的出口数量，违反了美国《谢尔曼法》，宾夕法尼亚西区联邦法院为了避免与 WTO 专家组的裁决冲突，决定中止审判，等待 WTO 裁决，试图与 WTO 的裁决保持一致性；① 2005 年，中国 17 家菱镁矿企业被美国动物科学产品公司和雷斯科公司（Resco Products Inc.）提起集体诉讼，指控中国企业间合谋签订限制竞争协定，2010 年新泽西联邦地方法院参考并适用了美国贸易代表署（USTR）在 WTO 争端解决案件中的陈述，同时认为 WTO 专家组的最后裁决对美国国内的案件并无影响。② 在前述三起案件中，不同的美国法院对其本国法律与 WTO 之间的冲突分别给予了忽视、考虑、采纳等回应。

以上关于原材料出口行为的平行案件间形成了博弈关系，美国政府指控中国私人企业间的价格协议时，美国法院需要判断中国政府对价格协议干涉的程度。若中国政府直接指导出口商之间的操控价格，则出口商提出的国家行为原则③和外国主权强制抗辩将会被承认，因为根据国际礼让原则④，中国出口商将不承担美国竞争法中要求的法律责任。在此情况下，WTO 争端解决案件和美国竞争法案件作出的对中国政府和企业关系的判断极有可能是相互矛盾的，美国行政部门和司法部门作出的决定也可能是相互抵触的。

更为吊诡的是，在 WTO 原材料案中，美国在提交给 WTO 专家组的文书中明确援引了"维生素案"中中方提交给美国法院的"法庭之友"意见书⑤中的内容，反复强调商会在中国的组织结构和功能，并明确指出其是由商务部授权设立并接受其指导和管理。可见，中国政府在美国法院提交的"法庭之友"意见书反而成了美国政府在 WTO 的诉讼工具，该意见书几乎断绝了中方从商会性质反驳的可能性，最终中方选择的诉讼策略落脚在了"WTO 例外条款"上，然而事实证明这是一条极其艰难的道路。最后，WTO 上诉机构和专家组都认定中国不能在本案中援引 GATT1994 第 20 条⑥作为抗辩。

---

① Resco Prods., Inc. v. Bosai Minerals Grp., No. 06 - 235, 2010 WL 2331069（W. D. Pa. June 4, 2010）.
② Animal Sci. Prods., Inc. v. China Minmetals Corp., 654 F. 3d 462（3d Cir. 2011）.
③ 国家行为原则是指主权国家在其领域内所为的行为，外国法院无权审查该行为的合法性效力。国家行为原则不是管辖权的原则，而是一种限制司法审查权的原则。
④ 国际礼让原则分为"积极礼让"和"消极礼让"：前者是指法院主动承认和执行外国审判，并且适用外国法律；后者是指法院主动限制本国管辖权的行使。国际礼让原则体现在美国反垄断领域主要是指"消极礼让"，是对反垄断法域外适用的自我限制和自我修正。
⑤ 法庭之友（通常缩写为 amicus，复数形式 amici curiae，拉丁语），也称作法院的朋友，指非诉讼当事人但对案件实质问题有重大利害关系，主动申请或应法院要求而向法院提交书面意见的人。对法庭之友的定义也可以解释为：对案件中的疑难法律问题陈述意见并善意提醒法院注意某些法律问题的临时法律顾问；协助法庭解决问题的人。
⑥ GATT 第 20 条一般例外是给予成员国为了实施某些允许的国内政策，可以背离 GATT 一般义务和纪律的例外情况。

实际上，实施《出口预核签章管理》旨在"维护良好的对外贸易秩序，营造公平贸易环境"，这一初衷有很大可能性是为了规避反倾销调查，但不承想扣动了美国反托拉斯法的扳机。一方面，中国政府努力在美国法院证明预核签章管理作为限制价格协议是由政府主导而非私人的合谋；另一方面，WTO 原材料案件中中国政府在美国法院的意见书反而成了美国政府提交给专家组和上诉机构的有利于美方的证据。上述案件的冲突性与法院处理该冲突的不确定性反映出反倾销法自身的反竞争性，反倾销法与反垄断法给企业造成了类似于"囚徒困境"的两难选择。

二、反垄断法和反倾销法冲突的成因

（一）竞争法和反倾销法规范的部分重叠性

倾销的动机是多样且复杂的，其中偶发性倾销是指短时间内由于特殊原因进行的暂时性的低价销售行为。这种倾销主要发生在一国厂商过高预估市场需求导致货物囤积时发生。当国内的产品需求已经失去弹性时，即使低于国内市场价格出口国外，也能够抵消在国内降价销售所造成的损失。[①] 偶发性倾销在竞争法中是不受约束的，这种行为并没有扰乱公平竞争秩序，也没有损害消费者利益。与偶发性倾销不同，出口企业出于"大规模生产效应"的考虑长时间降低产品价格的行为对竞争秩序的破坏性很大。在实践中，垄断组织承受长期低价的能力强于普通企业，当其他竞争者无法承受长期低价竞争时，倾销企业就会以此做筹码强迫对手与其联合定价或分割市场，当垄断势力足够强大，倾销企业就可以完全排除其他竞争者任意抬高市场价格，这就是危害最大的"掠夺性倾销"行为。所以说，反倾销法和竞争法在市场规范上有重合，当倾销行为达到滥用市场支配地位扰乱竞争的程度时便可能落入竞争法的规制范围，现实中这类案件时有发生。

竞争法和反倾销法虽然有其各自的制度界限，但是并非泾渭清渭。尤其在国际层面上，当一国企业向另一国市场进行低价销售的行为损害到进口国产业发展时，进口国不同领域的执法机构会根据自己的职权进行不同层面的调查，不同的企业也会为了自己的利益最大化选择适合的救济途径。这种"双重管制"和"双重救济"的局面给出口国贸易带来更多的不确定性和风险性，甚至可能成为

---

① ［美］雅各布·瓦伊纳：《倾销：国际贸易中的一个问题》，沈瑶译，商务印书馆 2013 年版，第 103 页。

进口国本国贸易保护的新工具。

（二）国内竞争秩序和倾销行为的联动性

由于偶发性倾销对市场不具有危害性，理性商业人会谨慎适用，它的存在甚至可能给消费者带来额外福利，所以偶发性倾销行为大多数情况下不属于反倾销法的管制范围。与之不同的是，持续性倾销是对市场危害较大的一种倾销行为，这种倾销得以长期维持且最终获得回报需要具备一定的条件。首先，由于长期低于平均成本价格的出口销售需要依赖国内市场的利润进行损失补偿，所以该厂商的利润在本国市场要有很强的稳定性。其次，为了避免进口国市场上的倾销产品能轻易被运回国内市场销售干扰国内商品价格，国内市场通常能获得政府提供的保护措施。① 最后也是最重要的条件是，掠夺性倾销的策划者在本国往往已经具有垄断性地位。

从倾销的实践来看，持续性倾销者大多与其市场支配地位有着密切的联系。当国内市场形成垄断控制，而国内订单又不能充分利用生产设备时，在其他市场以低于国内价格获取订单就会有利可图。此时对于垄断者来说，出口倾销比国内降价更有吸引力。当国内市场缺乏激烈价格竞争时，企图通过降低国内价格来扩大需求刺激销售的行为一般是无效的，利用低价销售刺激消费的潜力更多的是在国外市场。在国内垄断压制下出口倾销成为一种缓解方式，它让所有在国内市场因垄断协议或滥用市场支配地位而受到压制的激烈价格竞争转移到出口贸易中。国内市场的竞争氛围和出口倾销行为之间具有很强的联动效应，在竞争法相对成熟的国家企业倾销的冲动相对较小，竞争法和反倾销法之间存在某种此消彼长的张力。

（三）反倾销措施的反竞争性

反倾销制度的正当性在学界一直饱受争议：经济学家米歇尔·芬格指出，虽然反倾销法的初衷是为了惩罚国际贸易中"不公平"的低价行为，但是经济理论分析后发现，并非所有的倾销都有害，适当的短期倾销行为还能提高消费者福利；② 美国著名法官波斯纳指出，反倾销措施所要避免的不公平贸易行为的意图，远远超出了经济法中的掠夺性定价这一行为的规制的范围。实施贸易救济的本质是

---

① 参见孙立文：《WTO〈反倾销协议〉改革——政策和法律分析》，武汉大学出版社2006年版，第13页。

② J. Michael Finger, *Should Developing Countries Introduce Antidumping*? The World Bank Working Paper, 1993, www.worldbank.org /INTRANETTRADE/Resources/WBI - Training /MFinger antidumping_eng. DOC. 2019年12月20日访问。

保护进口国国内的产业免受低成本外国生产者的竞争，这种手段很少考虑生产者低成本的合理原因和不同国情，比如用工成本低、经营管理效率高等诸多混合因素。①美国著名律师威廉姆斯点出了两种制度的价值取向差异：反倾销法保护竞争者，竞争法保护竞争。② 本质上，对于本国产业的保护措施是贸易保护主义和国家主义的表现，具有一定的反竞争性。尤其是在最近几十年，反倾销调查像流行病一样在全球爆发性地泛滥，演变成为当今国际贸易中使用频率最高的贸易保护工具。

反倾销措施实施程序的不确定性是悬在很多企业头上的达摩克利斯之剑，成为潜在的风险，在这种背景下，采取限制价格的措施成为了企业之间迫不得已的选择，也给它们带来了双重困境，往前一步走可能违反了其他国家的竞争法，原地不动又可能触动贸易救济机制。WTO 原材料案和美国国内一系列案件的冲突正是反映出反倾销法自身的反竞争性，反倾销法和竞争法给企业造成了类似于"囚徒困境"的两难选择。

三、中国协调反垄断法和反倾销法的方案选择

在反垄断法和反倾销法协调的过程中二者如何转换和过渡的问题上，区域内市场的一体化程度是决定性因素。在区域市场一体化问题上，学界通常根据贸易协定类型将其分为自由贸易区、关税同盟、共同市场及经济联盟这几种类型。③也有学者提出了"浅度一体化"与"深体一体化"的二分法，伯纳德·霍克曼教授对该二分法做出了进一步解释：浅度一体化系指消除对国外与国内企业进行歧视的各项措施，包括适用国民待遇原则和消除暂时性保护措施；深度一体化系指由政府采取各项明确措施，用以减少各国在产品、生产过程、生产者和自然人上规制的不同所导致的市场分割效果。实现深度一体化有两种方式，第一种是承认各国的政策，第二种是通过权力让渡建立一个超国家体。④ 根据伯纳德·霍克曼教授的理论，取消反倾销措施是浅度经济一体化的做法，而采用共同的竞争法则是深度一体化的体现。

---

① 参见［美］理查德·波斯纳：《法律的经济分析》（第 2 版），蒋兆康译，法律出版社 2012 年版，第 452 页。

② S. Linn Williams, *Introduction*: *Anti - Dumping Laws, Remedies, Procedural Safeguards, Subsidies and Countervailing Duties in the United States*, in INSTITUTE OF INT'L BUS. LAW AND PRACTICE, DUMPING: A COMPARATIVE APPROACH 9, 17（1995）

③ ［美］罗伯特·J. 凯伯：《国际经济学》，侯锦慎、刘兴坤译，中国人民大学出版社 2009 年版，第 254～255 页。

④ Bernard Hoekman, *Free Trade and Deep Integration*: *Antidumping and Antitrust in Regional Agreements*, World Bank Policy Research Working Paper No. 1950, 1998, p3 - 4.

根据反倾销法和竞争法的功能替代理论和市场一体化程度二分法，区域贸易协定中反倾销措施和竞争法的制度安排中，最可行的方式是对二者功能进行逐步转换。反倾销法和竞争法在规制"掠夺性定价"上存在着规范上的重叠，同时二者在区域内的功能上作用存在着既重叠又冲突的关系，前者发挥缓冲作用的政策工具效果会逐步被区域一体化过程稀释，随着稀释程度的增大，可以慢慢退出区域贸易协定中的制度安排。区域范围内进行反倾销措施和竞争法之间的过渡和转换在实践和理论上都是可行且合适的。

2015年中韩签订的自贸区协定中首次对WTO反倾销规则作出了限制性解释。协定第七章第7.7条规定"缔约双方确认在反倾销调查计算倾销幅度时不使用第三国替代价值的方法，包括在确定正常价值和出口价格时不使用替代价格或替代成本。"这是对WTO反倾销协定的限制性规范。同时，在协定中第14章是独立成章的竞争政策安排，对竞争法的适用、透明度、执法合作等方面都作了具体规定。中韩自贸区在竞争政策的确认和反倾销法的限制两方面都作出了突破，这是中国与其他国家签订的自贸区协定中首次也是唯一一次对竞争政策和反倾销法同时作出规定。① 这种安排模式与前文提及的二者的互动规律不谋而合。

我国应当依据不同国家和区域的现实情况制定策略。目前，中国已与东盟建立起"10 + 1"自由贸易区，与新西兰、韩国及澳大利亚签署了自由贸易协定，中日韩自贸区协定谈判及包括中日韩和东盟在内的"10 + 3"贸易谈判也正在开展。由于东盟国家之间的经济水平和竞争法文化建设尚处于发展阶段，我国与东盟国家直接开展深度的竞争法区域合作的基础尚不具备。中日韩三国之间经济发展依赖性、地理位置的紧密联系及文化传统的相似性为竞争法的深度合作提供了可能性。新西兰、澳大利亚作为已成功实现竞争法取代反倾销法的国家，有着丰富的理论基础和实践经验，我们需要结合自己市场的发展情况与之建立合作，学习先进经验。

第四节　中国对于竞争中立规则的立场和应对措施

一、竞争中立规则的演进过程

"竞争中立"的概念第一次成为官方正式文件中的表述是在澳大利亚。1996

---

① 参见《中韩自贸区协定文本》，http://fta.mofcom.gov.cn/korea/korea_special.shtml，最后访问日期：2019 - 09 - 05。

年,澳大利亚在国内的《联邦竞争中立政策声明》中明确提出"竞争中立"这个概念:"竞争中立是指政府的商业活动不得因其公共部门所有权地位而享受私营部门竞争者所不能享有的竞争优势。"这个概念的提出是澳大利亚为了限制国家的天然竞争优势,防止国家采取反竞争行为,破坏本国市场竞争秩序。澳大利亚国内"竞争中立"概念的主要约束对象是政府和政府所控制的国有企业所进行的商业行为。①

澳大利亚政府在 1992 年委托弗莱德里克·希尔默教授组织国家竞争政策咨询独立委员会,全面审查本国的竞争政策,完成了《希尔默报告》。报告中的第 13 章专门论述了竞争中立问题,报告指出当政府控股企业获得优势地位如政府补贴、税收减免时,这些企业非常容易扭曲市场的公平竞争秩序。报告认为构建竞争秩序应当把这些企业纳入进来,作为国家执行竞争政策的重要一部分。竞争中立规则在澳大利亚适用对象是,政府所有的企业从事的"商业行为",这体现了澳大利亚竞争中立的目的是区分企业公共服务和商业行为,将这两种行为的财务进行隔离,具有公共服务性质的资本不能被政府商业使用,防止政府的"搭便车"行为。②

美国是在 2011 年正式提出"竞争中立"的概念,美国主管经济事务的副国务卿罗伯特·霍马茨明确"竞争中立"理解重点不是调整美国国内的竞争环境,而是作为对扭曲国际竞争市场的其他国家的国有企业的治理和改进。罗伯特·霍马茨承认了就目前国际法的现状来看,美国无权干涉和评估他国国内市场的竞争秩序,但是他国政府应当致力于保障所有市场主体在贸易活动中应当享受的公平竞争的权利。③ 时至今日,美国倡导竞争中立的真实目的也越来越呼之欲出,竞争中立已经从维护国内市场配置效率和公平竞争的制度转变为美国和欧洲对经济转型国家国有企业的规制工具,该理论主要针对以中国为代表的新兴国家。

2011 年以来,美国副国务卿罗伯特·霍马茨发表了一系列关于竞争中立的演讲,演讲里重点提到了中国国有企业对世界经济的影响。④ 演讲中还指出,为

---

① Matthew Rennie and Fiona Lindsay, *Competitive Neutrality and State – Owned Enterprises in Australia*: *Review of Practices and their Relevance for Other Countries*, OECD Corporate Governance Working Papers, No. 4, OECD publishing, 2011.

② Australia Government Productivity Commission, *Competitive Neutrality Complaints*, At http://www.pc.gov.au/about/core-functions/competitive-neutrality,最后访问日期:2017 – 03 – 09。

③ Robert D. Hormats, *Ensuring a Sound Basis for Global Competition*: *Competitive Neutrality*, At https://www.state.gov/r/pa/prs/ps/,最后访问日期:2017 – 01 – 13。

④ 在《应对中国模式的挑战》和《为全球竞争提供健康基础:论竞争中立》这两篇文章的主要观点可以总结为:2008 年金融危机导致的全球经济低迷状态后,个别转型经济国家的国有企业和主权基金逐渐占据全球市场,由于这些企业的竞争优势主要来自政府的支持和补贴,它们扭曲了国际市场的竞争秩序,也挫伤了其他国家私人企业的创新能力。

应对国有企业国际化带来的新型挑战，确保一个公平竞争的国际市场环境，"竞争中立"是一个绝佳的政策工具。① 霍马茨将政府支持和补贴的国企驱动型经济模式称为"国家资本主义模式"，并指出"贸易扭曲造成的'中国模式'不利于美国公司在世界的竞争机会取得，这将会直接威胁美国就业和国际竞争力。"② 美国认为，任何企业只要自身或其商业活动与政府有联系，就被推定得到了政府的支持并因此不合理地获得了竞争优势。

在欧盟，公共企业（public company）受竞争法和国家补贴法律的规制。除《欧盟运行条约》第106条的规定之外，欧盟法律对成员国国家资助或补贴也做出规范，要求明确各种形式补贴、财政资助及税收优惠的条件，并对透明度提出明确要求。由于欧盟的竞争法体系建立较早，且主要目标就是为了协调和平衡欧盟成员国之间的自由和平等的竞争关系，所以对公共企业的规制已经非常完善和成熟了。这意味着，竞争中立政策是欧盟竞争法的应有之义，不需要单独做说明。

尽管澳大利亚、美国、欧盟对于竞争中立概念的定义有差异，提出竞争中立政策的背景和目的也不尽相同，但是这些不同对于此概念的定义最终都将问题指向了阻止政府给予特定企业"非市场化的竞争优势"，以及由此导致的企业间的不公平竞争。竞争中立实际上就是尊重市场的权威，由竞争本身决定竞争之结果。更确切地说，其本质就是强调国家经济治理应最大限度地避免限制或扭曲竞争的行为。③

二、美欧推行下的竞争中立规则对中国企业造成的潜在隐患

反补贴措施和竞争中立政策的核心目标都是为了阻止政府的扭曲市场行为，两种政策背后所秉持的理念和原则是相通的。现行《补贴与反补贴措施协议》中规定可诉性的政府补贴必须要满足专向性的条件，也就是说政府补贴是专门被给予某个企业、产业、企业集团。这与竞争中立政策中的"竞争优势"概念类似，政府通过给予某些企业或者产业的优惠政策，让这些集团获得其他企业没有的优势条件，这种优势违背了公平竞争，损害了市场的自动调节机制，削弱了市场的资源分配功能。竞争中立政策本质上也是为了禁止和阻止政府对市场的干预和扭

---

① 唐宜红、姚曦：《混合所有制与竞争中立规则——CPTPP对我国国有企业改革的挑战与启示》，载于《人民论坛·学术前沿》2015年第23期。

② Robert Hormats, *Addressing The Challenges of The China Model*, delivered on May 11, 2011. https://china.usc.edu/robert-hormats-addressing-challenges-china-model-may–11–2011，最后访问日期：2017–03–09。

③ 张占江：《政府行为竞争中立的构造——以反垄断法框架为基础》，载于《法学》2018年第6期。

曲，正如哈耶克所描述的那样，政府干预是以特定结果为目标而决定市场主体数量、商品价格等因素的直接干预，尤其体现为具有专门指向的产业政策，以及具有歧视性的财政和税收政策。① 逐渐扩大化的竞争中立政策是对反补贴措施的补充和扩展，其规制的范围将远远超越 WTO 对政府行为的规制范围。

反补贴措施是建立在边境区隔的基础上，随着边境的逐步弱化和全球市场相互渗透，反补贴措施的局限性越来越明显。反补贴措施作为一种事后补偿性措施，当市场秩序因为政府行为的失当遭受损害后，通过这种补偿性措施弥补市场失序的损失，并不能从根本上杜绝和防止政府的反竞争行为。竞争中立政策通过竞争评估、竞争倡导和竞争执法三位一体的制度组合，可以彻底地将政府行为纳入其管辖范围，更加系统和明确地对政府和市场的关系进行规范。

应该说，理想状态中的竞争中立规则是可以将反补贴措施纳入其中。这与反倾销法被竞争政策逐渐吸收的策略一样，随着市场一体化程度的加深，统一的国际竞争政策和竞争中立政策将逐渐取代贸易救济措施。② 但是现阶段的区域贸易协定中表现出的特征是竞争中立政策和反补贴措施对国有企业形成了双重管制，这种双轨制方式对国有企业形成了多方位的具有矛盾性的规制。无论从制度间的自洽性角度，还是从公平贸易角度，现阶段竞争中立的发展都是非常不平衡的。

现行《补贴与反补贴措施协议》将补贴分为两种：禁止性补贴和可诉性补贴。禁止性补贴是指本身就被禁止、任何成员都不得提供或维持的补贴，禁止性补贴包括出口补贴和进口替代补贴两种。禁止性补贴属于专向补贴，无须证明，也无须证明该补贴产生不利影响。可诉性补贴并不当然被禁止，只有可诉补贴对其他成员的利益造成不利影响时，才可以对其采取反补贴措施。WTO《补贴与反补贴措施协议》的可诉性补贴，需满足三个要件：（1）补贴的主体是政府或"公共机构"③；（2）补贴授予了相对方利益；（3）补贴具有专向性。也就是说，

---

① 参见张占江：《政府行为竞争中立制度的构造——以反垄断法框架为基础》，载于《法学》2018年第6期。

② 经济学家米歇尔·芬格认为，竞争法更能非歧视性地针对国内及国外企业真正有害的低价销售行为进行规制而不会造成保护主义滥用，因此最佳的方案是以竞争法取代反倾销法。加布里埃尔·玛索教授也认为，反倾销措施限制了贸易自由化，从理论上说应该取消该制度安排。但是，从现实可操作性的角度出发，在区域内逐步取消反倾销措施后，竞争政策的执行是一个问题，各国竞争政策协调和经济发展水平相似度都发挥着重要作用。也就是说，在实际上逐步淘汰反倾销法之前，区域内的主管机关要有被授权处理这区域贸易中反竞争性行为的权力。

③ "公共机构"这一概念一般应用于 WTO 国际争端解决过程中。WTO《补贴与反补贴措施协议》第1条规定：构成补贴的首要要件就是成员方境内存在由政府或任何公共机构（public body）或受政府委托（entrust）或指示（direct）的私营机构提供的财政资助。但这一规定在各国反补贴实践中存在诸多争议，针对补贴行为主体之一的"公共机构"的界定，尤其是国有企业和国有银行是否属"政府"和"公共机构"的认定，标准各不相同，争议颇大。

WTO《补贴与反补贴措施协议》并不限制所有的补贴,而是认为专向性补贴对国际贸易有扭曲作用,因此把专向性作为采取反补贴措施的先决条件。

《补贴与反补贴措施协议》中只对政府和公共机构作为补贴提供者的专向性补贴认定为可诉性补贴加以限制,关于国有企业的补贴的性质并没有做出具体规定,是一个争议性问题。美国主张采取所有权标准来认定国有企业与政府控制的联系,通过这种分析路径,国有企业很容易就被认定为公共机构,国有企业的商业行为被认定为政府行为的风险增大。针对美国将国有企业视为公共机构的做法,连同其他一些措施,在中国诉美国反倾销反补贴措施案（DS379）[①] 中国政府一并诉诸 WTO 争端解决机构。该案件中专家组支持了美国几乎所有的主张,通过条约解释将国有企业和受政府控制的机构都解释为公共机构。但是,上诉机构也是通过条约解释法得出了与专家组完全不同的结论,并否定了专家组的上述解释结论,认为判断国有企业是否属于公共机构的核心标准在于是否"拥有、行使或者赋予了政府权力"。

我国在中国诉美国反倾销反补贴措施案（DS379）中获得了暂时性的胜诉并没有扭转对"政府行为"和"公共机构"认定的扩大化趋势,WTO 上诉机构的裁决对之后的案例在法理上也并不产生先例效果。DS379 案裁决发布后,一系列中国主要贸易伙伴纷纷在宣称遵守裁决结果的同时,做出了与美国类似的选择：对标准进行"利己解读",反而对本国"公共机构"认定披上合法性外衣。从其后的"韩国影响商用船舶措施案"[②] 中可以看出,美欧将他国国有企业、国有商业银行视作"政府"或"政府当局"成为一种惯常指控,而非仅针对中国。在"韩国影响商用船舶措施案"中,WTO 上诉机构重点强调政府对企业的绝对控制,而在 DS379 案中,WTO 上诉机构则强调企业是否拥有政府权威。可见,现阶段 WTO 争端解决机构对国有企业是否为"公共机构"的认定没有统一的标准,具有极大的不确定性。[③]

国有企业在 WTO 的条约中没有被明确定性为"公共机构",然而 WTO 框架下的补贴只能来自政府和公共机构。美国寄希望于通过条约解释,将国有企业直接等同于公共机构,并将公共机构的认定标准直接适用于国有企业。然而,WTO 争端解决机构并未满足美国愿望,关于国有企业的定性在 WTO 框架下仍然没有形成统一认识,需要进行个案分析。[④] 在这种背景下,美国企图通过区域内国际

---

① US - Anti - Dumping and Countervailing Duties, WT/DS379/AB/R.
② 2002 年 10 月 "韩国影响商用船舶措施案"中,欧盟确定的判断公共机构的三个标准是：在公共法令的基础上建立并运行；决策受政府控制；追求公共政策目标；获得国家资源并从中得益。在该案中,欧盟运用这三个标准认定韩国进出口银行（KEXIM）为公共机构。
③ 马其家、樊富强：《论国际竞争中立规则适用范围的扩张——以"中国诉美双反措施案"等案例为视角》,载于《法律适用（司法案例）》2017 年第 6 期。
④ 参见蒋奋：《反补贴语境下的国有企业定性问题研究》,载于《上海对外经贸大学学报》2017 年第 1 期。

造法，将 WTO 上诉机构未接受的"政府所有权控制"理论包装成竞争中立规则中的"国有企业"和"指定垄断"。美国标准下的国有企业是指政府所有或控制的、依法建立的营利性机构与非营利性机构①，此处的国有企业包括该协定定义下的国有企业，也包括不符合该定义的国有参股企业，故涵盖了我国国内法意义上的国有独资企业、国有控股企业和国有参股企业。这种新标准的目的是便于将国有企业直接认定为补贴提供者。②

美国在国内发起的对华反补贴调查时采用所有权标准，其所带来的影响不局限于国有企业自身，还会波及其他私营企业，形成多米诺骨牌效应。最糟糕的结果是任何中国企业与国有企业进行的商业交易，都会被认定为"公共机构"给予的财政资助，进而成为反补贴措施的潜在打击对象。由于在补贴利益判定环节允许采取外部基准，故与国有企业进行的商业交易，很容易就被认定为是接受了公共机构提供的补贴。现阶段的竞争中立政策将国有企业打上了"非商业机构"的烙印，并且通过竞争中立原则的推广将国有企业的商业活动限制制度化；同时，又通过扩大"公共机构"的扩大解释，将国有企业身份直接与"公共机构"画上等号，无限放大国有企业的身份特征，将所有国有企业都与政府控制联系在一起，并从补贴受益人角度，区分国有企业与私人机构建立补贴双轨制，以彻底实现反补贴语境下对国有企业商业属性的制度性否定。③

根据 WTO 反补贴规则，国有企业有可能作为补贴提供者被限制，同时在区域贸易协定的竞争中立规范中又作为竞争优势的接受者被限制。国有企业在两种制度中可能同时作为反竞争优势待遇的提供者和接受者被管制，让其所有市场行为都被全方位、多维度地进行限制，这种规则的本质与"中立"并不相符，而是将国有企业的情况包装成"竞争政策"中"公平竞争"问题，在反补贴规范的基础上再将国有企业进行多重管制。这种双重乃至多重管制一旦形成，国有企业和与其交易的私营企业面临着诸多政策不确定性，也违背了竞争中立追求的公平性，形成了某种意义上对国有企业的竞争歧视。国有企业作为补贴提供者和竞争优势接受者的双重身份形成的功能性冲突可能会进一步打破国际贸易政策内部的自洽和平衡。

---

① 关于国有企业和指定垄断 TPP 第 17 章 17.1 条给出了非常明确的定义，其中将"指定垄断"分为"私有指定垄断"和"政府指定垄断"。国有企业的定义是从事商业行为拥有 50% 以上的股份资本或 50% 以上的投票权或者拥有任命大多数董事会或其他同等管理机构成员的权利。第 17 章关于适用范围的规定比较具体，尤其关于国有企业的定义，根据直接拥有一定比例的股权资本或投票权来确定，没有太多的争议性，便于操作。

②③ 参见蒋奋：《反补贴语境下的国有企业定性问题研究》，载于《上海对外经贸大学学报》2017 年第 1 期。

三、中国参与竞争中立规则构建的策略

如前文所言，竞争中立规则和反补贴措施在区域贸易制度安排中可能会形成对国有企业的规制冲突。这种冲突的来源不是偶然的，而是植根于多边贸易的发展历史进程中。"二战"后为筹建国际贸易组织（ITO）而拟定的《哈瓦那宪章》第 5 章的第 46 条至第 54 条是关于竞争政策的规定[①]，由于美国国会拒绝批准《哈瓦那宪章》，使得最早可能形成的国际竞争规范中途"夭折"。《哈瓦那宪章》"流产"后，美国倡导的反托拉斯法域外适用的效果原则虽然被其他国家被动或主动地逐渐接受，但这并没有解决竞争法管辖权的冲突问题，反而加剧了国家间的摩擦，澳大利亚、加拿大、新西兰、英国等国纷纷出台了阻却美国反托拉斯法的法律法规。截止到目前，WTO 框架下还没有形成关于竞争政策和反竞争行为的协议，但是有关"公平竞争"理念体现在 WTO 的诸多原则和条款中。[②]

最惠国待遇原则和国民待遇原则的最终目的都是为全世界不同的国家提供一个自由、平等的竞争平台，要求各国之间不能有选择性的歧视，禁止对特定国家实施约束性关税或者数量限制等政策，主要是规范政府的关税行为。实际上，只要政府和企业都能遵守竞争政策的原则，对国外企业和国内企业都一视同仁地适用本国竞争法，就可以最大限度地防止违反 WTO 基本原则的商业行为发生。为所有企业提供公平竞争的环境和 WTO 的非歧视原则是互相促进、互相影响的。WTO 虽然未明确将竞争政策单独成章，但是"不得允许企业运用限制竞争措施来建立新的国际贸易壁垒"的理念已经渗透在诸多条款中。从这个意义上说，竞争政策（公平竞争）已经成为 WTO 协定的一部分，也是反补贴措施追求的

[①] 《哈瓦那宪章》第 5 部分是专门调整限制性商业行为的，该章节要求各成员方采取适当的措施，并通过合作来阻止私人或公共商业企业的那些影响国际贸易、限制竞争、限制市场准入或关闭市场的商业行为，只要当这些行为对生产的扩大和贸易产生了有害的后果，并和宪章第 1 条规定的目标相违背。《哈瓦那宪章》规制的限制性商业行为包括以下几种：（1）通过交易中的利益交换，达成固定价格的协议；（2）滥用市场支配地位的排他性行为，提高市场的准入门槛阻止其他企业进入本土市场；（3）对特定的企业进行歧视；（4）限制生产或者固定生产配额。《哈瓦那宪章》明确规定了禁止成员方反垄断法的域外适用，一切域外行动都是违背协议的，成员之间只能通过政府合作来解决企业反竞争行为的纠纷。如果某一企业的商业行为破坏了其他成员国内的竞争秩序和贸易秩序，依据宪章规定，任何受影响的成员都可以以自己的名义或者代表其管辖范围内的任何受影响的个人或者企业向国际贸易组织提交书面指控。如果协商失败，成员还可以选择将该争端提交联合国执行局申请复议。

[②] WTO 中与竞争政策有关的内容不仅体现在基本原则上，还分散在诸多协定。《贸易有关的知识产权协定》《反补贴》《补贴与反补贴措施协议》《保障措施协定》《反倾销协定》中的诸多条款中都直接或间接体现了对"公平竞争"的追求。

目标之一。反补贴措施是进口国通过调查补贴进口并征收反补贴税来保护受损的国内产业以及恢复公平竞争的行为,这种措施是在缺失统一国际竞争规则时的补救措施。

当竞争中立被完全实施后,反补贴措施适用的情形将会大大减少,因为诸多出口国的补贴行为都会通过竞争中立规则被约束。在竞争中立规则被确定和实施的区域,反补贴措施的适用空间会被大大缩小。因此,国有企业被竞争审查后还作为"公共机构"被反补贴措施救济是不合理的。国有企业之所以被竞争审查是为了让其商业行为不受政府干扰,让其面对和私营企业同等的竞争市场,不享受任何优惠待遇。"竞争中立"规则的最终目的就是通过竞争评估、竞争倡导和竞争执法的制度性改造,去除国有企业参与商业行为可能享受的竞争优势,将国有企业和私营企业放在完全相同的竞争环境中。

在我国提出竞争中立的构建中,区域贸易协定中竞争中立规则完全实施后,国有企业作为"公共机构"参与竞争的可能性将大幅度降低,国有企业享受政策特权的环境也并不存在。在这种背景下,还依旧按照美国对"公共机构"的解释方法①来认定补贴,轻易将国有企业与私营企业的商业行为定性为国有企业对私营企业的补贴行为,会引发一系列的过度救济措施。尤其是国有银行一旦被定为"公共机构",在银行贷款的私营企业面临的政策风险无法估量。因此,在适用竞争中立规则的区域内,国有企业需要被谨慎对待,不能随意被扩大解释为"公共机构",应当对"公共机构"的解释进行限缩。未来的制度安排中,我国应该提议构建竞争中立规则和反补贴措施的良性互动,随着竞争中立规则的完善,反补贴措施发挥的作用将会越来越少。

现有的区域贸易制度安排中,竞争中立规则的发展趋势是独立于竞争政策成章。这种独立性不仅体现在形式中,还体现在二者的发展速度和发展预期。依照现有的趋势,竞争中立将继续扩张其规制范围和约束强度,这种趋势反映了国际造法过程中大国间的权力博弈,美国在竞争政策和竞争中立规则的国际造法路径中起到了主导作用。实际上,在构建国际统一竞争规则的过程中,美国学界和官员都是持反对意见,他们反对的主要理由是,竞争法必然涉及对此类制度目标可接受的成本的规范判断,而这个判断会因国家而异。同时,他们坚持美国的选择

---

① 2012年5月18日,美国商务部就如何确定特定中国实体为"公共机构"发布备忘录,作为其履行中美双反措施案上诉机构裁决的措施之一。备忘录就美国商务部如何确定特定中国实体为"公共机构"进行详细论述,主要有以下三点:第一,特定实体由中国政府拥有多数股权且适用特定政府产业计划即可能被认定为公共机构;第二,如果中国政府对特定实体实施了"有意义的控制",即使中国政府对该特定实体拥有极少股权甚至没有股权也可能被认定为公共机构;第三,对"有意义的控制"的判定取决于一系列因素,如政府是否拥有特定实体高层人事任免权和经营决策权、中国共产党是否在特定实体的董事会中占据明显多数等。

是一种客观存在的、可以预见的最优路径，其他国家无需亲自尝试便可复制的正确选择。① 这种视角使美国评论者不愿意接受一个非根植于美国反托拉斯原则的国际制度。

美国通过反托拉斯法的域外适用扩张其竞争法的管辖权，很多国家开始将美国法院视为潜在的"世界反托拉斯法院"，在美国提起反垄断诉讼甚至作为一种商业策略存在，因为原告在美国可能获得比在任何其他国家都高额的损害赔偿。这些诱惑促使外国诉讼者频繁在美国提起诉讼，要求就美国境外反竞争行为遭受的损害寻求救济，这些损害很多时候和美国没有直接联系。美国竞争法的特征使得美国成为反垄断法体系的中心，美国国内的竞争法发展控制着全球竞争秩序。② 美国单边主义倾向导致全球反垄断机制失去了"反馈"机制，全球竞争秩序演变成建立在主权基础上的权力博弈，每个参与者都基于自己的利益单方面做出决定。在这个体系中，每个国家的经济实力决定了对市场的影响，导致全球的竞争模式最终是由几个拥有足够经济或政治实力的国家决定，美国在这个体系中拥有了绝对的优势地位。③

美国对待竞争政策和竞争中立的不同态度也在影响着国际竞争规则的构建，竞争中立作为特殊的竞争政策被片面误读，使得国际社会片面地将竞争中立问题狭隘地聚焦在国有企业与私营企业之间，甚至仅限在中国的国有企业与其他的私营企业之间，形成了竞争政策和竞争中立的错位。④ 目前竞争中立的国际造法再次将国际竞争规则构建政治化，将其作为大国间谈判博弈的筹码，这不仅不利于国际竞争秩序形成以规则为导向的谈判，这种失衡的竞争规则还会带来一系列制度间的冲突。

在制度功能性上，竞争中立应当从属于竞争政策，不过由于其规制对象的特殊性，需要一些例外审查机制，如竞争评估制度。但是，竞争中立规则的特殊性不并足以支撑其摆脱传统竞争法理论，其目标依然是指向公平竞争。片面强调竞争中立规则同时抑制竞争政策的国际规范，不论在理论自洽还是立法技巧上都存在诸多障碍。基于此，竞争中立规则应当回归竞争规则统一协调。区域贸易制度安排中应当先建立基础的竞争规则，对横向和纵向限制竞争行为适用的"本身违法原则"和"合理原则"，适用最低国际标准原则，根据国内竞争法的特点和成

---

① See Eleanor M. Fox, *Competition Law and the Agenda for the WTO: Forging the Links of Competition and Trade*, 4 Pac. Rim L. & Pol'y J. 1, 3 (1995)

② 参见［美］戴维·格伯尔:《全球竞争：法律、市场和全球化》，中国法制出版社2012年版，第52页。

③ 王晓晔、陶正华:《WTO的竞争政策及其对中国的影响——兼论制定反垄断法的意义》，载于《中国社会科学》2003年第5期。

④ 丁茂中:《竞争中立政策走向国际化的美国负面元素》，载于《政法论丛》2015年第4期。

本收益实验法进行调整形成对兼并的审查和对滥用市场支配地位的限制。同时，规定国内竞争法不得对出口卡特尔给予豁免，设立政府间的争端解决程序。在基础竞争规范形成后，政府从事的商业行为应当完全被纳入此国际竞争规则的规制范围，不因其特殊身份享有任何竞争优势，同时形成税收中立、商业回报率等竞争评估审查制度。竞争中立规则和竞争政策都应当统一纳入区域贸易协定中的争端解决机制，保持国有企业的"中立性"，不做豁免处理。

第五节 中国反垄断法域外适用原则的合理确定和有效运用

一、反垄断法域外适用的涵义、依据与现状

所谓反垄断法的域外适用，是指一国依据某种原则将其反垄断法适用于在本国以外发生的某些垄断或者限制竞争行为。其目的是防止在本国领域以外发生的垄断行为对本国经济造成的危害。

根据传统国际法的原则，一国法律对在其领域内发生的行为具有约束力，此即属地管辖原则；一国法律对在其领域外的本国公民和法人的行为也具有约束力，此即属人管辖原则。而在现代国际法中，属地管辖原则被延伸，即不仅对在本国领域内的行为，而且对那些发生在本国领域以外但在本国完成或者对本国有直接影响的行为都有管辖权。前者被称为客观地域管辖原则，后者被称为主观属地管辖原则。反垄断法的域外适用涉及的是主观属地管辖原则。由于这一原则适用的结果有可能使各国对同一事项都可以主张管辖权，因而难免会发生法律冲突。

为了取得一国的反垄断法对当事人在国外的行为行使域外管辖的理论根据，国际法协会自1964年以来就对这个问题进行了反复的审议。在1972年的纽约大会上，对一国就在国外实施的垄断行为取得管辖权的问题，确认了国际法上的几项原理。尽管这些原理未被条约化、法律化，但作为各国反垄断法域外适用的指导方针具有重大影响。这些理论主要有以下三个。一是部分行为理论。该理论认为，当符合垄断行为构成要件的行为在国外发生，并且该行为至少有一部分是在国内实施时，可以承认域外管辖权。这种理论源于属地主义，是基于国内垄断行为的客观要件而把属地主义加以扩展的原理。对此理论，国际法学界在域外适用是要求在国内实施一部分垄断行为还是要求足够的行为效果问题上，还存在很大

分歧。二是行为归属理论。该理论把行为概念抽象化，把国内子公司和国外母公司在资本关系、组织机构、支配与服从等实质机能上看作是一个有机联系的整体。因此，前者的垄断行为是按母公司的指示行事的，在确定国内子公司的行为归属于国外母公司时，即可在域外适用本国反垄断法。三是效果理论。该理论认为，构成违反反垄断法行为的要件主要包括两方面：一是当事人在国外的行为，二是该行为在国内所产生的效果，其中，国内效果是决定因素。当国内的效果是由国外的行为所直接产生，而且是作为当事人的主要意图的结果而产生时，就应当承认反垄断法的域外适用。

可以看出，部分行为理论和行为归属理论都是依据当事人在本国内实施的垄断行为而行使域外管辖权的。两者的差异仅在于，一个是外国企业或公司自身在本国内实施垄断行为，另一个是支配自己的子公司实施垄断行为，因而可以认为两者同属行为理论中的两种不同表现形式。而效果理论则相反，把在本国内产生一定的"效果"看作是行使域外管辖权的决定因素，只要当事人的垄断行为的结果影响到本国市场或经济秩序并显示某种效果即可行使域外管辖权。因此，效果理论与行为理论之间存在本质的差异。行为理论单方面强调构成垄断行为的客观要件，只要当事人实施了一国反垄断法所禁止的垄断行为，就可成为行使管辖权的对象，而不问其行为是否已经造成或者将会造成危害自由竞争这一客观结果；而效果理论强调主、客观要件的因果联系，即当事人主观意图和客观效果这两方面的有机结合。①

反垄断法的域外适用中影响最大也最有争议的是效果原则。这一原则最先不是制定法上的明文规定，而是美国法院在判例中发展起来的。1945 年美国第二巡回上诉法院在"美国诉美国铝公司"一案的判决中确立了美国反托拉斯法域外适用的"效果原则"。根据这一原则，在美国以外订立的合同或从事的行为，如果其意图影响且在事实上影响了美国的商业，那么法院就可以对该合同行为享有管辖权，追究有关公司的反托拉斯责任，而不论该行为者是否为美国国民。此后，美国根据这一影响原则，广泛地在其领土以外适用其反托拉斯法，追究外国企业的法律责任。当然，自 20 世纪 70 年代以来，美国在立法和司法中都对反垄断法的域外适用效力作出了一定的限制。美国法院在一些案件的审理中采取其他一些原则来对效果原则进行限制或者修正，例如在某些情形下应当考虑国际礼让，要对美国利益和其他国家的利益进行比较分析。1977 年美国司法部公布的《国际经营的反托拉斯实施指南》中进一步提出："外国交易一旦对美国商业发

---

① 参见杨军：《反垄断法域外适用机制之剖析》，载于丁伟、朱榄叶主编：《当代国际法学理论与实践研究文集·国际私法卷》，中国法制出版社 2002 年版，第 211 页。

生实质性的和可以预见的影响，不问其发生在什么地方，均受美国法律管辖。"美国 1982 年的《对外贸易反托拉斯改进法》也指出："谢尔曼法实际上只适用于某些外国人的交易活动，即它们对美国国内、对美国的出口贸易或者对美国出口企业的出口机会，有着直接的、实质性的且可以合理预见的影响。"美国司法部和联邦贸易委员会 1995 年修订了上述《国际经营的反托拉斯实施指南》，其中规定，如果第三国企业间的合并对美国国内、对美国的出口贸易或者对美国企业的出口机会，有着直接的、实质性的且可以合理预见的影响，得依据《克莱顿法》第 7 条决定是否批准合并。同时，该指南也指出，反托拉斯法主管机关在执行反托拉斯法的时候应当考虑国际礼让。这也体现了一定的合理管辖的原则。但是，效果原则依然是美国反托拉斯法域外适用的最基本的依据。

美国平衡受影响国家利益的理念是在礼让概念下发展起来的，后来被重新表述为行使管辖权的"合理性"测试。美国主动限制域外效力扩张的动机是为了缓和国际冲突给本国带来的压力，并非应国家法的要求而放弃管辖，所以这种自我克制并不具有持久性。在 1993 年的哈特福德火灾保险公司（Hartford Fire Insurance Corp）案中，美国最高法院放弃了利益平衡原则，确认只有当美国和外国管辖权主张之间存在"真正的冲突"时，美国法院才会考虑外国利益。①

美国依据效果原则将其反托拉斯法域外适用的做法，首先遭到了不少国家的反对和谴责。有些国家通过外交途径进行抗议，有些国家进行有针对性的法律抵制。例如，英国、加拿大和澳大利亚等国针对美国的效果原则制定了抵制性的法规，禁止本国人向外国法院或当局提供有关反垄断案件的资料或提供其他的帮助，不承认和不执行外国法院对本国公司所作的此类判决。其中，英国 1980 年颁布的《保护贸易利益法》明确规定，外国法院或者代表外国法院所作出的在英国取得证据的请求，如果该项请求侵犯了英国的管辖权或者有损于英国的主权，英国法院不得根据《1975 年证据（在外国诉讼）法》的规定发布执行该项请求的命令。该法还禁止英国法院执行外国法院关于惩罚性金钱损害赔偿的判决，并允许英国被告通过在英国法庭提出诉讼从最初原告那里索回超过应补偿部分的赔偿金。据估计，"对域外管辖实行'封锁'的外国法院的数量以五比一超过司法协助的数量，对域外管辖采取外交抗议的例子以三比一超过外交支持的例子"。②这种情况也是美国后来一定程度地修正或者限制其依据效果原则进行反托拉斯法域外适用的一个重要原因。

---

① See Robert C. Reuland, Hartford Fire Insurance Co., Comity, and the Extraterritorial Reach of United States Antitrust Laws, 29 Tex. Int'l L. J. 159, 161 (1994).

② 转引自［美］马歇尔·C. 霍华德：《美国反托拉斯法与贸易法规》，孙南申译，中国社会科学出版社 1991 年版，第 333 页。

但与此同时,一些国家和地区又纷纷仿效美国,也主张本国反垄断法的域外效力。如德国《反限制竞争法》第 130 条第 2 款规定,本法适用于任何限制竞争的行为,即便它不在德国境内。欧盟委员会和欧洲法院也都主张其竞争法的域外效力,尽管各自所主张的理论依据并不完全一致。其中,欧盟委员会在有关案件的调查和处理中明确采用效果原则主张欧盟竞争法的域外适用,欧洲法院则一般避免直接适用效果原则,而创造了实际履行地原则和单一经济体原则等作为其竞争法域外适用的依据。其他一些国家的反垄断法也都规定了各自的域外适用效力,就连一些过去对美国反托拉斯法的效果原则持坚决抵制态度的国家如英国、加拿大和澳大利亚,它们不仅开始在一些涉及反垄断法域外适用的案件中与美国政府进行合作,而且在修订本国反垄断法时也增加了域外适用的规定,尽管有的没有明确使用效果原则这一概念。经济合作发展组织(OECD)在对其成员国竞争法的推荐意见《竞争法基本框架》中也指出,竞争法应适用于所有在国内产生实质性影响的事件,包括境外发生而在境内产生了后果的事件。① 这说明,主张反垄断法的域外适用已经成为各国反垄断法中的普遍做法。

二、中国反垄断法域外适用中需要注意的问题

2007 年 8 月 30 日出台的中国《反垄断法》在总则第 2 条中也确实规定了该法的域外效力,即"中华人民共和国境外的垄断行为,对境内市场竞争产生排除、限制影响的,适用本法"。因此,中国反垄断法可以适用于那些发生在外国但对中国的市场和消费者有着不利影响的垄断或者限制竞争行为。

《反垄断法》在 2008 年 8 月 1 日实施以来,中国反垄断执法机构依据该法的域外适用原则,调查处理了为数不少的反垄断案件,尤其是在经营者集中反垄断审查案件中,发挥了该法规范市场竞争行为,维护市场竞争秩序的积极作用。例如,在马士基、地中海航运、达飞三家航运企业经营者集中案②中,三家欧洲航运企业拟在欧洲设立网络中心,按照中国《反垄断法》规定向中国商务部进行了经营者集中反垄断申报。经审查,商务部认为此项经营者集中形成了交易方紧密型联营,在亚洲-欧洲航线集装箱班轮运输服务市场可能具有排除、限制竞争效果,参与集中的经营者不能证明该集中对竞争产生的有利影响明显大于不利影响或者符合社会公共利益,因此商务部决定禁止此项经营者集中,维护了相关市场

---

① 参见《各国反垄断法汇编》,人民法院出版社 2001 年版,第 745 页。
② 资料来源:商务部反垄断局网站:《商务部关于马士基、地中海航运、达飞设立网络中心经营者集中反垄断审查决定的公告》http://fldj.mofcom.gov.cn/article/ztxx/201406/20140600628586.shtml。最后访问日期:2018 - 02 - 18。

上的竞争秩序。

中国反垄断法在规定其域外适用效力时,既要维护本国的主权和经济利益,也要顾及别国的主权、经济利益和国际经济贸易秩序,尽量避免因片面的、极端的做法而引起不应有的法律冲突。由于上述部分行为理论和行为归属理论在本质上都是依据当事人在本国内实施的垄断行为而行使域外管辖权的,因而依此确认本国反垄断法的域外管辖权应该没有问题。例如,实施垄断行为(如卡特尔协议)的外国当事人中有一部分或者有一方的行为是在中国境内实施的,或者是通过其分支机构在中国境内实施的,就可以依此原则域外适用中国反垄断法去追究那些外国企业或者外国母公司的责任。外国投资者并购中国境内企业就属于此情形。

由于效果原则是目前许多国家反垄断法中明确规定的或者在实际执法中依循的据以确定反垄断法域外适用的主要原则,因而中国在制定反垄断法时明确规定效果原则应该是没有问题的,也是无法避免的。这可以使中国反垄断法与其他采取同样原则的多数国家的反垄断法对等适用,使中国可以在跨国竞争活动中主动采取法律行动,维护国家经济安全和企业的正当权益,同时也有利于在平等协商的基础上与其他国家的竞争执法机构解决双方经贸活动中出现的问题,在有关国际协调中增加谈判筹码和提高自我保护能力。实际上,中国《反垄断法》在总则第2条的规定也正是采取了效果原则。

不过,鉴于很多国家(包括美国)现在对该原则都作出了直接或间接的限制,或者在实际操作时很慎重,因此中国在处理反垄断法的域外适用时也要作出必要的限定。可以考虑将该行为产生"直接的、实质性的且可以合理预见的"限制或者"不利影响"作为适用的基本要件,其中,"直接的"要求在中国市场上所发生的影响与行为之间有着直接的因果关系;"实质性的"要求对中国市场或者中国的竞争或者竞争者所产生的影响达到了相当的即"非不重要的"程度;"可以合理预见的"则要求以客观的一般人的标准来衡量是可以合理预见的,而不是以具体的行为人在主观上是否有意图在中国发生效果或者以行为人主观上有无预见在中国发生效果为准。同时,在具体执行中要求反垄断执法机构和法院权衡、分析多种相关因素,例如适用中国反垄断法是否会对其他国家的利益造成不合理的损害,中国的利益与其他国家利益的比较等。如果外国所涉及的利益较中国的利益明显重大时,那么中国应当基于"礼让"原则不宜对该案行使管辖权。这种利益衡量原则应作为上述基本要件的补充。这样,就可以比较合理地确定中国对外国企业在中国境外实施的某些垄断或者限制竞争行为的管辖权,既可使我国的主权和经济利益得到维护,又不容易造成与他国的利益冲突或者遭到他国的质疑。

同时，在规定了反垄断法域外效力的情况下，为了使本国反垄断执法活动能够实际进行，尽量化解各国之间在域外适用领域的冲突和矛盾，就有必要寻求有效的国际合作。目前，反垄断法国际合作的基本特征是双边、区域以及多边层次的合作并存。这三种合作形式各有利弊，可以互相补充，共同存在。短期内在WTO等多边框架内难以形成有效的国际合作机制的情况下，有针对性地进行双边合作就是一个现实的选择。

第六节　中国反垄断法的本土化与国际化协调

反垄断法同时展现了本土化、法律移植的需求与国际化的基本格局。中国引入反垄断法是希望借助于反垄断法的实施来进一步推动市场机制的建立与完善。通过对欧盟竞争法、美国反托拉斯法在制度、理论上的借鉴，能够比较快速地建立起较为完整、可实施的中国反垄断法体系。在这一过程中，不管是法学方法论、执法机构的设置还是具体制度、法律适用等方面，都存在对反垄断法进行本土化"改造"的需求，因为反垄断法最终要和其他的法律、政治、经济以及文化等方面相接触、融合，不可能不进行一定程度的取舍。毕竟，即便从市场机制的建立来看，中国与作为反垄断法律制度引入来源地的欧盟、美国也存在巨大的差异。因此，法的国际化的趋势，要求将全世界的法律变成同一种形式、同一种内容、同一种性质和同样的特点，而法的本土化则是希望保留下本国法律的传统和特点，追求法的本国特色，因此它与法的国际化既纠缠在一起，又有另一种发展诉求。[①] 二者之间当然存在紧张关系。不过，就中国反垄断法来说，尽管面临本土化和国际化之间的张力，也有相应的协调策略来缓解这种张力。具体而言，协调的策略可以分为以下几个方面：

一、顺应国际化的总体趋势

在经济全球化的背景下，国家主权不能仅仅依靠国家相对于社会保持一定程度的独立性以及有意识地脱离国际体系的制约来实现，而是更需要通过谋求国际社会的合作以及国际体系的支持，通过对其扩展了的行动赢得更广泛的国

[①] 参见何勤华：《法的国际化与本土化：以中国近代移植外国法实践为中心的思考》，载于《中国法学》2011年第4期，第46页。

际支持和更多样化的资源来有效地实现,同样,反垄断也应该谋求长期和更大范围的国际合作。经济全球化必然会使国内反垄断法的实现同时发生一些根本性的转变:从域外效力的扩张转向寻求国际社会的合作;从脱离国际体系转向从国际体系中寻求支持和获取资源。反垄断法的国际化,就是为了更好地将国内反垄断法的实现方式从相对独立的自主性实现转向寻求多层次合作的国际性实现。①

如果从反垄断法的发展历史来看,国际化意味着更多的国家和地区采用类似的规制体系,而这种趋势无可阻挡。自从 1890 年作为现代反垄断法标志的《谢尔曼法》产生后,作为反垄断法后来者的国家和地区,所依照的反垄断法蓝本主要是美国反托拉斯法和欧盟竞争法。特别是欧盟竞争法,在最近 30 年间是各国最为主要的参考对象。② 按照埃莉诺·福克斯(Eleanor Fox)教授的观点,对于后来的国家和地区有 6 个可能的反垄断法路径:(1)基于美国竞争法,优先考虑效率和消费者并禁止卡特尔;(2)也基于美国法,同样禁止卡特尔,但在效率和消费者问题上有新的考虑;(3)基于欧盟竞争法,青睐竞争过程;(4)将各国、地区的竞争法进行融合;(5)考虑对本土市场企业的公平,主要涉及大型跨国企业和小企业竞争时导致失业等问题;(6)基于本国问题、需求进行创新。③ 尽管有不同的模式,但无疑美国法、欧盟法奠定了几乎所有反垄断法模式的基础。因此,大体上采用相同的法律体系规制是一个基本的国际化趋势,特别是在美国、欧盟还占据了经济、文化强势地位的情况下。

此外,美国、欧盟多年的理论、法律实施的实践也的确提供了丰富的经验,必须要充分地予以吸收才是合适的。比如,在认定违法方面,传统上欧盟委员会在竞争法实施中采用了"效率抗辩"标准,被告要提供所有必要的证据来说明:(1)效率来源于行为;(2)没有更少限制竞争的替代性行为可以提供同样的效率;(3)效率超过了任何行为对于消费者福利所施加的负面效果;(4)行为没有消除有效率的竞争。相比之下,美国反托拉斯法的认定方式是:如果促进竞争的收益超过了限制竞争的成本,也就是说,如果对消费者福利的净效果是正的,

---

① 参见谢光纾、徐国民:《国家主权与反垄断法的国际化问题研究》,载于《山东社会科学》2009 年第 1 期。
② See William E Kovacic, *Competition policy in the European Union and the United States: Convergence or Divergence in the Future Treatment of Dominant Firms?*, at 8 – 9, 4 Competition Law International, at 8 (2008).
③ See Eleanor Fox, *In Search of a Competition Law Fit for Developing Countries*, Law and Economics Research Paper Series, Working Paper No. 11 – 04, New York University School of Law (2011), http://papers.ssrn.com/sol3/papers.cfm?abstract_id=1761619. 最后访问日期:2017 – 03 – 09。

那么企业就不需要承担责任。① 而近些年来，欧盟竞争法已经转向效果为基础的判断，并影响到世界上大多数的国家和地区。

二、国际化过程中坚持自身的根本利益

本土化的目的是使移植的法律更好地促进社会经济的发展，而不至于让法律目的落空。但是，法律国际化的核心单位是民族国家，因而它是指民族国家作为主体或者以民族国家整体为单位作为衡量之标准，在国家之外的层次上与其他国家之间展开的法律合作发展进程；它是各国为实现本国利益而采取的一种补充手段，其服务的对象主要是相关的国家和一国的国民，所保护的客体是各国的国家利益。从这个角度来理解，作为整个国际化进程一部分的法律国际化，表征的是各个国家在法律（包括法律观念、法律教育与研究、法律制度、法律运作体制、法律服务等）上相互联系、彼此影响的程度。② 因此，只要是主权国家参与到法律制度的国际化过程中，就会产生利益冲突的问题。

反垄断法的国际化并不是暗含着国家主权的丧失，而是国际社会对国家主权实现的互相尊重。从国家层面来看，国家主权与反垄断法的国际化具有密切的相关性，因为反垄断法对竞争的保护本身就和国家利益、国家政策有密切联系，这些利益和政策都是依附于国家主权的。反垄断法的国际化的确可能会对国家主权产生干涉。例如，通过国际反垄断体制的形成而产生的自治性的国际反垄断机构来实施。此外，从一个国家的国内反垄断法域外效力的适用这一相关事实来看，也的确存在对他国主权的影响。例如，美国通过实施反垄断法的域外效力，扩大对外国企业行使反垄断法的管辖权，将国内反垄断法"出口"到本国领域之外的一个有名的反垄断案件就是对瑞士钟表制造业发动反垄断程序。瑞士政府对此宣称，美国的反垄断法在这种情况下的适用将损害瑞士的国家主权。③

对此，需要仔细分析这种冲突中是改变中国的既有制度来进行"国际接轨"更有利于社会的发展，还是坚持自身制度更有利于社会发展。而判断的基本标准是自身根本利益的明晰。

---

① See David S. Evans, Why Different Jurisdictions Do Not (and Should Not) Adopt the Same Antitrust Rules, Vol. 10 No. 1 Chicago Journal of International Law, at 167 (2009 – 2010).

② 参见邓正来：《作为一种"国家法与非国家法多元互动"的全球化进程——对"法律全球化"争辩的中立性批判》，载于《河北法学》2008年第3期。

③ 参见谢光绎、徐国民：《国家主权与反垄断法的国际化问题研究》，载于《山东社会科学》2009年第1期。

三、意识到国际化与本土化是变动、妥协的过程

法律规则、制度的形成总是充满了冲突与妥协,对于反垄断法来说同样如此。各国法律之间的差异和冲突必然给国际交往和合作带来摩擦和矛盾,增加交易的成本和费用,因而不利于国际交往和合作的扩大和加强。另外,国际交往的频繁也意味着各国法律交流和沟通的增强。各个国家法律制度各自的特色和优势不同,法律发展水平也不尽相同。为了更好地推动本国法律的改革和发展,每个国家都必然或多或少地借鉴或移植其他国家比本国法更优秀的法律制度或者能弥补本国法缺陷的法律制度。[①] 而且,即便认可共同的法律价值,都认同用经济学原理来制定规则并采用相同的目标,如最大化经济效率,但各国和地区仍然可能采用完全不同的反垄断规则。因此,国际规则包括反垄断法规则的构建事实上都必定建立在各个国家、地区的交流、妥协的基础上。可以说,用动态的眼光看待反垄断法本土化与国际化之间的冲突是一个非常重要的方面。

在世界反垄断法历史上,欧盟竞争法的变化就体现了这一特点。美国反垄断法通常关注市场力量造成的短期福利损失和鼓励投资、创新以促进经济效率的长期福利提升之间的平衡。[②] 而从 20 世纪 60 年代开始,所有欧洲竞争法体系都开始逐渐远离对行政裁量权以及短期政策考量的依赖,转而迈向以方法论为基础的法律原则的应用和行为禁止的模式。这一进程被认为是"司法化"进程,指的是其司法运作模式不断得到发展,决策过程转为法院型而非行政机构型这种整体趋向。例如,行政决定越来越多地受制于实体内容审查而不是滥用裁量权的审查;进行司法审查的法院越来越多的是普通法院而非行政法院;行政当局也得到了更大的自主权。伴随着这个司法化的进程,竞争当局的工具得到了明显的改进,他们可以更有效地用竞争法工具来打击限制竞争的行为。竞争法的适用范围也扩大了。竞争机构得到了更多的资源,变得更加稳定,也更有地位。竞争法机构的调查能力、对单个企业进行惩罚的能力也增强了。然而,这些都未能阻碍行政控制模式继续在其中发挥重要作用。行政体系在绝大多数国家是先已存在且根深蒂固的,其他的竞争法概念是通过各自与该体系的关系而得到界定,并借该体系而法典化。[③] 由此可见,一个国家、地区的反垄断法体系本身也不断地处于变动之中,

---

[①] 参见黄文艺:《法律国际化与法律全球化辨析》,载于《法学》2002 年第 12 期。

[②] See David S. Evans, *Why Different Jurisdictions Do Not (and Should Not) Adopt the Same Antitrust Rules*, Vol. 10 No. 1 Chicago Journal of International Law, at 165 (2009 – 2010).

[③] 参见 [美] 戴维·格伯尔:《全球竞争:法律、市场和全球化》,陈若鸿译,中国法制出版社 2012 年版,第 204 页。

而且这种变动本身也同时反映了本土化与国际化的两种需求。

四、推动本土化下的"国际化"

任何一个国家法律制度的形成和变革总是取决于自身特定的文化背景，因而现实中各法律所体现的各国统治阶级的意志与各国法律文化传统不同，法律的多样性总是存在的。只有一个国家参加或加入了国际的或地区的某一统一法律公约，或共同受某种国际商事惯例的约束，这一部分法律才能叫作"国际化"了。[①] 换句话说，国际化本身也可以被视为是本土化的一种延续。

虽然法律受到地理环境、政治、历史、道德、信仰、风俗和习惯等因素的影响而各具特点，从而呈现出鲜明的多样性或差异性，但各国法律文化背景和经济氛围有相同或相似之处，各国法律职能也有某种程度的相似性，加之相互传播与交流，各国法律制度逐渐相互吸收与融合。尤其是当今世界，和平与发展已成为时代主题，科学技术突飞猛进，国际经济一体化趋势不断加强以及国际交往日益频繁，国际社会的法律发展已呈现出强劲的趋同走势。[②] 对于中国反垄断及其法律制度来说，成功的本土化制度也可以借助于国际化，借助于全球经济一体化，来成为国际反垄断秩序中的有机组成部分。在积极吸纳其他国家有效的法律制度的同时，也积极输出自己的成功经验，增加中国反垄断法域的世界影响力。这一过程在中国反垄断法逐渐走向成熟之后尤其重要。

在实践层面，反垄断法的国际化主要是通过双边协调、区域合作、多边合作和国际统一等方式进行，包括订立区域反垄断规则、多边合作协定的签订以及双边合作机制的建立。以双边合作机制的建立为例，美国从20世纪70年代开始，就陆续与若干重要的竞争法国家如德国、澳大利亚、欧共体、加拿大、日本等订立双边合作协定，其他若干国家也陆续签订这类合作协定，以期达到相互协助执行法律并避免法律冲突的结果。这些双边协定主要规定了各方在实施竞争法时为避免产生冲突而进行合作，内容主要包括：通报对另一方重要利益有影响的竞争执法活动；承诺在谈判或实施反竞争行为的办法时考虑另一方的重要利益（传统礼让）；通过磋商设法解决双方在法律政策和国家利益方面的冲突；就两国出现的相互关联的反竞争行为采取协调行动；在己方重要利益受另一方境内的反竞争行为损害时请求对方协助调查；特定情况下提供竞争执法的协助调查或协助执行等。这些双边协定的签订与执行为双方进行竞争执法上的合作提供了依据，发挥

[①][②] 参见刘益灯、万先运：《法律趋同：法制现代化的必然选择——兼论法的国际化和本土化》，载于《浙江社会科学》2000年第3期。

了重要的作用。这种合作有助于促进在全球范围内竞争法实施结果的一致性,并且,这种一致性的结果和各国竞争执法机构之间的继续磋商也可能推动各国竞争法的实体协调和程序趋同。这些实践的方式,实际上也是将本土化之后的反垄断制度推向世界,用于解决国际反垄断争议的契机。

因此,从字面上看,国际化和本土化是两个截然不同的努力方向:国际化具有外向性,关注外来知识的引进、消化和本土知识的输出;本土化则具有内向性,侧重于立足本土需求的外来知识的加工和新知识的生产。但从过程角度来观察,国际化和本土化又是一个连续的有机体:国际知识的引进和消化属于国际化,立足本土需求的外来知识的加工和新知识的生产属于本土化,本土知识的输出又属于国际化的范畴。[①] 从统一的视角看待本土化和国际化策略之间的关系,能够更好地理解相互之间的转换,也更好地化解二者之间的冲突。尽管在不同的阶段可能需要不同的策略,但从根本上来说反垄断及其法律制度的本土化与国际化仍然是有机统一的整体。

[①] 参见周志忍:《迈向国际化和本土化的有机统一:中国行政学发展30年的回顾与前瞻》,载于《公共行政评论》2012年第1期。

第十章

制度完善：反垄断战略视角下法律制度的完善

反垄断法既是构建反垄断战略的前提和基础，也是反垄断战略实施的保障，因此反垄断战略的制定和实施就离不开反垄断法律制度的建立和完善。就我国来说，虽然《反垄断法》实施十多年来已经取得了明显的成效，但是该法本身存在的问题也日益凸显，因此需要对其进行必要的修订完善。近年来，该法的修订工作已经提上了我国的相关立法议程，国家市场监管总局已于2020年1月2日在其官网上发布了《〈反垄断法〉修订草案（公开征求意见稿）》[①]。全国人大常委会已将修改《反垄断法》列入了2021年的立法计划。《反垄断法》的修订完善一方面为我国反垄断战略提供了一个重要的实现契机，另一方面其也需要在国家战略的视角下进行，从而体现出反垄断的战略维度。本章拟在梳理中国《反垄断法》实施以来取得的成效和存在的问题的基础上，对《反垄断法》修订完善的思路进行宏观的探讨。

---

① 国家市场监督管理总局：市场监管总局就《〈反垄断法〉修订草案（公开征求意见稿）》公开征求意见的公告 http://www.samr.gov.cn/hd/zjdc/202001/t20200102_310120.html，最后访问日期：2020-04-05。

第一节 中国反垄断法实施的基本情况

一、中国反垄断法的公共实施

如前所述，反垄断法的公共实施是由国家的反垄断执法机构行使公权力所进行的专门执法活动。在2018年初机构改革前十年的绝大部分时间里，反垄断执法是由当时的三个部门即国家发改委、商务部和国家工商总局按照各自的职责分工分别进行的，只是在2018年4月后才由新组建的国家市场监管总局统一进行。因此，本部分的梳理和分析主要是围绕着原来的三个部门及其授权的相应省级机构（商务部依其执法工作的特点没有授权）的执法活动进行的，近年来的执法才是由国家市场监管总局及其授权的省级市场监管部门进行的。

（一）垄断协议的查处情况

《反垄断法》第二章对垄断协议进行了规定，其中第13条和第14条分别对原则禁止的横向垄断协议与纵向垄断协议进行了列举。《反垄断法》第13条规定，禁止具有竞争关系的经营者达成下列垄断协议：（1）固定或者变更商品价格；（2）限制商品的生产数量或者销售数量；（3）分割销售市场或者原材料采购市场；（4）限制购买新技术、新设备或者限制开发新技术、新产品；（5）联合抵制交易；（6）国务院反垄断执法机构认定的其他垄断协议。《反垄断法》第14条规定，禁止经营者与交易相对人达成下列垄断协议：（1）固定向第三人转售商品的价格；（2）限定向第三人转售商品的最低价格；（3）国务院反垄断执法机构认定的其他垄断协议。

《反垄断法》实施以来，我国反垄断执法机构针对垄断协议展开了系列执法，执法重点涉及一系列关系国计民生的行业。从既有案件来看，针对垄断协议的行政执法，既立足国内市场（特别是查处了大量限定最低转售价格行为），也关注国际卡特尔行为，且大量垄断协议案件涉及行业协会。仅"十三五"时期，全国查处垄断协议案件66件，罚没款累计15.41亿元，覆盖化工、港口、建材、汽车销售等行业和领域，为建设高标准市场体系提供坚强保障。尤其是严查价格垄断协议行为，包括2017年对16家聚氯乙烯树脂（PVC）企业作出行政处罚决定，罚没金额4.57亿元，2018年对天津港部分堆场作出行政处罚决定，罚没金额 4 511 万元等。①

1. 横向垄断协议的典型案例

在普通市场主体实施的垄断协议方面，中航信联合涨价案、山东两药企垄断复方利血平原料案，以及日本 12 家企业实施汽车零部件和轴承价格垄断案是横向垄断协议案件的典型代表。

中航信联合涨价案。2009 年 3～5 月，中航信先行通知各机票代理商，声称拟对运价系统进行停机维护后，调整机票销售系统，实行新的机票折扣计算公式。由此上调全国民航机票的最低折扣，导致机票价格水平上涨。国家发改委认为，该案中具有竞争关系的航空公司共谋涨价，涉嫌违反《反垄断法》第 13 条。由于涉案企业操作谨慎，既无行业内的会议沟通，也无任何形式的书面协议，因此取证困难，该案最终没有公布查处结果。②

山东两药企垄断复方利血平原料案。本案是国内第一起药企垄断重罚案。复方利血平是列入国家基本药物目录的抗高血压药，中国仅有两家企业正常生产复方利血平的主要原料药：盐酸异丙嗪。2011 年 6 月 9 日，山东顺通和山东华新分别与两家生产盐酸异丙嗪的企业签订了《产品代理销售协议书》，垄断了盐酸异丙嗪在国内的销售。协议书内容主要有：一是两公司分别独家代理两家企业生产的盐酸异丙嗪在国内的销售；二是未经过山东顺通、山东华新授权，这两家企业不得向第三方发货。两家公司控制原料药货源后，立即将销售价格由每公斤不足 200 元提高到 300 元至 1 350 元不等。多家复方利血平生产企业无法承受，被迫于 2011 年 7 月全面停产，仅靠库存向医疗机构维持供货，导致市场出现供应紧张。国家发改委认为，山东两药企控制复方利血平原料，强迫下游生产企业抬高投标价格，哄抬价格，牟取暴利，导致相关制药企业停产，已严重违反《反垄断法》相关规定，故责令山东两公司立即停止违法行为，对山东顺通没收违法行为所得并处罚款总计 687.7 万元，对山东华新没收违法所得并处罚款总计 15.26 万元。③

日本 12 家企业实施汽车零部件和轴承价格垄断案。2014 年国家发改委对日本住友等 8 家零部件企业价格垄断行为进行调查。经查实，2000 年 1 月至 2010 年 2 月，日立、电装、爱三、三菱电机、三叶、矢崎、古河、住友等 8 家日本汽车零部件生产企业为减少竞争，以最有利的价格得到汽车制造商的零部件订单，

---

① 参见国家市场监管总局官网"强化反垄断执法专栏"的专题文章《加强垄断协议执法利剑高悬》，http://www.samr.gov.cn/zt/qhfldzf/202103/t20210318_327051.html。最后访问日期：2021－03－20。

② 参见王毕强、刘伟勋：《中航信涉嫌操纵机票涨价遭发改委调查》，载于《经济观察报》2009 年 5 月 6 日。

③ 《两医药公司垄断复方利血平原料药受到严厉处罚》，http://jjs.ndrc.gov.cn/fjgld/201203/t20120306_465386.html。最后访问日期：2019－03－20。

在日本频繁进行双边或多边会谈,互相协商价格,多次达成订单报价协议并予实施。2000年至2011年6月,不二越、精工、捷太格特、恩梯恩(NTN)4家轴承生产企业在中国境内销售轴承时,依据亚洲研究会、出口市场会共同协商的价格或互相交换的涨价信息,实施了涨价行为。执法机关认为,8家汽车零部件企业和4家轴承企业涉嫌达成并实施了汽车零部件、轴承的价格垄断协议,违反了中国《反垄断法》第13条的规定,属于"固定或者变更商品价格"的违法行为,排除、限制了市场竞争,不正当地影响了我国汽车零部件及整车、轴承的价格,损害了下游制造商的合法权益和中国消费者利益。两个案件中,当事人多次达成并实施价格垄断协议,违法行为持续时间超过10年,违法情节严重。因此,国家发改委对日本住友等8家零部件企业依法处罚8.3196亿元,对日本精工等4家轴承企业价格垄断行为依法处罚4.0344亿元,合计罚款12.354亿元,同时对主动提供重要证据的相关当事人适用了《反垄断法》第46条规定。①

在行业协会组织实施的垄断协议方面,十年来中国反垄断执法部门查处了系列涉及行业协会的垄断协议案件,湖南省保险行业协会组织本行业经营者从事垄断协议案,云南省西双版纳州旅游协会组织本行业经营者从事垄断协议案,以及广东省广州市动漫游艺行业协会联合抵制交易案是典型代表。

湖南省保险行业协会组织本行业经营者从事垄断协议案。2006年以来,湖南省常德市、郴州市、张家界市和永州市等地的新车,必须到指定地点以相同的折扣投保,该"强制投保"行为遭到质疑。经国家工商总局授权,湖南省工商局于2012年5月至6月,对上述四个地市保险行业协会组织保险企业协议垄断新车保险的行为,先后进行了立案调查。经查明:2006年、2007年、2010年和2011年,常德市保险行业协会、郴州市保险行业协会、张家界市保险行业协会和永州市保险行业协会,分别组织中国人民财产保险股份有限公司当地分公司等8至16家保险企业,签订了《常德市新车保险服务中心合作协议书》《郴州市新车保险服务中心合作协议》《张家界市新车保险服务窗口合作协议》和《永州市新车保险服务中心合作公约》,并设立当地的"新车保险服务中心"。各合作协议内容涉及新车中心的"组建原则""业务范围""保险份额调控"和"违约责任"等方面。湖南省工商局认定:签订合作协议或合作公约的企业,都是经营同种业务的独立经营者,相互之间在当地区域内具有明显的竞争关系。《合作协议》或《合作公约》所规定的"保费份额调控"或"计划调控管理比例",系具有竞争关系的经营者之间分割市场的垄断行为,明显地排除、限制新车保险市场的有

---

① 《日本十二家企业实施汽车零部件和轴承价格垄断被国家发展改革委罚款12.35亿元》,http://www.ndrc.gov.cn/xwzx/xwfb/201408/t20140820_622759.html。最后访问日期:2019-03-20。

效竞争。四地市的保险行业协会分别组织多家保险企业达成垄断协议，实施步调一致的整体市场行为，已构成组织本行业经营者从事垄断协议的行为，违反了《反垄断法》第 16 条及《工商行政管理机关禁止垄断协议行为的规定》第 9 条第（2）项之规定。2012 年 11 月至 12 月，湖南省工商局依据《反垄断法》第 46 条，对常德市保险行业协会和郴州市保险行业协会各处罚 45 万元，对张家界市保险行业协会和永州市保险行业协会各处罚 40 万元。①

云南省西双版纳州旅游协会组织本行业经营者从事垄断协议案。经国家工商行政管理总局授权，云南省工商行政管理局于 2012 年 4 月对西双版纳州旅游协会、西双版纳州旅行社协会涉嫌组织本行业经营者从事垄断协议行为进行立案调查，并于 2013 年 4 月对两家协会分别下达了行政处罚决定。经查明：西双版纳州旅游协会于 2002 年至 2003 年，研发启用"西双版纳州旅游信息管理系统"，并与 2009 年至 2011 年期间分别组织 46 家酒店、15 家景点、20 家旅游客运汽车公司和 20 家旅行社签订了《西双版纳州信息管理系统诚信服务自律公约》。西双版纳旅行社协会则于 2008 年至 2011 年期间，组织西双版纳州 24 家旅行社签订了《行业自律公约》；并与西双版纳州旅游运输协会、西双版纳州饭店协会和西双版纳景区（点）协会分别签订了《合作协议》及《补充修改协议》。根据相关公约或协议，各签约旅游服务成员企业提供旅游服务时，都必须通过该旅游信息服务信息管理系统提供的服务操作，制作、适用《西双版纳旅游团队行程单》，统一安排制作旅游行程计划，经营收入采取唯一结算方式，并统一向西双版纳旅游协会缴纳服务费和接受违约处罚。执法机构认为，上述两家行业协会组织西双版纳州旅游服务企业签订并实施《自律公约》的行为，将原本有竞争关系的旅游服务企业，用《自律公约》的形式捆绑在一起，形成利益共同体，人为地制造壁垒，限制了旅游行业经营者公平竞争的自主经营权；此外，具有竞争关系的旅游服务企业之间达成了价格联盟，对市场进行垄断经营，获取垄断利润，并极大地损害了消费者的自由选择权，违反了《反垄断法》第 16 条。据此，云南省工商局依据《反垄断法》第 46 条的规定，对西双版纳州旅游协会和西双版纳旅行社协会分别处以 40 万元罚款，总计罚款数额 80 万元。②

广东省广州市动漫游艺行业协会联合抵制交易案。该案是《反垄断法》实施以来第一起针对联合抵制行为作出行政处罚的案例。2013 年 3 月 13 日，《广州日

---

① 国家市场监管总局网站：湖南省常德市保险行业协会组织本行业经营者从事垄断协议案《竞争执法公告》，https://www.samr.gov.cn/fldj/tzgg/xzcf/201703/t20170309_301538.html。最后访问日期：2021 - 03 - 18。

② 国家市场监管总局网站：云南省西双版纳州旅游协会、西双版纳州旅行社协会组织本行业经营者从事垄断协议案《竞争执法公告》，https://www.samr.gov.cn/fldj/tzgg/xzcf/201703/t20170309_301543.html。最后访问日期：2021 - 03 - 18。

报》刊登了一篇名为《广州会展业惊现"排他协议"——产业过剩竞争激烈"搭车展""撞车展"频上演》的报道，反映番禺动漫游戏产业博览会的主办方当事人发起了一份由52家会员及联盟企业共同签署的《展会联盟协议书》。该协议书明确规定，广州市动漫游艺行业协会会员单位及联盟企业只能参加由该协会主导、主办或者承办的广州展会，不能参加与本行业无关或协会认为不能参加的展会。广东省工商局认为本案所涉《展会联盟协议书》属于《反垄断法》第13条第1款第（5）项所禁止的"联合抵制交易"的垄断协议，并根据《中华人民共和国反垄断法》第46条第3款对广州市动漫游艺行业协会处以罚款10万元。①

2. 纵向垄断协议的典型案例

近些年来，中国反垄断执法部门针对酒业、汽车与药业等行业发起系列执法风暴，重点打击纵向价格垄断协议，其中茅台、五粮液价格垄断案，江苏省奔驰汽车价格垄断案以及美敦力公司价格垄断案是典型代表。

茅台、五粮液价格垄断案。该案是《反垄断法》实施以来第一起针对转售价格维持的反垄断行政执法案例。2013年1月，贵州茅台酒股份有限公司（以下简称茅台）和四川省宜宾五粮液集团有限公司（以下简称五粮液）先后遭到反垄断执法机构调查。二者在销售白酒过程中，存在与经销商达成并实施"限定向第三人转售商品的最低价格"垄断协议的事实。2012年4月国家禁用公款购买高端白酒之后，以茅台和五粮液为代表的高端白酒厂商为了稳定价格，先后组织经销商召开会议，要求高端白酒转售价格不得低于其各自指定的标准。同年12月，茅台对其指定产品向经销商宣布"最低限价令"，并对12个省、区、市"违规"降价销售的18家经销商进行处罚。与此同时，五粮液也对11省、市14家"低价、跨区、跨渠道违规销售"的经销商开出罚单。执法机构认为，茅台和五粮液的行为违反了《反垄断法》第14条的规定，属于达成并实施"限定向第三人转售商品的最低价格"垄断协议的违法行为。不仅排除、限制了同一品牌内各经销商之间的竞争，也排除、限制了白酒行业不同品牌之间的竞争，同时严重制约消费者选择，损害了消费者利益。根据以上违法事实，执法机构依据《反垄断法》第46条的规定，并考量了茅台和五粮液在接受反垄断调查后依法进行积极整改的实际情况（茅台与五粮液撤销了对此前相关经销商的"违规处罚"），对其予以从轻处罚，均处以上一年度销售额1%的罚款，分别计2.47亿元和2.02亿元。②

---

① 参见国家市场监管总局反垄断局网站：广州市番禺动漫游艺行业协会垄断协议案《竞争执法公告》，https://www.samr.gov.cn/fldj/tzgg/xzcf/201703/t20170309_301562.html。最后访问日期：2021-03-10。

② 参见人民网消息：《茅台和五粮液因价格垄断被罚4.49亿元》，http://finance.people.com.cn/n/2013/0220/c70846-20533988.html。最后访问日期：2019-03-20。

江苏省奔驰汽车价格垄断案。该案是对国内汽车行业进行反垄断执法处罚数额最高的案件之一。2013年1月至2014年7月，奔驰公司通过电话、口头通知以及召开经销商会议的形式，限制江苏省不同区域内整车的最低转售价格。奔驰公司通过加大对经销商的考核力度，对不执行限价政策的经销商进行约谈警告、减少政策支持力度等多种方式，促使垄断协议得以实施。执法机关认为，奔驰公司与江苏省内经销商达成并实施了限定整车及部分配件最低转售价格的垄断协议，违反了《反垄断法》第14条的规定，排除、限制了相关市场竞争，损害了消费者利益。此外，奔驰汽车苏州经销商自2010年11月起，南京、无锡两地经销商自2014年1月起，在奔驰公司组织下多次召开区域会议，达成并实施了固定部分配件价格的垄断协议，违反了《反垄断法》第13条的规定。根据以上违法事实，江苏省物价局依据《反垄断法》第46条、第49条之规定，对奔驰公司处以上一年度相关市场销售额7%的罚款，计3.5亿元。对在奔驰公司组织下达成并实施垄断协议的经销商处以上一年度相关市场销售额1%的罚款，其中，对主动报告达成垄断协议有关情况并提供重要证据的经销商，依法免除或者从轻处罚，对南京、无锡、苏州三地的奔驰经销商共计罚款786.9万元。①

美敦力公司价格垄断案。该案是我国《反垄断法》实施以来，在医疗器械领域作出的反垄断第一案。2016年12月，美敦力因涉嫌价格垄断遭到国家发改委调查。经查，美敦力在中国境内市场采用转售的方式销售医疗器械产品，其交易相对人包括平台商和一级经销商。至少自2014年起，美敦力通过经销协议、邮件通知、口头协商等方式，与其交易相对人达成垄断协议，限定相关医疗器械产品的转售价格、投标价格和到医院的最低销售价格，并通过制定下发各经销环节的产品价格表、内部考核、撤销经销商低价中标产品等措施，实施了价格垄断协议。美敦力还采取了纵向限制销售对象和销售区域、限制经销竞争品牌产品的措施，强化了纵向价格垄断协议的实施效果。国家发改委认为，美敦力与其交易相对人达成并实施固定向第三人转售涉案产品价格、限定向第三人转售涉案产品最低价格的垄断协议，违反了《反垄断法》第14条第1项、第2项的规定，且不符合《反垄断法》第15条规定的豁免情形和豁免条件。因此，国家发改委依法责令美敦力立即停止实施价格垄断行为，并对其处以2015年度涉案产品销售额4%的罚款，计1.1852亿元。②

---

① 国家发展改革委价监局反垄断二处：《奔驰公司在江苏省实施价格垄断被罚款3.5亿元》，载于《中国价格监管与反垄断》2015年第5期。
② 参见人民网：《美敦力因价格垄断被罚1.1852亿元》，http://health.people.cn/n1/2016/1208/c14739-28934414.html。最后访问日期：2021-03-10。

（二）滥用市场支配地位的查处情况

《反垄断法》第三章对滥用市场支配地位进行了规定。该章第17条规定，禁止具有市场支配地位的经营者从事下列滥用市场支配地位的行为：（1）以不公平的高价销售商品或者以不公平的低价购买商品；（2）没有正当理由，以低于成本的价格销售商品；（3）没有正当理由，拒绝与交易相对人进行交易；（4）没有正当理由，限定交易相对人只能与其进行交易或者只能与其指定的经营者进行交易；（5）没有正当理由搭售商品，或者在交易时附加其他不合理的交易条件；（6）没有正当理由，对条件相同的交易相对人在交易价格等交易条件上实行差别待遇；（7）国务院反垄断执法机构认定的其他滥用市场支配地位的行为。我国反垄断执法机构依法查处了一大批滥用市场支配地位案件。仅"十三五"时期，全国查处滥用市场支配地位案件54件，对41件案件作出行政处罚，罚没金额约12.18亿元，查办了利乐案、葡萄糖酸钙原料药案等一系列重大案件，明确法律红线底线，助力经济高质量发展。[①]

1. 公用企业滥用行为典型案例

广东惠州大亚湾溢源净水有限公司滥用市场支配地位案。2013年，广东省工商行政管理局调查发现，惠州大亚湾溢源净水有限公司在大亚湾区的西区、澳头两个街道办事处所辖地域范围内的城市公共自来水供应服务市场内具有支配地位，利用其具有的市场支配地位，自2009年12月以来，当事人在向房地产企业提供建设项目临时施工供水服务时，实施了以下附加交易条件行为：（1）附加户表工程合同条款；（2）附加将户表工程交由当事人施工的承诺；（3）附加与当事人指定的企业进行交易。且当事人在提供建设项目施工临时供水服务时附加其他交易条件，与建设项目今后要开展的户表工程建设进行捆绑交易，无正当理由。该局认定其行为损害了交易相对人房地产企业的合法权益，剥夺了房地产企业在户表工程施工市场的交易自由选择权，排挤和限制了大亚湾西区、澳头街道办事处地域范围内户表工程施工市场中建筑施工企业的自由竞争，违反了《反垄断法》第17条第（5）项，以及《工商行政管理机关禁止滥用市场支配地位行为的规定》第6条第（4）项的禁止性规定，构成没有正当理由搭售商品，或者在交易时附加其他不合理的交易条件的滥用市场支配地位行为。最终责令当事人停止违法行为、没收违法所得860 236.09元，并处以罚款2 363 597.45元。[②]

---

① 参见国家市场监管总局官网"强化反垄断执法专栏"的专题文章《规制滥用市场支配地位重拳出击》，http://www.samr.gov.cn/zt/qhfldzf/202103/t20210318_327052.html。最后访问日期：2021-03-20。

② 参见国家市场监管总局反垄断局网站：广东惠州大亚湾溢源净水有限公司滥用市场支配地位案《竞争执法公告》，https://www.samr.gov.cn/fldj/tzgg/xzcf/201703/t20170309_301544.html。最后访问日期：2021-03-10。

内蒙古自治区烟草公司赤峰市公司滥用市场支配地位案。赤峰烟草公司在通过"新商盟"网络批发销售卷烟过程中，为完成上级下达的卷烟销售任务，利用其法定市场支配地位及畅销卷烟品种供货不足的实际，将所经营的卷烟品种进行分类，对畅销卷烟商品实行差别供货。赤峰烟草公司按季度整理分析零售商进货情况，对不能按照月度商定总量订购卷烟商品的，则通过下浮供货限额的方式，降低其"供货类别"。赤峰烟草公司这种以"差别待遇"相要挟，变相强迫零售商尽可能按照其网上公示的"商定量"和品种比例足量订购卷烟商品的做法，致使部分零售商在积压了大量平销卷烟的情况下，为保证畅销卷烟配额不被核减，仍不得不按照当事人的"捆绑"销售政策继续订购平销卷烟，以维持其依靠"经营品种齐全"吸引消费者的竞争优势和商业形象。内蒙古工商行政管理局认为该做法违反了《中华人民共和国反垄断法》第17条"禁止具有市场支配地位的经营者从事下列滥用市场支配地位的行为"中第（5）项"没有正当理由搭售商品，或者在交易时附加其他不合理的交易条件"的规定，属于没有正当理由，在交易时附加不合理交易条件的违法行为，责令当事人停止违法行为，限期拿出整改意见报内蒙古工商行政管理局，并处上一年度销售额1%的罚款595.70万元。①

中国移动通信集团内蒙古有限公司涉嫌垄断行为案。2014年3月，针对央视3·15晚会曝光的手机"流量月末清零"问题和内蒙古手机消费者投诉的"手机上网套餐流量月末清零"问题，内蒙古自治区工商行政管理局对内蒙古电信业的手机上网套餐业务相关情况进行了初步核查，并于2014年4月21日对中国移动通信集团内蒙古有限公司涉嫌滥用市场支配地位行为立案调查。经查，至2015年3月31日，公司共有在网用户1 557.7584万户，占全区总户数的64.08%，其在提供手机上网服务时，通过制定和使用格式合同的方式，将消费者每月未使用的套餐数据流量"月末清零"。本案调查过程中该公司承认手机上网套餐不合理导致出现手机上网套餐数据流量"月末清零"的事实，认识到其行为对竞争秩序产生了不当影响，涉嫌滥用了市场支配地位，表示要积极进行整改。随后分别于2015年、2017年提交整改措施说明，包括优化自选套餐、推广流量阶梯单价资费模式、实行套餐"流量滚存"服务新模式等具体措施，保障消费者利益。该局经考虑决定终止调查。②

---

① 参见国家市场监管总局反垄断局网站：内蒙古自治区烟草公司赤峰市公司滥用市场支配地位案《竞争执法公告》，https://www.samr.gov.cn/fldj/tzgg/xzcf/201703/t20170309_301547.html。最后访问日期：2021-03-10。

② 参见国家市场监管总局反垄断局网站：中国联合网络通信有限公司内蒙古自治区分公司垄断案《竞争执法公告》，https://www.samr.gov.cn/fldj/tzgg/xzcf/201703/t20170309_301561.html。最后访问日期：2021-03-10。

2. 非公用企业滥用行为典型案例

重庆青阳药业有限公司涉嫌滥用市场支配地位拒绝交易案。该案是首例关于滥用市场支配地位拒绝交易的反垄断行政执法处罚案例。2013年9月，重庆青阳药业有限公司与湖南湘百合医药公司分别签订了全国独家代理销售别嘌醇原料药协议与别嘌醇片全国经销协议。而后，青阳药业在2013年10月至2014年3月期间未向湘百合公司以及国内其他任何客户销售别嘌醇原料药。在此期间，湘百合公司、国内其他多家别嘌醇制剂生产企业通过电话、信函等方式向其提出购买请求，均被青阳药业拒绝。2014年4月以后，青阳药业才恢复供货，其拒绝向市场销售别嘌醇原料药的时间长达半年。重庆市工商行政管理局于2014年12月针对其拒绝交易行为立案审查，经过调查发现，别嘌醇作为抗痛风药物，因其功效特殊且价格便宜，是国家基本医疗保险药品目录中唯一的甲类药品。本案中的别嘌醇原料药是生产该类药物成品的必需原料，无论其价格如何变化，相关制药企业都无法选择其他原料商品进行成品生产。从2012年7月起，青阳药业是全国唯一生产、销售别嘌醇原料药的生产企业，在该市场上具有完全垄断地位，具有控制原料药价格、供应与否、如何供应及其他相关交易条件的能力。其为了提高别嘌醇成品药市场占有率，宁愿在半年内牺牲原料药的销售利润，拒绝多方供货请求，清理市场。该做法违反自身正常经营活动和经济效益需要，旨在排除竞争，实现垄断利润，破坏别嘌醇成品药市场竞争秩序的同时还导致了该行业产能的损失，加重了消费者负担。重庆市工商行政管理局认定青阳药业违反了《反垄断法》第17条第1款的相关规定，采取了滥用市场支配地位拒绝交易的行为，对其处以439 308.53元的罚款并责令其停止违法行为。[①]

高通公司滥用市场支配地位案。该案是我国推行反垄断法以来惩罚额最高的案件。高通公司在无线标准必要专利许可市场和基带芯片市场具有市场支配地位，其滥用市场支配地位的行为有以下几方面：（1）高通公司与被许可人签订的专利许可协议均包括相关过期的专利，高通公司不向被许可人提供专利清单，且与被许可人签订的长期甚至无固定期限的许可协议中约定了一直不变的专利许可费标准。高通公司的过期标准必要专利包含在对外许可的专利组合中，被许可人未能获得公平协商的机会以避免对高通公司的过期专利支付许可费。此外，高通公司在无线标准必要专利许可中，强迫某些被许可人将持有的相关非无线标准必要专利向当事人进行许可，强迫某些被许可人免费进行反向许可，要求某些被许可人不能就持有的相关专利向高通及高通的客户主张权利或者提起诉讼。高通公

---

① 参见国家市场监管总局反垄断局网站：重庆青阳药业有限公司涉嫌滥用市场支配地位拒绝交易案《竞争执法公告》，https://www.samr.gov.cn/fldj/tzgg/xzcf/201703/t20170309_301563.html。最后访问日期：2021 – 03 – 10。

司在某些无线标准必要专利许可谈判中并不实质地考虑和评估被许可人专利的价值，拒绝向被许可人就反向许可的专利支付合理的对价。（2）高通公司在进行专利许可时，不对无线标准必要专利与非无线标准必要专利进行区分，不向被许可人提供专利清单，而是采取设定单一许可费并进行一篮子许可的方式，将持有的非无线标准必要专利进行搭售许可。（3）高通公司将签订和不挑战专利许可协议作为被许可人获得当事人基带芯片的条件，如果潜在被许可人未与高通签订包含不合理许可条件的专利许可协议，高通公司则拒绝与该潜在被许可人签订基带芯片销售协议并拒绝向其供应基带芯片；如果已经与高通签订专利许可协议的被许可人与高通就专利许可协议产生争议并提起诉讼，则高通将停止向该被许可人供应基带芯片。发展与改革委员会认为以上行为属于违反《反垄断法》第 17 条规定的禁止具有市场支配地位的经营者进行不公平高价、无正当理由搭售商品、在交易时附加不合理条件的规定。责令高通公司停止滥用行为，并处以 2013 年度销售额 8% 的罚款，计 60.88 亿元人民币。①

利乐公司滥用市场支配地位案。该案国家工商总局首次适用《反垄断法》第 17 条第 1 款第 7 项兜底条款，对"忠诚折扣"进行规制。国家工商行政管理总局于 2012 年 1 月立案调查利乐涉嫌滥用市场支配地位行为。在相关市场认定环节中，工商总局从商品的特征、用途、价格等方面进行需求替代分析和供给替代分析，把涉案的相关市场界定为三个市场，即纸基无菌包装设备市场（设备市场）、纸基无菌包装设备技术服务市场（技术服务市场）和纸基无菌包装材料市场（包装材料市场）。工商总局认为，在三个市场上利乐都具有支配地位，在 2009~2013 年期间，利乐在销售、出租设备时要求客户使用利乐包材，或者是"经利乐认可"的或"同等品质"的或"符合最低规格标准"的包材。此外，在技术服务中，利乐提出，利乐提供设备运行保证的前提是客户必须使用利乐提供的包材。工商总局据此认定，利乐实质上是借助其在设备、技术服务市场的支配地位，对用户使用包材施加限制和影响，损害了包材市场的竞争。因此，利乐上述搭售行为构成《反垄断法》第 17 条第 1 款第（5）项规定"没有正当理由搭售商品，或者在交易时附加不合理的交易条件"的违法行为。利乐于 2009 年开始与红塔仁恒纸业有限公司"合作开发"作为液体食品纸基无菌包材原纸材料的牛底纸，并要求红塔不得向任何第三方提供使用利乐技术信息生产的产品。工商总局经过调查认为，红塔自主拥有牛底纸生产专利，且利乐限制红塔使用的技术信息并非其专有；因此，对使用非利乐专有技术信息的限制实际上限制了红塔向第三方供应牛底纸。利乐限制红塔与其他包材厂商进行合作，限制红塔使用非专

---

① 《高通公司滥用市场支配地位被处 60 亿罚款》，载于《法制日报》2015 年 2 月 11 日。

有技术信息，实质上是排除、限制包材市场的竞争。根据以上，工商总局认为利乐上述限定交易行为构成了《反垄断法》第 17 条第 1 款第（4）项规定"没有正当理由，限定交易相对人只能与其进行交易或者只能与其指定的经营者进行交易"的违法行为。2009～2013 年，利乐在包材业务上采取两类忠诚折扣：追溯性累计销量折扣（以下简称追溯累计折扣）和个性化采购量目标折扣（以下简称目标折扣）。工商总局认为，忠诚折扣具有忠诚诱导效应。同时，结合特定的市场条件，其具有明显的反竞争效果。为了与利乐相竞争，竞争对手必须以更大的折扣幅度匹配利乐的价格并参与竞争，该行为提高了竞争对手参与竞争的难度，对竞争对手造成封锁，排除、限制了市场竞争，构成《反垄断法》第 17 条第 1 款第（7）项规定的"其他滥用市场支配地位的行为"。最终国家工商行政管理总局对利乐作出了责令停止违法行为并处以 2011 年度利乐在中国大陆相关商品市场销售额百分之七——共计 667 724 176.88 元罚款的处罚决定。①

扑尔敏原料药垄断案②。2018 年 6 月，多家媒体报道扑尔敏原料药价格暴涨，导致部分药品停产，市场监管总局及时立案调查。经查，涉案企业滥用扑尔敏原料药市场的支配地位，实施了以不公平高价销售商品、没有正当理由拒绝交易，以及没有正当理由搭售商品的行为。2018 年 12 月，市场监管总局对涉案企业共处罚没款 1 243.14 万元。该案入选国家市场监管总局发布的 2018 年反垄断执法十大典型案例，市场监管总局对该起案件评价为：本案的查处，有力打击了原料药领域垄断行为，及时回应了社会关切，形成了执法威慑，维护了市场公平竞争。③ 作为由机构改革后的市场监管总局直接处理的一起案件，市场监管总局在本案的行政处罚决定书中详细阐述了案件情况和处理依据，体现了统一的反垄断执法机构对反垄断案件释法严谨的理念和依法行政的态度。

葡萄糖酸钙原料药垄断案④。从 2019 年 5 月 23 日起，国家市场监管总局根据举报对山东康惠医药有限公司（以下简称康惠公司）、潍坊普云惠医药有限公司（以下简称普云惠公司）、潍坊太阳神医药有限公司（以下简称太阳神公司）涉嫌滥用市场支配地位行为进行了反垄断调查。经查，上述 3 家公司在 2015 年 8 月至 2017 年 12 月期间滥用在中国注射用葡萄糖酸钙原料药销售市场上的支配地

---

① 参见中国政府网：《工商总局依法对利乐滥用市场支配地位案作出行政处罚》，http：//www.gov.cn/xinwen/2016 - 11/16/content_5133237.htm。最后访问日期：2021 - 03 - 10。
② 参见国家市场监管总局网站：《市场监管总局发布扑尔敏原料药垄断案行政处罚决定书》，https：//www.samr.gov.cn/samrgkml/nsjg/bgt/201902/t20190216_288679.html。最后访问日期：2021 - 03 - 10。
③ 参见中国政府网：《市场监管总局发布 2018 年反垄断执法十大典型案例》，http：//www.gov.cn/xinwen/2019 - 05/11/content_5390670.htm，最后访问日期：2019 - 05 - 05。
④ 参见国家市场监管总局网站：《市场监管总局发布葡萄糖酸钙原料药垄断案行政处罚决定书》，https：//www.samr.gov.cn/fldj/tzgg/xzcf/202004/t20200414_314227.html。最后访问日期：2021 - 03 - 10。

位,实施了不公平高价销售、附加不合理交易条件等行为,损害竞争环境和消费者利益。市场监管总局认为,康惠公司、普云惠公司和太阳神公司是实施滥用市场支配地位行为的共同主体,康惠公司在垄断行为实施过程中起主导作用,普云惠公司起次要作用,太阳神公司起辅助作用。鉴于3家公司实施的垄断行为情节严重、性质恶劣、持续时间长,市场监管总局对康惠公司处2018年销售额10%的罚款并没收违法所得共计2.527亿元,对普云惠公司处2018年销售额9%的罚款并没收违法所得共计5 435万元,对太阳神公司处2018年销售额7%的罚款并处违法所得共计1 845万元。此外,在市场监管总局对本案当事人进行反垄断调查期间,康惠公司、普云惠公司及其所属人员通过拒绝提供材料、隐匿、销毁证据等行为阻碍反垄断执法机关依法调查,严重损害反垄断法权威,甚至暴力抗拒调查,造成部分执法人员受伤的严重后果,市场监管总局对阻碍反垄断调查的行为进行了另案查处。① 因不服上述处罚决定,普云惠公司和康惠公司先后将市场监管总局告到北京市第一中级人民法院,案件分别于2020年12月15日和12月21日公开开庭审理。这是国务院反垄断执法机构(2018年前的国家发改委、商务部和国家工商总局,2018年后的国家市场监管总局)首次因反垄断行政执法而成为行政诉讼案的被告。这一方面说明我国反垄断执法的力度在不断加大,企业的反垄断守法意识和合规工作需要进一步加强;另一方面也说明我国企业的依法维权意识也增强了,这对今后反垄断执法工作的规范性和严谨性提出了更高的要求。

(三) 经营者集中的反垄断审查情况

《反垄断法》第四章对经营者集中进行了规定。该章第28条规定,经营者集中具有或者可能具有排除、限制竞争效果的,国务院反垄断执法机构应当作出禁止经营者集中的决定。但是,经营者能够证明该集中对竞争产生的有利影响明显大于不利影响,或者符合社会公共利益的,国务院反垄断执法机构可以作出对经营者集中不予禁止的决定。第29条规定,对不予禁止的经营者集中,国务院反垄断执法机构可以决定附加减少集中对竞争产生不利影响的限制性条件。我国反垄断执法机构受理和审查了4 000多个案件,其中禁止2件,附条件批准48件。仅"十三五"时期,全国共收到经营者集中申报2 316件,立案2 130件,审结2 147件,涉及交易额23万亿元,较"十二五"时期分别增长86%、82%、92%和64%。附加限制性条件批准22件,为经济高质量发展营造良好的竞争环境。②

---

① 参见国家市场监管总局网站:市场监管总局发布的16份行政处罚决定书,http://www.samr.gov.cn/fldj/tzgg/xzcf/202004/t20200414_314229.html,最后访问日期:2020-06-29。
② 参见国家市场监管总局官网"强化反垄断执法专栏"的专题文章《经营者集中反垄断审查量质齐升》,http://www.samr.gov.cn/zt/qhfldzf/202103/t20210318_327049.html,最后访问日期:2021-03-20。

1. 禁止案

美国可口可乐公司境内收购中国汇源果汁集团有限公司案。该案是我国《反垄断法》实施以来第一起被禁止的经营者集中案件，涉及争议性很大的杠杆理论。美国可口可乐公司是全球最大的饮料公司，在 200 个国家拥有 160 种饮料品牌，包括汽水、运动饮料、乳类饮品、果汁、茶和咖啡，亦是全球最大的果汁饮料经销商；中国汇源果汁集团有限公司，主要生产及销售果汁产品、浓缩果汁及果浆。2008 年 9 月 3 日，可口可乐公司宣布计划收购汇源果汁集团。商务部于 2008 年 9 月 18 日收到本案的经营者集中反垄断申报，并于 2009 年 3 月 18 日决定禁止此项经营者集中。执法机构确认，此项集中将在果汁饮料市场产生排除、限制竞争的效果，就此提出的竞争关注包括传导市场支配地位、损害消费者利益、增强市场控制力、增强市场进入障碍、抑制自主创新能力、破坏竞争格局、阻碍行业持续发展。同时，商务部与可口可乐公司就附加限制性条件进行了商谈。在规定的时间内，可口可乐公司没有提出可行的、减少对竞争不利影响的救济方案。据此，执法机构决定禁止此项经营者集中。①

马士基、地中海航运、达飞设立网络中心经营者集中案件。2014 年 6 月 17 日，商务部发布了关于禁止马士基、地中海航运、达飞设立网络中心经营者集中反垄断审查决定的公告（2014 年第 46 号），决定禁止此项经营者集中。在审查期间，商务部向交易方指出了此项经营者集中可能具有排除、限制竞争效果，并就如何解决上述竞争问题与申报方进行了多次商谈。交易方提交了多轮救济方案，但商务部认为，交易方所提交的最终救济方案缺少相应的法律依据和可信服的证据支持，不能解决商务部的竞争关注，因此决定禁止此项经营者集中。执法机构将相关商品市场界定为国际集装箱班轮运输服务市场，同时将相关地域市场界定为亚洲—欧洲航线、跨太平洋航线和跨大西洋航线；由于影响中国港口，执法机构重点审查了本次交易对亚洲—欧洲航线、跨太平洋航线的竞争影响。执法机构的竞争关注包括紧密型联营的构成、市场控制力、市场集中度、市场进入和对消费者和其他经营者的影响等。在竞争评估后，执法机构认为，本次集中将对相关亚洲—欧洲航线集装箱班轮运输服务市场形成排除、限制竞争影响，包括：(1) 本次交易将在交易方之间形成与传统松散型航运联盟有本质区别的紧密型联营；(2) 本次交易集合了亚洲—欧洲航线运力份额前三的竞争者，将显著增强交易方的市场控制力；(3) 本次交易减少了市场主要竞争者的数量，将大幅提高相关市场的集中度；(4) 本次交易消除了相关市场中主要竞争者之间的有效竞争，

---

① "中华人民共和国商务部公告 2009 年第 22 号"，参见中国政府网：http://www.gov.cn/zwgk/2009 - 03/18/content_1262233.htm。最后访问日期：2021 - 03 - 20。

将进一步推高相关市场的进入壁垒；(5) 本次交易可能给货主企业和港口等有关经营者带来议价能力降低等负面影响。①

2. 附条件批准案

截至 2021 年 3 月，中国反垄断执法机构以附条件批准的方式处理了 48 起案件。这些案件的限制性条件，既包括资产剥离这类国外反垄断执法部门普遍适用的结构性条件，也包括一些国外执法部门很少适用甚至没有出现过的行为性条件类型。由于中国反垄断执法国际影响力的日渐提升，加之很多附条件案件涉及的交易全球瞩目，一些案件中出现的罕见甚至开创性的条件引起了全球反垄断理论与实务界的高度关注，其中的"长期分持"便是中国附条件合并案件中各界最为关注、争议也最大的条件类型之一。以首次适用长期分持的希捷案为例，商务部认定希捷收购三星硬盘业务对硬盘市场具有排除、限制竞争影响，商务部决定附加限制性条件批准此项集中。希捷案最终确定的限制性条件中，交易方应履行的一项条件是"在相关市场上维持三星硬盘作为一个独立竞争者而存在"②，这一条件便是"长期分持"。相关案件中的长期分持引起各界的广泛关注。

希捷科技公司收购三星电子有限公司硬盘驱动器业务案。希捷是一家从事硬盘等数字存储产品生产和销售的企业。目标资产是三星专门用于硬盘研发、生产和销售的所有厂房、设备和其他资产。根据希捷和三星签署的《资产购买协议》，希捷将收购三星硬盘业务相关资产。商务部于 2011 年 5 月 19 日收到本案的经营者集中反垄断申报，并于 2011 年 12 月 12 日决定附加限制性条件批准此项集中。商务部对此项集中涉及的硬盘行业市场状况、采购模式、产能利用、产品创新、买方议价能力、市场进入和对消费者影响等内容进行了审查，分析了在上述相关商品市场中此前发生的交易、特定期间市场价格变化等情况，综合评估了此项经营者集中对市场竞争等方面的影响。商务部认为此项集中将对硬盘市场产生排除、限制竞争的效果。据此，执法机构附加了包括分持在内的行为性救济，包括维持三星硬盘独立性、产能承诺、商业模式承诺、供应承诺和投资承诺。2013 年 5 月，希捷提出解除部分附加限制性条件的申请。商务部认为，市场竞争状况分析显示，可以考虑解除部分限制性条件：在便携式应用领域，固态硬盘对传统硬盘的竞争约束明显增强；传统硬盘市场过剩产能提高，降低了竞争者单独或共同限制竞争的可能性；希捷和三星硬盘重叠有限，三星硬盘市场实力较弱。解除

---

① 参见商务部网站：《关于禁止马士基、地中海航运、达飞设立网络中心经营者集中反垄断审查决定》，http://www.mofcom.gov.cn/article/b/g/201409/20140900732431.shtml。最后访问日期：2021 – 03 – 20。

② 参见商务部网站：《关于附条件批准希捷科技公司收购三星电子有限公司硬盘驱动器业务反垄断审查决定的公告》，http://fldj.mofcom.gov.cn/article/zcfb/201112/20111207874274.shtml。最后访问日期：2021 – 03 – 20。

全部限制性条件仍可能对市场产生限制竞争影响:传统硬盘市场竞争格局变化不大;希捷仍是市场上的重要竞争者,在各个细分市场均拥有较强实力;整合三星硬盘后希捷在便携式应用领域的市场实力将进一步增强。①

除前述涉及长期分持的几个案件外,近年来中国反垄断执法部门处理的涉及FRAND义务的几起案件也具有代表性。

诺基亚收购阿尔卡特朗讯股权案。2015年10月19日,商务部发布了2015年第44号公告,附加限制性条件批准诺基亚收购阿尔卡特朗讯股权的经营者集中。诺基亚是一家跨国通讯和信息技术公司,主要有三个业务单元:诺基亚网络、地图和诺基亚科技;阿尔卡特朗讯的业务单元分为接入及核心网络。执法机构认为,诺基亚和阿尔卡特朗讯在无线通信网络设备和服务市场存在横向重叠,据此界定了无线网络接入设备、核心网络系统设备、网络基础设施服务和通信技术标准必要专利许可四个商品市场;同时,关于地域市场,执法机构指出,竞争并非完全在全球展开,因此重点考察对中国市场的影响。执法机构分别就各个市场开展了竞争分析,认为在无线网络接入设备、核心网络系统设备、网络基础设施服务难以产生反竞争影响;但在通信技术标准必要专利许可市场上,存在市场集中度增加、市场进入障碍、被许可人缺乏制衡能力以及不合理改变专利许可策略等竞争关注。为此,执法机构施加了行为性条件,主要包括:(1)除潜在被许可人的特定非善意行为以外,在对等的前提下,不应通过执行基于SEPs的禁令来阻止附有FRAND承诺的标准的实施;(2)当诺基亚在未来将SEPs转让给第三方时,诺基亚将在这些专利转让完成后,将专利转让的情况及时通知其现有的中国被许可人以及任何正在与其积极进行许可谈判的中国公司;(3)当诺基亚在未来将标准必要专利转让与新的所有人时,诺基亚仅会在新所有人接受诺基亚就这些标准基本专利已对标准化组织承诺的FRAND义务约束的条件下进行转让。②

拜耳股份公司收购孟山都公司股权案。拜耳的主要业务领域包括药品、消费者健康和农作物科学等。孟山都的主要业务包括生产和销售种子、转基因性状、作物保护产品等。根据交易协议,拜耳拟以每股128美元收购孟山都全部股权。集中完成后,孟山都成为拜耳的全资子公司。执法机构于2016年12月5日收到本案的经营者集中反垄断申报,并于2018年3月13日决定附加限制性条件批准

---

① 参见商务部网站:《关于附条件批准希捷科技公司收购三星电子有限公司硬盘驱动器业务反垄断审查决定的公告》,http://fldj.mofcom.gov.cn/article/zcfb/201112/20111207874274.shtml。最后访问日期:2021-03-20。

② 参见商务部网站:《商务部附条件批准诺基亚收购阿尔卡特朗讯股权案》,http://www.mofcom.gov.cn/aarticle/ae/ai/201510/20151001139753.html。最后访问日期:2021-03-20。

此项集中。基于横向重叠和纵向关系考虑，执法机构界定了 15 个相关商品市场，包括非选择性除草剂、杂交蔬菜种子、性状、数字农业等。鉴于登记注册和田间试验等要求，部分产品的相关地域市场为中国；鉴于业务范围、进入壁垒，部分产品（性状、数字农业）的相关地域市场为全球。执法机构认为，基于市场控制力/市场支配地位增强、市场竞争减少、捆绑销售、市场进入壁垒的存在或提高、涨价等滥用行为、阻碍技术进步或创新以及削弱买方议价能力等竞争关注，本次集中可能在中国非选择性除草剂市场、中国长日照洋葱种子市场、中国经切削加工销售胡萝卜种子市场、中国大果番茄种子市场、全球玉米/大豆/棉花/油菜性状市场和全球数字农业市场等相关市场内排除、限制竞争。据此，执法机构施加了行为性救济和结构性救济：行为性救济针对数字农业业务，核心是基于 FRAND 条款的平台开放；结构性救济针对其他业务，包括业务与有形/无形资产剥离。①

（四）行政性垄断的查处情况

《反垄断法》第五章对滥用行政权力排除、限制竞争进行了规定，涉及地区封锁等具体行为类型。比如第 32 条规定，行政机关和法律、法规授权的具有管理公共事务职能的组织不得滥用行政权力，限定或者变相限定单位或者个人经营、购买、使用其指定的经营者提供的商品。第 37 条规定，行政机关不得滥用行政权力，制定含有排除、限制竞争内容的规定。虽然对于行政性垄断案件反垄断执法机构只有依法提出建议的权力，但我国反垄断执法机构仍然认真履行职责，仅"十三五"时期，全国依法查处滥用行政权力排除、限制竞争案件 274 件，有效保护市场公平竞争和消费者利益，维护了反垄断法权威。其中，涉及省级政府所属部门的案件约占 14.8%，涉及市级政府及其所属部门的案件约占 45.1%，涉及县级政府及其所属部门的案件约占 36.2%。②

实际上，早在 2011 年根据国务院 2008 年公布的《国家工商总局主要职责内设机构和人员编制规定》和《反垄断法》，负责调查滥用行政权力排除、限制竞争行为的工商总局就曾授权广东工商公开调查了广东省河源市政府以会议纪要形式指定 GPS 运营商新时空为该市卫星定位汽车行驶监控平台的行为。此外，2014 年国家发改委也纠正了河北省交通运输厅滥用行政权力排除、限制

---

① 参见商务部网站：《关于附加限制性条件批准拜耳股份公司收购孟山都公司股权案经营者集中反垄断审查决定的公告》，http：//fldj. mofcom. gov. cn/article/ztxx/201803/20180302719123. shtml。最后访问日期：2021 – 03 – 20。

② 参见国家市场监管总局官网"强化反垄断执法专栏"的专题文章《破除行政性垄断强力推进》，http：//www. samr. gov. cn/zt/qhfldzf/202103/t20210318_327050. html。最后访问日期：2021 – 03 – 20。

竞争行为。①

二、中国反垄断法的私人实施

反垄断法的私人实施表现为受到垄断行为影响的经营者或者消费者依法向人民法院提起民事诉讼。《反垄断法》第50条规定，经营者实施垄断行为，给他人造成损失的，依法承担民事责任。为确保《反垄断法》私人执行的有效推进，2012年最高人民法院发布了《最高人民法院关于审理因垄断行为引发的民事纠纷案件应用法律若干问题的规定》。目前由法院系统的知识产权庭审理反垄断民事案件。

（一）垄断协议的诉讼情况

1. 横向垄断协议的典型案例

刘某诉重庆市保险行业协会垄断协议纠纷案。2008年2月26日，重庆市车主刘某将其所有的别克君越牌小轿车，向中国太平洋财产保险股份有限公司重庆市高新支公司投保了机动车辆综合险2008版，共缴纳保险费3 282.79元。随后刘某了解到被告重庆市保险行业协会曾于2006年制定了《重庆市机动车辆保险行业自律公约（二次修订）》第14条规定"各财产保险机构必须严格执行重庆市机动车辆保险行业市场指导费率"，即在车险价格上，最低打八折，违反者将遭受严厉处罚，并制定了详细的实施办法及严厉的违约处罚措施等，收取了保证金并严格执行。2008年8月1日，刘某以重庆市保险行业协会为被告向重庆市渝中区人民法院提起诉讼，后移送至重庆市五中法院审理。刘某认为该规定属于垄断协议，被告的行为是组织本行业经营者达成垄断协议的行为，且造成了原告保险费损失，原告请求确认自律公约属垄断协议而无效，并由被告赔偿原告保险费损失1万元、公证保全金1 000元及诉讼费。在该案开庭之前，重庆市五中法院组织双方进行了证据交换，在证据交换程序中，被告补充提供了新修订的《重庆市机动车辆保险行业自律公约（第三次修订）》及《实施细则》。原告认为，新修订的自律公约不再包含违反《反垄断法》的内容，遂提出撤诉申请。合议庭评议后准许了原告的撤诉申请。②

深圳市有害生物防治协会与惠尔讯公司垄断纠纷案。2010年9月8日，惠尔讯公司向深圳市中级人民法院提起诉讼，主张深圳市有害生物防治协会组织有竞

---

① 这两个典型案件的具体情况请见本书第六章第二节。
② 参见詹昊：《中国反垄断民事诉讼热点详解》，法律出版社2012年版，案例评析四。

争关系的协会会员固定除"四害"服务的价格达成垄断协议，请求确认深圳市有害生物防治协会与其签订的《深圳市有害生物防治服务诚信自律公约》因属"垄断协议"，该"公约"无效。深圳市中级人民法院认为惠尔讯公司的诉讼请求缺乏事实与法律依据，判决驳回了惠尔讯公司的诉讼请求。惠尔讯公司不服一审判决，向广东省高级人民法院提起上诉。广东省高级人民法院认为，原告不能证明深圳市有害生物防治协会中的187家企业在深圳市除"四害"服务市场具有绝对影响力，也不能证明《自律公约》具有严重排除、限制除"四害"相关服务市场竞争的效果，原审判决认定深圳市有害生物防治协会与其会员签订的《自律公约》不属于垄断协议并无不当，同时对原审法院认定深圳市有害生物防治协会与其会员签订《自律公约》的行为具有正当性予以支持。广东省高院最终驳回上诉，维持原判。①

2. 纵向价格协议的典型案例

锐邦诉强生纵向垄断协议纠纷案。2010年8月11日，北京锐邦公司向上海市第一中级人民法院提起诉讼，主张强生上海公司、强生中国公司在经销合同中约定转售价格限制条款以及依据该条款对锐邦公司进行处罚直至终止经销合同的行为，构成《反垄断法》第14条第1款第（2）项所列"限定向第三人转售商品的最低价格"之违法行为，诉请法院根据反垄断法第3条、第14条、第50条之规定判令两公司赔偿锐邦公司因上述违法行为而致经济损失人民币1 439.93万元。上海市第一中级人民法院认定强生上海公司、强生中国公司实施垄断行为的事实依据不足，并且在本案中所主张的损失赔偿均属于在购销合同纠纷中得以主张的损害赔偿，与价格限制条款本身并无直接关联，因此驳回原告锐邦公司全部诉讼请求。锐邦公司不服一审判决，向上海市高级人民法院提起上诉。上海市高级人民法院从相关市场竞争是否充分、被告市场地位是否强大、被告实施限制最低转售价格的动机以及限制最低转售价格的竞争效果等四方面情况进行分析，认为本案限制最低转售价格协议构成垄断协议，并最终撤销了一审判决。②

东莞国昌电器商店诉东莞晟世欣兴格力贸易公司、合时电器公司垄断协议纠纷案。2015年，国昌电器商店向广州知识产权法院提起诉讼，主张晟世欣兴公司作为格力空调在广东省的总经销商控制销售价格，限制原告作为经销商不得低

---

① 参见北大法宝：《深圳市惠尔讯科技有限公司与深圳市有害生物防治协会横向垄断协议纠纷上诉案》，https://ip.pkulaw.cn/ippfnljingxuan/1970324838030901.html。最后访问日期：2021-03-20。

② 参见上海市高级人民法院网站：《北京锐邦涌和商贸有限公司诉强生（上海）医疗器材有限公司、强生（中国）医疗器材有限公司纵向垄断协议纠纷案》，http：//www.shcipp.gov.cn/shzcw/gweb/xxnr_view.jsp?pa=aaWQ9MzIwMTAyJnhoPTEmdHlwZT0xz。最后访问日期：2021-03-20。

于其指定的最低价格销售产品属于垄断行为,合时公司作为分销商执行晟世欣兴公司的决定未全额退款的行为侵犯了国昌商店的权益,遂诉请法院判令晟世欣兴公司赔偿其直接损失、合时公司退还其相关费用。广州知识产权法院认为晟世欣兴公司与原告签订的三方协议无论对横向的空调品牌市场还是纵向的空调关联产业供给市场均没有产生排除、限制竞争的效果,并认为合时公司未退还款项问题不属于本案的审查范围,判决驳回国昌电器商店的全部诉讼请求。晟世欣兴公司在一审提交答辩状期间提出管辖权异议,被广州知识产权法院驳回,其不服,向广东省高级人民法院提起上诉,请求撤销原审裁定。2016 年广东高院认为原审裁定驳回晟世欣兴公司提出的管辖权异议正确,裁定驳回上诉,维持原裁定。①

海南省物价局与海南裕泰科技饲料有限公司反垄断行政处罚司法审查案。该案是海南省首例纵向垄断协议行政案件,且涉及行政处罚及后续的行政诉讼,影响深远。海南省物价局于 2017 年 2 月 28 日作出行政处罚决定书。决定书认定:裕泰公司 2014 年及 2015 年与其经销商签订统一格式文本的《饲料产品销售合同》,该合同的第七条规定"乙方(经销商)应为甲方(裕泰公司)保密让利标准,且销售价服从甲方的指导价,否则,甲方有权减少其让利"。此行为排除、限制经销商销售同一品牌"裕泰"鱼饲料之间的价格竞争,违反了《中华人民共和国反垄断法》第 14 条第(1)项的规定,构成了与交易相对人达成"固定向第三人转售商品的价格"垄断协议的行为。一审法院认为,对于反垄断法第十四条所规定的垄断协议的认定,不能仅以经营者与交易相对人是否达成了固定或者限定转售价格协议为依据,而需要结合该法第 13 条第 2 款所规定的内容,进一步综合考虑相关价格协议是否具有排除、限制竞争效果。现有证据表明,裕泰公司的经营规模、市场所占份额等上述因素不具有排除、限制竞争效果,不构成垄断协议。但二审法院认为,本案为关于纵向垄断协议的行政案件,为实现我国反垄断法预防和制止垄断行为、维护消费者利益和社会公共利益的立法目的,行政机关在认定纵向垄断协议时与单个民事主体主张垄断行为造成的实际损失时并不相同。本案为对垄断协议的行政处罚进行合法性审查,反垄断法第 46 条规定的法律责任中,区分了"达成并实施垄断协议的"与"尚未实施所达成的垄断协议的"两种情形,上诉人海南省物价局根据裕泰公司与经销商达成垄断协议但经销商未依裕泰公司固定的价格销售鱼饲料以及裕泰公司在调查过程中积极配合调查、主动整改等情形对裕泰公司作出行政处罚符合法律规定,亦即上诉人海南

---

① 参见人民网:《限制低价销售是否构成垄断?》http://ip.people.com.cn/n1/2018/0817/c179663 - 30234873.html。最后访问日期:2021 - 03 - 20。

省物价局作出本案行政处罚决定无须以裕泰公司与经销商达成的协议具有排除、限制竞争效果为前提，更无须以给他人造成损失为前提。最终，海南省高院支持了海南省省物价局的上诉理由，并认定行政处罚决定程序合法，认定事实清楚，适用法律正确。①

（二）滥用市场支配地位的诉讼情况

吴某与陕西广电传媒（集团）股份有限公司捆绑交易纠纷案。作为为数不多的原告最终胜诉的垄断纠纷，该案在中国反垄断民事诉讼领域占据重要地位。原告吴某于2012年5月10日前往陕西广电公司缴纳数字电视基本收视维护费得知，该项费用由每月25元调至30元，吴某遂缴纳了3个月费用90元，其中数字电视基本收视维护费75元、数字电视节目费15元。之后，吴某获悉数字电视节目应由用户自由选择，自愿订购。吴某认为，广电公司属于公用企业，在数字电视市场内具有支配地位，其收取数字电视节目费的行为剥夺了自己的自主选择权，构成搭售，故诉至法院，请求判令：确认被告2012年5月10日收取其数字电视节目费15元的行为无效，被告返还原告15元。陕西省西安市中级人民法院于2013年1月作出一审判决，确认陕西广电公司收取原告数字电视节目费15元的行为无效，并予以返还。一审判决后被告提起上诉，陕西省高院于2013年9月作出二审判决，撤销一审判决，驳回吴某的诉讼请求。吴某不服二审判决，向最高人民法院提出再审申请。最高人民法院于2016年5月作出再审判决，广电公司作为特定区域内唯一合法经营有线电视传输业务的经营者及电视节目集中播控者，在市场准入、市场份额、经营地位、经营规模等各要素上均具有优势，认定该经营者占有市场支配地位；广电公司利用市场支配地位，将数字电视基本收视维护费和数字电视付费节目费捆绑收取，侵害了消费者的消费选择权，不利于其他服务提供者进入数字电视服务市场，即使存在两项服务分别收费的例外情形，也不足以否认其构成反垄断法所禁止的搭售。故撤销二审判决，维持西安市中级人民法院的一审判决。②

刘某与湖南华源实业有限公司、东风汽车有限公司东风日产乘用车公司垄断纠纷案。刘某系东风日产天籁牌小型轿车的车主，因其车辆门锁损坏到东风汽车有限公司东风日产乘用车公司4S店（湖南华源实业有限公司）维修，车辆维修过程中，双方发生纠纷，2011年5月刘某以东风汽车有限公司、东风日产乘用车

---

① 参见兰磊：《转售价格维持违法推定之论证优度评判——评海南省物价局与海南裕泰科技饲料有限公司行政处罚纠纷案》，载于《竞争政策研究》2018年第4期。

② 参见中国法院网："陕西广电网络传媒（集团）股份有限公司捆绑交易纠纷案"，https://www.chinacourt.org/article/detail/2017/03/id/2574880.shtml. 最后访问日期：2021-03-10。

公司及其4S店通过对原厂配件的垄断获取高额维修费,构成经营者滥用市场支配地位为由提起诉讼,请求判令两被告停止垄断经营行为,以合理的价格向其终端用户提供汽车配件销售服务;被告湖南华源公司赔偿原告经济损失260元整。2011年12月,湖南省长沙市中级人民法院以刘某的诉讼请求缺乏事实和法律依据为由,一审判决驳回其诉讼请求。刘某不服,提起上诉至湖南省高级人民法院。湖南省高院认为,由于本案所诉损害事实仅涉及天籁汽车的门锁配件,且天籁汽车的原厂门锁配件与副厂门锁配件之间存在可替代性,因此,本案的"相关市场"应界定为"适用于天籁汽车的门锁配件市场"。刘某应当对东风汽车有限公司东风日产乘用车公司及其4S店在相关市场内具有支配地位承担举证责任,刘某未提交证据予以证明,应承担举证不能的法律后果,其上诉主张不能成立。遂判决驳回上诉,维持原判。①

华为技术有限公司与IDC公司滥用市场支配地位纠纷案。该案被称为中国标准必要专利反垄断纠纷第一案,引起了世界各国尤其是通信业的高度关注。美国交互数字技术公司(Inter Digital Technology Corporation)、交互数字通信有限公司(Inter Digital Communications. LLC)、交互数字公司(Inter Digital. INC)(以下将该三公司统称为IDC公司)参与了全球各类无线通信国际标准制定,在2G、3G、4G领域标准中拥有大量标准必要专利。华为公司为获得相关标准必要专利授权许可,与IDC公司进行了持续多年的谈判。在谈判期间,美国IDC公司突然以华为公司侵犯其标准必要专利权为由,于2011年7月26日分别向美国特拉华州和美国国际贸易委员会(ITC)提起诉讼和"337调查",要求禁止华为公司在美制造、销售被控侵权产品,并要求颁发禁令禁止相关产品进入美国。2011年12月6日,华为公司以IDC公司滥用市场支配地位为由向广东省深圳市中级人民法院提起反垄断民事诉讼,认为IDC公司滥用其在3G无线通信技术标准下的必要专利许可市场中的支配地位,在专利许可谈判过程中对华为公司实施了不公平高价、搭售等行为,华为公司请求法院判令IDC公司停止民事垄断侵权行为,并赔偿损失人民币2 000万元。此案经深圳中院一审、广东高院二审,认定IDC公司滥用其在3G无线通信技术标准下的相关必要专利许可市场中的支配地位,针对华为公司设定了不公平的过高定价与不合理搭售,而其在美国对华为公司提起必要专利禁令之诉的行为,属于逼迫华为公司接受过高专利许可交易条件之手段的行为,会对华为公司出口产品的行为产生排除、限制性影响,属于滥用市场支配地位的行为。但对于华为上诉的搭售非必要专利等其他所诉行为,两审法院

---

① 参见中国法院网:"2012年中国法院知识产权司法保护十大创新性案件",https://www.chinacourt.org/article/detail/2013/04/id/949762.shtml。最后访问日期:2021-03-20。

均予以驳回。法院最终判令 IDC 停止相关反垄断侵权行为并赔偿华为公司经济损失 2 000 万人民币。①

高通诉魅族确认不垄断案。2016 年 6 月 24 日，北京知识产权法院受理了高通公司诉珠海市魅族科技有限公司（以下简称魅族公司）、珠海市魅族科技有限公司北京分公司（以下简称魅族北京公司）涉通信标准必要专利垄断纠纷一案。原告高通公司诉称，其拥有大量无线通信标准必要专利，其中许多标准已被中国无线通信技术标准所采纳。中国无线通信设备制造商要制造和销售符合中国无线通信技术标准的设备，必然会实施相关无线通信标准必要专利，为合法实施该等标准必要专利，制造商需要获得原告及其他标准必要专利持有人的专利许可。高通公司已经遵循国家发改委《行政处罚决定书》和《整改方案》，与超过 100 家无线通信设备端制造商分别签订了《中国专利许可协议》。高通公司称，2015 年 5 月 13 日，基于 FRAND 承诺，其向魅族公司发出了无线标准必要中国专利的许可条件，该条件与其他制造商签订的许可条件实质相同。而经过长期协商，魅族公司仍拒绝高通公司的许可要约，亦未提出任何合理的反要约，却持续实施高通公司的无线标准必要中国专利。为此，高通公司请求法院确认高通公司向魅族公司发送的《中国专利许可协议》中的许可条件不违反《反垄断法》、符合高通公司的相关 FRAND 承诺，判令将该等许可条件作为高通公司与魅族公司就无线标准必要中国专利达成专利许可协议的主要条款，并判令两被告赔偿相应损失约 5.2 亿元。被告在提交答辩状期间，对管辖权提出异议，认为北京知识产权法院对本案不具有管辖权。北京知识产权法院裁定认为：涉案许可条件是否违反《反垄断法》客观上成为双方的关键争议，原告高通公司据此提出诉讼请求具有合理性和必要性，使得本案具有区别于典型单个专利许可合同或专利侵权纠纷的特殊性；同时，本案系垄断纠纷，应按照垄断案件的相关规定确定管辖。最终，北京知识产权法院裁定驳回被告珠海市魅族科技有限公司、珠海市魅族科技有限公司北京分公司对本案管辖权提出的异议。②

云南盈鼎公司与中石化云南分公司、中石化公司拒绝交易纠纷案。该案是中国的国有石油公司第一次因拒绝交易被提起反垄断民事诉讼。2014 年 1 月，云南盈鼎向昆明市中级人民法院提起诉讼，主张被告滥用其在成品油销售市场的支配地位，拒绝购买其生产的生物柴油 BD100，违反了《反垄断法》和《可再生能源法》，遂诉请法院判令中石化及其云南分公司按照《可再生能源法》规定，将

---

① 参见中国法院网："2008～2018 年中国法院反垄断民事诉讼 10 大案件案情简介"，https://www.chinacourt.org/article/detail/2018/11/id/3577648.shtml。最后访问日期：2021-03-20。

② 参见人民网：《反垄断法：十年磨一剑，效果初显现》，http://ip.people.com.cn/n1/2018/0801/c179663-30183323.html。最后访问日期：2021-03-20。

符合国家标准的生物柴油纳入其销售体系，赔偿云南盈鼎经济损失 300 万元，并承担案件诉讼费。2014 年 12 月，昆明中院作出一审判决，判处中石化云南分公司将盈鼎公司生产的符合国家标准的生物柴油纳入其燃料销售体系；驳回盈鼎公司的其他诉讼请求。一审判决后原告、被告双方均提出上诉。2015 年 8 月，云南省高院以原审判决认定基本事实不清、违反法定程序为由撤销一审判决并发回重审。昆明中院重审后认为双方未能建立交易关系，不属于违反《反垄断法》相关条款的行为；同时，双方在地沟油制生物柴油销售问题上不存在竞争关系。2016 年 10 月，云南省高院判决驳回上诉，维持原判。2017 年 12 月，云南盈鼎向最高人民法院申请再审查。最高人民法院在本案中虽然认为中石化及其云南分公司在相关市场具有市场支配地位，但其拒绝交易的行为没有排除、限制竞争的效果，且中石化及其云南分公司有充分的正当理由不进行交易，其行为不构成滥用市场支配地位，因此驳回了盈鼎公司的再审申请。本案被业界认为是石油化工行业"反垄断第一案"。该案历经了近 6 年的拉锯式司法审判程序，终于在 2019 年底由最高人民法院再审审结。最高人民法院在该案中详细分析了滥用市场支配地位案件中拒绝交易行为的构成要件，以及同一案件中《反垄断法》与其他法律适用的关系问题，具有较强的法律研判价值。①

  北京奇虎科技有限公司与腾讯科技（深圳）有限公司、深圳市腾讯计算机系统有限公司滥用市场支配地位纠纷案。作为"中国互联网第一案"，该案影响深远。2010 年 2 月 12 日，腾讯以其 QQ 升级时默认捆绑的方式，全面推广"QQ 医生"，打响了"3Q 大战"的第一枪。随后，奇虎 360 推出了一款名为"360 扣扣保镖"的安全工具，称该工具全面保护 QQ 用户的安全，引起腾讯强烈反应并宣布在装有 360 软件的电脑上停止运行 QQ 软件，用户必须在 360 与 QQ 之间"二选一"。在工信部的调停下，腾讯恢复兼容 360 软件，两公司分别向用户致歉。2012 年 11 月，北京奇虎科技有限公司向广东省高级人民法院起诉，主张腾讯科技（深圳）有限公司和深圳市腾讯计算机系统有限公司滥用在即时通信软件及服务相关市场的市场支配地位。奇虎 360 认为，腾讯长期使用模仿、捆绑、交叉补贴等方式强行推广自己的产品，其"二选一"行为及其在 QQ 软件中捆绑 QQ 电脑管家行为是典型的滥用市场支配地位行为，请求法院判令被告立即停止滥用市场支配地位的垄断行为，赔偿损失 1.5 亿元。广东高院判定，即时通信与微博、社交网络等构成强竞争和替代关系，而且是全球性市场，充分竞争，360 对市场的定义过于狭窄。腾讯并未处绝对主导地位，而且也未加以滥

---

  ① 参见北大法宝：《最高法驳回石化行业"反垄断第一案"再审申请——云南拒绝交易纠纷尘埃落地》，https://www.pkulaw.com/lawfirmarticles/06b1b6d7f82e9e593a3724ff8e959b43bdfb.html。最后访问日期：2021 - 03 - 20。

用，因而不存在滥用市场支配地位的情况。一审判决，驳回奇虎公司全部诉讼请求。奇虎 360 不服一审判决遂向最高人民法院上诉，最高院于 2013 年 11 月 26 日公开开庭审理本案，认为一审法院关于相关市场认定过宽，应界定为中国大陆地区即时通信服务市场，但并无证据支持被上诉人具有市场支配地位及实施滥用行为。故而认定一审判决事实基本属实，适用法律正确，裁判结果适当，遂驳回上诉维持原判。①

徐某与腾讯公司滥用市场支配地位纠纷案②。徐某（一审原告、二审上诉人、再审申请人）按照腾讯公司开发的表情包投稿要求上传了 24 个"问问"表情包，但因为其投稿的表情包不符合腾讯公司对表情包投稿管理的禁止性要求，腾讯公司未将其审核通过。徐某认为腾讯公司拒绝其表情包投稿的行为属于滥用市场支配地位，向人民法院提起垄断民事诉讼，指控腾讯公司构成拒绝交易和限定交易。深圳市中级人民法院作出一审判决认为，原告徐某主张腾讯公司构成滥用市场支配地位没有事实和法律依据，依法予以驳回。徐某不服一审判决，向广东省高级人民法院提起上诉，广东高院认为一审判决虽然对相关市场界定不当，但处理结果正确，依法予以维持。徐某对二审仍然不服，向最高人民法院提出再审请求。最高人民法院于 2018 年 9 月 14 日对该案作出再审裁定，徐某的再审申请不能成立，依法驳回其再审申请。本案涉及互联网环境中企业滥用市场支配地位行为的认定标准问题，该案的裁判思路与最高人民法院在先裁判的奇虎与腾讯案（3Q 案）一脉相承，但其中对于相关市场界定标准及目的、举证责任、市场份额的作用以及特定案件中《合同法》与《反垄断法》的适用区别等均构成了案件处理的亮点。该案作为典型案例也入选了最高人民法院知识产权案件年度报告（2018）。本案的裁判反映出我国最高人民法院对于互联网情形下反垄断案件的处理思路，也表现出在互联网企业高速发展的中国，司法对于新业态、新产业的行为介入应当持有审慎的态度，在《反垄断法》确立的框架下严格准确适用。

（三）行政性垄断的诉讼情况

四家防伪企业起诉国家质检总局案。本案虽未被受理，但从时间上来说是《反垄断法》实施之后根据《反垄断法》提起的第一案。北京兆信信息技术有限公司、东方惠科防伪技术有限责任公司、中社网盟信息技术有限公司、恒信数码

---

① 参见中国法院网："北京奇虎科技有限公司诉腾讯科技（深圳）有限公司、深圳市腾讯计算机系统有限公司滥用市场支配地位纠纷案"，https://www.chinacourt.org/article/detail/2017/03/id/2574869.shtml? from = singlemessage。最后访问日期：2021 - 03 - 20。

② 参见《最高人民法院知识产权案件年度报告（2018）》摘要，载于《人民法院报》2019 年 4 月 25 日。

科技有限公司4家防伪企业于2008年8月1日将国家质检总局诉至北京市第一中级人民法院。他们声称，国家质检总局在推广"中国产品质量电子监管网"的过程中，违反了《反不正当竞争法》和《反垄断法》，涉嫌行政垄断。4家企业提出，从2005年4月开始，国家质检总局不断推广"中国产品质量电子监管网"，要求生产企业在所生产的产品的包装上加印监管码。为了推广电子监管网的经营业务，国家质检总局从2005年4月到目前为止，单独或联合其他国家机关挂名，发布了近百个文件，同时还召开多种形式的会议，并由国家质检总局的有关领导出席、发表讲话，以督促各地企业对产品赋码加入电子监管网。这4家企业认为，自1996年起，全国防伪行业都在普遍使用类似"电子监管网"的技术为生产企业提供产品防伪服务，国家质检总局将电子监管网的推广与中国名牌、免检产品等评选挂钩，并规定一些产品不赋码入网不得销售，在实际上确立了电子监管网的经营者——中信国检的垄断地位。然而，北京市第一中级人民法院并未受理该案件。①

斯维尔诉广东省教育厅行政垄断案。该案是我国《反垄断法》实施以来第一起行政性垄断的司法案例。2014年3月11日，广东省教育厅主办了全国职业院校技能大赛"工程造价基本技能"高职组广东省选拔赛，并审核通过、发布了相关技术规范和竞赛规程，其中要求在赛项中独家使用广联达公司的相关软件。法院认为，广东省教育厅具有对职业技术院校举办赛事活动进行管理的职责，上述行为系行使行政职权的行政行为，其后果是排除了其他软件供应商作为合作方参与竞争提供赛项软件的权利，影响了其他软件供应商的公平竞争权，同时可导致参赛师生形成使用习惯，对于提升广联达公司的市场声誉有极佳效果，从而提高了广联达公司软件在市场上的占有份额，产生了排除、限制竞争的效果，构成对《反垄断法》第8条、第32条的违反。另外，广东省教育厅未能举证证明其采取了公开、公平的竞争性选择程序决定使用相关软件，应对正当程序的举证不能承担败诉结果。法院最终判决广东省教育厅指定使用广联达公司相关软件的行为违法。②

南京发尔士诉南京市江宁区人民政府案。本案是此类案件中少有的原告胜诉的案件。江苏省南京市发展和改革委员会于2010年7月对10家企业作出废弃食用油脂定点回收加工单位备案，其中包括南京发尔士化工厂和南京立升废油脂回收处理中心。2012年11月，南京市江宁区人民政府（以下简称江宁区政府）作

---

① 参见中国新闻网：《反垄断法首案吃"闭门羹" 法院不受理企业诉讼》，https://www.chinanews.com.cn/it/itxw/news/2008/09-05/1371972.shtml。最后访问日期：2021-03-20。

② 参见中国新闻网：《反行政垄断诉讼首案终审 广东教育厅滥用行政权力败诉》，https://www.chinanews.com.cn/sh/2017/08-07/8297732.shtml。最后访问日期：2021-03-20。

出《关于印发江宁区餐厨废弃物管理工作方案的通知》,明确"目前指定南京立升再生资源开发有限公司实施全区餐厨废弃物收运处理。"该区城市管理局和区商务局于 2014 年 3 月发出公函,要求落实 396 号文的规定,各生猪屠宰场点必须和立升公司签订清运协议,否则将进行行政处罚。南京发尔士新能源有限公司对 396 号文不服,诉至法院,请求撤销该文对立升公司的指定,并赔偿损失。南京市中级人民法院一审认为,被告采取直接指定的方式,未通过招标等公平竞争的方式,排除了其他可能的市场参与者,构成通过行政权力限制市场竞争,违反了《江苏省餐厨废弃物管理办法》第 19 条和反垄断法第 32 条的规定。被告为了加强餐厨废弃物处理市场监管的需要,对该市场的正常运行作出必要的规范和限制,但不应在行政公文中采取明确指定某一公司的方式。一审宣判后,双方当事人均未上诉。①

第二节 中国反垄断法实施面临的问题和挑战

一、我国反垄断法在实施中反映出的主要问题

如前所述,我国反垄断法在实施的十余年来,无论是在公共实施(反垄断执法机构的行政执法),还是私人实施(经营者和消费者提起的民事诉讼),还有通过经营者主动合规的自我实施②,都取得了明显的成效。随着我国反垄断执法机构实现了"三合一",由新组建的国家市场监督管理总局及其授权的省级市场监管部门统一进行反垄断执法工作,我国反垄断行政执法的统一性和效率有了很大的提高,并在近年来的执法实践中已经有了初步的体现。

但同时,我国反垄断法在实施中也反映出了一些问题,除了有些问题是纯粹由于实践中理解不准确、执行不到位等原因(尤其是一些法院对横向垄断协议的认定)导致的以外,也有一些问题是由反垄断法本身的制度规则不明确、不完善带来的。就后者而言,主要有以下一些方面:

一是一些实体规则的不明确导致适用上的差异,尤其是行政执法和司法上的

---

① 参见中国法院网:"最高法发布人民法院 2015 年度十大经济行政典型案例(2015.10.22)",http://xyzy.chinacourt.gov.cn/article/detail/2015/11/id/1740018.shtml。最后访问日期:2021-03-20。

② 这方面虽然没有具体的统计数字,但从相关媒体的报道等反映的情况来看,整体效果也是很不错的。

不一致。这在《反垄断法》关于纵向垄断协议的规制方面体现得最为明显。从相关案件中可以看出，目前行政执法机构与法院对《反垄断法》第 14 条列举的固定转售价格和限定最低转售价格这两种垄断协议的规制存在明显不同的理解：多数的法院认为在规制这两类协议时，除证明协议存在外，还需要证明具体协议的确排除、限制了竞争；而行政执法机构则认为由于这两类行为导致反竞争效果的可能性非常高，因此反垄断执法机构只需证明行为客观存在便可推定其具有反竞争效果，不需要进一步分析协议导致的具体反竞争效果，而是转由涉案企业进行抗辩。① 这种明显的分歧给法律的实施和市场经营都带来了很大的不确定性。好在近期的海南裕泰科技饲料有限公司诉海南省物价局行政处罚在再审案中，最高人民法院的判决对这种分歧进行了一定程度的协调。② 在本案中，不同层级人民法院与当事方关于"排除、限制竞争"多元解释的争议与现有法条表述本身的过于简单与粗糙是有一定关系的。其中，《反垄断法》第 13 条与第 14 条是平行关系，将"垄断协议"的定义置于第 13 条中，可能会使人误认为其仅是对横向垄断协议的界定，这在一定程度上使得法律实施过程中出现该定义条款是否适用于第 14 条的争议。

　　二是一些实体规则的不完善导致一些比较突出的垄断行为难以得到规制，或者规制的效果不理想。首先，这非常典型地表现在近年来一些反垄断执法机构在涉及轴辐协议③时面临"于法无据"的窘境上。这在湖南娄底保险业垄断协议案和安徽信雅达等三家密码器企业垄断协议案中有非常典型的体现。④ 由于我国现行《反垄断法》对垄断协议采取横向协议与纵向协议的"二分法"，这不仅使得部分本应遭受处罚的垄断协议行为人逃脱制裁，而且让执法机构陷入"两难"境

---

① 参见韩伟：《论纵向垄断协议规制的完善路径》，载于《价格理论与实践》2013 年第 4 期。

② 最高人民法院在判决中认为，在当前的市场体制环境和反垄断执法处于初期阶段的情况下，如果要求反垄断执法机构在实践中对纵向垄断协议都进行全面调查和复杂的经济分析，以确定其对竞争秩序的影响，将极大增加执法成本，降低执法效率，不能满足当前我国反垄断执法工作的需要；从《反垄断法》第 14 条规定来看，除了"其他垄断协议"需要由国务院反垄断执法机构认定以外，固定向第三人转售商品的价格及限定向第三人转售商品的最低价格这两种协议，一般情况下本身就属于垄断协议，符合《反垄断法》第 13 条所规定的排除、限制竞争的标准；反垄断执法机构经过调查证实经营者存在上述两种情况，即可认定为垄断协议，无需对该协议是否符合"排除、限制竞争"这一构成要件承担举证责任。当然，这种认定是可以由经营者通过提交证据进行抗辩予以推翻的。参见王先林主编：《经济法案例百选》，高等教育出版社 2020 年版，第 25~31 页。

③ 轴辐协议，也称轴辐卡特尔，简单地说，就是处于横向关系的竞争者通过分别与处于纵向关系的同一主体签订纵向协议，从而实现信息交换，达到了横向垄断协议的效果。在家电、医药、汽车等行业，生产商依赖经销商进行产品销售，经营者之间横向关系与纵向关系错综复杂，容易衍生出轴辐协议的情况。

④ 参见张晨颖：《垄断协议二分法检讨与禁止规则再造——从轴辐协议谈起》，载于《法商研究》2018 年第 2 期；叶高芬：《反垄断执法须应对新挑战　企业对竞争法要保持敬畏心》，载于《中国工商报》2016 年 11 月 30 日。

地。这方面的问题通过解释和类推都难以有效解决，需要在修订《反垄断法》时予以相应的完善。其次，这也表现在共同市场支配地位的认定上。《反垄断法》第 19 条规定了市场支配地位的推定制度，其中包括两个或者三个经营者作为整体推定具有市场支配地位，以便有效地对从事相同行为的寡头垄断者（没有达成垄断协议的证据）的行为进行规范和制约。但该条在提出共同市场支配地位这个概念之后，既没有解释何为共同市场支配地位，也没有提供任何明确的分析方法，这在很大程度上导致了共同市场支配地位法律规定相对不确定之窘况。① 再次，在经营者集中控制部分，一方面经营者集中的类型不完整，特别反垄断执法实践中一直将新设合营企业作为需要申报的经营者集中的一个类型予以对待，但在《反垄断法》中并没有此规定，同时也缺少对于相关核心概念尤其是"控制"的明确解释，另一方面也缺少关于剩余管辖权（即执法机构在没有申报情况下的主动调查）的规定。最后，在行政性垄断规制方面，行为主体的范围仅仅限定在"行政机关和法律、法规授权的具有管理公共事务职能的组织"，难以涵盖实践中存在的具有管理公共事务职能的其他主体，并且这类违法行为的界定标准也缺乏明确的规定。

　　三是程序规则比较简单笼统导致执法的透明度和权威性不是很理想。《反垄断法》第六章专门规定了对涉嫌垄断行为的调查，确立了垄断案件调查的基本程序制度，在《反垄断法》其他部分（尤其是第四章"经营者集中"）的制度中也有与调查程序直接相关的内容，但这些程序规则都比较简单，一些重要的程序规则还处于缺失状态。例如，对垄断协议和滥用市场支配地位行为调查的一些具体程序尤其是中止调查和宽大程序缺少必要的规定；经营者集中的简易程序在实务中已经存在了多年，但目前仅是依据商务部 2014 年发布的《关于经营者集中简易案件适用标准的暂行规定》，在《反垄断法》中缺少基本的依据；对于行政性垄断行为虽然规定了"反垄断执法机构可以向有关上级机关提出依法处理的建议"，但如何行使这种建议权包括必要的调查程序也不明确。

　　四是法律责任制度不够完善导致法律适用的结果不一致和法律制裁力度有限。合理的法律责任制度是反垄断法发挥应有作用的保障。目前，《反垄断法》在这方面的不少规定存在明显不合理之处。例如，对垄断协议和滥用市场支配地位行为都是规定"由反垄断执法机构责令停止违法行为，没收违法所得，并处上一年度销售额百分之一以上百分之十以下的罚款"。但是，在执法实践中只有少量案件适用了"没收违法所得"，在大部分案件中并没有适用，这种不一致无疑有损法律的权威性和可预期性；同时，"上一年度销售额"具体所指范围也不明

---

① 参见侯利阳：《共同市场支配地位法律分析框架的建构》，载于《法学》2018 年第 1 期。

确,有时其数额很小甚至为零,罚款的力度和相应的威慑性就会被大大削弱;再者,这里的罚款不仅有上限"百分之十以下",而且还有下限"百分之一以上",显得缺乏必要的灵活性,难以适应对一些轻微违法行为处罚的实际需要。又如,对于经营者违法实施集中的,特别是应当申报而不申报的,只是处五十万元以下的罚款,这显然不足以形成应有的威慑力。

二、数字经济尤其是平台经济发展提出的反垄断难题

数字经济并不是一个全新的概念,与信息经济、网络经济基本是同义语,是指以使用数字化的知识和信息作为关键生产要素、以现代信息网络作为重要载体、以信息通信技术的有效使用作为效率提升和经济结构优化的重要推动力的一系列经济活动。信息化是数字经济的本质,互联网是数字经济的龙头,大数据、人工智能是最大亮点,这三类信息技术与实体经济加快融合则是当代数字经济最鲜明的特征。①

我国数字经济发展迅速,移动支付、共享经济、网上购物等方面的普及率都处于全球前列。数字经济竞争具有不同于传统经济竞争的一些特点。根据经济合作发展组织(OECD)2012年对外发布的《数字经济》报告,数字经济的竞争具有"赢者通吃"、网络效应、双边市场、快速创新以及高水平投资等特点。② 这些特点及其带来的企业行为的变化对反垄断执法带来了一些新的挑战与影响,需要予以及时关注和有效应对。例如,数字经济中的垄断现象的广泛性和易变性、免费策略等商业模式、双边平台的运作模式、平衡创新与竞争的更大需求等特点都对反垄断执法和反垄断法的制度内容带来了挑战。③ 可以说,反垄断法的三大基本实体制度都或多或少地受到了来自数字经济发展的挑战。

首先,垄断协议规制制度受到了数字化卡特尔的挑战。随着数字经济的发展,互联网、大数据、算法与共谋的结合已催生出"数字化卡特尔"这一更为隐蔽的新型垄断协议形式。数字化卡特尔的表现形式和行为特征较之传统垄断协议发生了很大变化。一方面,企业可以通过使用同一特定的定价算法和历史定价数据协调定价,达成价格合谋后,还可以利用实时数据来监控该项卡特尔的实施;另一方面,企业之间进行数据的选择性共享,即部分共享其各自拥有的大数据,可以向其他经营者传递一种隐性信号,使得数据共享后产生市场分

---

① 参见胡虎:"数字经济发展进入新时代",载于《人民邮电报》2017年10月30日第5版。
② 参见韩伟主编:《数字市场竞争政策研究》,法律出版社2017年版,第2页。
③ 参见王先林:《数字经济条件下反垄断执法面临的挑战》,载于《工商行政管理》2018年第21期。

割。即便是匿名形式的大数据共享，也可能导致竞争企业间的隐性合谋。此外，企业可能利用人工智能、机器深度学习等实现算法改进，间接促成默示合谋。可以说，默示合谋越来越成为数字经济时代垄断协议的主要形式和执法重点。显然，大数据和算法提高了市场透明度和高频交易的可能性，促使经营者之间更容易达成、实施和维持各种共谋，甚至无须任何正式协议抑或者进行人员交互，这对传统的垄断协议规制制度提出了新的难题。正如 OECD 就此指出的："当公司使用算法和机器学习来实施默示共谋时，既有竞争政策不足以解决问题，因为公司只有在进行任何形式的意思联络抑或至少显示出某种共谋意图时才会被谴责，如何寻找防止算法和机器学习之间串通的方法可能是竞争执法机构迄今为止面临的最大挑战之一。"① 我国目前虽然还没有直接这方面的案件，但根据国外已经出现的案件情况和市场发展的趋势，这种数字化卡特尔必将成为现实的挑战。这就需要有必要的应对，除了具体法律适用中的合理解释和灵活运用外，法律本身做出适当的回应也是必要的和更具可靠性、稳定性。

其次，滥用市场支配地位规制制度也受到了数字经济发展带来的新型市场竞争行为的挑战。随着数字经济的飞速发展，近年来我国市场上出现了一系列引起公众关注的市场竞争和垄断问题，主要表现在互联网平台限定交易、数据壁垒推高市场准入门槛、大数据垄断损害消费者福利等，其中很多涉及滥用市场支配地位。这尤其是表现在近年来社会关注度很高的互联网平台的"二选一"现象与关于"大数据杀熟"的质疑等。就前者来说，在相互竞争的互联网平台企业之间，商户只被允许进驻其中一个平台，这种"二选一"现象近年来呈现出从特定的集中促销期间（如双十一等）向常态化发展、从小规模向大规模发展、从公开向隐蔽发展的明显特点。其危害也日益显现，它违背了自由公平竞争的市场准则，扰乱了正常的市场竞争秩序，既损害了中小平台经营者的利益，更损害了在平台内经营的中小企业的利益，也一定程度上影响了消费者的利益，最终也不利于大众创业、万众创新，影响了平台经济的规范健康发展。这也引发了反垄断法能否为这类现象提供有效的执法依据的讨论。② 就后者而言，企业通过大数据可以获知

---

① See Big Data: Bringing Competition Policy to The Digital Era: Background note by the OECD Secretariat under Item 3 of the 126th meeting of the Competition Committee on 29 November 2016, p. 24, available at https://one.oecd.org/document/DAF/COMP（2016）14/en/pdf. 最后访问日期：2019-03-10。

② 这方面我国已经有了相关的司法诉讼案件。2017 年北京市高级人民法院受理京东诉天猫"二选一"滥用市场支配地位案，天猫主张该案应由浙江省高级人民法院审理，北京市高级人民法院一审驳回了天猫管辖权异议，天猫不服上诉至最高人民法院。2019 年 7 月最高院二审驳回了天猫的主张，裁定由北京市高级人民法院管辖此案。2019 年 10 月 9 日中国裁判文书网公布了《浙江天猫网络有限公司、浙江天猫技术有限公司滥用市场支配地位纠纷二审民事裁定书》。

用户的消费倾向和购买习惯，在相关市场拥有支配地位的企业可能利用这种数据优势对不同消费能力的用户采取歧视性定价的策略。一些在线旅行等网络平台实施的"大数据杀熟"是否构成价格歧视也受到各方面的关注。此外，还有类似苹果公司在运营应用商店（App Store）过程中涉嫌滥用市场支配地位行为的投诉和讨论。这些都涉及很多方面的复杂问题，既存在数字经济条件下相关市场界定的问题，也有市场支配地位的认定和滥用市场支配地位行为的构成以及相关抗辩是否成立等问题。其中，是否需要以及如何界定相关市场、数据是否构成市场支配地位的要素、隐私保护是否应作为一种非价格竞争（质量竞争）的维度纳入反垄断分析框架予以考量等，都是目前各界存在重大争议的问题，也对立法提出了要求。

再次，经营者集中控制制度同样面临数字经济发展带来的新问题。我国近年在数字经济领域的并购非常普遍，包括"阿里收购饿了么""美团收购摩拜"在内的一系列互联网企业的并购案引起了社会的普遍关注。在这些并购案中，被收购企业上一年度经营额可能未达到 4 亿元人民币，盈利也多数为负，甚至尚依赖资本支持运营，而交易额却多达数亿甚至几十亿美元，但这些交易目前均未纳入反垄断执法机构的管辖。针对数字经济领域的并购，诸如对破坏性创新者的预防性收购、原料封锁，甚至混合并购中传导理论的适用等问题，都值高度重视。尤其是，2016 年 8 月滴滴出行宣布与优步（Uber）全球达成战略协议，滴滴收购优步中国后，原本双寡头竞争的局面，变为滴滴"一家独大"，其市场结构显然发生了巨大变化，而滴滴以其在中国市场上目前还未实现盈利且优步中国上一会计年度的营业额未达到申报标准为由不向商务部进行申报。而在此之前，滴滴与快的的合并也以同样的理由不予申报。这引起了我国反垄断法关于经营者集中反垄断审查中的申报标准的确定能否适应数字经济发展的讨论和反思。此外，传统的反垄断法也缺乏将长期内的创新因素纳入的分析方法和分析工具。

作为数字经济的典型代表，平台经济发展非常迅猛，平台竞争已经成为互联网竞争的主要形式。近年来，在开创新技术、新业态、新模式的同时，平台企业凭借数据、技术、资本优势呈现出市场集中度越来越高的趋势，市场资源加速向头部平台集中，关于平台垄断问题的反映和举报日益增加，显示平台经济发展中存在一些风险和隐患。因此，2020 年 12 月召开的中央政治局会议和中央经济工作会议均明确要求强化反垄断和防止资本无序扩张，中央经济工作会议进一步明确要完善平台企业垄断认定、数据收集使用管理、消费者权益保护等方面的法律规范，同时，要加强规制，提升监管能力，坚决反对垄断和不正当竞争行为。可见，强化平台经济领域的反垄断已成为我国关系全局的紧迫议题。

虽然平台经济领域反垄断非常必要，并且已经成为国内外的共识和行动，但是从反垄断规制实践来看，平台在组织形式和商业模式等方面的特殊性质又限制了传统反垄断法的适用性。平台经济具有不同于传统经济的一些明显特点，平台经济呈现出网络效应、赢者通吃、多边市场、大数据匹配效应、动态创新性、跨市场性等行业特征，这些对反垄断提出了不少的难题。例如，平台经济的动态创新特征对反垄断法的分析框架带来了很大的冲击。现阶段以产品价格和质量为核心的需求替代分析不能适应多边平台以跨界竞争为主的平台经济，以市场份额和营业额为标准的企业规模认定也逐渐被用户活跃数与有效转化率等指标替代。例如，高市场占有率的平台不一定具备限制竞争的市场支配地位，不能仅由于平台市场占有率高就对其实施"一刀切"的反垄断规制，否则，许多领域优秀的平台企业都将被认定为具有市场支配地位，成为反垄断规制的重点对象。从国内外平台的发展实践来看，平台经济领域常常存在激烈的"熊彼特式竞争"，使得市场占有率较高的平台企业依然面临巨大的竞争压力。这就需要探索出既能维护竞争又能激励创新的平台经济领域的反垄断治理之道。这也是我国目前迫切需要解决的关键问题。

同时，借助于互联网平台的新商业模式和新兴数字技术的创新应用，垄断行为的形式和内容都发生了重大变化，这对反垄断法的主要实体制度都造成了冲击。所谓"平台垄断"，是指平台经济中常见的"赢家通吃"现象可能演化为少数垄断平台长期维持"通吃赢家"地位，对良性市场竞争和消费者福利造成损害。[1] 目前，平台经济领域较为典型的垄断行为有些是伴随数字技术进步和数字产业发展而出现的新型行为类型，如数字化卡特尔、数据滥用行为；有些是传统经济领域就存在，但是极少发生的行为情形，但数字经济本身的网络外部性、高研发成本、低复制成本等经济特点，导致行为的现实化成为可能，如掠夺性定价行为；有些行为类型，如拒绝交易、限定交易、搭售等行为，在传统经济中就普遍存在，但在平台经济领域会嵌入和结合平台经济特点，从而被广泛传播。这些行为与传统的垄断行为相比有很多不同的特点。例如，近年来一些大型互联网平台在数字经济市场掀起了一股针对初创企业和新生企业的并购浪潮，在某些情况下平台企业在并购后完全关闭或者终止了目标企业的产品，发生了所谓的"扼杀型并购"。而由于很多初创企业的营业额尚未达到各国反垄断法规定的经营者集中申报标准，因而逃脱了反垄断监管，这种不受干预的并购态势，使得本身就具有寡头垄断倾向的大型平台进一步巩固其市场支配地位，而创新

---

[1] 参见熊鸿儒：《数字经济时代反垄断规制的主要挑战与国际经验》，载于《经济纵横》2019 年第 7 期。

者的进入将变得异常困难。从长远来看，这种并购可能会对创新和竞争造成不可挽回的损害。

第三节　国家战略视角下《反垄断法》修订完善的思路

我国反垄断法修订完善涉及的问题很多，可以从多种不同的角度进行讨论。国务院反垄断委员会办公室确定了修订的四项原则：一是要从法治实践经验中提炼立法政策，要吸纳我国反垄断执法的经验和竞争政策最新的研究成果。二是既要符合中国国情，适应中国经济发展阶段和水平，同时也要合理地借鉴欧美发达国家成熟的做法和经验。三是充分考虑反垄断法不确定性的特点，在规范执法机构自由裁量权的同时，保持法律的灵活性。四是重点要解决在执法实践中遇到的最迫切问题。① 基于宏观和战略的视角，我们拟从竞争政策、法律实践和数字经济三个维度进行简要的探讨，以期对《反垄断法》的修订工作有所裨益。其中，竞争政策的维度使得《反垄断法》从确立纯粹狭义竞争政策即竞争法的基本制度规则扩展到确立广义竞争政策的基本原则理念，从而真正成为竞争政策的核心；法律实践的维度使得《反垄断法》的制度规则由最初主要基于理论逻辑和域外经验转变到主要基于本土的实践经验，这样其基础更加扎实巩固；知识经济的维度使得《反垄断法》的制度规则能够适应经济技术发展提出的新要求，以便增强其科学性和前瞻性。这三者之间有着密切的联系，第一个维度具有宏观性，对后两个维度具有指导作用；第二个和第三个维度都要受到第一个维度的影响，而且这两者之间还存在某些交叉重叠之处，关系更为密切。这也反映出反垄断法的丰富性、复杂性和变动性。

一、竞争政策的维度：基于构建广义竞争政策的要求进行修订完善

如前所述，相对于其他经济政策，竞争政策应是市场经济条件下的一项基础甚至是优先的经济政策。但从现实来讲，竞争政策在我国以往的很长时间里并不被重视，尤其是相对于产业政策来说。但如今，竞争政策在我国得到了前所未有

---

① 参见中国网 2018 年 11 月 16 日直播新闻"国新办就中国《反垄断法》实施十周年有关情况及展望举行新闻发布会"，http://www.china.com.cn/zhibo/content_72615279.htm。最后访问日期：2019 - 03 - 09。

的重视，今后的主要任务就是要将强化竞争政策基础地位的要求落到实处。这为我国基于广义竞争政策的要求去构建和完善相关法律创造了有利条件，也提出了明确要求。

竞争政策被提出和受到重视本身并不能使其目标得到自动实现，而是需要通过相应的具体路径和政策工具去实现的。一般来说，这些路径和工具大体上包括制定和实施竞争法（包括反垄断法和反不正当竞争法）、实行竞争中性原则、实施公平竞争审查制度以及积极进行竞争倡导等。其中，制定和实施竞争法（特别是反垄断法）是核心，开展竞争倡导是为实施竞争法和实现广义竞争政策目标提供文化基础，而实行竞争中性原则和实施公平竞争审查制度则是在竞争法之外的重要制度性措施，这两者虽然不属于反垄断法和反不正当竞争法本身，但应是后两者贯彻和体现的基本原则和理念，对于确立和实现广义的竞争政策来说非常重要，尤其是在我国反垄断法和反不正当竞争法都已经实施并取得了初步成效之后。前者确认和保障各类市场主体有着公平竞争的整体市场环境，后者则以公平竞争的标准去衡量和修正政府的其他经济政策，从而非常明显地体现了竞争政策的基础乃至优先的地位，意义非常重大。

在强调依法治国、建设社会主义法治国家的背景下，竞争政策的基础地位以及作为其重要实现路径的竞争中性原则和公平竞争审查制度仅有政策文件的确认是不够的，还需要上升到法律的高度，得到具有稳定性和权威性的法律的确认和保障。这方面的法律确认和保障可以采取不同的形式，既可以是制定专门性的法律，也可以是体现在现有的相关法律中。虽然前已述及，作为竞争政策实现途径的竞争中性原则和公平竞争审查制度不属于同样作为竞争政策实现路径的反垄断法和反不正当竞争法本身，但是与后两者关系密切，并且是后两者应当体现的基本原则和理念，因此从现实可行性的角度考虑，在作为竞争政策核心的反垄断法和反不正当竞争法中对其作出原则性的规定是一个比较好的选择。因此，在我国近期对《反垄断法》进行修订完善的过程中，宜将竞争政策基础地位以及公平竞争审查制度和竞争中性原则纳入该法加以确认，建立起这方面基本的法律依据，并做好与该法中禁止滥用行政权力排除、限制竞争制度（行政性垄断规制制度）的衔接和协调，具体的规则可由国务院制定相关的实施条例去建立，从而形成我国以《反垄断法》为核心的竞争政策体系。当然，将来在进一步修订《反不正当竞争法》时也可以做出某种形式的体现。

很明显，依其性质，竞争政策基础地位以及竞争中性原则和公平竞争审查制度宜在《反垄断法》的总则中予以规定。这需要与对该法总则现有的条款完善结合起来进行。其中，竞争政策基础地位的内容可在现有《反垄断法》第4条中直接增加，即"国家确立和强化竞争政策在经济政策体系中的基础地位，把竞争政策贯穿到经济发展的全过程。""国家制定和实施与社会主义市场经济相适应的竞争规则,完善宏观调控,健全统一、开放、竞争、有序的市场体系。"

竞争中性原则可以与现有《反垄断法》第 7 条修改结合起来,即"国家实行竞争中性原则,对各类市场主体一视同仁,保障各类市场主体依法平等使用各类生产要素和依法平等享受支持政策。""关系国民经济命脉和国家安全的行业以及依法实行专营专卖的行业,国家对其经营者的合法经营活动予以保护,并对经营者的经营行为及其商品和服务的价格依法实施监管和调控,维护消费者利益,促进技术进步。"

而公平竞争审查制度则需要新设单独的条款,但也只需做原则性的规定。具体说来,可以前述条款后做如下规定:"行政机关和具有管理公共事务职能的组织,在制定涉及市场主体经济活动的法规、规章、规范性文件和其他政策措施时,应当按照国家有关规定进行公平竞争审查。公平竞争审查的具体规则由国务院规定。"

按照这样的思路,修订后的《反垄断法》将不仅是我国狭义上竞争政策的主要体现,而且也是广义上竞争政策的核心,真正为确立我国整体的竞争政策框架奠定坚实的法律基础。

二、法律实践的维度:根据反垄断法实施中存在的问题进行修订完善

基于前述在《反垄断法》实施中存在的这些问题,在对我国反垄断法进行修订完善时就应当有针对性地进行必要的修改和调整。由于这方面的具体问题比较多,这里仅就其要者从实体制度和实施制度两个主要方面进行简要分析。

一是关于反垄断法相关实体制度的完善。在垄断协议方面,一是为避免垄断协议定义条款适用方面的争议,建议将该定义条款独立,并作为该章的第一条来统领整个第二章,以理顺其逻辑关系;二是完善定义条款的内容,增加"目的或者效果"的选择性要件,以利于实践中对垄断协议的认定,两者只要具备其中一个要件即可;三是去掉"其他协同行为"中的"其他"两字,使"协同行为"的概念与多数国家的理解相一致,与"协议""决定"并列,自成一类垄断协议,这样更利于通常的理解与遵循;四是对《反垄断法》中有关纵向垄断协议明确规定为违法推定规则,在原则禁止这些行为的同时也明确这些行为可以得到个别豁免的具体条件;五是增加轴辐协议条款,可以考虑做如下规定:"禁止具有竞争关系的经营者通过与其共同的上游或者下游经营者分别签订相同协议或者相互交换信息等方式,变相达成垄断协议。"在滥用市场支配地位方面,一是将单

一市场支配地位与共同市场支配地位分开表述;二是明确共同市场支配地位的适用条件,即"两个经营者作为整体在相关市场的市场份额合计达到三分之二的,或者三个经营者作为整体在相关市场的市场份额合计达到四分之三的,并且这些经营者之间不存在实质上的竞争时,可以推定这些经营者拥有市场支配地位。"在经营者集中方面,一是明确将新设合营企业规定为经营者集中的一种形式;二是明确规定控制的含义,即"经营者以持续经营为目的直接或者间接、单独或者共同地、在法律或者事实上对其他经营者的商业运营行使或者有权行使占有、管理或者影响";三是明确规定剩余管辖权,即"经营者集中未达到申报标准的,但有证据表明该经营者集中具有或者可能具有严重排除、限制竞争效果的,国务院反垄断执法机构应当进行调查";四是在审查经营者集中应当考虑的因素中明确增加经营者集中对技术进步和创新的影响。在行政性垄断方面,增加关于滥用行政权力排除、限制竞争的定义性条款,一方面将行为主体扩大到"行政机关和具有管理公共事务职能的组织",另一方面对违法标准进行界定,既包括实质性排除、限制竞争行为,也包括可能导致排除、限制竞争效果的行为。

二是关于反垄断法相关实施制度的完善。在反垄断执法程序方面,一是针对垄断协议和滥用市场支配地位行为的调查处理程序规则进行更明确具体的规定,尤其是经营者承诺和中止调查以及宽大政策的适用等带有明显反垄断法特点的程序规则更应该有详细的规定,以进一步规范和保障反垄断执法;二是针对经营者集中反垄断审查制度中实体规则和程序规则往往结合在一起的特点,对相关程序规则进行细化和完善,包括增加适用简易程序的条款,并对国务院反垄断执法机构制定相关具体程序规则进行明确的授权;三是针对行政性垄断规定反垄断执法机构行使依法处理的建议权时应遵循的程序规则以及建议权不能实现时的救济途径。这方面,可以将国家市场监管总局在 2019 年发布的三个新规章①的一些程序条款进行适当的选择、总结和提炼,增加到《反垄断法》第六章的相应部分。在垄断行为的法律责任方面,对经营者达成并实施垄断协议和滥用市场支配地位行为的法律责任,一是将其中的没收违法所得予以删除,以免因难以操作而在执法实践中做法不一致的情形,并防止因没有违法所得和罚款并用导致的威慑过多的问题;二是将罚款数额增加一个选择项,用于上一年度销售额极低或者没有销售额的情况;三是对违法期限设定一个三年的上限,以便平衡过重和过轻的处罚;四是删除"上一年度销售额百分之一以上"的处罚比例下限,以更加适应实际的需求,主要是避免对轻微违法行为罚款数量过大而难以适用的问题。对经营者集中的法律责任

---

① 即《禁止垄断协议暂行规定》《禁止滥用市场支配地位行为暂行规定》和《制止滥用行政权力排除、限制竞争行为暂行规定》。

方面，对于应当申报而不申报的集中行为，应当加大处罚的力度，大幅度地提高罚款的数额；同时，对于违反禁止经营者集中的决定而实施集中或者违反附加限制性条件决定中的义务的，除了规定经营者应当承担其他方面的处罚（包括结构救济）外，还应当规定其高额罚款的法律责任，以真正起到威慑和预防违法的作用。

三、数字经济的维度：回应数字经济发展带来的新挑战进行修订完善

基于前述数字经济特别是发展带来的新问题，我国《反垄断法》为此进行的修订完善就相应地需要从以下几个方面着手。

首先，要适当考虑对算法共谋行为的规制问题，防止市场主体利用新技术破坏公平竞争。除了在《网络安全法》等法律中对于禁止算法采集和依据的数据范围予以明确之外，还需要在《反垄断法》修订时可明确将定价算法认定为达成垄断协议的手段，将同时提价、频繁交换信息、同时转变商业策略、无明显经济压力的异常变化、长期一致高价等行为作为推断算法合谋的辅助证据。为此，建议在《反垄断法》第二章"垄断协议"部分的第 1 条规定垄断协议的定义后，加上一款内容，即"利用算法等技术手段达到排除、限制竞争效果的，推定为协同行为。"这有利于为在执法实践中处理算法共谋等新型垄断协议行为提供法律依据。

其次，重视对数字经济条件下市场支配地位认定新因素的认定，加强对数字平台滥用市场支配地位行为的规制。一方面，由于在数字经济条件下数据是经营者赢得市场竞争优势的一个重要因素，因此应当明确在认定经营者市场支配地位时将经营者拥有或者控制的数据与经营者的财力、技术条件等因素一样，作为分析的因素之一；另一方面，确认具有市场支配地位的经营者不当收集和控制数据可被纳入反垄断法的规制范围，当上游市场的数据输入构成关键组成部分，没有其他下游产品就无法进行生产或销售时，数据持有者拒绝提供数据就可能构成反垄断法上的滥用市场支配地位。为使反垄断法适应数字化时代的发展，德国 2017 年第九次修订的《反限制竞争法》新增了一系列针对数字市场的反垄断规则，即"数字市场反垄断法条款"，其中，第 18 条 3a 款规定："在多边市场和网络中，尤其也要考虑以下因素评价经营者的市场支配地位：（1）直接和间接的网络效应；（2）用户同时利用多个服务以及转换的费用；（3）其与网络效应相关的规模优势；（4）获得与竞争相关的数据；（5）创新推动的竞争压力。"[①] 我国在这

---

① 周万里：《德国〈反限制竞争法〉的第九次修订》，载于《德国研究》2018 年第 4 期。

方面，国家市场监管总局发布的《禁止滥用市场支配地位行为暂行规定》第 11 条和第 12 条对此已经做出了初步的探索。根据前者，"认定互联网等新经济业态经营者具有市场支配地位，可以考虑相关行业竞争特点、经营模式、用户数量、网络效应、锁定效应、技术特性、市场创新、掌握和处理相关数据的能力及经营者在关联市场的市场力量等因素。"根据后者，"认定知识产权领域经营者具有市场支配地位，可以考虑知识产权的替代性、下游市场对利用知识产权所提供商品的依赖程度、交易相对人对经营者的制衡能力等因素。"在修订《反垄断法》时，可以在总结经验的基础上将这些规则提炼吸收进去。此外，通过增加或者改造相关条款，将电商平台通过服务协议和交易规则等方式限制、排斥经营者参加其他平台组织的经营活动等行为也明确纳入滥用市场支配地位行为中。①

再次，完善经营者集中申报标准制度，以便能够在数字经济条件下有效筛选出对市场竞争和消费者福利有重大影响的经营者集中案件。我国目前《反垄断法》第 21 条没有直接规定经营者集中具体的申报标准，而作为其配套法规的《国务院关于经营者集中申报标准的规定》采取的是固定营业额的申报标准。这一标准忽视了非财务因素对企业竞争力的影响，仅以其作为衡量要素欠缺灵活性和科学性，且动态性与前瞻性不足，难以反映特定行业的实际特征以及数字经济的发展趋势。实际上，营业额标准适用到数字经济领域的经营者集中申报时存在很大的局限性。数字经济领域的企业发展有其内在规律，相比营业额的增长与盈利速度，此类企业发展初期更注重产品在市场上的用户占有率和使用频率。运营初期企业往往通过发放大量补贴，获取用户并培养使用习惯从而占领市场，因此高市场份额伴随的是企业经营初期巨大的亏损。如果涉及这类经营者在发展早中期的集中活动不能纳入反垄断审查，日后市场上难以再有与之稳定竞争的经营者，这种市场结构会对后续的竞争和消费者福利产生非常大的不利影响。基于此，在修订《反垄断法》时需要考虑经营者集中申报的标准问题。具体来说，在保留营业额标准的同时，需要考虑能够覆盖所有可能给竞争带来负面影响的数字经济领域的经营者集中的其他适当的申报标准，如交易价格等。在这方面，欧盟的一些成员国已经针对数字经济领域的经营特点对经营者集中申报标准做了适应化的调整。例如，德国 2017 年第九次修订的《反限制竞争法》设定了基于交易

---

① 当然，作为限定交易行为突出表现形式的电商平台"二选一"既可能涉及《反垄断法》，也可能涉及《反不正当竞争法》，还可能涉及《电子商务法》。总体来说，这类行为涉及技术手段时存在适用《反不正当竞争法》第 12 条的空间，但更多的还是要在《反垄断法》的分析框架下进行适用，《电子商务法》第 22 条则是在进行这种具体分析时的特别考虑因素，而《电子商务法》第 35 条是对电子商务平台经营者（相对于电子商务经营者）相对优势地位的专门规定。参见王先林：《电子商务领域限定交易行为的法律适用》，载于《中国市场监管研究》2019 年第 11 期。

价值的新申报门槛，奥地利也在2018年11月1日生效的立法修正案中纳入了类似的合并申报门槛，引入额外的交易价值测试。德国联邦卡特尔局和奥地利联邦竞争局认为，"领先市场的企业有能力通过收购仍处于发展初期的竞争对手，改变或者终止后者的原始活动，来完全整合新型竞争对手，或者将其资产整合至自身的业务之中。相应地，这类收购所体现出的高额收购价款就意味着创新型商业理念具备重大市场竞争潜力。从竞争政策角度来看，这类收购就需要事先的并购审查，尤其是为了保护创新潜能，以及技术市场中的创新竞争。"① 因此，建议我国《反垄断法》修订时不仅直接规定经营者集中的申报标准，而且在规定明确合理的营业额标准的同时，也引入交易额标准，并且规定国务院反垄断执法机构经国务院批准可随着经济发展情况适当调整具体的数额标准。同时，还应明确将长期内的创新因素纳入数字经济领域的经营者集中反垄断审查的竞争分析框架中。

通过以上三个维度的修订完善，我国《反垄断法》将会更好地发挥维护和促进市场竞争，进而优化资源配置效率和保护消费者合法权益等方面的积极作用。虽然反垄断战略不等于反垄断法，《反垄断法》修订也不能解决反垄断战略中的所有问题，但是《反垄断法》修订仍然是我国反垄断战略的一个重要实现契机，而这种修订也必须在国家战略的视角和反垄断战略的维度下进行。

---

① 韩伟：《数字经济时代中国〈反垄断法〉的修订与完善》，载于《竞争政策研究》2018年第4期。

参考文献

［1］白树强：《全球竞争政策——WTO框架下竞争政策议题研究》，北京大学出版社2011年版。

［2］鲍宗豪：《当代发展战略的理论与实践》，上海三联书店1997年版。

［3］本书编写组：《〈国家知识产权战略纲要〉辅导读本》，知识产权出版社2008年版。

［4］曹康泰主编：《中华人民共和国反垄断法解读——理念、制度、机制、措施》，中国法制出版社2007年版。

［5］陈家骏、罗怡德：《公平交易法与智慧财产权——以专利追索为中心》，五南图书出版公司1999年版。

［6］陈秀山：《现代竞争理论与竞争政策》，商务印书馆1997年版。

［7］戴龙：《日本反垄断法研究》，中国政法大学出版社2014年版。

［8］［德］弗里德里希·卡尔·冯·萨维尼：《论立法与法学的当代使命》，许章润译，中国法制出版社2001年版。

［9］［德］路德维希·艾哈德：《来自竞争的繁荣》，祝世康等译，商务印书馆1983年版。

［10］［德］曼弗里德·诺伊曼：《竞争政策——历史、理论及实践》，谷爱俊译，北京大学出版社2003年版。

［11］［德］萨维尼、［德］格林：《萨维尼法学方法论讲义与格林笔记》，杨代雄译，法律出版社2008年版。

［12］邓正来：《中国法学向何处去——建构"中国法律理想图景"时代的论纲》（第2版），商务印书馆2011年版。

［13］方小敏：《竞争法视野中的欧洲法律统一》，中国大百科全书出版社2010年版。

［14］费安玲主编：《防止知识产权滥用法律机制研究》，中国政法大学出版社2009年版。

［15］冯晓青：《企业知识产权战略》，知识产权出版社2001年版。

［16］冯震宇：《智慧财产权发展趋势与重要问题研究》，元照出版公司2004年版。

［17］傅军、张颖：《反垄断与竞争政策：经济理论、国际经验及对中国的启示》，北京大学出版社2004年版。

［18］《各国反垄断法汇编》编选组编：《各国反垄断法汇编》，人民法院出版社2001年版。

［19］关立新等编著：《马克思"世界历史"理论与经济全球化指向》，中央编译出版社2013年版。

［20］郭连成、周轶赢：《经济全球化与转轨国家政府职能转换研究》，商务印书馆2011年版。

［21］郭万超：《当代中国经济发展战略》，首都师范大学出版社2007年版。

［22］国家工商行政管理局条法司：《现代竞争法的理论与实践》，法律出版社1993年版。

［23］国家市场监督管理总局反垄断局：《中国反垄断立法与执法实践》，中国工商出版社2020年版。

［24］国家知识产权局知识产权发展研究中心组织编写：《规制知识产权的权利行使》，知识产权出版社2004年版。

［25］韩伟主编：《OECD竞争政策圆桌论坛报告选译》，法律出版社2015年版。

［26］韩伟主编：《美欧反垄断新规选编》，法律出版社2016年版。

［27］何梦笔：《秩序自由主义》，中国社会科学出版社2002年版。

［28］何之迈：《公平交易法专论》，台湾三民书局1993年版。

［29］黄铭杰：《竞争法与智慧财产法之交会——相生与相克之间》，元照出版公司2006年版。

［30］简资修：《经济推理与法律》，北京大学出版社2006年版。

［31］焦富民：《政府采购救济制度研究》，复旦大学出版社2010年版。

［32］赖源河编审：《公平交易法新论》，月旦出版股份有限公司1997年版。

［33］李本：《补贴与反补贴制度分析》，北京大学出版社2005年版。

［34］李成勋：《经济发展战略学》，北京出版社1999年版。

［35］李琮：《世界经济学新编》，经济科学出版社2000年版。

［36］李福川著：《俄罗斯反垄断政策》，社会科学文献出版社2010年版。

［37］李国海：《反垄断法实施机制研究》，中国方正出版社2006年版。

［38］李胜利：《美国联邦反托拉斯法百年——历史经验与世界性影响》，法

律出版社 2015 年版。

[39] 李锡炎主编：《现代战略学研究》，四川人民出版社 2000 年版。

[40] 梁慧星：《民法解释学》，中国政法大学出版社 1995 年版。

[41] 刘孔中：《解构知识产权法及其与竞争法的冲突与调和》，中国法制出版社 2015 年版。

[42] 刘宁元主编：《中外反垄断法实施体制研究》，北京大学出版社 2005 年版。

[43] 刘水林：《经济法基本范畴的整体主义解释》，厦门大学出版社 2006 年版。

[44] 刘伟：《反垄断的经济分析》，上海财经大学出版社 2004 年版。

[45] 罗昌发：《贸易与竞争之法律互动》，月旦出版股份有限公司 1994 年版。

[46] 马建堂：《结构与行为——中国产业组织研究》，中国人民大学出版社 1993 年版。

[47] 《马克思恩格斯全集》第 1 卷、第 21 卷、第 23 卷。

[48] 《毛泽东选集》第 1 卷，人民出版社 1991 年版。

[49] [美] A. 爱伦·斯密德：《财产、权力和公共选择》，黄祖辉等译，上海三联书店、上海人民出版社 1999 年版。

[50] [美] E. 博登海默：《法理学：法律哲学与法律方法》，邓正来译，中国政法大学出版社 1999 年版。

[51] [美] Y. 巴泽尔：《产权的经济分析》，费方域、段毅才译，上海三联书店、上海人民出版社 1997 年版。

[52] [美] 艾伯特·赫希曼：《经济发展战略》，曹征海、潘照东译，经济科学出版社 1991 年版。

[53] [美] 奥利弗·E. 威廉姆森：《反托拉斯经济学——兼并、协约和策略行为》，张群群、黄涛等译，经济科学出版社 1999 年版。

[54] [美] 保罗·A. 萨缪尔森：《经济学》（上、中、下），商务印书馆 1982 年版。

[55] [美] 波斯纳：《法理学问题》，苏力译，中国政法大学出版社 1994 年版。

[56] [美] 大卫·D. 弗里德曼：《经济学语境下的法律规则》，杨欣欣译，法律出版社 2004 年版。

[57] [美] 戴维·格伯尔：《全球竞争：法律、市场和全球化》，陈若鸿译，中国法制出版社 2012 年版。

[58] [美] 弗里德曼：《法律制度》，李琼英、林欣译，中国政法大学出版

社 1994 年版。

[59][美]格伯尔:《20 世纪欧洲的竞争与法律》,冯克利等译,中国社会科学出版社 2004 年版。

[60][美]基斯·希尔顿:《反垄断法:经济学原理和普通法演进》,赵玲译,北京大学出版社 2009 年版。

[61][美]理查德·A. 波斯纳:《法律的经济分析》(上、下),蒋兆康译,中国大百科全书出版社 1997 年版。

[62][美]理查德·A. 波斯纳:《反托拉斯法》(第二版),孙秋宁译,中国政法大学出版社 2003 年版。

[63][美]罗伯特·J. 凯伯:《国际经济学》,侯锦慎、刘兴坤译,中国人民大学出版社 2009 年版。

[64][美]罗伯特·考特、[美]托马斯·尤伦:《法和经济学》,张平等译,上海三联书店、上海人民出版社 1994 年版。

[65][美]罗伯特·皮托夫斯基等:《超越芝加哥学派——保守经济分析对美国反托拉斯的影响》,林平等译,经济科学出版社 2013 年版。

[66][美]马歇尔·C. 霍华德:《美国反托拉斯法与贸易法规》,孙南申译,中国社会科学出版社 1991 年版。

[67][美]莫利普·阿瑞达、路易斯·卡普洛著:《反托拉斯法精析:难点与案例》,中信出版社 2003 年版。

[68][美]欧内斯特·盖尔霍恩等:《反垄断法与经济学》(第 5 版),任勇等译,法律出版社 2009 年版。

[69][美]欧内斯特·盖尔霍恩、[美]威廉姆·科瓦契奇、[美]斯蒂芬·卡尔金斯:《反垄断法与经济学》,任勇等译,法律出版社 2009 年版。

[70][美]斯坦利·I. 库特勒:《最高法院与宪法——美国宪法史上重要判例选读》,朱曾汶、林铮译,商务印书馆 2006 年版。

[71][美]雅各布·瓦伊纳:《倾销:国际贸易中的一个问题》,沈瑶译,商务印书馆 2013 年版。

[72][美]约翰·理查兹等:《产品进入美国市场的法律问题》,侯国云等译,中国政法大学出版社 1991 年版。

[73][美]詹姆斯·M. 布坎南:《自由、市场与国家》,平新乔、莫扶民译,上海三联书店 1989 年版。

[74]钮先钟:《战略研究入门》,文汇出版社 2016 年版。

[75]戚聿东:《中国现代垄断经济研究》,经济科学出版社 1999 年版。

[76][日]大木雅夫著:《比较法(修订本)》,范愉译,法律出版社 2006

年版。

[77][日]金泽良雄著：《经济法概论》，满达人译，甘肃人民出版社1995年版。

[78][日]铃木满：《日本反垄断法解说》，武晋伟、王玉辉译，河南大学出版社2004年版。

[79]商务部条法司编：《〈中华人民共和国反垄断法〉理解与适用》，法律出版社2007年版。

[80]尚明主编：《反垄断——主要国家与国际组织反垄断法律与实践》，中国商务出版社2005年版。

[81]尚明主编：《主要国家（地区）反垄断法律汇编》，法律出版社2004年版。

[82]邵宇、秦培景：《全球化4.0：中国如何重回世界之巅》，广西师范大学出版社2016年版。

[83]时建中主编：《三十一国竞争法典》，中国政法大学出版社2009年版。

[84]苏永钦：《走入新世界的私法自治》，中国政法大学出版社2002年版。

[85]孙立文：《WTO〈反倾销协议〉改革——政策和法律分析》，武汉大学出版社2006年版。

[86]唐要家：《反垄断经济学：理论与政策》，中国社会科学出版社2008年版。

[87]汪浩：《零售经济学引论》，北京大学出版社2011年版。

[88]王传辉：《反垄断的经济学分析》，中国人民大学出版社2004年版。

[89]王军：《为竞争而管制——出租车业管制改革国际比较》，中国物资出版社2009年版。

[90]王丽娟等：《全球化与国际政治》，中国社会科学出版社2008年版。

[91]王利明：《法学方法论》，中国人民大学出版社2012年版。

[92]王先林：《WTO竞争政策与中国反垄断立法》，北京大学出版社2005年版。

[93]王先林等：《知识产权滥用及其法律规制》，中国法制出版社2008年版。

[94]王先林：《竞争法学》（第三版），中国人民大学出版社2018年版。

[95]王先林：《知识产权与反垄断法——知识产权滥用的反垄断问题研究》（第三版），法律出版社2020年版。

[96]王先林等著：《经济法学专题研究》，法律出版社2013年版。

[97]王先林主编：《中国反垄断法实施热点问题研究》，法律出版社2011年版。

[98] 王晓晔编:《反垄断法和市场经济》,法律出版社1998年版。

[99] 王晓晔:《竞争法学》,社会科学文献出版社2007年版。

[100] 王晓晔:《竞争法研究》,中国法制出版社1999年版。

[101] 王晓晔:《论反垄断法》,社会科学文献出版社2010年版。

[102] 王晓晔:《企业合并中的反垄断问题》,法律出版社1996年版。

[103] 王晓晔、[日] 伊从宽主编:《竞争法与经济发展》,社会科学文献出版社2003年版。

[104] 王晓晔主编:《反垄断法实施中的重大问题》,社会科学文献出版社2010年版。

[105] 王晓晔主编:《经济全球化下竞争法的新发展》,社会科学文献出版社2005年版。

[106] 王亚星:《政府采购制度创新》,中国时代经济出版社2002年版。

[107] 吴汉洪:《西方寡头市场理论与中国市场竞争立法》,经济科学出版社1998年版。

[108] 肖枫:《社会主义 资本主义——两个主义一百年》,当代世界出版社2000年版。

[109] [新西兰] 迈克·穆尔:《没有壁垒的世界——自由、发展、自由贸易和全球治理》,巫尤译,商务印书馆2007年版。

[110] 熊秉元:《正义的成本——当法律遇上经济学》,东方出版社2014年版。

[111] 许光耀:《欧共体竞争法通论》,武汉大学出版社2006年版。

[112] 薛兆丰:《商业无边界:反垄断法的经济学革命》,法律出版社2008年版。

[113] 杨蕙馨等:《经济全球化条件下产业组织研究》,中国人民大学出版社2012年版。

[114] 姚俭建等:《当代发展战略的理论与实践》,上海三联书店1997年版。

[115] [英] 弗里德利希·冯·哈耶克:《自由秩序原理》(上、下),邓正来译,生活·读书·新知三联书店1997年版。

[116] [英] 简·阿特·斯图尔特:《解析全球化》,王艳莉译,吉林人民出版社2011年版。

[117] [英] 韦恩·莫里森:《法理学——从古希腊到后现代》,李桂林等译,武汉大学出版社2003年版。

[118] [英] 亚当·斯密:《国民财富的性质和原因的研究》(上卷),郭大力、王亚南译,商务印书馆1981年版。

［119］［英］约翰·亚格纽：《竞争法》，徐海等译，南京大学出版社 1992 年版。

［120］于立、吴绪亮：《产业组织与反垄断法》，东北财经大学出版社 2008 年版。

［121］郁义鸿、管锡展：《产业链纵向控制与经济规制》，复旦大学出版社 2006 年版。

［122］张杰军：《反垄断、创新与经济发展》，知识产权出版社 2008 年版。

［123］张骏：《美国纵向限制研究》，北京大学出版社 2012 年版。

［124］张守文：《经济法理论的重构》，人民出版社 2004 年版。

［125］张伟君：《规制知识产权滥用法律制度研究》，知识产权出版社 2008 年版。

［126］张幼文主编：《世界经济学理论前沿——全球化经济中的开放型发展道路》，上海社会科学院出版社 2016 年版。

［127］郑成思：《世界贸易组织与贸易有关的知识产权》，中国人民大学出版社 1996 年版。

［128］郑鹏程：《行政垄断的法律控制研究》，北京大学出版社 2002 年版。

［129］朱谢群：《我国知识产权发展战略与实施的法律问题研究》，中国人民大学出版社 2008 年版。

［130］ABA Section of Antitrust Law, *Antitrust Law Developments* (Sixth), American Bar Association, 2007.

［131］ABA Section of Antitrust Law, *Intellectual Property Misuse: Licensing and Litigation*, 2000.

［132］Anthony D'amato and Doris Estelle Long (ed), *International Intellectual Property Law*, Kluwer Law International, 1997.

［133］Antitrust Modernization Commission, *Report and Recommendations*, Washington, DC., 2007.

［134］Arthur R. Miller & Michael H. Davis, *Intellectual Property*, West Publishing Co., 1990.

［135］Carlos M. Correa and Abdulquawi A. Yusuf (ed), *Intellectual Property and International Trade: The TRIPs Agreement*, Kluwer Law International, 1998.

［136］Charles R. McManis, *Intellectual Property and Unfair Competition in a Nutshell (Fourth Edition)*, West Group, 2000.

［137］D. G. Goyder, *EC Competition Law (Third Edition)*, Clarendon Press Oxford, 1998.

［138］Dina Kallay, *The Law and Economics of Antitrust and Intellectual Property: An Austrian Approach*, Edward Elgar, 2004.

［139］Dr Inge Govaere, *The Use and Abuse of Intellectual Property Rights in E. C. Law*, Sweet & Maxwell Limited, 1996.

［140］Ezrachi, *EU Competition Law: An Analytical Guide to the Leading Cases*, Hart, 2014.

［141］Francois Leveque and Howard Shel (ed), *Antitrust, Patents, and Copyright: EU and US Perspectives*, Edward Elgar, 2005.

［142］Fred S. McChesney and William F. Shughart II (ed), *The Causes and Consequences of Antitrust: The Public Choice Perspective*, University of Chicago Press, 1995.

［143］Gerber, *Global Competition: Law, Markets and Globalization*, Oxford, 2012.

［144］Gustavo Ghidini, *Intellectual Property and Competition Law: The Innovation Nexus*, Edward Elgar, 2006.

［145］Herbert Hovenkamp, *Antitrust*, West Publishing Co., 1986.

［146］Herbert Hovenkamp, Mark D. Janis & Mark A. Lemley, *IP and Antitrust: An Analysis of Antitrust Principles Applied to Intellectual Property Law*, Aspen Publishers, 2004.

［147］H. Stephen Harris, Jr. etc., *Anti-Monopoly Law and Practice in China*, Oxford University Press, 2011.

［148］Inns of Court School of Law, *EC Competition Law in Practice*, Blackstone Press Limited, 1999.

［149］John O. Haley, *Antitrust: A New International Trade Remedy?* Pacific Rim Law & Policy Association, 1995.

［150］Jung Wook Cho, *Innovation and Competition in the Digital Network Economy: A Legal and Economic Assessment on Multi-tying Practice and Network Effects*, Kluwer Law International, 2007.

［151］Kenneth M. Gwilliam, *Regulation of Taxi Markets in Developing Countries: Issues and Options*, Transport Note, No. TRN-3, 2005.

［152］Kevin C. Kennedy, *Competition Law and the World Trade Organisation: The Limits of Multilateralism*, Sweet & Maxwell, 2001.

［153］Lawrence Freedman, *Strategy*, Oxford University Press, 2013.

［154］Mark W. Frankena and Paul A. Pautler, An Economic Analysis of Taxicab

Regulation, Staff Report of the Bureau of Economics of the Federal Trade Commission, 1984.

[155] Martyn D. Taylor, *International Competition Law: A New Dimension for the WTO?*, Cambridge University Press, 2006.

[156] Patrick Massey and Paula O'Hare, *Competition Law and Policy in Ireland*, Oak Tree Press Ireland, 1996.

[157] Peter Morici, *Antitrust in the Global Trading System: Reconciling U. S. , Japanese, and EU Approaches*, Economic Strategy Institute, 2000.

[158] P. W. Easteal and P. R. Wilson, *Crime on Transport: Rail, Buses, Taxis, Planes*, p. 2, 33, Woden Printers & Publishers, 1991.

[159] Roberto Cellini and Guido Cozzi (ed.), *Intellectual Property, Competition and Growth*, Palgrave Macmillan, 2007.

[160] Shahid Alikhan and Raghunath Mashelkar, *Intellectual Property and Competitive Strategies in the 21st Century*, Kluwer Law International, 2004.

[161] Steven D. Anderman, *EC Competition Law and Intellectual Property Rights*, Clarendon Press Oxford, 1998.

[162] Steven D. Anderman (ed), *The Interface Between Intellectual Property Rights and Competition Policy*, Cambridge University Press, 2007.

[163] Valentine Korah, *An Introduction guide to EC Competition Law and Practice*, Hart Publishing Oxford UK, 1997.

[164] Whish & Balley, Competition Law, Oxford, 2012.

[165] William C. Holmes, *Intellectual Property and Antitrust Law*, Clark Boardman Callghan, 1996.

后　记

作为 2015 年度教育部哲学社会科学重大课题攻关项目"经济全球化背景下中国反垄断战略研究"的研究成果，本书是课题组全体成员共同努力的结果。除本人作为项目首席专家外，课题组成员（按照申报时的子课题顺序）包括：

子课题一：乔岳、胡加祥、王海峰、唐明哲、张骏、王晨竹、孙海萍

子课题二：李剑、王健、叶高芬、韩伟、王继荣、金枫梁、张梦珺

子课题三：于左、吴绪亮、李俊峰、丁国峰、张卫东、任立民、李卫芳

子课题四：侯利阳、李胜利、孟雁北、毕金平、杜仲霞、焦海涛、孙伯龙

子课题五：孔祥俊、符颖、刘维、尚立娜、许小凡、柯一嘉、袁波

这些课题组成员在项目的申报和后来的研究过程中都以不同形式为项目的完成做出了贡献，如参与课题组多次全体会议的讨论交流，进行课题的调研，进行论文的撰写与发表等。据不完全统计，除了作为研究报告的本书外，课题组成员在国内外重要学术刊物上发表的注明了本课题成果的论文 60 余篇，其中约半数发表在 CSSCI 和 SSCI 期刊上，多篇论文获奖或者被人大报刊复印资料等全文转载，多篇论文被同行多次引用；同时，分别向国家和上海市相关政府部门提交的多篇调研报告，有的在部委机关刊物上发表，有的被吸收到出台的相关政策文件中。此外，课题组还向教育部社科中心报送了 6 篇研究咨询报告，通过上海市有关部门先后向上海和中央报送了 4 篇研究咨询报告，有的已被录用或者采纳。

特别需要说明的是，于左、乔岳、唐明哲、胡加祥、王海峰等多位课题组成员还分别参与了研究报告部分章节初稿的审稿和修改工作。本人对全体课题组成员的大力支持和热情帮助表示衷心的感谢。

作为项目首席专家，本人衷心感谢教育部社科司的信任和支持，感谢在项目申报、开题和成果鉴定等阶段多位专家的鼓励和指导，他们富有针对性和启发性

指导意见对于本课题研究的开展和成果的修改有很大的帮助。

项目研究完成了,但本人和项目组成员对本书主题的关注还会继续,并在将来继续进一步的深入研究。

王先林

2021 年 3 月 30 日于上海

教育部哲学社会科学研究重大课题攻关项目成果出版列表

序号	书　名	首席专家
1	《马克思主义基础理论若干重大问题研究》	陈先达
2	《马克思主义理论学科体系建构与建设研究》	张雷声
3	《马克思主义整体性研究》	逄锦聚
4	《改革开放以来马克思主义在中国的发展》	顾钰民
5	《新时期　新探索　新征程——当代资本主义国家共产党的理论与实践研究》	聂运麟
6	《坚持马克思主义在意识形态领域指导地位研究》	陈先达
7	《当代资本主义新变化的批判性解读》	唐正东
8	《当代中国人精神生活研究》	童世骏
9	《弘扬与培育民族精神研究》	杨叔子
10	《当代科学哲学的发展趋势》	郭贵春
11	《服务型政府建设规律研究》	朱光磊
12	《地方政府改革与深化行政管理体制改革研究》	沈荣华
13	《面向知识表示与推理的自然语言逻辑》	鞠实儿
14	《当代宗教冲突与对话研究》	张志刚
15	《马克思主义文艺理论中国化研究》	朱立元
16	《历史题材文学创作重大问题研究》	童庆炳
17	《现代中西高校公共艺术教育比较研究》	曾繁仁
18	《西方文论中国化与中国文论建设》	王一川
19	《中华民族音乐文化的国际传播与推广》	王耀华
20	《楚地出土戰國簡册［十四種］》	陈　伟
21	《近代中国的知识与制度转型》	桑　兵
22	《中国抗战在世界反法西斯战争中的历史地位》	胡德坤
23	《近代以来日本对华认识及其行动选择研究》	杨栋梁
24	《京津冀都市圈的崛起与中国经济发展》	周立群
25	《金融市场全球化下的中国监管体系研究》	曹凤岐
26	《中国市场经济发展研究》	刘　伟
27	《全球经济调整中的中国经济增长与宏观调控体系研究》	黄　达
28	《中国特大都市圈与世界制造业中心研究》	李廉水

序号	书名	首席专家
29	《中国产业竞争力研究》	赵彦云
30	《东北老工业基地资源型城市发展可持续产业问题研究》	宋冬林
31	《转型时期消费需求升级与产业发展研究》	臧旭恒
32	《中国金融国际化中的风险防范与金融安全研究》	刘锡良
33	《全球新型金融危机与中国的外汇储备战略》	陈雨露
34	《全球金融危机与新常态下的中国产业发展》	段文斌
35	《中国民营经济制度创新与发展》	李维安
36	《中国现代服务经济理论与发展战略研究》	陈 宪
37	《中国转型期的社会风险及公共危机管理研究》	丁烈云
38	《人文社会科学研究成果评价体系研究》	刘大椿
39	《中国工业化、城镇化进程中的农村土地问题研究》	曲福田
40	《中国农村社区建设研究》	项继权
41	《东北老工业基地改造与振兴研究》	程 伟
42	《全面建设小康社会进程中的我国就业发展战略研究》	曾湘泉
43	《自主创新战略与国际竞争力研究》	吴贵生
44	《转轨经济中的反行政性垄断与促进竞争政策研究》	于良春
45	《面向公共服务的电子政务管理体系研究》	孙宝文
46	《产权理论比较与中国产权制度变革》	黄少安
47	《中国企业集团成长与重组研究》	蓝海林
48	《我国资源、环境、人口与经济承载能力研究》	邱 东
49	《"病有所医"——目标、路径与战略选择》	高建民
50	《税收对国民收入分配调控作用研究》	郭庆旺
51	《多党合作与中国共产党执政能力建设研究》	周淑真
52	《规范收入分配秩序研究》	杨灿明
53	《中国社会转型中的政府治理模式研究》	娄成武
54	《中国加入区域经济一体化研究》	黄卫平
55	《金融体制改革和货币问题研究》	王广谦
56	《人民币均衡汇率问题研究》	姜波克
57	《我国土地制度与社会经济协调发展研究》	黄祖辉
58	《南水北调工程与中部地区经济社会可持续发展研究》	杨云彦
59	《产业集聚与区域经济协调发展研究》	王 珺

序号	书 名	首席专家
60	《我国货币政策体系与传导机制研究》	刘 伟
61	《我国民法典体系问题研究》	王利明
62	《中国司法制度的基础理论问题研究》	陈光中
63	《多元化纠纷解决机制与和谐社会的构建》	范 愉
64	《中国和平发展的重大前沿国际法律问题研究》	曾令良
65	《中国法制现代化的理论与实践》	徐显明
66	《农村土地问题立法研究》	陈小君
67	《知识产权制度变革与发展研究》	吴汉东
68	《中国能源安全若干法律与政策问题研究》	黄 进
69	《城乡统筹视角下我国城乡双向商贸流通体系研究》	任保平
70	《产权强度、土地流转与农民权益保护》	罗必良
71	《我国建设用地总量控制与差别化管理政策研究》	欧名豪
72	《矿产资源有偿使用制度与生态补偿机制》	李国平
73	《巨灾风险管理制度创新研究》	卓 志
74	《国有资产法律保护机制研究》	李曙光
75	《中国与全球油气资源重点区域合作研究》	王 震
76	《可持续发展的中国新型农村社会养老保险制度研究》	邓大松
77	《农民工权益保护理论与实践研究》	刘林平
78	《大学生就业创业教育研究》	杨晓慧
79	《新能源与可再生能源法律与政策研究》	李艳芳
80	《中国海外投资的风险防范与管控体系研究》	陈菲琼
81	《生活质量的指标构建与现状评价》	周长城
82	《中国公民人文素质研究》	石亚军
83	《城市化进程中的重大社会问题及其对策研究》	李 强
84	《中国农村与农民问题前沿研究》	徐 勇
85	《西部开发中的人口流动与族际交往研究》	马 戎
86	《现代农业发展战略研究》	周应恒
87	《综合交通运输体系研究——认知与建构》	荣朝和
88	《中国独生子女问题研究》	风笑天
89	《我国粮食安全保障体系研究》	胡小平
90	《我国食品安全风险防控研究》	王 硕

序号	书　名	首席专家
91	《城市新移民问题及其对策研究》	周大鸣
92	《新农村建设与城镇化推进中农村教育布局调整研究》	史宁中
93	《农村公共产品供给与农村和谐社会建设》	王国华
94	《中国大城市户籍制度改革研究》	彭希哲
95	《国家惠农政策的成效评价与完善研究》	邓大才
96	《以民主促进和谐——和谐社会构建中的基层民主政治建设研究》	徐　勇
97	《城市文化与国家治理——当代中国城市建设理论内涵与发展模式建构》	皇甫晓涛
98	《中国边疆治理研究》	周　平
99	《边疆多民族地区构建社会主义和谐社会研究》	张先亮
100	《新疆民族文化、民族心理与社会长治久安》	高静文
101	《中国大众媒介的传播效果与公信力研究》	喻国明
102	《媒介素养：理念、认知、参与》	陆　晔
103	《创新型国家的知识信息服务体系研究》	胡昌平
104	《数字信息资源规划、管理与利用研究》	马费成
105	《新闻传媒发展与建构和谐社会关系研究》	罗以澄
106	《数字传播技术与媒体产业发展研究》	黄升民
107	《互联网等新媒体对社会舆论影响与利用研究》	谢新洲
108	《网络舆论监测与安全研究》	黄永林
109	《中国文化产业发展战略论》	胡惠林
110	《20世纪中国古代文化经典在域外的传播与影响研究》	张西平
111	《国际传播的理论、现状和发展趋势研究》	吴　飞
112	《教育投入、资源配置与人力资本收益》	闵维方
113	《创新人才与教育创新研究》	林崇德
114	《中国农村教育发展指标体系研究》	袁桂林
115	《高校思想政治理论课程建设研究》	顾海良
116	《网络思想政治教育研究》	张再兴
117	《高校招生考试制度改革研究》	刘海峰
118	《基础教育改革与中国教育学理论重建研究》	叶　澜
119	《我国研究生教育结构调整问题研究》	袁本涛 王传毅
120	《公共财政框架下公共教育财政制度研究》	王善迈

序号	书名	首席专家
121	《农民工子女问题研究》	袁振国
122	《当代大学生诚信制度建设及加强大学生思想政治工作研究》	黄蓉生
123	《从失衡走向平衡：素质教育课程评价体系研究》	钟启泉 崔允漷
124	《构建城乡一体化的教育体制机制研究》	李 玲
125	《高校思想政治理论课教育教学质量监测体系研究》	张耀灿
126	《处境不利儿童的心理发展现状与教育对策研究》	申继亮
127	《学习过程与机制研究》	莫 雷
128	《青少年心理健康素质调查研究》	沈德立
129	《灾后中小学生心理疏导研究》	林崇德
130	《民族地区教育优先发展研究》	张诗亚
131	《WTO主要成员贸易政策体系与对策研究》	张汉林
132	《中国和平发展的国际环境分析》	叶自成
133	《冷战时期美国重大外交政策案例研究》	沈志华
134	《新时期中非合作关系研究》	刘鸿武
135	《我国的地缘政治及其战略研究》	倪世雄
136	《中国海洋发展战略研究》	徐祥民
137	《深化医药卫生体制改革研究》	孟庆跃
138	《华侨华人在中国软实力建设中的作用研究》	黄 平
139	《我国地方法制建设理论与实践研究》	葛洪义
140	《城市化理论重构与城市化战略研究》	张鸿雁
141	《境外宗教渗透论》	段德智
142	《中部崛起过程中的新型工业化研究》	陈晓红
143	《农村社会保障制度研究》	赵 曼
144	《中国艺术学学科体系建设研究》	黄会林
145	《人工耳蜗术后儿童康复教育的原理与方法》	黄昭鸣
146	《我国少数民族音乐资源的保护与开发研究》	樊祖荫
147	《中国道德文化的传统理念与现代践行研究》	李建华
148	《低碳经济转型下的中国排放权交易体系》	齐绍洲
149	《中国东北亚战略与政策研究》	刘清才
150	《促进经济发展方式转变的地方财税体制改革研究》	钟晓敏
151	《中国—东盟区域经济一体化》	范祚军

序号	书名	首席专家
152	《非传统安全合作与中俄关系》	冯绍雷
153	《外资并购与我国产业安全研究》	李善民
154	《近代汉字术语的生成演变与中西日文化互动研究》	冯天瑜
155	《新时期加强社会组织建设研究》	李友梅
156	《民办学校分类管理政策研究》	周海涛
157	《我国城市住房制度改革研究》	高波
158	《新媒体环境下的危机传播及舆论引导研究》	喻国明
159	《法治国家建设中的司法判例制度研究》	何家弘
160	《中国女性高层次人才发展规律及发展对策研究》	佟新
161	《国际金融中心法制环境研究》	周仲飞
162	《居民收入占国民收入比重统计指标体系研究》	刘扬
163	《中国历代边疆治理研究》	程妮娜
164	《性别视角下的中国文学与文化》	乔以钢
165	《我国公共财政风险评估及其防范对策研究》	吴俊培
166	《中国历代民歌史论》	陈书录
167	《大学生村官成长成才机制研究》	马抗美
168	《完善学校突发事件应急管理机制研究》	马怀德
169	《秦简牍整理与研究》	陈伟
170	《出土简帛与古史再建》	李学勤
171	《民间借贷与非法集资风险防范的法律机制研究》	岳彩申
172	《新时期社会治安防控体系建设研究》	宫志刚
173	《加快发展我国生产服务业研究》	李江帆
174	《基本公共服务均等化研究》	张贤明
175	《职业教育质量评价体系研究》	周志刚
176	《中国大学校长管理专业化研究》	宣勇
177	《"两型社会"建设标准及指标体系研究》	陈晓红
178	《中国与中亚地区国家关系研究》	潘志平
179	《保障我国海上通道安全研究》	吕靖
180	《世界主要国家安全体制机制研究》	刘胜湘
181	《中国流动人口的城市逐梦》	杨菊华
182	《建设人口均衡型社会研究》	刘渝琳
183	《农产品流通体系建设的机制创新与政策体系研究》	夏春玉

序号	书名	首席专家
184	《区域经济一体化中府际合作的法律问题研究》	石佑启
185	《城乡劳动力平等就业研究》	姚先国
186	《20世纪朱子学研究精华集成——从学术思想史的视角》	乐爱国
187	《拔尖创新人才成长规律与培养模式研究》	林崇德
188	《生态文明制度建设研究》	陈晓红
189	《我国城镇住房保障体系及运行机制研究》	虞晓芬
190	《中国战略性新兴产业国际化战略研究》	汪 涛
191	《证据科学论纲》	张保生
192	《要素成本上升背景下我国外贸中长期发展趋势研究》	黄建忠
193	《中国历代长城研究》	段清波
194	《当代技术哲学的发展趋势研究》	吴国林
195	《20世纪中国社会思潮研究》	高瑞泉
196	《中国社会保障制度整合与体系完善重大问题研究》	丁建定
197	《民族地区特殊类型贫困与反贫困研究》	李俊杰
198	《扩大消费需求的长效机制研究》	臧旭恒
199	《我国土地出让制度改革及收益共享机制研究》	石晓平
200	《高等学校分类体系及其设置标准研究》	史秋衡
201	《全面加强学校德育体系建设研究》	杜时忠
202	《生态环境公益诉讼机制研究》	颜运秋
203	《科学研究与高等教育深度融合的知识创新体系建设研究》	杜德斌
204	《女性高层次人才成长规律与发展对策研究》	罗瑾琏
205	《岳麓秦简与秦代法律制度研究》	陈松长
206	《民办教育分类管理政策实施跟踪与评估研究》	周海涛
207	《建立城乡统一的建设用地市场研究》	张安录
208	《迈向高质量发展的经济结构转变研究》	郭熙保
209	《中国社会福利理论与制度构建——以适度普惠社会福利制度为例》	彭华民
210	《提高教育系统廉政文化建设实效性和针对性研究》	罗国振
211	《毒品成瘾及其复吸行为——心理学的研究视角》	沈模卫
212	《英语世界的中国文学译介与研究》	曹顺庆
213	《建立公开规范的住房公积金制度研究》	王先柱

序号	书名	首席专家
214	《现代归纳逻辑理论及其应用研究》	何向东
215	《时代变迁、技术扩散与教育变革：信息化教育的理论与实践探索》	杨 浩
216	《城镇化进程中新生代农民工职业教育与社会融合问题研究》	褚宏启 薛二勇
217	《我国先进制造业发展战略研究》	唐晓华
218	《融合与修正：跨文化交流的逻辑与认知研究》	鞠实儿
219	《中国新生代农民工收入状况与消费行为研究》	金晓彤
220	《高校少数民族应用型人才培养模式综合改革研究》	张学敏
221	《中国的立法体制研究》	陈 俊
222	《教师社会经济地位问题：现实与选择》	劳凯声
223	《中国现代职业教育质量保障体系研究》	赵志群
224	《欧洲农村城镇化进程及其借鉴意义》	刘景华
225	《国际金融危机后全球需求结构变化及其对中国的影响》	陈万灵
226	《创新法治人才培养机制》	杜承铭
227	《法治中国建设背景下警察权研究》	余凌云
228	《高校财务管理创新与财务风险防范机制研究》	徐明稚
229	《义务教育学校布局问题研究》	雷万鹏
230	《高校党员领导干部清正、党政领导班子清廉的长效机制研究》	汪 曦
231	《二十国集团与全球经济治理研究》	黄茂兴
232	《高校内部权力运行制约与监督体系研究》	张德祥
233	《职业教育办学模式改革研究》	石伟平
234	《职业教育现代学徒制理论研究与实践探索》	徐国庆
235	《全球化背景下国际秩序重构与中国国家安全战略研究》	张汉林
236	《进一步扩大服务业开放的模式和路径研究》	申明浩
237	《自然资源管理体制研究》	宋马林
238	《高考改革试点方案跟踪与评估研究》	钟秉林
239	《全面提高党的建设科学化水平》	齐卫平
240	《"绿色化"的重大意义及实现途径研究》	张俊飚
241	《利率市场化背景下的金融风险研究》	田利辉
242	《经济全球化背景下中国反垄断战略研究》	王先林
	……	